# Controlling & Management Review – Jahrgang 2016

Utz Schäffer • Jürgen Weber (Hrsg.)

# Controlling & Management Review – Jahrgang 2016

Zuvor erschienen in der *Controlling & Management Review*
Ausgabe 1 – 6, 2016

 Springer Gabler

*Herausgeber*
Prof. Dr. Utz Schäffer
WHU – Otto Beisheim School of Management
Vallendar, Deutschland

Prof. Dr. Dr. h.c. Jürgen Weber
WHU – Otto Beisheim School of Management
Vallendar, Deutschland

ISBN 978-3-658-17485-9

Die Deutsche Nationalbibliothek verzeichnet diese Publikation in der Deutschen Nationalbibliografie; detaillierte bibliografische Daten sind im Internet über http://dnb.d-nb.de abrufbar.

Springer Gabler
© Springer Fachmedien Wiesbaden GmbH 2017

Gedruckt auf säurefreiem und chlorfrei gebleichtem Papier

Springer Gabler ist Teil von Springer Nature
Die eingetragene Gesellschaft ist Springer Fachmedien Wiesbaden GmbH
Die Anschrift der Gesellschaft ist: Abraham-Lincoln-Straße 46, 65189 Wiesbaden, Germany

# Fakten, Fakten, Fakten …

### Liebe Leserinnen und Leser,

der Begriff „Evidence-based Management" wird bislang in keinem Controlling-Lehrbuch erwähnt und ist wohl auch vielen von Ihnen noch unbekannt. Gleichwohl hat der aus den Vereinigten Staaten kommende Ansatz eine hohe Relevanz für jeden Controller. Wie der Name schon nahelegt, fordern die Vertreter dieser aus der Medizin kommenden Denkrichtung, Entscheidungen konsequent nur auf wirklich belastbaren Erkenntnissen und – soweit möglich – empirischer Evidenz zu basieren. Fakten, Fakten, Fakten … geht einem unwillkürlich durch den Sinn, und damit ist die Brücke zum Controlling auch schon geschlagen. Wer als Controller die Rationalität der Unternehmensführung sichern möchte und damit auch in Entscheidungsprozessen auf eine möglichst belastbare Datenbasis und analytisches Denken abzielt, wird sich mit dem Gedanken, der hinter Evidence-based Management steht, schnell anfreunden können. Da die Umsetzung des hehren Zieles in der Praxis aber hinreichend schwer ist und wohl gelegentlich auch an Grenzen stößt, wollen wir im vorliegenden Heft der Frage nachgehen, ob die populäre Strömung auch für Controller verwertbare Techniken und Erfahrungen enthält.

Zunächst möchten wir jedoch den Grundgedanken von Evidence-based Management noch ein wenig veranschaulichen. Nehmen wir ein Beispiel: Die meisten Unternehmen entlohnen ihr Management auf der Basis hoher variabler Gehaltsbestandteile. Dabei gibt es kaum belastbare empirische Evidenz dafür, dass damit auch wirklich bessere Entscheidungen der Führungsmannschaft einhergehen. Dennoch wird die gängige Praxis in aller Regel nicht hinterfragt. Boni für die Führungsmannschaft gibt es eben, die Konkurrenz macht es schließlich genauso. Und in der Tat zeigt ein Blick in die Literatur, dass Boni etwa für einzeln agierende Verkäufer durchaus Sinn machen können. Wenn aber die engen Voraussetzungen für den produktiven Einsatz leistungsabhängiger Gehaltsbestandteile – wie insbesondere ihre Messbarkeit und individuelle Zuordenbarkeit – nicht gegeben sind, dominieren schnell dysfunktionale Nebenwirkungen. Und wenn Managern nur lange genug vermittelt wird, dass sie im Kern opportunistisch sind und nur für die Boni arbeiten, ist zudem die Wahrscheinlichkeit hoch, dass sich diese Prophezeiung eines Tages auch in der Unternehmenskultur manifestiert. Aus der

*Utz Schäffer*          *Jürgen Weber*

Sicht von Evidence-based Management würde man daher die häufig unreflektierte Praxis hoher Boni im Führungs-Team eines Unternehmens ebenso infrage stellen wie „moderne" Postulate nach noch mehr Quoten und formalen Regelwerken. Die Umsetzung des Konzepts ist dabei zweifelsohne herausfordernd und nicht immer ohne Abstriche möglich – nicht alles lässt sich rechnen, nicht alles hinreichend validieren und empirisch belegen. Zudem stehen häufig Emotionen und kognitive Verzerrungen einer faktenbasierten analytischen Entscheidungsfindung im Wege. Controller dürfen den damit verbundenen Herausforderungen aber nicht ausweichen, selbst wenn dies bedeutet, dass sie die Komfortzone etablierter Weisheiten, formaler Steuerungsprozesse und eingeschwungener Entscheidungsroutinen gelegentlich verlassen müssen.

Vielleicht kann Ihnen die Auseinandersetzung mit dem seelenverwandten Konzept des Evidence-based Managements ja die eine oder andere Anregung für den Controller-Alltag mit auf den Weg geben. Noch ein Hinweis in eigener Sache: Ab diesem Heft erscheint die Controlling & Management Review auch als digitales E-Magazin. Nun können Sie uns überall und jederzeit auf mobilen Endgeräten lesen. Sie finden das E-Magazin unter http://emag.springerprofessional.de/cmr. Schnuppern Sie doch mal rein!

Viel Vergnügen bei der Lektüre wünschen Ihnen

Utz Schäffer          Jürgen Weber

# 1 | 2016

## Schwerpunkt

www.springerprofessional.de/cmr

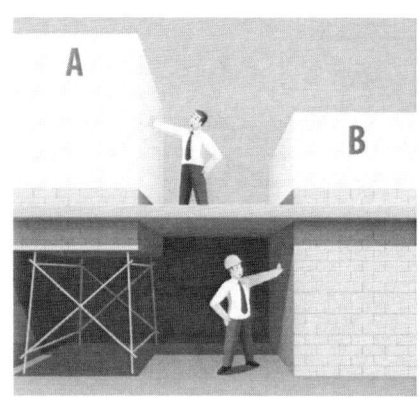

**Beilagenhinweis**
Dieser Ausgabe liegt je ein Prospekt des BVBC Bundesverbands der Bilanzbuchhalter und Controller e. V., Bonn, und des WHU-Controllerpanels bei. Wir bitten unsere Leserinnen und Leser um Beachtung.

# Evidence-Based Management

Die Größe eines Wortes stellt die relative Häufigkeit in allen Beiträgen der Rubrik Schwerpunkt dar.

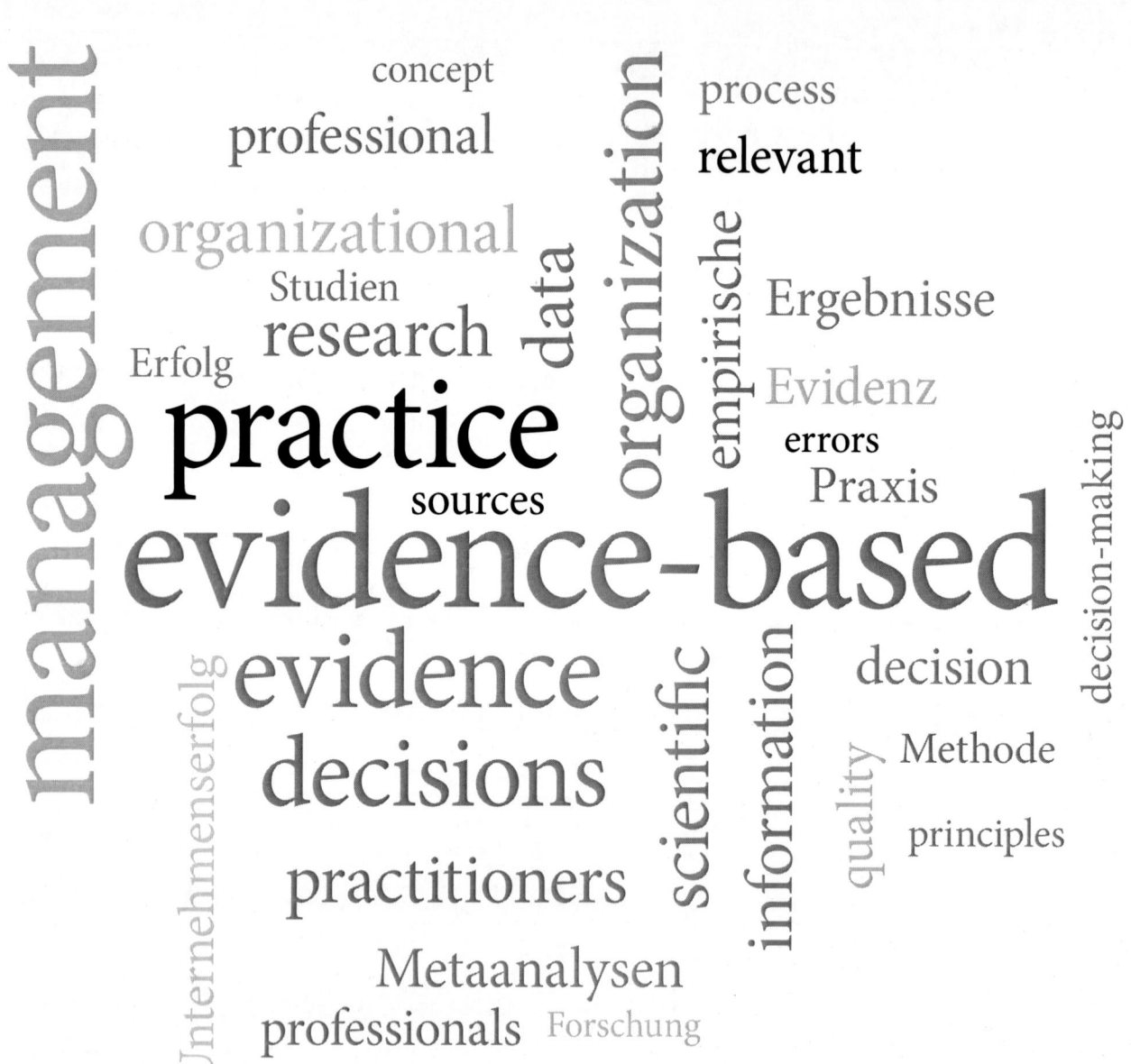

# Schwerpunkt

## Evidence-Based Management: Fundierter entscheiden

# "Less time fighting fires"

Denise M. Rousseau is convinced that management decisions need to be professionalized. She suggests learning from medicine, where evidence-based practice has become state of the art. In her interview she explains the principles of evidence-based management and shows what it could mean for managers and controllers.

*Interview with Denise M. Rousseau*

*Denise M. Rousseau*

*is H. J. Heinz II University Professor of Organizational Behavior and Public Policy at Carnegie Mellon, Pittsburgh (USA). Her teaching and research focus on evidence-based management and positive organizational practices in managing people and change. A former president of the Academy of Management (AOM), Rousseau founded the Evidence-Based Management Collaborative, a network of academics, consultants, and practicing managers to promote evidence-informed organizational practices and decisions. Rousseau has received AOM's Career Service Award, two George Terry Awards for the management book of the year, the Organizational Behavior Division's Lifetime Achievement Award, the Human Resource Division's Mentoring Award, and the AOM Practice Impact Award. She is editor of the Oxford Handbook of Evidence-Based Management (2012).*

Professor Rousseau, you are one of the first and foremost promoters of the idea of evidence-based management. The concept is not yet commonly known in Germany. Would you explain it to our readers and point out what CFOs and controllers can learn from it?

For CFOs and controllers, evidence-based management bases the cornerstone of professional practice and decisions on the use of the best available evidence from multiple sources. Evidence-based management came about out of the recognition in both the cognitive and management sciences that human judgment is fundamentally fallible. Simply put, we see the world through a lot of assumptions that distort reality. And we can only process so much information at a time. No wonder many organizational decisions are made without the decision makers really understanding their drivers or consequences. Therefore, by calling attention to the quality of evidence managers use, evidence-based management is a way of further professionalizing management practice.

What evidence are we talking about?

In evidence-based management, the key sources of evidence are, first, scientific findings from organizational and management research, second, organizational data, third, expert judgment aided by decision supports, and fourth, ethical considerations, particularly stakeholder perspectives. You see, evidence-savvy practitioners are slayers of sacred cows. They

know that tradition, authority, and taken-for-granted assumptions about what works just won't cut it in a more complicated world. They know that chasing the latest hot new fad is likely to be a waste of time. They appreciate that it takes an increasing amount of conscientious effort to bring value to the

*"Evidence-based management is a way of further professionalizing management practice."*

organization and its members. Making sound decisions in complex organizations requires both a questioning mindset and continuing efforts to improve the quality of evidence on which decisions are made.

In your experience, are managers usually ready to act according to the principles of evidence-based management, or do they rather prefer to rely on their personal experience only?

Let's distinguish between reflective and thoughtful managers, and everyone else. Thoughtful CFOs understand they might not know upfront all the facts that sound decisions require. But they also know how to identify questions that need to be answered in order to get the facts they need – and how to advise others in doing so. Asking the right questions is key to evidence-based management. It is a matter of critical thinking, of getting beyond assumptions and old habits in order to identify information relevant to their decisions. Having a questioning mindset increases the likelihood that a CFO will ask questions that go beyond the easily available data from last

## "Evidence-savvy practitioners are slayers of sacred cows."

quarter's financials or the most recent glitch everybody is talking about. Obvious problems don't always have obvious answers. Organizations are full of mysteries, including activities and processes generating outcomes managers often don't really understand.

**In what ways will a controller or manager act differently when applying evidence-based management?**

As a rule, he or she will be mindful and curious about how good work gets done – a life-long learner, part curious scientist and part savvy detective. So let's imagine the case where the company's financials have needed to be restated several times recently. What's happening? A finance person who is savvy in evidence-based management has a handle on the drivers that accounting research indicates might be behind this problem. That person would also know how to interrogate the organizational data in hand to locate possible causes. And he or she will know how to get insights from stakeholders at different levels in the organization.

### Center for Evidence-Based Management (CEBMa)

The center is an independent non-profit member organization founded by Eric Barends and Denise Rousseau in conjunction with the Evidence-Based Management Collaborative. It promotes evidence-based management practice through information sharing, training, consulting, and collaboration with industry. Its individual and organization members have access to peer-reviewed management journals, with its specialized librarian providing search advice. Training and development materials are freely available to non-members on its website www.cebma.org.

**So managers should always look for scientific as well as other evidence before taking decisions?**

The idea that practitioners get answers using science in addition to other evidence sources may be most surprising to your readers. As a matter of fact, it means several different things for the manager: First, it means continuous learning about findings from scientific research relevant to his or her practice area. Someone in charge of a bank's transaction processing operations would be familiar with research on organizational errors and reliability. Someone engaged in financial decision-making would be up-to-date on techniques for reducing cognitive biases and improving decision quality. Second, it can mean being able to search the scientific research related to particular practice questions. Increasingly, the younger generation of university-educated managers has some training in querying scientific data bases to answer practice-related questions. Is the balance scorecard – the BSC – an effective practice? If so, are certain conditions important to making BSC work? How well might BSC work in our kind of organization? These are the kinds of questions MBA students in my classes have learned to answer using online research databases like ABInform or Business Source Premier. And you can also use Google Scholar to find useful information from scientific studies.

**Let's say the practice question is, "How might we reduce the rate of transaction errors in our bank's operations or back office?" How would the manager proceed in this case?**

There is a lot of talk in banking these days about risk culture as something to manage in order to avoid such errors and other bank performance problems. Interestingly though, if you search on risk culture, you won't find much empirical evidence linking that notion to errors or banking performance. A practitioner of evidence-based management is less likely to believe the "talk" or hype, instead returning to the question: "How might we reduce the rate of transaction errors?" If our practitioner searches the research databases using the keyword "organizational error", plenty of studies will turn up, from banking to patient safety. An important issue in evidence-based management is that single studies don't really count. Any individual study is flawed and has limits. We are interested in what the larger body of evidence might indicate because in this way the limitations of single studies might be cancelled out. The research on errors suggests that before he or she goes looking at "culture" or "risk management" or other socially complex factors, the practitioner should first look at one of the major causes of errors in organizations, namely interruptions.

Interruptions?

Yes. This is characteristic in healthcare, biotech labs, and the operation centers of banks, any place where you have a lot of things happening at once and people disturbing each other. The low hanging fruit of error reduction is often found in adjustments to basic working conditions. Two consequences of searching for quality scientific evidence can be a different take on the problem and a more focused, implementable solution.

At the beginning, you said that the second source of evidence is organizational data. What should managers consider when they use it?

Of course, practitioners of evidence-based management use their own organization as a source of important evidence. Organizations have lots of data. Turning it into reliable information involves understanding that several kinds of data might need to be considered together. Sales, for example, can be related to market share, but obtaining the latter can cost a lot of money and be tough to sustain. The popular practice of using balanced scorecards comes from the larger idea that good decisions require a clear logic model of what you are trying to accomplish. The scientific evidence suggests that BSCs can improve a firm's performance, but only if implemented appropriately. Part of that implementation is really understanding the critical steps in the organization's logic model, for example, how to manage the causal connections between inputs like people and resources, organizational processes like trading or order filling, and the outputs and outcomes that follow. Obviously, if you only focus on managing outcomes, you've missed a few steps along the way. Gathering data to populate the organization's logic model is a first step in testing whether it works – and how it might be improved.

What if there is no organizational data that is relevant for a specific question?

One of the best indicators of fully engaged evidence-based management practice is the use of pilot tests and experiments to figure out what decision or solution works, how well, and with what costs. Doing experiments to test out ideas is likely to become increasingly important in the future. Experiments are key when situations arise for which there is no precedent – that is, no research, no existing data, no relevant prior experience. In truly novel circumstances, the only way forward is to learn by doing. Little wonder that we see the US Army systematically using something called after-action reviews or AARs which promote learning after doing. An AAR

is a discussion that takes place upon task completion, at the end of a project or an exercise where all participants openly share their experiences and insights to learn what worked and what didn't. Scientific research supports the value of AARs as a means of finding out what works and of improving performance even in situations that are truly new and novel. In the case of the Army, AARs developed many of the effective procedures used for dealing with a situation most militaries have known little about – peacekeeping. When finance people find themselves working in settings where the problems are novel, AARs are one way of learning how to deal with new challenges.

You also mentioned stakeholders as a source of evidence, didn't you?

Exactly. Evidence-based practitioners know how to bring the array of stakeholders together to integrate their perspectives into the decision process. Getting input from employees and managers at different levels, community members, and clients can help balance out immediate situational pressures and the narrowing of judgment for decision makers under stress. A given decision can involve multiple objectives, leading to trade-offs between cost and human wellbeing, and between short and long-term goals. It's increasingly part of evidence-based management to explicitly formulate multiple objectives

*"Doing experiments to test out ideas is likely to become increasingly important in the future."*

when framing decisions in order to help resolve the conflicts and ambiguities that decision makers routinely face. This consideration of diverse interests and potential trade-offs tends to increase the sources of evidence used. A key idea here is that attention to diverse stakeholder concerns can help address the ethical issues associated with decisions, where potential harm might be prevented by deliberately reaching out to stakeholders holding different vantage points.

Should all decisions taken in a company be based on evidence?

Not necessarily. Evidence-based management is about managing decisions better. It is a matter of knowing when to use systematic, that is to say deliberate and careful decision-making processes, especially when critical information is widely distributed across sources and stakeholders. It is a matter of identifying what kinds of decisions can be made quickly. Fast decision making is most appropriate in familiar situations where strong evidence already exists about what works. In these familiar situations, practitioners of evidence-based management recognize the value of developing and implementing routines and checklists around repeat activities, for example, the best process for closing the quarter on time. They also know how to deal with truly novel situations where no good information exists in the organization or in science. They learn by doing, then evaluate the results, and adapt as they go.

**What about the arguments against this like, "We do not have enough time for that"?**

Time is not the problem practitioners of evidence-based management typically complain about. Overall, though they seem to spend their time differently, they seek to get access to better

---

## How to introduce evidence-based management into a company

Champions of evidence-based practice like Larry Sherman (Cambridge University) and Jeff Pfeffer (Stanford University) have described the prerequisites and enablers for organizations. Denise M. Rousseau has summarized the key learnings for our readers:

1. Start with a respected and powerful advocate. That person could be a senior leader or change champion with the credibility, trust, and resources to make change happen. Evidence-based management entails an evolutionary change. It proceeds step by step, and may work best starting with one area or one project. The incremental changes it entails take time and real effort to experiment and learn what works for a particular organization.

2. Link evidence-based management to compelling values your people share. In one setting, it may be about creating a positive supportive workplace based upon managing people in ways we know work and by using feedback and redesign processes to improve implementation of evidence-based management practices. In another setting, the focus of evidence-based management efforts might begin with service quality or workplace safety.

3. Systematically develop new competencies in evidence-based management. Practitioners of evidence-based management need both good management skills and critical thinking. Keep in mind that people who aren't very effective managers or who don't like to think and solve problems aren't likely to be good candidates for evidence-based management. Start with competent candidates! Training in evidence-based management often begins with senior leadership and cascades down.

4. Facilitating a change to evidence-based management is aided by having a task force serve as an official change agent. Make that unit responsible for spreading evidence-based practice. That task force might be charged with setting up an action plan and coordinating resources, then compiling results from each step in the change process, and coordinating next steps. The task force over time might also invite proposals for new evidence-based management projects in the organization and lend them advice and support.

5. Tap ties with academics, like embedded Ph.D.-trained management psychologists who can review projects and support the education of practitioners in evidence-based management.

6. Use evidence-based management to attain goals members care about. Increasing the accuracy and timeliness of financial reporting, for example, is a goal that both academic and organizational evidence can help attain.

7. Reward people for engaging in evidence-based management projects. Needless to say, it is important that senior leaders reward units and individuals for engaging in such projects. The rewards are particularly important as offsets to a tendency that many organizations have to use blame and punishment.

8. Engage in organization-wide feedback and redesign activities in order to identify what works and what needs improvement on the path to effective evidence-based management. Use your networks to get the information you need. Social networks are highways of change. Periodic face-to-face meetings of organization members working on evidence-based management can promote the translation of research findings into practice and influence people to work differently.

quality information and spend less time debating whose data are correct. They are more systematic and less haphazard in making decisions and spend less time justifying things after the fact to different stakeholders. Because evidence-based management often leads to more effective routines and checklists that

*"Evidence-based management often leads to more effective routines and checklists that guide good practice."*

guide good practice, less time is spent fighting fires. Instead, more time goes toward important problems that tend to be neglected, that is those that are novel or complicated.

Where do you see the main difficulties for someone who wants to change to evidence-based management?

What practitioners complain about is difficulties getting access to good organizational data or scientific evidence. Some of these problems are reduced with practice and experience, but in management we still need more work on the academic side to provide summaries of research findings relevant to practice questions. Medicine and criminology have had such summaries, referred to as "systematic reviews", for many years, but management as a field is only recently recognizing the need to pull bodies of research together to figure out what their overall findings might say that is relevant to practice. My advice to any would-be practitioner of evidence-based management is to begin doing your own guided reading and online searches like, for instance, on Google Scholar, and to build a personal network with academics and other thoughtful practitioners.

Do decisions taken on the basis of evidence get stronger support in companies?

Recent findings suggest that employees trust their managers more when the evidence related to managerial decision is shared with them. This means communicating what kinds of evidence were considered. Doing this is made easier by

having evidence discussed at meetings and in memos so that talking about evidence becomes the norm.

How could evidence-based management be promoted in a company?

My first recommendation is to educate people on the notion of evidence quality. It's just something that evidence-based management practitioners typically think about. How do you know if a so-called expert's opinion is meaningful? How reliable, valid, and relevant are our organizational data? What does the scientific evidence have to say regarding the decisions we are making? The online courses on our CEBMa website give some guidance as to what a workshop that introduces these ideas might cover. Second, I would suggest to train and model the basic principles of "learning by doing". This means first helping managers learn how to conduct practicable pilot tests and experiments in order to evaluate alternative approaches to a problem or to better observe the effects

*"We still need more work on the academic side to provide summaries of research findings relevant to practice questions."*

of their decisions. Helping people learn to conduct AARs is the other learning-by-doing practice I would introduce. Making AARs part of a work group's routine helps promote psychological safety – making it easier for people to share information and offer thoughtful criticism to improve practice. All in all, the key thing to keep in mind is that the perfect is the enemy of the good. The point is to get started.

Professor Rousseau was interviewed by Professor Utz Schaeffer, Director of the Institute of Management Accounting and Control (IMC) of WHU – Otto Beisheim School of Management and co-editor of Controlling & Management Review.

# How to Engage an Organization in Evidence-Based Practice

Introducing new methods in existing organizations is a challenging task. Having introduced evidence-based practice in their organizations, the authors found that steps recommended for individuals can also serve as a road map for organizations. They share their experience of how specific challenges can be met.

*Richard Puyt, Maxime Loose*

In director Guy Ritchie's movie adaptation of "Sherlock Holmes", the famous detective exclaims to his friend Watson, "It's a matter of professional integrity. No girl wants to marry a doctor who can't tell if a man is dead or not". This sentiment captures the essence of why we think, with Denise Rousseau (2006), that evidence-based practice is part of the zeitgeist moving professional decisions away from personal preference and unsystematic experience toward those based on the best available evidence. Much of our discussion here is based on our own experience of introducing evidence-based practice in organizations. This includes issues like improving the quality of decision making, professional integrity, collaboration, and organizational culture.

Management takes decisions that have a significant impact on the economic results of its organization and also affect its co-workers. Is that something that we can leave to personal judgment and gut-feeling? Or is it fair to expect managers to make decisions or give advice based on the best available evidence? Let us, for instance, take a look at HR professionals. Researchers asked several groups of HR professionals to reflect on problems in practice. They chose topics which were well documented in scientific literature and where there was general consensus (Rynes/Colbert/Brown 2002). After careful analysis, the researchers established that HR professionals, line managers, and HR consultants achieved similar results. However, they all barely made the grade and scored correct answers on only 52.8 percent of the questions. Not very reassuring, right? Just imagine if engineers, architects, or construction workers scored the same result when tested on their knowledge of practice. This does make you think again about how controllers provide support for financial decisions.

Management and decision-making is not really a science, but more of an art or a craft. It does, however, use science (Mintzberg 2005). In the last decade, scholars and professionals have explored and researched whether there is such a thing as evidence-based management (Rousseau 2005) and have also cleaned up the concept (Briner/Denyer/Rousseau 2009). In 2012, the Center for Evidence-Based Management, a non-profit organization, opened its doors to promote, educate, and consult on evidence-based management around the world.

## How do you start evidence-based practice?

We have all been in these situations: Projects come to a close and are evaluated, reports are written up, and we all go about our business. Nobody ever looks at project evaluations, simply because there is no time. This habit of ignoring evidence sparks an uneasy feeling. The professional tends to rely more on feelings than on a systematic approach to problems and situations. In their article "Becoming an Evidence-Based HR Practitioner", Denise Rousseau and Eric Barends (2011) provide an interesting framework that we recognize in our own practice (see **Illustration 1**).

We both left research to pursue new jobs six years ago – one to move into HR, the other to start his own consultancy and to work as a part-time university lecturer. It soon became apparent that HR practices were dramatical-

*Richard Puyt*
*is researcher at Amsterdam University of Applied Sciences.*

*Maxime Loose*
*is an HR consultant working for the Flemish Government.*

Richard Puyt
Amsterdam University of Applied Sciences, Amsterdam, Netherlands
Email: r.w.puyt@hva.nl

Maxime Loose
Flemish Government, Brussels, Belgium
Email: maxime.loose@kb.vlaanderen.be

ly different from the research practice at university. It was not common practice to consult the research literature when confronted with practical problems. For instance, the "hierarchy of needs" (Maslow 1943) is still referred to as a valid model for explaining motives and personal drives, despite the fact that our own research in motivational theory suggests that progress has been made in this area since Maslow's work was published. Also, the Myers Briggs Type Indicator (MBTI) questionnaire is still widely used by HR professionals although it is largely ignored in the field of psychology. It was designed by two housewives who developed a keen interest in Carl Jung and lacks any scientific foundation. Hence, our own personal, concrete experience made us question HR practices. Our first step into evidence-based practice started in our minds. After leaving higher education, professionals tend not to keep up with the latest insights in their field. This leads to myths, misconceptions, and missing out on opportunities for a better decision-making practice.

The observation that a lot of management techniques and instruments are not grounded on recent and solid insights made us reflect on our own daily practice. We started to wonder how to professionalize our professions. Looking for tools and techniques to improve the quality of HR policy development, Loose came across the book "Puncturing the HR balloon" (Vermeren 2009) which marked a turning point for him. This book debunks numerous HR models and practices and made it clear that more professionals in the field appraise their common practice by critical reflection. This was where Loose first encountered the idea of evidence-based management. It prompted him to look further and engage with professionals outside the organization.

Our second case is a good example of the next step that needs to be taken in order to become an evidence-based practitioner: changing one's own management style so that the new approach becomes everyday practice. Puyt's

> **Evidence-based practice is a matter of professional integrity.**

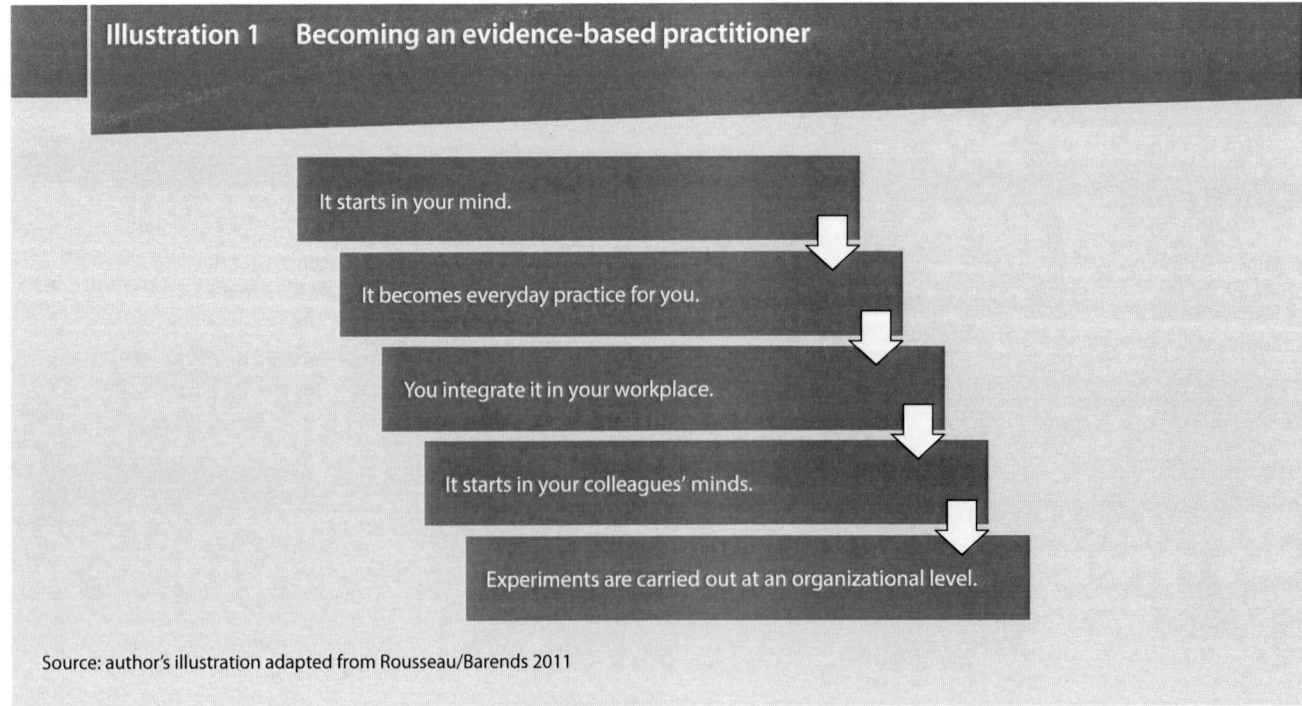

**Illustration 1    Becoming an evidence-based practitioner**

It starts in your mind.

It becomes everyday practice for you.

You integrate it in your workplace.

It starts in your colleagues' minds.

Experiments are carried out at an organizational level.

Source: author's illustration adapted from Rousseau/Barends 2011

move into consulting practice and work as a part time university lecturer happened to coincide with the post-merger integration process of the School of Economics and Management at Amsterdam University of Applied Sciences. The work environment was far more complex than it first appeared. Simple management consultant-type questions like "Where is the problem analysis?", "Which question does this answer?", and "Why do we do things the way we do?" caused a lot of confusion. The answers usually boiled down to "Because this is what we always do …".

Having been asked to review the concept budget plans by the Finance and Control Department, Puyt found that management were unhappy about the illegible excel sheets which they periodically received by email, followed by big stacks of SAP reports. This was usually a precursor to a meeting with the controller who suspected overspending. The bottom line was always the same: budget cuts had to be made and the advice was to cut the contracts of the external personnel. The impact on the quality of education never seemed to be a consideration. The underlying principles and rules for the budget calculations of the full-time programs (number of students per year, funds per student, government grants, et cetera) but also cost allocation (student/teacher ratio, minimum number of in-class hours for students, tariffs for

*"Management and decision-making is not really a science, but more of an art or a craft."*

classrooms, hourly rates for faculty, facilities, et cetera) were not made explicit. All the information was lumped together and details were buried in memos and complex excel formulas or, even worse, in the head of the controller. Not surprisingly, this led to a lot of confusion, questions, and heated discussions. Management felt as if they were held hostage by the Finance and Control Department. How could they make sound decisions?

Moreover, organizational learning seemed to be unintentionally inhibited by the two-year rotation of controllers within the Finance and Control Department. After every rotation, the newly assigned controller had to make sense of the work left by his or her predecessor. The knowledge acquired about program specifics tended to leak away. At the start of every new academic year, the forecasts were off the mark. More students had signed up for the program than anticipated, some faculty members had gotten ill and/or taken a sabbatical, et cetera. As a consequence, operational problems just cascaded. Due to the unanticipated student influx, there was also a shortage of available classrooms and faculty who had just been released before recess had to be rehired.

Taking stock of the situation, Puyt discussed it at length with management and knowledgeable colleagues, including controllers. Bit by bit, a large repository of financial documentation was compiled. This included historical financial data in excel files, financial reports, meeting minutes, presentations, and policy documents. The idea was to establish a baseline for budgeting and forecasting – in essence, surfacing the policies, rules, regulations,

## Summary

- Evidence-based practice moves professional decisions away from personal preference and unsystematic experience and grounds them on the best available evidence.

- Having been involved in introducing evidence-based practice in their organizations, the authors tell us about their practical experiences with reference to the steps for becoming an evidence-based practitioner as described by Rousseau and Barends (2011).

- Four challenges are identified for the process of integrating evidence-based practice and advice is given on how these can be met.

Reflecting on your professional activity is the starting point for evidence-based practice.

assumptions, and biases of the Finance and Control Department. It was found that the SAP personnel administration was polluted with outdated or inaccurate information. This only led to more confusion. The controllers and HR professionals were caught up in their own efforts to balance the budget of the whole faculty, which resulted in myopia and a curious type of spreadsheet management. The overview got lost in the process. It turned out that every program had different indicators and staff did not always share information. But the performance indicators to make the budgets were never evaluated, no matter which instrument was used to gauge performance. Therefore, changes to the SAP system where frozen for the next two years and one of the measures was to build a planning and scheduling database with all metrics made explicit. This was far from the ideal situation of having corporate quality management information, but it was at least accurate and evidence-based. Management and staff now use this system for forecasting and calibrating the corporate SAP system. Progress is slow and it is hard to change the corporate budgeting and forecasting process.

In 2014, we met each other at the Academy of Management in Philadelphia at a big meeting on evidence-based management where many international cases were presented. There was consensus that evidence-based practice is a matter of professional integrity. Prudence in decision making is warranted, especially if a lot of money and people would be affected by an intervention. However, engaging an organization in a new management approach does not happen as a matter of course. This brings us to the next step: the integration of evidence-based practice in the entire organization.

### Integrating evidence-based practice

Professional integrity defines the professional who consistently and willingly practices within the guidelines of the mission of a chosen profession. The examples from both our work environments demonstrate that not all professionals succeed in keeping up their professional integrity by grounding their decisions on evidence. This is where the real challenge lies. Simply implementing new instruments, in this case evidence-based practice, is not enough. Professional practice needs to be revised. We will briefly describe some of the challenges that we have encountered in the process of moving

*"Nobody ever looks at project evaluations. This habit of ignoring evidence sparks an uneasy feeling."*

from a personal approach to professional practice. In our experience, the steps recommended by Rousseau and Barends (2011) for individuals, which we also followed in our own effort to become evidence-based practitioners, can also be applied at an organizational level. For example, changes at an organizational level also started in the minds of our colleagues. Once some of them had begun to be more reflective about their daily practice, it became possible to experiment with evidence-based practice within the organization (see **Illustration 1**).

### Reflection and sensemaking

As outsiders, we both found that the simple questions we asked about our new work environments led to confusion. We shared our observations with management and got their support for our reflections and interventions. As we already mentioned, work environments are too complex in order to ask, acquire, appraise, aggregate, apply, and assess (Barends/Rousseau/Briner 2014) all practical problems. It is necessary to reflect on the organization also from an outside perspective. A practical way to do this is to write down notes with personal reflections and to exchange experiences with management and key members of the organization via email or regular contact over the phone, usually outside office hours. In essence, a bit of distance from the day-to-day practice and a new language needs to be developed for sense-

*"When integrating evidence-based practice in the organization, co-workers need to collaborate and share their experiences."*

making (Weick, 1979). When integrating evidence-based practice in the organization, co-workers need to collaborate and share their experiences. Case presentations or training sessions under the supervision of librarians are effective interventions in order to develop evidence-based practice. This is a continual process which needs proper management attention.

### Time and impact

Time is money and therefore decisions need to be taken quickly. This is a deceptive argument. Yet, the stop-and-run approach to management needs to be abandoned. "Rashness belongs to youth; prudence to old age" (Cicero 106-43 BC.). To quote Professor Rob Briner (2007) from the University of Bath: "Unless it's a matter of life or death, I would rather see managers make slower, more thoughtful, and more evidence-based decisions". An evidence-based practice is a more thoughtful way of dealing with problems in practice, and it takes more time. However, what we currently see emerging is a trend toward a copy-paste management approach. As, for instance, the intervention of the performance-management tool Lean Six Sigma at Toyota has turned out to work well, managers and controllers who have read about it cannot resist the appealing notion of reducing waste, enhancing efficiency, and improving continuously. The urge to implement Lean Six Sigma is almost irresistible. But, what are the assumptions in this intervention? In which situation and under which conditions has the intervention worked? What is the impact on the organization? These questions must be answered before the tool is implemented, and evidence-based practice offers a framework to do that.

Evidence-based practice brings some challenges: reflection, time, access to information, an engaged management.

### Access to the right information sources

In order to find the best available evidence, you need to have access to the right sources. In most organizations, this cannot be taken for granted. Google Scholar provides a lot of information, but it is not organized in the same

Integrating evidence-based
practice in an organization
is a process, not a project.

---

way as the scientific libraries which are published by EBSCO, like Business Source Premier, or which are available on Ovid, like ABI/Inform. You also run into a lot of paywalls. The Center for Evidence-Based Management provides access to scientific libraries for its members. Having friends in the scientific communities also helps, and you can always email the authors for articles. This has proved to be a successful strategy. But the real challenge lies in using the scientific databases and interpreting the findings. For professionals this is the real challenge. In most cases you need the help of a librarian to formulate the research questions appropriately and dig deep into the databases. In the medical world, this problem has been circumvented by the Cochrane Collaboration. They collect and develop the best available evidence on medical interventions, procedures, possible cures, and side effects and make concise summaries for medical professionals. In management, this is still a distant dream.

But apart from scientific information, there are at least three other sources where information can be found. What about organizational data and facts and figures? Most organizations accumulate a lot of information about market environments (external and internal reports, benchmarks, presentations, memos, et cetera), customer and supplier information (transaction data, contracts, quality reports), but are just beginning to understand how they can use this information for decision-making. Talking to stakeholders like government officials, shareholders, or related businesses leads to a wealth of information. And finally, professional judgment is needed. Once all the data has been compiled and collected, the professionals in the organization must evaluate if the outcomes make sense to them. Integrating and critically appraising findings from different sources (weighing the evidence) is a skill which requires a lot of practice and collaboration.

### Engaging management and co-workers

Integrating evidence-based practice might be the biggest of the challenges we have mentioned here. How do you move from a personal approach to implementing evidence-based management in practice and subsequently in the organization? We don't have all the answers yet, but our personal experience hints at possible routes that can be taken. We have both experienced that, when trying to engage the organization, it might be useful to initiate the first steps on an organizational level, starting with the minds of the management and co-workers and challenging professional beliefs before slowly evolving towards practice by developing a new language and engaging everybody in a sense-making process. These are the first steps toward integrating evidence-based practice in an organization.

## Conclusions and discussion

In the story "The Adventure of the Speckled Band" by Arthur Conan Doyle, Sherlock Holmes says, "I had come to an entirely erroneous conclusion which shows, my dear Watson, how dangerous it always is to reason from insufficient data". In a nutshell, this is what evidence-based practice is all about. Both HR and Finance are closely related in decision support. It is about gathering and critically appraising the best available evidence so that we are able to ground our decisions on the best available information. Our accounts show that integrating evidence-based practice in an organization is a process, not a simple intervention. It will take time, focus, and patience. We think in terms of evolution: start slowly, engage peers, and let it develop within the organization. Setbacks, resistance to change, and anxiety are part of the journey. Do not let this discourage you! It is not always easy to question long-held practices and beliefs. And never hesitate to reach out! There is always help available.

*Literature*

Barends, E./Rousseau, D. M./Briner, R. B. (2014): Evidence-Based Management: The Basic Principles, Amsterdam, http://tinyurl.com/the-basic-principles (retrieved on 22.10.2015).

Briner, R. (2007): Tried and Attested, People Management, http://tinyurl.com/people-management-article (retrieved on 24.11.2015).

Briner, R. B/Denyer, D./Rousseau D. M. (2009): Evidence-Based Management: Concept Cleanup Time?, in: Academy of Management Perspectives, pp. 19-32.

Cicero, M. T. (106-43 BC.): Marcus Tulius Cicero, Proverbia, http://en.proverbia.net/citasautor.asp?autor=11526 (retrieved on 05.11.2015).

Maslow, A. H. (1943): A Theory of Human Motivation, in: Psychological Review, Volume 50 (4), pp. 370-396.

Mintzberg, H. (2005): Henry Mintzberg on Decision Making, https://www.youtube.com/watch?v=DyvXu3lSSG0 (retrieved on 19.11.2015).

Rousseau, D. M. (2006): 2005 Presidential Address: Is There Such a Thing as Evidence-Based Management?, in: Academy of Management Review, Volume 31 (2), pp. 256-269.

Rousseau, D. M./Barends, E. G. R. (2011): Becoming an Evidence-Based HR Practitioner, in: Human Resource Management Journal, Volume 21 (3), pp. 221–235.

Rynes, S. L./Colbert, A. E./Brown, K. G. (2002): HR Professionals' Believes about Effective Human Resources Practices: Correspondence between Research and Practice, in: Human Resource Management, Volume 41 (2), pp. 149-174.

Vermeren, P. (2009): De HR ballon doorprikt, Antwerpen.

Weick, K. E. (1979): Social Psychology of Organizations, Michigan.

 Weitere Empfehlungen der Verlagsredaktion aus www.springerprofessional.de zu:

🔍 **Change Management**

Albach, H./Meffert, H./Pinkwart, A./Reichwald, R. (Hrsg.) (2015): Management of Permanent Change, Wiesbaden.

Sharma, C. (2015): Business Process Transformation – The Process Tangram Framework, Gurgaon, India.

# Bei Management-Entscheidungen sicherer werden

Sie müssen eine Management-Entscheidung treffen und möchten sich an Erfahrungswerten orientieren, die auch wissenschaftlich fundiert sind. Die verfügbaren Studienergebnisse sind jedoch nicht unmittelbar auf Ihr Problem anwendbar. In diesem Fall lohnt es sich, selbst entsprechende Erfahrungswerte zu schaffen.

*Johannes M. Lehner*

Die Geschäftsführung eines Gebäudetechnik-Unternehmens will schneller auf Kundenanfragen reagieren. Daher hat sie beschlossen, gleichzeitig mit der Einführung einer neuen ERP-Software die Arbeitsprozesse in 24 Zweigstellen an einen neuen Standard anzupassen. Die verantwortliche Projektleiterin hat aber von vielen Problemen und Verzögerungen bei der Implementierung solcher komplexer Systeme gehört. Sie möchte verstehen, warum es dazu gekommen ist, und will aus ähnlichen Projekten lernen. Sie setzt auf Evidence-based Management. Neben einzelnen Erfahrungsberichten existiert systematische Evidenz aber nur für kleine Teilaspekte des Projektes, so zum Beispiel über das Ausmaß, in dem die Mitarbeiter bei der Zielsetzung und Implementierungsplanung eingebunden werden sollten (Partizipation). Dies ist für die Projektleiterin wenig befriedigend. Für sie stellt sich die Frage, wie sie dennoch ihr Projekt auf die Grundlage von empirischer Evidenz stellen kann.

Evidence-based Management profitiert von der Analogie zu Evidence-based Medicine, bei der Therapien nur angewendet werden, wenn ihre Wirkung empirisch belegt ist, leidet gleichzeitig aber auch darunter. Manager handeln unter ganz anderen Voraussetzungen als Mediziner, was bereits Anlass zu Kritik an Evidence-based Management gegeben hat und auch zu Ernüchterung führen wird, wenn man versucht, Prinzipien aus der Evidence-based Medicine einfach auf das Management von Unternehmen zu übertragen. Der Projektleiterin des Gebäudetechnik-Unternehmens stehen

> „Manager handeln unter ganz anderen
> Voraussetzungen als Mediziner.“

beispielsweise keine Großstudien zur Verfügung, wie sie in der Medizin üblich sind. Sie hat nur die Möglichkeit, selbst „Evidence" zu schaffen. Insbesondere „Local Evidence", also Untersuchungsergebnisse zu einem konkreten Unternehmen oder einer konkreten Branche, eignet sich oftmals als Grundlage für Management-Entscheidungen – vorausgesetzt, bei der Durchführung der entsprechenden Studien werden bestimmte Regeln befolgt.

## Welche Studien sind verwendbar?

Wie jedes neue Prinzip und jede neue Methode läuft auch Evidence-based Management Gefahr, in seiner Komplexität unterschätzt zu werden. Vorhandene Forschungsergebnisse zu nutzen und für die Praxis des Managements zu übersetzen, klingt zunächst einfach (zum Beispiel Rousseau 2006), droht aber, ebenso schnell zu enttäuschen. Damit die in der Medizin bewährte Methode auch im Management von Unternehmen erfolgreich eingesetzt werden kann, erscheint es daher angebracht, zunächst die Unterschiede zwischen den beiden Bereichen und die Besonderheiten der Management-Praxis herauszuarbeiten. Erst auf dieser Grundlage können Vorschläge entwickelt werden, wie Evidence-based Management auszugestalten ist. Wichtig ist diese Unterscheidung insbesondere bei der Aggregation empirischer

*Prof. Dr. Johannes M. Lehner*
*ist Professor am Institut für Organisation und Globale Managementstudien der Johannes Kepler Universität Linz.*

Johannes M. Lehner
Kohannes Kepler Universität Linz, Linz, Österreich
E-Mail: johannes.lehner@jku.at

Die pure Anlehnung an die Prinzipien der Evidence-based Medicine wird schnell zu Ernüchterung führen.

Evidenz, denn zwei der Voraussetzungen dafür sind im Unternehmenskontext nicht in gleichem Maße erfüllbar wie im medizinischen Bereich:

**1. Homogenität und Unveränderlichkeit der Studienobjekte:** Damit einzelne Studienergebnisse sinnvoll aggregiert werden können (etwa über Meta-Analysen), müssen die Studienobjekte weitgehend homogen und unveränderlich sein. Dies gilt für den menschlichen Körper in medizinischen Studien weitgehend, für Mitarbeiter in Firmen bereits eingeschränkter (Human Resources) und für Firmen noch viel weniger (Organisation, strategisches Management, Controlling et cetera). Jede Firma ist in ein anderes Wettbewerbsumfeld, Mitarbeiter sind in unterschiedliche Gruppen- und Organisationskulturen eingebettet, und diese verändern sich im Zeitverlauf. Pfadabhängigkeiten können sonst stabile Zusammenhänge umkehren.

**2. Abgrenzbarkeit der Studienobjekte:** In der Forschung geht man von klar abgegrenzten Analyseeinheiten wie „Mensch", „Gruppe" oder „Firma" sowie von einfachen Ursache-Wirkungs-Zusammenhängen aus. Letztere werden meist in Hypothesen ausgedrückt wie zum Beispiel „Medikament A reduziert den Blutdruck", „Spezifische Zielsetzungen erhöhen die Motivation", „Eindeutige Kostenstrategien sind effektiver als Mischstrategien". Anders als die Medizin operiert das Management jedoch meist in schlecht strukturierten Situationen, wo sich Effekte auf Mitarbeiter, Gruppen und die Firma vermengen, interagieren und man mit komplexen Wechselwirkungen rechnen muss.

In der Medizin sind diese Voraussetzungen relativ gut erfüllt. Im Bereich des Managements der Human Resources sind sie ebenfalls noch teilweise gegeben (vergleiche Latham 2009), wenn auch die Wechselwirkung zwischen den einzelnen Mitarbeitern und ihrer Einbettung in einen konkreten Organisationszusammenhang die Verwendung allgemeiner Prinzipien dort schon einschränkt. Sehr viel stärker sind diese Wechselwirkungen – und ist die Heterogenität der Bedingungen – jedoch auf Ebene des Gesamtunternehmens.

*„Ein Scheitern des Modells ist als Ergebnis genauso wertvoll wie dessen Bestätigung."*

Wissenschaftliche Befunde, welche sich auf eine bestimmte Gruppe von Firmen, einen konkreten historischen Zusammenhang und auf eine spezifische Wirtschaftsumgebung beziehen, sind daher keineswegs automatisch auf jede Situation anwendbar, in der eine vergleichbare Management-Entscheidung zu treffen ist.

### Evidence-based Management als Prozess

Evidence-based Management darf also nicht als bloßes Handlungsprinzip verstanden werden. Es ist vielmehr ein Handlungsprozess, denn fast immer muss die empirische Evidenz, auf der die Management-Entscheidung basieren soll, erst geschaffen werden. In der Praxis muss dazu vorerst ein explizites Modell der geplanten Maßnahme oder der angestrebten Wirkung einer Management-Entscheidung formuliert werden. In einem zweiten Schritt ist dieses Modell dann einem geeigneten Test zu unterziehen. In dem eingangs vorgestellten Beispiel eines Implementierungsprojektes, in dem die Projektleiterin die Anpassung von Arbeitsprozessen in 24 Zweigstellen von Studienergebnissen aus vergleichbaren Projekten abhängig machen möchte, könnte sich der entsprechende Handlungsprozess wie folgt darstellen:

### Suche nach vorhandener Evidenz

Für die Frage, wie sehr die Mitarbeiter in die Zielsetzung dieses Projektes involviert werden sollen und wie weit ihre Partizipation bei der Implementierung zielführend ist, existiert tatsächlich viel Forschung, wenig jedoch über die genaue Art der Partizipation bei derartigen Implementierungsprojekten. Insbesondere hinsichtlich der Art der Kommunikation zwischen Projektleitung, Team und betroffenen Mitarbeitern und dem jeweils optimalen Zeitpunkt dieser Kommunikation kann aus den vorhandenen wissenschaftlichen Ergebnissen wenig abgeleitet werden, obwohl viele Erfahrungsberichte gerade dies als kritisch ausweisen.

### Gestaltung eines Modells der Management-Maßnahme

Die Projektleiterin analysiert die verfügbare empirische Evidenz und entwickelt eine Vorgangsweise. Die Ergebnisse schlagen relativ klar vor, die Mitarbeiter nicht bei der Zielformulierung, jedoch bei der Planung der Implementierung mitwirken zu lassen. Da für die Art der Mitwirkung keinerlei Empfehlung vorliegt, definiert das Projekt-Team eine Vorgangsweise jenseits der üblichen Projektpläne mit explizit formulierten Wirkungsketten und – wichtig aus Sicht des Evidence-based Managements – konkreten Kriterien für Erfolg und Misserfolg. Ein solches Ursache-Wirkungs-Modell kann mehr oder weniger formalisiert werden, letztlich auch als mathematisches Modell (vergleiche Vancouver/Weinhardt 2012). Anders als die Medizin fußt Management immer auf einer bestimmten Theorie. Der Unterschied zwischen Wissenschaft und Praxis liegt üblicherweise im Ausmaß, in dem diese theoretische Basis deutlich gemacht wird. Zum Evidence-based Management gehört es daher auch, die verwendete Handlungstheorie explizit auf Papier zu bringen, entweder als formalisiertes Modell – was in der Praxis oft auf Ablehnung stößt – oder durch die Formulierung von Hypothesen.

### Test des Modells

Da für das Modell in dem beschriebenen Projekt keine verwendbare Evidenz vorhanden ist, muss sie geschaffen werden. Dafür gibt es mehrere Möglichkeiten. Im konkreten Fall entscheidet sich das Team für einen Test, einen Pilotversuch. Es werden zwei der 24 Zweigstellen derart ausgewählt, dass sie die Unterschiedlichkeit der Zweigstellen maximal repräsentieren. Im konkreten Fall erwarten die Team-Mitglieder in der ersten Zweigstelle eine relativ kooperative Kultur, während sie in der zweiten Zweigstelle eher mit Widerständen rechnen. Damit wird auch der Unterschied zu herkömmlichen Pilotprojekten deutlich. Während Pilotprojekte mit einem besonderen Eifer betrieben werden, um sie zu einem Erfolg zu führen und um allenfalls einzel-

> Manager, die selbst nicht am Unternehmen beteiligt sind, haben oft kein großes Interesse an Evidence-based Management.

---

### Zusammenfassung

- Um sicherzugehen, dass eine Maßnahme Erfolg versprechend ist, können Manager auf wissenschaftliche Evidenz zurückgreifen.
- Ist solche Evidenz für den spezifischen Kontext nicht verfügbar, können Unternehmen selbst Testprojekte nach wissenschaftlichen Kriterien durchführen.
- Die Prinzipien des Evidence-based Managements bieten sich auch als neues und mächtiges Instrument der Corporate Governance sowie als Auswahlkriterium für externe Berater an.

Eigentümervertreter können Management-Entscheidungen besser bewerten, wenn diese auf Basis wissenschaftlicher Erkenntnisse getroffen wurden.

ne mögliche Probleme frühzeitig beheben zu können, wird der Test in diesem Fall rein unter dem Aspekt betrieben, wissenschaftliche Erfahrungswerte zu gewinnen und damit die Unsicherheiten zu reduzieren (vergleiche Lehner 1996). Ein Scheitern des Modells ist als Ergebnis genauso wertvoll wie dessen Bestätigung. Daher wird für den Test die Unsicherheit über Erfolg und Misserfolg gezielt maximiert, einerseits durch die beschriebene Auswahl der Testobjekte, andererseits indem man mechanisch dem Modell folgt.

### Analyse und Interpretation

Je klarer am Beginn des Prozesses die Kriterien für Erfolg und Misserfolg definiert wurden, desto leichter fallen die Analyse und die Interpretation der Ergebnisse. Besonders bei kleineren Untersuchungen tritt aber häufig der Fall ein, dass die Daten nicht ausreichen, um eindeutig von Erfolg oder Misserfolg zu sprechen. In der Forschung würde man in solchen Fällen weitere wissenschaftliche Belege und daher weitere Untersuchungen fordern. Die Praxis gestattet dies aus Kosten- und vor allem Zeitgründen oft nicht. Jedoch sind die so weit generierten Ergebnisse in einem solchen Fall alles andere als nutzlos. Je reichhaltiger vielmehr die gewonnenen Informationen sind, das heißt, je mehr die quantitativen Ergebnisse durch qualitative Hintergrundinformationen ergänzt sind und dadurch besser interpretierbar

*„Fast immer muss die empirische Evidenz, auf der die Management-Entscheidung basieren soll, erst geschaffen werden."*

werden, desto wertvoller sind sie auch, weil daraus weitere Schlüsse über erfolgreiche und weniger erfolgreiche Fälle gezogen werden können. So verzögerte sich im beschriebenen Projekt die Umsetzung der Maßnahmen in einer der Zweigstellen um einige Wochen und es kündigten zwei wichtige Mitarbeiter. Die Ursachenanalyse zeigte, dass zentrale Mitarbeiter bei Informationssitzungen nicht anwesend gewesen waren. Die Projektleiterin gab also für die weitere Implementierung die Devise aus, dass bei den entscheidenden Terminen alle betroffenen Mitarbeiter anwesend sein müssen. Das Projekt wurde schließlich ein voller Erfolg, und die neuen Arbeitsprozesse wurden ohne große Schwierigkeiten akzeptiert. Wenn das Management also feststellt, dass Bedingungen, die bei erfolgreichen Projekten geherrscht haben, generell herstellbar sind, wird es sich für die Weiterführung eines Projektes entscheiden.

### Welche Methoden kommen infrage?

Testprojekte wie im obigen Beispiel bieten sich nicht immer als Möglichkeit an. Viele Management-Maßnahmen können nur ganz oder gar nicht durchgeführt werden. Grundsätzlich kommen als Alternative alle Arten sozialwissenschaftlicher Methoden in Betracht, die hier nicht aufgearbeitet werden können und sollen (vergleiche für einen Überblick Lehner/Farthofer 2012).

All diese Methoden simulieren in der einen oder anderen Form einzelne zentrale Aspekte einer Management-Maßnahme, um daraus Evidenz zu generieren. Die Simulation kann über Befragungen (Interviews, Fragebögen, Fokus-Gruppen et cetera), Laborversuche oder auch Computersimulationen erfolgen. Insbesondere das Potenzial von Letzteren blieb in der Management-Praxis bisher weitgehend ungenutzt. Denn einerseits sind dafür besondere Kompetenzen und ein nicht zu unterschätzender Aufwand nötig, und andererseits ist vor allem der Glaube der Manager an die Relevanz der so gewonnenen Ergebnisse gering. Allerdings scheint sich bei zunehmender Komplexität und Dynamik der Entwicklungen auch die Bereitschaft der Manager, sich mit formalen Modellen auseinanderzusetzen, in den letzten Jahren zu erhöhen. Gerade die zunehmende Verfügbarkeit von Daten („Big Data") und empirischer Evidenz verlangt nach sinnstiftenden Methoden. So erweist es sich bereits als schwierig, intuitiv von laufenden Eingangsdaten (etwa eingehende Kundenanfragen pro Stunde) und Ausgangsdaten (zum Beispiel erledigte Aufträge pro Stunde) auf die aktuelle Belastung des Betriebs zu schließen. In diesem Fall ist eine Simulation der Systemdynamik angezeigt (Vancouver/Weinhardt 2012).

## Neue Kriterien für Berater

Teil der Legitimität von Beratern war immer schon ihre Erfahrung aus früheren Projekten in anderen Firmen – in anderen Worten ihr Anspruch, dass ihre Hilfestellung auch auf Evidenz basiert, welche sie in anderen Firmen gewonnen haben. Leider beschränkt sich die Nachvollziehbarkeit dieser Evidenz für den Firmenklienten fast immer auf die Referenzliste des Beraters. Der Kunde erfährt nichts über Erfolge oder Misserfolge der Beraterkonzepte, was umso schwerer wiegt, je standardisierter die Konzepte großer Beratungsfirmen auf einzelne Kunden angewendet werden. Evidence-based Management bietet sich als neues Selektionsinstrument zur Auswahl von Beratungsfirmen an. Kriterien dafür wären folgende:

- Inwieweit basieren die Konzepte des Beraters auf verfügbaren Studienergebnissen?
- Inwieweit hat der Berater selbst dafür gesorgt, dass seine Konzepte durch wissenschaftliche Erfahrungswerte untermauert sind, und inwieweit ist dies nachvollziehbar dokumentiert?
- Inwieweit unterstützt der Berater den Kunden bei der Schaffung neuer empirischer Evidenz?

## Neue Chancen der Corporate Governance

Aus verschiedenen Gründen ist das Management, soweit nicht selbst am Unternehmen beteiligt, häufig wenig daran interessiert, seine Entscheidungen nach den Prinzipien des Evidence-based Managements zu treffen. Auch legt es in der Regel keinen besonderen Wert darauf, dass seine externen Berater entsprechend arbeiten. Dies liegt hauptsächlich daran, dass für Evidence-based Management die Ziele der geplanten Maßnahmen, die Messkriterien für deren Erfolg oder Misserfolg und die hinter den geplanten Maßnahmen

Evidence-based Management als Prozess ist auch eine Gelegenheit für organisationales Lernen.

stehenden Überlegungen explizit und verbindlich beschrieben werden müssen und dies die Führungskräfte zu einer Transparenz zwingt, die sie auch potenzieller Kritik aussetzt. Auch werden Berater oft nur wegen ihres großen Namens engagiert und um ansonsten schwer durchsetzbare Veränderungen zu legitimieren. Das einzig mögliche Korrektiv gegenüber solchen Interessenverzerrungen der Agenten ist ein entsprechendes Monitoring durch die Eigentümervertreter, speziell durch den Aufsichtsrat. Die Forderung, die Wirksamkeit von Maßnahmen durch empirische Evidenz nachzuweisen, gibt gerade dem Aufsichtsrat ein mächtiges Instrument an die Hand und macht Management-Entscheidungen für ihn nachvollziehbar.

Der Zwang, Handlungsmodelle explizit zu formulieren und in formalen Testprojekten zu überprüfen, kann für Unternehmen auch eine weitere Chance bedeuten. Da es sich bei den daraus gewonnenen Erfahrungswerten um „Local Evidence" handelt, wird spezifisches organisationales Lernen möglich und es können nicht imitierbare Ressourcen und Fähigkeiten eigenständig im Unternehmen entwickelt werden – ein Nebeneffekt, der sich manchmal auch als Haupteffekt erweist. Im Unterschied dazu kann die Orientierung an allgemein verfügbarer Evidenz sogar Wettbewerbsvorteile gefährden.

*Literatur*

Latham, G. P. (2009): Becoming the Evidence-Based Manager, Boston.

Lehner, J. M. (1996): Implementierung von Strategien. Konzeption unter Berücksichtigung von Unsicherheit und Mehrdeutigkeit, Wiesbaden.

Lehner, J. M./Farthofer, A. (2012): Evidenzbasiertes Management. Methoden und Kompetenzen der Organisationsanalyse, Wien.

Rousseau, D. M. (2006): Is There Such a Thing as 'Evidence-Based Management'?, in: Academy of Management Review 31(2), S. 256-269.

Vancouver, J. B./Weinhardt, J. M. (2012): Modeling the Mind and the Milieu: Computational Modeling for Micro-Level Organizational Researchers, in: Organizational Research Methods 15 (4), S. 602-623.

 Weitere Empfehlungen der Verlagsredaktion aus www.springerprofessional.de zu:

🔍 **evidenzbasiertes Management**

Dörr, S./Schmidt-Huber, M./Maier, G. W. (2012): LEAD – Entwicklung eines evidenzbasierten Kompetenzmodells erfolgreicher Führung, in: Grote, S. (Hrsg.): Die Zukunft der Führung, Berlin Heidelberg, S. 415-435.

Gust von Loh, S. (2009): Evidenzbasiertes Wissensmanagement, Wiesbaden.

# Wenn eindeutige Antworten fehlen

Der Zusammenhang zwischen Ökologieorientierung und Unternehmenserfolg ist bislang ungeklärt, obwohl sich zahlreiche empirische Studien intensiv mit dieser Frage beschäftigen. Die betriebliche Praxis braucht jedoch klare und generalisierbare Aussagen von der Wissenschaft. Hier kann eine Metaanalyse der bisherigen Befunde Abhilfe schaffen.

*Jan Endrikat*

Umwelt- und Sozialthemen gewinnen in den letzten Jahren für die Unternehmen zunehmend an Bedeutung. Dies belegt auch eine weltweite Umfrage unter 1.000 CEOs. 93 Prozent der Befragten gaben an, dass für sie Nachhaltigkeit im Sinne einer Integration von Umwelt- und Sozialbelangen in betriebliche Entscheidungsprozesse und in die Unternehmensstrategie einen wesentlichen Erfolgsfaktor für den zukünftigen Unternehmenserfolg darstellt (vergleiche UNGC/Accenture 2013). Doch rechnet sich ein ökologieorientiertes Management für Unternehmen tatsächlich?

In der betriebswirtschaftlichen Forschung wird die Frage „Does it pay to be green?" seit mehr als 40 Jahren intensiv untersucht (vergleiche zum Beispiel Bragdon/Marlin 1972; Hart/Ahuja 1986; King/Lennox 2001). Über 300 empirische Untersuchungen liegen mittlerweile vor. Trotz der der anhaltenden Beschäftigung mit dem Thema konnte die Frage bisher nicht eindeutig beantwortet werden. Die regelmäßig neu erscheinenden Studien gelangen immer wieder zu unterschiedlichen, ja widersprüchlichen Resultaten. Der Zusammenhang zwischen Ökologieorientierung und Unternehmenserfolg hat sich deshalb zum „heiligen Gral" der einschlägigen Forschungsgemeinschaft entwickelt (vergleiche Peloza 2009). Ähnliche Probleme treten in der Forschung auch bei anderen Fragestellungen auf, wie zum Beispiel bei der Frage nach dem Zusammenhang zwischen Ressourcenüberschuss und Unternehmenserfolg (vergleiche Greenley/Okemgil 1998). Ja sogar bezüglich der Frage nach der Gültigkeit von Prämissen ganzer Theorien (vergleiche beispielsweise Newbert 2007 zum ressourcenorientierten Ansatz).

*„Die regelmäßig neu erscheinenden Studien gelangen immer wieder zu unterschiedlichen, ja widersprüchlichen Resultaten."*

Das bringt die Verfechter eines Evidence-based Managements, die Management-Entscheidungen auf einer validen Basis wissenschaftlicher Erkenntnisse propagieren, in ein Dilemma (vergleiche Kuckertz 2012; Rousseau 2006). Zwar liegt eine breite Studienbasis zur Frage nach dem Wertbeitrag eines ökologieorientierten Managements vor und stimmt optimistisch, doch können entsprechende Implikationen für die betriebswirtschaftliche Praxis nicht abgeleitet werden. Eine Forschungsmethode, die geeignet ist, bestehende empirische Befunde mittels einer statistisch validen Aufbereitung zusammenzufassen, kann hier helfen.

## Metaanalyse als Forschungsmethode

Liegt eine gewisse Menge an empirischen Untersuchungen zu einer spezifischen Fragestellung vor, kann der verfügbare Wissensstand mittels eines systematischen Literaturüberblicks (narratives Review) zusammengefasst werden. Dies ist auch in der Management-Forschung üblich. So lassen sich durch die Synthese einzelner Studienergebnisse generalisierbare Aussagen ableiten und Unklarheiten im Forschungsstand beseitigen. Auch zu der Frage nach dem Wertbeitrag eines ökologieorientierten Managements wurden

*Dr. Jan Endrikat*
*ist wissenschaftlicher Mitarbeiter*
*(Post-Doc) am Lehrstuhl für Betriebliches*
*Rechnungswesen/Controlling an der*
*TU Dresden.*

Jan Endrikat
TU Dresden, Dresden, Deutschland
E-Mail: jan.endrikat@tu-dresden.de

Metaanalysen sind eine effektive Methode, allgemeingültige wissenschaftliche Erkenntnisse zu generieren.

mittlerweile – motiviert durch die Divergenz einzelner Untersuchungsergebnisse – mehrere Überblicksarbeiten in Form von narrativen Reviews verfasst und publiziert (vergleiche zum Beispiel Ambec/Lanoie 2008; Molina-Azorín et al. 2009). Allerdings gelang es den Autoren dieser Arbeiten nicht, die Fragestellung eindeutig zu beantworten. Als Fazit blieb: Die empirischen Befunde sind uneinheitlich. Grund für dieses unbefriedigende Ergebnis sind die Grenzen der gewählten Methode. Narrative Reviews sind zwar durchaus geeignet, den aktuellen Forschungsstand zu einer bestimmten Thematik aufzuarbeiten, zu verdichten und offene Forschungsfragen herauszuarbeiten. Die Integration bisheriger Ergebnisse erfolgt jedoch „nur" auf der sprachlichen Ebene, wobei auf eine quantitative Zusammenfassung auf der Ebene statistischer Indikatoren verzichtet wird (vergleiche Bortz/Döring 2006).

Einen anderen Ansatzpunkt, bestehende empirische Befunde zu synthetisieren, bietet die Methode der Metaanalyse. Metaanalysen basieren auf einer Zusammenfassung empirischer Einzelergebnisse, die quantitativen statistischen Methoden folgt, und erlauben die Schätzung eines Gesamteffekts. Dieser weist im Vergleich zu statistischen Schätzungen von Einzelstudien eine höhere Teststärke auf. Metaanalysen haben sich vor allem im Bereich der Medizin als Standardmethode etabliert. Mittlerweile wächst ihre Bedeutung auch in der Management-Forschung stetig. Die Methode gilt insbesondere dann als geeignetes Instrument, wenn das Ziel verfolgt wird, empirische Studien möglichst generalisierbar zusammenzufassen.

Die Methode hat gegenüber narrativen Reviews den Vorteil, dass vorliegende Forschungsergebnisse objektiver, weil auf Basis statistischer Verfahren, zusammengefasst werden können. Mittels Gewichtungsverfahren können zudem auch Aspekte wie die unterschiedlichen Erhebungsumfänge und Verlässlichkeiten der Studien in die Schätzung des Gesamteffektes einfließen. Außerdem erlaubt die Methode, systematisch Gründe zu analysieren, ob und warum es zwischen den verfügbaren empirischen Ergebnissen Unterschiede gibt und welche Kontextfaktoren eine Rolle spielen. Aufgrund der

*„Durch die Synthese einzelner Studienergebnisse lassen sich generalisierbare Aussagen ableiten und Unklarheiten im Forschungsstand beseitigen."*

genannten Vorzüge sind Metaanalysen für ein Evidence-based Management ein wirkungsvolles Instrument und können helfen, die oft beklagte Kluft zwischen akademischer Strenge und praktischer Relevanz zu überwinden (vergleiche Kuckertz 2012). Da Metaanalysen geeignet sind, auch innerhalb verstreuter oder gar widersprüchlicher Forschungsergebnisse Muster aufzudecken und somit Konsens in Bezug auf bestimmte Fragestellungen zu etablieren, sind sie sehr hilfreich, wenn es darum geht, Management-Entscheidungen stärker faktenbasiert zu treffen. Mit anderen Worten: Mithilfe von Metaanalysen werden der Unternehmenspraxis auf breitest möglicher empirischer Basis allgemeingültige Erkenntnisse für verbesserte Entscheidungen verfügbar gemacht.

## Wie Metaanalysen Klarheit schaffen können

Auch die Frage „Does it pay to be green?" konnte mithilfe der Methode der Metaanalyse letztlich beantwortet werden. Die umfassendste vorliegende Metaanalyse, die auf der Zusammenfassung von 201.511 Einzelbeobachtungen basiert, zeigt einen positiven und signifikanten Zusammenhang zwischen Ökologieorientierung und Unternehmenserfolg (vergleiche hier und im Folgenden Endrikat/Guenther/Hoppe 2014). Im Allgemeinen gilt also „It pays to be green".

Dieser Zusammenhang erweist sich als robust im Hinblick auf verschiedene methodische Einflussfaktoren. Dazu zählen beispielsweise die jeweils in den Untersuchungsmodellen verwendeten Kontrollvariablen oder der Untersuchungszeitraum. Dagegen zeigen sich Unterschiede in Stärke und Signifikanz des Zusammenhangs zum einen in Bezug auf die jeweils untersuchten Aspekte der Ökologieorientierung und zum anderen im Hinblick auf die verwendeten Maße für den Unternehmenserfolg. Werden zur Bestimmung der Ökologieorientierung operative, das heißt ergebnisorientierte Maße genutzt, sehen die Ergebnisse anders aus als bei der Verwendung von strategischen, also prozessbezogenen Maßen. Rechnungswesenbasierte Maße wie zum Beispiel Kapitalrentabilität kennzeichnen den Zusammenhang zum Unternehmenserfolg anders als kapitalmarktbasierte Maße wie beispielsweise Aktienrenditen. Auch die jeweils unterstellte Kausalitätsrichtung, also die Art des Ursache-Wirkungs-Zusammenhangs, ist von Bedeutung. Einige Studien untersuchen, ob eine Ökologieorientierung sich positiv auf den Unternehmenserfolg auswirkt, andere ob ein Einfluss des Unternehmenserfolges auf die Ökologieorientierung besteht. Hier erweist sich die Wirkung von Ökologieorientierung auf den Unternehmenserfolg als signifikanter.

Insgesamt zeichnen die Analyse der Daten und die Interpretation der genannten Ergebnisse das Bild eines sich selbst verstärkenden Kreislaufs: Finanziell erfolgreiche Unternehmen können die notwendigen Ressourcen bereitstellen, um eine Ökologieorientierung umzusetzen. Diese wiederum wirkt sich positiv auf den Unternehmenserfolg aus. Je proaktiver im Sinne von antizipierenden und vorbeugenden Maßnahmen und Strategien ein Unternehmen eine Umweltorientierung verfolgt, desto stärker wird der Zusammenhang von Umweltorientierung und Unternehmenserfolg sichtbar. Reaktive oder eher defensive Ansätze wirken sich weniger positiv aus.

Eine Schwierigkeit, der sich die Methode der Metaanalyse gegenübersieht, besteht darin, dass die Ergebnisse natürlich von der jeweilig vorhandenen Studienbasis abhängen. Dies bringt das mögliche Problem des sogenannten „Publikationsbias", einer gewissen Verzerrung, ins Spiel. Positive beziehungsweise signifikante Ergebnisse werden demnach eher publiziert als negative beziehungsweise nicht-signifikante Ergebnisse (vergleiche zum Beispiel Bortz/Döring 2006). Damit würden dann aber auch die Ergebnisse einer Metaanalyse positiv verfälscht. Eine Möglichkeit, dieses Problem zu adressieren, besteht darin zu berechnen, wie viele Studien mit nicht-signifikanten Ergebnissen nötig wären, damit der in der Metaanalyse berechnete Zusammenhang nicht mehr signifikant wäre (sogenannter fail-safe N).

> Evidence-based Management kann Metaanalysen als Entscheidungsgrundlage für die Praxis nutzen.

---

### Zusammenfassung

- Widersprüchliche Ergebnisse in empirischen Studien sind für die Praxis problematisch, weil sie generalisierbare Aussagen und somit Handlungsempfehlungen erschweren oder gar verhindern.
- Hier schafft die Methode der Metaanalyse Abhilfe. Sie ermöglicht allgemeingültige und kontextspezifische Erkenntnisse auf breitest möglicher empirischer Basis.
- Damit schafft sie eine valide Grundlage für ein Evidence-based Management, wie beispielsweise die Auswertung der Studien zur Frage nach dem Zusammenhang zwischen Ökologieorientierung und Unternehmenserfolg zeigt.

Im Falle des Zusammenhangs zwischen Ökologieorientierung und Unternehmenserfolg konnte gezeigt werden, dass über 10.000 nicht-signifikante zusätzliche Beobachtungen nötig wären, um den gezeigten Zusammenhang infrage zu stellen.

Während also die bisherigen narrativen Reviews zum Zusammenhang zwischen Ökologieorientierung und Unternehmenserfolg zwar zweifellos nicht ohne Erkenntniswert sind, blieben sie bei der Schlussfolgerung recht unentschieden. Eine Generalisierung für die Praxis war so nicht möglich. Im Gegensatz dazu liefert die metaanalytische Zusammenfassung bisheriger empirischer Befunde eine eindeutige Antwort auf die Forschungsfrage und zeigt Muster auf, die die abweichenden Ergebnisse der Primärstudien erklären und interpretieren lassen.

## Schlussbetrachtung

Nur generalisierbare wissenschaftliche Erkenntnisse machen es möglich, als Basis eines Evidence-based Managements Implikationen für die betriebliche Praxis abzuleiten. Am Beispiel der Frage nach dem Wertbeitrag eines ökologieorientierten Managements wird deutlich, wie Metaanalysen dazu beitragen können, insbesondere beim Vorliegen widersprüchlicher Studienergebnisse solche generalisierbaren Erkenntnisse zu generieren. Sie sind deshalb ein geeignetes und wirkungsvolles Instrument, um die häufig kritisierte Kluft zwischen Forschung und Praxis zu überwinden. Während empirische Einzelstudien aufgrund ihrer Beschränkungen und ihrer starken Kontextabhängigkeit nur bedingt für die Praxis generalisierbare Ergebnisse hervorbringen können, erlauben Metaanalysen, wissenschaftlich fundierte Grundlagen für Entscheidungen zu schaffen. Im konkreten Anwendungsfall lässt sich für die Praxis festhalten, dass wirtschaftlich erfolgreiche Unternehmen durchaus einen Teil ihrer Ressourcen dafür verwenden sollten, im Unternehmen einer

> Die Kluft zwischen betriebswirtschaftlicher Forschung und Praxis kann verringert oder überwunden werden.

*„Mittlerweile wächst die Bedeutung von Metaanalysen auch in der Management-Forschung stetig."*

proaktiven Ökologieorientierung zur Durchsetzung zu verhelfen, da diese eindeutig einen Erfolgsfaktor für den weiteren wirtschaftlichen Erfolg darstellt. Dass es dabei durchaus zeitliche Verzögerungen geben kann, dass sich also der finanzielle Erfolg einer stärkeren Ökologieorientierung erst nach einer gewissen Zeit zeigt, sollte dabei nicht als Hemmnis gelten. Wie das Controlling dabei helfen kann, Ökologieorientierung im Unternehmen erfolgreich durchzusetzen und zu steuern, womit sich die Frage „Does it pay to be green" zur Frage „How does it pay to be green?" weiterentwickelt, wird zurzeit zunehmend in der Forschung diskutiert und untersucht.

*Literatur*

Ambec, S./Lanoie, P. (2008): Does It Pay to Be Green? A Systematic Overview, in: Academy of Management Perspectives, 22 (4), S. 45-62.

Bortz, J./Döring, N. (2006): Forschungsmethoden und Evaluation für Human- und Sozialwissenschaftler, 4. Auflage, Berlin.

Bragdon, J. H./Marlin, J. A. T. (1972): Is Pollution Profitable?, in: Risk Management, 19 (4), S. 9-18.

Endrikat, J./Guenther, E./Hoppe, H. (2014): Making Sense of Conflicting Empirical Findings: A Meta-Analytic Review of the Relationship Between Corporate Environmental and Financial Performance, in: European Management Journal, 32 (5), S. 735-751.

Greenley, G./Okemgil, M. (1998): A Comparison of Slack Resources in High and Low Performing British Companies, in: Journal of Management Studies, 35 (3), S. 377-398.

Hart, S. L./Ahuja, G. (1996): Does It Pay to Be Green? An Empirical Examination of the Relationship Between Emission Reduction and Firm Performance, in: Business Strategy and the Environment, 5 (1), S. 30-37.

King, A. A./Lenox, M. J. (2001): Does It Really Pay to Be Green? An Empirical Study of Firm Environmental and Financial Performance, in: Journal of Industrial Ecology, 5 (1), S. 105-116.

Kuckertz, A. (2012): Evidence-Based Management – Mittel zur Überbrückung der Kluft von akademischer Strenge und praktischer Relevanz?, in: Schmalenbachs Zeitschrift für betriebswirtschaftliche Forschung, 64 (7), S. 803-827.

Molina-Azorín, J. F./Claver-Cortés, E./López-Gamero, M. D./Tarí, J. J. (2009): Green Management and Financial Performance: A Literature Review, in: Management Decision, 47 (7), S. 1080-1100.

Newbert, S. L. (2007): Empirical Research on the Resource-Based View of the Firm: An Assessment and Suggestions for Future Research, in: Strategic Management Journal, 28 (2), S. 121-146.

Peloza, J. (2009): The Challenge of Measuring Financial Impacts from Investments in Corporate Social Performance, in: Journal of Management, 35 (6), S. 1518-1541.

Rousseau, D. M. (2006): Is There Such a Thing as 'Evidence-Based Management'?, in: Academy of Management Review, 31 (2), S. 256-269.

United Nations Global Compact/Accenture (2013): Architects of a Better World, The UN Global Compact-Accenture CEO Study on Sustainability, New York.

# A Reader's Guide to Evidence-Based Management

As the idea of evidence-based practice may be quite new to many practitioners, a carefully selected list of suggested literature may be helpful for those who would like to learn more about it. The Center for Evidence-Based Management provides such a list. This reader's guide gives an overview of its most relevant publications.

*Eric Barends*

In the past 10 years, a large number of articles and books have been published related to evidence-based practice in the field of management. The concept of evidence-based practice, however, has evolved over time and as a result some of these publications may be out of date or no longer accurate. This reader's guide provides a succinct overview of the most relevant publications. Its purpose is not only to support readers who are unfamiliar with evidence-based practice in management, but also those who are already sold on the concept and wish to deepen their understanding of specific aspects. Needless to say that this guideline is based only on my professional knowledge of the topic, which, although extensive, may be biased and incomplete. All the publications in this overview (with the exception of books) plus further publications on all of the following topics are freely downloadable from the website of the Center for Evidence-Based Management (www.cebma.org/articles).

## The basic principles

For those who are unfamiliar with the concept, the best starting point is the booklet **"Evidence-Based Management: The Basic Principles"** (Barends/Rousseau/Briner 2014). This booklet explains in plain and simple English what evidence-based management is, why we need it, what counts as evidence, why evidence always needs to be critically appraised, and what the common misconceptions are. In addition, several examples of how evidence-based practice can help managers make better decisions are provided. Another good starting point is **"Becoming an Evidence-Based HR Practitioner"** (Rousseau/Barends 2011). This paper presents a step-by-step approach to becoming an evidence-based manager, from getting started to integrating evidence-based decision-making into day-to-day management activities. Its key message is that the major issue of evidence-based management is not so much that practitioners lack scientific knowledge, but rather that there is an absence of a critical mindset. The paper was originally written for human resource managers, but also applies to other management areas.

A relevant paper that was, in fact, one of the first publications on evidence-based practice in management is **"Evidence-Based Management"** by Stanford professors Jeffrey Pfeffer and Bob Sutton (Pfeffer/Sutton 2006a). This paper was published in 2006 in the "Harvard Business Review" and is based on their best-selling book **"Hard Facts, Dangerous Half-Truths, and Total Nonsense"** (Pfeffer/Sutton 2006b). It is written in a clear and entertaining style and contains numerous examples of how companies ignore the scientific evidence and, as a result, have spent millions of dollars on practices that are ineffective. Both the paper and the book, however, suffer from a rather limited definition of evidence-based practice.

## Evidence from experience

Evidence-based practice is about making decisions through the conscientious, explicit, and judicious use of the best available evidence from multiple sources, including professional experience. Evidence from experience,

*Eric Barends, Ph. D.*
*is the managing director of the Center for Evidence-Based Management (CEBMa). He frequently runs training courses on this topic and serves as a visiting lecturer at universities and business schools.*

Eric Barends
Center for Evidence-Based Management (CEBMa), Amsterdam, Netherlands
Email: e.barends@cebma.org

however, can be highly susceptible to systematic errors – cognitive and information-processing limits make us prone to biases that have negative effects on the quality of the decisions we make. An important publication on this subject is **"Thinking, Fast and Slow"** (Kahneman 2011). In this book, Daniel Kahneman, a Nobel Prize-winning behavioral economist, explains the theory of "System one" and "System two" thinking. The book helps to develop an understanding of how both systems work and makes you aware of the biases inherent in System one. A good overview of the most common biases that are particularly relevant in the context of management and business is provided in the book **"The Art of Thinking Clearly"** (Dobelli 2013).

## Evidence from the organziation

Another source that should always be consulted when making an evidence-based decision is evidence (data and facts and figures) gathered from the organization itself. Nowadays, an increasing number of organizations use statistical techniques to analyze organizational data to identify correlations or build predictive models to support decision-making. The literature on data analytics is massive, but a good introduction to the use of organizational data is the October 2012 issue of the "Harvard Business Review" that is entirely dedicated to the subject. Especially worth reading are **"Making Advanced Analytics Work for You"** (Barton/Court 2012) and **"Big Data: The Management Revolution"** (McAfee/Brynjolfsson 2012). Other, more general introductions on data analytics are Ian Ayres' book **"Super Crunchers: Why Thinking-By-Numbers is the New Way To Be Smart"** (Ayres 2008) and Nate Silver's **"The Signal and the Noise: Why So Many Predictions Fail – but Some Don't"** (Silver 2012).

## An academic perspective

In academia, the term evidence-based management was first introduced by Denise Rousseau in 2005, during her presidential address to the Academy of Management: **"Is There Such a Thing as 'Evidence-Based Management'?"** In the eponymous article published the following year, Rousseau called attention to the huge gap between science and practice, and that management decisions and interventions are thus often based on personal experience, intuition, or popular management models, rather than on the results of scientific research (Rousseau 2006). Since then a large number of academic papers have been published. A relevant paper that was published in 2007 is **"Evidence-Based Management: Concept Cleanup**

**Time?"** (Briner/Denyer/Rousseau 2009). This paper identifies and clarifies a number of common misconceptions about evidence-based practice in management. In addition, the recently published paper **"Evidence-Based Practice: The Psychology of EBP Implementation"** provides an excellent review of the research on evidence-based practice implementation and identifies critical underlying psychological factors facilitating and impeding its use (Rousseau/Gunia 2015).

## The great divide

It is widely assumed that managers fail to apply findings from research into practice, and as a result management decisions are not based on the best available evidence. The discussion of this phenomenon, also referred to as the "practice knowledge gap", goes back to at least 1949 (Merton 1949) and has been a trending topic in the management literature for almost two decades. As a result, a total of ten special issues of leading academic journals were devoted to this topic, with the most comprehensive being the authoritative "Academy of Management Journal". In the editor's foreword **"Tackling the Great Divide"** the implications for evidence-based practice in management are discussed (Rynes 2007).

There is indeed substantial evidence suggesting that most managers pay little to no attention to scientific evidence, instead relying on less trustworthy evidence, such as personal experience and judgment. The most significant research paper demonstrating this gap, entitled **"HR Professionals' Beliefs About Effective Human Resource Practices: Correspondence Between Research and Practice"** showed large discrepancies between what practitioners think is effective and what the current scientific research shows (Rynes/Colbert/Brown 2002).

## Learning from medicine

The concept of evidence-based practice originated in the field of medicine over 20 years ago. In 1992, Gordon Guyatt and David Sackett – together with a group of 30 other physicians – published the seminal article **"Evidence-Based Medicine: A New Approach to Teaching the Practice of Medicine"** (Evidence-Based Medicine Working Group 1992). The article argued that the education of doctors needed to be problem- and evidence-based (instead of knowledge- and teacher-based), and should focus on skills required to make independent judgments about the reliability of evidence. Probably the best overview of how evidence-based practice became the professional standard in medicine is provided in Jean Daly's book

"**Evidence-Based Medicine and the Search for a Science of Clinical Care**" (Daly 2005). A shorter and more personal account is provided in "**Teaching Evidence-Based Practice: Lessons from the Pioneers**" (Barends/Briner 2014). In this paper, two founders of evidence-based medicine – Gordon Guyatt and Amanda Burls – are interviewed to learn what lessons the development, dissemination, and implementation of evidence-based medicine might hold for evidence-based management. The most important point in both the book and the article is that evidence-based practice is not just about skills and knowledge, but about an inquiring mind that appreciates the difference between trustworthy and less trustworthy evidence.

## Systematic reviews and methodology

From the start of the evidence-based practice movement it was recognized that not every practitioner would have the skills and knowledge to search for and critically appraise scientific evidence. For this reason, the movement promoted production and dissemination of pre-appraised evidence summaries such as systematic reviews that enable practitioners to quickly consult the best available scientific evidence on issues of concern. A good introduction on this topic is "**Systematic Reviews From Astronomy to Zoology: Myths and Misconceptions**" (Petticrew 2001). For those who aspire to conduct a systematic review themselves an important source is "**Systematic Reviews in the Social Sciences: A Practical Guide**" (Petticrew/Roberts 2006).

## Teaching evidence-based practice

The Evidence-Based Medicine Working Group that started the evidence-based practice movement strongly believed in the power of education. For this reason, evidence-based practice was first developed as a teaching method in which medical students' practical questions and problems were taken as a starting point, and the findings of research were used to support clinical decision-making. In the past decades, this teaching method was embraced by a large number of schools and universities both inside and outside the domain of medicine. The best starting point for reading about teaching evidence-based practice in the field of management would be the special issue of the "Academy of Management Learning and Education" that was published in 2014. In the editor's foreword "**Change the World: Teach Evidence-Based Practice**" (Rynes/Rousseau/Barends 2014), a summary is provided of all the contributions in the issue.

## Finally

It should be noted that since the introduction of evidence-based medicine in the early 1990s, many professions have embraced its basic principles as an effective approach to practice and learning. As a result, we now have evidence-based architecture, conservation, criminology, design, economics, education, marketing, nursing, philanthropy, policing, public policy, and social work. With only slight exaggeration it can be said that evidence-based decision-making has become emblematic of what it means to be a professional in many fields. Whatever the context or the issue at hand, it all comes down to the same principles. For this reason, the concept of evidence-based medicine was broadened to evidence-based practice in 2012, thus emphasizing that "evidence-based practitioners may share more attitudes in common with other evidence-based practitioners than with non-evidence-based colleagues from their own profession who do not embrace an evidence-based paradigm" (Dawes et al. 2005). This means that relevant literature on various aspects of evidence-based practice can also be found in other domains.

*Literature*

Ayres, I. (2008): Super Crunchers: Why Thinking-By-Numbers is the New Way to Be Smart, New York.

Barends, E./Briner, R. B. (2014): Teaching Evidence-Based Practice: Lessons From the Pioneers. An Interview with Amanda Burls and Gordon Guyatt, in: Academy of Management Learning & Education, Volume 13 (3), pp. 476-483.

Barends, E/Rousseau, D. M./Briner, R. B. (2014): Evidence-Based Management: The Basic Principles, Amsterdam.

Barton, D./Court, D. (2012): Making Advanced Analytics Work for You, in: Harvard Business Review, Volume 90 (10), pp. 78-83.

Briner, R. B./Denyer, D./Rousseau, D. M. (2009): Evidence-Based Management: Concept Cleanup Time? in: The Academy of Management Journal, Volume 23 (4), pp. 19-32.

Daly, J. (2005): Evidence-Based Medicine and the Search for a Science of Clinical Care, Berkeley.

Dawes, M./Summerskill, W./Glasziou, P./Cartabellotta, A./Martin, J./Hopayian, K./Porzsolt, F./Burls, A./Osborne, J. (2005): Sicily Statement on Evidence-Based Practice, in: BMC Medical Education, Volume 5 (1), p. 1.

Dobelli, R. (2013): The Art of Thinking Clearly, New York.

Evidence-Based Medicine Working Group (1992): Evidence-Based Medicine: A New Approach to Teaching the Practice of Medicine, in: Journal of the American Medical Association, Volume 268 (17), pp. 2420-2425.

Kahneman, D. (2011): Thinking, Fast and Slow, London.

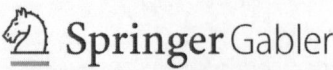

McAfee, A./Brynjolfsson, E. (2012): Big Data: The Management Re-
volution, in: Harvard Business Review, Volume 90 (10), pp. 61-68.

Merton, R. K. (1949): On Sociological Theories of the Middle Range, in:
Merton, R. K.: Social theory and social structure, New York, pp. 39-53.

Petticrew, M. (2001): Systematic Reviews, from Astronomy to Zoology: Myths and Misconceptions, in: British Medical Journal, Volume 322, pp. 98-101.

Petticrew, M./Roberts, H. (2006): Systematic Reviews in the Social
Sciences: A Practical Guide, Oxford.

Pfeffer, J./Sutton, R. I. (2006a): Evidence-Based Management, in:
Harvard Business Review, Volume 84 (1), pp. 63-74.

Pfeffer, J./Sutton, R. I. (2006b): Hard Facts, Dangerous Half-Truths,
and Total Nonsense, Boston.

Rousseau, D. M. (2006): Is There Such a Thing as 'Evidence-Based
Management'?, in: Academy of Management Review, Volume 31, pp.
256-269.

Rousseau, D. M./Barends, E. G. R. (2011): Becoming an Evidence-
Based HR Practitioner, in: Human Resource Management Journal,
Volume 21, pp. 221-235.

Rousseau, D. M./Gunia, B. C. (2015): Evidence-Based Practice: The
Psychology of EBP Implementation, in: Annual Review of Psychology, Sept 11 (Epub ahead of print).

Rynes, S. L. (2007): Editor's Foreword: Tackling The "Great Divide" Between Research Production and Dissemination in Human Resource Management, in: Academy of Management Journal, Volume 50 (1), p. 13.

Rynes, S. L./Colbert, A. E./Brown, K. G. (2002): HR Professionals'
beliefs about effective human resource practices: correspondence
between research and practice, in: Human Resource Management,
Volume 41 (2), pp. 149-174.

Rynes, S. L./Rousseau, D. M./Barends, E. (2014): From the Guest Edi-
tors: Change the World: Teach Evidence-Based Practice!, in: Academy
of Management Learning & Education, Volume 13 (3), pp. 305-321.

Silver, N. (2012): The Signal and the Noise: Why So Many Predictions Fail – but Some Don't, New York.

# Rubriken

# Neues Zeitalter in der Berichterstattung

Beim Integrated Reporting werden Finanz- und Nachhaltigkeitsinformationen in den Unternehmensberichten stärker miteinander verknüpft dargestellt. Dies setzt voraus, dass Nachhaltigkeitsthemen vollständig in die Strategie und Steuerung der Firmen integriert sind. Ein Leitfaden hilft bei der Umsetzung.

*Nicolette Behncke, Hendrik Fink*

Die Anforderungen an die Berichterstattung von Unternehmen sind im Laufe der letzten Jahre stetig gewachsen. Hierzu beigetragen hat die weitverbreitete Erkenntnis, dass der langfristige Unternehmenserfolg in hohem Maße auch von nicht-finanziellen Faktoren abhängig ist, die Berichterstattung hierüber aber weder einheitlich noch integriert erfolgt. Isolierte Finanz- und Nachhaltigkeitsberichte gewähren keinen ganzheitlichen Einblick in die Fähigkeit der Unternehmen, Wert zu schaffen. Eine besondere Rolle in dieser Debatte nimmt seit fünf Jahren das International Integrated Reporting Council (IIRC) ein. Das IIRC ist ein im August 2010 gegründeter internationaler Rat, zu dessen Mitgliedern Unternehmensvertreter, Standardsetzer wie zum Beispiel das International Accounting Standards Board (IASB) und das Financial Accounting Standards Board (FASB), Investoren, Nichtregierungsorganisationen, Wirtschaftsprüfungsgesellschaften und andere zählen. Dieses international anerkannte Gremium hat inzwischen ein Rahmenwerk für Integrated Reporting veröffentlicht, das mithilfe von Leitlinien und Inhaltselementen die Anforderungen konkretisiert. Die Berichterstattung soll entlang der strategischen Ziele des Unternehmens erfolgen und ökonomische, ökologische sowie soziale Faktoren in einen Zusammenhang bringen. Dazu gehört beispielsweise auch eine zum Finanzkapital gleichberechtigte Berichterstattung über Humankapital, Beziehungskapital und Naturkapital.

## Integrated Thinking in Unternehmen verankern

Unsere Beobachtungen zeigen aber, dass nicht-finanzielle Unternehmensziele im Zusammenhang mit Humankapital wie die Erhöhung der Mitarbeiterzufriedenheit, Beziehungskapital wie die Erhöhung der Kundenzufriedenheit oder Naturalkapital wie die Reduzierung von $CO_2$-Emissionen oft nicht in der Strategie und Steuerung der Unternehmen verankert sind. Ohne eine solche integrierte Unternehmenssteuerung im Sinne eines „Integrated Thinkings" erscheint eine Berichterstattung hierüber aber gar nicht möglich.

Zudem fokussieren sich Unternehmen bei der Umsetzung von Integrated Reporting häufig allein auf den Bericht als Optimierungsobjekt. Sie strukturieren diesen also lediglich um oder fügen neue, aber intern bereits vorhandene Berichtsinhalte hinzu. Selten wird Integrated Reporting – wie ursprünglich vom IIRC beabsichtigt – als ein Prozess verstanden, der am Ende aller internen Handlungen und Maßnahmen in einem integrierten Bericht mündet. Eine Umsetzung von Integrated Reporting nach den Prinzipien des IIRCs erfordert eine integrierte Steuerung aller für das Unternehmen relevanten Werttreiber.

Die Aufgabe des integrierten Berichts als Endprodukt ist es, das Ergebnis dieser internen Erkenntnisse in gefilterter, aber verständlicher Form gegenüber den Shareholdern und Stakeholdern zu erklären.

Unseres Erachtens sind die Unternehmen in der Praxis an einem entscheidenden Punkt angekommen. Sie müssen sich entscheiden, ob sie für die Umsetzung von Integrated Reporting auch die notwendigen Änderungen in ihrer Unternehmenssteuerung vornehmen.

## Von der Theorie zur Praxis

Aus den Diskussionen mit zahlreichen Unternehmen, die integriert berichten möchten, hat sich als größte Herausforderung die Erarbeitung eines strukturierten internen Vorgehens erwiesen. PricewaterhouseCoopers (PwC) hat deshalb einen Integrated-Reporting-Leitfaden entwickelt (vergleiche PwC 2015). Er hilft, das theoretische Konstrukt des Integrated Thinkings greifbar zu machen, und schlägt fünf konkrete Schritte zur Umsetzung vor (vergleiche **Abbildung 1**).

## Wesentlichkeitsanalyse

Im ersten Schritt sind eine systematische Analyse des externen Unternehmensumfelds und die Einbindung der Shareholder und Stakeholder erforderlich, um die für das Unternehmen wesentlichen Themen herauszuarbeiten. Einbindung im Sinne eines „Stakeholder Engagements" bedeutet aber nicht nur, die häufig divergierenden Interessenlagen bloß aufzunehmen. Vielmehr ist es erforderlich, sich bewusst mit den für die verschiedenen Gruppen wichtigen Themen zu befassen sowie sie aus Unternehmenssicht zu bewerten und zu priorisieren. Das Ergebnis dieser Übungen zeigt sich beispielsweise in einer Wesentlichkeitsmatrix, einer Wettbewerbsanalyse, einer Risiko- und Chancenmatrix unter Berücksichtigung der sogenannten Megatrends wie zum Beispiel Ressourcenknappheit, demografischer Wandel oder Urbanisierung.

Im zweiten Schritt fließen die Erkenntnisse aus der Analyse mit den Stakeholdern in die Überprüfung der strategischen Ausrichtung des Unternehmens ein. Anpassungen in der Unternehmensstrategie sind nur dann erforderlich, wenn sich

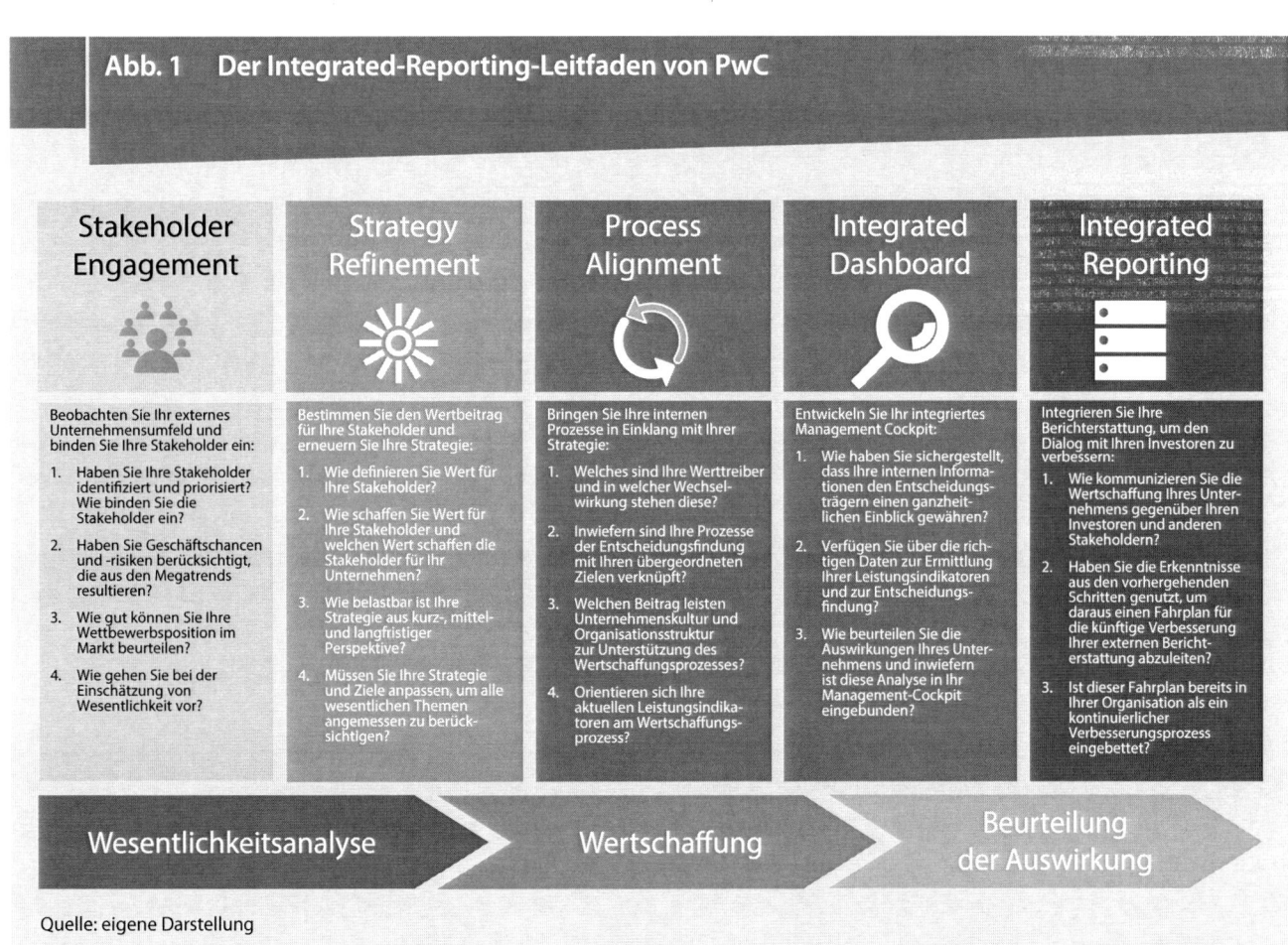

Abb. 1    Der Integrated-Reporting-Leitfaden von PwC

**Stakeholder Engagement**

Beobachten Sie Ihr externes Unternehmensumfeld und binden Sie Ihre Stakeholder ein:

1. Haben Sie Ihre Stakeholder identifiziert und priorisiert? Wie binden Sie die Stakeholder ein?
2. Haben Sie Geschäftschancen und -risiken berücksichtigt, die aus den Megatrends resultieren?
3. Wie gut können Sie Ihre Wettbewerbsposition im Markt beurteilen?
4. Wie gehen Sie bei der Einschätzung von Wesentlichkeit vor?

**Strategy Refinement**

Bestimmen Sie den Wertbeitrag für Ihre Stakeholder und erneuern Sie Ihre Strategie:

1. Wie definieren Sie Wert für Ihre Stakeholder?
2. Wie schaffen Sie Wert für Ihre Stakeholder und welchen Wert schaffen die Stakeholder für Ihr Unternehmen?
3. Wie belastbar ist Ihre Strategie aus kurz-, mittel- und langfristiger Perspektive?
4. Müssen Sie Ihre Strategie und Ziele anpassen, um alle wesentlichen Themen angemessen zu berücksichtigen?

**Process Alignment**

Bringen Sie Ihre internen Prozesse in Einklang mit Ihrer Strategie:

1. Welches sind Ihre Werttreiber und in welcher Wechselwirkung stehen diese?
2. Inwiefern sind Ihre Prozesse der Entscheidungsfindung mit Ihren übergeordneten Zielen verknüpft?
3. Welchen Beitrag leisten Unternehmenskultur und Organisationsstruktur zur Unterstützung des Wertschaffungsprozesses?
4. Orientieren sich Ihre aktuellen Leistungsindikatoren am Wertschaffungsprozess?

**Integrated Dashboard**

Entwickeln Sie Ihr integriertes Management Cockpit:

1. Wie haben Sie sichergestellt, dass Ihre internen Informationen den Entscheidungsträgern einen ganzheitlichen Einblick gewähren?
2. Verfügen Sie über die richtigen Daten zur Ermittlung Ihrer Leistungsindikatoren und zur Entscheidungsfindung?
3. Wie beurteilen Sie die Auswirkungen Ihres Unternehmens und inwiefern ist diese Analyse in Ihr Management-Cockpit eingebunden?

**Integrated Reporting**

Integrieren Sie Ihre Berichterstattung, um den Dialog mit Ihren Investoren zu verbessern:

1. Wie kommunizieren Sie die Wertschaffung Ihres Unternehmens gegenüber Ihren Investoren und anderen Stakeholdern?
2. Haben Sie die Erkenntnisse aus den vorhergehenden Schritten genutzt, um daraus einen Fahrplan für die künftige Verbesserung Ihrer externen Berichterstattung abzuleiten?
3. Ist dieser Fahrplan bereits in Ihrer Organisation als ein kontinuierlicher Verbesserungsprozess eingebettet?

Wesentlichkeitsanalyse          Wertschaffung          Beurteilung der Auswirkung

Quelle: eigene Darstellung

## Zusammenfassung

- Ein integrierter Bericht ist ein prägnantes Instrument, um Finanzkapitalgeber und weitere Stakeholder über die Fähigkeit des Unternehmens zur kurz-, mittel- und langfristigen Wertschaffung zu informieren.
- Integrated Reporting ist der Prozess, der auf einem Integrated Thinking basiert und dessen Ergebnis die externe Kommunikation der Werttreiber in Form eines integrierten Berichts ist.
- Diese neue Art der Berichterstattung einzuführen, verändert auch die gesamte Unternehmenssteuerung. Fünf Schritte erleichtern ein strukturiertes internes Vorgehen.

die bestehende Strategie vor dem Hintergrund der zuvor als wesentlich identifizierten Themen als nicht belastbar erweist. Unter Umständen reichen auch Feinjustierungen in der Strategie aus, um die wesentlichen Themen abzudecken. Ergebnis dieser Übung ist eine integrierte Strategie, in der die relevanten Nachhaltigkeitsthemen in die Gesamtunternehmensstrategie eingebettet sind.

### Wertschaffung

Im dritten Schritt werden die internen Prozesse in Einklang mit der Unternehmensstrategie gebracht. Auch bei Unternehmen, die bereits eine breite stakeholderbasierte strategische Ausrichtung haben, ist oft zu beobachten, dass keine Verknüpfung der Strategie mit den dazugehörigen Werttreibern und steuerungsrelevanten Leistungsindikatoren erfolgt. Häufig passen die verwendeten Leistungsindikatoren nicht zur

*„Unsere Beobachtungen zeigen, dass nicht-finanzielle Unternehmensziele oft nicht in der Strategie und Steuerung der Unternehmen verankert sind."*

strategischen Ausrichtung beziehungsweise eine Anpassung der Strategie erfordert die Einbettung neuer Steuerungskennzahlen in die Unternehmensorganisation. Ebenso ist beispielsweise darauf zu achten, dass sich die Entscheidungsfindung an den richtigen Kennzahlen orientiert und diese dann auch in der leistungsorientierten Vergütung der Manager verankert sind.

### Beurteilung der Auswirkungen

Im vierten Schritt erfolgt die Entwicklung eines entscheidungsunterstützenden Management Cockpits, in dem die Informationen und Erkenntnisse aus den vorhergehenden Schritten gebündelt dargestellt werden. Diese integrierte Methodik ermöglicht einen schnellen und ganzheitlichen Einblick in den aktuellen Stand der Strategieumsetzung und eine Einschätzung der Auswirkungen des Unternehmens.

Im fünften Schritt werden die im integrierten Management Cockpit enthaltenen Informationen als Grundlage für die Entwicklung eines extern ausgerichteten integrierten Reportings genutzt. In diesem Zusammenhang wird überprüft, welche der für interne Steuerungszwecke erhobenen Informationen in die externe Berichterstattung übernommen werden können. Insbesondere ist der rote Faden in der Berichterstattung analog zu dem roten Faden im Management Cockpit zu verwenden. Zudem ist ein Fahrplan zur Optimierung der externen Berichterstattung und Kommunikation gegenüber Investoren und Stakeholdern zu erarbeiten. Schließlich ist sicherzustellen, dass dieser Fahrplan als kontinuierlicher Verbesserungsprozess in die Organisation eingebettet wird.

## Ausblick

Integrated Reporting beschreibt einen weltweiten Trend in der Berichterstattung der Unternehmen, der im Wesentlichen durch die seit 2010 zu beobachtenden Aktivitäten des IIRCs geprägt wird, aber auch Eigeninitiativen auf nationaler Ebene hervorruft.

Die zu beobachtenden Entwicklungen im Zusammenhang mit Integrated Reporting lassen vermuten, dass der integrierte Bericht bald zum guten Ton in der Unternehmensberichterstattung gehören wird. Auch in Deutschland ist bereits eine deutliche Orientierung an den Prinzipien des Integrated Reportings zu erkennen. Die zunehmende Befassung mit dem Thema und die steigende Anzahl von integrierten Berichten weltweit könnten sich über den damit einhergehenden Wettbewerbsdruck unter den Unternehmen zu einer faktischen Verpflichtung wandeln, die durch regulatorische Teilinitiativen flankiert wird. Ein Beispiel für eine solche Teilregulierung ist die Verabschiedung der EU-Direktive über die Offenlegung nicht-finanzieller und die Diversität betreffender Informationen (vergleiche European Commission 2014).

Um die Lücke in der aktuell noch zu beobachtenden Berichtspraxis zu schließen, muss die Umsetzung von Integrated Reporting nicht nur an der externen Berichterstattung der Unternehmen anknüpfen, sondern sie setzt mittel- bis langfristig die

Implementierung eines Integrated Thinkings voraus. Das wird Auswirkungen auf die Strategie, Steuerung und Governance der Unternehmen haben. Mit der daraus resultierenden Notwendigkeit, nicht-finanzielle Informationen messbar zu machen

*„In Deutschland ist bereits eine deutliche Orientierung an den Prinzipien des Integrated Reportings zu erkennen."*

und sie mit finanziellen Informationen zu verknüpfen, wird ein neues Zeitalter in der Steuerung und Berichterstattung der Unternehmen eingeschlagen.

### Literatur

IIRC (2013): The International <IR> Framework, http://tinyurl.com/international-ir-framework (letzter Abruf: 28.10.2015).

European Commission (2014): Disclosure of Non-Financial Information: Europe's Largest Companies to Be More Transparent on Social and Environmental Issues, http://europa.eu/rapid/press-release_STATE MENT-14-291_en.htm (letzter Abruf: 28.10.2015).

PwC (2015): Implementing Integrated Reporting: PwC's Practical Guide for a New Business Language, July 2015, http://tinyurl.com/pwc-ir-practical-guide (letzter Abruf: 28.10.2015).

Autoren:

**Nicolette Behncke**
Wirtschaftsprüfer und Senior Manager
im Bereich Sustainability Services
PwC AG, Frankfurt am Main, Deutschland
E-Mail: nicolette.behncke@de.pwc.com

**Hendrik Fink**
Wirtschaftsprüfer und Steuerberater,
Partner im Bereich Sustainability Services
PwC AG, München, Deutschland
E-Mail: hendrik.fink@de.pwc.com

## Handlungsempfehlungen

- Für die Implementierung von Integrated Reporting ist es empfehlenswert, eine interdisziplinäre Projektgruppe aufzusetzen. Das Projekt sollte zudem die volle Unterstützung der Geschäftsleitung genießen.
- Achten Sie darauf, dass in diese Projektgruppe alle relevanten Unternehmensbereiche eingebunden sind. Hierzu gehören erfahrungsgemäß mindestens folgende Bereiche: Strategie beziehungsweise Unternehmensentwicklung/-planung, Controlling, Nachhaltigkeit, Rechnungslegung, Investor Relations, Unternehmenskommunikation.
- Planen Sie ausreichend Zeit und Budget für die Umsetzung ein, und arbeiten Sie mit einer konkreten Zielvorstellung sowie einem Projektplan mit Meilensteinen. Die konkrete Zielvorstellung könnte zum Beispiel lauten: „Veröffentlichung eines integrierten Berichts über das Geschäftsjahr 2017 im März 2018." Konkrete Meilensteine könnten zum Beispiel sein: „Durchführung der Stakeholder-Befragung", „Durchführung der Strategie-Workshops", „Entwicklung des Integrated Dashboards entlang der strategischen Ziele" et cetera.
- Beachten Sie, dass es nicht darauf ankommt, möglichst schnell einen integrierten Bericht zu veröffentlichen. Integrated Reporting soll in erster Linie dem Unternehmen einen Nutzen verschaffen. Deshalb sollten die internen Maßnahmen im Vordergrund stehen und sorgfältig umgesetzt werden.

 Weitere Empfehlungen der Verlagsredaktion aus www.springerprofessional.de zu:

🔍 **Integrated Reporting**

Busco, C./Frigo, M. L./Riccaboni, A./Quattrone, P. (Hrsg.) (2013): Integrated Reporting – Concepts and Cases that Redefine Corporate Accountability, New York.

Soh, D. S. B./Leung, P./Leong, S. (2015): The Development of Integrated Reporting and the Role of the Accounting and Auditing Profession, in: Mahmudur Rahim, M./Idowu, S. O. (Hrsg.): Social Audit Regulation – Development, Challenges and Opportunities, New York, S. 33-57.

# Erfolge von Chief Strategy Officers messen

Viele Unternehmen setzen in Zeiten intensiveren Wettbewerbs für ihre Strategiearbeit auch auf die Unterstützung eines Chief Strategy Officers (CSO). Er soll für mehr Strategiekompetenz sorgen. Aber nur wenigen Unternehmen gelingt es, die Arbeit ihrer Strategieabteilung sinnvoll zu messen und sowohl im Unternehmen als auch bei den Stakeholdern transparent zu machen. Dies offenbart die Studie „Revealing the Chief Strategist's Hidden Value – CSO Survey 2016" von der Unternehmensberatung Roland Berger und der Universität St. Gallen.

Gerade ihre eigene Erfolgsmessung bereitet den befragten 109 Strategieleitern europäischer Unternehmen aus verschiedenen Branchen Kopfzerbrechen. 70 Prozent geben an, dass CSO-spezifische Beurteilungskriterien nur unregelmäßig oder gar nicht angewandt werden. Demnach werden CSOs primär an traditionellen Finanzkennzahlen wie Umsatz- oder EBITDA-Entwicklung gemessen oder alternativ an der strategischen Performance wie Marktanteilen und Kundenzufriedenheit. Wie viel Wert die CSOs zu den Zahlen aber tatsächlich beigetragen haben, lässt sich hierüber eben nicht genau sagen.

Dabei zeige sich, so die Verfasser der Studie, dass Unternehmen mit einer effektiven Strategiearbeit auch über eine konsequente Erfolgsmessung ihres CSOs verfügen. Die Berater geben Unternehmen eine Checkliste an die Hand, wie sich die CSO Performance besser bewerten lässt. Entscheidend ist dabei vor allem, dass der CEO genau festlegt und kommuniziert, auf welche der vielen möglichen Aufgaben sich der CSO konzentrieren soll, und welche Erwartungen er insoweit an den CSO hat. Diese Kernaufgaben müssen dann in messbare Key Performance Indicators überführt werden, zum Beispiel, inwieweit sich die Ergebnisse von Strategiebesprechungen mit Fachabteilungen am Ende auch in der Unternehmensstrategie wiederfinden. **Vera Treitschke**

---

CEO Checklist for Measuring the CSO's Value:

→ Has the CEO defined clear, unambiguous tasks and goals for the CSO?

→ Does performance measurement include financial indicators?

→ Does performance measurement go beyond financial indicators?

→ Does the catalog of requirements make due provision for the CSO's collaboration and coordination activities?

→ Do valid KPIs exist to measure whether these goals are achieved?

→ Does the method used include KPIs that measure both short-term and long-term effects?

→ Is a sensible mix of qualitative and quantitative criteria measured?

Quelle: Roland Berger GmbH, CSO Survey 2016, S. 14.

---

# EU startet Konsultation zur CSR-Richtlinie

Die Europäische Kommission hat Mitte Januar 2016 eine öffentliche Konsultation über unverbindliche Leitlinien zur Methode der Berichterstattung über nicht-finanzielle Informationen gestartet. Noch bis zum 15. April können sich Bürger, Unternehmen, Investoren, Organisationen und Behörden an der Konsultation beteiligen. Besonders interessiert die Kommission Beiträge von Kreisen, die ein Interesse an der Berichterstattung über nicht-finanzielle Informationen durch Unternehmen haben oder über Fachkenntnisse in diesem Bereich verfügen. Die Konsultation ist Bestandteil der Arbeiten der Kommission an den Leitlinien, die laut Richtlinie 2014/95/EU, der sogenannten CSR-Richtlinie, bis zum 6. Dezember 2016 veröffentlicht werden sollen. An diesem Tag endet auch die Frist der EU-Mitgliedstaaten, diese Richtlinie in nationales Recht umzusetzen. In Deutschland arbeitet das Bundesjustizministerium derzeit noch an einem Referentenentwurf für ein entsprechendes Gesetz. Bis spätestens Ende März soll dieser Entwurf vorliegen. **Vera Treitschke**

🖱 Mehr Informationen zur Konsultation und zu den Anforderungen an die Expertenbeiträge erhalten Sie auf www.ec.europa.eu/finance/consultations.

# Was Cash Management Mittelständlern bringt

Nur wenige mittelständische Unternehmen nutzen bisher die Möglichkeit, Liquidität und Rentabilität durch eine professionelle Verwaltung der Zahlungsströme besser zu steuern. Lediglich 36 Prozent von 239 für die Studie „Zahlungsverkehr im Mittelstand" der Fachhochschule des Mittelstands (FHM) befragten Finanzverantwortlichen bejahten, dass sie ein professionelles Cash-Management-System nutzen. Während etwa zwei Drittel der Finanzverantwortlichen, die bereits eine zentrale Verwaltung betreiben, eine von ihrem Kreditinstitut angebotene Lösung verwenden, nutzen rund 22 Prozent ein eigenes System. 14 Prozent setzen Lösungen eines externen Software-Hauses ein.

Bei der Anzahl der Unternehmen, die in ein solches System integriert sind, gibt es große Abweichungen. Knapp 37 Prozent der Finanzverantwortlichen gaben bei der Befragung der FHM an, dass sie ihr Cash Management für ein einzelnes Unternehmen nutzen, knapp 27 Prozent setzen es dagegen in fünf oder mehr Unternehmen ein. Etwas mehr als die Hälfte der Teilnehmer verwalten mindestens fünf Kontoverbindungen mit der Cash-Management-Lösung.

Volker Wittberg, Professor für Mittelstands-Management an der FHM, bezeichnete die Umsetzung eines effizienten Cash Managements bei der Vorstellung der Studienergebnisse als „große Innovation im Finanz-Management". Auf diese Weise würden beispielsweise der Zahlungsverkehr sowie die Liquiditätsplanung und -steuerung vereinfacht.

**Bianca Baulig**

⬇ Mehr zum Thema lesen Sie auf www.springerprofessional.de/finance-banking.de.

# OECD setzt Steuerabteilungen unter Druck

Der Plan der internationalen Staatengemeinschaft, gegen BEPS – Base Erosion and Profit Shifting, auf Deutsch „Gewinnkürzungen und Gewinnverlagerung" – vorzugehen, nimmt konkrete Formen an. Anfang Oktober 2015 präsentierte die OECD ihre finalen Empfehlungen für internationale Standards, die kurz darauf von der G20 auf ihrem Gipfel in Lima angenommen wurden. Jetzt obliegt es den Staaten, die erarbeiteten Standards umzusetzen. Für Deutschland prüft das Finanzministerium derzeit, ob es konkreten Umsetzungsbedarf gibt.

Was bedeuten die geplanten Standards für Konzerne? Dem „Deloitte Tax Survey 2015" zufolge, an dem sich mehr als 800 Unternehmen in 21 Ländern beteiligt haben, wirken sich die Reformen der internationalen Steuerpolitik zunehmend auf Konzerne aus. So gehen 79 Prozent der deutschen Befragten von einem Anstieg der Doppelbesteuerung infolge der von der OECD beschlossenen Maßnahmen aus.

Christoph Röper, Partner/Leiter Tax und Legal bei Deloitte, sieht die Steuerabteilungen nun verstärkt unter Druck, die erwarteten neuen gesetzlichen Anforderungen effizient umzusetzen und den daraus resultierenden Dokumentationspflichten gerecht zu werden. „Der weitere Ausbau IT-gestützter Reporting-Systeme ist häufig eines der Mittel der Wahl, um steigenden Kosten zu begegnen.", so Röper.

Viele Konzerne treffen die Entwicklungen nicht unvorbereitet. Immerhin arbeitet die OECD seit 2013 gemeinsam mit der G20 sowie Schwellen- und Entwicklungsländern an dem BEPS-Projekt. Noch vor der Veröffentlichung der finalen Empfehlungen hatten 2015 rund 40 Prozent der befragten Unternehmen bereits Planungen zur BEPS-Umsetzung auf den Weg gebracht. Sie konzentrieren sich dabei auf die Umsetzung neuer Dokumentationsvorgaben bei Verrechnungspreisen. Der überwiegende Teil der Teilnehmer meint, dass der BEPS-Aktionsplan zu Steigerungen der Kosten für die Dokumentation und für die Erstellung der Steuererklärungen führt.

Dabei stehen die Steuerabteilungen auch zeitlich unter Druck. Denn laut der Umfrage wird die fristgerechte Einhaltung der Steuerdeklarations- und Dokumentationsanforderungen für 69 Prozent der befragten Unternehmen zur Erfolgskennzahl. In diesem Zusammenhang ermittelt Deloitte einen weiteren interessanten Trend: Deutsche Unternehmen setzen für eine effiziente Erstellung der Steuererklärung vermehrt auf die Unterstützung von Shared Service Centern. Waren es 2014 bereits 46 Prozent, so stieg die Zahl in 2015 auf 65 Prozent. Und durch die aktuellen Entwicklungen dürfte der Bedarf an Shared-Service-Lösungen noch weiter steigen.

**Vera Treitschke**

# Ein Blick in die Zukunft mit Business Wargaming

Klassische Strategieinstrumente sind nur bedingt geeignet, um Markt- und Umweltveränderungen vorausschauend zu berücksichtigen. Business Wargaming ist ein dynamisches Verfahren, das Unternehmen bei der strategischen Vorausschau hilft. Der erste Teil der dreiteiligen Serie über Business Wargaming vermittelt die Grundlagen über dieses vielversprechende, in der Praxis häufig noch ungenutzte Instrument.

*Jan-Philipp Büchler*

Märkte verändern sich immer schneller und intensiver. Was heute noch ein erfolgreiches Geschäftsmodell ist, kann schon bald überholt sein. Das zeigt zum Beispiel derzeit die Energiebranche aufgrund veränderter politischer Rahmenbedingungen (Energiewende), der Einzelhandel durch veränderte Kauf- und Verhaltensmuster (Omni-Channel) oder der Maschinenbau durch technologischen Fortschritt (Industrie 4.0) eindrucksvoll. Zugleich erlaubt eine nie da gewesene Datenverfügbarkeit, Entwicklungen und Trends in Echtzeit und mit hoher Detailtiefe zu analysieren. Der Erfolg von Unternehmen hängt deshalb immer mehr von deren Fähigkeit ab, die Zukunft vor den Wettbewerbern zu verstehen oder gar zu erreichen. Um solche Fähigkeiten aufzubauen, müssen Unternehmen Instrumente einsetzen, die bereits im strategischen Planungsprozess das Suchen, Erkennen und Testen für die Zukunft erfolgsrelevanter Wirkungsmuster ermöglichen. Statische Analyseinstrumente können dazu nur bedingt beitragen. Ist es also Zeit für einen Paradigmen- und Instrumentenwechsel in der Strategieentwicklung?

## Die Vielfalt der Instrumente nutzen

Bevor auf das Instrument des Business Wargamings näher eingegangen wird, ist es wichtig, dieses in den Kontext des Instrumentariums zu setzen, das einem Unternehmen insgesamt für seine Strategieentwicklung zur Verfügung steht. Entscheidend ist vor allem der Erkenntnisbeitrag der jeweiligen Instrumente für die Strategieentwicklung. Die Instrumente können vier Instrumentengruppen zugeordnet werden, die sich in dem Zeitbezug ihrer Daten- oder Modellbasis (vergangenheits-/zukunftsbezogen) und in dem zugrunde liegenden Analyseverfahren (statisch/dynamisch) unterscheiden (vergleiche **Abbildung 1** auf Seite 50). Statische Verfahren sind zeitpunktbezogen und isolieren meist einzelne Merkmale in der Analyse. Dynamische Verfahren sind zeitraumbezogen und untersuchen wechselseitige Abhängigkeiten zwischen Merkmalen über mehrere Perioden.

Momentaufnahmen lassen sich mit solchen Strategieinstrumenten erstellen, die statische Analyseverfahren und eine zeitpunktbezogene Betrachtung auf der Basis von vergangenheits- beziehungsweise gegenwartsbezogenen Daten nutzen. Ihr Erkenntnisbeitrag liegt darin, aus der strukturierten Darstellung der Branchen- oder Unternehmenssituation vor allem generische Strategieempfehlungen abzuleiten. Insbesondere klassische Instrumente der Strategieentwicklung wie etwa die Umwelt-, Branchenstruktur- oder Wertkettenanalyse gehören zu dieser Instrumentengruppe.

Schwache Signale ermöglichen die frühzeitige Entdeckung von Trends und können mit statischen Verfahren unter Verwendung von gegenwarts- und zukunftsbezogenen Daten identifiziert werden. Ihr strategischer Erkenntnisbeitrag liegt in der frühen Entschlüsselung von Hinweisen auf relevante und wirkungsstarke Veränderungen im Unternehmensumfeld. Instrumente zur Informationsgewinnung und Wissensentdeckung, die mit sogenannten Abtastmethoden (Scanning) arbeiten, wie zum Beispiel Data- oder Textmining, helfen bei der Erfassung und Klassifikation solcher Signale, die sich in einer fortlaufenden Beobachtung (Monitoring) als robust erweisen. Eine vorausschauende Prognose (Forecasting) kann diese Erkenntnisse für die strategische Planung zugänglich machen (vergleiche Ansoff 1981, S. 248).

Entwicklungsmuster bilden sich im Zeitverlauf als wahrnehmbare Abfolge von miteinander verbundenen Management-Entscheidungen. Sie liefern den Erkenntnisgewinn, dass sich bestimmte strategische Verhaltensweisen in einem Marktkontext in gleicher Art und Weise wiederholen. Sie lassen sich ex post mit qualitativen und quantitativen Instrumenten herausfiltern. Fallstudien erlauben die explorative Untersuchung von realen Management-Entscheidungen und deren Konsequenzen (vergleiche Ghemawat 1997, S. 14 ff.). Mit Pfadanalysen lassen sich Zusammenhänge zwischen ausgewählten Variablen überprüfen und Pfadabhängigkeiten ermitteln. Diese Instrumente unterstützen das Management dabei, eine beobachtete Entwicklung systematisch zu erfassen und die Entstehung von Marktstrukturen zu erklären sowie kontextabhängige Strategien abzuleiten.

Wirkungssimulationen – zu dieser Gruppe gehört das Business Wargaming – lassen sich mit Strategieinstrumenten modellieren, die eine dynamische Interaktion zwischen Marktakteuren zulassen und auf der Basis von Aktions-Reaktions-Mechanismen die Konsequenzen von Entscheidungen und Verhaltensweisen in die Zukunft fortschreiben. Beispielhafte Instrumente sind die Szenariotechnik, die eine große Bandbreite unterschiedlicher Zukunftsszenarien vergleichend untersucht, oder spieltheoretische Modelle, die komplexe Entscheidungssituationen formalisieren, analytisch lösen und konkrete Spielstrategien vorschlagen (vergleiche Ghemawat 1997, S. 219 ff.). Business Wargaming ist eine besondere Form der strategischen Simulation. Es vereint Elemente aus Kreativitäts-, Szenario- und Simulationstechnik sowie Wettbewerbs- und Pfadanalyse. Das Management gestaltet und bewertet in einem maßgeschneiderten Simulationsumfeld relevante Zukunftssituationen in einem partizipativen Prozess entlang mehrerer Entscheidungsrunden. Es testet dabei zum Beispiel die Robustheit der eigenen Strategie oder die Annahmen über die Spielregeln in einer Branche (vergleiche Oriesek/Schwarz 2009, S. 26, S. 47). Insofern wird das Management für seine Entscheidungs- und Handlungskonsequenzen im risikofreien Raum sensibilisiert und erhält die Möglichkeit, generische Wirkungsmuster und Empfehlungen aus der strategischen Analyse in handlungsleitende Wirkungsmuster zu überführen.

Die Vielfalt des zur Verfügung stehenden Instrumentariums eröffnet umfangreiche und bisweilen ungenutzte Möglichkeiten für die Strategieentwicklung. Die in der Strategiematrix in **Abbildung 1** dargestellten Instrumente schließen sich dabei keinesfalls aus, sondern entwickeln häufig erst im Zusammenspiel ihr ganzes Potenzial. Unter dynamischen Marktbedingungen sind vor allem Instrumente mit Zukunftsorientierung und ho-

## Geschichte und Ursprung des Business Wargamings

Wargames haben einen militärhistorischen Ursprung und dienen in diesem Kontext bis heute der Vorbereitung von Offizieren auf unvorhergesehene Entwicklungen in militärischen Operationen durch ein vertieftes Verständnis alternativer Handlungsoptionen und deren Konsequenzen. In allen Epochen zeichnen sich Wargames dadurch aus, dass Spielfiguren stellvertretend für Truppengattungen auf differenzierenden Spielflächen mit unterschiedlichen (realistischen) Gegebenheiten gegeneinander unter Anleitung eines Schiedsrichters eingesetzt werden. Mit dem Beginn der elektronischen Datenverarbeitung werden am Naval War College erstmals computergestützte Simulationen für die strategische und taktische Ausbildung eingesetzt. Zeitgleich entdecken die Wirtschaftswissenschaften das sogenannte Business (War-)Gaming als Instrument der strategischen Management-Simulation. Die American Management Association führt unter dem Begriff „Management Decision Simulation" im Jahr 1958 die erste Unternehmenssimulation mit einer Zeitspanne von bis zu zehn Jahren ein. Der heutige Anwendungsbereich des Business Wargamings erstreckt sich von der Strategieentwicklung über Krisenmanagement bis hin zu Corporate Foresight.

her Interaktionsdynamik von großer Bedeutung. Business Wargaming eignet sich für dynamische Märkte in besonderem Maße, da die Interaktionen in den Entscheidungs- und Ergebnisrunden einen gemeinsamen Lernprozess in Gang setzen, der die Fähigkeit zur strategischen Antizipation fördert. Insofern scheint ein Paradigmenwechsel in der Strategieentwicklung lohnend.

## „Strategieinstrumente entwickeln häufig erst im Zusammenspiel ihr ganzes Potenzial."

### Auf den Instrumentenmix kommt es an

Business Wargaming ist von anderen Instrumenten in mehrerlei Hinsicht abzugrenzen. Erstens weist es einen prozessualen Ablauf von strategischen Entscheidungen, Handlungen und Analysen über mehrere Spielrunden auf. Dabei wird die Umsetzung einer Strategie schrittweise in der simulierten Zukunft getestet und reflektiert. Zweitens werden die Entscheidungen von mehreren Marktakteuren gleichzeitig getroffen, sodass eine hohe Interaktion und Dynamik entsteht. Die grundlegende Methode basiert auf der Analyse von Aktions-Reaktions-Mustern zwischen den Marktakteuren sowie den interdependenten Konsequenzen von unternehmerischen Entscheidungen (vergleiche Romeike/Spitzner 2013, S. 135).

**Abb. 1  Instrumentarium der Strategieentwicklung**

Analyseverfahren (dynamisch / statisch)

**Entwicklungsmuster**
- Fallstudie
- Pfadanalyse
- Lebenszyklusanalyse
- …

**Wirkungssimulation**
- Business Wargaming
- Szenariotechnik
- Spieltheorie
- …

**Momentaufnahmen**
- Umweltanalyse
- Wettbewerbsanalyse
- Kernkompetenzanalyse
- …

**Schwache Signale**
- Scanning
- Monitoring
- Forecasting
- …

Datenbasis (vergangenheitsbezogen / zukunftsbezogen)

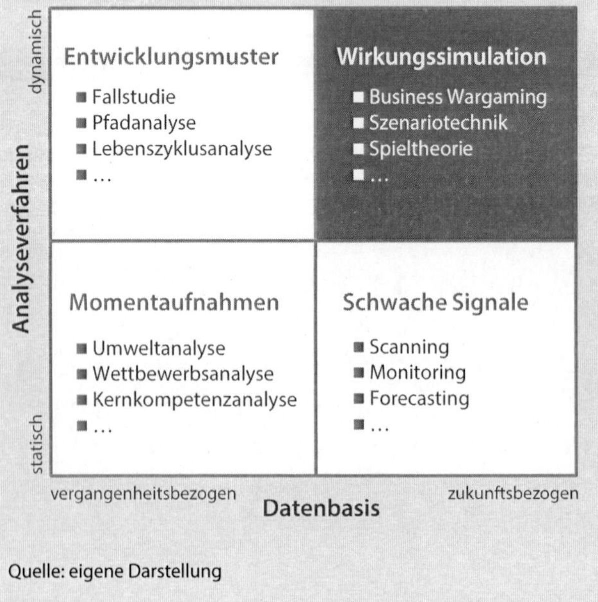

Quelle: eigene Darstellung

Drittens bietet die Durchführung den Teilnehmern eine intensive und emotionale Lernerfahrung. Durch den spielerischen, interagierenden und prozessualen Charakter können unterschiedliche Perspektiven eingenommen und Annahmen überprüft werden (vergleiche Weber/Spitzner/Stoffels 2008, S. 63). Damit weisen Business Wargames im Vergleich zu anderen Strategieinstrumenten den höchsten Grad an Dynamik und Zukunftsorientierung auf.

Die Modellannahmen für diese dynamische „Was-wäre-wenn-Analyse" resultieren aus zuvor generierten Erkenntnissen der strategischen Analyse. Solche Strategieinstrumente, die Momentaufnahmen, Signale oder Entwicklungsmuster liefern, stellen in der Regel überhaupt erst die notwendige Modellbasis für ein Business Wargame dar. So können zum Beispiel aus der Wettbewerberanalyse individuelle Reaktionsprofile abgeleitet werden, welche die Verhaltensweisen und strategische Stoßrichtung von Wettbewerbern auf der Basis harter und weicher Informationen aufzeigen und für die strategische Planung nutzbar machen (vergleiche Büchler 2014, S. 43). Daher ist Business Wargaming nicht nur komplementär, sondern integriert mit anderen Werkzeugen der Strategiematrix einzusetzen.

### Welche Business Wargames gibt es?

Business Wargaming kann entweder eine qualitative oder eine quantitative Informations- beziehungsweise Datenbasis aufweisen. Quantitative Business Wargames berechnen die Ergebnisse von Teilnehmerentscheidungen auf der Grundlage eines Computermodells, das die Wirkungszusammenhänge zwischen ausgewählten Handlungsparametern mit umfassenden Marktdaten untermauert. Die Entscheidungen können zum Beispiel Preise, Verkaufsförderungsaktivitäten und Mengen betreffen, die entweder papierbasiert über Formulare oder elektronisch an die Spielleitung übermittelt werden. Die quantitative Simulations-Software ordnet den Entscheidungen aller Teams auf der Basis von Sensitivitäten und Wirkungskurven, die im Rahmen der Vorbereitung eines Wargames ermittelt wurden, sodann konkrete und direkt messbare Markt- beziehungsweise Unternehmensergebnisse zu. Im Anschluss kann das Management diese Ergebnisse mit den klassischen Instrumenten der Strategieentwicklung analysieren. Dagegen setzen qualitative Business Wargames an die Stelle der Simulations-Software einen moderierten Diskurs zwischen den Teilnehmern. Dem Spielleiter beziehungsweise ausgewählten Branchenexperten kommt die Rolle zu, einen Konsens hinsichtlich der Rundenergebnisse zu erzielen. Dazu müssen die Teilnehmer ihre Spielzüge, das heißt ihre Entscheidungen und Verhaltensweisen, detailliert begründen. Im Ergebnis setzen sowohl quantitative als auch qualitative Business Wargames einen gemeinsamen Reflexionsprozess über die Annahmen der Wirkungszusammenhänge in Gang, an dessen Ende konkrete Antworten auf strategische Optionen stehen.

## In vielen Bereichen einsetzbar

Business Wargaming kann in vielen Bereichen der Strategieentwicklung Anwendung finden, wie die nachfolgenden drei Beispiele zeigen:

• **Geschäftsmodellveränderung:** Ein Kosmetikhersteller steht vor der strategischen Entscheidung, ob er sich im Rahmen einer Vollsortimentsstrategie breit aufstellen oder sich stärker auf das Kerngeschäft in ausgewählten Marktsegmenten fokussieren soll. Der Entscheidung liegen strategische Annahmen über die Spielregeln in seiner Branche zugrunde, die mittels eines Business Wargames kritisch überprüft werden sollen. Getestet werden kann, welche Wettbewerbsvorteile durch eine Vollsortimentsstrategie realisiert werden können und welcher Ressourcen- und Kompetenzaufbau zum Beispiel im selektiven Vertriebskanal erforderlich ist.

• **Akquisitionsstrategien:** Ein führender Automobilhersteller überdenkt seine Strategie in einem Merger Endgame. Soll er die Marktkonsolidierung durch eine aggressive Akquisitionsstrategie weiter vorantreiben und in einem günstigen historischen Zeitfenster einen Wettbewerber übernehmen? Welche Konsequenzen hat eine solche Strategiewahl unter den gegebenen Rahmenbedingungen für die übrigen Wettbewerber und für das konsolidierende Unternehmen? Wie können die wettbewerbsrechtlichen Konsequenzen abgemildert werden? Ein Business Wargame hilft den Entscheidern, die strategischen Interdependenzen im Marktumfeld abzubilden und sich proaktiv auf Wettbewerbsreaktionen oder Transaktionsrisiken vorzubereiten (mehr Beispiele zum Merger Endgame in Büchler 2014, S. 129 ff.).

• **Bieterstrategien:** Ein Waschmittelhersteller steht vor der Entscheidung, sein Gebot für eine zum Verkauf angebotene Marke als Asset Swap oder Cash Deal auszugestalten. In einem Business Wargame kann er die unterschiedlichen Bieterstrategien testen, indem er die unterschiedlichen Akquisitionsmotive möglicher Wettbewerber im Bieterverfahren sowie die Interessen des Verkäufers miteinbezieht. Dabei nimmt das unternehmenseigene Management die Rollen und Interessen aller am Bieterverfahren beteiligten Unternehmen wahr und prüft den Kaufpreis kritisch, der aus dem bisherigen Bewertungsverfahren ermittelt worden ist.

## Was bringt Business Wargaming?

Das spielerische Erleben, die Perspektivwechsel und die Aktions-Reaktions-Mechanismen in Business Wargames helfen dem Management dabei, strategische Interaktionen und wechselseitige Abhängigkeiten zu erkennen. Die Teilnehmerrunde reflektiert Entscheidungen und bewertet Handlungskonsequenzen, was den gemeinsamen Lernprozess des Managements unterstützt. Dieser hilft dabei, typische kognitive Verzerrungen im Entscheidungsprozess abzubauen und die Rationalität im strategischen Entscheidungsverhalten zu sichern. Beispielsweise sinkt die Gefahr, dass das Management eine gegebene Situation gegenüber einer Veränderung übermäßig bevorzugt (sogenannter Status-quo Bias) oder dass es die eigenen Fähigkeiten und den eigenen Einfluss auf die Zukunft

> *„Business Wargaming bietet den Teilnehmern eine intensive und emotionale Lernerfahrung.“*

überschätzt (sogenannter Over-Confidence Bias). Die Vorausschau kann durch die Simulation von Verhaltensweisen, Annahmen und Alternativen gefördert werden. Schließlich liegt ein weiterer Vorteil von Business Wargaming darin, dass es eine Vielzahl von Strategieinstrumenten miteinander verzahnt.

Allerdings stehen den Vorteilen einige Schwierigkeiten gegenüber, die den Einsatz des Instruments begrenzen (vergleiche **Abbildung 2**). Die Grenzen liegen wie in jedem anderen Instrument in der Komplexitätsreduktion, die durch die Auswahl und Qualität der relevanten Daten aus der Fülle an verfügbaren Informationen und Quellen resultiert. Obwohl die Spiel-

### Zusammenfassung

• Unternehmen müssen erfolgreiche und robuste Strategien entwickeln, die auch unerwarteten Ereignissen widerstehen, um besser als ihre Wettbewerber im dynamischen Marktumfeld zu agieren.

• Business Wargaming als besondere Form der strategischen Simulation fördert die strategische Vorausschau des Managements mehr als andere dynamische Strategieinstrumente.

• Ein gut durchgeführtes Business Wargame verknüpft die Erkenntnisse aus anderen Analyseinstrumenten miteinander, was sich positiv auf die so gewonnene strategische Einsicht auswirkt.

## Handlungsempfehlungen

- Setzen Sie Business Wargaming systematisch im Strategieprozess ein und verbessern Sie dadurch Ihre strategische Antizipationsfähigkeit.
- Verknüpfen Sie verschiedene Strategieinstrumente insbesondere für die sorgfältige Vorbereitung eines Business Wargames und erzielen Sie dadurch maximalen strategischen Erkenntnisgewinn.
- Integrieren Sie externe Branchen- und Wargaming-Experten vor allem in die Durchführung eines Business Wargames zur Rationalitätssicherung in der Strategieentwicklung.

runden und Interaktionen der Teilnehmer eine hohe Dynamik erlauben, wird die Simulation immer nur einen Ausschnitt der Zukunft zeigen. In der Vorbereitung besteht eine Gefahr vor

*„Business Wargames weisen im Vergleich zu anderen Instrumenten den höchsten Grad an Dynamik und Zukunftsorientierung auf."*

allem darin, die Spielregeln und den Markt derart zu definieren, dass die getroffenen Annahmen lediglich die gegenwärtige Strategie bestätigen (sogenannte Bestätigungsfehler) und dass Business Wargames dafür Legitimation schaffen sollen. Insbesondere bei bereits bestehenden Pfadabhängigkeiten aufgrund vorangegangener Entscheidungen existiert diese

Gefahr. Wenn der eingeschlagene strategische Pfad bisher erfolgreich gewesen ist, kann die Versuchung darin bestehen, diesen Erfolg von einer Auswahl getroffener Entscheidungen abzuleiten und die Fehlentscheidungen zu vernachlässigen (sogenannter Survivorship Bias). Ebenso kann die Auswahl der teilnehmenden Manager aus unterschiedlichen Funktionen und Hierarchieebenen Grenzen setzen, da aufgrund von Macht, Interessen und Distanz die kritische Diskussion und Reflexion beschränkt werden. All diese Aspekte beeinflussen unmittelbar das Design eines Wargames. Daher empfiehlt es sich, externen Rat von Beratungen, Forschungseinrichtungen oder einschlägigen Branchenexperten für die Vorbereitung und Durchführung eines Wargames einzubeziehen.

## Wann ist Business Wargaming sinnvoll?

Der Einsatz von Business Wargaming ist immer dann sinnvoll, wenn grundlegende strategische Fragestellungen beantwortet und strategische Richtungsentscheidungen unter dynamischen Rahmenbedingungen getroffen werden müssen. Diese Fragen sind in der Regel zu komplex, als dass allein statische oder vergangenheitsbezogene Instrumente ausreichende Antworten bieten könnten. Für den Einsatz müssen allerdings einige Voraussetzungen erfüllt sein. Aus der Markt- und Wettbewerbsanalyse ermittelte Branchenparameter, aus Pfadanalysen und Fallstudien abgeleitete Annahmen über Entwicklungs- und Verhaltensmuster und aus der Trendforschung ermittelte Signale, Ereignisse und Hypothesen über die zukünftige Entwicklung müssen vorliegen. Erst diese Basis ermöglicht es, Rollenbeschreibungen und Briefings für die Durchführung eines Business Wargames vorzubereiten, womit sich der zweite Teil dieser Beitragsserie befasst.

**Abb. 2    Nutzen und Grenzen von Business Wargaming**

| Nutzen | Grenzen |
|---|---|
| strategische Interaktion erkennen | Komplexitätsreduktion |
| Perspektiven reflektieren | Daten- und Informationsbasis |
| Handlungsalternativen bewerten | Bestätigungsfehler |
| robuste Strategien testen | Pfadabhängigkeit |
| kognitive Verzerrungen abbauen | Erfolgsfehler |
| Antizipationsfähigkeit aufbauen | Management-Hierarchie |

Quelle: eigene Darstellung

## Literatur

Ansoff, I. H. (1981): Die Bewältigung von Überraschungen und Diskontinuitäten durch die Unternehmensführung – Strategische Reaktionen auf schwache Signale, in: Steinmann, H. (Hrsg.): Planung und Kontrolle, München, S. 233-265.

Büchler, J.-P. (2014): Strategie entwickeln, umsetzen und optimieren, Hallbergmoos.

Ghemawat, P. (1997): Games Businesses Play. Cases and Models, Cambridge, MA.

Oriesek, D. F./Schwarz, J. O. (2009): Business Wargaming – Unternehmenswert schaffen und schützen, Wiesbaden.

Romeike, F./Spitzner, J. (2013): Von Szenarioanalyse bis Wargaming, Betriebswirtschaftliche Simulationen im Praxiseinsatz, Weinheim.

Weber, J./Spitzner, J./Stoffels, M. (2008): Erfolgreich steuern mit Market Intelligence, Marktentscheidungen fundiert treffen, Schriftenreihe Advanced Controlling Band 63, Weinheim.

Autor:

**Prof. Dr. Jan-Philipp Büchler**
Professor für Unternehmensführung und Global Business Management, Leiter des Center for Applied Studies & Education in Management (CASEM)
Fachhochschule Dortmund, Dortmund, Deutschland
E-Mail: jan-philipp.buechler@fh-dortmund.de

**Weitere Beiträge der Serie:**

In Ausgabe 2/2016 der Controlling & Management Review erscheint Teil 2 dieser Beitragsserie mit Ausführungen zur Vorbereitung und zum Ablauf von Business Wargames. Teil 3 erläutert die Durchführung anhand eines konkreten Anwendungsbeispiels und erscheint in Ausgabe 3.

Weitere Empfehlungen der Verlagsredaktion aus www.springerprofessional.de zu:

🔍 **Strategieentwicklung**

Sternad, D. (2015): Strategieentwicklung kompakt – Eine praxisorientierte Einführung, Wiesbaden.

Schallmo, D. R. A./Brecht, L. (2016): Mind the Trap – 11 typische Unternehmensfallen, Frühzeitig erkennen, bewerten und erfolgreich vermeiden, Wiesbaden.

# Shared Service Center mit Kennzahlen steuern

Der Trend in Unternehmen geht in Richtung Shared Service Center. Bislang fehlt den Konzernen aber ein geeigneter Ansatz, diese Center im Sinne der Konzernstrategie zu steuern. Abhilfe kann ein Kennzahlensystem schaffen, das klar auf den Dienstleistungsaspekt ausgerichtet ist.

*Bianca Drerup, Florian Müller, Andreas Wömpener*

Viele, vor allem komplexe Unternehmen setzen mittlerweile auf die Organisation von Support Services in Shared Service Centern (SSCs), um ihre Effizienz zu steigern. SSCs sind meist interne und unternehmensweite Dienstleister, die aus dezentralen Einheiten des Konzerns herausgelöst und in einem SSC gebündelt wurden. Bereits 2009 stellten Becker, Kunz und Mayer fest, dass die Steuerung und strategische Ausrichtung eines SSCs ein spezielles SSC-Controlling erfordert, dessen Reifegrad mit den Entwicklungsphasen des Centers voranschreiten muss (vergleiche Becker/Kunz/Mayer 2009, S. 83 f.). Doch wie lässt sich ein SSC-Controlling in Unternehmen etablieren? Ein praxistaugliches Konzept ist die Entwicklung eines SSC-spezifischen Steuerungssystems, das auf dem Scorecard-Gedanken basiert. Die Balanced Scorecard nach Kaplan und Norton (vergleiche Kaplan/Norton 2001) sowie daran angelehnte Konzepte haben im strategischen Management-System eine breite Akzeptanz gefunden. Hier können Unternehmen ansetzen, um die SSC-Steuerung in die Konzernstrategie zu integrieren.

## Aufbau einer SSC-Scorecard

Grundsätzlich ermöglicht die Balanced Scorecard durch ihren ausgewogenen Aufbau und ihre strategische Ausrichtung eine ganzheitliche Steuerung von Unternehmen. Das SSC hat jedoch andere Charakteristika und Anforderungen an ein Steuerungssystem, denen die klassische Scorecard mit ihren vier Perspektiven Finanzen, Kunden, interne Prozesse sowie Lernen und Entwicklung nicht gerecht wird:

1. die hohe Relevanz des Kundenfokus
2. die unternehmensinterne Leistungserbringung
3. spezielle, für SSCs charakteristische Kosten- und Qualitätsziele getrieben durch Service Level Agreements
4. das Mitwirken des Kunden als externen Faktor bei der Leistungserbringung
5. die zentrale Rolle des Mitarbeiters als begrenzender Faktor des Dienstleistungspotenzials

Folglich ist ein Steuerungssystem notwendig, das diese Anforderungen erfüllt und speziell auf den SSC-Kontext abgestimmt ist. Hierzu ist eine klare Ausrichtung des Kennzahlensystems auf Dienstleistungen notwendig. Das System muss sich an den drei Leistungsdimensionen einer Dienstleistung orientieren: Potenzial, Prozess und Ergebnis. Das Potenzial beinhaltet im Sinne des Inputs einer Dienstleistung das involvierte Personal und andere materielle Ressourcen. Der Prozess umfasst den gesamten Dienstleistungsprozess (Throughput) und das Ergebnis den Output der im SSC erbrachten Dienstleistung. Insbesondere durch den Potenzial-

und Prozessfokus können SSCs optimal gesteuert werden, da bei ihnen die Verbesserung von Dienstleistungsprozessen im Mittelpunkt steht.

Die Kundenorientierung ist ein zentraler Aspekt beim Aufbau einer SSC-Scorecard. Der Kunde wirkt beim Leistungserstellungsprozess von Unterstützungsdienstleistungen mit, wird also in den Leistungserstellungsprozess integriert. Soll ein IT-SSC beispielsweise für einen Kunden im Einkauf eine neue Software für das Lager-Management beschaffen, installieren und daraufhin betreiben, nimmt der Kunde darauf in zweierlei Hinsicht Einfluss: auf die Leistungserstellung (Implementierung und Betrieb der Software), indem er Spezifikationen und das Fachkonzept festlegt, sowie auf das Leistungsergebnis, indem er die infrage kommenden Software-Lösungen eingrenzt und eine konkrete Lösung auswählt. Zudem übernimmt der Kunde in Form von Software-Tests und später in Form von Fehlerbeschreibungen bei Support-Anfragen beziehungsweise Change Requests weitere Teilaufgaben der Leistungserstellung. Um diesem besonderen Merkmal der Kundenorientierung von SSCs gerecht zu werden, wird die Potenzialperspektive in den externen Faktor und die Mitarbeiter unterteilt. Die Ergebnisperspektive muss neben finanziellen auch kundenbezogene Elemente enthalten.

Für eine erfolgreiche Steuerung von SSCs ist entscheidend, dass die Kennzahlen aus einer vorher definierten SSC-Strategie abgeleitet werden, die wiederum in die Strategie des gesamten Unternehmens eingebettet ist. Sowohl die Kennzahlen als

*„Die Shared Service Center Scorecard ist ein adäquates Instrument, um Center strategisch auf die Konzernziele auszurichten.“*

auch die Strategie müssen regelmäßig auf ihre Aktualität und Konformität überprüft werden. **Abbildung 1** zeigt die dementsprechend aufgebaute SSC-Scorecard. Da SSCs maßgeblich Leistungen für interne Kundengruppen erbringen, kommt es zur Überlappung der Bereiche Konzern und Kunde. Die SSC-Scorecard berücksichtigt das, indem der Kunde als Potenzialfaktor in das Steuerungssystem integriert wird. Darüber hinaus adressiert die Ergebnisperspektive neben dem Konzern mit

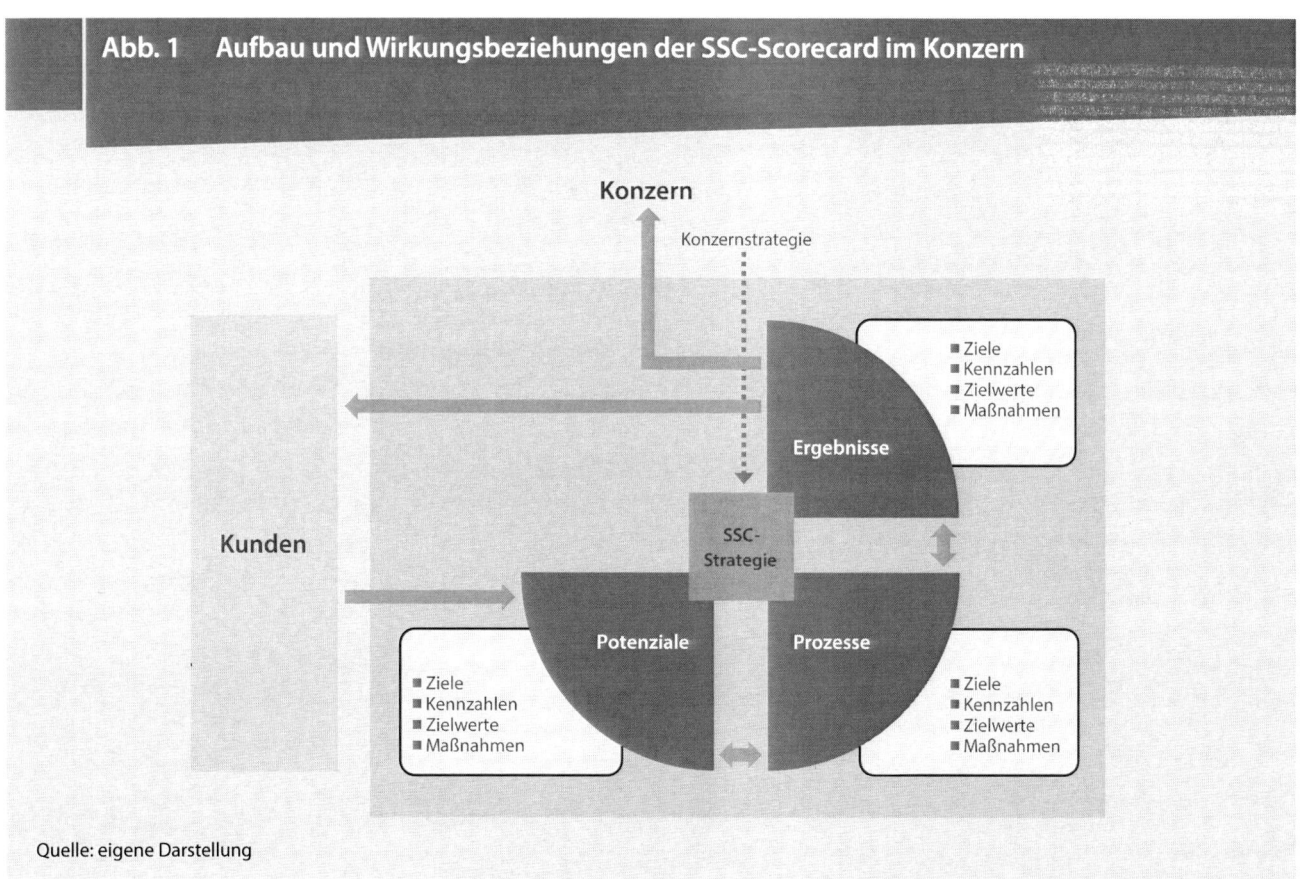

**Abb. 1    Aufbau und Wirkungsbeziehungen der SSC-Scorecard im Konzern**

Quelle: eigene Darstellung

**Tab. 1 Aspekte und exemplarische Kennzahlen der qualitativen Dienstleistungsproduktivität**

| | Exemplarische Kennzahlen |
|---|---|
| Kompetenz | ▪ Sach- und Interaktionskompetenz der Mitarbeiter und Kunden |
| Zufriedenheit | ▪ Motivation der Mitarbeiter und Kunden<br>▪ Interaktionsprozessqualität aus Mitarbeiter- und Kundensicht<br>▪ Kundenloyalität<br>▪ wahrgenommener Kundennutzen |
| Infrastruktur-qualität | ▪ technische Unterstützung der Mitarbeiter und Kunden<br>▪ Nutzbarkeit der Ressourcen |
| Beziehungs-qualität | ▪ Kollaborationsdauer und -häufigkeit |

Quelle: eigene Darstellung in Anlehnung an Lamberth 2012, S. 85 ff.

primär finanziellen Interessen nun in höherem Maße den Kunden als zentrales Element langfristigen Erfolgs.

## Auswahl geeigneter Kennzahlen

Für die Ausgestaltung der drei Dimensionen Potenziale, Prozesse und Ergebnisse sollten Unternehmen Kennzahlen auswählen, die dienstleistungsspezifisch und auf SSCs abgestimmt sind. Als Basis bieten sich die qualitative Dienstleistungsproduktivität und der Dienstleistungsperformance-Index

*„Dienstleistungsperformance-Index und qualitative Dienstleistungsproduktivität stellen geeignete Kennzahlen bereit."*

an. Beides sind Kennzahlensysteme, die eigens für Dienstleistungen konzipiert wurden. Die dort genutzten Kennzahlen lassen sich daher relativ einfach in eine SSC-Scorecard integrieren. Es kann aber fallabhängig notwendig sein, die Score-

card um SSC-individuelle Kennzahlen zu ergänzen, um das Steuerungssystem noch weiter zu verbessern.

### Qualitative Kennzahlen

Die Produktivität von Dienstleistungen zu messen, stellt Controller aus zwei Gründen vor besondere Herausforderungen: (1) die hohe Interaktion zwischen SSC-Personal und Kunde sowie (2) der Erstellungsprozess in Abgrenzung zur Produktion einer Sachleistung. Der klassische Produktivitätsbegriff als reines Output-Input-Verhältnis reicht für die Betrachtung von Dienstleistungen nicht aus, da die Erstellung der Dienstleistung im Gegensatz zu der einer Sachleistung (Ware) nicht physisch ist. Die Dienstleistungsproduktivität bestimmt sich neben der Effizienz maßgeblich durch die vom Kunden wahrgenommene Dienstleistungsqualität (vergleiche Lamberth 2012, S. 80). Die qualitative Dienstleistungsqualität beinhaltet Kennzahlen in den Bereichen Kompetenz, Zufriedenheit, Infrastrukturqualität und Beziehungsqualität und berücksichtigt sowohl den Mitarbeiter des SSCs als auch den Kunden (vergleiche **Tabelle 1**).

Welche Kennzahlen und Bereiche der qualitativen Dienstleistungsproduktivität sich für die einzelnen Dimensionen der SSC-Scorecard eignen, zeigt **Tabelle 2**. Die Berührungspunkte beschränken sich nicht notwendigerweise auf eine Perspektive. Die Infrastrukturqualität ist beispielsweise nicht nur auf die Fähigkeit des Mitarbeiters, qualitativ hochwertige Leistung zu erbringen, beschränkt. Sie kann sich ebenfalls auf den Leistungsbeitrag des Kunden (externer Faktor) zur Dienstleistung auswirken.

### Quantitative Kennzahlen

Für eine ganzheitliche Steuerung sind auch quantitative Kennzahlen erforderlich. Die Dienstleistungsperformance-Indikatoren aus dem Dienstleistungsperformance-Index sind dafür besonders geeignet, da sie auf Service-Prozesse ausgerichtet

**Tab. 2 Integration der Kennzahlen der qualitativen Dienstleistungsproduktivität in die SSC-Scorecard**

| | Potenzial | | Prozess | Ergebnis | |
|---|---|---|---|---|---|
| | externer Faktor | Mitarbeiter | | Kunde | Finanzen |
| Kompetenz | ▓ | ▓ | | ▓ | |
| Infrastrukturqualität | ▓ | ▓ | | ▓ | |
| Beziehungsqualität | ▓ | ▓ | ▓ | ▓ | |
| Zufriedenheit | ▓ | ▓ | | ▓ | ▓ |

Quelle: eigene Darstellung

**Tab. 3 Dienstleistungsperformance-Indikatoren nach Planungshorizont mit exemplarischen Kennzahlen**

| Planungshorizont | Indikator | exemplarische Kennzahlen |
|---|---|---|
| strategisch | Führungsqualität | ■ Profitabilität<br>■ Anteil der Mitarbeiter mit Leistungsprämie |
| | Kundenbindung | ■ Anteil der verlängerten an insgesamt auslaufenden Verträgen |
| | Wachstum | ■ Umsatzwachstum aus neuen Dienstleistungen<br>■ Marktanteil |
| taktisch | Innovation | ■ Umsatzanteil neuer und modifizierter Angebote<br>■ Realisierte Verbesserungsvorschläge je Mitarbeiter |
| | Kollaboration | ■ Erfüllungsgrad von Quality Level Agreements<br>■ Erfüllungsgrad von Service Level Agreements |
| operativ | Prozessausführung | ■ Antwort- oder Durchlaufzeiten<br>■ Prozesskostensätze |
| | Prozessoptimierungsrate | ■ Änderungsrate der Kennzahlen der Kategorie Prozessausführung |

Quelle: eigene Darstellung in Anlehnung an Tyagi/Gupta 2013, S. 5 ff.

sind und verschiedene Planungshorizonte berücksichtigen (vergleiche Tyagi/Gupta 2013, S. 4 f.). **Tabelle 3** zeigt die sieben Indikatoren innerhalb ihres jeweiligen Planungshorizonts und ihre Spezifizierung mit Kennzahlen.

Welche Kennzahlen innerhalb der einzelnen Indikatoren in der Praxis ausgewählt werden sollten, lässt sich nicht generell sagen. Dies hängt von der Zielsetzung und Entwicklungsphase des jeweiligen SSCs ab. So dürfte beispielsweise in einem Controlling-SSC, in dem wissensbasierte Prozesse abgebildet werden, Qualitätsaspekten mehr Beachtung zukommen als in einem volumenorientierten Help-Desk-SSC mit repetitiven Tätigkeiten, wo Kosten verstärkt Berücksichtigung finden. **Tabelle 4** stellt exemplarisch dar, welche Kennzahlen und Indikatoren des Dienstleistungsperformance-Indexes für welche Dimensionen der SSC-Scorecard genutzt werden können.

## Einbettung in die Konzernsteuerung

Die SSC-Scorecard ist das zentrale Steuerungssystem des SSCs. Sie muss gewährleisten, dass die Ziele des SSCs mit denen des Konzerns übereinstimmen, und dabei entstehende

**Tab. 4 Integration der Kennzahlen des Dienstleistungsperformance-Indexes in die SSC-Scorecard**

| | Potenzial | | Prozess | Ergebnis | |
|---|---|---|---|---|---|
| | externer Faktor | Mitarbeiter | | Kunde | Finanzen |
| Unternehmensleitung | | ■ | | ■ | |
| Wachstum | | | | | ■ |
| Kundenbindung | | | | ■ | |
| Innovation | ■ | ■ | | | |
| Kollaboration | ■ | ■ | | | |
| Prozessausführung | | | ■ | | |
| Prozessoptimierungsrate | | | ■ | | |

Quelle: eigene Darstellung

## Zusammenfassung

- Für die Steuerung in Shared Service Centern (SSCs) sind spezielle Steuerungssysteme notwendig, die Dienstleistungsspezifika wie die Integration des Kunden in den Leistungsprozess abbilden.

- Eine Möglichkeit, SSCs strategisch und operativ zu steuern, ist die in diesem Beitrag entwickelte SSC-Scorecard.

- Anders als klassische Scorecard-Systeme beruht die SSC-Scorecard auf den Potenzial-, Prozess- und Ergebnis-Perspektiven der Dienstleistungserstellung.

Koordinationsaufgaben übernehmen. Hierfür sollte die SSC-Strategie von dem übergeordneten Konzern-Steuerungssystem, idealerweise ebenfalls ein Scorecard-System, abgeleitet werden. Hierdurch entsteht eine Scorecard-Hierarchie, bei der die SSC-Scorecard Ergebnisse in Form von Ist-Zahlen und Zielerreichungen in die übergeordnete Konzern-Scorecard übergibt. Die Konzern-Scorecard bildet im Gegenzug den Rahmen für die Gestaltung der Strategie, Dimensionen und Kennzahlen der SSC-Scorecard und kann einzelne Ziele vorgeben.

Neben dieser hierarchisch vertikalen Sichtweise kann die SSC-Scorecard auch auf horizontaler Ebene für eine bessere Steuerung genutzt werden. Die verschiedenen SSCs des Konzerns lassen sich auf diese Weise miteinander oder mit Outsourcing-Lösungen vergleichen. Auch ein Benchmarking und ein Center-übergreifender Austausch von Best Practices werden so ermöglicht.

Haben SSCs mit klar abgegrenzten Prozessen eine kritische Größe erreicht, können Unternehmen weitere, jeweils prozessspezifische Scorecards aus der SCC-Scorecard ableiten. Dadurch wird die Konzernstrategie noch weitreichender operationalisiert sowie ein formalisierter Vergleich von Prozessen im Sinne eines internen Prozess-Benchmarkings ermöglicht.

### Der Weg zur Implementierung

Wenn eine SSC-Scorecard eingeführt werden soll, müssen sich Unternehmen neben ihrem spezifischen Kontext maßgeblich den Reifegrad ihres SSCs ansehen. Besonders in frühen Stadien, in denen SSCs primär zur Effizienzsteigerung und Kostenreduktion sowie zur Bündelung repetitiver Dienstleistungsprozesse aufgebaut werden, ist die Implementierung einer gesamten SSC-Scorecard zu umfassend. In diesen Fällen stehen Kostenaspekte im Vordergrund. Entsprechend soll-

te das Steuerungssystem maßgeblich quantitative, monetäre Kennzahlen enthalten sowie Kennzahlen, um die operativen Prozesse zu verbessern. Anschließend empfiehlt es sich, die Scorecard sukzessive mit dem Reifegrad des Centers um qualitative, nicht-monetäre Kennzahlen zu erweitern, die insbesondere Effektivitätsziele abbilden. SSCs in weiterentwickelten Stadien umfassen ebenfalls analytische Prozesse und verlagern dementsprechend ihren Fokus von einer Effizienzsteigerung auf eine Effektivitätssteigerung.

Weiterhin ist bei der Auswahl geeigneter Kennzahlen zu beachten, inwieweit das SSC bereits etabliert ist. Im Zeitraum nach der Gründung des SSCs geht es vor allem darum, den reibungslosen Ablauf des Tagesgeschäfts sicherzustellen. Hierfür sind vor allem operative bis taktische Kennzahlen wichtig, um stabile Prozesse mit akzeptabler Effizienz und Effektivität herzustellen. Später gewinnen dann strategische Aspekte immer mehr an Bedeutung.

Gerade am Anfang gilt es, das Steuerungssystem einfach und übersichtlich zu gestalten. Eine Möglichkeit zur Komplexitätsreduktion ist beispielsweise, Kennzahlen entweder differenziert darzustellen oder zu Kennzahlengruppen zusammenzufassen. Ein aggregierter Bericht informiert gut und schnell über die Gesamtsituation im SSC und kann gleichzeitig für das Management Reporting an die Konzernmutter genutzt werden. Die Kennzahlen können dazu entweder quantitativ zusammengefasst, separat dargestellt oder in einem Service Cockpit aggregiert und qualitativ visualisiert werden. Mischformen sind ebenso möglich.

Um eine gute Qualität des Steuerungs- und Berichtssystems zu erreichen, muss dieses adressatengerecht, leicht verständlich, offen zugänglich und überwiegend grafisch gestaltet werden (vergleiche Peill/Garbers 1999, S. 758). Es sollten nur so viele Kennzahlen wie notwendig verwendet werden, um die aktuellen Center-Ziele abzubilden. Diese Ergebnisse sind in regelmäßigen Abständen sowohl mit der Scorecard des Konzerns als auch mit der Strategie des SSCs abzugleichen, um Annahmen und Zusammenhänge zu validieren oder zu revidieren und eine Abstimmung der SSC-Strategie auf die Konzernstrategie vorzunehmen.

### Schlussbetrachtung

Die SSC-Scorecard leitet sich aus der Konzernstrategie ab. Sie ist somit ein adäquates Instrument, um ein SSC strategisch auf die Konzernziele auszurichten. In der Aufbauphase eines SSCs steht vor allem das Erreichen von internen Mindestanforderungen im Vordergrund. Es geht primär um die operative Prozessausführung und Effizienz. Später, in den Phasen der Markt- und Effektivitätsorientierung, findet ein Perspektivwechsel statt. Dieser Anforderungsdynamik an ein Steuerungssystem wird die SSC-Scorecard durch ihre Anpassungsfähigkeit gerecht.

Generell bietet die SSC-Scorecard die Möglichkeit, Prozessvergleiche, Berichtsstrukturen und Erfolgsbemessungskonzepte in einem einfachen und übersichtlichen, aber ganzheitlichen Ansatz zu unterstützen. Die verschiedenen Kennzahlensysteme können konzernweit miteinander verknüpft werden. Vor allem durch ihre Kunden- und Potenzialorientierung kann die SSC-Scorecard einen wichtigen Beitrag zu einer erfolgreichen SSC-Steuerung leisten. Sie lässt sich von Unternehmen gut dazu nutzen, die strategische Entwicklung des SSCs und seinen Beitrag zur Unternehmenswertsteigerung transparent zu machen und auf dieser Basis das SSC weiterzuentwickeln.

## Literatur

Becker, W./Kunz, C./Mayer, B. (2009): Shared Service Center – Konzeption und Implementierung in internationalen Konzernen, Stuttgart.

Kaplan, R. S./Norton D. P. (2001): Die strategiefokussierte Organisation – Führen mit der Balanced Scorecard, Stuttgart.

Lamberth, S. (2012): Methodik zur Analyse und Optimierung der Dienstleistungsproduktivität unter Berücksichtigung qualitativer Faktoren, in: Meyer, K./Abdelkafi, N. (Hrsg.): Smart Services and Service Science – Proceedings of the 4th International Symposium on Services Science, Leipzig, S. 75-96.

Peill, E./Garbers, J. (1999): Steuerung von Servicequalität durch Service-Controlling – Ergebnisse sichtbar machen, in: Versicherungswirtschaft, 54 (11), S. 756-759.

Tyagi, R./Gupta, P. (2013): Gauging Performance in the Service Industry, in: Journal of Business Strategy, 34 (3), S. 4-15.

## Autoren:

**Bianca Drerup**
Wissenschaftliche Mitarbeiterin am Lehrstuhl für ABWL und Controlling
Universität Duisburg-Essen, Duisburg, Deutschland
E-Mail: bianca.drerup@uni-due.de

**Florian Müller**
Masterand des Wirtschaftsingenieurwesens
Karlsruher Institut für Technologie, Karlsruhe, Deutschland
E-Mail: mail.florian.mueller@gmail.com

**Prof. Dr. Andreas Wömpener**
Inhaber des Lehrstuhls für ABWL und Controlling
Universität Duisburg-Essen, Duisburg, Deutschland
E-Mail: andreas.woempener@uni-due.de

## Handlungsempfehlungen

- Entwickeln Sie das Steuerungssystem Ihres Shared Service Centers (SSCs) auf Basis einer SSC-Strategie, die aus der Konzernstrategie abgeleitet wurde.
- Fokussieren Sie sich bei der Auswahl geeigneter Kennzahlen auf fünf bis acht je Dimension der SSC-Scorecard.
- Überprüfen Sie mittelfristig sowie außerplanmäßig, ob Änderungen in der Konzernstrategie aufgetreten sind, die die SSC-Strategie beeinflussen.
- Wählen Sie die Kennzahlen entsprechend dem Reifegrad des SSCs und der damit verbundenen SSC-Ziele.

**Ergänzender Studientipp:**

Drerup, B./Schmitz, M. (2015): Global Business Services – Referenzmodell einer netzwerkorientierten Center-Organisation mit ganzheitlicher Governance, in: Zeitschrift für Corporate Governance, 10 (4), S. 154-161.

 Weitere Empfehlungen der Verlagsredaktion aus www.springerprofessional.de zu:

### 🔍 Shared Service Center

Keuper, F./Lueg, K.-E. (Hrsg.) (2013): Finance Bundling and Finance Transformation – Shared Services Next Level, Wiesbaden.

Rau, T./Buck, S./Butschal, C. (2012): Effizienzsteigerung durch Prozess-Controlling im Shared Service Center, in: Zeitschrift für Controlling & Management, Sonderheft 3 (56), S. 63-68.

# Controlling-Seiten im Netz

Ob am Arbeitsplatz oder unterwegs: Controller von heute haben Zugriff auf vielfältige fachspezifische Angebote im Netz. Studien und Benchmarks sind hier ebenso zu finden wie Kennzahlendefinitionen und Fachbeiträge zu relevanten Themen. Besonders nützlich sind Portale, die wichtige Informationen bündeln.

*Brigitte Braun*

Gut aufbereitete Informationen im Internet zu finden, kann mitunter sehr zeitaufwendig sein. Online-Portale und Websites, die Informationen zu relevanten Themen oder für bestimmte Zielgruppen zusammenfassen, bieten hier eine gute Möglichkeit, den Aufwand zu reduzieren. Da nicht jeder Controller dasselbe sucht, ist das Angebot an Informationen breit gefächert. Studien, Benchmarks, Fachliteratur sowie neue Perspektiven und Entwicklungen im Controlling sind ebenso zu finden wie Begriffsdefinitionen, Excel-Tipps und Stellenmarkt. Zu den Anbietern zählen Vereine, Verbände, Verlage sowie spezialisierte Beratungen und Universitäten. Um Ihnen eine zielgerichtete Suche zu erleichtern, stellen wir Ihnen eine nützliche Auswahl vor (vergleiche **Tabelle 1**).

## www.icv-controlling.com

Der Internationale Controller Verein (ICV), die führende Controller-Vereinigung im deutschsprachigen Raum, bietet auf seiner Seite fundiertes Wissen gerade auch für die operative Controller-Arbeit an. Ein Teil der Seite steht nur Mitgliedern offen. Doch auch Nicht-Mitglieder profitieren vom Angebot des Vereins und den Ergebnissen der Diskussionen, die insbesondere in den thematisch organisierten Arbeitskreisen stattfinden. Viele Arbeitspapiere sind frei zugänglich. In der Rubrik Controller-Wissen trägt der ICV zudem seine Vor-

tragspräsentationen und Statements zu Themen wie Industrie 4.0 oder Big Data zusammen und stellt diese als PDF-Download bereit. Hervorzuheben ist das Controller-Wiki (www.controlling-wiki.com), das in einer Art digitalem Handbuch Expertenwissen zu wichtigen Themenbereichen und Begriffen des Controllings bündelt. Registrierte Nutzer tragen mit ihrem von der Redaktion geprüften Input gemeinschaftlich dazu bei, dass dieser Bereich stetig wächst und aktualisiert wird. Als Vereins-Website bietet die Seite den Mitgliedern zudem die Möglichkeit, sich zu vernetzen und auszutauschen. Nicht zuletzt verweist die Website auf die Angebote der eng mit dem ICV verbundenen Controller-Akademie (www.controllerakademie.de). Auch ein Stellenmarkt fehlt nicht. Der ICV ist zudem in allen Social-Media-Netzwerken präsent und unterhält einen eigenen Blog.

## www.whu-on-controlling.com

Das Angebot des Instituts für Management und Controlling (IMC) der WHU – Otto Beisheim School of Management richtet sich in erster Linie an Finanzvorstände und Controller und bietet mit den Rubriken „Zukunftsthemen" und „Perspektiven" wissenschaftlich fundierte Beiträge zu aktuellen Themen in Controlling und Unternehmenssteuerung. Die neuen Einsichten und Denkanstöße fußen zum einen auf Daten, die im Rahmen des Controller Panels seit fast zehn Jahren in circa 1.000 Unternehmen erhoben werden. Zum anderen stützt sich das Angebot der WHU auf einen regen Austausch der beiden Institutsleiter Utz Schäffer und Jürgen Weber mit führenden Unternehmen. Controller können sich so leicht und zielgerichtet an aktuellen Entwicklungen im Controlling orientieren. Die Seite stellt zudem an der WHU entwickelte Benchmarks und Zahlen kostenlos zur Verfügung, sodass ein Vergleich mit dem eigenen Unternehmen ebenso möglich ist wie ein Vergleich der Daten über die Zeit. Wer noch tiefer einsteigen möchte, kann sich ebenfalls kostenfrei im Controller Circle registrieren und erhält als Teil dieser Community regelmäßige Newsletter sowie einen erweiterten Zugriff auf detaillierte Daten und Studieninhalte. WHU-on-Controlling ist sehr klar strukturiert und präsentiert Wissen nicht nur zum Lesen, sondern auch in Form von Video-Files. Zum Angebot gehören zudem Verweise auf Tagungen und neueste Publikationen des Instituts. Wer auf dem Laufenden bleiben möchte, hat die Möglichkeit, dem WHU-on-Controlling-Blog oder dem Portalkanal in den beruflichen Netzwerken Xing und LinkedIn zu folgen.

## www.horvath-partners.com

Das Beratungsunternehmen Horváth & Partners Group bietet auf seiner Website kurze Einstiegsinformationen zu aktuellen Controlling-Themen sowie Einblicke in eigene Studien. Wer sein Wissen vertiefen will, dem steht die Möglichkeit offen, Kontakt mit den für bestimmte Studien zuständigen Ansprechpartnern aufzunehmen. Umfassende Einblicke sind allerdings Kunden vorbehalten. Dies gilt auch für die diversen Benchmarks, die die CFO-Panel-Web-App (www.cfo-panel-app.com) des Beratungsunternehmens Führungskräften im Finanzbereich zur Verfügung stellt. Die Mitgliedschaft im CFO-Panel-Netzwerk, in dem die Daten für die App erhoben werden, ist auf Unternehmen ausgelegt und kostenpflichtig. Freien Zugang erhalten Nutzer zum Kundenmagazin des Beratungsunternehmens ebenso wie ausführliche Informationen zum Wei-

**Tab. 1  Controlling-Seiten im Netz**

|  | Betreiber | Sektor | Inhalte weitgehend kostenfrei | englischsprachiges Angebot | Benchmarking-Informationen | Weiterbildungsangebote | eigene Community | Stellenmarkt | berufliche Netzwerken (Xing, LinkedIn) | weiterführendes Literaturangebot |
|---|---|---|---|---|---|---|---|---|---|---|
| www.icv-controlling.com | Internationaler Controller Verein | Verein | ✓ | ✓ |  | ✓ | ✓ | ✓ | ✓ |  |
| www.whu-on-controlling.com | Institut für Management & Controlling | Wissenschaft | ✓ | ✓ | ✓ | ✓ |  |  | ✓ | ✓ |
| www.horvath-partners.com | Hórvath & Partners Management Consultants | Beratung |  | ✓ | ✓ | ✓ |  |  | ✓ |  |
| www.haufe.de/controlling | Haufe Gruppe | Verlag |  |  |  | ✓ |  | ✓ |  | ✓ |
| www.springerprofessional.de/finance-controlling | Springer Gabler | Verlag |  |  |  |  |  | ✓ |  | ✓ |
| www.controlling-portal.de | Reimus Net GmbH | Verlag | ✓ |  |  |  | ✓ | ✓ |  |  |
| www.controllerspielwiese.de | Joachim Becker WebSolutions | Media-Agentur | ✓ |  |  |  |  | ✓ |  |  |

Quelle: eigene Darstellung

terbildungsangebot der Horváth-Akademie sowie zu Informationen über von Horváth & Partners ausgerichteten Tagungen und Workshops.

## www.haufe.de/controlling

Das Controlling-Fachportal der Haufe Gruppe, zu der neben den Verlagen Haufe, Schäffer-Poeschel und Lexware auch die Haufe-Akademie (www.haufe-akademie.de) gehört, veröffentlicht tages- und wochenaktuell relevante Neuigkeiten, Gesetzesänderungen oder Studienhinweise für Buchhalter und Controller in den Rubriken „Controllerpraxis" und „Rechnungslegung". Die redaktionellen Beiträge und Pressemeldungen sind frei zugänglich. Controller haben zudem die Möglichkeit, unter diversen Arbeitshilfen für die Controller-Praxis auszuwählen und diese auf ihre Eignung für den eigenen Berufsalltag kostenfrei zu testen. Der Schwerpunkt des Portals liegt auf Angeboten der Verlagsgruppe und den Weiterbildungsofferten der Haufe-Akademie. Zudem wird auf eigene Publikationen verwiesen. Besonders interessant für Controller ist der kostenfreie Zugang zum Archiv des beim Haufe Verlag erscheinenden „Controller-Magazins", der Mitgliederzeitschrift des ICVs. Zum Service gehört auch ein Stellenmarkt für Controller.

## www.springerprofessional.de/ finance-controlling

Der Verlag Springer Gabler ist mit dem Portal „Springer Professional" am Start. Es wendet sich insbesondere an Praktiker und Unternehmen, die einen Online-Zugang zu allen digitalen Verlagspublikationen aus den Bereichen Wirtschaft und Technik erhalten möchten. Das Portal gliedert sich in verschiedene Fachgebiete, unter anderem das Fachgebiet Finance + Banking, dem der Bereich Controlling zugeordnet ist. Eine Fachredaktion fungiert als sogenannter Themen-Scout, der täglich relevante aktuelle Controlling-Themen für die Nutzer selektiert. Springer Professional ist ein Portal im wörtlichen Sinn: Die kurzen redaktionellen Beiträge verweisen immer auf weiterführende Publikationen des Verlags und sind mit relevanten Nachbarbereichen des Controllings verknüpft. Abonnenten haben so die Möglichkeit, sich über diese digitale Fachbibliothek tiefer und umfassender in ein Thema einzuarbeiten. Da im Verlag Springer Gabler die von Utz Schäffer und Jürgen Weber herausgegebene „Controlling & Management Review" erscheint, ist die Fachzeitschrift hier besonders präsent. Insbesondere die Experteninterviews der Fachzeitschrift sind in einer Kurzversion kostenfrei zugänglich. Springer Professional ist die richtige Plattform, wenn man als Controller auf der Suche nach vertiefenden, auch controlling-

übergreifenden, Informationen in Form von Büchern und Zeitschriftenartikeln ist. Auch dieses Portal bietet einen Stellenmarkt, für den der Verlag auf den aktuellen Xing-Stellenmarkt zurückgreift.

## www.controllingportal.de

Das Controlling-Portal des Verlags Reimus Net, der diverse Fachportale betreibt, wendet sich an alle Controlling-Interessierten, vom Studenten über den im Beruf stehenden Controller bis hin zum Berater. Dementsprechend breit aufgestellt ist auch das Angebot: News, Fachbeiträge, Seminarangebote und eine Wissensdatenbank sind hier ebenso zu finden wie ein eigener Stellenmarkt. Das Portal versucht zudem, ein Forum für die Lösung von operativen Praxisproblemen zu schaffen und direkten Austausch zu ermöglichen. Es bietet vielseitige Informationen, die jedoch nicht immer trennscharf und intuitiv strukturiert sind. Sehr nützlich dagegen sind der angebotene Stellenmarkt und der kurze News-Überblick. Die Nutzer haben zudem die Möglichkeit, Excel-Tools und Vorlagen über das Portal zu vertreiben. In den einschlägigen Social-Media-Kanälen ist das Portal noch nicht präsent.

## www.controllerspielwiese.de

Die Controllerspielwiese versteht sich als reine Service-Seite für eine breite Zielgruppe, auf der controllingrelevante, tagesaktuelle Meldungen sowie Verweise auf neue Studien zusammengetragen werden. Zudem bietet die Seite diverse Berichtsvorlagen und Excel-Tipps und -Tricks. Wer die Bedeutung und Funktion von Kennzahlen, Fachbegriffen oder Formeln für Investitionsrechnung und Finanzmathematik recherchiert, kann hier nachschauen und bekommt eine kurze Auskunft. Damit ist die Seite besonders für junge Controller nützlich. Woher die Texte, Tools und Informationen stammen, ist allerdings für den Nutzer nicht transparent. „Der Tummelplatz aller Controlling-Fans" bekennt sich als rein funktionale Seite, die wenig Wert auf zeitgemäßes Design legt. Wie auch die Verlagsportale verzichtet die Controllerspielwiese nicht auf einen Stellenmarkt und ein Forum, um Probleme in einem breiteren Kreis diskutieren zu können. Vergleichbar mit www.controlling-portal.de bietet sie ein Forum, um sich mit Praxisproblemen an eine Fach-Community zu wenden.

Autorin:

**Brigitte Braun**
Redakteurin der Controlling & Management Review
Vallendar, Deutschland
E-Mail: brigitte.braun@whu.edu

# Es gibt kein Unternehmer-Gen

Selbstständigkeit bedeutet viel Arbeit. Die Betonung liegt dabei auf „selbst" und „ständig". Aber nicht alle Menschen schätzen den hohen Grad an Eigenverantwortlichkeit gleichermaßen. Die weitverbreitete Ansicht, die Fähigkeit zum Unternehmertum sei eine angeborene Eigenschaft, ist allerdings nicht zutreffend. Zu diesem Ergebnis kommen Wissenschaftler der Leuphana Universität Lüneburg in zwei Studien, über die sie erstmals im „Academy of Management Journal" berichten.

Demnach wachse die unternehmerische Leidenschaft mit den Erfolgserlebnissen und dem eigenverantwortlichen Handeln. Die Begeisterung war bei den in einer achtwöchigen Feldforschung befragten 54 Managern umso höher, je größer ihre unternommenen Anstrengungen waren.

In einem weiteren Experiment untersuchten die Forscher an 136 Studierenden in Singapur und Deutschland den Einfluss von Erfolgserlebnissen und Entscheidungsfreiheit auf die unternehmerische Leidenschaft. Während eine Gruppe auf ihre Geschäftsideen ein positives Feedback erhielt, musste eine andere ein negatives einstecken. Die Konsequenz: Bei der ersten Gruppe stieg die Begeisterung für unternehmerisches Handeln, während sie bei der zweiten Gruppe gleich blieb oder abnahm. „Unsere Ergebnisse zeigen, dass unternehmerische Leidenschaft kein starres Persönlichkeitsmerkmal ist, sondern eine Eigenschaft, die sich unter gewissen Bedingungen über Zeit entwickeln kann", erklärt Michael Gielnik, Leiter des Forschungsprojekts. **Andrea Amerland**

⬇ Lesen Sie den gesamten Beitrag mit weiteren Ausführungen zu Unternehmertum und Entrepreneurship auf www. springerprofessional.de/management.

# Was innovative Unternehmen besser machen

Traditionelle deutsche Unternehmen werden im internationalen Vergleich wieder als innovativ wahrgenommen. Zu diesem Ergebnis kommt die Studie „The Most Innovative Companies 2015: Four Factors that Differentiate Leaders" der Boston Consulting Group (BCG), für die mehr als 1.500 Führungskräfte aus zahlreichen Ländern befragt wurden. In der Liste mit den derzeit 50 innovativsten Firmen weltweit schaffen die Autobauer BMW (Platz 7) und Daimler (Platz 10) sogar den Sprung in die Top Ten. Auch Bayer (Platz 11) und BASF (Platz 29) können sich im Ranking deutlich verbessern. Die Allianz stößt mit Platz 25 erstmals in die weltweite Spitzengruppe vor, während Siemens auf Platz 30 der einzige deutsche Technologiekonzern in den Top 50 ist.

Laut der BCG-Studie sind es vier Faktoren, die Unternehmen zu Innovationsführern machen:

- Innovationstempo („innovation speed")
- effektive Forschungs- und Entwicklungprozesse („lean innovation")
- technologiebasierte Innovation („technology-enabled innovation")
- Erschließung benachbarter Märkte („adjacent growth")

Dass sich der Erfolg aber auch durch Innovationsnetzwerke steigern lässt, schreiben Christian Fieseler, Christian Pieter Hoffmann und Miriam Meckel im Springer-Werk „Business Innovation: Das St. Galler Modell". In ihrem Kapitel über die Bedeutung von Innovationsnetzwerken betonen sie, dass Basis für ein innovationsfähiges Unternehmen eine gemeinsame Identität ist. „Ein Unternehmen, das beispielsweise konsequent Innovation anstrebt und dessen Mitglieder gemeinsam auf dieses Ziel hinwirken, ist unweigerlich auf eine gemeinsame Identität angewiesen, dessen wichtiger und anerkannter Bestandteil die Innovation ist." Diese organisationale Identität beziehungsweise dieses kollektive Selbstverständnis bestimmt die Kultur eines Unternehmens. Um diese im Sinne des Innovations-Managements zu beeinflussen, empfehlen die Autoren, Beziehungsnetzwerke gezielt zu steuern. **Andrea Ammerland**

⬇ Lesen Sie das gesamte Buchkapitel „Eine Kultur der Innovation: Die Bedeutung von Innovationsnetzwerken" auf www. springerprofessional.de.

# Den digitalen Kundenservice bewerten lernen

Social Media prägen immer mehr die Beziehung zwischen Unternehmen und Kunden. Die Bedeutung von Customer Service 2.0 hat stark zugenommen. Bisher fehlen jedoch geeignete Systeme, um seinen konkreten Erfolg messen zu können. Das Forschungsinstitut für Rationalisierung an der RWTH Aachen hat bestehende Ansätze geprüft und ein Social-Media-Radar für die Bewertung der Kundenbetreuung entwickelt.

*Roman Senderek, Roman Emonts-Holley, Philipp Jussen*

Experten sind sich einig: Kundenservice über Social Media wird zu einem festen Bestandteil der Kommunikationsstrategie der Unternehmen [5]. Dementsprechend nimmt der Einsatz sozialer Medien in der Kundenbetreuung kontinuierlich zu. Bereits 47 Prozent der Unternehmen in Deutschland setzen Social Media aktiv ein, weitere 15 Prozent planen dies für die Zukunft [3, 4]. Treiber der Social-Media-Nutzung ist insbesondere die externe Unternehmenskommunikation: Drei Viertel der Unternehmen, die Social Media einsetzen, verwenden soziale Netzwerke, Blogs und Co. extern an der Schnittstelle zwischen Kunde und Unternehmen in den Bereichen Werbung und Marketing. 36 Prozent verwenden Social Media im Bereich der Kundenbetreuung [3].

Social Media sind im Bereich der Unternehmenskommunikation mittlerweile alles andere als ein „Nischenphänomen", ihr Potenzial ist jedoch aufgrund fehlender Möglichkeit der Erfolgsmessung längst noch nicht ausgeschöpft. Studien belegen, dass sich knapp 90 Prozent der befragten Unternehmen noch nicht in der Lage sehen, die Wirkung ihres Social-Media-Engagements angemessen zu bewerten [15, 21]. Ohne Daten, die Erfolge und Hindernisse des Social-Media-Einsatzes greifbar und seine Bewertung möglich machen, fehlen den Unternehmen Orientierungswerte zur Konzeption einer Social-Media-Strategie. Der Ruf nach geeigneten Kennzahlensystemen wird lauter. Das Forschungsinstitut für Rationalisierung (FIR) hat auf Grundlage bereits existierender Ansätze wichtige Kennzahlen identifiziert und in mögliche Messbereiche gruppiert. Entstanden ist das Social-Media-Radar, ein Modell, das Controllern die Erfolgsmessung unternehmerischen Social-Media-Einsatzes im Kundenservice ermöglicht.

> *„Das Potenzial von Social Media ist aufgrund fehlender Möglichkeit der Erfolgsmessung längst noch nicht ausgeschöpft."*

Doch wie sieht der moderne, vernetzte Kundenservice eigentlich aus? Moderner Kundenservice wird in Zukunft weitaus mehr leisten können als nur die Betreuung von Klienten. Experten gehen davon aus, dass sich die Grenzen zwischen Kundenservice und Marketing durch den Einsatz von Social Media künftig auflösen werden und diese Bereiche miteinander verschmelzen. Kundenservice 2.0 vereinigt für die Unternehmen Kundenservice, Marketing, PR, Vertrieb, Kundenerlebnis-Management und Employer-Branding [5]. Erkenntnisse aus der Social-Media-Kommunikation mit den Kunden können für Großunternehmen sowie kleine und mittlere Unternehmen zudem in den Bereichen Produktentwicklung, Projektkoordination, Wissensbeschaffung und vielem mehr einen wichtigen Beitrag leisten.

## Das Social-Media-Radar

Überlegungen, wie der Effekt von Social-Media-Anwendungen für Unternehmen greifbar gemacht werden kann, sind nicht neu. Der Großteil von ihnen zielt jedoch vorrangig auf eine monetäre Bewertung ab. Als jüngstes Beispiel hierfür kann das ICUP-Modell von Siemens [14] dienen, das eine Bestimmung des sogenannten „Return on Investment" (ROI) möglich und so den tatsächlichen Nutzen messbar macht. Der alleinige Fokus auf monetäre Aspekte versäumt aber die Gelegenheit, die vielen anderen möglichen positiven Effekte eines Social-Media-Einsatzes mit einzubeziehen. Dazu gehören beispielsweise Möglichkeiten der Verbesserung der Markenbekanntheit, der Kunden- und Mitarbeiterakquise sowie der Beeinflussung des Unternehmens-Images.

Um auch die Effekte für diese Bereiche messen zu können, empfiehlt es sich, diejenigen essenziellen Kennzahlen aus bis-

her bestehenden Ansätzen zusammenzufassen, die auch für den Bereich Customer Service 2.0 anwendbar sind. Dies erlaubt eine umfassende Bewertung des digitalen Kundenservices. Die Kennzahlen wurden dabei inhaltlich den folgenden übergeordneten Kategorien zugeordnet:

1. Kundenwahrnehmung
2. Kundeninteraktion
3. Kundenzufriedenheit
4. Kundenaktivierung
5. Reichweite
6. Finanzen

Diese wurden anschließend in das Social-Media-Radar überführt, mithilfe dessen erstmalig unternehmensindividuelle Kennzahlensysteme generiert werden können (vergleiche **Abbildung 1**).

## Kundenwahrnehmung

Eine besonders wichtige Kategorie für die Überprüfung der Wirkung von Social Media im Kundenservice ist die Kundenwahrnehmung. 84 Prozent der Unternehmen geben an, der

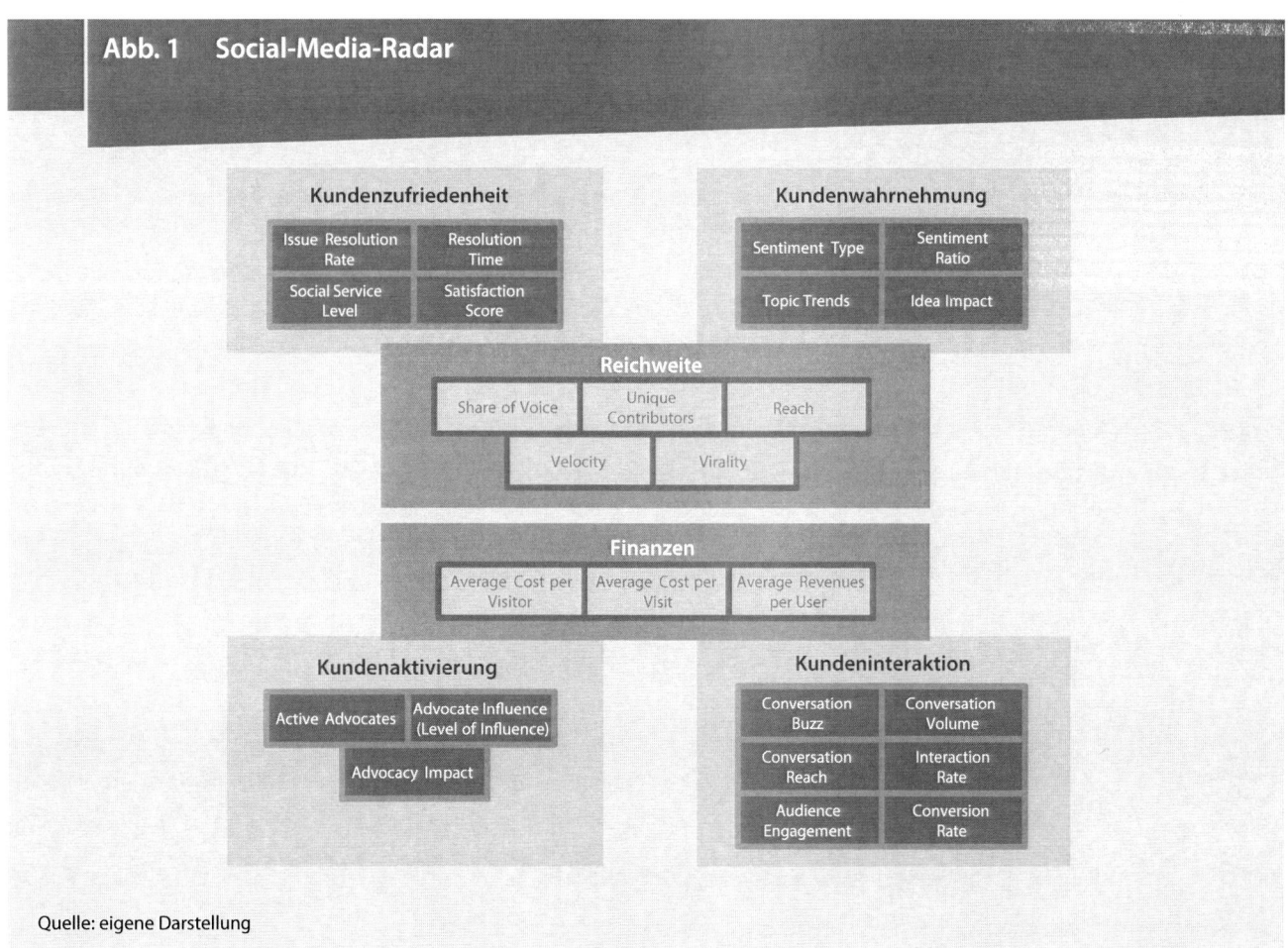

**Abb. 1    Social-Media-Radar**

**Kundenzufriedenheit**
- Issue Resolution Rate
- Resolution Time
- Social Service Level
- Satisfaction Score

**Kundenwahrnehmung**
- Sentiment Type
- Sentiment Ratio
- Topic Trends
- Idea Impact

**Reichweite**
- Share of Voice
- Unique Contributors
- Reach
- Velocity
- Virality

**Finanzen**
- Average Cost per Visitor
- Average Cost per Visit
- Average Revenues per User

**Kundenaktivierung**
- Active Advocates
- Advocate Influence (Level of Influence)
- Advocacy Impact

**Kundeninteraktion**
- Conversation Buzz
- Conversation Volume
- Conversation Reach
- Interaction Rate
- Audience Engagement
- Conversion Rate

Quelle: eigene Darstellung

größte Nutzen von Social Media läge für sie darin, Erkenntnisse über Kunden und ihre Wahrnehmung zu gewinnen [10]. Kundenbedürfnisse und -wünsche lassen sich so analysieren und besser erfüllen. Die Verbraucher- beziehungsweise Nutzerwahrnehmung wird dazu mittels semantischer Analysetools gemessen, die es erlauben, die Kundenäußerungen auf ihren positiven oder negativen Wortgehalt hin zu prüfen. Die

*„Viele Unternehmen trauen sich nicht zu, ihre Social-Media-Maßnahmen angemessen zu bewerten."*

jeweiligen Aussagen von Kunden in einem ausgewählten Social-Media-Kanal werden dazu in ein quantitatives Verhältnis zu allen überhaupt getätigten Kundenbeiträgen gesetzt. Dabei werden folgende Kennzahlen abgefragt [23, 16] (vergleiche **Tabelle 1**).

| Tab. 1 | Kundenwahrnehmung |
|---|---|
| Sentiment Type | Anzahl positive (neutrale, negative) Äußerungen |
| Sentiment Ratio | $\dfrac{\text{Anzahl positive (neutrale, negative) Äußerungen}}{\text{Anzahl alle Äußerungen}}$ |
| Topic Trends | $\dfrac{\text{Anzahl der Erwähnungen des Themas}}{\text{gesamte Erwähnungen im Bereich}}$ |
| Idea Impact | $\dfrac{\text{Anzahl der positiven Äußerungen}}{\text{Anzahl aller Äußerungen}}$ |

Quelle: eigene Darstellung

| Tab. 2 | Kundeninteraktion |
|---|---|
| Conversation Buzz | Anzahl der Reaktionen auf Inhalt |
| Conversation Volume | Anzahl der Beiträge in den beteiligten Social-Media-Kanälen |
| Audience Engagement | Nutzer × Zeit × Kommentare × geteilte Inhalte |
| Conversation Reach | $\dfrac{\text{Kommentare + Shares + Links}}{\text{Gesamtzahl der Views}}$ |
| Interaction Rate | $\dfrac{\text{Anzahl der Aufrufe}}{\text{Aktivität}}$ |
| Conversion Rate | $\dfrac{\text{Anzahl abgeschlossener Anfragen}}{\text{alle eingegangenen Anfragen}}$ |

Quelle: eigene Darstellung

Die Kennzahl Sentiment Type erfasst die Gesamtanzahl der positiven, negativen oder neutralen Mitteilungen [24, 11, 23]. Sentiment Ratio macht den Anteil positiver, negativer und neutraler Nutzermitteilungen im Verhältnis zur Gesamtzahl aller Beiträge greifbar [16]. Der Indikator Topic Trends zeigt, wie häufig ein bestimmtes Thema prozentual im Verhältnis zu allen anderen erwähnt wird [18, 16, 12]. Mit Idea Impact lässt sich die Begeisterung für ein Thema fassen, indem alle positiv wertenden Beiträge zu einem bestimmten Thema der Anzahl aller verfügbaren Aussagen gegenübergestellt werden [18, 16, 12].

## Kundeninteraktion

Die Kundeninteraktion ist aufgrund der „Many-to-Many Communication", die bei Social Software das klassische Sender-Empfänger-Modell ablöst [17], eine weitere wichtige Messgröße für digital abgewickelten Kundenservice. Durch eine starke Interaktion zwischen Kunde und Unternehmen können vermehrt Informationen und Vorstellungen über Marke, Unternehmen oder Produkt ausgetauscht werden [8]. Kennzahlen für die Kundeninteraktion geben an, wie häufig Social-Media-Inhalte abgerufen werden und wie der Kunde quantitativ auf sie reagiert. Unterscheiden lassen sich sieben Messeinheiten (vergleiche **Tabelle 2**).

Die Kennzahl Conversation Buzz zeigt die Anzahl der Reaktionen auf einen veröffentlichten Inhalt, also etwa Antworten, „Gefällt mir"-Angaben oder Ähnliches [11]. Mit Conversation Volume wird die Nutzerbeteiligungen am Dialog, das heißt die Anzahl der neu erstellen Beiträge in Social-Media-Kanälen zu einem Thema, gemessen [11]. Der Indikator Engagement erlaubt es zu schätzen, bis zu welchem Grad ein Nutzer sich mit einem Thema auseinandergesetzt hat. Hierfür setzt man einen einzelnen Nutzer in Verhältnis zu der Zeit, der abgegebenen Kommentare und Inhaltsteilungen der Person [16, 25]. Die Kennzahl Audience Engagement misst den Besucheranteil, der an einer Kampagne beziehungsweise einem Beitrag durch Interaktion teilnimmt. Dieser Wert lässt sich erheben, indem abgegebene Kommentare, Shares und Likes der Gesamtanzahl aller Nutzeraufrufe gegenübergestellt werden [18, 16, 12, 7].

Mit der Kennzahl Conversation Reach wird ermittelt, wie viele der theoretisch aktivierbaren Nutzer sich an dem Austausch zu einem Thema beteiligen. Die partizipierenden Nutzer werden dazu in ein Verhältnis zu der Gesamtzahl aller potenziellen Nutzer gestellt [18, 11, 7]. Der Wert Interaction Rate gibt an, wie überzeugend das Angebot den Nutzer zu einer Interaktion motiviert. Er ergibt sich aus der Gegenüberstellung aller Seitenaufrufe und dem Maß der Aktivität der User, also beispielsweise angeklickten Links auf Videos oder Newsletter [16]. Die Conversion Rate gibt an, wie viele Anfragen im Verhältnis zu allen überhaupt eingegangenen Anfragen erfolgreich abgeschlossen worden sind, also wie viele Nutzer zu Kunden werden [16, 20].

## Kundenzufriedenheit

Die Zufriedenheit der Kunden mit dem angebotenen Service eines Unternehmens bestimmt maßgeblich die Kundenbindung, die sich auch auf den ökonomischen Unternehmenserfolg und den ROI auswirken kann [6]. Erhöht sich der Nutzen für den Kunden, was sich in der Kundenzufriedenheit widerspiegelt, steigt somit auch der Unternehmenswert. Im Rahmen der Messung der Kundenzufriedenheit wird ermittelt, wie viele eingehende Nutzeranfragen in welcher Zeit gelöst werden [2] (vergleiche **Tabelle 3**).

Hierbei veranschaulicht die Issue Resolution Rate die Effektivität des digitalen Kundenservices: Die Zahl der zufriedenstellend beantworteten Nutzeranfragen wird dafür mit der aller eingegangenen Anfragen verglichen [18]. Wird zudem die

> *„Moderner Kundenservice wird in Zukunft weitaus mehr leisten können als nur die Betreuung von Klienten.“*

gesamte Zeit, die für die Beantwortung von Anfragen aufgebracht wurde, durch die Anzahl aller Anfragen geteilt, kann auch die durchschnittlich benötigte Zeit für die Bearbeitung einer Anfrage, die sogenannte Resolution Time, erfasst werden [18]. Der Satisfaction Score, der eine bestimmte Bewertung (positiv, negativ oder neutral) allen Kundenbewertungen gegenüberstellt, bewertet einen Inhalt beziehungsweise ein Merkmal [18, 16]. Der Social Service Level ist ein Effizienzindikator und gibt das Verhältnis der gelösten Anfragen zu allen eingegangenen an, wofür deren Mengen miteinander verglichen werden [9].

## Kundenaktivierung

Die Kundenaktivierung ist eine weitere entscheidende Determinante im Customer Service 2.0. Durch den Einsatz von Social Media gewinnt der Austausch zwischen den Kunden in Form von „digitaler Mundpropaganda" enorm an Bedeutung [1, 5, 8]. Erfahrungen einer Person können online zahlreiche weitere Nutzer erreichen und zirkulieren im Idealfall schnell und weit. Eine hohe Kundenaktivierung bietet Unternehmen

### Tab. 3 Kundenzufriedenheit

| | |
|---|---|
| Issue Resolution Rate | Anzahl zufriedenstellend beantwortete Serviceanfragen / Gesamtzahl der Serviceanfragen |
| Resolution Time | gesamte Antwortzeit auf Serviceanfragen / Anzahl aller Serviceanfragen |
| Satisfaction Score | Kundenbewertung (A, B, C ...) / Anzahl aller Kundenbewertungen |
| Social Service Level | gelöste Serviceanfragen in einem Zeitraum / alle offenen Serviceanfragen |

Quelle: eigene Darstellung

dadurch die Chance, Kunden am Prozess der Leistungserstellung zu beteiligen und im Zuge von Externalisierung Aufgaben auszulagern [6]. Im Kundenservice können beispielsweise sogenannte „Kunden-helfen-Kunden"-Lösungen Service-Mitarbeiter entlasten.

Die Messung der Kundenaktivierung kann Aufschluss über Möglichkeiten einer solchen Externalisierung geben. Die Kennzahl Active Advocates konzentriert sich beispielsweise auf die Erhebung der Anzahl aktiver Fürsprecher (Active Advocates) eines Social-Media-Beitrags innerhalb eines bestimmten Zeitraumes [18, 16, 12, 7]. Sie erfasst alle Nutzer, die den Inhalt aktiv befürworten (vergleiche **Tabelle 4**).

Mit der Kennzahl Advocate Influence wird anschließend deren Einfluss auf andere erhoben und bewertet, um beispielsweise sogenannte Meinungsführer zu identifizieren. Die Kennzahl Advocacy Impact schließlich gibt Aufschluss über

### Zusammenfassung

- Die Zukunft des Kundenservices ist digital: Social Media ermöglichen es Unternehmen, mehr über die Kunden und ihre Wünsche zu erfahren. Customer Service 2.0 gilt als das neue Marketing.
- Für die Bewertung der Wirksamkeit von Customer Service 2.0 benötigt das Controlling geeignete Messsysteme.
- Das vom FIR entwickelte Social-Media-Radar hilft Unternehmen, einen ersten Eindruck über den Business Impact von Social Media im Kundenservice zu erhalten, indem es geeignete Kennzahlen zur Verfügung stellt.

## Tab. 4 Kundenaktivierung

| | |
|---|---|
| Active Advocates | $\dfrac{\text{Anzahl aktive Fürsprecher in einem Zeitraum}}{\text{Gesamtzahl der Fürsprecher}}$ |
| Advocate Influence (Level of Influence) | $\dfrac{\text{Einfluss eines Fürsprechers}}{\text{standardisierter Einfluss aller Fürsprecher}}$ |
| Advocacy Impact | $\dfrac{\text{Anzahl durch Fürsprecher ausgelöste Beiträge}}{\text{Gesamtanzahl der Fürsprecherbeiträge}}$ |

Quelle: eigene Darstellung

## Tab. 5 Reichweite

| | |
|---|---|
| Share of Voice | $\dfrac{\text{Erwähnungen der Marke}}{\text{alle Erwähnungen von Marken im Segment}}$ |
| Unique Contributors | Anzahl der teilnehmenden realen Nutzer |
| Reach | direkte Nutzerzahl × Nutzernetzwerk |
| Velocity | Reach × Zeit |
| Virality | $\dfrac{\text{Anzahl der Einträge eines Themas}}{\text{Zeit}}$ |

Quelle: eigene Darstellung

## Tab. 6 Finanzen

| | |
|---|---|
| Average Cost per Visitor | $\dfrac{\text{Summe Akquirierungskosten}}{\text{Anzahl der Besucher}}$ |
| Average Cost per Visit | $\dfrac{\text{Summe Akquirierungskosten}}{\text{Anzahl der Besuche}}$ |
| Average Revenue per User | $\dfrac{\text{Anzahl der Besuche}}{\text{Unique Users}}$ |

Quelle: eigene Darstellung

die Zahl der von einem Fürsprecher ausgelösten Nutzerbeiträge. Dazu wird die Anzahl der durch alle Befürworter ausgelösten Konversationen durch die Gesamtanzahl der Beiträge von Fürsprechern geteilt [18].

## Reichweite

Die Kennzahlen der Kategorie Reichweite geben Aufschluss über die Nutzer, die mit einem Social-Media-Angebot potenziell erreicht werden können, sowie die Geschwindigkeit, mit der sich ein Beitrag in dem jeweiligen Social-Media-Kanal verbreitet [9] (vergleiche **Tabelle 5**).

Für den externen Social-Media-Einsatz im Kundenservice ist es für besondere Effizienz und die Wahl des idealen Kanals essenziell, die Reichweitengröße zu bestimmen [16]. Nur so können möglichst viele Nutzer bei möglichst geringem Mitteleinsatz erreicht werden. Die am weitesten verbreitete Kennzahl dieses Bereichs ist Share of Voice. Sie vergleicht die Nennungen der eigenen Marke mit den Nennungen aller Marken in einem bestimmten Segment und ermittelt de facto einen Social-Media-Marktanteil [18]. Die Kennzahl Unique Contributors gibt die Anzahl aller tatsächlich teilnehmenden Nutzer pro Kampagne an [16]. Der Reach ermöglicht eine Aussage über die potenzielle Reichweite, indem eine Einschätzung der Größe des vermuteten Publikums erfolgt [16, 22]. Velocity und Virality geben als Indikatoren Auskunft über die Geschwindigkeit, mit der sich ein Beitrag im Social Web verbreitet [16]. Ersterer bezieht sich auf die Verbreitung einer konkreten Nachricht, letzterer auf die einer Diskussion.

## Finanzen

Mit dem Social-Media-Einsatz möchte ein Unternehmen nicht nur die Beziehung zu seinen Kunden vertiefen. Ein elementares Ziel ist zudem die Generierung eines positiven finanziellen Beitrags im Bereich der externen Unternehmenskommunikation [10]. Finanzbasierte Erfolgsmessungen geben deshalb unmittelbar Auskunft über die Wirtschaftlichkeit der Social-Media-Maßnahmen. Während die Analyse auf Kostenseite sehr präzise vorgenommen werden kann, sind die durch Social Media erzielten Einnahmen selten exakt quantifizierbar. Social-Media-Auftritte können zu einer positiveren Wahrnehmung des Unternehmens beitragen, ohne dass dies unmittelbar in finanziellen Erträgen Niederschlag findet. Der tatsächliche finanzielle Beitrag kann deshalb aktuell nur für direkt gekoppelte Verkaufsaktionen oder Direktmarketing durch die drei Kennzahlen Average Cost per Visitor, Average Cost per Visit und Average Revenue per User erhoben werden (vergleiche **Tabelle 6**).

Die erste Kennzahl zeigt die durchschnittlich pro akquiriertem Besucher des Online-Dienstes angefallenen Kosten (etwa für Werbung) und ergibt sich aus der Summe der durch die Anzahl der Besucher geteilten Akquirierungskosten. Average Cost per Visit erfasst die durchschnittlich angefallenen Kosten pro akquirierten Besuch. Dazu wird die Summe aller Beschaffungskosten durch die Anzahl der tatsächlich bewirkten Besuche geteilt. Die dritte Messeinheit verdeutlicht den durchschnittlichen Umsatz pro Nutzer und wird veranschaulicht, indem der Online-Umsatz durch die Anzahl der Nutzer geteilt wird. Für das Einsatzfeld Kundenservice bleibt somit die Berechnung eines unmittelbaren monetären Beitrages bisher kaum möglich.

## Schlussbetrachtung

Die aktuelle Forschung hält geeignete Kennzahlen für die Bewertung des Social-Media-Einsatzes für Unternehmen bereit. Es fehlte jedoch bisher eine handhabbare und übersichtliche Zusammenstellung, welche die wesentlichen Aspekte und Kennzahlen für die Praxis aufbereitet. So ist es nicht verwunderlich, dass sich viele Unternehmen nicht zutrauen, ihre Social-Media-Maßnahmen angemessen zu bewerten. Ihnen fehlt das notwendige Instrumentarium. Das Social-Media-Radar des FIRs identifiziert die wichtigsten Kategorien für das Controlling von Social-Media-Maßnahmen im Bereich Kundenservice und führt die für die Bewertung notwendigen Kennzahlen zusammen. Aufbauend auf dieser Systematik können Unternehmen ihre individuellen Kennzahlensysteme entsprechend den intendierten Wirkungen konfigurieren. So können sie neben den zentralen Aspekten Reichweite und Finanzen, die für ein kohärentes Kennzahlensystem unerlässlich sind, die unterschiedlichen kundenbezogenen Aspekte je nach intendierter Wirkung gewichten. Steht beispielsweise die Außenwirkung, das heißt das Marketing durch den Social-Media-Einsatz im Kundenservice im Vordergrund, ist die Kundenwahrnehmung höher zu gewichten. Ist es das Ziel, mehr Feedback von den Kunden zu erhalten, sollte der Kundeninteraktion ein höheres Gewicht verliehen werden. Die vorgestellte Systematik eignet sich nicht nur für die erste Bewertung des Einsatzes von Social Media im Kundenservice. Sie lässt sich auch auf andere Anwendungsbereiche übertragen.

---

 Weitere Empfehlungen der Verlagsredaktion aus www.springerprofessional.de zu:

🔍 **Social Media ROI**

Kohn, H. (2014): Der Social-Media-ROI – auf den Spuren einer Chimäre, in: Dänzler, S./Heun, T. (Hrsg.): Marke und digitale Medien, Der Wandel des Markenkonzepts im 21. Jahrhundert, Wiesbaden, S. 347-360.

Friedrichsen, M./Mühl-Benninghaus, W. (Hrsg.) (2013): Handbook of Social Media Management, Value Chain and Business Models in Changing Media Markets, Berlin Heidelberg.

---

*Literatur*

1. Altobelli, C. F./Schwarzenberger, M. (2013): Social Media-Strategien bei Dienstleistungsunternehmen – Entwicklung und Implementierung mittels einer Social Media-Scorecard, in: Bruhn, M./Hadwich, K. (Hrsg.): Dienstleistungsmanagement und Social Media, Potenziale, Strategien und Instrumente, Forum Dienstleistungsmanagement, Wiesbaden, S. 65-86.

2. Anderson, E. W./Mittal, V. (2000): Strengthening the satisfaction-profit chain, in: Journal of service research 3 (2), S. 107-120.

3. Bitkom (2012): Social Media in deutschen Unternehmen, Berlin.

4. Bitkom (2013): Einsatz und Potenziale von Social Business für ITK-Unternehmen, Berlin.

5. Bock, A. H. (2012): Kundenservice im Social Web, Köln.

6. Bruhn, M./Meffert, H. (2012): Handbuch Dienstleistungsmarketing – Planung – Umsetzung – Kontrolle, Wiesbaden.

7. Dörfel, L./Schulz, T. (Hrsg.) (2011): Social Media in der Unternehmenskommunikation, Berlin.

8. Esch, F.-R./von Einem, E./Gawlowski, D./Isenberg, M./Rühl, V. (2012): Vom Konsumenten zum Markenbotschafter, Durch den gezielten Einsatz von Social Media die Konsumenten an die Marke binden, in: Schulten, M./Mertens, A./Horx, A. (Hrsg.): Social Branding, Wiesbaden S. 147-165.

9. Etlinger, S. (2011): A Framework for Social Analytics. Altimeter Group, USA, veröffentlicht am 11. August 2011, S. 39, http://tinyurl.com/altimeter-social-analytics (letzter Abruf: 10.11.2015).

10. Etlinger, S./Owyang, J./Jones, A. (2012): The Social Media ROI Cookbook, Six Ingredients Top Brands Use to Measure the Revenue Impact of Social Media, San Mateo.

11. Fiege, R. (2012): Social Media Balanced Scorecard, Erfolgreiche Social Media-Strategien in der Praxis, Wiesbaden.

12. Greve, G. (2011): Social CRM – Zielgruppenorientiertes Kundenmanagement mit Social Media, in: Bauer, C./Greve, G./Hopf, C. (Hrsg.): Online Targeting und Controlling, Wiesbaden, S. 261-285.

13. Kelly, N. (2012): How to Measure Social Media, A Step-By-Step Guide to Developing and Assessing Social Media ROI, New Jersey.

14. Langen, M. (2014): Social Computing Metriken im Enterprise 2.0, in: T. Arns et. al. (Hrsg.): Zukunft der Wissensarbeit, Kongressband zur KnowTech 2014, Bitkom, Frankfurt am Main, S. 231-240.

15. Leinemann, R. (2013): Social Media Measurement, in: Leinemann, R. (Hrsg.): Social Media, Der Einfluss auf Unternehmen, Berlin, S. 85-89.

16. Lovett, J. (2011): Social Media Metrics Secrets, Indianapolis.

17. Neeb, H.-P./Wörnle, S. (2011): Social Media im Marketing, in: Dörfel, L. (Hrsg.): Social Media in der Unternehmenskommunikation, Berlin, S. 147-169.

18. Owyang, J./Lovett, J. (2010): Social Marketing Analytics, A New Framework for Measuring Results in Social Media, San Mateo.

19. Owyang, J./Li, C. (2011): How Corporations Should Prioritize Social Business Budgets, San Mateo.

20. Peterson, E. T. (2004): Web Analytics Demystified: A Marketer's Guide to Understanding how Your Web Site Affects Your Business, Portland.

21. Spillecke, D. (2013): Social Media ROI: Erfolge messen in sozialen Netzwerken, in: Controlling & Management Review, 57 (1), S. 26-35.

22. Sponder, M. (2011): Social Media Analytics, Effective Tools for Building, Interpreting, and Using Metrics, New York.

23. Sterne, J. (2010): Social media metrics, How to measure and optimize your marketing investment, Hoboken, New Jersey.

24. Weinberg, T./Pahrmann, C./Ladwig, W. (2012): Social Media Marketing, Strategien für Twitter, Facebook & Co., Köln.

25. Werner, A. (2013): Social Media – Analytics & Monitoring, Verfahren und Werkzeuge zur Optimierung des ROI, Heidelberg.

Autoren:

**Roman Senderek**
Projektmanager im Bereich Dienstleistungsmanagement
FIR e. V. an der RWTH Aachen, Aachen, Deutschland
E-Mail: Roman.Senderek@fir.rwth-aachen.de

**Roman Emonts-Holley**
Projektmanager im Bereich Dienstleistungmanagement
FIR e. V. an der RWTH Aachen, Aachen, Deutschland
E-Mail: Roman.Emonts-Holley@fir.rwth-aachen.de

**Philipp Jussen**
Leiter des Bereichs Dienstleistungsmanagement
FIR e. V. an der RWTH Aachen, Aachen, Deutschland
E-Mail: Philipp.Jussen@fir.rwth-aachen.de

# Mobiles Arbeiten fördert Produktivität und Mitarbeiterzufriedenheit

Die neue Mobilität und überall verfügbare Cloud Services sind in der Arbeitswelt angekommen. Zu diesem Ergebnis kommt eine Studie von Faktor 3 und Microsoft, für die mehr als 400 Wissensarbeiter aus IT, Marketing und Finanzen befragt wurden.

Demnach sind Homeoffice und Gleitzeit für über 80 Prozent der Befragten bereits Realität. Über die Hälfte der Mitarbeiter nutzen Cloud-Anwendungen und webbasierte Collaboration-Tools. Bei knapp der Hälfte sind auch firmeninterne soziale Netzwerke im Einsatz.

Mehr als zwei Drittel bewerten das mobile Arbeiten als positiv und produktivitätssteigernd. Die Hälfte der Befragten benötigt täglich mobile Technologien im Beruf und kann sich nicht mehr vorstellen, ohne sie auszukommen. Interessant ist, dass vor allem die Zufriedenheit durch Mobilität und zeitliche Flexibilität steigt. Die Mehrzahl der Befragten hat das gute Gefühl, viel geschafft zu haben, und empfindet Spaß bei der Arbeit. Besonders die unkomplizierte Zusammenarbeit über Standorte hinweg und die Teamarbeit über Cloud-Technologien werden als positiv empfunden.

Es gibt aber auch nach wie vor organisatorische und technologische Probleme, die die Arbeitsleistung senken. Jeder zweite Mitarbeiter sagt, dass er unproduktive Tätigkeiten verrichtet. Produktivitäts-Killer Nummer eins ist ein alter Bekannter: die E-Mail. 60 Prozent der Befragten verlieren viel Zeit mit dem Bearbeiten von E-Mails und filtern in der Regel unnütze Nachrichten manuell heraus. Generell wünschen sich mehr als zwei Drittel der Befragten eine bessere Strukturierung der Abläufe und klare Zielvorgaben, um ihre Arbeitsleistung und damit am Ende auch ihre Freude an der Arbeit steigern zu können.

**Jacqueline Pohl**

# IT-Manager entscheiden aus dem Bauch heraus

Wie kommen Entscheidungen über neue Software, Hardware und Dienstleistungen im Unternehmen zustande? Oder gar strategische Neuausrichtungen der IT? Durch die intensive Analyse der Geschäftsprozesse? Die Kalkulation der Investitionen und der zu erwartenden positiven Effekte auf die Effizienz?

Eine Studie des IT-Dienstleisters Colt unter über 300 IT-Führungskräften aus Deutschland, Frankreich und Großbritannien offenbart, dass vor allem weiche Faktoren den Ausschlag für eine Entscheidung geben. Anstatt sich mit Berechnungen und Analyseergebnissen abzusichern, sagen zwei Drittel der befragten IT-Verantwortlichen (68 Prozent), dass sie bei wichtigen Entscheidungen ihrem Instinkt und ihrer Erfahrung vertrauen. Dabei sind sie sich bewusst, dass ihre Eingebung sehr oft (76 Prozent) im Widerspruch zu anderen Quellen wie Daten oder dem Rat von externen Experten steht. Professionelle Erfahrung führt nach Ansicht der Chief Information Officers in der Regel zu besseren Ergebnissen, beispielsweise wenn es darum geht, auf neue Kundenanforderungen oder äußere Ereignisse zu reagieren oder mit geänderten Compliance-Anforderungen umzugehen. Ansonsten nehmen die IT-Leiter noch eher Ratschläge von außen an als von Kollegen. Ausschlaggebend ist für 76 Prozent das Vertrauen in den Berater, Partner oder Dienstleister.

**Jacqueline Pohl**

⬇ Mehr zum Thema IT-Strategien finden Sie auf www.springerprofessional.de.

berufliche Erfahrung
persönliches Urteil anhand der gegebenen Situation

Rat von Dritten
Rat von vertrauenswürdigen Technologiepartnern, Kollegen und Lieferanten

Daten und Informationen
Zur Beschreibung der aktuellen Markt-/Technologie-Situation erfasste Daten

Rat aus dem Unternehmen
Beratung durch Kollegen aus der IT oder anderen Unternehmensbereichen

Wichtigkeit

Abbildung: © Colt

## Beirat

Die Controlling & Management Review versteht sich als Plattform eines regen Wissens- und Erfahrungsaustausches zwischen wirtschaftlicher Praxis und Forschung. Um den Ansprüchen beider Zielgruppen optimal zu genügen, werden die Herausgeber Prof. Dr. Utz Schäffer und Prof. Dr. Dr. h. c. Jürgen Weber, WHU – Otto Beisheim School of Management, von einem Praxisbeirat und einem wissenschaftlichen Beirat unterstützt.

| Praxisbeirat | Funktion |
| --- | --- |
| Mark Frese | Finanzvorstand Metro AG |
| Bernhard Günther | Finanzvorstand RWE AG |
| Guido Kerkhoff | Finanzvorstand ThyssenKrupp AG |
| Carsten Knobel | Finanzvorstand Henkel AG & Co. KGaA |
| Dr. Christian Bungenstock | Partner CTcon GmbH |

| Wissenschaftlicher Beirat | Universität |
| --- | --- |
| Prof. Dr. Andrea Dossi | Bocconi University, Mailand |
| Prof. Dr. Martin Glaum | WHU – Otto Beisheim School of Management, Vallendar |
| Prof. Dr. Dirk Hachmeister | Universität Hohenheim, Stuttgart-Hohenheim |
| Prof. Dr. Frank Hartmann | RSM Erasmus University, Rotterdam |
| Prof. Dr. Thomas Hess | Ludwig-Maximilians-Universität, München |
| Prof. Dr. Bernhard Hirsch | Universität der Bundeswehr, München |
| Prof. Dr. Martin Jacob | WHU – Otto Beisheim School of Management, Vallendar |
| Prof. Dr. Teemu Malmi | Aalto University – School of Economics, Helsinki |
| Prof. Dr. Markus Rudolf | WHU – Otto Beisheim School of Management, Vallendar |
| Prof. Dr. Thorsten Sellhorn | Ludwig-Maximilians-Universität, München |
| Prof. Dr. Xianzhi Zhang | Dongbei University of Finance and Economics (DUFE), Dalian |

## Call for Papers

Sie haben Interesse an einer Publikation in unserer Zeitschrift? Eingereicht werden können Beiträge zu unseren ständigen Rubriken oder zu unseren kommenden Schwerpunktthemen:

| Heftthema | Einreichfrist |
| --- | --- |
| Tools und Fertigkeiten zur strukturierten Problemlösung | 15.03.2016 |
| Weiterbildung im Controlling | 01.06.2016 |
| Organisation des Controllings (Sonderheft) | 15.06.2016 |
| Wertschöpfung 4.0: Digitalisierung der Geschäftsprozesse | 01.08.2016 |

# ⬇ www.springerprofessional.de

## Beitrag des Monats

# CFOs bleibt zu wenig Zeit für Strategie

CFOs sollen CEOs als strategische Partner unterstützen. Und dennoch widmen sie sich laut der „Arbeitsmarktstudie 2015" des Personaldienstleisters Robert Half kaum strategischen Aufgaben: Nur 5,2 Stunden pro Woche wenden die 200 befragten CFOs für die Unterstützung der Unternehmensstrategie und immerhin sechs Stunden für die Einführung und Umsetzung einer Finanzstrategie auf. Die meiste Zeit, im Schnitt 9,2 Stunden, benötigen die CFOs für die Teamführung (23 Prozent). Operative Aufgaben wie zum Beispiel das Finanz-Reporting, Buchhaltung und Audits nehmen rund ein Fünftel der Zeit ein. CFOs müssen also den Spagat hinbekommen, einerseits die klassischen Aufgaben zu erfüllen, andererseits auch die strategischen Aufgaben anzunehmen. CFOs brauchen deshalb vor allem eins: ein gutes Zeitmanagement!

⬇ Lesen Sie den ganzen Beitrag unter www.springerprofessional.de/finance-banking.

## Weitere meistgeklickte Beiträge

**2.** „Fortschrittliche Planungsinstrumente sollten schlank und flexibel sein"

**3.** Unternehmen planen lange und altmodisch

**4.** Welche Vorteile eine GmbH & Co. KG bietet

**5.** Wie viel verdienen CFOs und Controller 2016?

---

### Das Wissensportal www.springerprofessional.de

Unser Wissensportal bündelt die Fachgebiete in Wirtschaft und Technik. Im Fachgebiet „Finance + Banking" finden Sie aktuelle Informationen und weiterführende Literatur für Controller. Dort ist auch das Archiv der „Controlling & Management Review" hinterlegt. Alle Lesetipps im Heft, die mit einem ⬇ gekennzeichnet sind, sind für Abonnenten frei zugänglich.

⬇ **www.springerprofessional.de**

---

## Empfehlung des Monats

# Springer Professional im neuen Gewand

Dass die Controlling & Management Review ab dieser Ausgabe auch als E-Magazin erscheint, ist nicht die einzige Neuerung zum Jahreswechsel: Seit Januar präsentiert sich das Fach- und Wissensportal Springer Professional in einem neuen mobilfähigen Design. Die Benutzerfläche passt sich nunmehr automatisch an das eingesetzte Endgerät an. Egal, ob Desktop PC, Laptop, Tablet oder Smartphone, eine optimierte Darstellung aller Inhalte ist garantiert. Daneben sorgt ein überwiegend einspaltiges Design für eine bessere Lesbarkeit. Eine zentrale Toolbar sowie eine optimierte Navigation und Suche sorgen für noch mehr Komfort bei der Nutzung.

⬇ Mehr über die Neuerung erfahren Sie auf www.springerprofessional.de.

# Themen der nächsten Ausgaben:

### Ausgabe 2 / 2016
### Personal & Controlling – Ein unbestelltes Feld

Personaler und Controller haben traditionell nicht allzu viel miteinander zu tun. Das sollte sich dringend ändern. Vertreter beider Bereiche zeigen in dieser Ausgabe der Controlling & Management Review auf, warum die Personalplanung stärker in der Unternehmensplanung berücksichtigt werden muss, und wie das Controlling helfen kann, den Personalbereich weiter zu optimieren. Die Zeichen stehen auf engere Zusammenarbeit.

### Sonderheft 1/2016
### Big Data – Zeitenwende für Controller

Controller sind in zweierlei Hinsicht gefordert, was das Trendthema „Big Data" betrifft. Sie müssen beurteilen, ob sich Investitionen in diesen Bereich für ihr Unternehmen lohnen, und sie müssen entscheiden, wie sie die Möglichkeiten der Analyse großer Datenmengen für ihre eigene Arbeit nutzen. Die Beiträge des Sonderheftes befassen sich mit dem Thema aus verschiedenen Blickwinkeln, die für Controller Relevanz haben.

# Impressum

Controlling & Management Review
www.springerprofessional.de/cmr
Ausgabe 1 | 2016 | 60. Jahrgang
ISSN-Print 2195-8262
ISSN-Internet 2195-8270
Bis 2002: krp-Kostenrechnungspraxis
Bis 2012: ZfCM – Zeitschrift für Controlling & Management

Verlag
Springer Gabler / Springer Vieweg
Springer Fachmedien Wiesbaden GmbH
Abraham-Lincoln-Str. 46, 65189 Wiesbaden

Geschäftsführer
Joachim Krieger,
Dr. Niels Peter Thomas

Redaktion
Gesamtleitung Magazine:
Stefanie Burgmaier

Verantwortliche Redakteurin
Springer Gabler:
Rechtsanwältin Vera Treitschke, LL.M.
Tel.: +49 (0)611 7878-135
vera.treitschke@springer.com

Herausgeber:
Prof. Dr. Utz Schäffer
WHU – Otto Beisheim School of
Management, Institut für Management
und Controlling (IMC), Burgplatz 2,
56179 Vallendar
www.whu.edu

Prof. Dr. Dr. h. c. Jürgen Weber
WHU – Otto Beisheim School of
Management, Institut für Management
und Controlling (IMC), Burgplatz 2,
56179 Vallendar
www.whu.edu

Redaktion WHU:
M.A. Brigitte Braun
Tel.: +49 (0)261 6509-486

Dipl.-Kfm. Babak Mirheli
Tel.: +49 (0)261 6509-466

M. Sc. Fabian Mohr
Tel.: +49 (0)261 6509-706

Mag. phil. Bernadette Wagener
Tel.: +49 (0)261 6509-488

Kontakt: cmr@whu.edu

Anzeigen, Marketing und Produktion
Leiter Media Sales: Volker Hesedenz
Leiter Vertrieb + Marketing: Jens Fischer
Gesamtleitung Produktion:
Dr. Olga Chiarcos

Verkaufsleitung
(verantwortlich für den Anzeigenteil):
Eva Hanenberg
Tel.: +49 (0)611 7878-226
Fax: +49 (0)611 7878-430
eva.hanenberg@springer.com

Anzeigendisposition:
Nicole Brzank
Tel.: +49 (0)611 7878-616
Fax: +49 (0)611 7878-443
nicole.brzank@springer.com

Anzeigenpreise: Es gelten die Mediadaten
vom 1. Oktober 2015.

Produktmanagement:
Dipl.-Kfm. Philipp Holsen
Tel.: +49 (0)611 7878-293
philipp.holsen@springer.com

Satz, Layout und Produktion:
Iris Conradi

Alle angegebenen Personen sind, sofern
nicht ausdrücklich angegeben, postalisch
unter der Adresse des Verlags erreichbar.

Sonderdrucke
Martin Leopold
Tel.: +49 (0)2642 9075-96
Fax: +49 (0)2642 9075-97
leopold@medien-kontor.de

Leserservice
Springer Customer Service Center GmbH
Springer Gabler Service
Haberstraße 7, 69126 Heidelberg
Tel.: +49 (0)6221 345-4303
Fax.: +49 (0)6221 345-4229
Montag bis Freitag 08.00 bis 18.00 Uhr
springergabler-service@springer.com

Druck
Kliemo Printing AG,
Hütte 53, 4700 Eupen, Belgien

Titelbild
© Jörg Block

Bezugsmöglichkeiten
Die Zeitschrift erscheint im Abonnement
sechsmal jährlich.

Bestellmöglichkeiten und Details zu den
Abonnementbedingungen finden Sie unter
www.mein-fachwissen.de/cmr.

Jährlich können ein bis vier Sonderhefte
hinzukommen. Der Preis pro Sonderheft
beträgt regulär 49,95 Euro, der Vorzugs-
preis für Abonnenten der Controlling &
Management Review 29,00 Euro. Die
Sonderhefte werden Abonnenten gegen
gesonderte Rechnung geliefert.

Bei Nichtgefallen können sie innerhalb einer Frist von drei Wochen an die Vertriebs-
firma zurückgesandt werden. Zusätzliche
Liefer- und Versandkosten fallen nicht an.

Jedes Jahresabonnement beinhaltet eine
Freischaltung für das Online-Archiv auf
Springer für Professionals. Der Zugang gilt
ausschließlich für den einzelnen Empfänger des Abonnements.

# Traut Euch!

## Liebe Leserinnen und Leser,

Controller tun sich mit dem Personalbereich traditionell schwer. Zu verschieden sind die jeweiligen Denkmuster und Herangehensweisen, zu groß die gegenseitigen Vorurteile. Dabei sind sich die beiden Bereiche doch eigentlich ganz ähnlich. Beide haben zunehmend den Anspruch, das Management als Business Partner auf Augenhöhe zu unterstützen. Gleichzeitig werden beide von außen gerne veräppelt („Personalfutzis", „Erbsenzähler") und müssen zunehmend nicht nur den mit ihnen verbundenen Gemeinkostenblock rechtfertigen, sondern auch die Grenzen von Automatisierung und Shared Service ausloten.

Vor allem mit Blick auf die Kooperation beider Bereiche wundert man sich als unbefangener Beobachter. Erwarten würde man, dass Personaler und Controller eng zusammenarbeiten. Personalthemen sind nicht nur ein zentraler Kostenblock, sondern auch ein wichtiger Treiber einer effektiven Strategieumsetzung und damit integraler Bestandteil der Unternehmenssteuerung. Zudem wissen wir aus unseren empirischen Studien, dass eine enge Zusammenarbeit verschiedener Funktionen im Unternehmen ein wesentlicher Erfolgstreiber ist. Faktisch beschränkt sich der Austausch zwischen Personalabteilung und Controlling aber in der Regel auf wenige zentrale Größen wie Personalkosten und Vollzeitarbeitsplätze. Die Planung von Größen wie Diversity oder Mitarbeiterzufriedenheit erfolgt hingegen zumeist autonom im Personalbereich. Wer das Konzept der Balanced Scorecared mit seiner Verknüpfung von finanziellen und nicht-finanziellen strategischen Zielen kennt, muss sich spätestens an dieser Stelle wundern. Würde man nicht erwarten, dass personalbasierte Erfolgsfaktoren in die Unternehmenssteuerung integriert werden und die beiden Bereiche dabei eng zusammenarbeiten? Weit gefehlt! In der Regel beschränken sich Controller auf das Kostenthema. Würde man nicht weiter erwarten, dass das Controlling den strategischen Erfolgsbeitrag „moderner" Konzepte wie Diversity quantitativ unterlegt oder gegebenenfalls infrage stellt? Wieder weit gefehlt. In der Regel will das der Vorstand, und das reicht.

*Utz Schäffer*　　　*Jürgen Weber*

Aus der Perspektive der meisten Controller ist der Fall klar: Es gibt viel – zu viel – zu tun, und niemand fordert ein Mehr an Zusammenarbeit mit dem Personalbereich entschieden ein. Warum also die Mühe? Ist gut nicht gut genug? Die Entscheidung liegt natürlich ganz bei Ihnen. Das Potenzial für ein Mehr an Zusammenarbeit ist aber fraglos da, und es ist nicht auf Steuerungsfragen beschränkt. Weitere Themen, die förmlich nach mehr Kooperation schreien, sind Restrukturierungsprojekte und die anstehende Digitalisierung ganzer Geschäftsprozesse. Hier können Spezialkenntnisse der Fachabteilung und die Controller-Expertise im Handling von Daten und analytischen Methoden genauso produktiv zusammenspielen wie beim vergleichsweise jungen Thema Business Analytics. Vielleicht wollen Sie es ja gemeinsam mit Ihrem Personaler anpacken.

Viel Spaß bei der Lektüre wünschen Ihnen

Utz Schäffer　　　　　　　Jürgen Weber

# 2 | 2016

## Schwerpunkt

www.springerprofessional.de/cmr

# Personal & Controlling: Ein unbestelltes Feld

Die Größe eines Wortes stellt die relative Häufigkeit in allen Beiträgen der Rubrik Schwerpunkt dar.

Standardisierung

Personalplanung

Informationen Funktionen

Business Menschen

Zusammenarbeit qualitativen

Kosten Integration Kennzahlen Prozesse

Betriebsrat

Psychopathie HR Daten

Systeme Mitarbeiter

Reporting

Personalbereich quantitativen

Qualität Finanzbereich Zahlen

HR-Bereich HR-Controlling

HR-Kennzahlen Auswirkungen

Finanzkennzahlen Analyse

Qualifikationen

Herausforderung

# Schwerpunkt

## Personal & Controlling:
## Ein unbestelltes Feld

# HR-Controlling funktioniert nur integriert

Steigender Kosten- und Konsolidierungsdruck führt dazu, dass Finanzkennzahlen auch für das Human Resource Controlling immer wichtiger werden. HR- und Finanzdaten zusammenzuführen, liegt daher nahe. Doch was aus technischer Sicht durchaus möglich ist, wird inhaltlich zur Herausforderung. Gute Vorbereitung ist gefragt.

*Marcus Pack, Verena Schmuck*

Schon lange wird das Human Resource Controlling (HR-Controlling) als Change Agent und Partner der Strategieausübung postuliert (vergleiche Ulrich 1998, S.124 f.), doch erst heute misst man diesem Spezialbereich des Controllings in den Unternehmen größere Bedeutung bei. Grund dafür ist der immer stärker werdende Kosten- und Konsolidierungsdruck. Er rückt auch Personalaufwendungen und den Zusammenhang zwischen Mitarbeiter- und Finanzkennzahlen in den Fokus (vergleiche Dulebohn/Johnson 2013, S. 74 ff.; Schmeisser/Luckowsky 2006; Harvard Business Review Analytic Service 2013). Umstrukturierungsmaßnahmen, häufig kostengetrieben, werden immer öfter auch durch HR begleitet (vergleiche Kapoor/Sherif 2012, S. 1629). Und auch wenn sich das HR-Controlling längst gewandelt hat, müssen sich Unternehmen die Frage stellen, wie Berichtsinhalte aus der HR mit jenen aus der Finanzwelt zusammengeführt und integriert dargestellt werden können. Aus unserer Praxiserfahrung heraus stellen wir fest: So unterschiedlich sind HR- und Finanzkennzahlen eigentlich nicht, sie müssen nur von beiden Bereichen gemeinsam formuliert werden.

## Eine gemeinsame Sprache ist unerlässlich

Für eine integrierte Darstellung von HR- und Finanzkennzahlen werden ein einheitliches Verständnis und eine einheitliche Definition von Begrifflichkeiten benötigt. Hier zeigt die Praxis, dass sich die Definitionen der verwendeten Kennzahlen auch innerhalb des HR-Bereichs zwischen einzelnen Ländergesellschaften und Geschäftsbereichen häufig unterscheiden. Auch wird oft von einem gleichen Verständnis der Definitionen ausgegangen, obwohl dieses nicht vorhanden ist. Selbst wenn bezüglich des Inhalts einer Kennzahl Einigkeit besteht, kann es bei deren Zählung aufgrund von rechtlichen oder länderspezifischen Besonderheiten (zum Beispiel unterschiedliche Arbeitsverträge, Normierung Vollzeitäquivalente) Abweichungen geben. Anders als in der Finanzwelt, wo es aufgrund der internationalen Accounting-Standards bei den Kennzahlen bereits ein großes Maß an Standardisierung gibt, bestehen für den Personalbereich noch keine vergleichbaren verbindlichen Vorgaben. Zum Beispiel gibt es keine Frauen- oder Krankheitsquote. Auch existieren die unterschiedlichsten Ansätze zur Steuerung (vergleiche Srimannarayana 2010; Dulebohn/Johnson 2013, S. 74 ff.; Dachrodt 2014, S. 2 f.).

Um ein einheitliches Verständnis bezüglich der Kennzahlen im Unternehmen sicherzustellen, ist die Entwicklung eines gesellschafts- und länderübergreifenden Definitionsverzeichnisses für die HR-Funktion daher unabdinglich. Dies gilt umso mehr, wenn zusätzlich die Integration mit Nicht-HR-Bereichen gewährleistet werden soll. Ein solches Verzeichnis beinhaltet alle wesentlichen Informationen, die eine Kennzahl beschreiben und die deren Interpretation erst ermöglichen (zum Beispiel zeitliche Gültigkeiten, Relevanz für Reporting und Planung, Einheit, Berechnungsformel oder Methode der Währungsumrechnung). Voraussetzung für eine gute Qualität der Definitionen sind eine intensive Zusammenarbeit mit den lokalen HR-Bereichen und eine gemeinsame Entwicklung des Verzeichnisses.

*Dr. Marcus Pack*

*ist Partner im Bereich Finance Consulting und Mitglied der globalen Performance Management Leadership Group bei Deloitte Consulting.*

*Verena Schmuck*

*ist Senior Managerin im Bereich Finance Consulting bei Deloitte Consulting.*

Marcus Pack
Deloitte Consulting, Düsseldorf, Deutschland
E-Mail: mapack@deloitte.de

Verena Schmuck
Deloitte Consulting, Düsseldorf, Deutschland
E-Mail: vschmuck@deloitte.de

## Unterschiedliche Sichtweisen berücksichtigen

Wie die Steuerung in der Finanzfunktion, so findet auch die Personalsteuerung auf verschiedenen Organisationsebenen eines Unternehmens und in unterschiedlichem Detailgrad statt. Die verantwortlichen Personen haben unterschiedliche Rollen (vergleiche Dulebohn/Johnson 2013, S. 72). Während im HR-Controlling häufig eine Darstellung gewählt wird, welche die Prozesse des Organisations-Managements widerspiegelt, folgen Finanzsysteme häufig dem Prinzip der Konsolidierung beziehungsweise der Kostenverursachung. Auch berichtet das Finanzwesen gegebenenfalls auf einer aggregierten Ebene, da nicht jede Abteilung oder jedes Team automatisch eine eigene Kostenstelle besitzt. Häufig muss eine HR-Kennzahl aus unterschiedlichen Perspektiven betrachtet werden (vergleiche **Abbildung 1**).

Eine Sichtweise muss beispielsweise der Steuerungsstruktur und den Organisationseinheiten des Unternehmens folgen, auch um eine Vergleichbarkeit der HR-Informationen mit den Informationen aus anderen Funktionen zu ermöglichen. Eine andere Sichtweise wird aufgrund von gesetzlichen Anforderungen notwendig. Sie bezieht sich auf die legalen Einheiten sowie die Konzernstruktur und erfordert eine eindeutige Zuordnung aller Mitarbeiter entsprechend der jeweiligen Sichtweise. Insbesondere bei gesellschaftsübergreifend eingesetzten Mitarbeitern erweist sich dies jedoch teilweise als schwierig, denn es gibt beispielsweise die Sicht auf das Einsatzgebiet eines Mitarbeiters oder die Sicht auf das Anstellungsverhältnis. Die Notwendigkeit mehrerer Sichtweisen kann aus dem Anstellungsverhältnis resultieren, wenn zum Beispiel Auszubildende, Werkstudenten oder Praktikanten betrachtet werden. Wenn hingegen Projektgeschäfte von starker Bedeutung sind, ist eine Betrachtung der Mitarbeiter in diesem Projekt-Kontext erforderlich. Für eine integrierte Sicht über Finanzkennzahlen ist zu klären, ob diese auch in beiden Sichten verfügbar sind, zum Beispiel über Primär- und Sekundärkosten. Um eine klare und eindeutige Überleitung zwischen den einzelnen Organisationsebenen und den verschiedenen Sichtweisen gewährleisten zu können, muss eine Konsolidierung durch eine einheitliche und gemeinsame Steuerungsstruktur möglich sein.

## Komplexität durch gemeinsame Standards senken

Die Integration von HR- und Finanzkennzahlen kann einfacher durchgeführt werden, wenn die im Konzern vorherrschenden operativen Systeme bereits innerhalb der jeweiligen Funktionen vereinheitlicht und standardisiert sind. In diesem Fall sollte die fachliche, integrierte Datenmodellierung auch durch die darunterliegende Systemarchitektur unterstützt sein. Ist dies nicht der Fall, so sind aufwendige Überleitungsprozesse notwendig. Unternehmen stehen dann vor der Herausforderung, nicht nur einheitliche Definitionen für die Kennzahlen, sondern auch die technischen Voraussetzungen schaffen zu müssen, damit im Berichtswesen alle Daten aus den unterschiedlichen Quellen korrekt transformiert werden können. Dies kann zum einen dazu führen, dass die Analyse von Qualitätsproblemen aufwendiger wird, zum anderen, dass Informationen konzernweit nicht in gleicher Granularität verfügbar sind. Im

---

Basis für eine erfolgreiche Integration sind einheitliche Definitionen und Strukturen.

---

### Zusammenfassung

- Die Integration von HR- und Finanzkennzahlen wird in Unternehmen durch Konsolidierungs- und Kostendruck immer wichtiger.
- Um die Kennzahlen erfolgreich zusammenzuführen, müssen Daten und Strukturen entsprechend vorbereitet und die richtigen Stakeholder eingebunden werden.
- Eine Reihe von Maßnahmen sichert den nachhaltigen Erfolg einer Integration von HR- und Finanzkennzahlen.

schlimmsten Fall beeinflusst eine nicht-standardisierte Systemarchitektur komplexere Kennzahlen wie beispielsweise die Personalfluktuation. Selbige ist abhängig von Maßnahmen, die die jeweiligen Mitarbeiter betreffen. Sind diese Maßnahmen nicht standardisiert erfasst oder werden sie vom System falsch interpretiert, kann es vorkommen, dass das System statt eines Zugangs einen Abgang ausweist. Umgekehrt ist auch mit Widerstand aus der Landesgesellschaft zu rechnen, wenn durch eine Erweiterung des Quellsystems in die lokale Steuerungslogik eingegriffen wird. Gibt es beispielsweise für eine Liefergesellschaft mehrere HR-Systeme oder werden Kennzahlen gleichen Inhalts in mehreren Systemen vorgehalten, so stellt sich die Frage, welches System in Bezug auf die Datenanlieferung führend ist.

In der Praxis hat sich gezeigt, dass die Diskussion um den Inhalt von Kennzahlen am besten unterstützt wird, wenn die Systeme auf einem inhaltlich einheitlich geführten Template aufbauen. Dennoch kann es aufgrund abweichender Rechtssysteme zum Beispiel Unterschiede hinsichtlich der schutzbedürftigen Informationen über das Arbeitsverhältnis des Mitarbeiters, Unterschiede bei der Definition von Mutterschutz und Elternzeit oder Unterschiede bei der Zählung von Krankheitstagen geben. Für diese muss bei der Datenübermittlung eine für gleiche Sachverhalte gleiche und dokumentierte Lösung gefunden werden (Aggregation mit anderen Daten, Nicht-Anlieferung betroffener Sachverhalte). Über das gemeinsame Template können konzernweite Lösungen gleichermaßen für zentrale und lokale Zwecke genutzt und Synergiepotenziale ausgeschöpft werden (vergleiche Lockwood 2006, S. 7).

> Standardisierte Quellsysteme in HR und Finanzen erleichtern die fachliche und technische Integration.

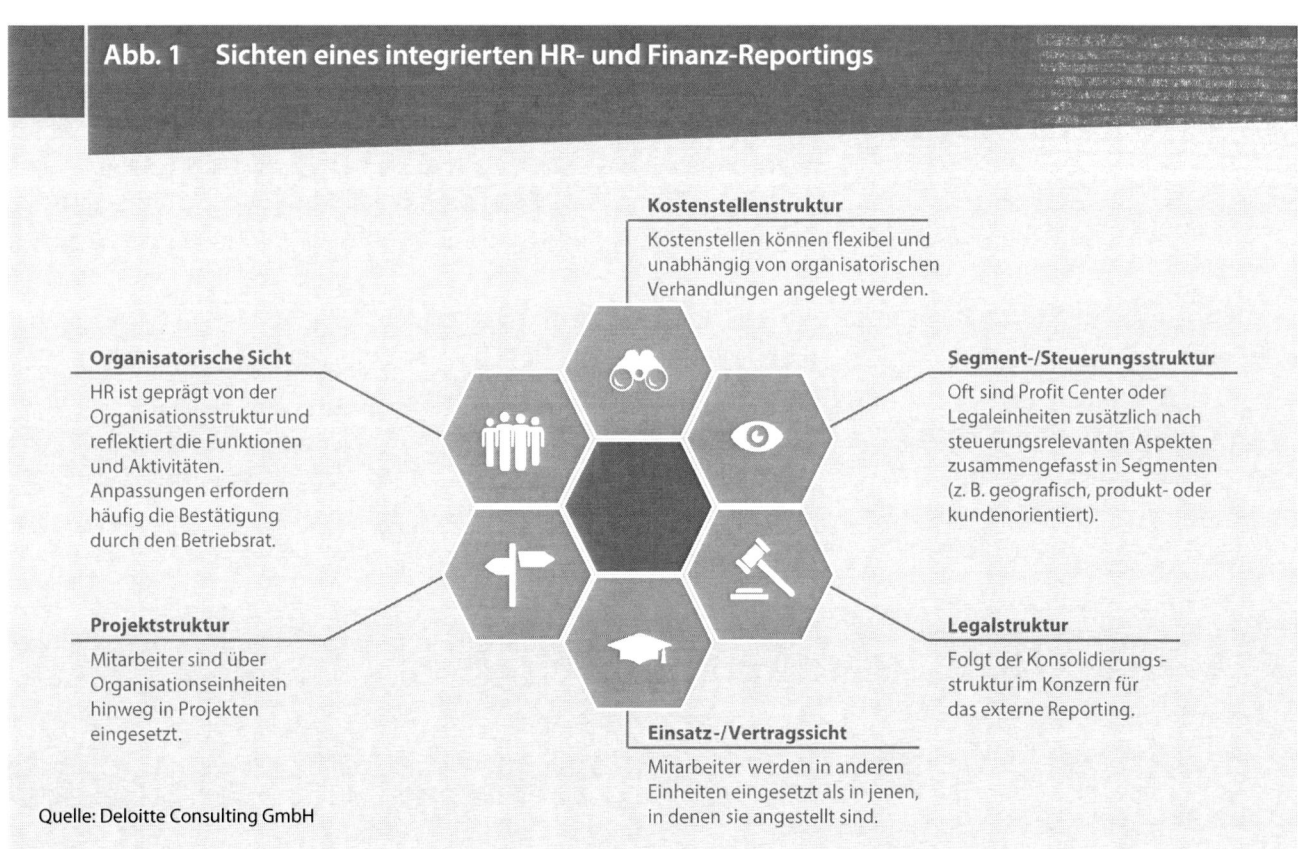

**Abb. 1   Sichten eines integrierten HR- und Finanz-Reportings**

**Kostenstellenstruktur**
Kostenstellen können flexibel und unabhängig von organisatorischen Verhandlungen angelegt werden.

**Organisatorische Sicht**
HR ist geprägt von der Organisationsstruktur und reflektiert die Funktionen und Aktivitäten. Anpassungen erfordern häufig die Bestätigung durch den Betriebsrat.

**Segment-/Steuerungsstruktur**
Oft sind Profit Center oder Legaleinheiten zusätzlich nach steuerungsrelevanten Aspekten zusammengefasst in Segmenten (z. B. geografisch, produkt- oder kundenorientiert).

**Projektstruktur**
Mitarbeiter sind über Organisationseinheiten hinweg in Projekten eingesetzt.

**Legalstruktur**
Folgt der Konsolidierungsstruktur im Konzern für das externe Reporting.

**Einsatz-/Vertragssicht**
Mitarbeiter werden in anderen Einheiten eingesetzt als in jenen, in denen sie angestellt sind.

Quelle: Deloitte Consulting GmbH

Im Rahmen der Umsetzung sind zuerst Datenschutz, Organisation und Systemarchitektur und erst dann Inhalte zu klären.

## Mehrwert durch Architekturintegration

Darstellung und Granularität der Berichtseinheiten aus HR und Finanzen können also voneinander abweichen. Darüber hinaus muss gerade im Zusammenhang mit HR-Daten die Balance zwischen Granularität und Schutz der Daten gewahrt werden (vergleiche Kapoor/Sherif, S.1631). Daher ist es womöglich nicht effizient – und oft auch gar nicht notwendig –, eine vollständige Integration aller HR- und Finanzdaten für alle Ist- und Plan-Daten herzustellen. In der Praxis scheitern solche Vorhaben nämlich meist an ihrer inhaltlichen, prozessualen und technischen Komplexität. Und sie sind schlicht zu teuer. Wir empfehlen aus diesem Grund einen modularen Ansatz, bei dem die Inhalte erst ab dem für die Steuerung notwendigen Detailniveau zusammengeführt werden. Zuvor müssen sie allerdings mithilfe übergreifend gültiger Definitionen und Strukturen harmonisiert werden. Mit den einheitlichen Begriffsdefinitionen ist gewährleistet, dass die ausgewählten Inhalte bis in die Quellen logisch überleitbar sind (vergleiche Pack/Meschede/Ahlers 2014, S. 569). Ein solches integriertes und standardisiertes Reporting von HR-Informationen erlaubt es, gemischte Kennzahlen auch für Empfänger außerhalb von HR und Finanzen bereitzustellen, so zum Beispiel für die Produktions- oder die Einsatzplanung. Die Entscheidungsträger in den einzelnen Funktionen erhalten auf diese Weise direkten Zugriff auf Top-Kennzahlen und weiterführende HR-Informationen. Die Daten werden dabei aus den operativen Enterprise-Resource-Planning-Systemen (ERP-Systeme), gegebenenfalls über Zwischenschichten, an das aggregierende Business-Intelligence-System (BI-System) geliefert und im Management-Informations-System (MIS) sowie im Cockpit für die Führungskräfte aufbereitet (vergleiche **Abbildung 2**).

## Einbindung vermeidet Eskalation

Setzt man ein BI-System für den HR-Bereich eines Konzerns auf, so muss vorerst geklärt werden, in welcher Form die Daten angeliefert werden sollen: als verdichtete Daten oder als Einzeldatensätze. Einzeldatensätze mögen auf den ersten Blick verlockender erscheinen, da sie gegebenenfalls die Fehlersuche erleichtern, einen Drill-down ermöglichen und mehr Informationen beinhalten. Dies erweitert die Möglichkeiten zur Aggregation und Kennzahlenberechnung, und die Analyse der Kennzahlen kann aus unterschiedlichen Perspektiven erfolgen. Mit HR-Informationen wie zum Beispiel Name, Anschrift, Geburtsdatum, Geschlecht, Vertragsstatus, Gehalt und Beschäftigungsart gelangt man jedoch in den Bereich der „personenbezogenen und/oder personenbeziehbaren Daten", die als besonders schützenswert gelten. In der Regel lässt sich ein solcher Personenbezug nicht vermeiden. Es muss jedoch sichergestellt werden, dass bei der Integration von HR- und Finanzinformationen technisch wie prozessual alles getan wird, um die Rückführbarkeit auf einzelne Personen – und somit die Möglichkeit einer Leistungsbeurteilung – so gering wie möglich zu halten beziehungsweise gänzlich zu vermeiden. Hierfür sind sowohl der unternehmensinterne Datenschutz als auch der Betriebsrat in jede Stufe der Entwicklung einzu-

binden – von der Anbindung von Daten und Quellen über die Kennzahlenberechnung bis hin zur Berichtsbereitstellung.

Die Anforderungen von Datenschutz und Betriebsrat zu erfüllen, ist bei
einem Integrationsprojekt so essenziell und aufwendig, dass es sich empfiehlt, eine explizite Rolle dafür im Projekt zu verankern. Der Projektverant-
wortliche für Datenschutz- und Betriebsratsfragen dokumentiert und be-
spricht alle neuen Inhalte sowie die anzuschließenden Quellen mit dem Da-
tenschutzbeauftragten des Unternehmens und mit dem Betriebsrat. Sollten
dadurch Anpassungen erforderlich werden, kommuniziert er dies zurück in
die Fachbereiche. Das bietet auch Gelegenheit, die Notwendigkeit und den
Nutzen einer Informationsanforderung im Berichtswesen noch einmal von
außen kritisch zu hinterfragen, um die Datensparsamkeit zu gewährleisten.
Die Erfahrung hat gezeigt, dass insbesondere aufgrund von Anonymisie-
rungs- und Schutzregeln im Berichtswesen ein zu hoher Detailgrad entsteht.
Dieser ist weder zielführend, noch dient er dem Steuerungszweck des Top
Managements. Manche Informationen sollten daher besser in den operati-
ven Systemen umgesetzt werden, weniger häufig benötigte Inhalte und Analysen können im Quellsystem verbleiben. Die Installation einer zentralen
Projektverantwortung für Datenschutz und Betriebsratsfragen ist für den
Projekterfolg oft von sehr großer Bedeutung, da auf diese Weise ein Vertrau-
ensverhältnis zwischen Auftraggeber, Datenschutz und Betriebsrat geschaffen werden kann. Werden die Inhalte nicht oder nur unzureichend mit dem
Betriebsrat besprochen, so besteht die Gefahr, dass dieser die Umsetzung
von Inhalten im Reporting verhindert oder sogar einen Stopp der betroffe-

> Auch wenn technische
> Aspekte sehr wichtig sind,
> muss das Integrationsprojekt
> von fachlicher Seite geführt
> werden.

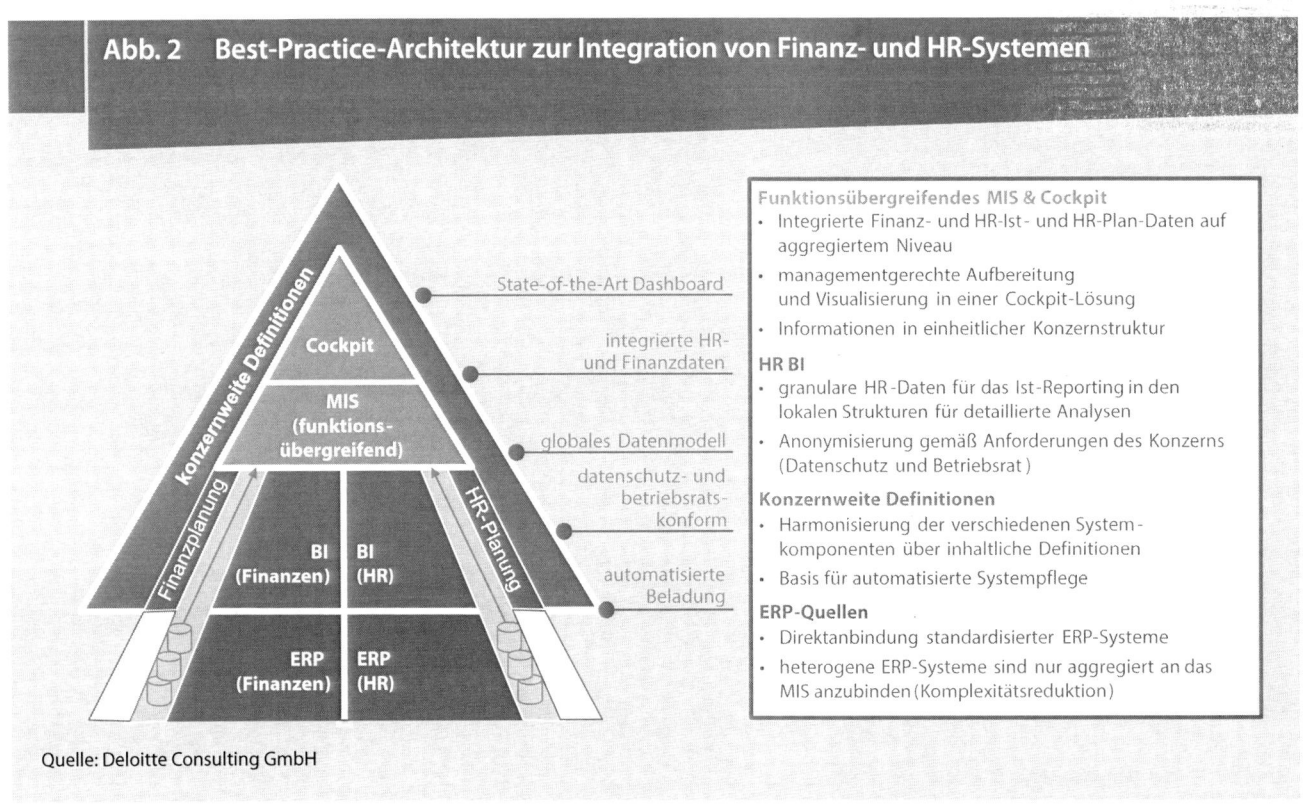

**Abb. 2    Best-Practice-Architektur zur Integration von Finanz- und HR-Systemen**

State-of-the-Art Dashboard
integrierte HR-
und Finanzdaten
globales Datenmodell
datenschutz- und
betriebsrats-
konform
automatisierte
Beladung

**Funktionsübergreifendes MIS & Cockpit**
- Integrierte Finanz- und HR-Ist- und HR-Plan-Daten auf aggregiertem Niveau
- managementgerechte Aufbereitung und Visualisierung in einer Cockpit-Lösung
- Informationen in einheitlicher Konzernstruktur

**HR BI**
- granulare HR-Daten für das Ist-Reporting in den lokalen Strukturen für detaillierte Analysen
- Anonymisierung gemäß Anforderungen des Konzerns (Datenschutz und Betriebsrat)

**Konzernweite Definitionen**
- Harmonisierung der verschiedenen System-komponenten über inhaltliche Definitionen
- Basis für automatisierte Systempflege

**ERP-Quellen**
- Direktanbindung standardisierter ERP-Systeme
- heterogene ERP-Systeme sind nur aggregiert an das MIS anzubinden (Komplexitätsreduktion)

Quelle: Deloitte Consulting GmbH

nen Systeme verfügt. Wie der Prozess der Integration von HR- und Finanz-daten am besten zu gestalten ist, muss jedes Unternehmen für sich entschei-den. In jedem Fall ist es aber wichtig, genügend Vorlauf einzuplanen. Ein Beispiel für einen dreistufigen Integrationsprozess zeigt **Abbildung 3**.

Oftmals ist es nicht leicht, alle Wünsche zu erfüllen – jene des Anforde-rers von neuen Inhalten in dem BI-System, jene des Betriebsrates und jene des Datenschutzes. Es ist daher unerlässlich, dass neue Informationsanfor-derungen immer fachlich begründet sind und ihren Ursprung nur in Aus-nahmefällen in einer technischen Ursache haben, wie dies zum Beispiel bei der eindeutigen Identifikation einer Person notwendig ist. Hier müssen nicht nur der Personal-ID, sondern auch der Name und das Geburtsdatum zur Verfügung stehen, da Personal-IDs und auch Namenskombinationen mehr-fach vorkommen können. Für die HR BI muss das Ziel für die Bereitstellung bestimmter Daten daher klar formuliert sein: Sollen aggregierte Informati-onen für das Management geliefert werden, oder sollen Auswertungen auf operativer Ebene unterstützt werden (vergleiche Dulebohn/Johnson 2013, S. 73)? Beide Ziele über ein System zu erfüllen, ist auf Konzernebene auf-grund der Datenschutzbestimmungen schwierig.

## Schlussbetrachtung

Ein wichtiger Erfolgsfaktor für die Integration von HR- und Finanzdaten ist eine offene und konstruktive Zusammenarbeit mit allen involvierten Berei-chen. Der Aufwand für die notwendigen und wichtigen Abstimmungen wird von den Verantwortlichen oftmals unterschätzt. Ein stringent im Unterneh-men verankertes und organisatorisch gestütztes Konzept für ein integrier-tes HR- und Finanz-Reporting sichert daher die Umsetzung, spart Kosten

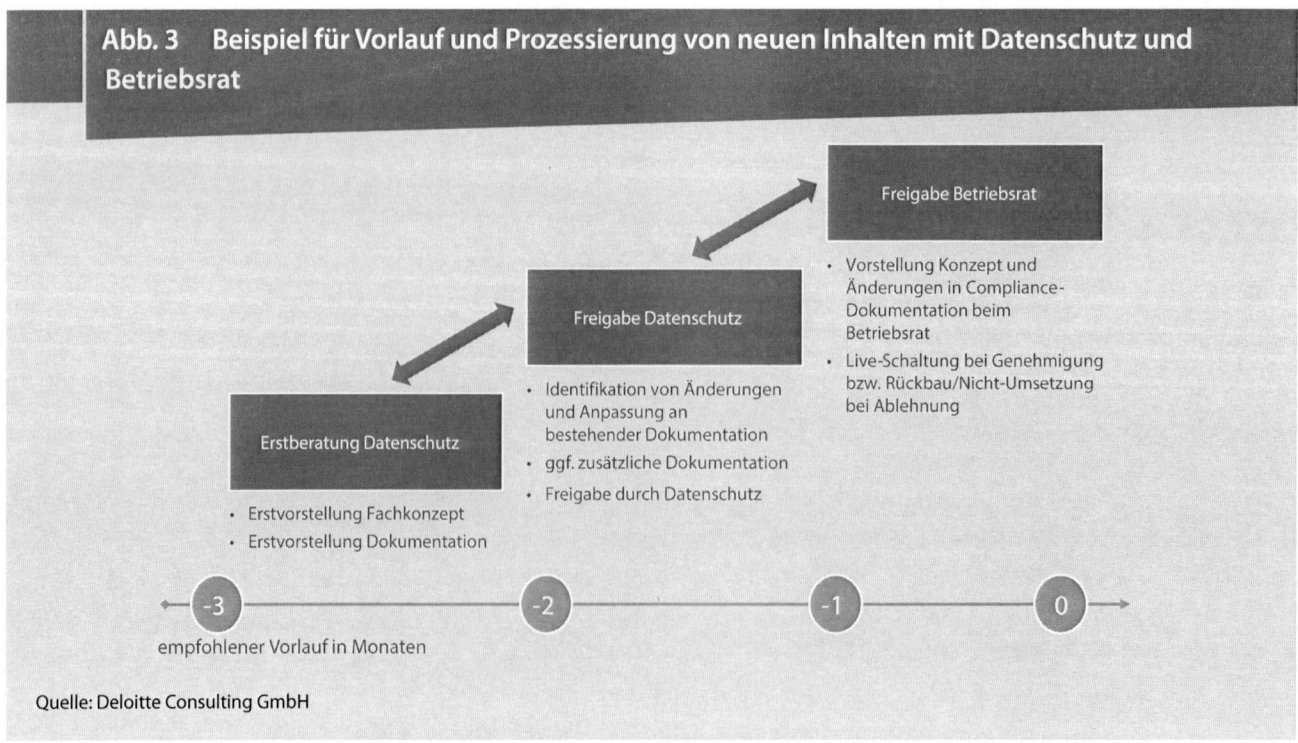

**Abb. 3     Beispiel für Vorlauf und Prozessierung von neuen Inhalten mit Datenschutz und Betriebsrat**

Freigabe Betriebsrat

- Vorstellung Konzept und Änderungen in Compliance-Dokumentation beim Betriebsrat
- Live-Schaltung bei Genehmigung bzw. Rückbau/Nicht-Umsetzung bei Ablehnung

Freigabe Datenschutz

- Identifikation von Änderungen und Anpassung an bestehender Dokumentation
- ggf. zusätzliche Dokumentation
- Freigabe durch Datenschutz

Erstberatung Datenschutz

- Erstvorstellung Fachkonzept
- Erstvorstellung Dokumentation

-3 ———— -2 ———— -1 ———— 0

empfohlener Vorlauf in Monaten

Quelle: Deloitte Consulting GmbH

und gewährleistet die Nachhaltigkeit. Trotz vieler technischer Aspekte ist es wichtig, dass die Hauptverantwortung eines solchen Projektes im Fachbereich liegt und dass das Projekt aus fachlicher und nicht aus technischer Sicht geführt wird. Andernfalls laufen Unternehmen Gefahr, sich bei der Integration von HR- und Finanzdaten zu verzetteln.

*Literatur*

 * Dachrodt, G. (2014): Personalmanagement als strategischer Wertschöpfungsfaktor, in: Dachrodt, H.-G./Engelbert, V./Koberski, W./Dachrodt, G. (Hrsg.): Praxishandbuch Human Resources – Management –Arbeitsrecht – Betriebsverfassung, Wiesbaden, S. 1-89. www.springerprofessional.de/link/4246990

Dulebohn, J. H./Johnson, R. D. (2013): Human resource metrics and decision support: A classification framework, in: Human Resource Management Review, 23 (1), S. 71-83.

Harvard Business Review Analytic Services (2013): The Big Data Opportunity for HR and Finance, https://hbr.org/resources/pdfs/comm/workday/workday_report_oct.pdf (letzter Abruf: 15.10.2015).

Kappor, B./Sherif, J. (2012): Human Resources in an Enriched Environment of Business Intelligence, in: Kybernetes, 41 (10), S. 1625-1637.

Lockwood, N. R. (2006): Maximizing Human Capital: Demonstrating HR Value With Key Performance Indicators, in: SHRM Research Quarterly, 51 (9), S. 1-10.

Pack, M./Meschede, M./Ahlers, J. (2014): Sicherstellung der Informationsqualität von Spitzenkennzahlen zur Vermeidung unternehmerischer Fehlentscheidungen – Ein unternehmensweiter Ansatz, in: Controlling – Zeitschrift für erfolgsorientierte Unternehmenssteuerung, 24 (10), S. 568-573.

Schmeisser, W./Lukowsky, M. (2006): Human Capital Management: A Critical Consideration of the Evaluation and Reporting of Human Capital, 1. Auflage, München.

Srimannarayana, M. (2010): Status of HR Measurement in India, in: Vision: The Journal of Business Perspective, 14 (4), S. 295-307.

Ulrich, D. (1998): A New Mandate for Human Resources, in: Harvard Business Review, 76 (1), S. 124-134.

* Abonnenten des Portals Springer Professional haben kostenfrei Zugriff.

---

↓ Weitere Empfehlungen der Verlagsredaktion aus www.springerprofessional.de zu:

🔍 **HR-Controlling**

Achouri, C. (2015): HR-Controlling, in: Achouri, C.: Human Resources Management, 2. Auflage, Wiesbaden. S. 95-110.
www.springerprofessional.de/link/4514350

Graf v. Büdingen, G. (2009): Integriertes HR-Controlling – Personalarbeit über HR-Cockpits effektiv steuern, in: Klaffke, M. (Hrsg.): Strategisches Management von Personalrisiken – Konzepte, Instrumente, Best Practices, Wiesbaden, S. 43-58. www.springerprofessional.de/link/4551110

Strohmeier, S./Piazza, F. (2015): Human Resource Intelligence und Analytics – Grundlagen, Anbieter, Erfahrungen und Trends, Wiesbaden.
www.springerprofessional.de/link/4283774

Melanie
Kreis
im Dialog
mit
Jürgen
Weber

# „Ich sehe ein großes Potenzial, voneinander zu lernen"

Aus dem Finanzbereich kommend, setzt Melanie Kreis, Personalvorstand und Arbeitsdirektorin Deutsche Post DHL Group, auf einen stärkeren Austausch zwischen Human Resources und Controlling. Im Dialog mit CMR-Mitherausgeber Jürgen Weber erläutert sie ihre Strategie und spricht auch über die Zukunft der Controller.

*Melanie Kreis*

*ist Vorstand für Personal und Arbeitsdirektorin bei Deutsche Post DHL Group. Sie ist seit 2004 für das Unternehmen tätig. Vor ihrer Berufung in den Konzernvorstand war Melanie Kreis Chief Financial Officer von DHL Express. Zuvor leitete sie das konzernweite Controlling sowie den Bereich Corporate Office/Corporate Organization. In dieser Funktion war Melanie Kreis maßgeblich am Verkauf der Postbank an die Deutsche Bank in 2009 beteiligt. Nach der Akquisition von Exel im Jahr 2005 leitete sie aus Großbritannien die Integration der Logistik-Division in den Konzern. Melanie Kreis studierte in Deutschland und den USA Physik und erwarb einen MBA (INSEAD). Ihre berufliche Laufbahn begann sie 1997 bei der Unternehmensberatung McKinsey. 2000 wechselte sie zum Investment-unternehmen Apax Partners.*

Frau Kreis, unmittelbar vor Ihrer neuen Aufgabe als Personalvorstand der Deutschen Post DHL Group hatten Sie im Unternehmen Führungspositionen im Finanzbereich inne. Wie sind Sie mit diesem Finanzhintergrund im HR-Bereich aufgenommen worden?

Ich bin sehr gut aufgenommen worden, sowohl vom Personalbereich als auch vom Vorstands-Team. Ich denke, im Finanz- wie auch im Personalbereich ist es gerade in Führungspositionen entscheidend, das Geschäft gut zu kennen, um glaubwürdig zu sein. In meinen bisherigen Funktionen habe ich intensiv mit allen Bereichen des Unternehmens zusammengearbeitet und bin sehr gut mit den unterschiedlichen Herausforderungen vertraut. Zudem kenne ich sehr viele Manager der verschiedenen Ebenen persönlich, und drei meiner jetzigen Vorstandskollegen sind zuvor bereits meine Chefs gewesen. Diese Erfahrungen wirken sich natürlich auch darauf aus, wie gut wir unsere Personalthemen voranbringen können.

Wo sehen Sie die wesentlichen Unterschiede zwischen Finanz- und Personalbereich? Man hört immer wieder, dass es da unterschiedliche Kulturen gibt.

Natürlich gibt es in jedem Geschäftsbereich eine eigene Kultur, und natürlich wiegt der Fokus auf Zahlen im Finanzbe-

reich stärker. Ich glaube aber, dass Zahlenaffinität auch für den Personalbereich gut ist. Deswegen halte ich auch einen stärkeren Austausch zwischen den Bereichen für sehr sinnvoll. Es gibt viele Gebiete im Personalwesen, wo jemand mit einem Finanzhintergrund viel Mehrwert stiften kann. Der größte Unterschied – und das gilt wohl auch für andere Unternehmen – besteht bei den IT-Systemen der verschiedenen Bereiche. Die Systeme im Personalbereich werden oftmals noch etwas stiefmütterlicher behandelt als im Finanzbereich, weil der externe Konsolidierungsdruck nicht so hoch ist.

Hat sich der Personalbereich zu lange nicht um seine Systeme gekümmert?

Das Problem ist, dass bei anderen Investitionen ein schnellerer Return on Investment gesehen wird. Aus diesem Grund hat die Konsolidierung der HR-Systeme oft nicht oberste Priorität, und entsprechend wird oft nicht genügend in sie investiert.

Aber in Ihrem Unternehmen ist der Personalkostenanteil doch wirklich hoch. Die Argumentation müsste hier eigentlich leichter sein als in einem anlagenintensiven Maschinenbauunternehmen.

Unser Personalaufwand ist in der Tat sehr hoch. Wir sprechen hier von 20 Milliarden Euro pro Jahr. Das entspricht dem

Bruttoinlandsprodukt vieler Länder – eine gewaltige Größenordnung. Unser Finanzsystem macht es möglich, den Personalaufwand in Euro zu quantifizieren. Die Zusammenarbeit zwischen dem Personalbereich und dem Finanzbereich ist hier wirklich sehr gut. Schwieriger wird es, wenn man zum Beispiel eine Treiberanalyse durchführen will und dafür Kennzahlen benötigt, die nicht in Euro zur Verfügung stehen.

Wenn man bedenkt, wie viel heute in die Standardisierung von finanziellen Größen investiert wird, wundert man sich schon, wie wenig Entsprechendes bisher für Leistungsdaten wie zum Beispiel Durchlaufzeiten getan wird – mit dem

### Deutsche Post DHL Group

Das weltweit führende Unternehmen für Logistik und Briefkommunikation vereint zwei starke Marken: Deutsche Post ist Europas erster Postdienstleister, während DHL in den weltweiten Wachstumsmärkten ein umfangreiches Service-Portfolio in den Bereichen internationaler Expressversand, Frachttransport, E-Commerce und Supply Chain Management repräsentiert. Deutsche Post DHL Group beschäftigt rund 500.000 Mitarbeiter in über 220 Ländern und Territorien weltweit. Im Jahr 2015 erzielte der Konzern einen Umsatz von mehr als 59 Milliarden Euro.

Effekt, dass diese nicht vergleichbar sind und auch nicht ernst genommen werden.

Wir etablieren zurzeit mehr und mehr HR-KPIs in allen Divisionen und auf globaler Ebene, um messen zu können, wie gut die Arbeit der HR-Organisation in ihren unterschiedlichen Dimensionen ist. Dabei geht es zum Beispiel um Fragen wie: Wie lange dauert es von der Ausschreibung einer Position bis zu ihrer Besetzung? Oder: Wie viele Positionen werden mit Personen nachbesetzt, die bereits vorher als potenzielle

*„Es gibt viele Gebiete im Personalwesen, wo jemand mit einem Finanzhintergrund viel Mehrwert stiften kann."*

Nachfolger identifiziert wurden? Weil die Datenqualität unserer Systeme aber nicht für jede dieser Fragen und in jedem der mehr als 220 Länder und Territorien, in denen wir operieren, ausreichend zur Verfügung steht, müssen wir immer wieder auf finanzielle HR-Kennzahlen wie die Kosten des HR-Bereichs oder deren Relation zum Umsatz zurückgreifen. Diese Indikatoren können aber nur zu einem gewissen Maß die Qualität unserer Personalarbeit reflektieren.

In der Zusammenarbeit mit Unternehmen fällt mir immer wieder auf, dass das Interesse von Controllern für den HR-Bereich nicht sonderlich groß ist. Sie beschränken sich immer gerne auf FTEs [Vollzeitäquivalente] und Personalkos-

ten. Das erstaunt angesichts der strategischen Bedeutung des HR-Bereichs. Haben Sie dafür eine Erklärung?

Ich gebe Ihnen definitiv recht, dass sich das Interesse der Finanzorganisation für den Personalbereich sehr stark auf FTE und Personalaufwandsentwicklung konzentriert. Ich glaube, wir werden über kurz oder lang auch zu viel langfristigeren Planungsprozessen für den Personalbereich kommen. Ein für unser Unternehmen in Deutschland hoch relevantes operatives Thema ist zum Beispiel die älter werdende Belegschaft in einem Markt, in dem der Briefverkehr zurückgeht und die Paketmengen steigen. Es ist etwas anderes, ob man im Alter von 60 Jahren Briefe austrägt oder ein Paket mit 30 Kilo Hundefutter in den vierten Stock bringt. Und das wirkt sich auch auf unsere Ressourcenplanung aus, womit das Thema auch für den Finanzbereich interessant wird. Ein anderes Beispiel

*„Wir etablieren zurzeit mehr und mehr HR-KPIs, um messen zu können, wie gut die Arbeit der HR-Organisation in ihren unterschiedlichen Dimensionen ist."*

ist der starke Wettbewerb um Mitarbeiter, den wir in vielen Wachstumsmärkten haben. Hier müssen wir voraussehen, wie viele neue Mitarbeiter wir kurz-, mittel- und langfristig brauchen werden, um die Wachstumsziele, die uns aus der Finanzplanung vorgegeben werden, auch realisieren zu können. Wo bekommen wir diese Menschen her? Wie viel Geld müs-

sen wir dafür in die Hand nehmen, um die Einstellungen entsprechend voranzutreiben? All das hat massiven Einfluss auf die Erfüllbarkeit der Geschäftsplanung. Der Finanzbereich

*„Wir müssen viel mehr Leute zwischen dem Finanz- und dem HR-Bereich hin- und herbewegen."*

wird sich aus meiner Sicht nicht mehr mit der „Das-ist-der-Personalaufwand-in-Euro-Zeile" im Geschäftsplan zufriedengeben können. Er wird genauer verstehen wollen, was die exakten Treiber dahinter sind. Hier sehe ich ein großes Potenzial, voneinander zu lernen.

Wie kann man denn da am besten voneinander lernen?

Wir müssen viel mehr Leute zwischen dem Finanz- und dem HR-Bereich hin- und herbewegen. Das steigert die Qualität in beiden Bereichen, und es macht die Bereiche auch für die Kollegen insgesamt attraktiver. Sie können dann zum Beispiel als professionellen Entwicklungsschritt für zwei oder drei Jahre in den Personalbereich gehen, ohne damit gleich eine endgültige Karriereentscheidung treffen zu müssen.

Wünschen Sie sich eine engere Zusammenarbeit mit dem Controlling?

Auf jeden Fall. Das ist es auch, wozu ich meine Kollegen in den letzten zwölf Monaten sehr stark ermutigt habe. Gerade auch für die Themen Datenqualität und Datenanalyse haben wir im Personalbereich ein kleines Team, das eng mit dem Finanzbereich zusammenarbeitet. Es gibt auch eine klare Aufgabenteilung und eine klare Landkarte: Wer ist für welche Kennzahlen zuständig? Welche Daten kommen woher? Wie werden sie miteinander verknüpft? Die Zusammenarbeit klappt hier schon sehr gut.

*Was kann das Controlling konkret für die Personalabteilung tun? Kann es zum Beispiel Aussagen über die Auswirkungen von Diversität in der Mitarbeiterschaft oder über die Auswirkungen der Frauenquote treffen?*

Da sprechen Sie ein interessantes Thema an. Wir versuchen tatsächlich, in diese Richtung entsprechende Zahlen und Korrelationen zu bekommen. Hintergedanke ist natürlich, dass es

> *„Ich möchte, dass wir als Personalbereich bei den verschiedensten Veränderungsprozessen eine sehr aktive, gestaltende Rolle einnehmen."*

wesentlich einfacher ist, Diversität im Unternehmen zu fördern, wenn das Unternehmen erkennt, welche Vorteile sich daraus ergeben können. Man muss beispielsweise sagen können: „Schau Dir Deine Nachbar-Division an. Die haben eine höhere Diversität bei ihren Leuten, und die Finanz-Zahlen sind besser." Wir analysieren gerade sehr genau, in welchen Ländern und welchen Unternehmensbereichen wir beim Thema Frauenquote besonders gut abschneiden und wo es noch besonderen Handlungsbedarf gibt. Auf dieser Basis können wir uns sehr viel realistischere Ziele setzen.

*Wie kann ich mir das genau vorstellen?*

Früher hätte der Personalbereich einfach eine Ziel-Zahl für die Frauenquote in den Raum gestellt. Wir haben hingegen erst einmal gefragt, wie viele qualifizierte Frauen wir zur Verfügung haben, über wie viele Positionen wir sprechen, was unser durchschnittlicher Turnover ist, und welche Ziele auf dieser Basis dann realistisch sind. Man fängt jetzt eben an, im Finanzbereich gut etablierte Planungsmethoden auf ein ganz anderes Thema zu übertragen. An diesem Beispiel kann man besonders schön sehen, dass sich unterschiedliche Blickwinkel sehr sinnvoll miteinander kombinieren lassen.

*Als Personalvorstand sind Sie ja letztlich auch für die Controller als Berufsgruppe zuständig. Hier kursiert seit Langem*

der Begriff des Business Partners. Tun Sie etwas dafür, dass sich Controller stärker zu Business Partnern entwickeln? Wie sehen Sie die Rolle der Controller in der Zukunft?

Wir haben für den Finanzbereich sehr klare Karrierepfade definiert – wie auch für den Personalbereich. In beiden Funktionen gibt es Spezialisten und Generalisten, also Business Partner. Diese Karrierepfade vermitteln über fünf Entwicklungsstufen hinweg, welche Anforderungen man erfüllen muss, wenn man als Junior anfängt und sich gegebenenfalls bis hin zum CFO entwickeln möchte. Welche Fähigkeiten muss man erwerben? Man hat bei uns viele Möglichkeiten, sich zwischen verschiedenen Rollen zu bewegen. Wir werden aber auch immer Spezialisten brauchen. Im Personalbereich wird es zum Beispiel immer kompetente Arbeitsrechtler geben müssen. Und wer ein langfristiges Vergütungssystem auflegt, sollte sich wirklich gut mit Compensation und Benefits auskennen. Im Finanzbereich ist das genauso. Durch die starke Standardisierung im Bereich der transaktionalen Prozesse sowohl im Finanzbereich als auch im Personalbereich haben wir zwar weniger transaktionale Jobs, dafür aber auch ein bisschen mehr Zeit für die Controlling-Tätigkeiten. Ich glaube, dass dies sehr spannende Karrierepfade aufzeigt.

*Sprechen wir hier von gleichwertigen Karrieren?*

Diese Karrieren stehen erst einmal ganz neutral nebeneinander. Natürlich braucht man in einigen Bereichen mehr und in anderen Bereichen weniger Leute, und natürlich sind manche Karrierepfade deutlich leichter zu beschreiten als andere. Für einen nah am Geschäft operierenden Controller ist es wahrscheinlich leichter, später einmal eine Aufgabe im allgemeinen Management zu übernehmen, als für einen Steuerspezialisten. Was die Spezialisten betrifft, kommt es sehr auf ihr Selbstverständnis und ihr Auftreten im Unternehmen an. Wenn ein Spezialist nur sein Thema sieht und keinen Blick über den Horizont hinaus wagt, dürfte er es in seiner Karriere schwerer haben, im Unternehmen Anerkennung zu bekommen. Wenn er aber sein Thema nicht isoliert, sondern als Teil eines großen Gesamtbildes sieht, dann werden die Kollegen seine Expertise sehr viel mehr zu schätzen wissen. Sie sehen dann, dass dieses Fachwissen unmittelbare Auswirkungen auf das operative Geschäft haben kann.

*Wird es in Zukunft angesichts von Standardisierung und Automatisierung weniger Controller geben?*

Das ist der Blick in die Glaskugel. Ich glaube, es gibt nach wie vor mehr als genug Arbeit. Controller verbringen immer noch viel Zeit mit der nach hinten gerichteten Analyse von Ist-Zahlen. Das Controlling muss noch viel besser werden in der Vorhersage, in der Modellierung von Zusammenhängen und in der Art und Weise, wie die Ist-Zahlen interpretiert werden. Dies alles muss noch deutlich mehr Wert fürs große Ganze stiften.

*Wo sehen Sie bei Deutsche Post DHL Group aktuell die größten Herausforderungen für den HR-Bereich?*
Eine große Herausforderung sehe ich in den Transformationsprozessen, die zurzeit bei uns in vielen Unternehmensbereichen im Rahmen unserer „Strategie 2020" laufen. Transformationsprozesse gelingen nur – das wissen wir alle –, wenn wir die Menschen mitnehmen. Trotzdem war es in der Vergangenheit oft so, dass der Personalbereich erst relativ spät einbezogen wurde. Er sollte am Ende nur noch die Transferlisten machen, um das Ganze abzuwickeln. Ich möchte, dass wir als Personalbereich bei den verschiedensten Veränderungsprozessen eine sehr aktive, gestaltende Rolle einnehmen. Die zweite große Herausforderung ist aus meiner Sicht, dass wir weiter an der Qualität der Personalprozesse arbeiten müssen, aufseiten der IT, aufseiten der Prozesse und teilweise auch aufseiten der Kultur. Das dritte große Thema ist die Gewinnung, die Motivation und die Entwicklung der richtigen Mitarbeiter.

*Dazu führen Sie im Express-Geschäft ja ein großes Projekt durch, soweit ich weiß.*
Richtig. Wir mussten nach großen Problemen in 2008 und 2009 und Milliarden an Restrukturierungsaufwand unser Inlands-Express-Geschäft in den USA aufgeben und dabei vielen Mitarbeitern kündigen. Unser Express-Vorstand Ken Allen setzte den Bereich daraufhin strategisch neu auf. Der zentrale Ausgangspunkt seiner Express-Fokus-Strategie sind

*„Die Resultate von motivierten Mitarbeitern sind ein profitables Netzwerk und gute Finanz-Kennzahlen."*

motivierte Mitarbeiter. Denn nur motivierte Mitarbeiter bieten einen großartigen Service mit Spitzenqualität, und das schafft loyale Kunden. Die Resultate sind dann ein profitables Netzwerk und gute Finanz-Kennzahlen. Das Problem ist

allerdings, dass man Mitarbeitermotivation nicht mit einem Vorstandsschreiben herbeiführen kann. Und auch eine gute Bezahlung allein schafft keine Motivation. Die Mitarbeiter müssen in ihrem Job Wertschätzung erleben und das Gefühl haben, dass sie wahrgenommen werden. Und sie müssen wissen, welchen Mehrwert sie durch ihren täglichen Einsatz bringen, während sie zum Beispiel bei Wind und Wetter die Express-Sendungen ausfahren. Unsere Lösung war das sogenannte Certified-Programm, das im Express-Bereich inzwischen eine Vielzahl von Modulen umfasst. Das Basis-Modul nennt sich „Certified International Specialist". Den Kolleginnen und Kollegen wird dort ganzheitlich vermittelt,

*„Was uns wirklich erfolgreich macht, ist die Motivation unserer Mitarbeiter."*

wie das Geschäft funktioniert und was ihr persönlicher Wertbeitrag ist. Alle rund 90.000 Express-Mitarbeiter haben daran teilgenommen – vom Paket-Zusteller bis hin zur obersten Führungsebene. Das Programm ist so erfolgreich, dass wir es jetzt auf die anderen Unternehmensbereiche übertragen.

*Das klingt wie eine einfache, logische Idee.*
Im Nachhinein sagen das alle. Aber damals, in einer Zeit, als die Zahlen wirklich schwierig waren und alle nur auf die Verluste und die Euros schauten, war es ziemlich revolutionär zu sagen: „Wir fangen ganz bewusst mit den motivierten Mitarbeitern an und wir investieren da auch noch viel Geld hinein." Es ist eine wirklich signifikante Investition, zumal wir das Programm nun mit all unseren über rund 500.000 Mitarbeitern durchführen wollen. Aber ich bin zutiefst davon überzeugt, dass der Erfolg, den wir jetzt bei Express sehen – auch auf der finanziellen Seite, wo wir 2014 erstmals eine Marge von mehr als zehn Prozent hatten –, daher rührt. Was uns wirklich erfolgreich macht, ist die Motivation unserer Mitarbeiter.

*Frau Kreis, ich bedanke mich sehr für das Gespräch.*

Das Gespräch führte Prof. Dr. Dr. h. c. Jürgen Weber, Direktor des Instituts für Management und Controlling (IMC) der WHU – Otto Beisheim School of Management in Vallendar und Mitherausgeber der Controlling & Management Review.

# Von der Zweckgemeinschaft zum Winning Team

HR und Controlling müssen eine gemeinsame und ganzheitliche Perspektive auf die „Ressource Mensch" entwickeln, um bedarfsgerecht planen und steuern zu können. Die Deutsche Telekom AG hat mit einem solchen Konzept, das den beiden Bereichen eine gemeinsame Informationsbasis sichert und sowohl quantitative Daten als auch qualitative Faktoren berücksichtigt, gute Erfahrungen gemacht.

*Christoph Hörder, Kay Nolden*

Für jedes Unternehmen ist der richtige Umgang mit seinen Mitarbeiterinnen und Mitarbeitern von essenzieller Bedeutung. Eine Vielzahl von gesellschaftlichen, kulturellen, aber auch betriebswirtschaftlichen Aspekten muss dabei berücksichtigt werden. Dies gilt umso mehr, wenn die Restrukturierung eines Unternehmens auch einen Personalumbau notwendig macht. In diesem Bereich ist gerade die Deutsche Telekom vor besondere Herausforderungen gestellt, von denen viele ihren Ursprung in ihrer Vergangenheit als Bundesbehörde haben. Nach der Gründung als Aktiengesellschaft 1995 und der Liberalisierung des Marktes 1998 war die Telekom gezwungen, den regulatorisch gewollten Marktanteilsverlusten mit massiven Kostensenkungen zu begegnen. Sie stand vor der Aufgabe, die Zahl der Mitarbeiter drastisch reduzieren zu müssen. Als Folge hat die Telekom in Deutschland in den 20 Jahren seit Gründung als AG ihre Belegschaft von circa 230.000 Vollzeitstellen (full-time equivalent/FTE) auf circa 115.000 Vollzeitstellen glatt halbiert.

Bei diesem Personalumbau unterlag die Telekom deutlichen Restriktionen, die im Rahmen des Personal-Managements beachtet werden mussten und die auch in Zukunft zu berücksichtigen sind. So gilt für die übernommenen Beamtinnen und Beamten, für die die Deutsche Telekom AG die Dienstherreneigenschaft ausübt, ein besonderes Regelwerk: Beamte sind unkündbar, sie haben einen Anspruch auf amtsangemessene Beschäftigung und für sie sind besondere Beurteilungs- und Beförderungsregeln zu berücksichtigen. Zudem trägt ihre Altersversorgung zu einer erhöhten Kostenlast der Deutschen Telekom bei. Aber auch für ihre angestellten Kollegen gilt es, tarifvertragliche Regelungen aus den Tagen des öffentlichen Dienstes anzuwenden, die unter anderem insbesondere ältere Mitarbeiter in besonderem Maße vor Kündigungen schützen.

## „Die Workforce-Kosten machen einen erheblichen Teil der gesamten Betriebsausgaben der Deutschen Telekom aus.“

Die Workforce-Kosten, unter denen alle das Personal betreffende Kosten verstanden werden, machen einen erheblichen Teil der gesamten Betriebsausgaben (operational expenditures = OPEX) der Deutschen Telekom aus. So betrug der bereinigte Personalaufwand ohne Sondereffekte 2015 14,6 Milliarden Euro. Die Kosten für die externe Workforce beliefen sich auf 1,8 Milliarden Euro. In der Summe waren dies circa 31 Prozent des Gesamt-OPEX. Daneben spielen bei der Deutschen Telekom die sogenannten personalbedingten Sondereffekte, das heißt die Kosten für einen sozialverträglichen Personalabbau (zum Beispiel Abfindungen, Vorruhestand), eine wichtige Rolle. Sie sind ein zentrales Element, um den Bestand der Mitarbeiter an den stetig abnehmenden Bedarf anzupassen. 2011 bis 2015 hat die Deutsche Telekom pro Jahr durchschnittlich 1,2 Milliarden Euro für personalbedingte Sondereffekte ausgegeben.

*Christoph Hörder*
*ist Vice President Group Controlling HR bei der Deutschen Telekom AG.*

*Kay Nolden*
*ist Vice President Total Workforce Management bei der Deutschen Telekom AG.*

Christoph Hörder
Deutsche Telekom AG, Bonn, Deutschland
E-Mail: christoph.hoerder@telekom.de

Kay Nolden
Deutsche Telekom AG, Bonn, Deutschland
E-Mail: kay.nolden@telekom.de

Qualitative Aspekte dürfen
bei der Personalplanung
und -steuerung nicht ver-
nachlässigt werden.

---

Als Folge der oben genannten Restriktionen beim Personalumbau ist der Altersdurchschnitt im inländischen Konzern mit 45,3 Jahren deutlich höher als in der deutschen Volkswirtschaft, wo er 2014 bei 43,2 Jahren lag (Anfrage beim Statistischen Bundesamt 2015). Gleichzeitig muss das Unternehmen damit umgehen, dass Technologiewechsel immer rascher aufeinander folgen und das Thema der richtigen Qualifikation daher immer wichtiger wird. So sind beispielsweise Nachrichtentechnik und moderne IT schon heute kaum noch zu unterscheiden. Der klassische Elektrohandwerker wird zunehmend durch den IT-Fachmann ersetzt. Angesichts der Abbaunotwendigkeiten im Unternehmen und der Forcierung des internen Arbeitsmarktes, der die Qualifizierung vorhandener Mitarbeiter priorisiert, bleibt die Möglichkeit von Neueinstellungen von jüngeren, den neuen Marktgegebenheiten entsprechend qualifizierten Mitarbeitern im Umfang begrenzt. Auch eine Flexibilisierung durch den Einsatz externer Arbeitskräfte ist nur eingeschränkt möglich. Sie werden insbesondere zur Abarbeitung von Arbeitsspitzen, zum Beispiel im Technischen Service in der Gewittersaison im Sommer oder im Vertrieb zum Weihnachtsgeschäft, und zur kurzfristigen Beschaffung knapper Qualifikationen, beispielsweise als Spezialisten für Kundenprojekte, eingesetzt.

Insgesamt wird der Personalabbau angesichts des bereits vollzogenen Abbaus immer schwieriger und kostspieliger. Zudem werden Themen wie die richtige Qualifikation von Mitarbeitern und die Flexibilität des Arbeitsmarktes immer wichtiger. Der Personalumbau bleibt damit für die Telekom auch weiterhin eine große Herausforderung und eine Aufgabe über Generationen hinweg.

## Personalsteuerung durch Total Workforce Management

Der Produktionsfaktor Kapital ist gemessen in Euro vollständig homogen und substituierbar und hat auch keinerlei Präferenzen bezüglich seines Einsatz- und Verwendungszwecks oder -orts. Dies sieht beim Produktionsfaktor Arbeit gänzlich anders aus. Bereits in der Planung geht es deshalb nicht nur darum, das erwartete Arbeitsvolumen kostengünstig bereitzustellen, sondern auch sicherzustellen, dass die benötigten Kompetenzen und Qualifikationen zur richtigen Zeit am richtigen Ort in der benötigten Qualität verfügbar sind. Zusätzlich muss gerade bei der Telekom auch die demografische Entwicklung bedacht werden. Um dies sicherzustellen, hat die Deutsche Telekom eine ganzheitliche Methode zur quantitativen und qualitativen Personalplanung und -steuerung eingeführt. Das Total Workforce Management (TWM) berücksichtigt die quantitativen Faktoren Personalmenge und Personalkosten ebenso wie die qualitativen Themen Qualifikationen, Kompetenzen sowie die demografische Entwicklung der eigenen internen sowie externen Mitarbeiter. Dies verbessert die Entscheidungsgrundlage in den Steuerungsprozessen. Denn je schneller und umfassender der technische Fortschritt und damit auch die technischen Veränderungen sind, desto häufiger müssen die Fertigkeiten der Mitarbeiter angepasst werden. Eine entsprechende Qualifizierungsplanung ist notwendig, da es oft Jahre

---

## Zusammenfassung

- Der Personalumbau bleibt auch zukünftig für die Deutsche Telekom eine wichtige Aufgabe.
- Um optimale Entscheidungen zu treffen, hat der Konzern das Total Workforce Management, einen ganzheitlichen Personalplanungs- und Personalsteuerungsansatz, eingeführt.
- HR-Inhalte wurden in die Controlling-Prozesse integriert. Das konstruktive Miteinander-Ringen von HR und Controlling minimiert die Risiken beim Personalumbau und erleichtert die Planung.

dauern kann, bis technische Innovationen in am Arbeitsmarkt angebotene neue Berufsbilder oder Studiengänge übersetzt werden. So hat die Deutsche Telekom allein 2015 circa 140 Millionen Euro in die Qualifizierung ihrer Mitarbeiter investiert.

Die wichtigsten Parameter zur Erfolgsmessung börsennotierter Unternehmen sind finanzielle Kenngrößen, wie zum Beispiel Ergebnis, Cashflow oder Aktienkursentwicklung. Es ist insbesondere die Aufgabe des Controllings in der Unternehmensplanung und -steuerung, diese Größen im Auge zu behalten und finanzielle Disziplin einzufordern.

Zur Absicherung des mittel- und langfristigen Unternehmenserfolges und zur erfolgreichen Umsetzung der Unternehmensstrategie kommt aber auch den Mitarbeitern eine Schlüsselrolle zu. Hierbei sind neben den quantitativen Aspekten Workforce-Menge und -Kosten auch die qualitativen Aspekte in Form von Qualifikationen und Fähigkeiten der Workforce entscheidend. Hier übernimmt der HR-Bereich neben der Verantwortung für das

Die besonderen Anforderungen der HR-Funktion müssen in Planung und Reporting angemessen berücksichtigt werden.

___

*„Insgesamt wird der Personalabbau angesichts des bereits vollzogenen Abbaus immer schwieriger und kostspieliger."*

Management des Mitarbeiterlebenszyklus (Mitarbeitersuche, -auswahl, -entwicklung, -austritt) und das Sozialpartner-Management (zum Beispiel Tarifverhandlungen und Betriebsvereinbarungen) auch eine Mitverantwortung in der Steuerung der Workforce in den genannten Dimensionen Menge, Preis und Qualifikation (vergleiche **Abbildung 1**).

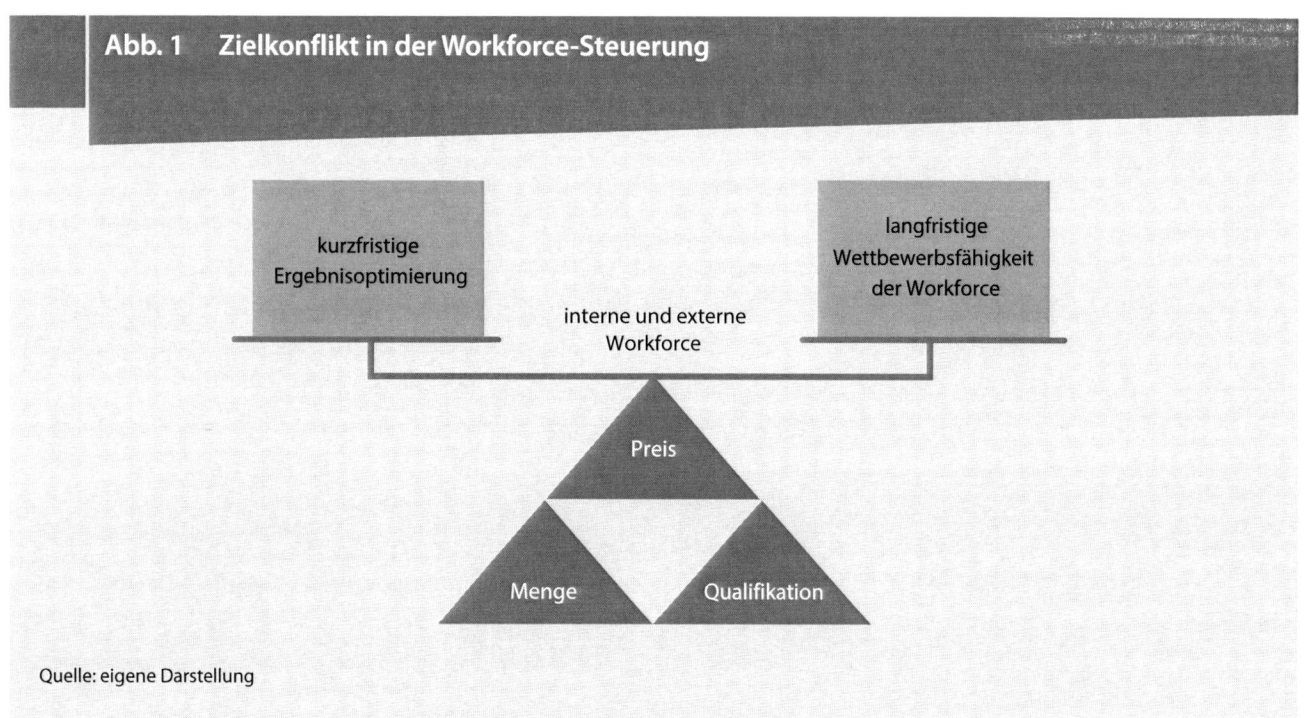

**Abb. 1    Zielkonflikt in der Workforce-Steuerung**

Quelle: eigene Darstellung

Jede Entscheidung im Unternehmen muss dem Unternehmensziel dienen und ökonomisch sinnvoll sein. Dies gilt natürlich auch für die Workforce-Steuerung, egal ob es sich um Fragen der Lohnentwicklung, Qualifizierungskosten, Einstellungen oder Personalabbau handelt. Gerade in Zeiten knapper Ressourcen und bei kurzfristigen Optimierungsfragen kommt es dabei regelmäßig zu Zielkonflikten zwischen finanziellen und qualitativen Zielen. Wenn beispielsweise der Fokus ausschließlich auf die kurzfristige Optimierung der Finanzkennzahlen gelegt und der Blick auf qualitative Aspekte vernachlässigt wird, können Risiken für den mittel- und langfristigen Unternehmenserfolg entstehen. So kann es zum Beispiel einerseits zum Erreichen von Kostenzielen sinnvoll sein, von Neueinstellungen abzusehen. Allerdings wird andererseits dadurch auch auf die Zufuhr neuer Qualifikationen und die Steuerung der demografischen Entwicklung verzichtet.

Der Planungs- und Führungsprozess der Deutschen Telekom greift deshalb die möglichen Zielkonflikte auf und weist den verantwortlichen Funktionen und Bereichen klare Rollen zu, um Risiken zu minimieren. Dabei spielen die Integration des Total-Workforce-Management-Ansatzes in den Planungsprozess der Deutschen Telekom und die damit verbundene Aufgabenteilung zwischen den operativen Geschäftseinheiten und dem Finanz- und HR-Bereich eine wichtige Rolle. Identifizierte Zielkonflikte werden bearbeitet und systematisch entschieden. Die Basis der Zusammenarbeit auf Ebene der Konzernzentrale zwischen Group Controlling und seinem Counterpart bei HR, Group HR Planning & Operations ist ein gemeinsames Verständnis einer aus Konzernperspektive optimalen Workforce-Steuerung. Dabei werden die quantitativen und qualitativen Elemente gegeneinander gewichtet und ausgesteuert.

## Kooperation zwischen Controlling und Human Resources

Als wesentlicher Erfolgsfaktor einer konstruktiven Zusammenarbeit zwischen HR und Controlling hat sich die umfassende Integration der HR-Inhalte in die Controlling-Kernprozesse erwiesen. Zwar gab es Planungs- und Reporting-Prozesse innerhalb der HR-Funktion, die durchaus mit dem Finanzterminkalender abgestimmt waren. Diese führten aber trotz intensiver Kommunikation immer wieder zu Unklarheiten über Planungsinhalte, zu Prozessfriktionen et cetera. Daher wurden seit 2013 alle wesentlichen finanziellen und nicht-finanziellen HR-Kennzahlen in die Prozesse der Mittelfristplanung, der Budgetierung, des unterjährigen Forecasts und des Reportings integriert. Der Prozess konnte so deutlich vereinfacht werden. Gleichzeitig wurde eine Eindeutigkeit der Zahlen gesichert. Als erwünschtes Nebenprodukt konnten zudem Einsparungen in der IT erzielt werden.

### Integrierter Forecast- und Planungsprozess

Die entscheidenden Weichen zur Workforce-Steuerung werden in der Mittelfristplanung gestellt. Strukturell werden die Planungsdiskussionen hierbei entlang zweier Linien geführt. Zum einen wird zwischen dem beteiligten Geschäftsbereich und der Konzernzentrale um die Verteilung knapper Ressour-

---

Einheitliche und eindeutige KPI-Definitionen sind essenziell als Entscheidungsgrundlage beim Personalumbau.

cen auf die unterschiedlichen Unternehmensbereiche gerungen und zum anderen zwischen den Funktionen HR und Finanzen über die Verteilung der Ressourcen nach qualitativen und quantitativen Aspekten diskutiert.

Die Mittelfristplanung beginnt zur Jahresmitte mit einer Strategie-Klausur des Vorstands, in der den operativen Segmenten der Deutschen Telekom (Deutschland, USA, Europa, Systemgeschäft, Group Headquarters & Group Services) die wesentlichen Leitplanken für die Planung vorgegeben werden. Die Segmente planen nun in eigener Verantwortung und liefern bis circa Mitte September ihre Segmentplanung an das Group Controlling. Anschließend wird aus den Segmentplanungen die Konzernplanung konsolidiert und auf einem zweiwöchigen Planungs-Campus die Einhaltung der strategischen Vorgaben, das finanzielle Ambitionsniveau, die Finanzierungs- und die Steuerplanung et cetera diskutiert. Da in der Regel das konsolidierte Zahlenwerk nicht den vielfältigen Anforderungen an den Konzern als Ganzes genügt,

*Optimale Lösungen sind nur mit einer engen Zusammenarbeit zwischen HR und Controlling zu erreichen.*

*„Die Deutsche Telekom hat allein 2015 circa 140 Millionen Euro in die Qualifizierung ihrer Mitarbeiter investiert."*

müssen auf dem Campus Trade-off- und Priorisierungsentscheidungen getroffen werden. Die Deutsche Telekom verfolgt diesen Campus-Ansatz bereits seit vier Jahren (vergleiche Wilkens/Schäffer 2015). Die Personalplanung ist in diesen Planungsprozess integriert. Für eine gelungene Integration der Personalplanung haben sich folgende Faktoren als entscheidend für den Erfolg herausgestellt:

1. Verabschiedung wesentlicher Prämissen zur Personalplanung, beispielsweise in Bezug auf die Gehaltsentwicklung, die Aus- und Weiterbildung sowie den Einsatz von Personalabbau-Instrumenten wie Abfindungen und Vorruhestand und Vorgaben zur Forcierung des internen Arbeitsmarktes.
2. Abstimmung der HR-KPIs (Key Performance Indicators) mit den Segmenten und Integration in das jährlich neu bestimmte Planungs-Datenmodell. Dabei ist die schwierige Balance zwischen Planungstiefe und Einfachheit („Simplicity") jedes Jahr neu auszutarieren.
3. Durchführung von Planungsgesprächen zwischen dem Personalvorstand und den segmentverantwortlichen HR Business Partnern. Entlang ausgewählter quantitativer und qualitativer Kennzahlen der Personalplanung werden Erwartungen und Zielsetzung an die Personalplanung diskutiert.
4. Abstimmung der konzerninternen Bewegungen zur Vermeidung von „Konsolidierungsdifferenzen" analog zur Abstimmung der Liefer- und Leistungsbeziehungen.
5. Vorbereitung des Campus durch einen HR Invest Workshop, an dem die strategischen HR Business Partner und Finance Directors der Segmente, Group Controlling und Group HR Planning & Operations teilnehmen: In diesem Gremium stehen die Ausgaben für personalbedingte Sondereffekte sowie die Entwicklung des Qualifizierungsbudgets und die Einstellun-

gen im Fokus. Anhand von Business Cases werden die unterschiedlichen Umbaumaßnahmen der verschiedenen Unternehmensbereiche vergleichbar gemacht und können bei Bedarf anhand von definierten Kriterien priorisiert werden. Dem HR Invest Workshop kommt sowohl in der Planungsvorbereitung als auch in der Erfolgsmessung eine wichtige Rolle zu.

6. Enge Zusammenarbeit von HR und Controlling auf dem Campus: zum einen aufgrund des engen Zeitplans, zum anderen aufgrund der Notwendigkeit, Investitionen in den Personalumbau (sei es durch Abbau, sei es durch Qualifikation oder durch Neueinstellungen) in eine Priorisierungslogik mit anderen Investitionen wie zum Beispiel in Technik oder Marktbearbeitung zu bringen.

7. Gemeinsame Vorbereitung der Sitzungen des Aufsichtsrats und seiner Ausschüsse.

### Gemeinsames Reporting

An die Integration der HR-Inhalte in die Finanzplanung schließt sich folgerichtig ein integriertes Reporting an. Damit dies möglich ist, müssen alle dieselbe Sprache sprechen. Erster Schritt dazu war die Überarbeitung des HR-Glossars innerhalb des Reporting-Systems. Hier hatten sich, weniger durch eine mangelnde Abstimmung zwischen HR und Controlling als vielmehr durch eine starke Dezentralisierung in der Vergangenheit, Definitionen auseinander entwickelt. So gab es KPIs, die in den einzelnen Segmenten unterschiedlich definiert waren, die sprachliche Präzision war unzureichend. Zudem gab es keine übergreifende Systematik, beispielsweise in Form von KPI-Treiberbäumen.

*„Die entscheidenden Weichen zur Workforce-Steuerung werden in der Mittelfristplanung gestellt."*

Gleichzeitig mit der Überarbeitung des HR-Glossars wurde ein konzernübergreifender Shared Service für das Reporting geschaffen. Alle Bereiche des HR-Reportings (zentral wie dezentral) sowie des zentralen Finanz-Reportings, das sowohl Controlling-Berichte als auch externe Berichte wie den Geschäftsbericht umfasst, wurden in diese Einheit überführt. So konnte die Zahl der Reporting-Systeme deutlich reduziert werden. Aufgrund der Standardisierung wurden zudem die Controlling- und HR-Reports übersichtlicher, intuitiver und schneller erfassbar.

### Unterjährige Steuerung

In der unterjährigen Steuerung sind im Wesentlichen zwei Prozesse von besonderer Relevanz: Zum einen werden monatlich zwischen Konzern und Segmenten wichtige HR-KPIs wie FTE, Personalkosten und personalbedingte Sondereffekte analysiert und besprochen. Die Zusammenfassung der wesentlichen Resultate dieser monatlichen Analyse inklusive der HR-KPIs wird dann im Vorstand präsentiert. Zum anderen liefert der unterjährige Forecast-Prozess mit einem abgespeckten KPI-Set der Mittelfristplanung zweimal im Jahr einen umfassenden Blick auf das Gesamtjahr. Insbesondere bei der Verwendung der Restrukturierungsmittel bietet sich hier die Gelegenheit einer neuen Priorisierung.

## Schlussbetrachtung

Die Deutsche Telekom AG hat zwei Voraussetzungen für eine erfolgreiche Steuerung der Workforce identifiziert und erfüllt. Zum einen bezieht das Unternehmen dezidiert die qualitativen Dimensionen der Workforce wie die Qualifikationen der Mitarbeiter sowie den demografischen Wandel neben den quantitativen Dimensionen Menge und Preis bei der Planung mit ein. Zum anderen hat es eine enge Zusammenarbeit des Finanz- und HR-Bereiches etabliert und einen gemeinsamen Controlling-Prozess eingeführt.

*Literatur*
⬇ * Schäffer, U./Wilkens, M. (2015): „Die Entscheidungsträger sitzen sich am Tisch direkt gegenüber", in: Controlling & Management Review, Sonderheft 1 (59), S. 54-59. www.springerprofessional.de/link/6050274

* Abonnenten des Portals Springer Professional haben kostenfrei Zugriff.

 Weitere Empfehlungen der Verlagsredaktion aus www.springerprofessional.de zu:

🔍 **Personalmanagement**

Gerlmaier, A./Gül, K./Hellert, U./Kämpf, T./Latniak, E. (2016): Praxishandbuch lebensphasenorientiertes Personalmanagement – Fachkräftepotenziale in technischen Entwicklungsbereichen erschließen und fördern, Wiesbaden. www.springerprofessional.de/link/4339464

Dachrodt, H.-G./Koberski, W./Engelbert, V./Dachrodt, G. (Hrsg.) (2014): Praxishandbuch Human Resources, Management – Arbeitsrecht – Betriebsverfassung, Wiesbaden. www.springerprofessional.de/link/4246982

Holtbrügge, D. (2013): Personalmanagement, 5. Auflage, Wiesbaden. www.springerprofessional.de/link/4032304

# Vorsicht Psychopath: HR-Kennzahlen als Warnsignale

Menschen mit psychopathischen Persönlichkeitszügen sind in hohen Management-Ebenen signifikant häufiger zu finden als in der Normalbevölkerung. Für betroffene Unternehmen kann dies zu ernsthaften Problemen führen. Ein Bewusstsein für typische Merkmale und geeignete HR-Kennzahlen können helfen, rechtzeitig gegenzusteuern.

*Volker Lingnau, Till E. Dehne-Niemann*

Personalkosten gelten in vielen Unternehmen noch immer als größter Faktor (vergleiche Krause/Arora 2008, S. 268). Ziel des Human Resource (HR) Managements müsse es deshalb sein, „die richtigen Personen zur richtigen Zeit am richtigen Arbeitsplatz zu haben", betont zum Beispiel Dammann (2009, S. 63). Der Fokus betriebswirtschaftlicher Forschung und Praxis im Bereich Personal richtet sich so insbesondere auf Verbesserungspotenziale von Mitarbeitern, Managern oder Teams. Dagegen wurden destruktive und negative Einflüsse von Einzelnen oder Gruppen auf die Organisation lange Zeit ausgeklammert oder gar tabuisiert (vergleiche Dammann 2009, S. 63). Dabei kann gerade schlechte Führung erheblich negative Effekte auf Unternehmen und deren Personal haben. Circa 70 Prozent aller Mitarbeiter verlassen beispielsweise ein Unternehmen aufgrund ihres Vorgesetzten (vergleiche Schwertfeger 2006, S. 51).

In den letzten Jahren hat sich, insbesondere vor dem Hintergrund der globalen Finanzkrise und zahlreicher Unternehmensskandale, ein bedeutender Forschungszweig herausgebildet, der sich mit schlechter Mitarbeiter- und Unternehmensführung beschäftigt. Hier wird vor allem erforscht, welchen Einfluss bestimmte Persönlichkeitsstörungen wie Narzissmus, Machiavellismus und Psychopathie im Top Management auf Unternehmen und Mitarbeiter ausüben. Doch wie ist es möglich, beispielsweise sogenannte „Unternehmenspsychopathen" frühzeitig zu erkennen, um gegensteuern zu können? Geeignete Kennzahlen können hier erste Indizien liefern.

## Persönlichkeitsstörung Psychopathie

Der Ausdruck „Psychopathie" legt im ersten Augenblick nahe, dass es sich auch bei den „Unternehmenspsychopathen" um „gestörte Serienmörder" handeln könnte. Tatsächlich weisen diese erhebliche Schnittmengen mit den furchteinflößenden, schwerkriminellen Psychopathen auf. In einigen Faktoren unterscheiden sie sich aber auch von ihnen.

*„Primäre Psychopathen finden sich verstärkt in höheren Management-Ebenen als skrupellose Top Manager. Sie streben ausschließlich nach Macht, Prestige und persönlichem Reichtum."*

Die Persönlichkeitsstörung Psychopathie wird durch vier Faktoren und zwei Dimensionen, primäre und sekundäre Psychopathie, bestimmt, deren Ausprägungen Psychopathen zeitstabil und in hohem Maße aufweisen (vergleiche Hare 1994):
- Mangelnder Affekt: Psychopathen sind kaltherzige und gewissenlose Menschen ohne Reue und Schuldbewusstsein. Sie streben ausschließlich nach Macht und ihrem persönlichen Reichtum. Außerdem sind sie durch einen vollständigen Mangel an Emotionen und Empathie gekennzeichnet, können Gefühle aber unter Umständen vortäuschen (Dimension 1).

*Prof. Dr. Volker Lingnau*
*ist Inhaber des Lehrstuhls für Unternehmensrechnung und Controlling an der Technischen Universität Kaiserslautern.*

*Till E. Dehne-Niemann*
*ist wissenschaftlicher Mitarbeiter am Lehrstuhl für Unternehmensrechnung und Controlling an der Technischen Universität Kaiserslautern.*

Volker Lingnau
TU Kaiserslautern, Kaiserslautern, Deutschland
E-Mail: lingnau@controlling-lehrstuhl.de

Till E. Dehne-Niemann
TU Kaiserslautern, Kaiserslautern, Deutschland
E-Mail: dehne-niemann@controlling-lehrstuhl.de

• Interpersonelle Manipulation: Psychopathen zeigen ein hochgradig betrügerisches und manipulatives Verhalten. Im Umgang mit anderen werden sie jedoch meist als völlig normal wahrgenommen, da sie sich oft liebenswürdig, charmant und humorvoll geben können. Sie sind jedoch völlig auf sich selbst fokussiert und nicht an den Problemen anderer interessiert. Außerdem lügen sie oft, ohne Rücksicht darauf, dabei entlarvt zu werden (Dimension 1).

• Erratischer Lebensstil: Charakteristisch für Psychopathen ist außerdem, dass sie keine langfristigen Lebensziele verfolgen. Sie führen einen verantwortungslosen und parasitären Lebensstil. Zudem sind sie außergewöhnlich risikofreudig und extrem impulsiv (Dimension 2).

• Antisoziales Verhalten: Psychopathen haben eine nur sehr begrenzte Selbstbeherrschung, lassen sich schnell provozieren und neigen zu kurzen, aber heftigen Wutausbrüchen. Diese Verhaltensauffälligkeiten beginnen in der Regel in der Kindheit und setzen sich im Jugendalter fort. Als Erwachsene begehen sie nicht selten eine Vielzahl an Straftaten (Dimension 2).

Einige Psychopathen weisen jedoch nicht alle vier genannten Faktoren auf. Diese „Psychopathen in Nadelstreifen" (Kühn 2012) zeigen lediglich die ersten beiden der vier Faktoren, nämlich die der ersten Dimension und werden daher auch als „primäre Psychopathen" bezeichnet (vergleiche Babiak 2000). Im Gegensatz zu psychopathischen Verbrechern tragen sie keine oder nur wenige Merkmale der beiden anderen Faktoren der Dimension „sekundäre Psychopathie" (vergleiche **Tabelle 1**).

Primäre Psychopathen finden sich verstärkt in höheren Management-Ebenen als skrupellose Top Manager. Sie streben ausschließlich nach Macht, Prestige und persönlichem Reichtum und gehen dabei kaltherzig und berechnend vor. Sie sind rücksichtslose Karrieristen. Ihr manipulatives Wesen verhilft ihnen dazu, die Karriereleiter schnell hinaufzuklettern. Durch pathologisches Lügen und Betrügen beeinflussen sie Untergebene, Vorgesetzte und Kollegen. Sie können oft nur schwer entlarvt werden, denn sie verstecken sich hinter einer Maske aus oberflächlichem Charme und können dabei amüsant und unterhaltsam wirken (vergleiche Babiak 2000). Solche Unternehmenspsychopathen wirken sich dysfunktional auf Unternehmen und ihre Anspruchsgruppen aus (vergleiche Lingnau/Dehne-Niemann 2015, S. 74).

> Unternehmenspsychopathen können das Überleben von Unternehmen gefährden.

| Tab. 1 | Die Vier-Faktoren-Struktur der Psychopathie | | |
|--------|---------|----------|-------|
| **Faktor** | **Dimension** | **Unternehmenspsychopath** | **Klinischer Psychopath** |
| mangelnder Affekt | primäre Psychopathie | ✔ | ✔ |
| interpersonelle Manipulation | primäre Psychopathie | ✔ | ✔ |
| erratischer Lebensstil | sekundäre Psychopathie | ✘ | ✔ |
| antisoziales Verhalten | sekundäre Psychopathie | ✘ | ✔ |

Legende: ✔ = Faktor vorhanden, ✘ = Faktor nicht/kaum vorhanden                    Quelle: Lingnau/Dehne-Niemann 2015, S. 75

## Anreizsysteme begünstigen Unternehmenspsychopathen

Während in der Normalbevölkerung ein Anteil an Psychopathen von circa einem Prozent zu verzeichnen ist, zeigen Studien, dass in höheren Management-Ebenen bis zu sechs Prozent Menschen mit psychopathischen Persönlichkeitszügen zu finden sind (vergleiche Babiak/Neuman/Hare 2010). Da sie allerdings Meister der Verstellung und Täuschung sind und Psychopathie in nicht-klinischen Studien meist durch Selbstberichtsskalen gemessen wird (vergleiche Mathieu et al. 2013, S. 289), ist es wahrscheinlich, dass die Dunkelziffer psychopathischer Top Manager weitaus höher liegt.

Die Häufung von Psychopathen im Top Management wird in der Literatur mit der Ausgestaltung von Anreizsystemen erklärt, welche größtenteils auf dem Menschenbild der Wirtschaftswissenschaften, dem Homo oeconomicus, basieren. Als Idealmodell gilt ein vollständig rational handelnder, nutzenmaximierender Marktteilnehmer (vergleiche Lingnau 2011, S. 36). Kühn (2012), die die Beschreibungen des Homo oeconomicus in der Literatur mit Methoden der Psychodiagnostik analysiert, kommt zu dem Ergebnis, dass dieser ein Homo psychopathicus ist. Das bedeutet, dass sich die Persönlichkeit des Homo oeconomicus weitgehend mit der primärer Psychopathen deckt (vergleiche Kühn 2012). Wird nun dieses Menschenbild bei der Gestaltung von Anreizsystemen zugrunde gelegt, so sind diejenigen

*„Empirische Studien belegen, dass Psychopathen im Management Mobbing und Arbeitskonflikte hervorrufen."*

Personen am erfolgreichsten, die diesem Persönlichkeitskonstrukt entsprechen (vergleiche Lingnau 2011, S. 37). Insbesondere traditionelle Anreizsysteme locken Psychopathen nicht nur an, sie begünstigen und fördern auch psychopathisches Verhalten in Unternehmen. Menschen mit den genannten Persönlichkeitszügen steigen in Unternehmen leichter auf. Folgerichtig ist die „Psychopathen-Dichte" besonders im Top Management sehr hoch (vgl. Kühn 2012, S. 173).

## Auswirkungen auf Unternehmen

Unternehmenspsychopathen können Organisationen nachhaltig schädigen. So werden sie zum Beispiel mit Unternehmensskandalen aus jüngerer Zeit wie dem Enron-Skandal 2001 in Verbindung gebracht (vergleiche Lingnau/Dehne-Niemann 2015) oder gar als Verursacher für die globale Finanzkrise verantwortlich gemacht (vergleiche Boddy 2011b). Allgemein wird angenommen, dass die Wahrscheinlichkeit von illegalen und wirtschaftskriminellen Handlungen in Unternehmen, in denen Psychopathen tätig sind, höher ist (vergleiche Mathieu et al. 2013). Da Unternehmenspsychopathen jeglicher Sinn für Ethik fehlt, besteht die Gefahr, dass durch sie ethische Prinzipien sogar gänzlich aus der Unternehmenskultur verschwinden (vergleiche Scholz 2014, S. 939).

Traditionelle Anreizsysteme ziehen Psychopathen an und müssen modifiziert werden.

---

### Zusammenfassung

- Dysfunktionale Persönlichkeiten wie Psychopathen sind überproportional in Führungspositionen zu finden, da ihre Karrierechancen durch die traditionellen Anreizsysteme in Unternehmen begünstigt werden.
- HR-Kennzahlen können helfen, erste Hinweise auf Psychopathen im Unternehmen zu finden.
- Die Forschung gibt Personalverantwortlichen und Controllern Hinweise und Werkzeuge an die Hand, wie diese Psychopathen identifizieren oder deren Einstellung vermeiden können.

Empirische Studien belegen, dass Psychopathen im Management Mobbing und Arbeitskonflikte hervorrufen. Ihre Führung wird als unfair wahrgenommen. Auch konnte nachgewiesen werden, dass Mitarbeiter von Unternehmen, in denen Unternehmenspsychopathen tätig sind, einem höheren Workload ausgesetzt sind und mehr Überstunden leisten müssen. Kennzeichnend waren außerdem weitaus höhere organisationale Beschränkungen, wie schlechte Arbeitsausstattungen, unzureichende Aus- und Weiterbildung oder falsche und unzureichende Arbeitsanweisungen. Die Arbeitszufriedenheit, die Mitarbeitermotivation und das organisationale Commitment sanken, während die Fehlzeiten und Kündigungsquoten stiegen und die Mitarbeiter unter psychischem und physischem Stress litten (vergleiche Boddy 2011a; Mathieu et al. 2014). Zudem konnte gezeigt werden, dass Unternehmenspsychopathen einen negativen Einfluss auf die Corporate Social Responsibility (CSR), also die Übernahme gesellschaftlicher Verantwortung, haben und somit das Image eines Unternehmens erheblich verschlechtern können (vergleiche Boddy 2012; Boddy/Ladyshewsky/Galvin 2010).

> Das Controlling kann helfen, durch die Integration von Werten wie Fairness und Vertrauen Anreizsysteme „psychopathenfest" zu machen.

## Mit HR-Kennzahlen gegensteuern

Der durch psychopathische Manager verursachte finanzielle Schaden ist nicht, wenn überhaupt aber nur schwer wertmäßig zu beziffern, da die negativen Konsequenzen „weder gemessen noch monetär bewertet werden" können (Kühn 2012, S. 73). Da aber Mitarbeiter und Untergebene von Psychopathen im Management unter diesen zu leiden haben, besteht die Möglichkeit, dysfunktionale Auswirkungen von Unternehmenspsychopathen auf diese durch HR-Kennzahlen zu quantifizieren. Dabei liegt der Fokus hier nicht auf finanziellen Kenngrößen, wie zum Beispiel Personalkosten-Kennzahlen, sondern auf Kennzahlen, die sich aus dem organisationalen Mitarbeiterverhalten und dem HR Management ergeben.

Berücksichtigt werden können Kennzahlen wie Überstundenquote, Personalstruktur, der Anteil intern besetzter Führungspositionen und die Personalgewinnungsdauer. Zusätzlich werden Mitarbeiterverhaltens-Kenngrößen wie die Personalfluktuationsquote, der Mitarbeiterzufriedenheits-Index, die Krankenstandsquote und die Teilnahmequote am betrieblichen Vorschlagswesen betrachtet (vergleiche Krause/Arora 2008, S. 275 ff.).

**Tabelle 2** fasst die empirischen Erkenntnisse zu Unternehmenspsychopathen in den ersten beiden Spalten und die daraus resultierenden, potenziellen Alarmsignale, die sich in HR-Kennzahlen ausdrücken können, zusammen. Die dritte Spalte führt exemplarisch aus, wie die jeweilige Kennzahl berechnet werden kann.

Ein Beispiel: Ein Unternehmenspsychopath kann durch Mobbing eine erhöhte Krankenstandsquote der Mitarbeiter einer Abteilung verursachen, da Mobbing und unfaire Führung psychischen und physischen Stress hervorrufen. Diese Kennzahl kann durch den Quotienten aus der Anzahl der Krankheitstage im Analysezeitraum und der Zahl der Soll-Arbeitstage im Analysezeitraum der jeweiligen Abteilung errechnet werden. Weist die Analyse der relevanten Kennzahl über einen längeren Zeitraum einen Trend zu einer sich vergrößernden Krankenstandsquote aus, könnte dies ein erstes Indiz dafür sein, dass in der Abteilung ein Psychopath sein Unwesen treibt. Treten die in **Tabelle 2** genannten „Red Flags" gehäuft auf, steigt die Wahrscheinlichkeit, dass sich Psychopathen in der Abteilung befinden.

## Schlussbetrachtung

Viele Personalverantwortliche in Unternehmen zeigen wenig Bereitschaft, sich mit psychischen Störungen ihrer Mitarbeiter zu befassen (vergleiche Babiak 2000, S. 307), obwohl Mitarbeiter mit Persönlichkeitsstrukturen wie der Psychopathie Unternehmen erheblichen Schaden zufügen. Die Forschung deckt zunehmend auf, wie wichtig eine Auseinandersetzung mit diesem Themengebiet für den Fortbestand vieler Unternehmen sein kann. Zurzeit werden mehrere Ansätze, wie sich Unternehmen vor Psychopathen schützen können, diskutiert. Zum einen können verschiedene Indizien, wie HR-Kennzahlen, als „Red Flags" dienen und darauf hinweisen, dass Psychopathen im Unternehmen ihre schädliche Wirkung entfalten. Zudem sind besonders geschulte HR-Mitarbeiter mit strukturierten Interviews in der Lage, auffällige Personen bereits bei der Personalauswahl herauszufiltern (vergleiche Babiak 2000, S. 306). Momentan in der Probephase befindliche Feed-

> Geeignete HR-Kennzahlen können Controllern erste Anhaltspunkte auf Psychopathen im Unternehmen liefern.

| Tab. 2 Die Auswirkungen von Unternehmenspsychopathen und potenzielle „Red Flags" | | |
| --- | --- | --- |
| Empirische Untersuchungen zeigen, Unternehmenspsychopathen führen zu … | Daraus resultierende Warnsignale, die auf Unternehmenspsychopathen hindeuten könnten: | Entsprechende Kennzahl wird berechnet durch … (vergleiche Krause/Arora 2008, S. 275 ff.) |
| … hohen Kündigungsraten. | erhöhte Personalfluktuationsquote | …Quotient aus (Zahl der ausgeschiedenen Mitarbeiter im Betrachtungszeitraum) und (Durchschnittlicher Zahl der Mitarbeiter im Betrachtungszeitraum). |
| … mehr Mobbing und unfairer Führung, erhöhtem psychischen und physischen Stress. | erhöhte Krankenstandsquote | …Quotient aus (Zahl der Krankheitstage im Betrachtungszeitraum) und (Zahl der Soll-Arbeitstage im Betrachtungszeitraum). |
| … verminderter Arbeitszufriedenheit, Mitarbeitermotivation und schlechter Arbeitsausstattung. | niedriger Mitarbeiterzufriedenheits-Index | …Quotient aus (Summe aller Mitarbeiterzufriedenheits-Bewertungen * Gewichtung) und (Summe aller Gewichtungsfaktoren). |
| … erhöhtem Workload. | erhöhte Überstundenquote | …Quotient aus (Zahl der Überstunden im Analyse-Zeitraum) und (Gesamt-Zahl der Normal-Arbeitsstunden im Analysezeitraum). |
| … weniger Corporate Social Responsibility (CSR). | erhöhte Personalgewinnungsdauer | … zu berechnen in Abhängigkeit von der zu besetzenden Positionen anhand verschiedener Differenzierungen (z. B. Ausbildungsplatz versus Spezialisten-Stelle) |
| … geringem organisationalen Commitment. | geringe Teilnahmequote am betrieblichen Vorschlagswesen | …Quotient aus (Zahl der Vorschlags-Einheiten im Analysezeitraum) und (Durchschnittlicher Belegschaftsstärke im Analysezeitraum). |
| … hohen organisationalen Beschränkungen, wie z. B. unzureichender Aus- und Weiterbildung. | geringer Anteil intern besetzter Führungskräfte | …Quotient aus (Zahl der mit Unternehmensmitarbeitern in einer Periode neu besetzten Führungspositionen) und (Gesamtzahl der zu besetzenden Führungspositionen in einer Periode). |

Quelle: eigene Darstellung

## Entstehung von Psychopathie

In der psychiatrischen Forschung wird angenommen, dass Psychopathie durch ein Zusammenspiel von umweltbedingten und biologischen Faktoren entsteht. Hirnforscher sind der Ansicht, dass vor allem angeborene oder erworbene Unter- oder/und Fehlfunktionen des „sozialen Gehirns", also der Gehirnregionen Amygdala, Hippocampus und orbitofrontaler Cortex, zu Psychopathie führen. Darüber hinaus scheinen negative Erlebnisse in der Kindheit wie Missbrauch, mangelnde Zuwendung oder Vernachlässigung eine entscheidende Rolle für das Entstehen von Psychopathie zu spielen. Im Gegensatz zu beispielsweise psychopathischen Serienmördern, die meist aus problematischen Familienverhältnissen stammen, sozial isoliert leben und ein niedriges Bildungsniveau aufweisen (vergleiche Harbort/Mokros 2001, S. 319), haben Unternehmenspsychopathen oft bessere Erziehungs- und Ausbildungsbedingungen sowie einen stabilen familiären Hintergrund. Einige Forscher gehen daher davon aus, dass Intelligenz und das soziale Umfeld den Unterschied zwischen Unternehmenspsychopathen und kriminellen Psychopathen ausmachen (vergleiche Boddy 2011a, S. 29 ff.).

back-Systeme wie der „Business Scan 360" erlauben es zudem Mitarbeitern, Kollegen-Assessments abzugeben, wodurch Unternehmenspsychopathen ebenfalls entdeckt werden können (vergleiche Mathieu et al. 2013).

Zum anderen kann Psychopathen der Eintritt ins Unternehmen erschwert werden. Ein vielversprechender Ansatz geht davon aus, dass eine Umgestaltung von Anreizsystemen geeignet sei, Psychopathen auf Distanz zu Unternehmen zu halten. Wenn etwa ethische Handlungen wie CSR und Teamwork belohnt werden, wird eine Tätigkeit für Psychopathen zunehmend uninteressant (vergleiche Kühn 2012). Zudem kann die Maßnahme, feste ethische Normen und Werte, wie Vertrauen, Fairness und Menschenfreundlichkeit, im Unternehmensleitbild zu verankern und diese unternehmensweit tatsächlich auch zu leben, Unternehmenspsychopathen fernhalten, da deren Interessen mit diesen Werten nicht kompatibel sind (vergleiche Lingnau 2011, S. 37). Da das Controlling bei der Gestaltung und Nutzung von Anreizsystemen mitwirkt (vergleiche Lingnau/Willenbacher 2013), spielt dieses Thema zukünftig für die Controlling-Forschung und -Praxis eine bedeutende Rolle.

Auch wenn eine oder mehrere der aufgeführten „Red Flags" auf Probleme hinweisen, bedeutet dies natürlich nicht zwingend, dass im Unternehmen Psychopathen am Werk sind. So ist zum Beispiel denkbar, dass Schwankungen von HR-Kennzahlen projektbedingt auftreten, einen konjunkturellen Ursprung haben oder auf schlichte Unfähigkeit der verantwortlichen Personen zurückzuführen sind. Im Zweifel bietet sich hierbei an, zum Beispiel von dem oben genannten Feedback-System Gebrauch zu machen. Dennoch können die gewonnenen Erkenntnisse wertvolle Indizien dafür liefern, ob in der Abteilungsleitung oder an der Vorstandsspitze dysfunktionale Persönlichkeiten am Werk sind.

*Literatur*

Babiak, P. (2000): Psychopathic Manipulation at Work, in: Gacono, C. B. (Hrsg.): The Clinical and Forensic Assessment of Psychopathy, Mahwah US, S. 287-311.

Babiak, P./Neumann, C. S./Hare, R. D. (2010): Corporate Psychopathy: Talking the Walk, in: Behavioral Science and the Law, 28 (2), S. 174-193.

⬇ * Boddy, C. R. (2011a): Corporate Psychopaths: Organizational Destroyers, Basingstoke (UK). www.springerprofessional.de/link/7226232

⬇ * Boddy, C. R. (2011b): The Corporate Psychopaths: Theory of the Global Financial Crisis, in: Journal of Business Ethics, 102 (2), S. 255-259. www.springerprofessional.de/link/5401890

Boddy, C. R. (2012): The Impact of Corporate Psychopaths on Corporate Reputation and Marketing, in: The Marketing Review, 12 (1), S. 79-89.

⬇ * Boddy, C. R./Ladyshewsky, R. K./Galvin, P. (2010): The Influence of Corporate Psychopaths on Corporate Social Responsibility and Organizational Commitment to Employees, in: Journal of Business Ethics, 97 (1), S. 1-19. www.springerprofessional.de/link/5400484

⬇ * Dammann, G. (2009): Narzissmus und Führung, in: Eurich, J./Brink, A. (Hrsg.): Leadership in sozialen Organisationen, Wiesbaden, S. 61-90. www.springerprofessional.de/link/6906016

Habort, S./Mokros, A. (2001): Serial Murderers in Germany From 1945 to 1995. A Descriptive Study, in: Homicide Studies, 5 (4), S. 311-334.

Hare, R. D. (1994): Predators: The Disturbing World of the Psychopaths among Us, in: Psychology Today, 27 (1), S.55-63.

Krause, H.-U./Arora, D. (2008): Controlling-Kennzahlen, Key Performance Indicators, München.

Kühn, C. (2012): Psychopathen in Nadelstreifen, Lohmar.

Lingnau, V. (2009): Shareholder Value als Kern des Controllings?, in: Wall, F./Schröder, R. W. (Hrsg.): Controlling zwischen Shareholder Value und Stakeholder Value, München, S. 19-37.

Lingnau, V. (2011): Menschenfreundlichkeit ist keine ökonomische Kategorie – oder: Warum die Betriebswirtschaftslehre Probleme mit ethischen Aspekten hat, aber nicht haben sollte, in: Schmidt, M./Schank, C./Vorbohle, K. (Hrsg.): Führung und Verantwortung, München, S. 33-45.

Lingnau, V./Dehne-Niemann, T. E. (2015): When Managing is Damaging – Corporate Psychopaths and their Potential Impact on Stakeholders' Achievement of Objectives in the Global Supply Chain, in: Vorbohle, K./Quandt, J.-H./Schank, C. (Hrsg.): Verantwortung in der globalen Wertschöpfung, München, S. 71-92.

Lingnau, V./Willenbacher, P. (2013): Die Rolle des Controllings bei der Gestaltung von Anreizsystemen, in: Lingnau, V. (Hrsg.): Beiträge zur Controlling-Forschung Nr. 24, Kaiserslautern, S. 1-39.

Mathieu, C./Hare, R. D./Jones, D. N./Babiak, P./Neumann, C. S. (2013): Factor Structure of the B-Scan 360: A Measure of Corporate Psychopathy, in: Psychological Assessment, 25 (1), S.288-293.

Mathieu, C./Neumann, C. S./Hare, R. D./Babiak, P. (2014): A Dark Side of Leadership: Corporate Psychopathy and its Influence on Employee Well-Being and Job Satisfaction, in: Personality and Individual Differences, 59 (1), S. 83-88.

Scholz, C. (2014): Personalmanagement: Informationsorientierte und verhaltenstheoretische Grundlagen, 6. Auflage, München.

Schwertfeger, B. (2006): Kets de Vries: Gruppen coachen ist effektiver (Interview mit dem Psychoanalytiker Manfred F. R. Kets de Vries), in: Wirtschaft + Weiterbildung, 19 (4), S. 48-51.

* Abonnenten des Portals Springer Professional haben kostenfrei Zugriff.

Weitere Empfehlungen der Verlagsredaktion aus www.springerprofessional.de zu:

🔍 **Corporate Psychopaths**

Valentine, S./Fleischman, G./Godkin, L. (2016): Villains, Victims, and Verisimilitudes: An Exploratory Study of Unethical Corporate Values, Bullying Experiences, Psychopathy, and Selling Professionals' Ethical Reasoning, in: Journal of Business Ethics, 06.01.2016, Online First.
www.springerprofessional.de/link/7062344

Marshall, A. J./Ashleigh, M. J./Baden, D./Ojiako, U./Guidi, M. G. D. (2015): Corporate Psychopathy: Can 'Search and Destroy' and 'Hearts and Minds' Military Metaphors Inspire HRM Solutions?, in: Journal of Business Ethics, 107 (3), S. 495-504.
www.springerprofessional.de/link/5407746

Gregory, D. W. (2014): Unmasking Financial Psychopaths, Basingstoke (UK).
www.springerprofessional.de/link/7319492

# Aus unserer Bibliothek

*Guido Lisges/Fred Schübbe*

**Praxishandbuch Personalcontrolling**

Haufe, 4. Auflage

Freiburg 2014, 418 Seiten, 39,95 Euro

ISBN 978-3-648-04876-4

⬇ * *Thorsten Krings*

**Erfolgsfaktoren strategischen Personalmanagements**

Springer Gabler

Wiesbaden 2015, 99 Seiten, 29,99 Euro

ISBN 978-3-658-09979-4

*Viktor Lau/Edmund Haupenthal*

**HR Performance Controlling**

Steinbeis-Edition

Stuttgart 2011, 194 Seiten, 29,90 Euro

ISBN 978-3-941417-90-8

## Kernthese

Personal-Controlling ist kein Modethema, sondern eine notwendige Investition.

## Nutzen für die Praxis

Ein Praxisratgeber, der Unternehmen dabei hilft, Personal-Controlling aufzubauen oder zu verbessern.

## Abstract

Anhand der fiktiven Firma AZ Rad zeigen die Autoren Schritt für Schritt auf, worauf es für ein erfolgreiches Personal-Controlling ankommt. Nach Erläuterung einiger Basics widmen sie sich den wichtigsten Aufgaben von Personal-Controllern. Neu in der Auflage enthalten ist das Thema Erfolgsmessung des Recruitings. Ergänzende Materialien wie zum Beispiel Checklisten oder Excel-Rechner zum Online-Download erleichtern die Umsetzung in die Praxis.

## Kernthese

Personalstrategie muss integraler Bestandteil der Gesamtstrategie sein.

## Nutzen für die Praxis

Die Leser erhalten viele Anregungen dazu, was eine effektive strategische Personalarbeit ausmacht.

## Abstract

Das Buch beleuchtet, welche Rolle das Personal-Management im Unternehmen spielen sollte, damit es einen Mehrwert bieten kann. Für das Controlling insbesondere interessant sind die Ausführungen über Messbarkeiten und Wirkungsmechanismen. Jedes Kapitel enthält neben der Theorie zwei Fallstudien, die zeigen, dass es keine Universallösungen, aber klare Erfolgsfaktoren für strategische Personalarbeit gibt.

## Kernthese

Die Grundtugenden des HR-Controllings sind Realitätssinn und Pragmatismus.

## Nutzen für die Praxis

Ein praxisnaher Überblick über bewährte Prozesse, Methoden und Systeme zur Steuerung der Personalarbeit.

## Abstract

Die Autoren verstehen unter ihrem Konzept des „HR Performance Controllings" die Planung, Steuerung und Bewertung der Humanressourcen und ihrer Leistungsbeiträge zur betrieblichen Wertschöpfung. Sie präsentieren verschiedene Techniken und Verfahrensweisen, die es Praktikern aus Personal-Management und Controlling ermöglichen, ihre Arbeit in diesem Bereich weiter zu professionalisieren.

* Abonnenten des Portals Springer Professional haben kostenfrei Zugriff.

# Rubriken

# Logistikkosten bestimmen und abgrenzen

Eine gut funktionierende Logistik ist ein wichtiger Wettbewerbsfaktor. Um ihren Beitrag zum Unternehmenserfolg ermitteln zu können, müssen ihre Kosten aber bestimmbar sein. Daran hapert es häufig. Dabei gibt es Ansätze, um Logistikkosten von anderen Kosten abzugrenzen. Unternehmen müssen nur konkrete Regeln für ihren Einsatz berücksichtigen.

*Andreas Taschner*

Immer mehr Unternehmen sehen sich heute einer mehrfachen Herausforderung gegenübergestellt: Steigender Wettbewerb, zunehmender Preisdruck und wachsende Kundenerwartungen machen es immer schwieriger, den eigenen Erfolg nachhaltig zu sichern. Produktivitäts- und Effizienzsteigerungen einerseits müssen mit flexiblen, kundenorientierten Prozessen andererseits verknüpft werden. Eine immer wichtigere Rolle kommt hier der Logistikfunktion zu. Eine gut funktionierende Logistik senkt nicht nur Kosten, zum Beispiel durch niedrigere La-

gerbestände, sondern steigert auch die Kundenzufriedenheit und kann als Differenzierungsmerkmal gegenüber Wettbewerbern eingesetzt werden.

Eine leistungsfähige Logistik bindet aber auch Ressourcen. Nicht jede Steigerung der logistischen Leistung lohnt sich. Unternehmen müssen jeweils abwägen, ob ihr Nutzen die Kosten übersteigt. Und hier tut sich für viele Unternehmen ein zentrales Problem auf: Die Kosten der eigenen Logistik sind in vielen Unternehmen nicht genau bekannt. Getreu dem Motto „You can manage only what you measure!" ist eine verursachungsgerechte Verrechnung auf Marktleistungen und eine zielgerichtete Steuerung der Logistikkosten aber unmöglich, solange Unklarheit über deren Höhe besteht.

## Kosten der Logistik – Eine babylonische Sprachenvielfalt?

Logistikkosten stellen analog zum allgemeinen Kostenbegriff in der Betriebswirtschaftslehre den wertmäßigen Ressourcenverzehr dar, der durch logistische Funktionen und Prozesse verursacht wird (vergleiche Gollwitzer/Karl 1998, S. 87). Für den Einsatz im Unternehmen ist eine solche Definition allerdings nicht konkret genug. Der Begriff der Logistikkosten ist leider weder in der Wissenschaft noch in der Praxis eindeutig abgegrenzt (vergleiche Weber 2012, S. 157 ff.). Dies liegt

### Zusammenfassung

- Der Erfolgsbeitrag der Logistik lässt sich nur bestimmen, wenn die Logistikkosten des Unternehmens eindeutig abgrenzbar sind und Überschneidungen mit anderen Leistungsbereichen vermieden werden.
- Um Logistikkosten abzugrenzen, können Unternehmen drei verschiedene, einander ergänzende Ansätze einsetzen.
- Die individuelle Kombination der Perspektiven ermöglicht es, die eigenen Logistikkosten im Unternehmen eindeutig zu bestimmen, sofern bestimmte Regeln eingehalten werden.

nicht zuletzt daran, dass sich das Begriffsverständnis der Logistik selbst kontinuierlich weiterentwickelt hat. Ausgehend von der traditionellen TUL-Logistik (Transport, Umschlag, Lagerung) hat sich die Logistik zu einem unternehmensweiten Prozess bis hin zum unternehmensübergreifenden Supply Chain Management weiterentwickelt. Diese verschiedenen Sichtweisen führen zu sehr unterschiedlichen Aussagen darüber, welcher Ressourcenverbrauch jeweils konkret als Logistikkosten einzustufen ist.

Problematisch wird dies in zwei Fällen: wenn die Kosten der Logistik ihren konkreten Leistungen gegenübergestellt werden, um den Erfolgsbeitrag der Logistik zu ermitteln, oder wenn Logistikkosten über Unternehmen und Branchen hinweg mit dem Ziel eines Benchmarkings verglichen werden sollen. Empirische Studien gelangen dann zu völlig unterschiedlichen Aussagen darüber, wie hoch die Logistikkosten in einzelnen Unternehmen, Branchen oder Ländern durchschnittlich sind.

Ein kurzer Blick auf die in **Tabelle 1** dargestellten, höchst unterschiedlichen Ergebnisse der Studien zur Höhe und Zusammensetzung der Logistikkosten offenbart bereits das Ausmaß der babylonischen Sprachenvielfalt. Während Einigkeit darüber besteht, dass Transport- und Lagerkosten zu den Logistikkosten zu zählen sind, ist dies bei anderen logistiknahen Bereichen wie Verpackung oder den Kosten des gebundenen Kapitals schon nicht mehr der Fall.

## Handlungsempfehlungen

- Vermischen Sie bei der Bestimmung Ihrer Logistikkosten nicht unreflektiert unterschiedliche Abgrenzungsperspektiven, sondern legen Sie regelbasiert fest, was zu Ihrer Logistik zählt und was nicht.
- Orientieren Sie die Bestimmung Ihrer Logistikkosten immer an der zu erbringenden Logistikleistung und den hierfür notwendigen Ressourcen und Prozessen.
- Halten Sie Ihre getroffene Abgrenzung der Logistikfunktion und deren Kosten nachvollziehbar schriftlich fest, damit Zeitvergleiche oder anlassbezogene Einzelanalysen immer mit der gleichen Abgrenzung arbeiten.
- Vergleichen Sie die Kosten der eigenen Logistik nicht mit anderen Unternehmen oder Marktstudien, ohne die jeweilige Definition der Logistikkosten kritisch hinterfragt zu haben.

## Ansatzpunkte, um Logistikkosten von anderen Kosten abzugrenzen

Die in **Tabelle 1** beispielhaft genannten Studien zeigen die Schwierigkeit bei der Abgrenzung von Logistikkosten auf: Funktionen und Aufgaben (zum Beispiel Kundendienst), Ressourcen (zum Beispiel Kapitalkosten) und Organisationsberei-

| Tab. 1    Abgrenzung von Logistikkosten in ausgewählten aktuellen Studien | | | |
|---|---|---|---|
| Norwegian Institute of Transport Economics (2007) | Finnish Ministry of Transport and Communications (2011) | Establish Davis Database (2014) | IBM Survey for GMA USA (2008) |
| Anteil der Logistikkosten am Umsatz der Unternehmen: | | | |
| 14,2 % | 12,1 % | 9,3 % | 6,9 % |
| Erfasste Bestandteile der Logistikkosten: | | | |
| Transportkosten | Transportkosten (inkl. Verpackung) | Transportkosten | Transportkosten |
| Lagerkosten | Lagerkosten | Lagerkosten | Lagerkosten |
| Kapitalkosten | Kapitalkosten | Kapitalkosten | --- |
| Verpackungskosten | --- | --- | Verpackungskosten |
| Versicherungskosten | --- | --- | --- |
| Wertverlust, Schwund | --- | --- | --- |
| Kosten der Logistikverwaltung | Kosten der Logistikverwaltung | Kosten der Logistikverwaltung | Kosten der Logistikverwaltung |
| --- | andere Logistikkosten | --- | --- |
| --- | --- | Kundendienst | --- |

Quelle: eigene Darstellung

che (zum Beispiel Logistikverwaltung) werden unsystematisch vermischt. Gleichzeitig lässt sich aus den unterschiedlichen Ergebnissen aber bereits erkennen, welche Perspektiven prinzipiell möglich sind, um Logistikkosten zu erfassen (vergleiche **Abbildung 1**).

In der Ressourcenperspektive umfassen Logistikkosten alle Kosten, die für die Nutzung logistischer Ressourcen anfallen – so etwa Löhne und Gehälter für Mitarbeiter mit logistischen Aufgaben, Raum- und Flächenkosten logistischer Einrichtungen, Kosten logistischer Betriebsmittel wie Kran-Anlagen, Fördertechnik et cetera oder Ladungsträgerkosten (vergleiche Gudehus 2010, S. 142 ff.).

In der Organisationsperspektive umfassen Logistikkosten alle Kosten, die in Leistungsbereichen anfallen, die mit logistischen Aufgaben betraut sind. Dies können Bereiche sein, die logistische Schritte im operativen Kernprozess des Unternehmens abdecken wie zum Beispiel Wareneingang oder Lager, aber auch interne Logistikleistungsbereiche, die innerbetriebliche Zusatzleistungen der Logistik erbringen, wie etwa Fahrdienst oder innerbetrieblicher Transport. Prinzipiell ebenfalls hier zurechenbar, aber schwierig abzugrenzen sind Kosten von anderen Leistungsbereichen, die Logistikaufgaben enthalten wie beispielsweise ein Pufferlager im Fertigungsbereich.

Die Prozessperspektive als dritte mögliche Abgrenzungsperspektive umfasst alle Kosten, die im Zuge der Erbringung von logistischen Leistungen im Unternehmen anfallen – und zwar unabhängig davon, welcher Organisationsbereich hierfür zuständig ist oder welche Ressourcen dabei eingesetzt werden. Hierzu können gehören:

- logistische Kerntätigkeiten wie Transport, Umschlag, Lagern, Kommissionieren et cetera,
- operative Neben- und Zusatzleistungen wie zum Beispiel Versandverpackung, Etikettieren, Ausladen, Konfektionieren, Leergut-Handling oder
- administrative Leistungen, die mit Logistikleistungen einhergehen, beispielsweise Planung, Disposition und Qualitätskontrolle.

## Regeln, um die Kosten der Logistik besser zu erfassen

Wie lassen sich diese Perspektiven zur Abgrenzung der eigenen Logistikkosten konkret anwenden? Folgende vier Regeln können Unternehmen bereits ein großes Stück weiterbringen, um Klarheit in die Kosten ihrer Logistik zu bringen:
- **Regel 1:** Logistikkosten im engeren Sinn entstehen, wenn ihnen eine Logistikleistung gegenübersteht. Der Ressourcen-

**Abb. 1    Perspektiven zur Erfassung von Logistikkosten**

| Betriebsabrechnungsbogen (BAB) | SUMME | Hilfskostenstellen | | Hauptkostenstellen | | |
| --- | --- | --- | --- | --- | --- | --- |
| | | KSt A | KSt B | KSt C | KSt D | KSt E |
| Rohmaterial | | | | | | |
| ... | | | | | | |
| Löhne | | | | | | |
| ... | | | | | | |
| externe Dienstleistungen | | | | | | |
| ... | | | | | | |
| **Summe primäre Gemeinkosten** | | Σ | Σ | Σ | Σ | Σ |
| Umlage KSt A | | | | | | |
| Umlage KSt B | | | | | | |
| **Summe sekundäre Gemeinkosten** | | -Σ | -Σ | Σ | Σ | Σ |
| **Endkosten** | | 0 | 0 | Σ | Σ | Σ |

Quelle: eigene Darstellung

verbrauch für Tätigkeiten und Aufgabenbereiche sollte dann als Logistikkosten eingestuft werden, wenn hierbei die Logistikleistung im Vordergrund steht. So ist der Transport von Werkstücken auf dem Fließband zwar eine Raum- und Zeitüberbrückung, aber im Vordergrund steht die Bearbeitung der Werkstücke. Die Abschreibung für das Fließband gehört also nicht zu den Logistik-, sondern zu den Fertigungskosten. Umgekehrt führt die Tourenplanung zwar selbst keine Überbrückung von Raum und Zeit durch, sie plant aber genau das. Das Gehalt des Tourenplaners sollte deshalb als Logistikkosten ausgewiesen werden.

• **Regel 2:** Logistikkosten im weiteren Sinn entstehen dann, wenn der Output einer Tätigkeit ausschließlich zur Unterstützung einer Logistikleistung dient. Der Ressourcenverbrauch für bestimmte Tätigkeiten kann dann zu den Logistikkosten gerechnet werden, wenn diese Tätigkeiten primär eine Logistikleistung unterstützen, vorbereiten oder kontrollieren sollen. So führt der Leiter von Einkauf und Logistik zwar dispositive und administrative Aufgaben aus, seine Leistung unterstützt aber eindeutig die Logistik. Seine Personalkosten gehören zu den Logistikkosten. Die Kreditorenbuchhaltung prüft Eingangsrechnungen der Speditionen ebenso wie viele andere Eingangsrechnungen. Die Unterstützung der Logistikfunktion steht in der Regel nicht im Mittelpunkt. Die Kosten der Kreditorenbuchhaltung zählen daher nicht zu den Logistikkosten.

• **Regel 3:** Logistische Ressourcen verursachen Logistikkosten, auch wenn sie aktuell keine logistische Leistung erbringen. Nicht genutzte Logistikkapazität verursacht Logistikkosten, weil sie eine potenzielle Logistikleistung verkörpert. Die Abschreibungs- und Wartungskosten eines vorübergehend stillgelegten Transport- und Fördermittels wie zum Beispiel eines Gabelstaplers gehören zu den Logistikkosten, auch wenn es nicht aktiv eingesetzt wird. Die vorhandene Fläche im Lager stellt Lagerkapazität und damit eine potenzielle Logistikleistung dar. Die Kosten der Lagerfläche (Abschreibung, kalkulatorische Kapitalkosten, Betrieb) stellen Logistikkosten dar, auch wenn das Lager nur teilweise oder gar nicht in Betrieb ist.

• **Regel 4:** Kosten, die durch mangelhafte logistische Leistungen verursacht werden, zählen zu den Logistikkosten, auch wenn sie in anderen Bereichen anfallen. Logistikfehlleistung verursacht Logistikkosten, weil die Beseitigung oder Korrektur dieser Fehlleistung direkt der Logistik zuzurechnen ist, selbst wenn sie in anderen Leistungsbereichen des Unternehmens erfolgt. Kommt es aufgrund mangelhafter Verpackung beim Transport der Ware zum Kunden zu Beschädigungen, so verursachen die Gewährleistungsansprüche des Kunden Logistikkosten. Verursacht die verspätete Auslösung einer Bestellung beim Lieferanten eine Fehlmenge und in der Folge einen kurzzeitigen Stillstand der Produktion, sind die Kosten des Stillstands als Logistikkosten zu klassifizieren.

Die Umsetzung dieser Regeln wird jedes Unternehmen zu einer individuellen Kombination der drei beschriebenen Perspektiven und damit zu einer unternehmensspezifischen Abgrenzung der anfallenden Logistikkosten führen. Wichtig ist hier weniger die direkte Vergleichbarkeit mit anderen Unternehmen als vielmehr die eindeutige Festlegung im Unternehmen selbst, um den Erfolgsbeitrag der eigenen Logistik bestimmen zu können.

*Literatur*

Gollwitzer, M./Kral, R. (1998): Logistik-Controlling, München.

⬇ * Gudehus, T. (2010): Logistik: Grundlagen – Strategien – Anwendungen, 4. Auflage, Berlin Heidelberg. www.springerprofessional.de/link/3039452

⬇ * Weber, J. (2012): Logistikkostenrechnung, Kosten-, Leistungs- und Erlösinformationen zur erfolgsorientierten Steuerung der Logistik, 3. Auflage, Berlin Heidelberg. www.springerprofessional.de/link/3774466

* Abonnenten von Springer Professional haben kostenfrei Zugriff.

Autor:

**Prof. Dr. Andreas Taschner**
Professor für Rechnungswesen und Controlling
ESB Business School der Hochschule Reutlingen,
Reutlingen, Deutschland
E-Mail: andreas.taschner@reutlingen-university.de

Weitere Empfehlungen der Verlagsredaktion aus www.springerprofessional.de zu:

🔍 **Logistikkosten**

Gudehus, T. (2012): Dynamische Disposition – Strategien, Algorithmen und Werkzeuge zur optimalen Auftrags-, Bestands- und Fertigungsdisposition, 3. Auflage, Berlin, Heidelberg. www.springerprofessional.de/link/3704268

Bräkling, E./Lux, J./Oidtmann, K. (2014): Logistikmanagement – Mit Logistik-Power schnell, schlank und fehlerfrei liefern, Wiesbaden. www.springerprofessional.de/link/4282884

Weber, J. (2014): „Wir müssen das Controlling in den Vordergrund stellen", Interview mit Marcus Schick und Olivier Boschat, Robert Bosch GmbH, in: Controlling & Management Review, 59 (1), S. 26-31. www.springerprofessional.de/link/6050308

# Unternehmen liegen mit Prognosen daneben

Die Zahl der Prognosekorrekturen steigt. Viele Unternehmen verfehlen die eigenen Ziele. Zu diesem Ergebnis kommt die Beratungsgesellschaft Ernst & Young in Rahmen ihrer Studie „Prognoseänderungen im Prime All Share 2011 bis 2015", für die alle 306 Unternehmen aus dem Prime Standard der Frankfurter Börse analysiert wurden. Dabei zeigt sich: 2015 wurden 210 Prognosen korrigiert – entweder nach unten oder nach oben. 2014 gab es lediglich 110 solcher Meldungen. Die Zahl hat sich demnach fast verdoppelt. Zudem gab es im vergangenen Jahr erstmals mehr Gewinn- oder Umsatzerwartungen (130) als Warnungen (80). Für diese Entwicklungen gibt es unterschiedliche Gründe.

Ein maßgeblicher Grund für die positiven Umsatz- und Gewinnentwicklungen im vergangenen Jahr ist der schwache Euro. Viele Unternehmen profitieren von positiven Währungseffekten und günstigen Wechselkursen. Über den Geschäfts- beziehungsweise Strategieerfolg des Unternehmens sagt die positive Prognosekorrektur freilich wenig aus.

Im Gegensatz dazu mussten deutsche börsennotierte Unternehmen im vergangenen Jahr 80-mal ihre Gewinn- oder Umsatzprognose nach unten korrigieren. 2011 gab es nur knapp halb so viele Gewinn- oder Umsatzwarnungen. Offenbar konnten diese laut Ernst & Young vornehmlich kleineren und sehr großen Unternehmen nicht vom schwachen Euro profitieren oder haben wirtschaftliche Einbußen durch politische Krisen erlitten.

Generell lässt sich festhalten, dass immer weniger Unternehmen es schaffen, ihre Prognosen einzuhalten. Bernd Richter, Leiter der Restrukturierungsberatung bei Ernst & Young, führt dies vor allem auf unzureichende Prognosemodelle der Unternehmen zurück, welche die neuen Realitäten der weltwirtschaftlichen Entwicklung wie die Konjunkturschwäche in China und anderen Schwellenländern oder den Ölpreisverfall nur unzureichend abbilden können. Aber auch die hohe Komplexität und der hohe Internationalisierungsgrad vieler deutscher Konzerne spielten eine Rolle. „In stark schwankenden Märkten und angesichts der großen Bedeutung ausländischer Märkte ist es wichtig, dass die Unternehmensführung immer zeitnah über alle relevanten Ereignisse informiert ist. Nur so können Wareneinkauf, Lieferketten und Vertriebsaktivitäten effizient an Schwankungen angepasst und teure Engpässe oder Überkapazitäten vermieden werden", so Richter. Davon scheinen aber viele deutsche Unternehmen derzeit noch weit entfernt zu sein.

**Vera Treitschke**

# Bilanzfehler führen zum Vorstandswechsel

Fehler in der Bilanz sind kein gutes Aushängeschild für Unternehmen. Auch wenn die Bilanz von der Finanzabteilung und nicht vom Vorstand selbst erstellt wird, wird Letzterer offenbar in die Verantwortung genommen, wenn das Unternehmen bei der Qualität der Bilanzerstellung zu schlecht abschneidet. Das zeigt die Studie „The Association Between Executive Turnover and Financial Misreporting – Evidence from Germany" von Professor Henning Zülch und Matthias Höltken, beide vom Lehrstuhl für Rechnungswesen, Wirtschaftsprüfung und Controlling an der HHL Leipzig Graduate School of Management. Danach ist die Wahrscheinlichkeit eines Vorstandswechsels bei Unternehmen mit fehlerhaftem Abschluss um 14 Prozent höher als bei Unternehmen mit fehlerfreien Abschlüssen. Manche Fehler wiegen dabei besonders schwer. So ist die Wahrscheinlichkeit für einen Vorstandswechsel vor allem gegeben, wenn

- bilanzielle Ermessensspielräume unangemessen ausgeübt werden,
- die Berichterstattung im Lagebericht unvollständig ist und
- mit der Deutschen Prüfstelle für Rechnungswesen (DPR) zu wenig kooperiert wird.

Der Vorstand muss also ein sehr großes Interesse daran haben, dass die Unternehmensbilanz korrekt ist. Ein Bilanzfehler allein ist allerdings kein Grund für einen Wechsel, wie die Studie ebenfalls offenlegt. Es erhöht jedoch die Wahrscheinlichkeit, dass ein Unternehmen sich vom Vorstand trennt.

**Sylvia Meier**

⬇ Lesen Sie mehr über Bilanzierung auf www.springerprofessional.de/bilanzierung.

# DPR deckt Fehler in der Rechnungslegung auf

Die Deutsche Prüfstelle für Rechnungslegung (DPR) hat ihren Tätigkeitsbericht für das Jahr 2015 veröffentlicht. Deutsche Unternehmen bemühen sich danach um eine fehlerfreie Rechnungslegung – scheitern aber oft am Anhang, Lagebericht und der Anwendung der International Financial Reporting Standards (IFRS).

Die DPR ist seit dem 1. Juli 2005 tätig und hat die Aufgabe, die Rechnungslegung kapitalmarktorientierter Unternehmen zu überwachen. Im letzten Jahr hat sie 81 Prüfungen (Vorjahr: 104) abgeschlossen.

Bei 15 Prozent der geprüften Unternehmen war die Rechnungslegung fehlerhaft. Diese Quote ähnelt dem Wert des Vorjahres. Die normalisierte Fehlerquote, die um Mehrfachzählungen derselben Fehler und Prüfungen mit offenkundig fehlerhafter Rechnungslegung bereinigt ist, beträgt aber nur zehn Prozent (Vorjahr: zwölf Prozent).

Interessant ist auch das Ergebnis der Nachschau für 2014: Fast immer wurden festgestellte Fehler im nachfolgenden Abschluss korrigiert. Unternehmen zeigen sich hier sehr bemüht, Fehler in der Rechnungslegung zu verringern und zu korrigieren. Zudem haben die meisten Firmen auch die von der DPR erteilten Hinweise umgesetzt.

Das ist aber nur die eine Seite. Die andere Seite zeigt: Nicht jedes Unternehmen stimmt dem Prüfungsergebnis zu. 2015 haben immerhin 50 Prozent der geprüften Unternehmen der Fehlerfeststellung widersprochen. Die Gründe hierfür sind nachvollziehbar. Zum einen dürfte kein Unternehmen erpicht darauf sein, dass eine Fehlerveröffentlichung zur Unternehmensbilanz erfolgt. Und zum anderen kann man wohl in manchen Fällen tatsächlich diskutieren, welcher Ansatz zu wählen ist. Denn die Rechnungslegung ist – gerade mit IFRS-Bezug – komplex. Das zeigt auch das Ergebnis, nachdem die meisten Fehler aufgrund von Anwendungsschwierigkeiten bei den internationale Rechnungslegungsstandards entstanden sind.

**Sylvia Meier**

⬇ Mehr über IFRS erfahren Sie auf www.springerprofessional.de/finance-banking.

---

# Business Wargames richtig vorbereiten

Unternehmen können Business Wargaming in vielen Bereichen der Strategieentwicklung einsetzen, um Richtungsentscheidungen unter dynamischen Rahmenbedingungen zu treffen. Grundlage eines erfolgreichen Spielverlaufs ist eine sorgfältige Vorbereitung. Der zweite Teil der dreiteiligen Serie über Business Wargaming führt in Ablauf und Aufbau ein.

*Jan-Philipp Büchler*

Business Wargaming ist ein universelles und gleichzeitig individuell konfigurierbares Strategieinstrument, das Unternehmen in allen drei Phasen des Strategieprozesses – strategische Analyse, Strategieformulierung und Strategieimplementierung – einsetzen können. In der Analysephase werden Einflussfaktoren auf die Branche und das Unternehmen identifiziert. Hierbei helfen die im ersten Beitrag dieser Serie beschriebenen strategischen Instrumente, die Entwicklungen in der Branchenumwelt und im Unternehmen zu erklären und die als erfolgsrelevant

> *„Die Vorbereitungszeit für ein Business Wargame beträgt häufig zwischen sechs bis zwölf Wochen."*

eingeschätzten Einflussfaktoren herauszufiltern (vergleiche Büchler 2016, S. 50). Business Wargaming kann bereits in dieser Phase eingesetzt werden, um gewohnte Analyseschemata aufzubrechen, den Analyseraum bewusst auszuweiten und so die Rationalität in der Strategieentwicklung sicherzustellen. Gleichzeitig erfordern die Konzeption und Durchführung eines Business Wargames stets den Rückgriff auf Daten und Informationen aus der strategischen Analyse.

In der Strategieformulierungsphase werden Strategiealternativen entwickelt, zielorientiert bewertet und ausgewählt. Da in dieser Phase die Ergebnisse aus den Teilbereichen der strategischen Analyse miteinander konfrontiert und strategische Optionen abgeleitet werden, liegen hier die hauptsächlichen Anwendungsbereiche von Business Wargaming. Zum einen lassen sich strategische Optionen identifizieren und ausarbeiten, zum anderen bereits entwickelte Strategien auf ihre Robustheit kritisch überprüfen. Ergebnisse aus einem Business Wargaming können zeitnah in den Strategieprozess zurückgegeben und alternative Strategiekombinationen getestet werden.

Die Strategieimplementierungsphase beinhaltet die Umsetzung und Erfolgskontrolle von Strategien. Dazu zählt insbesondere die fortlaufende Kontrolle, um Abweichungen frühzeitig zu identifizieren. Ziel ist, die Effektivität geplanter Strategien und die Effizienz in der operativen Umsetzung zu gewährleisten. Der Einsatz von Business Wargaming hilft dabei, Kontingenzpläne für disruptive Ereignisse wie zum Beispiel Fracking für die Öl- und Gasindustrie oder Airbnb für die Hotellerie oder exogene Schocks, beispielsweise Naturkatastrophen oder Terroranschläge, zu erarbeiten. Zudem kann es die Vorausschau sowie die Reaktionsfähigkeit auf zukünftige Marktentwicklungen wesentlich verbessern.

## Ablauf und Aufbau von Business Wargaming

Der Ablauf von Business Wargaming gliedert sich in vier grundsätzliche Phasen: Initiierung, Vorbereitung, Durchführung und Rückkopplung (vergleiche **Abbildung 1**).

Die Initiierung erfolgt in der Regel durch das Top Management oder durch eine mit dem Strategieprozess betraute Stabsfunktion wie zum Beispiel Business Development oder Strategisches Controlling. Aus dem eingangs beschriebenen Strategieprozess ergibt sich eine konkrete Fragestellung, die mithilfe eines Business Wargames beantwortet werden soll. Diese Fragestellung wird im Rahmen eines Briefing präzise definiert, eine Zielsetzung formuliert, die Teilnehmer festgelegt und die methodische Basis eingegrenzt. In der Regel benötigt die Initiierung wenige Tage Zeit, sofern die grundsätzliche Entscheidung für den Instrumenteneinsatz getroffen und Ressourcen bewilligt werden können.

Die Vorbereitungsphase dient der Informationssammlung und dem Aufbau der Datenbasis, welche für die Erstellung der Team Briefings sowie Regelbücher (Game Books) und des Simulationsmodells erforderlich ist. In Abhängigkeit von der Datenverfügbarkeit, den Budgets und der gewählten Methodik kann der Aufbau einer geeigneten Datenbasis mehrere Wochen beanspruchen. Da für jedes Business Wargame ein individuelles Simulationsmodell angelegt wird, empfiehlt es sich, das Simulationsmodell einem Stabilitäts- und Sensitivitätstest zu unterziehen. Abschließend werden die Teams zusammengestellt. Die Vorbereitungszeit beträgt häufig zwischen sechs bis zwölf Wochen.

Die Durchführung erfolgt meist im Rahmen eines mehrtägigen Workshops. Der Spielverlauf ist in eine Reihe von Entscheidungsrunden beziehungsweise Spielzügen strukturiert. In der Wargaming Arena treffen sich die Teilnehmer zu Beginn einer jeden Runde und bereiten ihre unternehmerischen Entscheidungen vor. Worum es dabei konkret geht, hängt von der zu untersuchenden Frage und dem darauf aufbauenden Design des Wargames ab. Die Entscheidungen werden im Simulationsmodell konsolidiert und Rundenergebnisse ermittelt, welche die neue Marktsituation als Ausgangslage für die nächste Spielrunde darstellen. In regelmäßigen Abständen, das kann nach jeder Runde, aber auch nach einer bestimmten Anzahl an Runden sein, werden die Spielzüge und die dahinterliegenden Strategien der einzelnen Spielparteien offengelegt und gemeinsam diskutiert. Dadurch entwickeln alle Teilnehmer ein gemeinsames Verständnis zu den Marktmechanismen (vergleiche Romeike/Spitzner 2013, S. 141).

In der Rückkopplungsphase werden die zentralen Ergebnisse herausgearbeitet und in einer gemeinsamen Diskussion für die Strategieentwicklung aufbereitet. Dabei steht die Verständigung über strategische Konsequenzen im Mittelpunkt. Im Ergebnis kann ein Business Wargame eine Strategie neu entwickeln, bestätigen, verändern oder verwerfen. Die Rückkopplung in den Strategieprozess beinhaltet eine umfassende strategische Empfehlung, die auf einer gemeinsamen Informations- und Erfahrungsbasis erarbeitet und reflektiert wurde. Sie leistet damit einen wichtigen Beitrag zur Rationalitätssicherung von Management-Entscheidungen. Schließlich wird eine strukturierte Abschlussdokumentation für das Wissens-Management erstellt.

## Leitfaden: Vom Briefing zum Simulationsmodell

Das Briefing generiert die Grundlagen für ein erfolgreiches Business Wargame. Es beschreibt die Ausgangslage und die

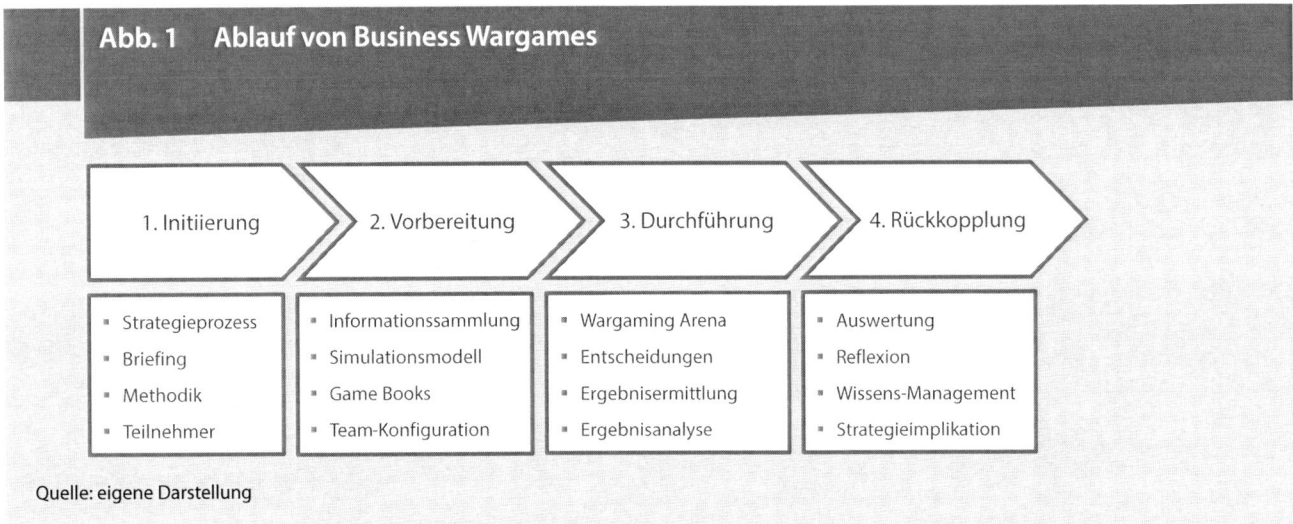

**Abb. 1   Ablauf von Business Wargames**

| 1. Initiierung | 2. Vorbereitung | 3. Durchführung | 4. Rückkopplung |
|---|---|---|---|
| ▪ Strategieprozess | ▪ Informationssammlung | ▪ Wargaming Arena | ▪ Auswertung |
| ▪ Briefing | ▪ Simulationsmodell | ▪ Entscheidungen | ▪ Reflexion |
| ▪ Methodik | ▪ Game Books | ▪ Ergebnisermittlung | ▪ Wissens-Management |
| ▪ Teilnehmer | ▪ Team-Konfiguration | ▪ Ergebnisanalyse | ▪ Strategieimplikation |

Quelle: eigene Darstellung

## Zusammenfassung

- Business Wargaming ist ein dynamisches Verfahren, mit dem sich strategische Optionen identifizieren und ausarbeiten, bereits entwickelte Strategien kritisch prüfen oder Kontingenzpläne für spezifische Ereignisse erarbeiten lassen.
- Das Instrument lässt sich in allen Phasen des Strategieprozesses einsetzen und erlaubt maßgeschneiderte Spielkonfigurationen, die sich an der für das Top Management relevanten Fragestellung aus dem Strategieprozess orientieren.
- Aufbau und Ablauf eines Business Wargames können komplex sein. Daher ist die systematische Verdichtung von Informationen aus verschiedenen Quellen in einem funktionsübergreifenden Abstimmungsprozess eine wesentliche Voraussetzung.

Zielsetzung auf der Basis eines detaillierten Fragenkatalogs und legt dadurch die Aufgaben für die Vorbereitungsphase fest (vergleiche **Abbildung 2**).

Unternehmen setzen Business Wargames meistens dafür ein, bestehende Strategien zu überprüfen, neue strategische Optionen zu entwickeln und zu bewerten oder mögliche Abwehrstrategien zur Krisenprävention zu erarbeiten.

Die Festlegung auf den angestrebten Erkenntnisgewinn trifft meist schon eine Vorentscheidung für die Spielkonfiguration wie zum Beispiel über die Art der Team-Zusammensetzung,

die Anzahl der Spielrunden oder die Wahl der Spielmethode. Außerdem ist die zentrale Frage, die beantwortet werden soll, exakt zu formulieren. Wenn die bestehende Strategie getestet wird, können die Fragen auf die Robustheit der Organisation beziehungsweise ausgewählter Prozesse beispielsweise im Bereich des Supply Chain Managements oder auf die Anpassungsfähigkeit der Strukturen und Prozesse abstellen. Ebenso sind die inhaltlichen Schwerpunkte einzugrenzen, da sich hierdurch unmittelbare Konsequenzen für die Vorbereitung ergeben. Eine allgemeine Festlegung auf zum Beispiel Mergers & Acquisitions reicht nicht aus. Vielmehr muss präzise darauf eingegangen werden, ob es entweder um eine grundsätzliche strategische Abwägung externer versus organischer Wachstumsoptionen geht oder ob eine konkrete Akquisitionsstrategie wie zum Beispiel die Akquisition eines Top-3-Wettbewerbers im Merger Endgame bewertet werden soll.

Die Beschaffenheit der Daten- und Informationslage ist von fundamentaler Bedeutung für die Spielkonzeption. Daher muss bereits frühzeitig geklärt werden, welche Daten und Informationen vorliegen und wie verfahren werden soll, um fehlende Daten zu ergänzen. Die erforderlichen Informationen umfassen in der Regel Markt- und Wettbewerberdaten wie mengen- und preisbezogene Absatzkennzahlen oder Marktanteile, eigene Unternehmensdaten, zum Beispiel aus der Gewinn-und-Verlust-Rechnung, sowie Trends und Entwicklungen. Sie stammen aus Marktdatenbanken, Geschäfts- und Analystenberichten, Interviews mit Branchenexperten sowie aus dem unternehmensinternen Berichtswesen. Zum Aufbau einer geeigneten Datenbasis für das Wargame ist der Zugang zu einer Vielzahl von dezen-

**Abb. 2    Fragenkatalog zur Initiierung von Business Wargaming**

Initiierung

**Business Wargame Briefing**

- Worin liegt der angestrebte Erkenntnisgewinn?
- Welche zentrale Fragestellung soll beantwortet werden?
- Welchen inhaltlichen Schwerpunkt hat das Business Wargame?
- Wie ist die Daten- und Informationslage beschaffen?
- Welcher Zeithorizont liegt dem Business Wargame zugrunde?
- Welche Teilnehmer übernehmen welche Rollen in der Planung und Durchführung?

Quelle: eigene Darstellung

tralen Datenquellen und deren Verknüpfung entscheidend. Hierdurch lassen sich mitunter neue strategische Wissenslücken identifizieren. Daher ist es erforderlich, dass die relevanten Informationen von den verschiedenen Unternehmensfunktionen bereitgestellt und eventuell bestehende Silodenkweisen überwunden werden. Außerdem sind die Anforderungen an den Detaillierungsgrad der Datenbasis zu klären und mit der Zielsetzung sowie dem thematischen Schwerpunkt abzustimmen. Ein Business Wargame zur Erarbeitung einer Bieterstrategie im Rahmen eines Unternehmenskaufprozesses wird in der Regel über eine detailliertere Datenbasis verfügen als ein Wargame zur Erarbeitung einer Innovationsstrategie. Weiterhin ist auch der Zeithorizont, der simuliert werden soll, festzulegen. Dies umfasst zum einen den Ausgangspunkt für das Wargame, das heißt, soll in der gegenwärtigen Unternehmens- und Marktsituation oder mit einem ausgewählten Zukunftsszenario aus dem Strategieprozess begonnen werden. Zum anderen ist die zeitliche Tiefe durch die Anzahl und Dauer der Spielperioden zu bestimmen (vergleiche Oriesek/Schwarz 2009, S. 39).

Die Teilnehmerauswahl ist ebenfalls für den Erfolg eines Wargames entscheidend. Insbesondere gilt es zu klären, wer an der Vorbereitung und wer in welcher Rolle zum Beispiel als Spielpartei oder Experte an der Durchführung teilnimmt. Die von der Fragestellung und Schwerpunktsetzung betroffen betrieblichen Funktionen und Geschäftsbereiche sind meist unverzichtbar. Grundsätzlich empfiehlt es sich, zentrale Unternehmensfunktionen wie zum Beispiel das Strategische Controlling wegen der komplexen Daten- und Informationssamm-

lung aktiv in die Vorbereitung einzubeziehen und während der Durchführung in eine Expertenrolle oder Kontrollfunktion zu integrieren.

Die Informationssammlung dient dem Aufbau einer Datenbasis, welche für die Erstellung des Markt- und Kontrollmodells (Simulationsmodell) und der Game Books erforderlich ist. In der Vorbereitungsphase kann der in **Abbildung 3** dargestellte Fragenkatalog helfen.

Die Informationssammlung beginnt mit der Konsolidierung aller relevanten internen und externen Daten. Den Ausgangspunkt stellen die Daten und Informationen aus dem Strategieprozess und dem Briefing dar. Bei der Auswahl der Daten- und Informationsquellen ist auf eine größtmögliche Vergleichbarkeit der Daten zu achten (vergleiche Büchler 2014, S. 43). Fehlende Daten müssen entweder erhoben, durch Annahmen hergeleitet oder durch Expertenschätzungen ermittelt werden. Hierbei empfiehlt es sich, die Strategieinstrumente zur Analyse von Momentaufnahmen, schwachen Signalen oder Entwicklungsmustern miteinander zu verknüpfen. In Abhängigkeit des Briefings und der Spielkonfiguration wird die Priorität dabei jeweils auf unterschiedlichen Instrumenten liegen. Die Branchenstrukturanalyse ermöglicht, grundlegende Modellparameter wie zum Beispiel Größe, Wachstum, Konzentration und Profitabilität eines Marktes abzuleiten. Die Wettbewerbsanalyse liefert wesentliche Erkenntnisse für das Wettbewerberverhalten und damit für die Ausarbeitung von Rollenbeschreibungen in den Game Books. Die Umwelt- und Trendanalysen erlauben die Identifikation von Entwicklungen und frühen

---

**Abb. 3    Fragenkatalog zur Vorbereitung von Business Wargaming**

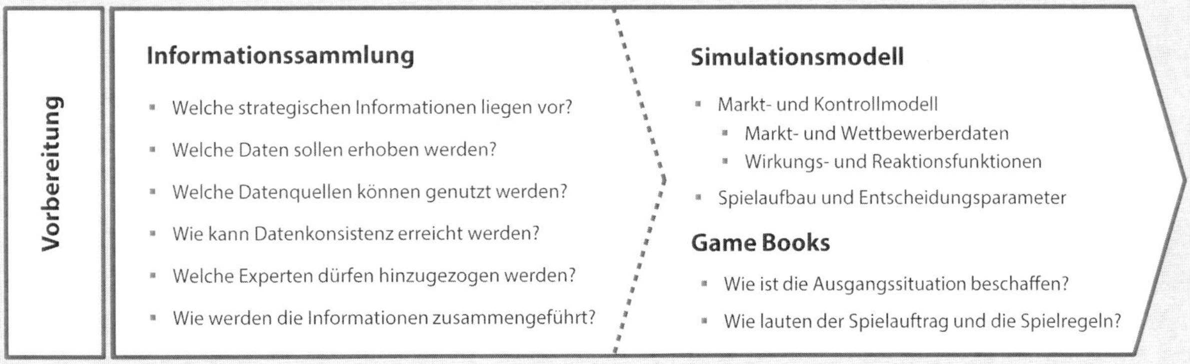

**Vorbereitung**

**Informationssammlung**

- Welche strategischen Informationen liegen vor?
- Welche Daten sollen erhoben werden?
- Welche Datenquellen können genutzt werden?
- Wie kann Datenkonsistenz erreicht werden?
- Welche Experten dürfen hinzugezogen werden?
- Wie werden die Informationen zusammengeführt?

**Simulationsmodell**

- Markt- und Kontrollmodell
  - Markt- und Wettbewerberdaten
  - Wirkungs- und Reaktionsfunktionen
- Spielaufbau und Entscheidungsparameter

**Game Books**

- Wie ist die Ausgangssituation beschaffen?
- Wie lauten der Spielauftrag und die Spielregeln?

Quelle: eigene Darstellung

---

## Handlungsempfehlungen

- Schaffen Sie Klarheit über die strategische Ausgangs- und Informationslage und stellen Sie den direkten Bezug zum Strategieprozess her.
- Erarbeiten Sie ein präzises Briefing in der Initiierungsphase, in dem Sie Erkenntnisgewinn, Fragestellung, Schwerpunktsetzung und Ressourcen als Grundlage für die Spielkonfiguration festlegen.
- Konsolidieren Sie die gesammelten Daten, identifizieren Sie strategische Wissenslücken und fokussieren Sie das Simulationsmodell auf die zentrale Fragestellung.
- Fördern Sie in allen Phasen eines Business Wargames den fachlichen Austausch zwischen den beteiligten Unternehmensfunktionen und internen sowie externen Experten.

Signalen, die als Grundmuster oder Wildcards (unerwartete Ereignisse mit geringer Wahrscheinlichkeit, aber hohem Einfluss im Verlauf von Zukunftsentwicklungen) in einem Business Wargame berücksichtigt werden können. Sämtliche Datenpunkte werden in eine gemeinsame Datenbasis überführt, die eine strukturierte Übersicht für die Erarbeitung von Game Books und Simulationsmodellen schafft (vergleiche Weber/Spitzner/Stoffels 2008, S. 21 ff.).

Das Simulationsmodell dient lediglich als Hilfsmittel und beansprucht nicht, die Realität vollständig abzubilden. Vielmehr soll der relevante Teilausschnitt der Unternehmensumwelt, der für die Zielsetzung des Business Wargames von Bedeutung ist, untersucht werden. Im Zentrum des Simulationsmodells steht die Programmierung eines Markt- und Kontrollmodells. Es ermöglicht auf der Basis von Marktdaten und Wirkungsfunktionen, die mit Unterstützung von Branchen- und Wargaming-Experten erarbeitet werden, die Simulationsrechnung für zukünftige Marktergebnisse. Damit verbunden ist die Festlegung der operativen und strategischen Entscheidungsparameter wie zum Beispiel Preise, Produktions- und Absatzmengen oder Marketingmix. Weiterhin ist die Team-Konfiguration ein entscheidender Aspekt der Modellierung. Meist sind vier bis acht Teams in verschiedenen Rollen beteiligt. Zu den vier unbedingt erforderlichen Teams zählen das Unternehmens-Team, mindestens ein Wettbewerber-Team, das Markt-Team und das Kontroll-Team, das häufig auch die Spielleitung übernimmt. Die Wettbewerberauswahl entscheidet maßgeblich über den Spielverlauf und erfolgt in Abhängigkeit der Marktdefinition. Es können entweder einzelne Wettbewerber oder strategische Gruppen wie zum Beispiel die innovativsten Wettbewerber durch jeweils ein Team gespielt werden. Als Sonderform kann ein sogenannter Albtraumwettbewerber entworfen werden. Hierbei handelt es sich um einen fiktiven Wettbewerber, der die stärksten Eigenschaften der wichtigsten Wettbewerber in sich vereint. In Abhängigkeit der Fragestellung sind auch besondere Team-Spezifikationen denkbar. So kann ein Wildcard-Team als Platzhalter für externe Schocks oder neue Wettbewerber dazu dienen, robuste Strategien zu testen. Business Wargames, die beispielsweise komplexe technologische Fragen im Rahmen von Innovationsstrategien untersuchen, können Funktions-Teams mit internen Experten aus Forschung und Entwicklung oder Produktentwickler von Zulieferern einbeziehen. Ebenso sind

## Geschichte und Ursprung des Business Wargamings

Wargames haben einen militärhistorischen Ursprung und dienen in diesem Kontext bis heute der Vorbereitung von Offizieren auf unvorhergesehene Entwicklungen in militärischen Operationen durch ein vertieftes Verständnis alternativer Handlungsoptionen und deren Konsequenzen. In allen Epochen zeichnen sich Wargames dadurch aus, dass Spielfiguren stellvertretend für Truppengattungen auf differenzierenden Spielflächen mit unterschiedlichen (realistischen) Gegebenheiten gegeneinander unter Anleitung eines Schiedsrichters eingesetzt werden. Mit dem Beginn der elektronischen Datenverarbeitung werden am Naval War College erstmals computergestützte Simulationen für die strategische und taktische Ausbildung eingesetzt. Zeitgleich entdecken die Wirtschaftswissenschaften das sogenannte Business (War-)Gaming als Instrument der strategischen Management-Simulation. Die American Management Association führt unter dem Begriff „Management Decision Simulation" im Jahr 1958 die erste Unternehmenssimulation mit einer Zeitspanne von bis zu zehn Jahren ein. Der heutige Anwendungsbereich des Business Wargamings erstreckt sich von der Strategieentwicklung über Krisenmanagement bis hin zu Corporate Foresight.

Segment-Teams denkbar, die für die Bewertung strategischer Markteintrittsoptionen Erfahrung aus dem Vertrieb einbringen (vergleiche Fink/Siebe 2011, S. 259). Für die Untersuchung von Unternehmenstransaktionen sind Regulierungs-Teams erforderlich, die aus der Perspektive der Wettbewerbsaufsicht handeln und frühzeitig mögliche Auflagen für die Genehmigung einer Transaktion identifizieren.

Die Game Books enthalten eine ausführliche Situationsbeschreibung, die grundlegenden Spielregeln und teamspezifische Informationen. Sie dienen vor allem dem Realitätsbezug und der Spielbarkeit. Die Ausgangssituation informiert alle Teilnehmer im Rahmen einer allgemeinen Einführung über den Markt und das Wettbewerbsumfeld sowie die Entscheidungsparameter, die in den Spielrunden von den Teilnehmern ausgestaltet werden müssen. Diese Informationen sind für alle Teilnehmer identisch und stellen gemeinsames Wissen (Common Knowledge) im spieltheoretischen Sinn dar. Außerdem wird der Aufbau des Simulationsmodells erklärt. Dazu zählen unter anderem Team-Beschreibungen und die Erläuterung des Zeithorizonts im Spiel, das heißt die Anzahl der Spielrunden sowie einen Ablaufplan über die gesamte Spieldauer. Zusätzlich erhalten die Teilnehmer individuelle Informationen zur zugeschriebenen Teilnehmerfunktion, also zu dem von ihnen dargestellten Marktakteur. Diese spezifischen Informationen sind in der Regel für die anderen Teams nicht öffentlich und können strategische Ziele, Kennzahlen sowie Informationen zur aktuellen strategischen Ausrichtung wie beispielsweise zu bestimmten Preisstrategien enthalten. Auf dieser Basis entwickeln die Teams später ihre Strategien und treffen Entscheidungen.

## Strategische Analyseinstrumente konsequent integrieren

Die Kombination von strategischen Analyseinstrumenten im Rahmen der Vorbereitung setzt sich in der Durchführung von Business Wargames fort. Dabei setzen die Teams vielfältige Instrumente ein, um die Ergebnisse in den Spielrunden auszu-

werten. Auf dieser Basis treffen sie die Entscheidungen für die nächste Runde. Ebenso verfahren die Markt- und Kontroll-Teams gemeinsam mit den Teams in der abschließenden Auswertungsphase, um strategische Empfehlungen in den Strategieprozess zurückzuspielen. Insofern ist Business Wargaming ein in hohem Maße integratives Strategieinstrument, das die Verschränkung vieler Instrumente nicht nur ermöglicht, sondern explizit erfordert.

*Literatur*

Büchler, J.-P. (2014): Strategie entwickeln, umsetzen und optimieren, Hallbergmoos.

⬇ * Büchler, J.-P. (2016): Ein Blick in die Zukunft mit Business Wargaming, in: Controlling & Management Review, 60 (1), S. 48-53. www.springerprofessional/link/7467736

Fink, A./Siebe, A. (2011): Handbuch Zukunftsmanagement, Werkzeuge der strategischen Planung und Früherkennung, Frankfurt/Main.

⬇ * Oriesek, D. F./Schwarz, J. O. (2009): Business Wargaming – Unternehmenswert schaffen und schützen, Wiesbaden. www.springerprofessional.de/link/4546580

Romeike, F./Spitzner, J. (2013): Von Szenarioanalyse bis Wargaming, Betriebswirtschaftliche Simulationen im Praxiseinsatz, Weinheim.

Weber, J./Spitzner, J./Stoffels, M. (2008): Erfolgreich steuern mit Market Intelligence, Marktentscheidungen fundiert treffen, Schriftenreihe Advanced Controlling, Band 63, Weinheim.

* Abonnenten von Springer Professional haben kostenfrei Zugriff.

Autor:

**Prof. Dr. Jan-Philipp Büchler,**
Professor für Unternehmensführung und Global Business Management, Leiter des Center for Applied Studies & Education in Management (CASEM).
Fachhochschule Dortmund, Dortmund, Deutschland
E-Mail: jan-philipp.buechler@fh-dortmund.de

### Weitere Beiträge der Serie

In Ausgabe 3/2016 der Controlling & Management Review erscheint Teil 3 dieser Beitragsserie mit Ausführungen zur Durchführung von Business Wargames anhand eines konkreten Anwendungsbeispiels. Eine Einführung in das Business Wargaming ist in unserer Ausgabe 1/2016 erschienen.

 Weitere Empfehlungen der Verlagsredaktion aus www.springerprofessional.de zu:

🔍 **Strategieinstrumente**

Tokarski, K. U./Schellinger, J./Berchtold, P. (2016): Unternehmensentwicklung – Strategien und Instrumente aus Forschung und Praxis, Wiesbaden. www.springerprofessional.de/link/6657948

Wunder, T./Bausch, J. (2014): Vier Erfolgsfaktoren für einen effektiven Strategieprozess, in: Controlling & Management Review, 58 (1), S. 54-61. www.springerprofessional.de/link/6404740

# Datenlage zu immateriellen Werten verbessern

Die Studie „The Digital Finance Imperative", die das britische Chartered Institute of Management Accountants (CIMA) und der amerikanische Berufsverband der Certified Public Accountants (AICPA) in Kooperation mit Oracle in der EMEA-Region durchgeführt hat, zeigt, dass CFOs sich Gedanken um die Unternehmensbewertung machen müssen. Unternehmenswerte basieren heute zu einem großen Teil auf immateriellen Faktoren wie Kundenzufriedenheit und Markenbekanntheit. Als wichtigste immaterielle Werte nannten die an der Studie teilnehmenden CFOs

- Kundenzufriedenheit (75 Prozent),
- Qualität der Geschäftsprozesse (62 Prozent) sowie
- Kundenbeziehungen (62 Prozent).

Doch für eine Bewertung dieser und anderer immaterieller Güter fehlt den Finanzvorständen häufig ein entsprechender Datenzugang. So haben beispielsweise nur 16 Prozent der Befragten Zugang zu Daten zur Kundenzufriedenheit. Informationen über den Einfluss der Marke auf das Geschäft erhalten ebenfalls nur 16 Prozent. Eine Möglichkeit, die Qualität von Geschäftsprozessen zu messen, haben 29 Prozent der CFOs.

Das Controlling hat es selbst in der Hand, neue Konzepte zu entwickeln, um die schlechte Datenlage im Hinblick auf immaterielle Güter zu verbessern. „Finanzabteilungen verfügen grundsätzlich über die Möglichkeiten, innovative Geschäftsprozesse voranzutreiben. Dafür benötigen sie jedoch moderne, Cloud-basierte ERP-Systeme und Lösungen für das Performance Management, um Zugang zu den entsprechenden Daten aus dem gesamten Unternehmen zu bekommen", sagt Laurent Dechaux, Vice President Oracle Applications. „Ansonsten besteht die Gefahr, dass andere Abteilungen mit mehr Digital-Know-how die Finance-Abteilung übergehen und ihre Strategievorschläge direkt mit der Geschäftsführung diskutieren."

**Sylvia Meier**

⬇ Weitere Hintergründe zum Thema auf www.springer-professional.de/link/7433252.

# Andere Anreize für F&E-Aktivitäten schaffen

Mehr steuerliche Anreize würden die Innovationskraft deutscher Unternehmen vermutlich deutlich erhöhen. So lautet das Ergebnis einer Studie von PwC und dem Zentrum für Europäische Wirtschaftsforschung (ZEW), für die weltweit 47 Konzerne befragt wurden. Zusammengenommen investierten diese Unternehmen mehr als 53 Milliarden US-Dollar jährlich in Forschung und Entwicklung (F&E). Jedes zweite befragte Unternehmen sitzt in Deutschland.

Damit Unternehmen in F&E investieren, müssten laut der Studie die steuerlichen Anreize so ausgestaltet werden, dass sie vor allem bei möglichen Verlusten zum Tragen kommen. Liquidität spielt für die Unternehmen also eine große Rolle. Außerdem achten viele Manager auf Planungssicherheit für ihre Innovationsprojekte. Steuerliche Anreize, die auch vorzeitig gekürzt oder sogar ganz gestrichen werden könnten, sind deshalb weniger interessant. Zudem soll der Aufwand, eine bestimmte steuerliche Vergünstigung in Anspruch zu nehmen, im überschaubaren Rahmen bleiben.

42 Prozent der befragten Unternehmen machen Entscheidungen für bestimmte Standorte nicht so sehr davon abhängig, wie stark ein Land F&E-Aktivitäten als solche fördert. Viel wichtiger ist ihnen, wie die Verwertung von Innovationen besteuert wird. In Europa existieren immer mehr solcher „output-orientierten" Steuervorteile. Professor Christoph Spengel, Steuerprofessor an der Universität Mannheim und Forschungsprofessor am ZEW, rät aber davon ab, solche Instrumente auch in Deutschland einzuführen. „Die weitaus bessere Lösung wären stattdessen Steuergutschriften für F&E-Aufwendungen. Hierfür böte sich in Deutschland eine Verrechnung mit der Lohnsteuer an", sagt Spengel. Diese Lösung würde sich unmittelbar positiv auf die für Unternehmen in der Studie genannte wichtige Liquidität auswirken.

**Vera Treitschke**

⬇ Mehr erfahren über die Zusammenhänge zwischen Innovationen und der Entwicklung moderner Volkswirtschaften auf www.springerprofessional.de/link/4278052.

# ACMAR 2016: Mit innovativen Forschungsfragen Impulse für die Praxis geben

Zur 13. Annual Conference for Management Accounting Research (ACMAR) begrüßten Professor Utz Schäffer und Professor Jürgen Weber, Direktoren des Instituts für Management und Controlling (IMC), Mitte März knapp 130 Professoren und Doktoranden aus aller Welt an der WHU – Otto Beisheim School of Management. Die Konferenz hat sich zu einem beliebten Treffpunkt der internationalen Management-Accounting-Forschungs-Community entwickelt und spiegelt die gesamte Bandbreite empirischer Controlling-Forschung wider.

Naomi Soderstrom, Professorin an der University of Melbourne (Australia), rief in ihrer Keynote „Innovation in Research: Use Your Senses" die jungen Forscher dazu auf, den Horizont ihrer empirischen Forschung zu erweitern und neue Perspektiven zu wagen. Innovative Fragestellungen, so Soderstrom, können neue Impulse für die Praxis geben und diese viel stärker mit der Forschung verzahnen. Beispielhaft veranschaulichte sie dies am Thema „Narzissten in Unternehmen".

Wie sich Emotionen und Management Accounting gegenseitig beeinflussen, erörterte Matthew Hall, Professor an der London School of Economics and Political Science (LSE), in seinem Vortrag. Er zeigte beispielsweise, wie die Auswahl

Foto: © Kai Myller

Prof. Dr. Naomi Soderstrom erläutert, wie die Praxis von innovativen Forschungsideen profitieren kann.

von Kennzahlen und Accounting-Instrumenten durch Emotionen beeinflusst wird. Viele der Fragen, die Hall aufwarf, warten allerdings noch auf Klärung durch die Management-Accounting-Forschung. Sie wurden bislang stark vernachlässigt, obwohl es Emotionen sind, die neben Cognitive Biases Entscheidungen in Unternehmen wesentlich beeinflussen.

Michael Wilkens, Senior Vice President Group Controlling der Deutschen Telekom AG, berichtete schließlich über die Veränderung des Planungsprozesses in seinem Unternehmen. Bei der Telekom war die Planung traditionell stark bürokratisiert. Mit ihren unterschiedlichen Planungsebenen zog sie sich fast über ein ganzes Jahr hin und war, so Wilkens, nicht ambitioniert. Die hohe Unzufriedenheit führte zu einer drastischen Veränderung und zum Bruch mit hierarchischen Strukturen, was Wilkens mit den Schlagworten „von Silos zu intensiver Kommunikation" und „von E-Mails zur direkten Zusammenarbeit" beschrieb. Sein Resümee mündete in die Feststellung: „It's a cultural thing".

Die nächste ACMAR findet vom 9. bis 10. März 2017 in Vallendar statt.

**Brigitte Braun,** Vallendar

# Die „Growth Champions" von Deutschland

Die Tageszeitung „Die Welt" hat auch in diesem Jahr die 500 größten Unternehmen in Deutschland erhoben. Zu den 19 Wachstumssiegern gehören vor allem Unternehmen aus den Branchen Maschinen- und Anlagenbau, Auto- sowie Pharmaindustrie. Den ersten Platz belegt der Energieversorger Steag mit einem Wachstum von 32,2 Prozent. All diesen erfolgreichen Firmen gemein ist der Studie zufolge, dass sie weltweit schneller Wachstumsmärkte erschließen, mit innovativen Produkten auf neue Strömungen reagieren, durch gezielte Ak-

quise rasch wachsen und diese Zuwächse gut in den Konzern integrieren. Zudem konzentrieren sich besonders erfolgreiche Unternehmen häufig auf Kernkompetenzen und verfügen auf Management-Ebene über hervorragend eingespielte Führungs-Teams.

**Andrea Ammerland**

⬇ Den ganzen Beitrag lesen unter www.springerprofessional. de/link/7486632.

# Marketing braucht mehr Controlling

Nur wenige Controller sind bislang in Marketing-Prozesse eingebunden. Wissenschaftliche Untersuchungen zeigen das deutlich. Zu tun gäbe es hier allerdings reichlich. Controller könnten durch Marketing-Controlling großen Mehrwert stiften und sich damit noch stärker in ihrer Rolle als Business Partner positionieren.

*Katharina Simbeck*

Es ist schon erstaunlich: In vielen Unternehmen ist der Anteil des Marketing-Budgets am Gesamtbudget erheblich. Es wird über große Etats für Werbemaßnahmen und Agenturen entschieden. Das Controlling ist dennoch in den seltensten Fällen dabei – und kaum jemand scheint sich daran zu stoßen. Warum ist das so? Und welche Chancen vergeben sowohl Marketing-Verantwortliche als auch Controller damit? An der Hochschule für Technik und Wirtschaft in Berlin (HTW Berlin) gehen wir diesen Fragen nach und können auf Basis einer Vorstudie bereits einige Anregungen geben, wo und wie das Controlling stärker in die Entscheidungen des Marketings einbezogen werden sollte. Es gilt, ein großes Potenzial zu nutzen.

Der Geschäftsprozess des Marketings umfasst mehrere Stufen: Zunächst werden Produkt und Zielgruppe strategisch definiert. Dann wird eine Kampagnenidee entwickelt, die in der Regel auf einer Erkenntnis aus der Marktforschung, einem sogenannten „Insight", basiert. Wenn das Insight ist „Frauen mögen Autos, die sie an Tiere erinnern", ergibt sich daraus beispielsweise die Idee für eine Kampagne, in der eine bestimmte Automarke „als Katze" positioniert wird. Diese Kampagnenidee wird dann zu einem Werbemittel ausgearbeitet. Häufig steht dabei ein TV-Spot im Mittelpunkt. Aus dem TV-Spot werden die anderen Werbemittel abgeleitet, insbesondere das „Key

Visual", das zentrale visuelle Motiv, das für Anzeigen, sowohl online als auch offline, verwendet wird.

## Der Beitrag des Marketing-Controllings

In einer Vorstudie zu einer Untersuchung großer Werbetreibender in Deutschland befragte die HTW Berlin in acht Unternehmen die internen Ansprechpartner des Marketing-Controllings, nämlich die Marketing-Abteilung und den Marketing-Einkauf, wie sie die Zusammenarbeit mit der Finanzfunktion sehen. Das Ergebnis war ernüchternd: Die Hälfte der befragten Unternehmen stimmte der Aussage „Wir profitieren von einer sehr guten Zusammenarbeit von Marketing und Finanzabteilung" nicht zu, zwei Unternehmen stimmten teilweise zu, und nur zwei Unternehmen bestätigten die Aussage. Zum Vergleich: Der Aussage „Wir profitieren von einer sehr guten Zusammenarbeit zwischen Marketing und Einkauf" stimmten mehr als die Hälfte der befragten Unternehmen zu. Nur in einem Unternehmen wurde die Aussage abgelehnt.

Ein ähnliches Bild ergab die Vorstudie auch im Hinblick auf den Agenturauswahlprozess. Die Wahl der richtigen Marketing-Agentur ist für den Erfolg von Marketing-Kampagnen von zentraler Bedeutung. Der Agenturauswahlprozess umfasst eine Vielzahl von Schritten: Die infrage kommenden Agenturen müssen definiert werden, die gesuchte Leistung muss beschrieben werden, Auswahlkriterien müssen festgelegt werden, die Agenturen müssen für die Pitch-Präsentation gebrieft und anschließend bewertet werden. Nachdem die Entscheidung für eine Agentur gefallen ist, folgen Verhandlung, Vertragsabschluss und Dokumentation. Nur in einem einzigen der befragten Unternehmen war die Finanzabteilung in diesen zentralen Prozess involviert, und das auch nur bei den formalen Schritten Dokumentation und Vertragsabschluss. Ganz anders sieht es hier wieder für den Einkauf aus: In der Hälfte der befragten Unternehmen war der Einkauf in mehrere Schritte des Marketing-Prozesses eingebunden.

Auch für die Zusammenarbeit mit der Agentur zeigt die Studie, dass aus Controlling-Sicht noch ein großes Potenzial zum Business Partnering besteht. Nur in vier der befragten Unternehmen gibt es regelmäßig Budget Reviews mit den Agenturen. Im Marketing-Bereich wären solche Reviews von großer Bedeutung, weil im Voraus oft schwer abzuschätzen ist, welchen Inhalt und welchen Umfang die Marketing-Leistungen letztlich haben werden. Das ist wohl auch der Grund, weshalb in vielen der befragten Unternehmen zu Projektbeginn Preise häufig noch nicht endgültig verhandelt sind. Die Umfrage ergab auch, dass im Marketing-Bereich noch nicht überall grundlegende Controlling-Konzepte wie etwa eine detaillierte Budgetplanung oder ein regelmäßiger Abgleich zwischen vereinbarter und tatsächlich erhaltener Leistung verbreitet sind.

Eine Ursache, warum das Controlling im Marketing-Bereich nicht so stark eingebunden ist wie in anderen betrieblichen Funktionen, ist sicherlich die geringere Bedeutung der Kosten. Bei der Auswahl einer Agentur sind Qualität, Kreativität und Schnelligkeit der Agentur für 100 Prozent der

> *„Marketing-Controller können auf jeden Fall mehr Licht ins Dunkel der Agenturkosten bringen."*

Befragten wichtiger (vergleiche dazu auch Nöcker 2015, S. 22). Positive Erfahrungen aus ehemaligen Projekten und der Ruf der Agentur werden ebenfalls als wichtiger eingeschätzt als das Preis-Leistungs-Verhältnis.

Für die geringe Bedeutung der Kosten bei der Auswahl einer Marketing-Agentur gibt es eine wichtige Erklärung: Der Hebel für die Leistungen der Agentur in Form von kreativem Output sind die Media-Investitionen. Das Media-Budget für die Ausstrahlung eines einmal erstellten TV-Spots beträgt im Idealfall

ein Vielfaches der ursprünglichen Kosten der Kreativ-Agentur. Es kann also durchaus Sinn machen, am Anfang 20 Prozent mehr in die Agentur zu investieren, wenn die Marketing-Botschaft dafür umso wirksamer ist. In einer Welt, in der sich Produkte nur noch minimal voneinander unterscheiden, kommt der Markenbildung eine herausragende Rolle zu. In vielen Branchen ähneln sich die Produkte aus Konsumentensicht stark, und nur eine bekannte Marke ermöglicht eine Preisprämie.

## Mehr Business Partnering im Marketing

Die Analyse der Studienergebnisse ist zunächst ernüchternd: Die Herangehensweise und die Prozesse von Controlling und Marketing scheinen nicht viele Schnittstellen zu haben. Dabei gibt es durchaus Ansatzpunkte, die Marketing-Controller nutzen können, um sich als Business Partner des operativen Marketings zu profilieren. So ergab die Vorstudie, dass sich mehr als die Hälfte der Befragten schwertun, die Abläufe und den tatsächlichen Aufwand und damit die tatsächlichen Kosten in den beauftragten Agenturen abzuschätzen. Auch wurden die eigenen Kenntnisse der Agenturlandschaft in Deutschland von einigen der Befragten in Einkauf und Marketing als gering eingestuft. Marketing-Controller können auf jeden Fall mehr Licht ins Dunkel der Agenturkosten bringen: Sie können Transparenz in den Agenturkosten schaffen, die Profitabilität von Agenturen analysieren und aufzeigen, welchen Wertbeitrag Compliance-Maßnahmen leisten können.

### Transparenz von Agenturkosten schaffen

Viele Agenturleistungen werden zeitbasiert abgerechnet – über Stunden- oder Tagessätze. Eine genaue Analyse, wie aufwendig bestimmte Leistungspakete in der Vergangenheit waren und was die Treiber für großen Zeitaufwand sind, kann die Verhandlungsposition der Marketing-Kollegen gegenüber der Agentur verbessern. Viele Verträge mit Marketing-Agenturen sehen vor, dass Fremdleistungen wie Bildrechte oder Kosten für Mediaschaltungen ohne Aufschlag an den Auftraggeber weiterberechnet werden müssen. Aber sind sie auch auf den Rechnungen getrennt ausgewiesen? Wenn das Controlling hierauf besteht, können die über den Kreditor abgerechneten Leistungen nach Eigenleistung und Fremdleistung getrennt analysiert werden.

### Agenturprofitabilität analysieren

Ein weiterer Ansatzpunkt für Controller, um sich als Business Partner des Marketings zu positionieren, ist die Analyse der Profitabilität einer Agentur. Viele Agenturen behaupten in den zumeist jährlich stattfindenden Verhandlungsrunden, dass sie mit dem entsprechenden Kunden praktisch kein Geld verdienen würden. Hier können Controller sinnvoll unterstützen, indem sie, wenn möglich, die Kosten- und Profitabilitätsstruktur der Agentur transparent machen (vergleiche **Tabelle 1**). Falls die Agentur der Publizitätspflicht nach § 325 Handelsgesetzbuch (HGB) beziehungsweise § 264a HGB oder nach § 1 Publizitätsgesetz unterliegt, können die Controller dafür die im Bundesanzeiger online publizierten Jahresabschlüsse verwenden. Kennzahlen, die sich zur Analyse eines personalintensiven Dienstleistungsunternehmens anbieten, sind die Kosten je Mitarbeiter, die Umsatzrendite sowie die Debitoren- und Kreditorenlaufzeiten. Zum Vergleich bietet sich die Jahresabschlussanalyse der Bundesbank an (vergleiche Deutsche Bundesbank 2015). Falls die Jahresabschlüsse nicht zugänglich sind, kann man durchaus versuchen, mithilfe von Annahmen zu den beiden größten Kostenblöcken Mitarbeitergehälter und Miete die Kostenstruktur nachzuvollziehen.

Auch der Cashflow ist häufig ein Thema in den Verhandlungen zwischen Agenturen und Auftraggebern. Agenturen müssen in der Regel in Vorleistung treten. Sie müssen also eine Leistung erbringen und können diese erst nach Fertigstellung mit vielleicht 30 Tagen Zahlungsziel in Rechnung stellen. Aber auch hier gibt es große Unterschiede zwischen den einzelnen Agenturen. Die große inhabergeführte Agentur Serviceplan spricht

beispielsweise in ihrem Jahresabschluss für 2012/13 von einem „deutlichen Überhang der Forderungen aus Lieferungen und Leistungen gegenüber den Verbindlichkeiten", der „die Finanzierung der Unternehmensgruppe hinreichend" sicherstellt. Diese komfortable Situation von Serviceplan spiegelt sich auch in der kurzen Debitorenlaufzeit wider. Beim Vergleich der Kennzahlen ist zu beachten, dass die Umsatzerlöse unterschiedlich verbucht werden. Leo Burnett erläutert im Jahresabschluss

> *„Ein Ansatzpunkt für Controller, um sich als Business Partner des Marketings zu positionieren, ist die Analyse der Profitabilität einer Agentur."*

für 2014 beispielsweise: „Bei Abrechnung auf Provisionsbeziehungsweise Honorarbasis werden, wie branchenüblich, nur die Provision beziehungsweise das Honorar selbst, das heißt der Rechnungsbetrag abzüglich der direkt weiterberechneten Fremdleistungen, als Umsatzerlöse angesetzt. Die direkt weiterberechneten Fremdleistungen werden wirtschaftlich als durchlaufende Posten angesehen." Serviceplan dagegen verbucht Fremdleistungen als Umsatz und hat dadurch sehr viel höhere Aufwendungen für bezogene Leistungen.

**Tab. 1 Beispielhafte Finanzanalyse für drei große Agenturen**

| (in Mio. Euro) | Serviceplan 2013/14 | Fischer Appelt 2013 | Leo Burnett 2014 |
|---|---|---|---|
| Umsatz und sonstige betriebliche Erträge | 922 | 52,9 | 31,7 |
| Materialaufwand | 733 | 17,7 | 0,9 |
| Rohertrag (Leistung abzüglich Materialaufwand) | 189 | 35,2 | 30,8 |
| Ergebnis der gewöhnlichen Geschäftstätigkeit | 41 | 4,4 | 6,1 |
| Rohertragsrendite | 21,7 % | 12,5 % | 19,8 % |
| Umsatzrendite | 4,4 % | 8,3 % | 19,2 % |
| durchschnittliche Forderungen aus Lieferungen und Leistungen | 64,1 | 8,2 | 6,4 |
| durchschnittliche Verbindlichkeiten aus Lieferungen und Leistungen | 40,5 | 1,6 | 2,2 |
| Debitorenlaufzeit in Tagen | 21 | 47 | 62 |
| Kreditorenlaufzeit in Tagen | 17 | 28 | 756 |

Quelle: eigene Darstellung auf Basis von Daten aus www.bundesanzeiger.de

Eine wichtige Voraussetzung, um als Controller vom Marketing als Business Partner anerkannt zu sein, ist ein sehr gutes Branchenverständnis. Ein solches lässt sich auch durch die Lektüre der einschlägigen Fachzeitschriften fördern. In der Konsumgüterindustrie führt in Marketing und Vertrieb beispielsweise kein Weg an der „Lebensmittelzeitung" vorbei. Fachblätter für Marketing und Agenturen sind „Horizont", „Werben und Verkaufen" („WuV") und „Absatzwirtschaft".

### Wertbeitrag von Compliance aufzeigen

Controller verfügen häufig über Erfahrung mit Audits, weil sie einen Teil ihrer Karriere in der Innenrevision oder bei Wirtschaftsprüfern verbracht haben. Das Bewusstsein für Compliance, das sie von dort mitbringen, ist gerade für Marketing-Controller nützlich. Ein in der Branche heiß diskutiertes Thema ist nämlich die Betrugssicherheit von Online-Medien in Bezug auf Werbung. Wenn Sie eine Zeitungsanzeige schalten, können Sie zum Kiosk gehen, die Zeitschrift kaufen und prüfen, ob Ihre Anzeige erschienen ist. Die tatsächliche Einblendung von Fernsehwerbung kann durch spezielle Dienstleister überprüft werden. Online-Werbung wird hingegen nach speziellen Algorithmen individuell ausgeliefert („targeted"). Die Überprüfung der Auslieferung erfolgt technisch über Kontroll-Pixel, kann aber durch verschiedene technische Maßnahmen überlistet werden („Klickbetrug"). Manche Banner (Werbemittel im Internet) werden zwar ausgeliefert, aber nie vom Konsumenten gesehen, da dieser nicht so weit nach unten scrollt. Nach verschiedenen Quellen ist ein signifikanter Anteil der bezahlten Online-Werbung in betrügerischer oder gebilligter Weise nie für Endkonsumenten zu sehen (vergleiche Schütz 2015, S. 1; Paperlein 2015, S. 14; Mladenow/Novak/Strauss 2015). Manche Werbetreibende können durch das Tracken von Leads bis hin zur Verkaufstransaktion sehr genau die Wirkung jeder einzelnen Maßnahme kontrollieren (Performance Marketing). Sie reduzieren dadurch die Wahrscheinlichkeit, Opfer von Klickbetrug zu werden. Aber gerade für markenbildende Online-Werbung, besonders im Videoformat, ist das nicht so einfach, weil es ja keine Online-Transaktion gibt.

Marketing-Controller sollten danach streben, die technischen Grundlagen und die technischen Kontrollmöglichkeiten in der Online-Werbung zu verstehen. Dann können sie mit ihren analytischen Fähigkeiten den Marketing-Kollegen das vielleicht ungeliebte Arbeiten mit langen Tabellen abnehmen und sinnvoll zum Erfolg der Kampagnen beitragen.

Ein anderes Compliance-Thema im Media-Bereich, von dem Marketing-Controller zumindest gehört haben sollten, sind

### Zusammenfassung

- Der Einkauf und die Abwicklung von Marketing-Leistungen sind mit großen Budgets verbunden.
- In vielen Unternehmen wird die komplexe Zusammenarbeit mit Marketing-Agenturen derzeit nicht von Controllern unterstützt.
- Marketing-Controller haben vielfältige Möglichkeiten, ihr Fachwissen und ihre Kompetenz wertsteigernd einzusetzen.

AVBs (Annual Volume Bonus). Diese Boni werden von Vermarktern wie beispielsweise Fernsehsendern mit Media-Agenturen vereinbart. Je mehr Werbung bei einem Sender eingebucht wird, desto höher fällt der Bonus für die Agentur aus. Je nach Vertragsgestaltung mit der Media-Agentur verlangen viele Werbekunden ihren Anteil an den AVBs. Hier gilt es sicherzustellen, dass dies auch geschieht. Andernfalls müssen die AVBs bei der Profitabilitätsbetrachtung der Media-Agentur mit einbezogen werden.

Aber nicht nur die Media-Schaltung ist von Compliance-Fragen betroffen. Auch bei den Marketing-Maßnahmen im weiteren Sinne, in der Branche „below-the-line" genannt, gibt es eine große Notwendigkeit für Compliance-Maßnahmen. Im Below-the-line-Bereich wird in manchen Unternehmen eine Vielzahl

> „Das Bewusstsein für Compliance, das Controller häufig mitbringen, ist gerade für Marketing-Controller nützlich."

von kleineren Agenturen eingesetzt – für die Pflege der Facebook-Seite, für die Verteilung von Kostproben oder für die Durchführung von Gewinnspielen. Der Controller müsste prüfen, ob es hier Vorauszahlungen gibt, bevor Leistungen erbracht werden, wie die Leistungen abgerechnet werden und wie die entsprechenden Agenturen ausgewählt werden. Viele werbetreibende Unternehmen betreiben Werbemittellager, in denen je nach Branche Give-aways oder Preise wie T-Shirts, Aufkleber, Plüschtiere oder Spielzeugautos aufbewahrt werden. Diese Artikel sind dafür vorgesehen, an Konsumenten verschenkt und nicht verkauft zu werden. Aus buchhalterischer Sicht sind sie häufig wertlos, auch wenn sie natürlich bei der Beschaffung Kosten verursachen. Controller sollten prüfen, ob die betreuende Agentur in der Lage ist, nachvollziehbare Bestände zu füh-

## Hintergründe zum Projekt

Das Projekt „Exzellenz im Marketingeinkauf" der HTW Berlin beschäftigt sich mit der Auswahl und Steuerung von Marketingdienstleistern. In diesem Beitrag werden die ersten Ergebnisse aus einer Vorstudie vorgestellt, die von Juni bis August 2015 durchgeführt wurde. Für die Vorstudie wurden acht Marketing- und Einkaufsverantwortliche in deutschen Unternehmen mit mehr als 500 Mitarbeitern in den Branchen Konsumgüter, Automotive, Banken und Bekleidung mithilfe eines Fragebogens befragt. Die Hauptstudie ist für 2016 geplant. Befragt werden sollen Verantwortliche in den Finanz-, Einkaufs- und Marketingabteilungen der größten werbetreibenden Unternehmen in Deutschland. Eine Teilnahme an der Studie ist möglich unter https://www.soscisurvey.de/marketingeinkauf/.

ren und den Verbleib aller Artikel zu dokumentieren. Es besteht nämlich das Risiko, dass besonders attraktive Preise aus solchen Lagern „verschwinden". Darüber hinaus gibt es ein großes Veraltungsrisiko: Nach Ostern sind die Osterhasen nicht mehr verwendbar, und im nächsten Jahr stimmt vielleicht schon das Design nicht mehr.

## Schlussbetrachtung

Die Controlling-Funktion hat also noch viel zu tun auf dem Weg zum Business Partner des Marketings. Neben den Ansatzpunkten bei den operativen Marketing-Prozessen sollten sich Marketing-Controller natürlich branchenspezifisch mit der Wirksamkeit von Werbemaßnahmen beschäftigen. Voraussetzung dafür ist, dass sie über die dafür notwendige Zeit und Kompetenz verfügen und sich auch organisatorisch an die neuen Aufgaben anpassen. Um Zeit für geschäftskritische Wertbeiträge zu gewinnen, muss sich auch das Marketing-Controlling fragen, welche der eigenen Prozesse noch optimierbar, standardisierbar, automatisierbar oder zentralisierbar sind. Auch müssen die Kompetenzen im Controlling erweitert werden. Das Nachhalten von Budgets im Marketing erfordert internes Verhandlungsgeschick. In Zukunft sollten Controller bei den Verhandlungen mit externen Marketing-Partnern mit am Tisch sitzen. Organisatorisch stellt sich die Frage, ob die operativen Tätigkeiten des Marketing-Controllings von den beratenden getrennt werden sollten und welche Karrierepfade

man im Marketing-Controlling anbieten kann, die die Entwicklung vielfältiger Kompetenzen, immer rund um den Kern des internen und externen Rechnungswesens, erlauben.

*Literatur*

Deutsche Bundesbank (2015): Verhältniszahlen aus Jahresabschlüssen deutscher Unternehmen von 2011 bis 2012, Statistische Sonderveröffentlichung 6, Mai 2015, http://tinyurl.com/bundesbank-statso-6-2015 (letzter Abruf: 10.1.2016).

Mladenow, A./Novak, N. M./Strauss C.(2015): Online Ad-fraud in Search Engine Advertising Campaigns, in: Khalil, I./Neuhold E./Tjoa A. M./Xu L. D./You I.(Hrsg.): Information and Communication Technology, Daejon, S. 109-118.

⬇ * Nöcker, R. (2015): Agenturauswahl – Der Weg zur richtigen Kommunikationsagentur, Wiesbaden. www.springerprofessional.de/link/4324104

Paperlein, J. (2015): Der Kampf gegen Bot – Klickbetrug: Die hohen Margen locken auch bei Bewegtbild Kriminelle an, in: Horizont, Nr. 26/2015 vom 25.06.2015, S. 14.

Schütz, V. (2015): „Nichts ist fertig" – Die Werbetreibenden fordern vor der Dmexco bessere Qualität und mehr Transparenz im Digitalen, in: Horizont, Nr. 37/2015 vom 10.09.2015, S. 1.

* Abonnenten von Springer Professional haben kostenfrei Zugriff.

Autorin:

**Prof. Dr. Katharina Simbeck**
freiberufliche Marketingeffizienz-Expertin, Professorin für Controlling an der Hochschule für Technik und Wirtschaft (HTW) Berlin, Berlin, Deutschland
E-Mail: simbeck@htw-berlin.de

 Weitere Empfehlungen der Verlagsredaktion aus www.springerprofessional.de zu:

🔍 **Marketing-Controlling**

Schmiedebacher-Ullner, S. (2014): Controlling als Business Partner des Marketing in der Konsumgüterindustrie, in: Buttkus, M./Eberenz, R. (Hrsg.): Controlling in der Konsumgüterindustrie – Innovative Ansätze und Praxisbeispiele, Wiesbaden, S. 91-108.
www.springerprofessional.de/link/4298278

Hillebrecht, S. (2014): Erfolgskontrolle durch Marketing-Controlling, in: Hillebrecht, S.: Führung von Personaldienstleistungsunternehmen – Ein strukturierte Einführung, 2. Auflage, Wiesbaden, S. 153-160.
www.springerprofessional.de/link/4309874

# Weibliche Führungskräfte steigern Profitabilität

In den Führungsetagen der deutschen Wirtschaft ist die Frauenquote wohl ebenso beliebt wie das Engagement der Gewerkschaften. Viele Manager sehen in der gesetzlichen Regelung, die seit dem 1. Januar 2016 für rund 100 börsennotierte Gesellschaften mit mehr als 2.000 Mitarbeitern gilt, staatlichen Unsinn, der leistungshemmend wirkt.

Doch das ist ein Irrtum. Genau das Gegenteil ist der Fall. Eine Studie des Washingtoner Peterson Institutes of International Economics zeigt, dass Firmen von einer Geschlechtergleichstellung unmittelbar profitieren. Je mehr Frauen ein Betrieb demzufolge auf mittlerer und oberer Führungsebene installiert, desto mehr Ertrag kann er erzielen. Auf eine Kurzformel gebracht, wächst die Profitabilität eines Unternehmens um 15 Prozent, wenn der Anteil weiblicher Führungskräfte von null auf 30 Prozent ansteigt.

Vor allem auf Vorstands- und der darunter angesiedelten Führungsebene sind Frauen für diese positive Entwicklung entscheidend. Die Forscher gehen davon aus, dass Frauen hier Fähigkeiten einbringen, die sonst im Unternehmen fehlen würden. Ob ein Mann oder eine Frau an der Firmenspitze steht, habe hingegen statistisch betrachtet keinen Einfluss auf den Geschäftserfolg.

Die Ökonomen des Peterson Institutes for International Economics haben rund 22.000 Firmen in 91 Ländern untersucht. Der internationale Vergleich zeigt auch, dass Deutschland mit einem Frauenanteil von sechs Prozent bei den Vorständen und 14 Prozent bei den Führungsmitgliedern zu den Schlusslichtern gehört. Ebenso bringen Quotenregelungen allein laut Studie wenig, da häufig geeignete Kandidatinnen fehlten. Diese scheiden oft durch die Geburt von Kindern aus. Allerdings sind staatliche Hilfen nicht der richtige Weg, um dieses Problem zu lösen, fanden die Forscher heraus. Vielmehr ist die Zahl der Frauen auf Leitungsebene in den Ländern besonders hoch, die Anreize für Väter gibt, einen Teil der Erziehungsarbeit zu übernehmen.

„Unternehmen sollten dringend ihre exkludierenden und kollidierenden Rahmenbedingungen ändern, damit Frauen ihre – für die Arbeit der Zukunft dringend erforderlichen – Kompetenzen und Fähigkeiten einbringen können. Hierzu gehören zum Beispiel neben flexiblen Arbeitszeitmodellen, konsequenter Abkehr von der Präsenzkultur und systematische Erhöhung transparenter Informationsflüsse unabdingbar auch gender-sensible Beurteilungskriterien und Auswahlverfahren für Beförderungen und Einstellungen", sagt Professor Christiane Funken von der Technischen Universität Berlin im Interview.                    **Andrea Ammerland**

⬇ Lesen Sie das ganze Interview mit Prof. Dr. Christiane Funken auf www.springerprofessional.de/link/4341640.

# Welche Faktoren CFOs 2016 Sorgen bereiten

Für eine Arbeitsmarktstudie befragte der Personaldienstleister Robert Half Finanzvorstände, welche Themen ihnen 2016 besonders viel Kopfzerbrechen bereiten. Die CFOs führten vor allem Fachkräftemangel (33 Prozent), IT- & Datensicherheit (24 Prozent) sowie Entwicklung der Wirtschaft (19 Prozent) an. Diese Faktoren beeinträchtigen der Studie zufolge bereits die Arbeitsleistung der CFOs. Bei 89 Prozent der Finanzchefs wirken sie sich erheblich oder merklich auf ihre Produktivität aus. 87 Prozent glauben, dass sie auch die Entscheidungsfähigkeit und Unternehmensleistung insgesamt beeinträchtigen.

Auch wenn der Fachkräftemangel den CFOs also besonders viele Sorgen zu bereiten scheint, ist es im Gegenzug umso erstaunlicher, dass das Thema Personal auf der Prioritätenliste vieler Finanzchefs erst auf den hinteren Plätzen zu finden ist. So befassen sich die befragten CFOs vorrangig mit der Förderung des Unternehmenswachstums (52 Prozent), der Kostensenkung/Effizienzsteigerung (45 Prozent), dem Vorantreiben von Innovation und Wandel (36 Prozent) und dem Ausbau des Eigenkapitalanteils (36 Prozent). Erst danach kommen die Mitarbeiterbindung (35 Prozent) und Neueinstellung von Fachkräften (32 Prozent).

Unternehmenswachstum an erster Stelle bedeutet aber auch, dass die CFOs Mitarbeiter brauchen, die dieses Ziel vorantreiben und bewältigen können. Wenn die CFOs sich also nicht alsbald verstärkt mit der Personalentwicklung auseinandersetzen, dürfte ihnen bald das Erfüllen ihrer obersten Priorität allein aus diesem Grund Sorgen bereiten.                    **Sylvia Meier**

⬇ Mehr zum Thema erfahren auf www.springerprofessional.de/link/7488974.

# Der digitale Controller

Cloud-Lösungen werden in Unternehmen immer beliebter. Doch obwohl es große Unterschiede gibt, wird oft nicht zwischen dem „Controlling von Cloud-Lösungen" und „Cloud-Lösungen im Controlling" unterschieden. Dabei sind nur Letztere eine wirklich neue Herausforderung für den Controller.

*Robert Ploss*

Durch die digitale Transformation ändern sich Arbeitsweisen und Geschäftsmodelle rasant. Industrie 4.0, Big Data, Internet der Dinge, Echtzeitverarbeitung, Share Economy und Social Media sind aus der heutigen Geschäftswelt nicht mehr wegzudenken. Untersuchungen zeigen, dass die konsequente Digitalisierung des Unternehmens Umsätze, Gewinne und Aktienkurs um mehr als 20 Prozent erhöhen kann (vergleiche Tunde/ Willmott 2013, S. 1). Eine dieser Neuerungen ist die zunehmende Nutzung von Cloud-Lösungen. Der Controller ist hier in zweifacher Weise gefragt: Zum einen ist er für das Controlling von Cloud-Lösungen verantwortlich, zum anderen steht er vor der Herausforderung, sich über mögliche Cloud-Lösungen im Controlling kundig zu machen und diese für sein Unternehmen anzuwenden. Beide Varianten stellen an ihn sehr unterschiedliche Anforderungen. Die bisherige Vermischung beider Themen muss deshalb aufgelöst werden.

Klar ist: Nur die „Cloud-Lösung im Controlling" ist eine wirkliche Neuerung und tatsächliche Herausforderung für den Controller. Meistert er diese, bringt ihn das einen guten Schritt weiter auf dem Weg zum „digitalen Controller". „Digitaler Controller" bezeichnet die Fähigkeit des Controllers, aktuelle Entwicklungen der digitalen Transformation, insbesondere im IT-Bereich, zu kennen, sich mit ihnen aktiv auseinanderzusetzen und deren Anwendung im Unterneh-

men zu gestalten. Die Einführung von Cloud-Lösungen im Controlling verändert die Arbeitsweise des Controllers und die Wahrnehmung durch das Management.

## Cloud-Grundlagen

Die Vorteile von Cloud-Lösungen für Unternehmen sind mannigfaltig. So können Kosten und Kapitalbindung beispielsweise durch das Pay-as-you-use-Prinzip gesenkt werden. Zudem sind Cloud-Lösungen skalierbar, sodass sie sich schnell an die Unternehmensnachfrage anpassen können. Das Unternehmen erhöht seine Flexibilität durch die kürzeren Vertragslaufzeiten im Gegensatz zum längerfristigen Outsourcing. Bestenfalls kann die Einführung von Cloud-Lösungen strategische Auswirkungen haben. Sie standardisiert die IT und reduziert damit die Komplexität. Cloud-Lösungen ermöglichen überdies eine zumeist schnellere Entwicklung der Infrastruktur, da dem Cloud-Anbieter mehr Möglichkeiten offenstehen als der unternehmenseigenen (oft kleineren) IT-Abteilung.

Die angebotenen Cloud-Lösungen lassen sich in drei generische Stufen mit steigendem Anbieterspektrum unterteilen:

### 1. Infrastructure as a Service (IaaS)

Das Unternehmen kann selbst das Betriebssystem und seine Applikationen (zum Beispiel Microsoft Office, ERP-Systeme,

CRM-Software) installieren und administrieren. Der Cloud-Anbieter stellt lediglich die IT-Infrastruktur zur Verfügung, also Serverkapazitäten inklusive Speicher, Rechnerleistung, Netzwerkanbindung und Möglichkeiten zur Virtualisierung.

## 2. Platform as a Service (PaaS)

Dem Unternehmen werden zusätzlich zu den IaaS-Bestandteilen ein Betriebssystem und Datenbanken (zum Beispiel SQL-Datenbanken) durch den Cloud-Anbieter bereitgestellt. Das Unternehmen nutzt also eine komplette Plattform in der Cloud und betreut nur die Applikationen selbst.

## 3. Software as a Service (SaaS)

Bei dieser höchsten Stufe von Cloud-Lösungen werden sowohl die IT-Infrastruktur als auch die Applikationen (Software) komplett durch den Cloud-Anbieter betrieben und weiterentwickelt. Ebenso befinden sich die Nutzerdaten vollständig in der Cloud.

## Controlling von Cloud-Lösungen

Unter Controlling von Cloud-Lösungen werden klassische Controller-Aufgaben verstanden: einerseits die finanzielle Beurteilung und Entscheidungsunterstützung des Managements bei der Einführung von Cloud-Lösungen und andererseits deren zukünftige, finanzielle Steuerung. Diese Aufgaben setzen beim Controller ein finanzielles Verständnis für das IT-Modell „Cloud" voraus.

Alle Varianten der vorgestellten Cloud-Lösungen führen zu nachhaltigen Änderungen in der IT-Kostenstruktur, da sie nutzungsabhängige Entgelte an den Cloud-Anbieter sowie gegebenenfalls Einmalkosten für die Weiterentwicklung einzelner Cloud-Angebote generieren. Während bisherige Investitionsausgaben (Capital Expenditures – Capex) für Rechenzentren, Infrastruktur und Implementierung entfallen, entstehen vergleichbar mit dem IT-Outsourcing neue Betriebskosten (Operational Expenditures – Opex) für externe Dienstleister. Je nach Modell ist diese Kostenverschiebung unterschiedlich stark ausgeprägt (vergleiche **Tabelle 1**). Je stärker die Verlagerung Richtung Cloud ist, desto mehr steigt die Abhängigkeit zum Cloud-Anbieter, da das Unternehmen mehr und mehr Dienste von diesem in Anspruch nimmt. Die Folge sind eine zunehmende Einkaufskonzentration und die wachsende Bindung an einen einzigen Anbieter, auch bekannt als „Lock-In". Dies sollte bei der Entscheidungsfindung ebenfalls bewertet werden.

Nutzt das Unternehmen eine IaaS-Lösung, werden Investitionen in das unternehmenseigene Rechenzentrum in opera-

## Tab. 1 Kostenkomponenten von Cloud-Lösungen

| Kostenkomponenten | Kostenart bei Eigenleistung | Kostenart bei Cloud-Lösung | | |
|---|---|---|---|---|
| | | IaaS | PaaS | SaaS |
| **Rechenzentrum:** Server, Infrastruktur, Netzwerk, Speicher, Archiv & Backup | Capex + Opex | Opex | Opex | Opex |
| **Betriebssystem und Datenbanken** | | Capex + Opex | | |
| **Applikationen:** Lizenzen, Support, Weiterentwicklung, Nutzerdaten | | | Capex + Opex | |
| **Empfänger** | an Dritte | an Cloud-Anbieter | | |
| **Abhängigkeit vom Cloud-Anbieter** | | | | |

IaaS = Infrastructure as a Service
PaaS = Platform as a Service
SaaS = Software as a Service

Opex = Operational Expenditures/Betriebsausgaben
Capex = Capital Expenditures/Investitionsausgaben

Quelle: eigene Darstellung

## Zusammenfassung

- Cloud-Lösungen sind ein wichtiger Aspekt der digitalen Transformation im Controlling, wobei zwischen „Controlling von Cloud-Lösungen" und „Cloud-Lösungen im Controlling" klar zu unterscheiden ist.
- Beide Varianten stellen unterschiedliche Anforderungen an das informationstechnische und finanzwirtschaftliche Wissen des Controllers.
- Fähigkeiten zur Wissensvermittlung und die Aneignung von IT-Wissen ebnen dem Controller den Weg zum digitalen Controller.

tive Ausgaben an den Cloud-Anbieter umgewandelt. Entscheidet sich das Unternehmen für PaaS, werden zudem Investitionen in Betriebssysteme und Datenbanken obsolet. Stattdessen werden monatlich oder jährlich Grundbeträge und nutzungsabhängige Zahlungen an den Cloud-Anbieter entrichtet. Mit der Entscheidung für eine SaaS-Lösung trennt sich das Unternehmen von einem großen Teil der IT beziehungsweise reduziert deren Umfang beträchtlich. Lizenzkosten für Applikationen sowie deren Support und Weiterentwicklung werden an den Cloud-Anbieter ausgelagert. Dies führt zu einem Umbau der IT-Abteilung inklusive des Personals.

Es gibt unterschiedliche Hebel, um die Einführung einer Cloud-Lösung finanziell erfolgreich zu gestalten. So birgt beispielsweise die Ablösung von technischen Komponenten am Ende des Lebenszyklus durch Cloud-Lösungen oder deren Umnutzung ein hohes Einsparpotenzial. Die Zahlungen für Lizenzen und Supportverträge können ganz oder teilweise entfallen. Zu beachten ist, dass Software-Unternehmen wie Microsoft häufig Serviceverträge anbieten, die Applikationen (zum Beispiel Office-Produkte) und das Betriebssystem (Windows) einschließen und die nicht separat gekündigt werden können. Auch die Ablösung von selbstentwickelter Software durch standardisierte SaaS-Lösungen kann Kosten einsparen, da beispielsweise Entwicklungskosten entfallen. Zu berücksichtigen ist allerdings, dass der Koordinationsaufwand mit dem Cloud-Anbieter und damit auch der Bedarf nach qualifiziertem IT-Personal steigt.

Die Verschiebung von Investitionsausgaben zu Betriebsausgaben kann zudem in vielen Unternehmen starken Einfluss auf die erfolgsabhängige Vergütung des Managements haben. Häufig werden Manager am operativen Ergebnis vor Investitionen gemessen („EBITDA-Steuerung"). Es kann daher zu Widerständen bei der unterjährigen Einführung kommen, wenn die Zielvereinbarungen nicht angepasst werden. Das Controlling muss dem IT-Management die Folgen für seine Zielerreichung aufzeigen und in enger Abstimmung mit der Personalabteilung gegebenenfalls Anpassungen vornehmen.

Obwohl das Controlling von Cloud-Lösungen einige neue Anforderungen stellt, ist es „nur" ein weiteres IT-Projekt im Unternehmen, welches finanziell gesteuert werden muss. Controller müssen grundlegende Kenntnisse zu unterschiedlichen Cloud-Lösungen haben, um das Projekt aus Controlling-Perspektive kompetent zu begleiten und das Management bezüglich der finanziellen Folgen zu beraten. Mit dem Wissen zur Cloud und deren finanziellen Komponenten können sie sich in der klassischen Business-Partner-Rolle profilieren (vergleiche Weber 2013, S. 65 ff.). Wenn Cloud-Lösungen im Controlling eingeführt werden, wachsen dagegen die Anforderungen, das Rollenbild des Controllers verändert sich.

## Cloud-Lösungen im Controlling

Cloud-Lösungen im Controlling basieren primär auf SaaS. Die Controlling-Applikationen werden damit durch einen Cloud-Anbieter bereitgestellt. Sowohl die Software als auch die Daten liegen in einer Cloud und sind folglich für jeden Berechtigten jederzeit und an jedem Ort mit einer geeigneten und gesicherten Datenverbindung erreichbar.

Die Nutzung der Cloud-Lösung erfolgt einerseits durch den Controller, der sich mit der neuen Technik vertraut machen muss. Für ihn ändern sich die häufig Excel-basierten Werkzeuge und die Datenverfügbarkeit. Andererseits wird dieses Angebot durch weitere berechtigte Mitarbeiter, insbesondere durch Kunden des Controllers aus dem Unternehmens-Management, genutzt. Diesen ermöglicht die Cloud-Lösung neue Optionen, unter anderem Self Service Reporting.

Der Umstellungsaufwand für Controller ist abhängig von der zuvor genutzten Controlling-Software. Oftmals arbeitet das Controlling mit lokal erstellten Excel-Tabellen, während bei einer Cloud-Lösung generell Datenbanken eingesetzt werden. Der Controller sollte sich daher Wissen über die Strukturierung von Datenbanken, Schnittstellen- und Abfragemöglichkeiten erarbeiten, um die neue Software effizient und effektiv zu nutzen. Hat das Unternehmen bereits zentrale Datenbanken im Einsatz, beispielsweise ein ERP-System, so ist die Umstellung weniger aufwendig, da im Controlling bereits Wissen zu Datenbanken existiert. Um Cloud-Lösungen effektiv für die tägliche Arbeit nutzen zu können, sollte der Controller trotzdem seine technische Kompetenz erweitern.

Er sollte wissen, wie die verwendete Cloud-Lösung grundlegend funktioniert, wo die Daten gespeichert werden und wie der Zugriff erfolgt. Dies erfordert kein umfassendes Informatikstudium, ermöglicht es jedoch dem Controller, besser mit der IT zusammenzuarbeiten und Fragen der Fachabteilungen kompetenter zu beantworten.

Kern der Herausforderung ist jedoch die Nutzung der Cloud-Lösung durch Nicht-Controller. Bisher hat der Controlling-Bereich sowohl die Daten- als auch die Deutungshoheit über finanzielle Kennzahlen des Unternehmens. Er garantiert als Datenlieferant die Datenqualität und die Konsistenz der Daten, erstellt und kommentiert die Berichte und verschickt diese häufig als PDF oder Powerpoint an die zuständigen Manager in den Fachbereichen. Die Self-Service-Reporting-Möglichkeiten von Cloud-Lösungen ändern dieses Rollenbild. Das Management ist nun in die Lage versetzt, standardisierte oder individuell angepasste Berichte ohne Einbindung eines Controllers selbst abzurufen. Die Standardisierung und Automatisierung führen zu Vorteilen wie höherer Aktualität und Verfügbarkeit der Daten. Entfällt mit der Einführung der Cloud-Lösung der bisherige Austausch

## Handlungsempfehlungen

- Beschäftigen Sie sich als Controller mit den finanziellen Komponenten einer Cloud-Lösung, um im Falle einer Einführung als kompetenter Business Partner des Managements bereit zu sein.
- Seien Sie im Falle der Einführung einer Cloud-Lösung offen gegenüber technischen Aspekten und behalten Sie aufgrund Ihres Hintergrundwissens die Deutungshoheit über die Finanzdaten.
- Informieren Sie sich zu Social Media Reporting, Big Data und Industrie 4.0, um den Weg zum digitalen Controller zu meistern.

zwischen Management und Controlling oder wird er stark reduziert, kann es jedoch zu Fehlinterpretationen mangels ausreichenden Hintergrundwissens durch das Management kommen. Beispielsweise können fehlende Kenntnisse zum Ablauf von Monatsabschlussprozessen zu Fehlschlüssen aus vorläufigen Zahlen führen. Kennzahlen können aufgrund

eines ungenügenden Einblicks in den Zusammenhang unterschiedlicher Einflussfaktoren falsch interpretiert werden. Wenn beispielsweise die monatlichen Veränderungen von Verhältniskennzahlen wie Liquiditäts- und Zinsdeckungsgrad, Debitoren- und Kreditorenumschlag oder Eigenkapitalrendite durch Einmaleffekte sehr stark ausfallen, wird es notwendig, diese über einen längeren Zeitraum zu betrachten. Werden diese Kennzahlen mittel Self Service Reporting unkommentiert bereitgestellt, kann dies eine Fehlerquelle darstellen, wenn Anwender nicht über ausreichende Controlling-Kenntnisse verfügen.

Hier kann das Controlling sich neu ausrichten und positionieren, um weiterhin die Deutungshoheit über die finanziellen Kennzahlen zu behaupten und wichtiger Ansprechpartner für das Management zu bleiben. Basis bleibt die Sicherung einer hohen Datenqualität. Hierzu müssen die Controlling-Prozesse bezüglich der finalen Berichts- und Datenversionen an die Cloud-Lösung angepasst werden, um die Konsistenz und Aktualität zu gewährleisten. Um jedoch nicht nur in die Rolle des Datenlieferanten und damit mehr in den Hintergrund zu geraten, muss das Controlling aktiver den Austausch mit dem Management suchen und zum Wissensvermittler werden. Dabei geht es neben dem technischen Wissen, wie mit der Cloud-Lösung umzugehen ist, insbesondere um die Vermittlung eines guten Controlling-Verständnisses gegenüber den internen Kunden. Die Kunden müssen in die Lage versetzt werden, grundlegende Analysen und Interpretationen der wichtigsten Unternehmenskennzahlen und der bereichsspezifischen Kennzahlen selbst durchzuführen. Der Controller kann ihnen überdies ein Verständnis zu grundlegenden Prozessen im Controlling wie beispielsweise dem Monatsabschluss vermitteln.

Neben der Wissensvermittlung sollte die Neuausrichtung des Controllings auch die Weiterentwicklung und Anwendung neuer Möglichkeiten der digitalen Transformation beinhalten. Zusammen mit der IT bringt das Controlling so als Innovator das Unternehmen voran. Zu möglichen Weiterentwicklungen gehört auch die Cloud-Lösung mit Echtzeitdaten, wodurch die genannten Prozesse zur Sicherung der Datenkonsistenz noch wichtiger werden. Ebenso kann die mobile Verfügbarkeit der Auswertungen auf unterschiedlichen Endgeräten wie Tablets und Smartphones ausgebaut werden, was höhere Anforderungen an die Datensicherheit mit sich bringt. Alle diese Entwicklungen sollte ein digitaler Controller kennen und umsetzen können.

## Schlussbetrachtung

Die Einführung von Cloud-Lösungen im Controlling ist eine Chance, sich über die Business-Partner-Rolle hinaus zu einem digitalen Controller zu entwickeln. Ein digitaler Controller macht sich die neuen Möglichkeiten der IT zu eigen und gibt sein Controlling-Wissen weiter. Er ist nicht nur beratend als Business Partner aktiv und kann mit der Strategieabteilung über das Geschäft diskutieren, sondern ebenso mit dem Chief Information Officer (CIO) über aktuelle Entwicklungen der digitalen Transformation und deren Auswirkungen auf das Controlling und das Unternehmen sprechen. Neben Cloud-Lösungen gehören hierzu Big Data, Social-Media-Controlling, Integrated Enterprise Architecture und weitere Aspekte, mit denen sich der digitale Controller in Zukunft auseinandersetzen wird.

*Literatur*

Guevara, J./Stegman, E./Hall, L. (2013): IT Key Metrics Data 2013: IT Enterprise Summary Report, Gartner.

Tunde, O./Willmott, P. (2013): Finding your digital sweet spot, in: McKinsey Quarterly, Fall 2013, S. 1-6.

 * Weber, J. (2013): Die Evolution des Controllers – Konzepte zur erfolgreichen Entwicklung von Controlling-Personal, in: Controlling & Management Review, 57 (7), S. 68-75. www.springerprofessional.de/link/6404364

* Abonnenten von Springer Professional haben kostenfrei Zugriff.

---

### Weitere Empfehlungen der Verlagsredaktion aus www.springerprofessional.de zu:

#### 🔍 **Cloud-Lösungen im Controlling**

Gadatsch, A./Mayer, E. (2014): Masterkurs IT-Controlling, Grundlagen und Praxis für IT-Controller und CIOs – Balanced Scorecard – Portfoliomanagement – Wertbeitrag der IT – Projektcontrolling – Kennzahlen – IT-Sourcing – IT-Kosten- und Leistungsrechnung, 5. Auflage, Berlin Heidelberg. www.springerprofessional.de/link/4259996

Bensberg, F. (2014): Cloud-Lösungen rational bewerten, in: Controlling & Management Review, 58 (7), S. 66-73. www.springerprofessional.de/link/6404790

**Angaben zum Autor:**

**Robert Ploss**
Doktorand am Institut für Accounting, Controlling und Auditing
Universität St. Gallen, St. Gallen, Schweiz
E-Mail: robert.ploss@student.unisg.ch

# E-Leadership braucht echte Chiefs

Weltweit haben nur sechs Prozent der Unternehmen einen Hauptverantwortlichen für den digitalen Wandel ernannt oder eingestellt. In Europa sind es immerhin 13 Prozent, die eine zentrale Steuerung durch einen Chief Digital Officer (CDO) für die beste Lösung halten. Das geht aus der „2015 Chief Digital Officer"-Studie der zu PwC gehörenden Strategieberatung Strategy& hervor. Untersucht wurden 1.500 Unternehmen, darunter die im Financial Time Global Top 500 gelisteten Firmen. Zusätzlich wurden CDOs von internationalen Konzernen befragt.

Auffallend ist, dass B2C-Unternehmen häufiger einen CDO einsetzen als B2B-Unternehmen. Auch zwischen den Branchen gibt es teils deutliche Unterschiede:

- Kommunikation, Medien und Unterhaltung: 13 Prozent
- Nahrungsmittelbranche: 11 Prozent
- Konsumgüterbranche: 9 Prozent
- Banking: 8 Prozent
- Automobil und Maschinenbau: 3 Prozent
- Energieversorger: 2 Prozent

„Zu den Aufgabenfeldern eines CDOs gehören zum Beispiel die Festlegung von Social-Media-Strategien, das Wirken als Change Manager bei der Implementierung von digitalen Prozessen im Unternehmen, aber auch ganz explizit die Optimierung der Leistungserstellung durch Einführung von IT-Lösungen (zum Beispiel durch ‚Big Data')", schreibt Rainer Zeichhardt, Professor für Allgemeine Betriebswirtschaftslehre an der Business School Berlin, in einem kürzlich veröffentlichten Beitrag zu E-Leadership.

Unstrittig ist: Die Digitalisierung braucht Experten. Der Trend, diese für Führung und Digitalität auf oberster Management-Ebene zu institutionalisieren, verdeutlicht die Relevanz von E-Leadership, betont Zeichhardt. Das zeigt auch das Beispiel Allianz. Der Versicherer legt die Gesamtverantwortung für die digitale Transformation in die Hände eines Managers. Dennoch reiche die Fokussierung auf einen Kompetenzträger letztendlich nicht aus. E-Leadership ist für alle Führungsbereiche und Hierarchieebenen relevant, digitales Know-how zu erwerben und zu transferieren Aufgabe aller Mitarbeiter, unterstreicht Zeichhardt.

Während viele Unternehmen bislang weder über einen CDO noch über einen Chief Digital Transformation Officer (CDTO) nachdenken, macht die schnelllebige Digitalisierung bereits neue Berufsbilder auf Führungsebene erforderlich: den Chief Mobile Officer (CMO). Bei allen Positionen sind dabei spezielle Management-Fähigkeiten gefragt, die das Recruiting zur Suche nach der sprichwörtlichen „eierlegenden Wollmilchsau" werden lässt. Technische Prozesse, Organisationsstrukturen, Unternehmenskultur und das Change Management gehören unter anderem zu den Aufgaben der digitalen Supermanager. Einen einheitlichen Werdegang haben die CDOs deshalb zumeist nicht. Laut der Studie von Strategy& kommen 34 Prozent aus dem Marketing, 17 Prozent aus dem Vertrieb, 14 Prozent aus der Technologieentwicklung und 13 Prozent aus der Beratung. Welchen Background die im Vorstand, auf Direktorenebene oder auf Stufe eines Vice Presidents verankerten Digital-Manager auch haben: Sie haben viel zu tun. Denn laut einer Accenture-Untersuchung verfügen erst 41 Prozent der Unternehmen über eine übergreifende Digitalstrategie.

**Andrea Ammerland**

⤓ Lesen Sie den gesamten Beitrag von Professor Zeichhardt auf www.springerprofessional.de/link/4412712.

# Prozessoptimierung rückt in den Fokus

Geht es nach der Geschäftsleitung, kann die IT-Transformation gar nicht schnell genug gehen, schließlich winken Effizienzsteigerungen und Kostensenkungen. 52,3 Prozent der deutschen Manager messen dem Digitalisierungsausbau oberste Priorität zu. Im Zuge der Digitalisierung ändern sich auch die Prioritäten der IT-Abteilungen. Wurden die IT-Budgets einst dazu verwendet, neue IT-Ausrüstung anzuschaffen oder Anwendungen zu entwickeln, fließt heute fast die Hälfte (46,3 Prozent) der Gelder in Betrieb und Wartung bestehender Systeme und Services. Die eigentlichen IT-Infrastrukturen verlieren in Zeiten von IT-Services und Cloud an Bedeutung. Dafür werden die Absicherung, Optimierung und Integration der Prozesse immer wichtiger, wie die aktuelle IT-Trends-Studie 2016 von Capgemini zeigt.

Mit der zunehmenden Digitalisierung treten auch Probleme auf. Als übergreifendes Thema zieht sich die IT-Sicherheit durch alle Überlegungen. Doch auch die Anforderungen an die Cloud- und Mobiltechnologien steigen, bei der Datenanalyse haben viele Unternehmen Nachholbedarf, und den Geräten und Sensoren des Internets der Dinge mangelt es derzeit noch an Reife. Geraten Digitalisierungsprojekte ins Stocken, liegt es letztlich aber meist an fehlendem Personal für die Umsetzung.

Neben dem Dauerbrenner Sicherheit bestehen die vordringlichen Aufgaben der IT in diesem Jahr darin, Prozesse zu optimieren und Daten und Anwendungen im Unternehmen so zu integrieren, dass die Digitalisierung Früchte trägt: durch mehr Flexibilität, Interaktion, Effizienz und Agilität. Mit umständlichen Prozessen und starren Anwendungen lässt sich das nicht bewerkstelligen, daher steht 2016 für die IT-Verantwortlichen im Zeichen des Ausmistens und Aufräu-

mens bei bestehenden Anwendungen. Nach einer Bestandsaufnahme lassen sich zahlreiche Applikationen in die Cloud migrieren, konsolidieren oder abschalten.

Außerdem beschäftigen sich Unternehmen damit, bessere Konzepte für das Management von Compliance und Risiken zu finden. Als wichtigsten Ansatz sehen die Verantwortlichen Privacy by Design an, bei dem schon bei der Entwicklung von Anwendungen und Systemen der Datenschutz berücksichtigt wird. Security Automation soll künftig Störungen durch menschliches Versagen zum Beispiel durch falsche Konfiguration, auf die sich ein Großteil der Vorfälle zurückführen lässt, ausschließen. Auch die Cloud Security nimmt wenig überraschend einen hohen Stellenwert ein. Deutlich an Popularität gewonnen hat die Absicherung von mobilen Privatgeräten, weil immer mehr Mitarbeiter ihre eigenen Smartphones, Tablets und individuelle Apps und Services auch dienstlich einsetzen. **Jacqueline Pohl**

# Firmen investieren zu spät in die IT-Sicherheit

Obwohl das Thema Sicherheit von deutschen Entscheidern in beinahe jeder Umfrage als größte Sorge hinsichtlich des Einsatzes neuer IT-Technologien genannt wird, lassen Unternehmen erstaunlicherweise keine Taten folgen. In den wenigsten Betrieben wird der IT-Sicherheit der angemessene Stellenwert zugeschrieben. Zentral organisiert ist der Schutz der IT selten, häufig wird er in jedem IT-Bereich und Projekt gesondert betrachtet.

Die eingesetzten Sicherheitssysteme sind oft veraltet, sodass sie neuen Bedrohungen nicht gewachsen sind. Das hat eine Studie von Dell in 175 deutschen Firmen aller Branchen und Größen ergeben. Demnach verfügen weniger als ein Viertel der Unternehmen über eine zentrale IT-Sicherheitsabteilung, nur acht Prozent haben einen IT-Sicherheitsverantwortlichen (Chief Information Security Officer – CISO).

Mehr als die Hälfte der Unternehmen sind nicht gut geschützt, weil ihre Sicherheitsmaßnahmen veraltet sind. Das ist den Verantwortlichen durchaus bewusst, dennoch sehen viele keinen Handlungsbedarf oder geben an, dass ihnen die Hände gebunden sind. Drei Gründe werden am häufigsten genannt: Das Personal fehlt (54,7 Prozent), das IT-Sicherheitsbudget ist zu knapp (55,8 Prozent) und es gab noch keine ernsten Sicherheitsvorfälle (57,0 Prozent). Wenn es dann zu einem solchen ernsten Sicherheitsverstoß kommt, bricht in

der Regel hektische Betriebsamkeit aus, weil nun auch die Geschäftsführung für das Thema sensibilisiert ist – und das nötige Budget für Verbesserungen freigibt. Bis dahin behelfen sich IT-Abteilungen mit Flickschusterei und stopfen Lücken, so gut es eben geht.

Die Experten von Dell halten diese Einstellung für fatal. Sollten sich Datendiebe Zugang zu den sensiblen Informationen des Unternehmens verschaffen, könnten sie Daten stehlen, ohne dass der Vorfall überhaupt bemerkt wird. Schließlich verschwinden keine Unterlagen wie in der physischen Welt, und auch keine offensichtlichen Einbruchsspuren bleiben zurück. Die Daten werden schlicht kopiert. Unternehmen ohne geeignete Sicherheitstools müssten davon ausgehen, dass sie bereits Opfer eines Datendiebstahls geworden sind.

Mehr Geld und Personal würden Abhilfe schaffen und können die Sicherheit verbessern, ohne dass erst etwas passieren muss. Hätten die Verantwortlichen die nötigen Mittel, dann würden sie zuerst ihre Mitarbeiter besser schulen (72 Prozent), außerdem den Rat externer Sicherheitsexperten einholen (53 Prozent), neue Sicherheitslösungen anschaffen (47 Prozent), mehr Personal anheuern (47 Prozent) und eine zentrale IT-Sicherheitsabteilung einrichten (35 Prozent).

**Jacqueline Pohl**

## Call for Papers

Sie haben Interesse an einer Publikation in unserer Zeitschrift? Eingereicht werden können Beiträge zu unseren ständigen Rubriken oder zu unseren kommenden Schwerpunktthemen:

| Heftthema | Einreichfrist |
| --- | --- |
| Weiterbildung im Controlling | 01.06.2016 |
| Organisation des Controllings (Sonderheft) | 15.06.2016 |
| Wertschöpfung 4.0: Digitalisierung der Geschäftsprozesse | 01.08.2016 |

# ⬇ www.springerprofessional.de

## Beitrag des Monats

# Erfolgreich verhandeln und Ziele erreichen

In der Ausbildung oder im Studium werden in der Regel vor allem Fachinhalte vermittelt. Doch Soft Skills müssen sich die meisten Berufstätigen selbst aneignen. Im Berufsalltag erleben angehende Finanzfachkräfte dann Situationen, auf die sie niemand vorbereitet hat.

Viele Controller müssen beispielsweise immer wieder strategisch wichtige Verhandlungen führen. Dabei ist es häufig so, dass durch Kommunikationsprobleme Konflikte entstehen. Läuft die Verhandlung nicht so wie erhofft, ist die Enttäuschung groß. Im schlimmsten Fall ist das Ergebnis für das Unternehmen sogar von Nachteil. Warum erreichen manche Menschen in fast allen Verhandlungen ihr Wunschergebnis und andere nicht? Hat es keine fachlichen Gründe, liegt es in der Regel an der Verhandlungsstrategie. Es gibt verschiedene Verhandlungstaktiken, mit denen Controller ihr Ziel, zum Beispiel die Einführung eines neuen Prozesses, besser erreichen können.

⬇ Lesen Sie weiter auf www.springerprofessional.de/link/7821990.

## Weitere meistgeklickte Beiträge

**2.** Welche Vorteile eine GmbH & Co. KG bietet

⬇ www.springerprofessional.de/link/6601318

**3.** Kennzahlensysteme für Shared Service Center

⬇ www.springerprofessional.de/link/7484918

**4.** Ist die Zinsschranke verfassungswidrig?

⬇ www.springerprofessional.de/link/7467994

**5.** CFOs suchen Finanzspezialisten

⬇ www.springerprofessional.de/link/7457762

## Das Wissensportal Springer für Professionals

Unser Wissensportal bündelt die wichtigsten Fachgebiete in Wirtschaft und Technik. Im Channel „Finance & Controlling" finden Sie aktuelle Informationen und weiterführende Literatur für Controller. Dort ist auch das Archiv der Controlling & Management Review hinterlegt. Abonnenten haben auf die mit ⬇ gekennzeichneten Inhalte kostenfrei Zugriff.

⬇ **www.springerprofessional.de**

Bernd Heesen,
Wolfgang Gruber:
Bilanzanalyse und Kennzahlen,
Wiesbaden 2016.
Bestellbar als Buch oder
E-Book auf www.springer.com.

## Empfehlung des Monats

# Von E-Bilanz zu ELBA

Der E-Bilanz steht eine interessante Entwicklung bevor: ELBA. Damit sollen Kreditprozesse künftig digitalisiert werden. Unternehmen müssen dann nicht mehr mit der ausgedruckten Bilanz zur Bank gehen, um einen Kredit zu beantragen. Verfahren sollen dadurch kostengünstiger und schneller sowie Fehler durch manuelle Übertragungen vermieden werden. Mit der E-Bilanz existiert schon ein Verfahren zur elektronischen Übermittlung der Unternehmensbilanzdaten. Das Bundesfinanzministerium will deshalb die E-Bilanz technisch weiterentwickeln. Firmen sollen erste Bilanzen im zweiten Quartal 2017 digital an Banken- und Kreditinstitute übermitteln können.

⬇ Mehr erfahren auf www.springerprofessional.de/link/7502924.

# Thema der nächsten Ausgabe:

## Master Data –
## Eine Frage der Qualität

Eigentlich müssten sich Controller fühlen wie im Schlaraffenland: Sie können auf unvergleichlich mehr Unternehmensdaten zurückgreifen als noch vor einigen Jahren. Doch ist Vorsicht geboten. Nur wenn die Qualität der Stammdaten stimmt, ist auch das Ergebnis der Analysen aussagekräftig. Unternehmen haben deshalb in den letzten Jahren Milliarden Euro investiert, um ihre Stammdaten zu bereinigen und zu harmonisieren. Wie diese mit innovativen Controlling-Konzepten professionell vorbereitet und gemanaged werden können, zeigen in diesem Heft unter anderem Beispiele der Bayer AG, der Swisscom und der Bosch Gruppe. Ein Interview mit Volker Hagemann gewährt zudem Einblicke in das neue Business-Intelligence-System „Oscar" der Leica Camera AG.

# Impressum

**Controlling & Management Review**
www.springerprofessional.de/cmr
Ausgabe 2 | 2016 | 60. Jahrgang
ISSN-Print 2195-8262
ISSN-Internet 2195-8270
Bis 2002: krp-Kostenrechnungspraxis
Bis 2012: ZfCM – Zeitschrift für Controlling
& Management

Verlag
Springer Gabler / Springer Vieweg
Springer Fachmedien Wiesbaden GmbH
Abraham-Lincoln-Str. 46, 65189 Wiesbaden

Geschäftsführer
Joachim Krieger,
Dr. Niels Peter Thomas

Redaktion
**Gesamtleitung Magazine:**
Stefanie Burgmaier

**Verantwortliche Redakteurin
Springer Gabler:**
Ass. jur. Vera Treitschke, LL.M.
Tel.: +49 (0)611 7878-135
vera.treitschke@springer.com

**Herausgeber:**
Prof. Dr. Utz Schäffer
WHU – Otto Beisheim School of
Management, Institut für Management
und Controlling (IMC), Burgplatz 2,
56179 Vallendar
www.whu.edu

Prof. Dr. Dr. h. c. Jürgen Weber
WHU – Otto Beisheim School of
Management, Institut für Management
und Controlling (IMC), Burgplatz 2,
56179 Vallendar
www.whu.edu

**Redaktion WHU:**
M.A. Brigitte Braun
Tel.: +49 (0)261 6509-486

Dipl.-Kfm. Babak Mirheli
Tel.: +49 (0)261 6509-466

M. Sc. Fabian Mohr
Tel.: +49 (0)261 6509-706

Mag. phil. Bernadette Wagener
Tel.: +49 (0)261 6509-488

Kontakt: cmr@whu.edu

Anzeigen, Marketing und Produktion
**Leiter Media Sales:** Volker Hesedenz
**Leiter Vertrieb + Marketing:** Jens Fischer
**Gesamtleitung Produktion:**
Dr. Olga Chiarcos

**Verkaufsleitung
(verantwortlich für den Anzeigenteil):**
Eva Hanenberg
Tel.: +49 (0)611 7878-226
Fax: +49 (0)611 7878-430
eva.hanenberg@springer.com

**Anzeigendisposition:**
Nicole Brzank
Tel.: +49 (0)611 7878-616
Fax: +49 (0)611 7878-443
nicole.brzank@springer.com

Anzeigenpreise: Es gelten die Mediadaten
vom 1. Oktober 2015.

**Produktmanagement:**
Dipl.-Kfm. Philipp Holsen
Tel.: +49 (0)611 7878-293
philipp.holsen@springer.com

**Satz, Layout und Produktion:**
Iris Conradi

**Alle angegebenen Personen sind, sofern
nicht ausdrücklich angegeben, postalisch
unter der Adresse des Verlags erreichbar.**

Sonderdrucke
Martin Leopold
Tel.: +49 (0)2642 9075-96
Fax: +49 (0)2642 9075-97
leopold@medien-kontor.de

Leserservice
Springer Customer Service Center GmbH
Springer Gabler Service
Haberstraße 7, 69126 Heidelberg
Tel.: +49 (0)6221 345-4303
Fax.: +49 (0)6221 345-4229
Montag bis Freitag 08.00 bis 18.00 Uhr
springergabler-service@springer.com

Druck
Kliemo Printing AG,
Hütte 53, 4700 Eupen, Belgien

Titelbild
© Jörg Block

Bezugsmöglichkeiten
Die Zeitschrift erscheint im Abonnement
sechsmal jährlich.

Bestellmöglichkeiten und Details zu den
Abonnementbedingungen finden Sie unter
www.mein-fachwissen.de/cmr.

Jährlich können ein bis vier Sonderhefte
hinzukommen. Der Preis pro Sonderheft
beträgt regulär 49,95 Euro, der Vorzugs-
preis für Abonnenten der Controlling &
Management Review 29,00 Euro. Die
Sonderhefte werden Abonnenten gegen
gesonderte Rechnung geliefert.

Bei Nichtgefallen können sie innerhalb einer Frist von drei Wochen an die Vertriebs-
firma zurückgesandt werden. Zusätzliche
Liefer- und Versandkosten fallen nicht an.

Jedes Jahresabonnement beinhaltet eine
Freischaltung für das Online-Archiv auf
Springer für Professionals. Der Zugang gilt
ausschließlich für den einzelnen Empfänger des Abonnements.

# Garbage in, Garbage out

**Liebe Leserinnen und Leser,**

die Harmonisierung von Stammdaten ist für die meisten Unternehmen immer noch eine immense Herausforderung, die relativ schnell auch zum Prozess- und System-Thema wird. Wer könnte nicht ein Lied davon singen, dass die Datenbasis des Controllings und anderer Unternehmensfunktionen viel zu häufig eben nicht aus einem Guss ist, sondern von unterschiedlichen lokalen und zentralen Systemen gespeist wird? Wer hat sich nicht schon den Kopf darüber zerbrochen, wie die Qualität der Daten hinreichend sichergestellt werden kann, ohne dass die gesamte Organisation durch überdimensionierte IT-Projekte oder ein übertriebenes Qualitäts-Management gelähmt wird? Richtig Freude kommt immer dann auf, wenn eine Systemlandschaft durch Unternehmensakquisitionen „angereichert" wird oder wenn – wie etwa im Personalbereich – zur Harmonisierung der Daten das Votum des Betriebsrats einzuholen und eine ganze Reihe gesetzlicher Rahmenbedingungen zu beachten ist. Zu tun gibt es im Stammdaten-Management wahrlich genug.

Dennoch beobachten wir, dass die meisten Controller nach Möglichkeit eher auf Abstand zu dem Themenfeld bleiben. Dafür gibt es viele Gründe. Zunächst ist die Pflege und kontinuierliche Weiterentwicklung der Stammdaten einer Organisation auf den ersten Blick sicherlich kein sonderlich spannendes, sondern eher ein extrem „erbsiges" Sujet („Kärrnerarbeit"). Aufmerksamkeit des Managements kann man damit nur schwer erringen. Zudem fallen große Teile der Stammdaten eines Unternehmens in die Verantwortung anderer Vorstandsbereiche wie Produktion oder Personal und sind auch nicht immer finanzieller Natur, sodass das naheliegende Synergieargument zumindest teilweise entkräftet werden kann. Und schließlich: (Fast) jeder Controller hat schon mehr als genug zu tun und wird sich zweimal überlegen, welche zusätzlichen Betätigungs- und Schlachtfelder er sich sucht.

All diesen Argumenten zum Trotz: Die Reputation der Controller ist generell auf die Verlässlichkeit und Belastbarkeit der führungsrelevanten Informationen gebaut. Wenn sich

*Utz Schäffer*      *Jürgen Weber*

Controller als Gatekeeper zu den Daten oder gar als Hüter eines Single Point of Truth in der Organisation sehen, dürfen sie das Thema Stammdaten-Management nicht links liegen lassen. Das altbekannte Motto „garbage in, garbage out" gilt auch hier und wird – so unsere Prognose – noch weiter an Bedeutung gewinnen. Digitalisierte Geschäftsprozesse und ebenso automatisierte Reporting- und Steuerungs-Routinen machen das Themenfeld endgültig zur Pflicht, weil sich in einer digitalen Welt Fehler in der Stammdatenbasis noch gnadenloser und noch unmittelbarer in der Qualität des Steuerungs-Outputs niederschlagen. So spannend das Nachdenken über neue digitale Plattformen und das Potenzial von Predictive Analytics auch sein mag: Wer seine Hausaufgaben im Bereich des Stammdaten-Managements nicht gemacht hat, kann gleich zu Hause bleiben. Die Party wird ohne ihn stattfinden.

Viel Spaß bei der Lektüre wünschen Ihnen

Utz Schäffer        Jürgen Weber

# 3 | 2016

www.springerprofessional.de/cmr

### Beilagenhinweis
Dieser Ausgabe liegen Beilagen der Firmen Horvàth Akademie GmbH, Stuttgart und NWB Verlag GmbH & Co. KG, Herne, bei. Wir bitten unsere Leserinnen und Leser um Beachtung.

# Master Data – Eine Frage der Qualität

Die Größe eines Wortes stellt die relative Häufigkeit in allen Beiträgen der Rubrik Schwerpunkt dar.

Stammdatenqualität
Fehlerquellen
Stammdaten-Management
Datenqualität
Verantwortung
Qualität
Mitarbeiter
Digitalisierung
Auswertung
HR
Daten
globalen
einheitliche
Master Data
System
Prozesse
verlässliche
Kunden
Nutzung
Datenbasis
Stammdaten
Datenpflege
Personaldaten
bewirtschaften
Automatisierung
Governance
Geschäftsprozesse

# Schwerpunkt

## Master Data –
## Eine Frage der Qualität

# Master Data erfolgreich managen

In Zeiten digitaler Geschäftsmodelle und Industrie 4.0 steigt die Bedeutung von Stammdaten für den Geschäftserfolg. Unternehmen müssen sie als Kernressource begreifen, die es zu bewirtschaften gilt. Drei Unternehmen gelang dies zuletzt besonders gut. Aus ihren Erfahrungen lassen sich wesentliche Erfolgsfaktoren für ein professionelles Stammdaten-Management ableiten.

*Boris Otto, Christine Legner*

Die Digitalisierung ist ein Leittrend, der alle Gesellschafts- und Wirtschaftsbereiche erfasst. Neue Informations- und Kommunikationstechnologien (IuK-Technologien) aus dem privaten Bereich halten Einzug in Unternehmen. Beispiele sind Empfehlungssysteme, wie von Amazon und anderen Online-Händlern bekannt, App-Technologien und „smarte" Services, die unterschiedliche Lebenssituationen wie reisen, einkaufen, gesund werden und bleiben unterstützen. Unternehmen nutzen diese Technologien, um ihr Leistungsangebot spezifischer und individueller auf Kundenbedürfnisse zuzuschneiden. Es bilden sich immer mehr hybride Leistungsangebote heraus, also Bündel aus physischen Produkten, klassischen und digitalen Services. Dadurch steigt die Komplexität der Leistungserstellung. Unternehmen versuchen, diese Komplexität zu beherrschen, indem sie die Fertigung, die einzelnen Maschinen, aber auch Betriebsmittel stärker automatisieren und vernetzen und gleichzeitig „autonomer" agieren lassen. Der Begriff Industrie 4.0 fasst diese Entwicklungen der Digitalisierung von Industriebetrieben zusammen.

Der wichtigste Faktor zur erfolgreichen Digitalisierung sind Daten. Denn Daten bilden das Bindeglied zwischen Kunden, Leistungsangebot, eigener Leistungserstellung und Zuliefernetzwerk. Kundendaten sind Kern für einen 360-Grad-Blick auf den Kunden der hybriden Leistungsbündel. Die Qualität von Produkt-, Material- und Lieferantendaten ist Voraussetzung für Leistungserstellungsprozesse der Industrie 4.0. Insgesamt müssen Unternehmen verschiedenste Datengüter, also eigene Daten, Daten von Zulieferern und öffentliche Datengüter, effizient und effektiv bewirtschaften.

Die wichtigsten Datengüter sind Stammdaten (Master Data). Sie beschreiben die Kerngeschäftsobjekte eines Unternehmens, beispielsweise Kunden, Lieferanten, Produkte, Materialien, Mitarbeiter oder Anlagegüter. Sie sind das Fundament und die Grundlage für viele andere Daten im Unternehmen wie Bewegungsdaten (Rechnungen, Bestellungen et cetera) oder Bestandsdaten (Lagerbestände, Kontostände et cetera). Aber auch für die Analyse großer Datenbestände wie zum Beispiel zur besseren Prognose von Instandhaltungsbedarfen von Produktionsanlagen oder der Auswertung von Konsumentenmeinungen zu Produkten in sozialen Netzwerken werden sie benötigt.

*„Stammdaten-Management ist nicht allein eine Software-Lösung, sondern in erster Linie eine Organisationsaufgabe."*

Unternehmen müssen Stammdaten als Kernressource betrachten und diese ebenso wie Mitarbeiter, Produktionsanlagen oder Patente bewirtschaften (vergleiche Otto/Österle 2015). Gelingt es ihnen nicht, ihre Stammdaten als wichtigste Datengüter effektiv und effizient zu bewirtschaften, können sie die Potenziale der Digitalisierung, zu denen die Erhöhung der Kundenbindung, die Steigerung der Geschäftsprozesseffizienz et cetera zählen, nicht

*Prof. Dr. Boris Otto*
*ist Inhaber der Audi-Stiftungsprofessur Supply Net Order Management an der TU Dortmund, Leiter der Fraunhofer-Initiative Industrial Data Space und Präsident des Verwaltungsrats der CDQ AG.*

*Prof. Dr. Christine Legner*
*ist Direktorin des Department of Information Systems an der Universität Lausanne und akademische Leiterin des Kompetenzzentrums Corporate Data Quality.*

Boris Otto
Technische Universität Dortmund, Dortmund, Deutschland
E-Mail: boris.otto@tu-dortmund.de

Christine Legner
Universität Lausanne, Lausanne, Schweiz
E-Mail: christine.legner@unil.ch

nutzbar machen. Hierzu ist ein professionelles Stammdaten-Management notwendig.

### Stammdaten-Management als Unternehmensfunktion

Stammdaten-Management (Master Data Management – MDM) darf aufgrund der hohen Bedeutung von Stammdaten als Kernressource für Unternehmen kein einmaliges Unterfangen oder Projekt sein. Vielmehr muss es dauerhaft als Unternehmensfunktion etabliert werden, etwa wie das Qualitäts-Management, die Instandhaltung et cetera (vergleiche Legner/Otto 2007). Stammdaten-Management ist also nicht allein eine Software-Lösung, sondern in erster Linie eine Organisationsaufgabe.

Erste Ansätze zur Übertragung von Konzepten zur Bewirtschaftung physischer Güter auf Daten als immaterielle Güter entstanden in den frühen 1990er Jahren am Massachusetts Institute of Technology (MIT). So entlehnte das Total Data Quality Management (TDQM) Prinzipien aus dem Lean

> *Eine erfolgreiche Digitalisierung setzt ein systematisches Management von Stammdaten voraus.*

> *„Das Controlling der Stammdatenqualität mit kontinuierlichen Messungen spielt eine wesentliche Rolle."*

Management und dem Total Quality Management und postulierte, durch die Einrichtung von sogenannten Data Stewards das Qualitäts-Management für Daten organisatorisch zu verankern. Außerdem sollte die Qualitätssicherung der Daten bereits bei der Erfassung und nicht erst bei der Nutzung der Daten beispielsweise im Berichtswesen erfolgen (vergleiche Wang 1998).

Das Kompetenzzentrum Corporate Data Quality (CC CDQ) griff diese ersten Ansätze auf und entwickelte das qualitätsorientierte Stammdaten-Management. Das CC CDQ wurde 2006 am Institut für Wirtschaftsinformatik der Universität St. Gallen gegründet. Es ist ein Konsortialforschungsprojekt, in dem Forscher der Universität St. Gallen und des Fraunhofer-Instituts für Materialfluss und Logistik sowie Mitarbeiter aus Informatik- und Fachabteilungen von mehr als 25 Unternehmen mitwirken. Ziel der Konsortialforschung als einer multilateralen Form von Design Science Research beziehungsweise Action Design Research ist die gemeinschaftliche Entwicklung von sogenannten Design-Artefakten (zum Beispiel Methoden, Architekturen, Referenzmodelle), die sowohl wissenschaftlichen Erkenntnisgewinn als auch praktischen Nutzen schaffen (vergleiche Österle/Otto 2010). Daneben sieht die Konsortialforschung auch Workshops mit allen Konsortialpartnern vor, in denen Zwischenergebnisse durch die Unternehmen präsentiert und innerhalb der Fokusgruppe dann diskutiert und validiert werden.

Das im Rahmen dieser Forschung entwickelte Referenzmodell für Stammdaten-Management zielt darauf ab, die qualitätsorientierte Bewirtschaftung von unternehmensweit genutzten Daten als Unternehmensfunktion, also standort-, funktions- und spartenübergreifend, zu verankern. Kernergebnis

### Zusammenfassung

- Unternehmen müssen ihr Stammdaten-Management optimieren.
- Das vom Kompetenzzentrum Corporate Data Quality für qualitätsorientiertes Stammdaten-Management entwickelte Referenzmodell bietet eine Matrix der wesentlichen strategischen, organisatorischen und technischen Handlungsbereiche.
- Beispiele aus der Praxis veranschaulichen Anwendungsmöglichkeiten des Referenzmodells und bieten Handlungsempfehlungen.

des CC CDQs ist ein Referenzmodell, das aus sechs organisatorischen Fähigkeiten besteht, die auf strategischer Ebene, auf Prozessebene und auf Informationssystemebene angesiedelt sind (vergleiche **Abbildung 1**). Seit 2011 gibt die European Foundation for Quality Management (EFQM) dieses Referenzmodell als Handlungsempfehlung für die Industrie heraus (vergleiche EFQM 2012).

Die Best-Practice-Konzepte der Unternehmen, im vorliegenden Fall Bayer Health Care, Bosch und Swisscom, basieren auf diesem Referenzmodell und sind Ergebnisse des Kompetenzzentrums Corporate Data Quality (CC CDQ).

## Best Practices

Der „EFQM Good Practice Award for Corporate Data Quality Management (CDQM)" wurde im November 2015 bereits zum dritten Mal vergeben. Alle Bewerbungen erläuterten, mit welchem Erfolg qualitätsorientiertes Stammdaten-Management im eigenen Unternehmen umgesetzt wurde und welche betriebswirtschaftlichen Vorteile sich dadurch ergaben. Anschließend wurden alle Einreichungen von einer unabhängigen, international besetzten Jury bewertet. Die drei Finalisten, die Unternehmen Bayer Health Care, Bosch und Swisscom, stellten der Jury zudem ihren Lösungsansatz in einem Webinar im Detail vor.

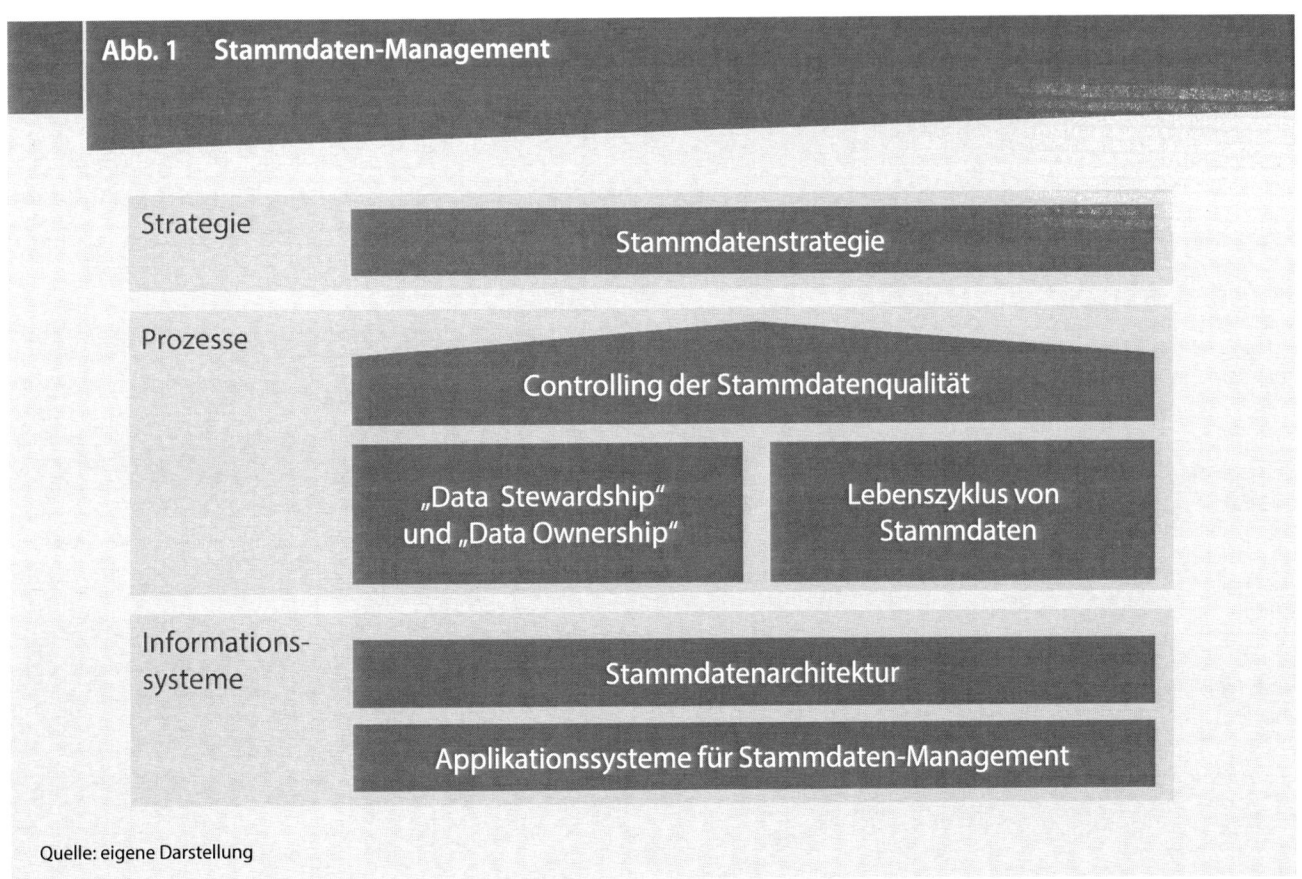

**Abb. 1    Stammdaten-Management**

Strategie — Stammdatenstrategie

Prozesse — Controlling der Stammdatenqualität

„Data Stewardship" und „Data Ownership"

Lebenszyklus von Stammdaten

Informationssysteme — Stammdatenarchitektur

Applikationssysteme für Stammdaten-Management

Quelle: eigene Darstellung

## Die qualitätsorientierte Bewirtschaftung von Daten muss als Unternehmensfunktion im Unternehmen verankert sein.

### Bayer Health Care: Datensichten vereinheitlichen

Die Bayer Health Care AG ist ein Tochterunternehmen der Bayer AG. Sie gliedert sich in die vier Unternehmenssparten Animal Health, Pharmaceuticals, Consumer Care sowie Medical Care und erzielte 2014 mit mehr als 60.000 Mitarbeitern einen Gesamtumsatz von fast 20 Milliarden Euro. Das Unternehmen sieht sich einem Wandel weg von einer Produktzentrierung hin zu einer Kunden- beziehungsweise Personenzentrierung ausgesetzt. Anwendungssysteme und Datenmodelle waren in der Vergangenheit jedoch eher funktional und anwendungsbezogen organisiert. Notwendig wurden deshalb eine kunden- sowie geschäftspartnerorientierte Sicht auf die Daten.

Der neue Corporate Data Integration Service (CDIS) der Bayer Health Care AG stellt eindeutig definierte Geschäftspartnerdaten in hoher Qualität sowie die zugehörigen Datenmodelle bereit. Datennutzer sind verschiedene Geschäftsprozesse wie das Kundenbeziehungs-Management, das Marketing und die Beschaffung. Auf Basis eines gemeinsamen Datenmodells für Geschäftspartnerdaten, von einheitlichen Rollen und Verantwortlichkeiten für die Daten sowie anwendungsübergreifenden Integrationsprozessen sammelt, bereinigt, vergleicht und veredelt der CDIS Daten aus verschiedenen Quellsystemen. Dadurch wird ein 360-Grad-Blick auf Geschäftspartner über verschiedene Unternehmensfunktionen und Geschäftsprozesse hinweg ermöglicht.

Beispielhaft wird dies bei einem 360-Grad-Blick über den gesamten Lebenszyklus eines Arzt-Kunden deutlich (vgl. **Abbildung 2**): Ein Medizinstu-

**Abb. 2  Bayer Corporate Data Intergration Service (CDIS)**

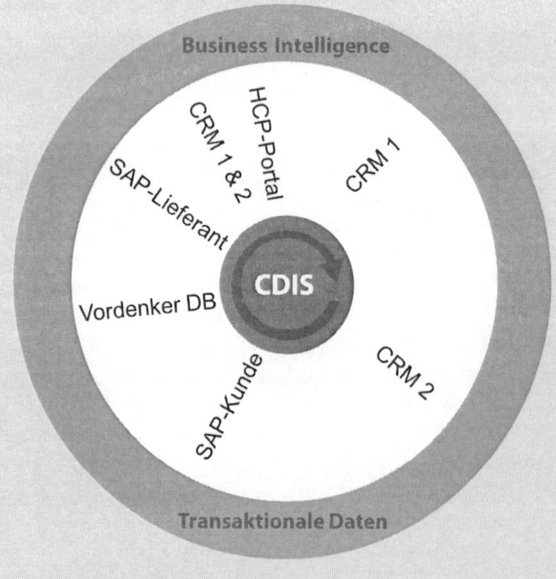

**360-Grad-Blick über den gesamten Lebenszyklus**
- Medizinstudenten registrieren sich über ein Healthcare Professionals Portal
- Student wird Arzt und beginnt, im Krankenhaus zu arbeiten (CRM 1)
- Arzt beendet seine Arbeit im Krankenhaus und eröffnet eine Praxis (CRM 2)
- Arzt wechselt in eine größere Praxis und wird Käufer von Produkten der Strahlenforschung (SAP-Kunde)
- Arzt beeinflusst stark die Produkte der Strahlenforschung (Vordenker DB)
- Arzt wird als Kongresssprecher von Bayer geworben (SAP-Lieferant)
- Arzt beendet seine aktive Karriere und geht in Ruhestand (CRM 1 und 2)

HCP = Healthcare Professionals Portal; CRM = Customer Relationship Management; DB = Datenbank; CDIS = Corporate Data Integration Service

Quelle: Bayer Health Care AG 2015

dent registriert sich über ein Healthcare Professionals Portal beim Unternehmen. Nach dem Studium arbeitet er als Arzt in einem Krankenhaus und wird dort durch ein Customer Relationship Management erfasst. Nachdem er einige Jahre später gegebenenfalls das Krankenhaus verlassen hat und eine Praxis eröffnet, wird er wieder in einem entsprechenden Customer Relationship Management registriert. Wechselt er in eine größere Praxis und wird Käufer von Produkten der Strahlenforschung, wird er zudem als SAP-Kunde verzeichnet. Beeinflusst er dann beispielsweise seinerseits stark die Produkte der Strahlenforschung, wird er zusätzlich in die Vordenker Datenbank von Bayer Health Care aufgenommen. Als solcher wird er von Bayer als Kongresssprecher geworben und wiederum ins System eingegeben (SAP-Lieferant). Beendet der Arzt seine aktive Karriere und geht in Ruhestand, wird dies wiederum erfasst. Mithilfe des Corporate Data Integration Service hat das Unternehmen über diesen gesamten Zeitraum eine einheitliche Sicht auf die Person, unabhängig von ihren verschiedenen Rollen im Zeitverlauf.

Nach einer lediglich neun Monate dauernden Projektphase konnten erste Funktionen genutzt werden. Zurzeit werden monatlich etwa 10.000 Datensätze von Geschäftspartnern aus 32 Ländern und 15 verschiedenen Ursprungssystemen verarbeitet.

Damit bietet CDIS eine Vielzahl von Vorteilen für Bayer Health Care, zum Beispiel die einfachere Datenpflege, eine verbesserte Datenqualität sowie weiter reichende Auswertungs- und Berichtsfunktionen in allen Geschäftsprozessen.

### Bosch: Datenqualität dauerhaft sichern

Die Bosch Gruppe beschäftigt weltweit circa 375.000 Mitarbeiter und erwirtschaftete 2015 in den Unternehmensbereichen Mobilitätslösungen, Industrietechnik, Konsumgüter sowie Energie- und Gebäudetechnik einen Gesamtumsatz von circa 70 Milliarden Euro.

Stammdaten-Management ist ein wichtiger Bestandteil der „Business Process Management"-Initiative im Unternehmen, die auf die unternehmensweite Verbesserung der Geschäftsprozesse abzielt. Durchgängig einheitlich verwendete Stammdaten sind dafür eine Voraussetzung, weswegen das Stammdaten-Management als Shared Service organisiert und damit innerhalb der gesamten Bosch Gruppe nutzbar ist.

Die „Master Data Quality Services Platform" ist ein umfassender Werkzeugkasten für zahlreiche Aufgaben des Stammdaten-Managements. Sie bietet ein umfassendes, einsatzfähiges Rahmenwerk, das zahlreiche Aktivitäten im Bereich des Data Quality Managements unterstützt.

Das funktionale Leistungsangebot der Plattform wird kontinuierlich ausgebaut. Die Plattform ist zudem vollständig in die IT-Systemlandschaft von Bosch integriert, sodass nun ein Regelkreis über den gesamten Lebenszyklus der Stammdaten, von der Erfassung der Daten bis zu ihrer Nutzung, für die Mitarbeiter zur Verfügung steht.

Dieser sogenannte „Master Data Quality Cycle" (vergleiche **Abbildung 3**) basiert auf dem oben dargestellten Referenzmodell. Zentrale Elemente sind

> Ein einheitliches Datenmodell ist wesentlicher Erfolgsfaktor.

---

### Handlungsempfehlungen

- Machen Sie klar, dass Stammdaten-Management einen Beitrag zu den Unternehmenszielen leistet.
- Führen Sie ein konsistentes Modell der unternehmensweit genutzten Stammdaten ein.
- Richten Sie Regelkreise für Stammdatenqualität ein und überwachen Sie diese durch Messsysteme.
- Machen Sie deutlich, dass die Datenqualität dem „First-time-right"-Prinzip folgen muss.
- Integrieren Sie Software-Lösungen für Stammdaten-Management in die Applikationslandschaft.

die Definitionen von Rollen für die Stammdatenqualität (Master Data Officer und Master Data Owner) sowie die Einführung von Kennzahlen für die Datenqualität (Key Performance Indicators).

Die Plattform unterstützt so beispielsweise die Prüfung und Bereinigung von Postanschriften sowie Veredelung von Adressen etwa durch Geo-Daten, die Prüfung auf Duplikate mittels unscharfer Suchmöglichkeiten für unterschiedliche Geschäftsobjekte sowie ein regelbasiertes Berichtswesen zur Stammdatenqualität auf Basis von definierten Kennzahlen.

> *„Die hohe Benutzerfreundlichkeit hat die Bereitschaft der Mitarbeiter, sich für Stammdatenqualität einzusetzen, deutlich verbessert und Geschäftsprozesse effizienter gemacht."*

Dies und die hohe Benutzerfreundlichkeit – insbesondere aufgrund schneller Antwortzeiten bei Suchanfragen – hat die Bereitschaft der Mitarbeiter, sich für Stammdatenqualität einzusetzen, deutlich verbessert und Geschäftsprozesse effizienter gemacht. So werden beispielsweise Duplikate vermieden und die Mitarbeiter werden in ihren Tätigkeiten schneller. Insgesamt konnten bereits Kosteneinsparungen in Höhe von etwa einer Million Euro pro Jahr erzielt werden.

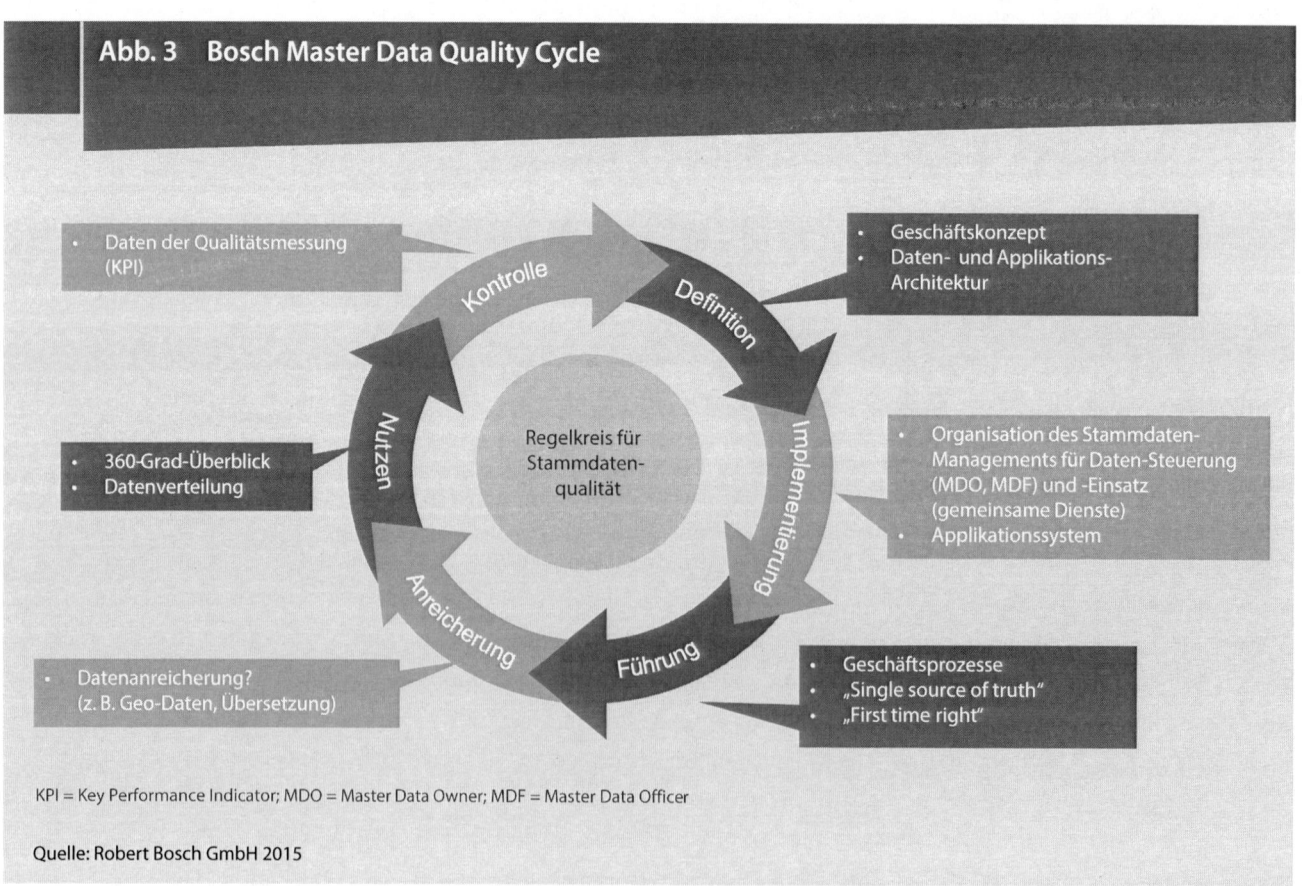

**Abb. 3    Bosch Master Data Quality Cycle**

KPI = Key Performance Indicator; MDO = Master Data Owner; MDF = Master Data Officer

Quelle: Robert Bosch GmbH 2015

### Swisscom: Daten kundenzentriert bewirtschaften

Swisscom ist der führende Telekommunikationsanbieter in der Schweiz. Das Unternehmen beschäftigt etwa 21.000 Mitarbeiter und erzielte im Jahr 2014 einen Erlös von mehr als elf Milliarden Schweizer Franken.

Als Anbieter von Telekommunikationsdienstleistungen verfügte das Unternehmen über große Datenbestände, aus denen es jedoch zu wenige wertschöpfende Informationen generieren konnte. Dies lag unter anderem daran, dass die Daten nicht einheitlich bewirtschaftet wurden. Standardisierte Geschäftsprozesse zur Anlage und zur Pflege der Daten fehlten. Ein 2012 eingeführtes Stammdatenqualitäts-Management sollte dies grundlegend ändern. Es hatte die Aufgabe, die Qualität der Stammdaten zu messen und zu überwachen, Fehlerquellen zu identifizieren und Datenbereinigungsmaßnahmen einzuleiten. Zudem sollte es Projekte zur Verbesserung von Geschäftsprozessen und/oder Datenflüssen zwischen Anwendungssystemen unterstützen und beraten. Swisscom hat sich dabei für die verschiedenen Zieldimensionen in den Bereichen Kunden, Datenkonsistenz, Datenqualität et cetera ganz konkrete Zielwerte gesetzt (vergleiche **Tabelle 1**). Mit dem neuen Stammdatenqualitäts-Management konnte das Unternehmen fast alle seine Ziele erreichen.

Ein erfolgreiches Projektbeispiel des Stammdaten-Managements bei Swisscom ist die Einrichtung eines sogenannten Single Point of Truth für alle Datenobjekte, die für Geschäftskunden relevant sind. Hierzu gehören Dienstleistungsvereinbarungen, Rechnungen, Kaufverträge – und vor allem Konfigurationsvarianten verschiedener Telekommunikationsleistungen. Einheitliche Datenstandards zur Beschreibung der Leistungen sorgen dafür, dass der Kunde heutzutage aus einem Katalog von 90 modular aufgebauten

> Das Controlling ist zentral für die Sicherung der Datenqualität.

| Tab. 1 | Nutzen des Corporate Data Quality Managements (CDQM) bei Swisscom | |
|---|---|---|
| **Zieldimension** | **Zielwert** | **Erreichter Wert** |
| Kunden | Stornierungsrate darf 3 % nicht überschreiten | Stornierungsrate durchschnittlich 2,3 % (Mittelwert über alle Bereiche) |
| Leistungsrahmen | 95 % der verkauften Lösungen müssen durch das Standard-Service-Portfolio abgedeckt werden | Leistungsrahmen 98 % (durch Standard-Portfolio abgedeckt) |
| Datenkonsistenz | Anteil inkonsistenter Daten bezüglich Dienstleistungen, Verträgen und im Rechnungswesen darf 0,5 % nicht überschreiten | Datenkonsistenz > 98 % |
| Prozesseffektivität | alle Dienstleistungen sollen, inklusive Ende-zu-Ende-Test, innerhalb eines Monats in den Leistungsrahmen eingepflegt werden | Prozesseffektivität zwischen drei und maximal 30 Tagen |
| Prozesseffizienz | durch Eliminierung von Dateninkonsistenzen und redundanter Daten soll die Datenpflege um 25 % erhöht werden | Prozesseffizienz zwischen 20 und 30 % (abhängig von konkreten Prozessschritten) |
| Datenqualität | Anteil falsch erfasster Daten darf 0,5 % nicht übersteigen | Datenqualität durchschnittlich 85 % („first time right") |

Quelle: eigene Darstellung

Leistungen seine Wunschkonfiguration auswählen kann. Diese Leistungen sind dann Basis des Kundenvertrags sowie der Leistungsvereinbarungen, sodass sowohl der Kunde selbst als auch die Swisscom-Mitarbeiter immer volle Transparenz und einen 360-Grad-Blick auf den Kunden haben. Die Einführung der standardisierten Leistungsmodule führte zudem zu einer Reduktion des Aufwands für die Datenpflege im Umfang von 20 Prozent.

## Schlussbetrachtung

Die Analyse der drei Award-Finalisten zeigt, dass unabhängig von Branche und Unternehmen gemeinsame Erfolgsfaktoren gelten (vergleiche **Tabelle 2**). Neben der strategischen und organisatorischen Verankerung spielt dabei das Controlling der Stammdatenqualität mit kontinuierlichen Messungen eine wesentliche Rolle. Die technische Umsetzung beruht auf einem einheitlichen Datenmodell und einer zentralen Stammdatenplattform.

### Tab. 2  Erfolgsfaktoren

| | Bayer Health Care | Bosch | Swisscom |
|---|---|---|---|
| **Strategie** | • Verankerung in Firmenstrategie zur Kundenfokussierung<br>• unternehmensweiter Ansatz<br>• Nutzen ausgewiesen | • Einbettung in Unternehmensarchitektur<br>• unternehmensweites Leistungsangebot<br>• Nutzen ausgewiesen | • Verankerung in Firmenstrategie zur Kundenfokussierung<br>• unternehmensweiter Ansatz<br>• Nutzen ausgewiesen |
| **Controlling** | • zentrale Datenqualitätsprüfungen in den Corporate Data Integration Services<br>• bereinigte Daten können in Quellsysteme zurückgespielt werden | • kontinuierliche Messung von Datenqualitätskennzahlen<br>• Etablierung eines Qualitätsregelkreises | • klare Zielwerte<br>• kontinuierliche Messung der Zielerreichung |
| **Organisation** | • Einbindung von Daten-Stewards aus 32 Ländern | • Organisation als Shared Service<br>• Master Data Officer und Owner etabliert | • Aufbau des Stammdatenqualitäts-Managements als Unternehmensfunktion |
| **Prozesse** | • Integration in Geschäftsprozesse des Berichtswesens | • Einbettung der Services in Datenanlageprozesse<br>• dadurch Sicherung der Datenqualität bereits bei der erstmaligen Erfassung der Daten („first time right") | • gleiche Sicht auf die Daten für Kunden und Mitarbeiter |
| **Architektur** | • einheitliches Datenmodell für „globale" Attribute<br>• Quelldaten bleiben erhalten | • einheitliches Datenmodell<br>• Daten aus Quellsystemen werden in zentrale Architektur konsolidiert | • einheitliches Datenmodell<br>• modularer Aufbau |
| **Systeme** | • zentrales Plattformangebot<br>• Datenkonsolidierung aus mehreren Quellsystemen, dadurch Qualitätsvorteile | • zentrales Plattformangebot<br>• Nutzer verbleiben in Quellsystemen und nutzen eingebettete Services | • durchgängiges Gesamtsystem |

Quelle: eigene Darstellung

**Literatur**

EFQM (2012): EFQM Framework for Corporate Data Quality Management, Brüssel.

Legner, C./Otto, B. (2007): Stammdaten-Management, in: Lange, R.(Hrsg.): WISU – Das Wirtschaftsstudium, Düsseldorf, S. 562-568.

⬇ * Österle, H./Otto, B. (2010): Konsortialforschung: Eine Methode für die Zusammenarbeit von Forschung und Praxis in der gestaltungsorientierten Wirtschaftsinformatikforschung, in: Wirtschaftsinformatik, 52 (5), S. 273-285. www.springerprofessional.de/link/3423132

⬇ * Otto, B./Österle, H. (2016): Corporate Data Quality: Voraussetzung erfolgreicher Geschäftsmodelle, Wiesbaden. www.springerprofessional.de/link/4409574

Wang, R. Y. (1998): A product perspective on total data quality management, in: Vardi, M. Y. (Hrsg.): Communications of the ACM 41, New York, S. 58-65.

Weitere Empfehlungen der Verlagsredaktion aus www.springerprofessional.de zu:

🔍 **„Master Data"**

Fürber, C./Sobota, J. (2011): Eine Datenqualitätsstrategie für große Organisationen am Beispiel der Bundeswehr, in: HMD Praxis der Wirtschaftsinformatik, Band 279 (48), S. 35-45. www.springerprofessional.de/link/5050500

Ebner, V./Brauer, B. (2011): Fallstudie zum Führungssystem für Stammdatenqualität bei der Bayer CropScience AG, in: HMD Praxis der Wirtschaftsinformatik, Band 279 (48), S. 64-73. www.springerprofessional.de/link/5050514

* Abonnenten von Springer Professional haben kostenfrei Zugriff.

# Auf dem Weg zu global akkuraten HR-Daten

Personaldaten müssen nicht mehr nur den Anforderungen lokaler Gesetze und Regelungen genügen, sondern bilden zunehmend auch die Grundlage für strategische Unternehmensentscheidungen. Wie aus lokalen Daten eine verlässliche globale HR-Datenbasis für Entscheidungen innerhalb eines weltweit tätigen Konzerns werden kann, zeigt ein Projekt der Bayer AG.

*Rainer Pentzek, Antonie Espig*

Der Bayer-Konzern hat seine Personalfunktion zwischen 2005 und 2011 weltweit neu ausgerichtet und ein innovatives Human-Resources(HR)-Funktionsmodell implementiert (vergleiche Peters/Siebenmorgen 2010). Obwohl Bayer seitdem als eines von wenigen Unternehmen über eine konzernweite IT-Infrastruktur für den Personalbereich verfügt und darüber zahlreiche globale HR-Prozesse abwickelt, fehlte bislang ein verbindlicher Standard für die konzernweite Nutzung dieses leistungsstarken HR-Systems. Dieses Defizit wurde umso deutlicher, nachdem Anfang 2013 sämtliche Konzern- und Landesgesellschaften zumindest die wichtigsten Personaldaten ihrer Beschäftigten auf das globale HR-System transferiert hatten. Analysen zeigten seither immer wieder, dass zwar alle Mitarbeiter von dem System abgebildet wurden, die jeweiligen Personaldaten jedoch oftmals zu inkonsistent waren, um in jedem Bereich verlässliche Aussagen zu ermöglichen. Das HR-Data-Management-Projekt der Bayer AG sollte dieses Defizit beseitigen und eine präzise globale Datenbasis für den gesamten Personalbereich des Konzerns schaffen.

Ausgangspunkt für die Bemühungen des Projekt-Teams bildeten ein Benchmark sowie ein Austausch mit anderen Unternehmen. Dies machte deutlich, dass bei Bayer definierte HR-Datenstandards fehlten, es zu viele Datenelemente gab und die Datenbereinigung schwierig war. Zudem unterhielten andere Unternehmensfunktionen für ihre Zwecke einige Systeme mit Personaldaten, denen wiederum andere Standards zugrunde lagen. Was das Unternehmen folglich brauchte, war ein konsistentes globales HR-Datensystem, von dessen hoher Datenqualität künftig auch andere Funktionen profitieren konnten.

Die Voraussetzung, um die Datenqualität im globalen Kontext vergleichbar zu machen, war eine systematische Bereinigung des vorhandenen Datenbestands. Es galt, Strukturen zu entwickeln, Begriffe zu klären und die konkrete Nutzung von Daten zu ermitteln, ohne sich in Details zu verlieren.

## Ausprobieren, was zum Erfolg führt

Auch wenn das Projekt offen sein wollte für die Erwartungen und Ideen möglichst aller Stakeholder, durfte es doch seinen Fokus auf das Wesentliche nicht verlieren. Doch was war das Wesentliche? Um diese Frage zu klären, wurden einige Pilotmaßnahmen zur Orientierung durchgeführt. Diese Pilotmaßnahmen lieferten wertvolle Erkenntnisse darüber, wie der Umgang mit globalen Daten funktionieren kann. Anhand von beispielhaften Datenelementen wurden Definitionen, Verantwortlichkeiten, Möglichkeiten der technischen Umsetzung und Ansätze zur Qualitätssicherung in kleinem Rahmen ausprobiert. So gewann man einen ersten wichtigen Eindruck, wie die Datenqualität gemessen und eine gemeinsame globale Bearbeitung umgesetzt werden kann. Die Erfahrungen mit diesen ersten Datenelementen wurden zur Blaupause für das gesamte weitere Projekt.

Eines der Datenelemente aus dieser frühen Projektphase war beispielsweise die Angabe „Years in Position". In ihm wird hinterlegt, wie lange ein Mitarbeiter bereits auf seiner derzeitigen Position arbeitet. Der Zweck dieses

*Rainer Pentzek*
*ist HR Global Data Management*
*Process Owner bei der Bayer AG.*

*Antonie Espig*
*leitet die Change-Prozesse im globalen HR-Data-Management-Projekt der Bayer AG.*

Rainer Pentzek
Bayer AG, Leverkusen, Deutschland
E-Mail: rainer.pentzek@bayer.com

Antonie Espig
Bayer Business Services GmbH, Leverkusen, Deutschland
E-Mail: antonie.espig@bayer.com

Datenelements ist zunächst, in Personalkonferenzen besser über die nächsten Karriereschritte einzelner Mitarbeiter beraten zu können. Doch besitzt das Datenfeld darüber hinaus noch viel mehr Potenzial. Als kumulierte Zahl über Bereiche, Regionen oder in globalen Zusammenhängen betrachtet, deckt es Beschäftigungsstrukturen auf, verweist auf damit verbundene Lern- und Veränderungskompetenz und macht ganz allgemein Entwicklungen im Verbleib der Mitarbeiter auf bestimmten Positionen vergleichbar.

Viele Fragen, die im Projekt im Zusammenhang mit diesem Datenelement beantwortet werden mussten, klangen zunächst banal: Wann wechselt ein Mitarbeiter die Position? Antwort: Wenn er neue Aufgaben erhält und/oder sich seine Verantwortlichkeiten verändern. Wie viele der Aufgaben des Mitarbeiters müssen neu sein, um von einem Positionswechsel zu sprechen? 100 Prozent, 50 Prozent oder nur 30 Prozent? Wie ist die Veränderung der Verantwortung definiert? Ist sie an die Gehaltsstufe gekoppelt? Schließlich wurde bestimmt, dass ein Mitarbeiter, dessen Aufgaben sich zu mindestens 30 Prozent verändert haben oder dessen Gehaltsstufe erhöht wurde, datentechnisch in eine neue Position wechselt. Für einen solchen Mitarbeiter wird zum entsprechenden Zeitpunkt der Wert des Datenelements auf „0 Jahre und 0 Monate" gesetzt.

### Eindeutigkeit schafft Messbarkeit

Die ersten Erfahrungen zeigten schnell, welche Vorgehensweise erforderlich ist, um die Qualität der Personaldaten kontinuierlich zu verbessern. Das Projekt-Team entwickelte daraus eine einheitliche Vorgehensweise für die Bearbeitung weiterer Datenelemente (vergleiche **Abbildung 1**):

1. Datenelement und Datenqualität mittels Data Quality Indicators (DQI) definieren
2. Datenqualität messen und Unstimmigkeiten aufzeigen
3. Fehler bereinigen
4. Ursachen für Unstimmigkeiten in der Datenqualität identifizieren und beheben

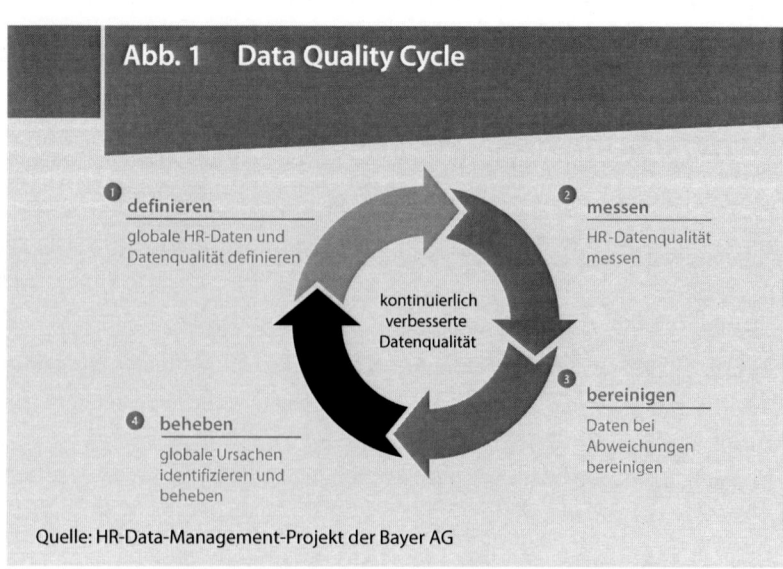

**Abb. 1   Data Quality Cycle**

① **definieren**
globale HR-Daten und Datenqualität definieren

② **messen**
HR-Datenqualität messen

③ **bereinigen**
Daten bei Abweichungen bereinigen

④ **beheben**
globale Ursachen identifizieren und beheben

kontinuierlich verbesserte Datenqualität

Quelle: HR-Data-Management-Projekt der Bayer AG

> Bei strategischen Unternehmensentscheidungen sind zunehmend auch HR-Daten gefragt.

Im Prozess der Definition von Datenelementen ergaben sich im Zuge der Abstimmung mit den Ländern einige überraschende Erkenntnisse. So haben in Indonesien die Beschäftigten nicht wie weltweit üblich einen individuellen Vor- und Nachnamen, sondern führen teilweise nur einen einzigen Namen. Da es für eine akkurate globale Datenbasis jedoch unverzichtbar ist, dass alle Mitarbeiter eindeutig identifizierbar sind, haben wir in diesen Fällen akzeptiert, dass der einzelne Name doppelt eingetragen wird.

Dieses Beispiel verdeutlicht, dass schon geringe Abweichungen vom globalen Standard die Datenqualität mindern können. Das Aufsetzen eines globalen HR Data Managements muss daher immer von einer grundlegenden Datenbereinigung begleitet werden. Mit anderen Worten: Wenn die Datenbasis nicht grundlegend „aufgeräumt" wird, sind Probleme in der weiteren Verarbeitung der Daten vorprogrammiert. Das HR Data Management ist grundsätzlich darauf angewiesen, dass die Datenqualität kontinuierlich geprüft wird. Bei der Definition von Datenelementen werden daher auch die jeweiligen Indikatoren für die Datenqualität wie Vollständigkeit oder Konsistenz identifiziert. Außerdem werden in einem mit allen beteiligten Ländern abgestimmten Prozess etwaige Unstimmigkeiten behoben.

Ein zentrales Element des HR Data Managements ist, dass alle, die mit HR-Daten befasst sind, Verantwortung für die Qualität der Daten übernehmen. Konkret geht es dabei um jene HR-Mitarbeiter, die Personaldaten pflegen oder die Pflege beauftragen, sowie um das Management und alle übrigen Beschäftigten, deren Angaben in die Datenbasis einfließen. Eine akkurate Datenqualität zu garantieren, liegt somit in der Verantwortung zahlreicher Mitarbeiter. Sie müssen koordiniert und angeleitet werden. Um dies zu gewährleisten, hat Bayer eine HR Data Management Governance etabliert. Sie hat den Auftrag, die Daten so weit wie möglich auf die globalen Standards abzustimmen und so wenig lokale Besonderheiten wie möglich zu belassen.

Die HR Data Management Governance stieß bei den verantwortlichen Mitarbeitern auf eine erfreulich hohe Akzeptanz. In Interviews gaben die Vertreter der Länder an, dass sie sich darauf freuten, in Zukunft verlässliche Ansprechpartner zu haben und von der hohen Datenqualität bei der eigenen Arbeit sowie der Beratung des Managements zu profieren. Die Datenqualität zu stärken, erkennen sie als überaus sinnvoll an. Die HR Data Management Governance gewährleistet dabei ein einheitliches Vorgehen. Die HR-Mitarbeiter in den Ländern vertrauen darauf, mit ihren Erfahrungen gehört und in die Entscheidungsfindung einbezogen zu werden.

## Die globale HR Data Management Community

Eine hohe Datenqualität lässt sich nur sicherstellen, wenn sich die zuständigen Mitarbeiter regelmäßig damit befassen. Bereits sehr früh im Projekt wurde daher eine HR Data Management Community etabliert, deren Mitglieder sich kontinuierlich der Qualitätssicherung widmen. Sie benennen und diskutieren die Besonderheiten ihrer Länder, identifizieren Fehlerquellen, erarbeiten Lösungen und stehen in ständigem Dialog miteinander. In

### Zusammenfassung
- Um HR-Daten für die Unternehmenssteuerung nutzen zu können, hat Bayer einen globalen Qualitätsstandard für Personaldaten eingeführt.
- Ein Projekt-Team sorgte für einheitliche Definitionen, die Bereinigung der Daten und die Abstimmung mit den HR-Organisationen der Länder.
- Die eigens geschaffene HR Data Management Governance wird von einer konzernweiten Community angenommen.

Die HR-Datenqualität muss standardisiert werden.

regelmäßigen Telefonkonferenzen werden alle anstehenden Themen besprochen und das weitere Vorgehen abgestimmt. Es hat sich gezeigt, dass die für die Datenpflege verantwortlichen Mitarbeiter bereitwillig Aufgaben in der Community übernehmen. Sie sind auch diejenigen, die sich für die Bearbeitung von Inkonsistenzen im monatlichen Fehlerbericht starkmachen. Unterstützt werden sie dabei von den Personalchefs der jeweiligen Länder, die letztlich die übergreifende Verantwortung für die Qualität der Personaldaten in ihrem Land haben.

Aus diesen Erfahrungen ergibt sich die Erkenntnis, dass alle HR-Mitarbeiter, die für Personaldaten verantwortlich sind, Ansprechpartner benötigen, die zuverlässig, eindeutig und zeitnah zu Datenpflege und Datenqualität beraten können. Zu diesem Zweck unterstützt ein globales Team den HR-Data-Governance-Prozess. Das Team steht in engem persönlichen Kontakt zu allen Ansprechpartnern in den Ländern. Es sammelt Probleme und Lösungsvorschläge und bereitet die Anliegen der Länder so auf, dass es zu Absprachen und Handlungen im Sinne der zuvor definierten Regeln kommen kann. Wenn nötig, unterstützt es den globalen HR Data Governance Process Owner darin, Regeln zu überarbeiten oder neu zu formulieren.

## Tools im globalen HR Data Management

Die HR Data Management Governance gibt eine Struktur vor, die auch die Verantwortlichkeiten bestimmt. Darüber hinaus sorgen die mit dem Projekt eingeführten Tools für eine einheitliche Anwendung aller Definitionen und Regeln. Dafür ist es entscheidend, dass alle HR-Daten in nur einem System gepflegt werden – gewissermaßen als „einzige Quelle der Wahrheit". Zusammen mit den HR-Data-Management-Werkzeugen und ihrer einheitlichen Anwendung führt ein solches System zwangsläufig zu einer akkuraten Datenbasis.

Das gesamte Datenqualitäts-Management wird durch drei wesentliche Tools unterstützt:

1. durch das Data Dictionary, einem für alle zugänglichen Nachschlagewerk, das alle Merkmale von Datenelementen definiert,
2. durch mehrere kurze Trainingssequenzen, die allen Beteiligten einen Überblick über Verantwortung, Aufgaben und Handlungsanweisungen im HR Data Management geben, und
3. durch den DQI-Prozess zur kontinuierlichen Kontrolle der Datenqualität mittels monatlichen Fehlerberichts.

Alle Beschäftigten bei Bayer sind aufgefordert, viele der HR-Stammdaten, die die eigene Person betreffen, im HR Self Service selbst zu pflegen. So ist zum Beispiel die Geschäftsadresse im Data Dictionary als der Ort definiert, an dem ein Mitarbeiter offiziell arbeitet. In einem kleinen Trainings-Video werden die Mitarbeiter auf die Bedeutung der Geschäftsadresse im Alltag hingewiesen und angeleitet, diese Daten für sich selbst zu prüfen. Ein kleines Gewinnspiel erhöht den Anreiz für die Mitarbeiter, sich der Datenpflege zu widmen. Über den DQI-Prozess kann inzwischen ermittelt werden, ob die Datenpflege regelmäßig durchgeführt wird.

## Handlungsempfehlungen

- Entscheiden Sie sich zu Anfang für einige wenige Datenfelder, die Sie im Zuge von Pilotprojekten eindeutig definieren und für eine global einheitliche Nutzung bearbeiten wollen.
- Schaffen Sie zuallererst Ordnung in Ihren Daten: Definieren Sie Ihre Datenfelder, strukturieren Sie Ihre Prozesse und beenden Sie Einzelfalllösungen.
- Zeigen Sie Ihren globalen Stakeholdern, dass Sie mit ihnen gemeinsam an einfachen Lösungen als Basis für strategische Beratung arbeiten.
- Nutzen Sie die Expertise Ihrer Stakeholder bei der Auswahl der global einheitlichen Datenfelder und der Festlegung der Datenqualität. Im Personalbereich wird es immer auch Datenfelder geben, die nur lokal definiert werden können.
- Setzen Sie auf realistische und handhabbare Verantwortlichkeiten. Kleine, messbare Erfolge in regelmäßigen Abständen motivieren die verantwortlichen Mitarbeiter, sich kontinuierlich um eine hohe Datenqualität zu bemühen.

## Schlussbetrachtung

Das Projekt HR Data Management der Bayer AG ist erfolgreich abgeschlossen und seine Ergebnisse sind beachtlich: Es wird im Unternehmen weithin wahrgenommen, dass HR wichtiges Datenmaterial aus einer einheitlichen Quelle liefert, etwa den aktuellen Mitarbeiterbestand in FTE (Full-Time Equivalent) für das Accounting, das diese Zahlenangaben nicht mehr über eigene Systeme erheben muss. HR übernimmt die Verantwortung für zuverlässige Personaldaten im globalen HR-System. Eine akkurate Datenbasis sorgt fortan dafür, dass Controlling- und HR-Business Partner strategische Entscheidungen auf einer verlässlichen Grundlage treffen können.

Aus kleinen Anfängen ist die Gemeinschaft der Mitarbeiter, die an der Datenqualität arbeiten, zu einer großen konzernweiten Community angewachsen. Innerhalb dieser Gruppe ist die Arbeit zunehmend einfacher geworden, und es zeichnen sich weitere Erfolge ab. Die zentrale Aufgabe der Qualitätssicherung der Personaldaten wird inzwischen von vielen Mitarbeitern gemeinschaftlich übernommen. Das HR Data Management liefert dem Konzern damit gewissermaßen die „Rohdiamanten" in Form von akkuraten Personaldaten, die dann von den strategisch arbeitenden Unternehmensfunktionen veredelt werden.

> Qualitätsstandards können in einem einmaligen Projekt erarbeitet werden.

*Literatur*

 * Peters, J. H./Siebenmorgen, M. (2010): Die Globalisierung der Personalfunktion – Das Projekt „Transforming Human Resources" des Bayer-Konzerns, in: Baumann, W./Braukmann, U./Matthes W. (Hrsg.): Innovation und Internationalisierung, Festschrift für Norbert Koubek, Wiesbaden. www.springerprofessional.de/link/4559640

* Abonnenten des Portals Springer Professional haben kostenfrei Zugriff.

# Mit validen Stammdaten in die Zukunft

Stammdaten sind das Rückgrat eines jeden Unternehmens. Um sie zu bereinigen und zu harmonisieren, haben Unternehmen in den vergangenen Jahren Milliarden Euro in neue ERP-Systeme investiert. Dennoch führt das Master Data Management in den meisten Unternehmen ein Schattendasein. Das muss sich ändern, wenn Unternehmen wettbewerbsfähig bleiben wollen.

*Marc Ennemann, Josef Rückert*

Stammdaten sind eine wertvolle Ressource. Ein gut aufgestelltes Stammdaten-Management ermöglicht (tages-)aktuelle Analysen und Auswertungen, mit denen das Management und die operativen Einheiten ihre Geschäftsentwicklungen besser verstehen und auf Veränderungen schneller reagieren können. Eine schlanke, verlässliche und aktuelle Datenstruktur im Unternehmen ist die Voraussetzung für sinnvolle Datenanalysen – denn keine noch so komplexe Auswertung hilft Ihnen bei der Bewertung der Geschäftsentwicklung, wenn die Datenbasis lückenhaft, falsch oder veraltet ist.

Viele Unternehmen haben jedoch gerade beim Stammdaten-Management eine große Fehleranfälligkeit und daraus erwachsende typische Schwierigkeiten. Eine genaue Analyse aller Dimensionen, die für das Stammdaten-Management von Bedeutung sind, kann Unternehmen helfen, Fehlerquellen zu finden und im nächsten Schritt das Stammdaten-Management zu optimieren. Die richtige Automatisierungs- und Digitalisierungsstrategie ermöglicht zudem, bisher ungenutzte Potenziale der Daten auszuschöpfen.

## Stammdaten erfassen, organisieren und verwalten

Unternehmen arbeiten mit einer Vielzahl von Daten: Bewegungsdaten, Bestandsdaten, Stammdaten. Bewegungsdaten werden kurz- bis mittelfristig gehalten, sie haben ein Gültigkeitsdatum und sie sind zeitlich variant, ändern sich also häufig. Es sind abwicklungsorientierte Daten, beispielsweise zu einzelnen Geschäftsvorfällen wie Eingang von Lieferantenrechnungen, offene Posten oder zur Zahlung anstehende Rechnungen. Auch Bestandsdaten sind zeitlich variable (dynamische) Daten. Im Gegensatz zu den Bewegungsdaten werden sie jedoch langfristig gehalten. Als Bestandsdaten gilt zum Beispiel der Lagerort eines Artikels/Materials.

Stammdaten sind im Gegensatz zu den beiden zuvor genannten Datenarten statisch, das heißt, sie sind zeitlich beständig. Stammdaten sind zustandsorientierte Daten, die zur genauen Determination von Sachverhalten verwendet werden, zum Beispiel Lieferanten- oder Kundenstammdaten. Sie werden häufig von mehreren Anwendungen beziehungsweise Konzernbereichen genutzt. Die am häufigsten verwendeten Stammdaten in Unternehmen sind Material-, Lieferanten-, Kunden-, Finanz-/Controlling-Stammdaten und Personalstammdaten.

*„Eine der größten Fehlerquellen im Stammdaten-Management ist eine zerklüftete IT-Landschaft im Unternehmen."*

Sie können in Unternehmen auf unterschiedliche Weise organisiert und erfasst werden. Je nach Unternehmen und Systemstruktur können sie zentral oder dezentral gepflegt werden. Ausgehend von den Verteilersystemen, die zur Pflege der Daten beziehungsweise zur Versorgung mit Daten genutzt werden, wird allgemein zwischen vier Master-Data-Management-Modellen (MDM-Modellen) unterschieden (vergleiche **Abbildung 1**).

*Marc Ennemann*
*ist Partner bei ERP & CRM Consulting, KPMG.*

*Josef Rückert*
*ist Assistant Manager bei ERP & CRM Consulting, KPMG.*

Marc Ennemann
KPMG, Düsseldorf, Deutschland
E-Mail: mennemann@kpmg.com

Josef Rückert
KPMG, Düsseldorf, Deutschland
E-Mail: jrueckert@kpmg.com

In Zukunft können die Verfügbarkeit und Nutzung valider Stammdaten wettbewerbsentscheidend sein.

- Konsolidierte Systeme: Bei diesem Modell besitzt jede Organisationseinheit ihr eigenes Stammdaten-Management-System. Alle Daten werden lokal „in Silos" verwaltet, was den Pflegeaufwand verringert, da alle Bereiche ihre Daten lokal und ohne großen Abstimmungsaufwand pflegen können. Allerdings kann dies im Tagesgeschäft zu Abstimmungsproblemen und mangelhaftem Stammdatenabgleich führen, da die Dateneingabe unter Umständen nach unterschiedlichen Qualitätsstandards erfolgt.

- Harmonisierte Systeme: In harmonisierten Systemen werden alle Stammdaten zentral im Unternehmen beziehungsweise in der Konzerngruppe gespeichert und verwaltet. Dies stellt sicher, dass die Daten einheitlich und einzigartig sind, und minimiert manuelle Anpassungen.

- Führendes System: In diesem Modell hat jede Unternehmenseinheit weiterhin ihr eigenes System, jedoch werden diese im Gegensatz zu einem konsolidierten System von einem lokalen System geführt. Dieses speichert und verwaltet alle relevanten unternehmensweiten Datenattribute. Nachteilig ist, dass lokale Datenredundanzen möglich und konkrete Abstimmungsregelungen für die Daten erforderlich sind.

- Föderales System: Bei diesem Modell existieren mehrere, voneinander unabhängige Stammdaten-Management-Systeme. Sie senden regelmäßig Daten, die für den Konzernabschluss relevant sind, an ein unternehmenszentrales Business-Intelligence-(BI)-System. Dadurch ist eine harmonisierte Datenlandschaft jedoch nur für die Konzernstammdaten sichergestellt,

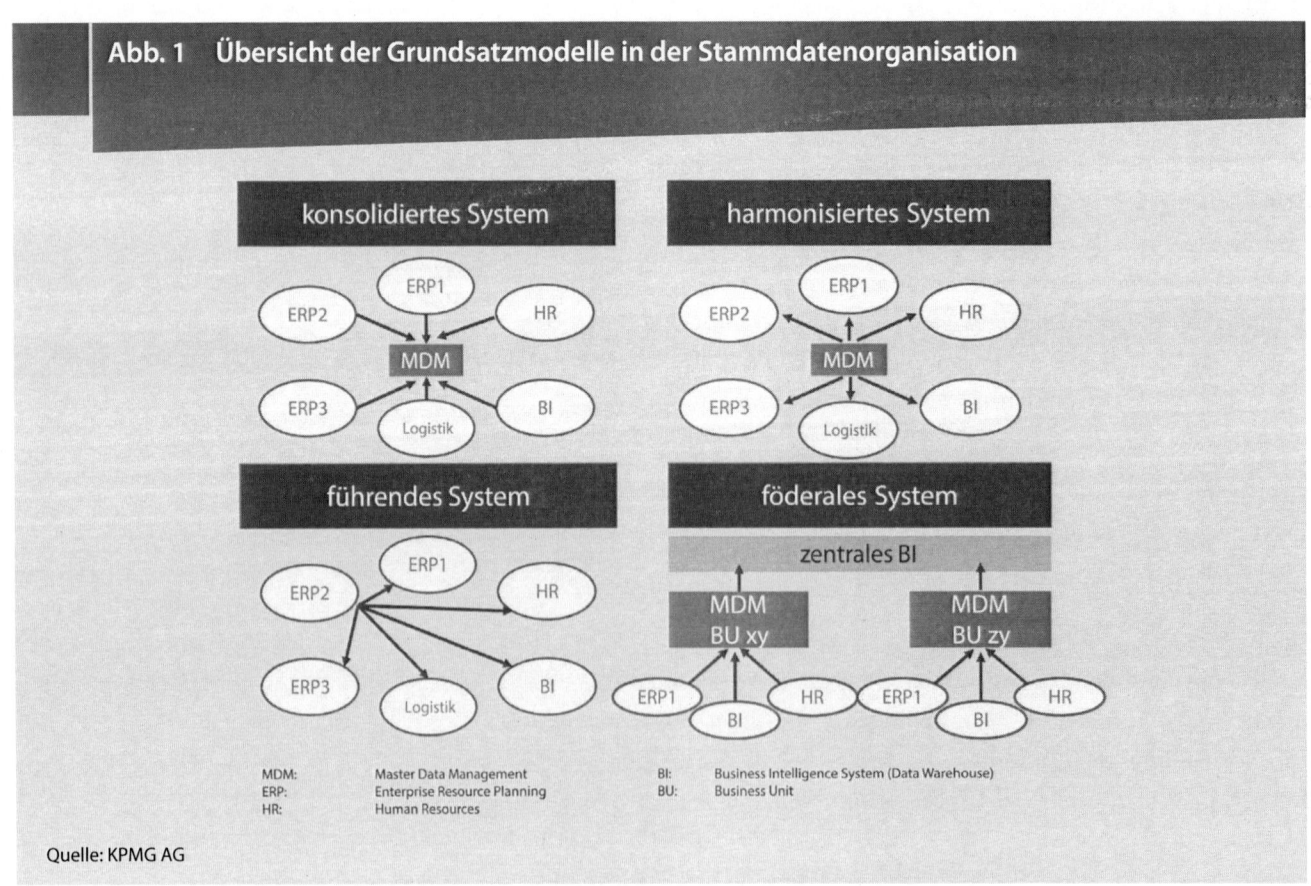

**Abb. 1    Übersicht der Grundsatzmodelle in der Stammdatenorganisation**

Quelle: KPMG AG

die wichtig für das externe oder interne Berichtswesen sind. Das föderale System ist damit im Grunde eine Kompromisslösung, die häufig gewählt wird, wenn unternehmensintern verschiedene Systeme verwendet werden, die sich nicht ohne größeren Kosten- und Abstimmungsaufwand harmonisieren lassen.

Die Qualität des Stammdaten-Managements wird von vielen Dimensionen beeinflusst (vergleiche **Abbildung 2**): von der IT-/Datenqualität über die Prozesse, die Steuerung und die Einhaltung von Sicherheitsstandards, Normen und Gesetzen. Um diese ganzheitlich zu optimieren, müssen alle Dimensionen und die jeweils möglichen Schwachstellen in die Betrachtung einfließen. Sind Schwachstellen und Fehler im ersten Schritt identifiziert worden, kann mit der Implementierung von optimierten Prozessen und Regularien begonnen werden.

### IT-Landschaft

Eine der größten Fehlerquellen im Stammdaten-Management ist eine zerklüftete IT-Landschaft im Unternehmen. Diese entsteht häufig bei Unternehmen, die schon lange bestehen und historisch gewachsen sind (föderales System). Häufig werden gleiche Stammdaten in unterschiedlichen Datenbanken verwaltet. Zum Teil werden auch innerhalb eines Stammdatums Informationen in unterschiedlichen Datenbanken/IT-Lösungen verwaltet. Häufige Schnittstellen finden sich zwischen dem Enterprise-Resource-Planning-(ERP)-System, der Weiterbearbeitung in Management-Reporting-Systemen und Excel-/Access-Datenbanken. Bei der Analyse aller vorhandenen und verwendeten Speicherorte der Stammdaten ergibt sich schnell das Problem, alle relevanten Systeme und Speicherorte zu identifizieren. Um nur

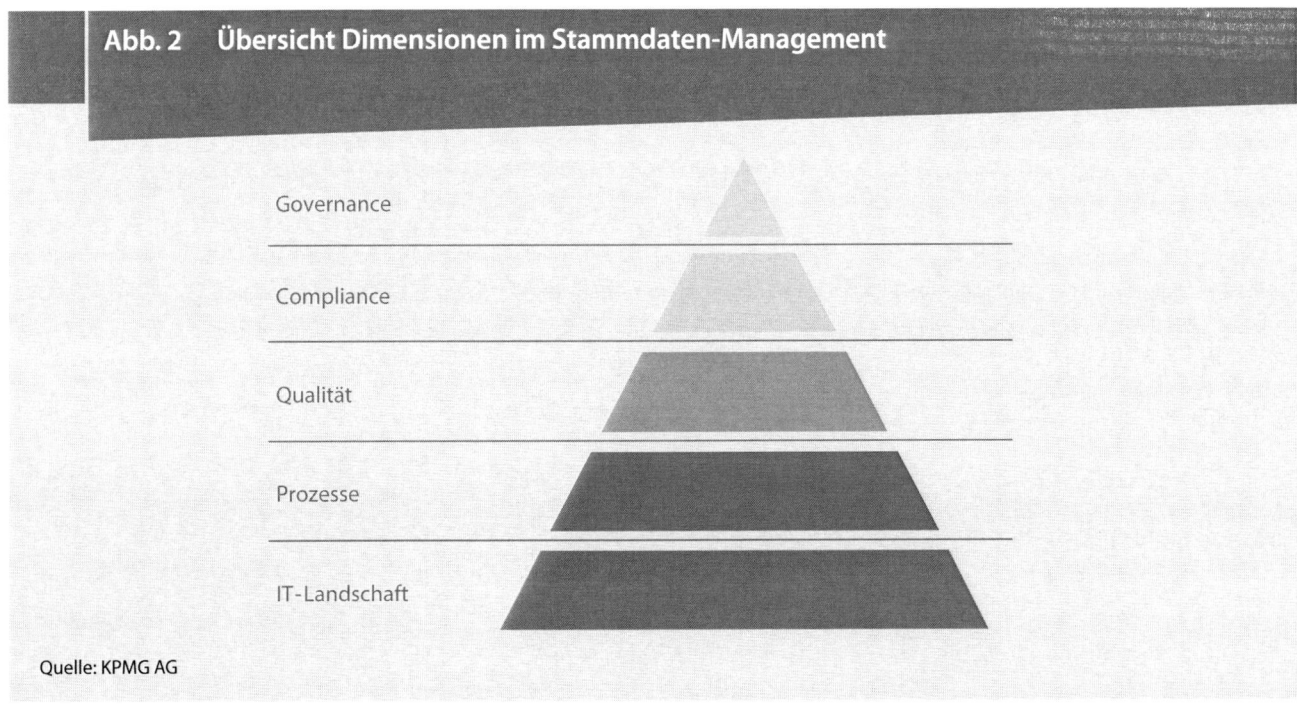

**Abb. 2    Übersicht Dimensionen im Stammdaten-Management**

Governance

Compliance

Qualität

Prozesse

IT-Landschaft

Quelle: KPMG AG

ein Beispiel zu nennen: Die Kostenstellenstruktur ist im ERP-System hinterlegt, wird aber bei der Kostenstellenrechnung in Excel exportiert, dort bearbeitet und abgestimmt.

### Prozesse

Die Prozesse zur Anlage und Bearbeitung von Stammdaten variieren in den meisten Unternehmen je Fachbereich. Historisch gewachsene Prozesse führen oft zu langen Durchlaufzeiten und gegebenenfalls vielen Systembrüchen, wenn beispielsweise Freigaben außerhalb des ERP-Systems per E-Mail eingeholt werden. Auch wenn Unternehmen erstmalig Stammdatenprozesse in ein Shared Service Center verlagern, kann dies zu Schwierigkeiten führen, wenn verschiedene Fachbereiche im Unternehmen unterschiedliche Prozesse, Standards und Automatisierungsgrade übergeben.

*„Mit einem ganzheitlichen Verwaltungskonzept können bereits viele Fehlerquellen eliminiert werden."*

### Qualität

Eine Vielzahl nicht-automatisierter Schnittstellen kann zu Übertragungsfehlern und Dubletten führen. Die Datenqualität nimmt erfahrungsgemäß proportional zur Anzahl der Schnittstellen zwischen den verschiedenen im Unternehmen genutzten Systemen ab. Auch eine lückenhafte Schulung der Mitarbeiter, die Stammdaten anlegen, führt zu mangelhafter Datenqualität. Ist den Mitarbeitern nicht klar, dass die Stammdaten auch in anderen Abteilungen verwendet werden und hierfür qualitative Mindestanforderungen erfüllt sein müssen, werden (Pflicht-)Felder mit Dummy-Angaben gefüllt und eine Auswertung so vereitelt.

### Compliance

Letztendlich sind auch Compliance-Gesichtspunkte relevant für die Bewertung der Stammdatensituation im Unternehmen. Nicht-automatisierte Schnittstellen sind anfälliger für Fehler bei der Datenübertragung und können so zu Compliance-Verstößen führen. Systembrüche wie Freigaben außerhalb des ERP-Systems bergen zudem Dokumentationsrisiken. Bei einer unklaren oder aufgeteilten Governance kann es zu einem „Verantwortungsvakuum" kommen und die Zuständigkeit dem jeweils anderen zugeschrieben werden.

### Governance

Meist werden Stammdaten von mehreren Abteilungen genutzt, die unterschiedliche Anforderungen an die Datenqualität stellen. Einige Minimalangaben sind für alle Fachbereichs-Sichten verbindlich und werden nur einmal angegeben. Ist die Regelung, welche Abteilung diese Kerndaten anlegen

### Zusammenfassung

- Ein gut aufgestelltes Stammdaten-Management birgt für Unternehmen viele Möglichkeiten für Kostenoptimierungen und werthaltige Analytik.
- Eine Verbesserung und Automatisierung von Stammdatenprozessen ist ein wichtiger Schritt zur Digitalisierung ihrer Support-Prozesse sowie zu (tages-)aktuellen und korrekten Management-Informationen.
- Die Optimierungsmaßnahmen müssen alle Dimensionen des Stammdaten-Managements wie IT und Governance umfassen.

darf, nicht eindeutig im ERP-System hinterlegt, führt dies zu Redundanzen, wenn jede Abteilung ihre Stammdaten für sich neu erstellt. In vielen Unternehmen ist eine klare Verantwortlichkeit nicht definiert. Lediglich die IT-Abteilung hat übergreifenden Zugriff auf die Stammdaten, doch die technische Verantwortung kann die fachliche nicht ersetzen.

## Wie Stammdaten optimiert werden können

Stammdaten-Management ist in den vergangenen Jahren oft vernachlässigt worden und bietet ein großes Optimierungsfeld. Um ein neues Stammdaten-Management erfolgreich einführen zu können, sind jedoch zunächst insbesondere folgende Faktoren zu beachten: Grundlage für alle Aktivitäten bildet die sichtbare Unterstützung des Top Managements für die neue Struktur. Unerlässlich sind zudem die Kommunikation mit allen betroffenen Mitarbeitern und deren Schulung. Die Anforderungen an Stammdaten müssen zwischen allen Bereichen abgestimmt werden.

Die wichtigsten Hebel zur Optimierung des Stammdaten-Managements sind eine einheitliche IT-Landschaft mit klaren Governance-Regeln zur einheitlichen Pflege und Validierung der Stammdaten, einheitliche und gut strukturierte Prozesse, die sich im genutzten IT-System wiederfinden, sowie klare Regularien zur Datenqualität, Datenerfassung und Einhaltung der Compliance. Jedes System, jeder Prozess sollte zudem klare Kontrollen enthalten, um Fehlerquellen schnell zu identifizieren. Diese Voraussetzungen schaffen die Basis für die Königsdisziplin im Umgang mit Prozessen und Systemen, die Prozess-Automatisierung.

Im Folgenden stellen wir Ihnen Optimierungsmöglichkeiten vor und geben Tipps zur Implementierung.

### Verständnis und Vereinfachung der Prozesse

Um alle Implikationen eines Systems zu verstehen, ist eine Betrachtung der gesamten Prozesskette nötig. Hierbei spricht man von einer „Ende-zu-Ende-Sicht" (End2End). Im Blickfeld steht also nicht nur der betreffende Einzelprozess, sondern auch die gesamte Prozesskette, da sich die jeweils vor- und nachgelagerten Schritte gegenseitig beeinflussen. Für eine strukturierte Prozessanalyse verwendet man idealerweise folgenden Betrachtungsansatz und verfährt top-down: von oben nach unten. Im Stammdaten-Management (Ebene 1) ist zum Beispiel der Stammdatenpflegeprozess (Ebene 2) ein Hauptprozess. Dieser besteht wiederum aus mehreren Einzelschritten wie Anforderung, Prüfung, Freigabe und Anlage (jeweils Ebene 3). Um den Prozess weiter zu detaillieren, sollte analysiert werden, welche Interessengruppen (Stakeholder) dieser Prozess hat und welche Eingaben und Ausgaben generiert werden (Ebene 4). Für ein umfassendes, detailliertes Verständnis des Prozesses müssen letztlich noch die relevanten Aktivitäten betrachtet werden, zum Beispiel mit welchen Systemen werden die Eingaben vorgenommen (Ebene 5). Mit einer Prozessanalyse auf Ebene 5 können nachhaltige und praxistaugliche Maßnahmen zur Prozessoptimierung identifiziert und implementiert werden.

Optimierte Stammdaten sind die Basis für eine erfolgreiche Digitalisierung und Integration von Big Data.

### Automatisierung

Eine Automatisierung vieler bislang manuell ausgeführter Prozesse ist technisch gut umsetzbar, aber noch nicht flächendeckend gängige Praxis. Oft ist zu erleben, dass viele Ressourcen wochenweise genutzt werden, um Stammdatensysteme miteinander zu vergleichen und zu bereinigen. Dies ist häufig auf eine wenig flexible Unternehmenskultur zurückzuführen, die zum Beispiel aus Sicherheitsbedenken Prozessänderungen erschwert. Um eine Automatisierung sinnvoll umzusetzen, ist die Analyse der zuvor beschriebenen Dimensionen (IT-Landschaft, Qualität, Prozesse, Governance, Compliance) maßgeblich. Nur durch genaue Kenntnis der Stammdatenorganisation lassen sich die für eine Automatisierung relevanten Prozesse identifizieren und in der IT-Landschaft umsetzen.

*„Process Automation ist ein sehr geeignetes Mittel, um das Stammdaten-Management zu optimieren, und wird sich langfristig durchsetzen.“*

### Einheitliche Governance

Mit einem ganzheitlichen Verwaltungskonzept können bereits viele Fehlerquellen eliminiert werden. Jede Stammdatenkategorie, wie zum Beispiel Materialstammdaten, Kostenstellen oder Lieferantenstammdaten, ist einem Geschäftsbereich zuzuordnen, der führend für ihre Anlage und Pflege ist. Darüber hinaus sind in diesem Geschäftsbereich konkrete Mitarbeiter zu benennen, die diese Aufgaben übernehmen und umfassend dafür geschult werden. Dabei sollte man zumindest folgende Rollen unterscheiden: die des Nutzers (Data Consumer), der die Stammdaten benötigt, die des Anlegers (Data Producer), der die Daten im System anlegt und pflegt, und die des Prüfers/Freigebers (Data Steward), der die anzulegenden Daten auf Richtigkeit und Vollständigkeit prüft und der die Wechselwirkungen beziehungsweise Konsequenzen aus der Anlage/Änderung der Datenfelder für alle Abteilungen kennt.

### Neue Möglichkeiten nutzen

Durch Vereinfachung der Prozesse, eine Automatisierung und klar verteilte Verantwortungsbereiche erreichen Unternehmen kürzere Durchlaufzeiten bei Anlage und Pflege der Stammdaten und somit aktuellere Informationen in Management Reports. Die damit einhergehende Reduktion der Fehlerquellen im Prozess führt zu qualitativ hochwertigeren Auswertungen. Neue Analysefelder können erschlossen werden.

Der Finanzbereich kann beispielsweise prüfen, ob Skonti und Zahlungsziele von Lieferanten systematisch ausgenutzt werden. Diese Auswertung ist nur möglich, wenn Skonti und Zahlungsziele in der Kreditorenbuchhaltung bei Rechnungsprüfung korrekt gepflegt und bei der Erstellung der Zahllauf-Vorschlagsliste berücksichtigt werden. Eine Zahllauf-Vorschlagsliste wird automatisch vom System generiert, um zum Beispiel Zahlungen an Lieferanten zu leisten.

Der Einkauf kann auswerten, wie sich die vereinbarten Zahlungsziele mit Lieferanten entwickeln. Findet solch eine Auswertung der vereinbarten Zahlungsziele und der tatsächlich geleisteten Zahlungen von Lieferanten regelmäßig statt, kann eine gesunde Lieferantenbeziehung gewährleistet werden.

Der Vertrieb hat die Möglichkeit, das Credit Limit der Kunden zu analysieren und beispielsweise zu prüfen, wie häufig Bestellungen systemseitig aufgrund eines überschrittenen Credit Limits geblockt werden. Diese Auswertungen ermöglichen dem Unternehmen eine zusätzliche Sicht auf die finanzielle Stabilität der Kunden.

Im Rahmen der Materialwirtschaft kann evaluiert werden, welche Produkte die Umschlagsgeschwindigkeit im Lager steigern beziehungsweise verlangsamen. Aus dieser Auswertung kann zeitnah die Nachfrage überwacht und gegebenenfalls auf (neue) Kundeninteressen reagiert werden.

Darüber hinaus können die frei gewordenen Mitarbeiterkapazitäten für andere wertschöpfende Tätigkeiten genutzt werden, beispielsweise für Digitalisierung und Robot Automation.

Die Automatisierung von Geschäftsprozessen ermöglicht parallel die Digitalisierung von Geschäftsobjekten, das heißt, alle Daten liegen in elektronischer Form vor und können durch geeignete Software ausgewertet werden. Derartige Datenanalysen sind nicht nur seit Jahren in aller Munde, bei richtiger Anwendung generieren sie wertvolle Informationen. Aus diesen lässt sich wiederum Wissen erzeugen, ein entscheidender und quantifizierbarer Mehrwert über alle Unternehmensbereiche hinweg (Pazzaglia 2015).

Von der Automatisierung zur sogenannten (Robotic) Process Automation ist der nächste logische Schritt. Unter Process Automation versteht man Software mit künstlicher Intelligenz, die natürliche Sprache versteht und aus Feedback selbstlernend Optimierungen vornimmt. Diese Technologie wird als Pilot bei der Datenverarbeitung in Krankenhäusern oder auf Ölplattformen verwendet (Mr. Robots 2015). Überträgt man dieses Konzept auf das (Stamm-)Daten-Management, ergeben sich viele neue wertschöpfende Analysemöglichkeiten. So können beispielsweise digitale Dokumente automatisch ausgelesen werden, um Lieferantenstammdaten oder Kundeninformationen automatisch im System zu ergänzen oder zu korrigieren. Auch eine vollständig automatisierte Abwicklung gesamter Geschäftsprozesse ist möglich.

## Schlussbetrachtung

Process Automation ist ein geeignetes Mittel, um das Stammdaten-Management zu optimieren, und wird sich langfristig durchsetzen. Die Automatisierung der Geschäftsprozesse wird dabei auch Auswirkungen auf IT, Organisation und Personal haben. Es wird zu einer Verschiebung von benötigten Fachkräften nicht nur auf Sachbearbeiter-Ebene, sondern auch auf Ebene der Analysten und Fachspezialisten kommen. Während zum einen deren Aufgaben aufgrund der Automatisierung wegfallen, werden zum anderen durch den wesentlich umfangreicheren Einsatz von Software verstärkt

> Durch die Automatisierung von Prozessen können Ressourcen für die strategische Planung freigestellt werden.

___

### Handlungsempfehlungen

- Erstellen Sie eine Übersicht über IT, Prozesse und Governance im Stammdaten-Management und analysieren Sie diese auf Schwachstellen.
- Definieren Sie zunächst die Governance lückenlos.
- Identifizieren Sie Automatisierungsoptionen und kalkulieren Sie einen Business Case.
- Holen Sie die Unterstützung der Geschäftsleitung ein, und kommunizieren Sie die Vorteile und Veränderungen. Implementieren Sie top-down.
- Beginnen Sie mit Quick Wins – kleinen Projekten mit schnellem und positivem Return on Investment, um so potenzielle Zweifler ins Boot zu holen.

IT-Fachleute benötigt, aber auch Fachspezialisten, die nicht mehr selbst die benötigten Analysen durchführen, sondern in Zusammenarbeit mit der IT-Abteilung die Fachkonzepte für die Umsetzung der technischen Auswertungen erstellen. Darüber hinaus müssen auch die Empfänger solcher Auswertungen Fähigkeiten zur Nutzung der neuen Software aufbauen.

Diese Veränderungen haben nicht nur große Auswirkungen auf IT und Personal, sondern auch auf die Organisation von Unternehmen. Denn werden transaktionale Aktivitäten immer umfassender automatisiert, ersetzt dies einen Großteil der Shared-Service-Center-Dienstleistungen, die in den letzten Jahren verstärkt in Ländern mit niedrigen Lohnkosten aufgebaut wurden (Justice/Salt 2015).

Bei der Digitalisierung geht es also nicht nur um den Außenauftritt von Unternehmen gegenüber ihren Kunden, die neue Kommunikationswege entdecken und einfordern, sondern bei nachhaltiger Betrachtung um „die Effizienz und Produktivität des Unternehmens" (Ennemann 2015).

*Literatur*

Alexander, S. (2015): Lieben Sie Ihre Daten! BARC-Blog vom 29.09.2015 http://tinyurl.com/barc-lieben-sie-ihre-Daten (letzter Abruf: 30.10.2015).

Ennemann, M. (2015): Die 7 größten Mythen der digitalen Transformation, KPMG Blog vom 31.08.2015 https://blog.kpmg.de/consulting/die-7-groessten-mythen-der-digitalen-transformation/ (letzter Abruf: 18.10.2015).

Justice, C./ Salt, B. (2015): „Employees: An Endangered Species? The Rise of Robotics, Artificial Intelligence, and the Changing Labor Landscape"; KPMG, 21.09.2015, http://www.kpmg-institutes.com/institutes/shared-services-outsourcing-institute/articles/2015/09/employees-endangered-species.html (letzter Abruf: 14.10.2015).

Oedekofen, D. (2011): Nutzenpotentiale harmonisierter Stammdaten in den Prozessen der Auftragsabwicklung von Auftragsfertigern, Aachen.

Pazzaglia, M. (2015): Wozu wir Data Governance brauchen. Die Klardenker. Der Wirtschaftsblog von KPMG vom 29.10.2015, https://blog.kpmg.de/digital/data-governance-digitalstrategie-daten-geld-verdienen/ (letzter Abruf: 18.10.2015).

Short Takes: „Mr. Roboto", Interview with Cliff Justice, KPMG (Oktober 2015), in: Consulting Magazine, S.4-5, http://tinyurl.com/consultingmag-oct-2015 / (letzter Abruf: 18.10.2015).

 Weitere Empfehlungen der Verlagsredaktion aus www.springerprofessional.de zu:

🔍 **Stammdaten-Management**

Meyer, N. (2011): Funktionales Stammdatenmanagement – Aufgabe der Business-Organisation, in: HMD Praxis der Wirtschaftsinformatik, Band 279 (48), S. 27-35.
www.springerprofessional.de/link/5050496

Schumacher, J./Weiß, P. (2011): Prozess- und Data Governance als strategischer Ansatz zur Verbesserung der Prozess- und Datenqualität in Unternehmen, in: HMD Praxis der Wirtschaftsinformatik, Band 279 (48), S. 82-89.
www.springerprofessional.de/link/5050516

# Aus unserer Bibliothek

⬇ * *Boris Otto, Hubert Österle*

**Corporate Data Quality**

Springer Gabler, Wiesbaden 2016,

205 Seiten, 49,99 Euro,

ISBN 978-3-662-46805-0

## Kernthese

Unternehmen müssen die Datenqualität zu einer Aufgabe aller Management-Ebenen machen.

## Nutzen für die Praxis

Unterstützt Projekt- und Linienverantwortliche bei Aufbau und Weiterentwicklung eines unternehmensweiten Datenqualitäts-Managements.

## Abstract

Die Autoren vermitteln, wie Stammdatenqualitäts-Management in Unternehmen verankert werden kann. Nach theoretischen Grundlagen stellen sie konkrete Projekte von Unternehmen vor, welche die Datenqualität deutlich verbessert haben. Im Anschluss geben sie den Lesern in der Praxis erprobte Methoden und Werkzeuge zum Aufbau eines Datenqualitäts-Managements sowie eine Liste mit Sofortmaßnahmen für mögliche Verbesserungen an die Hand.

*Oliver Laufer, Jan Rauscher,*
*René Zimmermann*

**Stammdatenmanagement mit**

**SAP Master Data Governance**

Rheinwerk-Verlag

Bonn 2016, 465 Seiten, ca. 69,90 Euro

ISBN 978-3-8362-3887-8

## Kernthese

Gute Stammdaten sind essenziell für den Erfolg digitaler Initiativen.

## Nutzen für die Praxis

Ein Ratgeber zum optimalen Umgang mit Stammdaten in SAP Master Data Governance (MDG).

## Abstract

Das Buch befasst sich speziell mit SAP MDG – einem Werkzeug, das von SAP zur Unterstützung von Master-Data-Management-Konzepten entwickelt wurde. Die Autoren konzentrieren sich dabei nicht nur auf die Technik. Organisation, Prozesse, Methodik und Datenqualität werden gleichermaßen behandelt. Vier Fallstudien zeigen, wie im Buch besprochene Instrumente und Konzepte in der Praxis eingesetzt werden können.

⬇ * *Knut Hildebrand, Marcus Gebauer,*
*Holger Hinrichs, Michael Mielke (Hrsg.)*

**Daten- und Informationsqualität**

Springer Vieweg, 3. Auflage

Wiesbaden 2015, 422 Seiten, 49,99 Euro

ISBN 978-3-658-09214-6

## Kernthese

Erfolgreiche Unternehmen entwickeln ihre Business Excellence zu einer Business Information Excellence weiter.

## Nutzen für die Praxis

Das erste deutsche Buch, das alle wichtigen Facetten von Daten- und Informationsqualität beleuchtet.

## Abstract

Die renommierten Herausgeber und Autoren aus Wissenschaft und Praxis geben einen detaillierten Einblick in die Grundlagen, Methoden und Organisation von Daten- und Informationsqualität. Dabei liegt der Schwerpunkt in der Vermittlung des für Unternehmen Machbaren. Den Verantwortlichen soll der Einstieg in das Thema gerade mithilfe der zahlreichen Beispiele aus der Praxis so einfach wie möglich gemacht werden.

---

* Abonnenten des Portals Springer Professional haben kostenfrei Zugriff.

# Rubriken

# Internes Reporting auf dem Prüfstand

Unternehmens-Reporting muss passgenau gestaltet und regelmäßig überprüft werden. Denn nur eine optimal aufgesetzte Reporting-Strategie mit klar definierten Informations-empfängern, Informationsinhalten und Distributionsprozessen ermöglicht eine effiziente und effektive Unternehmenssteuerung.

*Ulrich Krings, Clemens Kustner*

Aufgabe des Unternehmens-Reportings ist die Versorgung der Entscheidungsträger mit steuerungsrelevanten Informationen. Es soll der Unternehmensführung erlauben, relevante interne und externe Entwicklungen und Zusammenhänge frühzeitig erkennen und darauf basierend Entscheidungen treffen zu können. Die interne Berichterstattung ist damit ein wesentliches Element im Rahmen der Unternehmenssteuerung, deren Effektivität und Effizienz regelmäßig in den Blick genommen werden muss.

## Zusammenfassung

- Das interne Reporting leistet einen zentralen Beitrag zur Entscheidungsunterstützung der Unternehmensführung und muss deshalb regelmäßig überprüft werden.
- Grundlage für ein optimales Reporting ist eine für das Unternehmen passgenaue Reporting-Strategie.
- Die Reporting-Inhalte müssen nutzenstiftend, kostenbewusst und fokussiert ausgewählt werden und mit einem durchdachten Design und Distributionsprozess adressatenfreundlich gestaltet werden.

Aber wie sieht es mit dieser fast selbstverständlich klingenden Aufforderung im Controlling-Alltag aus? In den letzten Jahren hat die Arbeitsbelastung der Controller in vielen Unternehmen zugenommen. Das liegt zum einen an Personalkürzungen, zum anderen aber zunehmend auch an der Ausdehnung des Aufgabenfelds für Controller. Hinzu kommt, dass Datenmengen, Komplexität und Geschwindigkeit kontinuierlich steigen (Horváth & Partners Management Consultants 2015). Viel Zeit für ein kritisches Hinterfragen bestehender Reporting-Inhalte und -Prozesse bleibt da nicht. Es ist bequemer, sich auf Althergebrachtes zu verlassen – zumindest solange es keine Änderungswünsche oder offene Kritik seitens der Kunden und der Geschäftsleitung gibt. Solch eine Entwicklung ist auf Dauer gefährlich, sie kann bedrohliche Folgen für die Qualität des Informations-Outputs und damit auch für die Unternehmenssteuerung selbst haben. Daher ist es für die Geschäftsleitung ratsam – eventuell auch mit externer Unterstützung –, eine Steuerungsgruppe einzusetzen, in der Controller und Berichtsempfänger gemeinsam Maßnahmen zur Optimierung des internen Reportings entwickeln. Die dazu notwendigen Analyse- und Arbeitsschritte werden im Folgenden kurz vorgestellt.

## Reporting-Strategie

Eine Reporting-Strategie legt eindeutig fest, welche Personen im Unternehmen zu welchen Zeitpunkten mit welchen Informationen versorgt werden sollen. Ausgangspunkt der Analyse des Ist-Zustands ist die unternehmensweite Überprüfung, ob Berichtsinhalte und die dazugehörigen Berichtsempfänger einheitlich und eindeutig definiert und die zeitlichen Intervalle festgelegt wurden. Besonders wichtig ist zudem zu prüfen, ob die Reporting-Inhalte auf die Bedürfnisse, Kompetenzen und Verantwortungsbereiche der Adressaten abgestimmt sind. Oftmals fallen die Resultate dieser Analysen in der Unternehmensrealität nur wenig zufriedenstellend aus (vergleiche Horváth & Partners Management Consultants 2015). Es ist jedoch besser, die Defizite zu identifizieren und zu benennen, als weiter alles beim Alten zu belassen. Denn fehlt eine solche Analyse und sind Informationen und Informationsempfänger nicht aufeinander abgestimmt, kann dies fatale Folgen haben. Die Inhalte der Reports können verzerrt wahrgenommen werden oder in Hände gelangen, für die sie nicht bestimmt sind. Dies kann dazu führen, dass nicht nur der Zeitaufwand für die Meinungsbildung stark steigt, sondern im Extremfall sogar für das Unternehmen falsche Entscheidungen abgeleitet werden.

Der Ist-Analyse folgen die Identifizierung und klare Definition des tatsächlich notwendigen Empfängerkreises sowie der jeweiligen Informationsbedürfnisse. Dabei ist zu beachten, dass die Informationen immer an die Entscheidungslevel angepasst werden müssen, da sich die Kenntnisse und Informationsbedürfnisse der meist heterogenen Anspruchsgruppen stark unterscheiden.

## Reporting-Inhalte

Die zentrale Frage der nächsten Analyse lautet, welche Informationen die Berichtsempfänger benötigen, um Entscheidungen treffen zu können. Oftmals wird ein immer höherer Detaillierungsgrad benötigt, während gleichzeitig in Zeiten von Big Data die Komplexität zunimmt. Eine ständig steigende Performance von Business-Intelligence-(BI)-Systemen erlaubt es heute Unternehmen, immer größere Mengen an Daten zu generieren, zu speichern und auszuwerten. Zu bedenken ist jedoch, dass nicht immer das, was technisch machbar ist, automatisch auch einen Informationsgewinn bedeutet.

Eine Begrenzung allein auf die wesentlichen Informationen ist notwendig. In der Praxis scheitern jedoch viele Unternehmen bei der Auswahl und Beschränkung der Key Performance Indicators (KPIs) (vergleiche Michel/Gräf 2012, S. 65 ff.). Es ist deshalb wichtig für das Controlling, mit dem jeweiligen Berichtsempfänger in Dialog zu treten. Nur so können die Berichtsinhalte auf die Anforderungen und Bedürfnisse der Berichtsempfänger abgestimmt werden. Fehlt diese Abstimmung, sind Berichte die Folge, die nicht oder nur zum Teil gelesen werden. Ausufernde und überladene Inhalte nach dem Motto „Je mehr, desto besser" richten hier besonders großen Schaden an. Enthalten Berichte andererseits Informationslücken, entstehen sogenannte Schatten-Reportings. Dabei erstellen sich Adressaten in mühseliger und aufwendiger Arbeit selbstständig Informationsgrundlagen. Die Folge sind ineffizienter Ressourcenverbrauch und ein höheres Risiko mangelnder Informationsqualität.

> *„Ausufernde und überladene Inhalte nach dem Motto ‚Je mehr, desto besser' richten besonders großen Schaden an."*

Um die Reporting-Inhalte zu optimieren, muss auch hier zunächst eine Analyse des Ist-Zustands erfolgen. Dazu werden zunächst bestehende Reports in einer Art Inventur erfasst und in einem ersten Schritt daraufhin untersucht, welchen Nutzen die dort gegebenen Informationen für den jeweiligen Adressaten haben. Entscheidend ist die Frage, was passiert, wenn eine Information fehlt. Kann kein signifikanter Nutzen für den Adressaten bestimmt werden, so ist dieser Informationsinhalt überflüssig und zu löschen. Ebenso müssen die Report-Empfänger gefragt werden, welche Vorteile mit den vorhandenen

## Handlungsempfehlungen

- Analysieren Sie die die Bedürfnisse der Informationsempfänger.
- Richten Sie das Reporting strikt nach den Informationsbedürfnissen der Informationsempfänger aus.
- Beschränken Sie sich in den Reports auf möglichst wenige zentrale Kennzahlen, und gestalten Sie die Reports einheitlich, übersichtlich und adressatengerecht.
- Entwickeln Sie einen effizienten und effektiven Distributionsprozess.
- Überprüfen Sie regelmäßig Ihre Reporting-Strategie, und messen Sie den Erfolg von Veränderungsmaßnahmen

Informationen aktuell nicht realisiert werden können. Bei erheblichen Opportunitäten gilt es, die Reporting-Inhalte entsprechend zu ergänzen. Da die richtigen Inhalte entscheidend für die Effektivität eines Reportings sind, ist zu vermuten, dass es bei diesem Filter eher zu einem Austausch von Reporting-Inhalten als zu einer Kürzung kommt. Im Sinne eines „Outside-in-Reportings" kommt es auf die tatsächlichen Informationsbedürfnisse der Entscheidungsträger an und nicht darauf, welche Informationen das Controlling im Sinne eines „Inside-out-Reportings" für wichtig erachtet. Allzu oft bilden verwendete Kennzahlen das finanzielle Ergebnis ab (Lagging Indicators), anstatt den Weg über Werttreiber (Leading Indicators) zu weisen.

*„Der Distributionsaufwand der Controlling-Reports lässt sich durch eine Prozessanalyse reduzieren."*

In einem zweiten Schritt geht es um die Effizienz der Reporting-Inhalte, also um die Relation zwischen Erstellungskosten und dem wahrgenommenem Nutzen der Informationen. Nur wenn der Informationsnutzen den gesamten Ressourcenverbrauch, insbesondere die Arbeitszeit des Controllings, die Inanspruchnahme von IT-Kapazitäten und die Arbeitszeit der Adressaten für die Informationsaufnahme überkompensiert, macht es Sinn, diese Reporting-Inhalte beizubehalten. Eine Informationsversorgung um jeden Preis sollte dagegen vermieden werden. Denn nicht alles, was gut gemeint und auch als nützlich anerkannt ist, macht auf Dauer ökonomisch Sinn. Wird dieser Grundsatz beherzigt, führt dies in vielen Fällen ganz automatisch zur Reduktion von Berichtsinhalten. Man denke beispielsweise nur einmal an die Balanced Scorecard Reports, die wieder verschwanden, als die erste Euphorie verflogen war und es sich herausstellte, dass der Pflegeaufwand solcher Kennzahlensysteme im Tagesgeschäft sehr hoch ist.

Der letzte Schritt verfolgt den Lean-Reporting-Ansatz: Vom Grundsatz her stiften bereits 20 Prozent der als nützlich wahrgenommenen und effizient erstellbaren Reporting-Inhalte 80

Prozent des gesamten Informationsnutzens (Pareto-Prinzip). Es geht hier also vor allem um die Beseitigung von Informationsredundanzen. Wie im Fall der Effizienzprüfung ist dabei bei vielen Unternehmen davon auszugehen, dass die bis dato üblichen Reports gekürzt werden könnten. Denn ein Report ist nicht dann als vollständig anzusehen, wenn nichts mehr hinzugefügt werden kann, sondern vielmehr dann, wenn nichts mehr gekürzt werden kann, ohne dass ein signifikanter Informationsverlust entsteht.

## Reporting-Präsentation

Neben den Reporting-Inhalten muss auch deren Visualisierung durchdacht und bewusst gewählt werden. Beim Informationsdesign geht es darum, dass die Inhalte adressatenfreundlich aufbereitet werden. Im Vordergrund steht nicht eine möglichst attraktive Formatierung beziehungsweise optische Darstellung von Inhalten, sondern vor allem das Ziel, komplexe Sachverhalte komprimiert durch möglichst leicht nachvollziehbare Darstellungen besser lesbar und damit einfacher interpretierbar zu machen.

Darüber hinaus steigert ein standardisiertes Visualisierungskonzept, beispielsweise mit der Verwendung definierter Farbpaletten und Schriftarten, die Wiedererkennung durch den Leser und fördert damit die Sicherheit einer korrekten Interpretation der Inhalte. Gleichzeitig verkürzt sich der Interpretationsaufwand beim Empfänger. So können beispielsweise Umsätze und Kosten jeweils einheitlich farblich gekennzeichnet werden, statt diese mit negativen Vorzeichen beziehungsweise als positive Zahl darzustellen. Dies kann auch fachfremden Report-Lesern das Verständnis erleichtern.

Mangelt es einem Bericht an einem klaren Visualisierungskonzept, besteht die Gefahr, dass dieser vom Empfänger nicht akzeptiert und damit nicht verwendet wird. Mindestens ebenso groß ist das Risiko, dass auf der Basis von irreführenden, uneinheitlichen Darstellungen Aussagen falsch interpretiert werden und damit zu Fehlentscheidungen im Management führen können. Dies ist besonders häufig der Fall, wenn der Versuch unternommen wird, mehrere Aussagen gleichzeitig in einer Grafik zu verarbeiten.

## Distributionsprozess

Der Distributionsaufwand der Controlling-Reports lässt sich durch eine Prozessanalyse reduzieren. Häufig ist zu beobachten, dass in regelmäßigen Abständen die Adressaten in Unternehmen durch eine regelrechte Reporting-Lawine nach dem „Push-Prinzip" überrollt werden oder wertvolle Arbeits-

---

**⬇ Ergänzender Studientipp**

Krings, U. (Hrsg.): Erfolgsfaktor Controlling – Der Controller als Inhouse-Consultant, 2. Auflage, Wiesbaden. www.springerprofessional.de/link/4330050

zeit der Controller verloren geht, da diese als „Briefträger" oder „Vorleser" missbraucht werden. Abhilfe von dieser Distributionsineffizienz bieten sogenannte Self Service Reporting Tools. Mit ihrer Hilfe können die Adressaten von Reports selbstständig eigene Datenauswertungen durchführen und Berichte erstellen, ohne die Hilfe eines Controllers anfordern zu müssen. Dies steigert die Effizienz zum einen durch eine höhere Geschwindigkeit in der Informationsgewinnung, aber auch durch eine geringere Zeitbelastung des Controllings. Die Akzeptanz der Informationsinhalte seitens der Empfänger wird deutlich höher, da diese direkt und eigenständig erzeugten Reports eine gesteigerte Relevanz haben und Resultat einer Informationspriorisierung sind. Möglich ist dies aber nur, wenn tatsächlich die relevanten Informationen vorhanden sind und das Management die erforderliche Zeit hat und über die notwendige Kompetenz zur Selbstauswertung verfügt. Den größten Nutzen hat der Informationskonsument durch zeitnahe Datenverfügbarkeit: Die richtigen Informationen zur richtigen Zeit zu erhalten, kommt im heutigen schnelllebigen Wettbewerbsumfeld eine immer zentralere Bedeutung zu.

Erfolgsfaktor für solche Self Service Reporting Tools ist deren einfache und intuitive Bedienbarkeit. Ansonsten können Gelegenheits-User schnell überfordert sein und werden die Nutzung entweder unterlassen oder fordern unverhältnismäßig hohen Support-Aufwand ein.

## Schlussbetrachtung

Reporting-Strategie, Reporting-Inhalte, Reporting-Design und Distributionsprozesse sollten in Unternehmen regelmäßig geprüft und gegebenenfalls redesignt werden. Auch die Erfolge eingeleiteter Veränderungsprozesse im Reporting sollten überprüft werden. Dazu können in bestimmten Zeitabständen die Reporting-Effizienz und -Effektivität gemessen werden. Als mögliche Kennzahlen eignen sich die Anzahl der Berichtsempfänger, die Anzahl der Kennzahlen, die Anzahl der Reporting-Seiten, der Prozentanteil der Reports, die über Self Service erstellt werden, die Anzahl der Downloads von abgelegten Reporting-Dokumenten, der Zufriedenheitsindex mit dem internen Reporting et cetera. Letztendlich geht es darum, das Reporting als kundenorientierte interne Dienstleistung genauso kritisch zu begutachten, wie dies Controller mit anderen Unternehmensbereichen sonst auch tun.

*Literatur*

Horváth & Partners Management Consultants (2015): CFO-Studie 2014. Best Practices und Trends in Controlling und Finance, Stuttgart.

Michel, U./Gräf, J. (2012): Unternehmenssteuerung und Management Reporting, in: Gleich, R. et al. (Hrsg.): Controlling – Relevance Lost?, München, S. 65-84.

Autoren:

**Prof. Dr. Ulrich Krings**
Studiengangsleiter des Executive
MBA Controlling & Consulting
Fachhochschule Nordwestschweiz, Hochschule für Wirtschaft,
Basel, Schweiz
E-Mail: ulrich.krings@fhnw.ch

**Dr. Clemens Kustner**
Dozent im Bereich Finanz- und Rechnungswesen
Fachhochschule Nordwestschweiz, Hochschule für Wirtschaft,
Basel, Schweiz
E-Mail: clemens.kustner@fhnw.ch

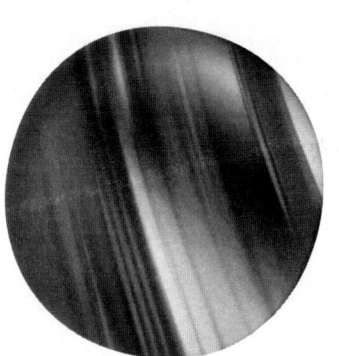

# Zahlungsmoral lässt zu wünschen übrig

Unternehmen in Deutschland sind besonders häufig von schlechter Zahlungsmoral betroffen. So lautet ein zentrales Ergebnis des aktuellen „Zahlungsmoralbarometers Westeuropa 2016" vom weltweit zweitgrößten Kreditversicherer Atradius, der das Zahlungsverhalten der in- und ausländischen B2B-Kunden von rund 3.000 Unternehmen in 13 Ländern untersucht hat.

Demnach sind 93 Prozent der befragten deutschen Unternehmen im vergangenen Jahr zu spät bezahlt worden. Nur in Italien sieht es mit 94 Prozent noch schlechter aus. Häufigster Grund für die Zahlungsverzögerungen waren Liquiditätsprobleme des Kunden. 0,8 Prozent der Forderungen waren 2015 sogar uneinbringlich und mussten von den betroffenen Unternehmen abgeschrieben werden.

Für die kommenden zwölf Monate rechnen die meisten befragten deutschen Unternehmen (63,8 Prozent) nicht mit einer Verbesserung der Forderungslaufzeit. Knapp ein Viertel rechnet sogar mit einem Anstieg (25,8 Prozent).

Dass ein Zahlungsverzug nicht nur Auswirkungen auf die eigene Liquidität der betroffenen Unternehmen hat, sondern sich auf die gesamte Wertschöpfungskette auswirkt, ist bekannt. So bezahlte auch jedes vierte untersuchte Unternehmen seine Geschäftspartner in der Folge ebenfalls zu spät. Als Maßnahme gegen eigene Liquiditätsengpässe gaben 40 Prozent der deutschen Umfrageteilnehmer an, die Kreditwürdigkeit ihrer Kunden und die Geschäftsbilanzen intensiver prüfen zu wollen. Vielen Unternehmen könnte zusätzlich helfen, ihr Forderungs-Management regelmäßig zu überprüfen und anzupassen.

**Vera Treitschke**

⬇ Mehr dazu bei R. H. Müller in seinem Buch „Erfolgreiches Forderungsmanagement" auf www. springerprofessional.de/link/4272368

# Geldwäsche ist auch im Nicht-Finanzsektor weit verbreitet

Der deutsche Finanzsektor und Unternehmen aus dem Nicht-Finanzsektor sollen pro Jahr gemeinsam mehr als 50 Milliarden Euro Schwarzgeld waschen. Das Gesamtvolumen bewegt sich „wahrscheinlich in der Größenordnung in Höhe von über 100 Milliarden Euro jährlich", heißt es im Monatsbericht des Bundesministeriums für Finanzen (BMF) von April 2016.

Die Zahlen ermittelte eine im Auftrag des BMFs von Kai-Detlef Bussmann, Professor für Strafrecht und Kriminologie an der Martin-Luther-Universität Halle-Wittenberg, durchgeführte Untersuchung zum Umfang der Geldwäsche im Nicht-Finanzsektor in Deutschland. Zu diesem Thema lagen bislang kaum belastbare Daten vor.

Der Rechtswissenschaftler nahm für seine Studie Hochrechnungen vor, um sowohl die Anzahl der Verdachtsfälle als auch deren finanzielle Größenordnung im Nicht-Finanzsektor zu schätzen. Er stellte dabei eine erhebliche Diskrepanz zwischen den etwa 250 Verdachtsanzeigen pro Jahr und den geschätzten etwa 15.000 bis 28.000 Verdachtsfällen fest.

Um Deutschland weniger attraktiv für Geldwäscher zu machen, empfiehlt Bussmann unter anderem, Bargeldzahlungen zu begrenzen. Entsprechende Regelungen in anderen EU-Mitgliedstaaten hätten zu einer Verlagerung von Geldwäsche nach Deutschland geführt. Eine Diskussion hierüber hatte die Bundesregierung bereits Anfang Februar dieses Jahres angestoßen. Zudem rät er, als eine unternehmensinterne Maßnahme einen Geldwäschebeauftragten einzuführen. Diese Maßnahme habe sich schon im Finanzsektor als sehr effizient erwiesen. Insgesamt kommt er zu dem Schluss, dass „der Geldwäscheprävention in der gesamten den Bundesländern unterliegenden Aufsicht des Nicht-Finanzsektors in Deutschland ein sehr viel größerer Stellenwert eingeräumt werden muss als bisher". Hierauf sollten sich gerade mittlere und große Unternehmen in Deutschland schon einmal einstellen.

**Vera Treitschke**

# Business Wargames effektiv durchführen

Der Strategieprozess bildet den Rahmen für ein Business Wargame. Der abschließende Teil der dreiteiligen Beitragsserie zeigt anhand eines Beispiels aus der Praxis, wie Unternehmen mittels Business Wargaming ihre strategischen Handlungsoptionen deutlich erweitern, spezifizieren und begründen können.

*Jan-Philipp Büchler*

Ein gehobener mittelständischer europäischer Konsumgüterhersteller mit führenden Marktpositionen in ausgewählten Produktkategorie-Ländermarkt-Kombinationen wollte seine langfristige Wachstumsstrategie bis zum Jahr 2020 festlegen. Hierzu sollte auch ein Business Wargame durchgeführt werden. Das Anwendungsbeispiel zeigt exemplarisch, wie Unternehmen dieses Instrument einsetzen können und erklärt dessen Beitrag für den gesamten Strategieprozess.

## Ausgangslage: Strategische Analyse

Die Ausgangslage für das Business Wargame des Konsumgüterherstellers sind konkrete Befunde seiner Market-Intelligence-Abteilung. Diese Stabsfunktion verantwortet fortlaufende Aktivitäten des Sammelns, Analysierens und Interpretierens von relevanten Marktinformationen mit dem Ziel, die strategischen Entscheidungen vorausschauend zu unterstützen und Befunde in den Strategieprozess, hier insbesondere in die strategische Analyse zu geben (vergleiche Weber/Spitzner/Stoffels 2008, S. 13 ff.).

Die Marktanalyse zeigt eine hohe Wettbewerbsdynamik, die sich insbesondere in einem zunehmenden Konsolidierungsdruck widerspiegelt. Hierdurch sieht sich die Unternehmensleitung in seiner Merger-Endgame-Auffassung bestätigt. Die Merger-Endgame-Logik unterstellt zunehmenden Konsolidie-rungsdruck im Verlauf des Branchenlebenszyklus und empfiehlt die Teilnahme am sogenannten „Race for Size", um durch eine Beschleunigung von strategischen Akquisitionen die Konsolidierung für sich zu entscheiden (vergleiche Deans/Kröger/Zeisel 2003, S. 6 ff.). Eine Peer-Group-Analyse unterstützt diesen Befund und lässt die Unternehmensleitung darauf schließen, dass sich die Branchenkonsolidierung weiter intensivieren wird. Zudem zeigt ein Vergleich der operativen Umsatzrendite, dass diejenigen Unternehmen, welche die Branchenkonsolidierung vorangetrieben haben, durch das Skalenwachstum strukturell höhere Umsatzrenditen erzielten. Eine Pfadanalyse erlaubt dem Unternehmen Rückschlüsse darauf, welche Konsequenzen die langfristig verfolgten Wachstumsstrategien der Wettbewerber haben. So dokumentiert ein Vergleich der Werttreiber, dass solche Wettbewerber, die den Markt konsolidieren, einen sprunghaften Anstieg des eingesetzten Kapitals im Zuge von großen Unternehmenszukäufen und einen in der Folge reduzierten Kapitalumschlag zu verzeichnen hatten. Dieser Befund kann bedeuten, dass die Unternehmen langfristig auf den eingeschlagenen externen Wachstumspfad festgelegt sind, sogenannter Lock-in (vergleiche Büchler 2014, S. 149 ff.).

Aufgrund dieser Befunde erwägt die Unternehmensleitung im Rahmen einer Planungsdiskussion eine auf schnelles Skalenwachstum orientierte Strategie. Vor dem Hintergrund der

Branchenkonzentration möchte das Unternehmen kritische Masse in der Produktion und im Vertrieb aufbauen und damit wettbewerbsfähig bleiben. Dazu werden unterschiedliche strategische Optionen diskutiert, beispielsweise die Produktion von Handelsmarken zur Kapazitätsauslastung und damit verbundener Stückkostendegression oder die Akquisition mittelständischer Wettbewerber zur direkten Marktkonsolidierung. Eine daraufhin durchgeführte Szenarioanalyse identifiziert mögliche Akquisitionsszenarien, die sich in der Branche in naher Zukunft abspielen könnten. Allerdings gibt sie nur begrenzt Aufschluss über die Plausibilität der Szenarien. Zudem bleiben die zukünftigen strategischen Entwicklungspfade sowohl einzelner Wettbewerber als auch der gesamten Branche relativ unklar.

## Initiierung: Relevante Fragen

Das Unternehmen formuliert aufgrund der Befunde aus der strategischen Analyse konkrete Fragen, die in dem Business Wargame beantwortet werden sollen:

- Welche Konsequenzen sind aus einer weiteren Branchenkonsolidierung zu erwarten?
- Welche Akquisitionsstrategie ermöglicht den Aufbau einer verteidigungsfähigen Marktposition im Merger Endgame?

Der inhaltliche Schwerpunkt des Wargames liegt also darauf, unterschiedliche Wachstumsoptionen zu untersuchen und zu bewerten. Im Fokus stehen vor allem Akquisitionen auf der Wertschöpfungsstufe der Konsumgüterhersteller und ihre horizontalen Wettbewerbswirkungen.

Der zeitliche Spielhorizont wird auf fünf bis zehn Jahre festgelegt. An Vorbereitung und Durchführung des Business Wargames sind die Unternehmensbereiche Business Development, Corporate Finance, Forschung & Entwicklung (F&E), Market Intelligence, Rechtsabteilung und Strategisches Marketing beteiligt. Die strategischen Wettbewerbsaktivitäten werden bereits fortlaufend durch Market Intelligence beobachtet. Diese Informationen lassen sich gut in ein Marktmodell und die Game Books überführen. Sie stellen damit die zentrale Datenbasis für das Business Wargame dar (vergleiche Büchler 2016, S. 50 f.).

## Vorbereitung: Konfiguration des Merger Endgames

Das Unternehmen plant das Business Wargame als sogenanntes Merger Endgame, bei dem Akquisitionsziele und -strategien in einem Marktumfeld zunehmender Marktkonzentration systematisch aus unterschiedlichen Perspektiven bewertet werden sollen. Ein Simulationsmodell für ein Merger Endgame lässt sich in der Konsumgüterbranche relativ einfach auf einem quantitativen Marktmodell aufbauen, da die Daten- und Informationslage umfangreich sind. Bei der Informationssammlung helfen einschlägige Marktdatenbanken wie zum Beispiel Euromonitor, wettbewerbsrechtliche Entscheidungen des Bundeskartellamts oder der EU-Generaldirektion Wettbewerb sowie veröffentlichte Unternehmensberichte und Investoren- oder Analystenpräsentationen. Zusätzlich werden Wirkungs- und Reaktionsfunktionen, Preissensitivitäten und Marktanteilsmodelle als Rechengerüst für das quantitative Simulationsmodell abgeleitet und getestet. Hierbei unterstützen externe Experten wie Finanzanalysten, Branchenberater und Wettbewerbsökonomen die Spielleitung.

Die Spielregeln werden anhand der strategischen Fragestellung aus der Initiierungsphase festgelegt. Der langfristig angelegte Spielhorizont von fünf bis zehn Jahren macht mindestens fünf Entscheidungsrunden erforderlich. Um die gewünschten Erkenntnisse zu gewinnen, liegt es nahe, funktionsübergreifende Teams einzusetzen, die sich aus Corporate Finance, Rechtsabteilung, Marketing und Mergers & Acquisitions (M&A) zusammensetzen. Neben dem „Team Unternehmen" ist auch ein „Team Wettbewerber" festzulegen, in dem sich die in der strategischen Analyse identifizierten relevanten Wettbewerber wiederfinden sollten. Aus den Befunden der Market Intelligence lassen sich zwei strategische Gruppen zusammenfassen. Die Gruppe der „Endgame Player" soll den Markt durch Akquisitionen konsolidieren. Die „Organic Growth Stars" sollen sich hingegen auf organisches Wachstum des Unternehmens konzentrieren, indem der Fokus auf die Entwicklung eigener Marken und Innovationen gelegt wird. Zusätzlich wird eine dritte Gruppe „kleine Wettbewerber" eingeplant, die bereits im Stra-

## Zusammenfassung

- Ein gutes Business Wargame fordert seine Teilnehmer heraus, unternehmerische Perspektivwechsel vorzunehmen und bekannte Denkschemata über die eigene Branche oder Unternehmensstrategie aufzubrechen.
- Ein sachgerechtes Simulationsmodell verwendet zuverlässige Daten und konzentriert sich auf die Fragestellung aus dem Strategieprozess sowie die zugrunde liegenden Entscheidungsparameter.
- Damit die ermittelten Ergebnisse nachhaltig Wirkung erzielen können, sind sie in den Strategieprozess zurückzugeben und für das Wissens-Management aufzubereiten und zugänglich zu machen.

tegieprozess identifizierte und potenzielle Übernahmekandidaten umfassen.

Außerdem muss ein „Team Markt und Kontrolle" eingesetzt werden. Dort gibt es beispielsweise Regulierer in der Rolle der Wettbewerbsaufsicht, die von Wettbewerbsrechtlern und -ökonomen gespielt werden. **Abbildung 1** zeigt die von dem Konsumgüterhersteller am Ende gewählte Spielkonfiguration. Die Kreisgröße entspricht der Teamgröße, welche von der Bedeutung für die strategische Fragestellung und für das Business Wargame abhängt.

Der konkrete Spielauftrag ist in den Game Books beschrieben, welche die Spielleitung zusammengestellt hat. Die Teams sollen im Merger Endgame relevante Akquisitionen realisieren, um eine verteidigungsfähige Marktposition durch eine kritische Unternehmensgröße aufzubauen. Dazu enthalten die Game Books neben den Marktdaten, Reaktionsprofilen und strategischen Zielsetzungen auch eine Liste möglicher Akquisitionsziele. In diesen „Deal Books" stehen Angaben zu Finanzkennzahlen, Marken- und Produktportfolio und zur Anlagen- und Technologiebasis sowie zu bestehenden Kunden und Vertriebskanälen der Akquisitionsziele. Schließlich werden die Spielregeln erklärt, wie zum Beispiel Bewertungsschemata und

-methoden für Akquisitionsziele, und Hilfsmittel wie Vorlagen in Tabellenkalkulationsprogrammen vorgestellt.

## Durchführung: Strategien testen und bewerten

Für das Merger Endgame mit seinen fünf Entscheidungsrunden setzt das Unternehmen einen dreitägigen Workshop an. Die rund 20 Teilnehmer aus unterschiedlichen Unternehmensfunktionen werden um Berater und Coaches mit relevanter Branchenkenntnis ergänzt. Sie sollen als Moderatoren und Systembetreuer den Simulationsablauf sicherstellen.

Nach dem Verteilen der Game Books an die Teilnehmer treffen sich die Teams in der Wargaming Arena (vergleiche **Abbildung 2**). Die Spielleitung fasst den Spielauftrag, die Ausgangslage auf Basis der für alle Teams verfügbaren Informationen sowie die zentralen Spielregeln zusammen und stellt die Abfolge an Spielzügen vor.

In jeder Entscheidungsrunde stellen die unterschiedlichen Teams ihre Strategien und Entscheidungen auf Basis der Marktdaten entsprechend den zeitlichen Abgabefristen fertig. Diese werden in Formularen für spätere Vergleichsanalysen zum Beispiel in der Reflexionsphase dokumentiert und an die Spiellei-

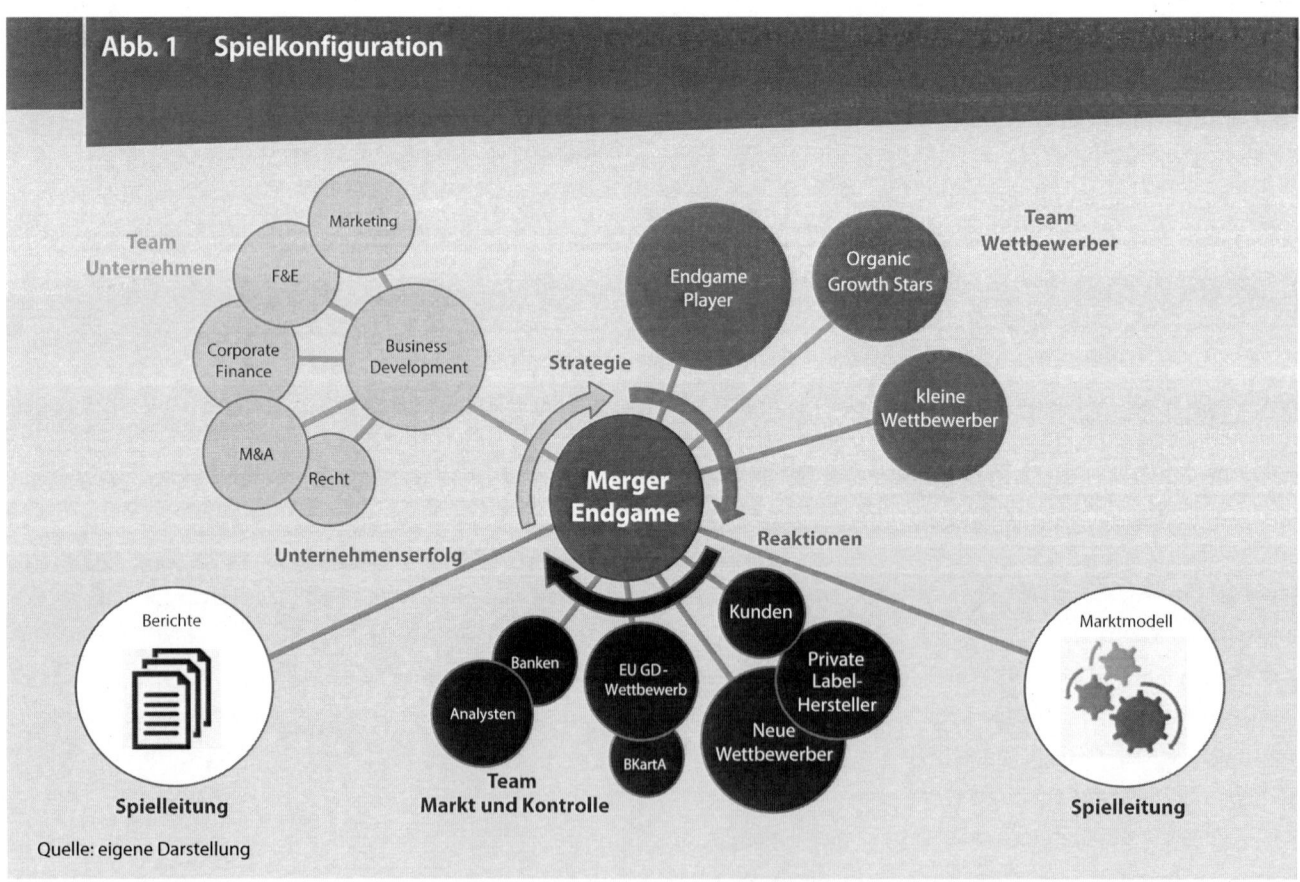

**Abb. 1    Spielkonfiguration**

Quelle: eigene Darstellung

tung übermittelt. Die Teams arbeiten in getrennten Gruppenräumen. Auf Nachfrage erhalten sie Beratung durch die Spielleitung. Die Kommunikation zwischen den Teams während der Entscheidungsrunden erfolgt durch ein von der Spielleitung überwachtes E-Mail-System. Das ist zum Beispiel dann notwendig, wenn das Team „Unternehmen" ein Akquisitions- oder Fusionsvorhaben beim Team „Markt und Kontrolle" anmelden oder ein Kaufangebot an ein Wettbewerber-Team richten möchte. Durch das E-Mail-Verfahren sollen etwaige Verhandlungen bis zur wettbewerbsrechtlichen Entscheidung geheim gehalten und gleichzeitig für die Analysen der Spielleitung zugänglich gemacht werden.

Während das Team „Unternehmen" und die verschiedenen Wettbewerber-Teams die Marktinformationen auswerten und ihre strategischen Antworten auf die Marktentwicklung zeitlich formulieren, bereiten die verschiedenen Akteure des Teams „Markt und Kontrolle" einen detaillierten Marktüberblick vor. Das Ergebnis ist in der ersten Spielrunde eine Marktsegmentierungsanalyse nach Kundensegmenten, Geografien, Produktkategorien und Absatzkanälen. Auf dieser Basis kann das Team im weiteren Spielverlauf Marktabgrenzungen vornehmen und vorgeschlagene Unternehmenstransaktionen hinsichtlich der Wettbewerbswirkung und Marktstrukturveränderung bewerten und Transaktionsfreigaben oder Auflagen begründen. Darüber hinaus legt das Team Kriterien für die Unternehmensbewertung fest. Im Merger Endgame interessieren vor allem solche Akquisitionen, welche die Industriestruktur verändern und damit die strategischen Ziele erfüllen. Das Team muss also Kriterien festlegen, die einen vergleichbaren Erklärungsrahmen bieten, um strategische Akquisitionspreise zu ermitteln. Hierzu greift es unter anderem auf die Kerngeschäftsanalyse (vergleiche Zook/Allen 2001, S. 35 ff.) zurück. Dabei kann auf Basis einer Bewertung von gemeinsamen Kunden, Kanälen, Kompetenzen und Kostenbasis der strategische Fit für vorgeschlagene Transaktionen unternehmensindividuell ermittelt und daraus eine Zahlungsbereitschaft (auch von Wettbewerbern) abgeleitet werden.

## Handlungsempfehlungen

- Definieren Sie für die strategischen Entscheidungen in der Simulation transparente Bewertungskriterien, die sich auf relevante strategische Steuerungsgrößen beziehen und einen konsistenten Handlungsrahmen darstellen.
- Fördern Sie die Realitätsnähe durch Identifikation der Teilnehmer auf der Basis nachvollziehbarer Rollenbeschreibungen in den Game Books und eine intensive Reflexion des Simulationsverlaufs.
- Identifizieren Sie strategische Wissenslücken im Rahmen der Reflexion und leiten Sie daraus konkrete strategische Optionen und Entwicklungsmaßnahmen ab.

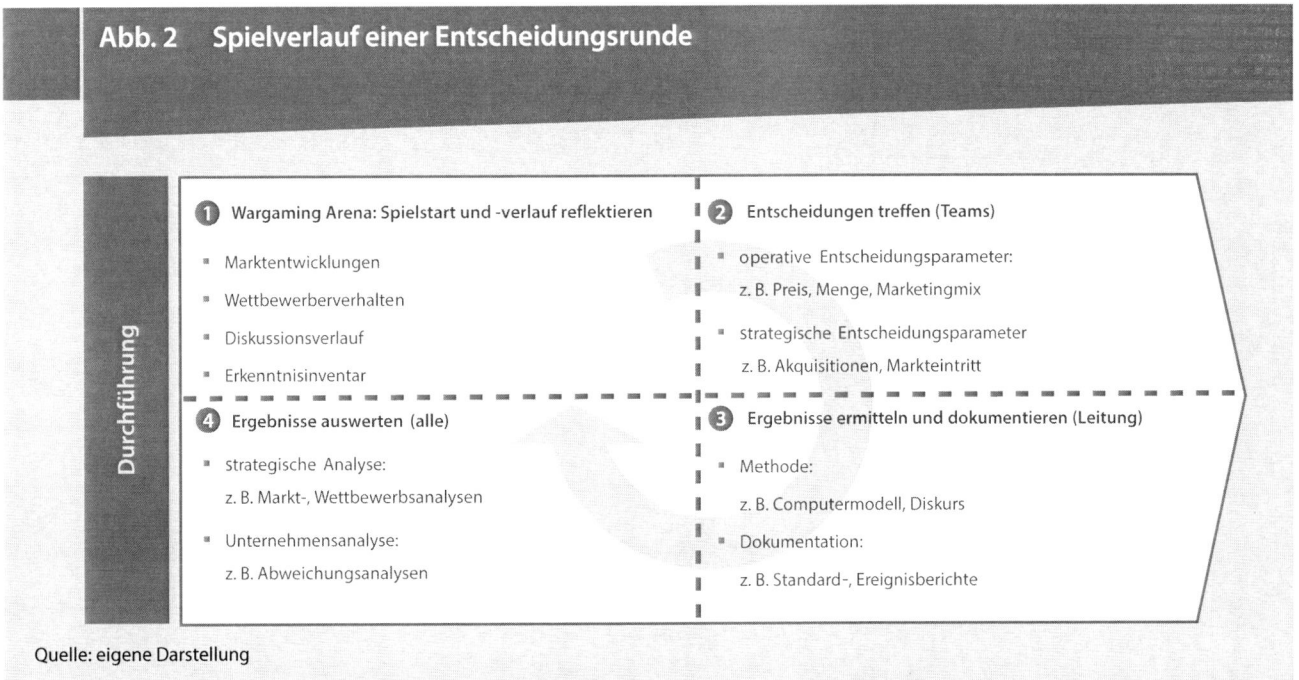

**Abb. 2   Spielverlauf einer Entscheidungsrunde**

**Durchführung**

**① Wargaming Arena: Spielstart und -verlauf reflektieren**
- Marktentwicklungen
- Wettbewerberverhalten
- Diskussionsverlauf
- Erkenntnisinventar

**② Entscheidungen treffen (Teams)**
- operative Entscheidungsparameter:
  z. B. Preis, Menge, Marketingmix
- strategische Entscheidungsparameter
  z. B. Akquisitionen, Markteintritt

**④ Ergebnisse auswerten (alle)**
- strategische Analyse:
  z. B. Markt-, Wettbewerbsanalysen
- Unternehmensanalyse:
  z. B. Abweichungsanalysen

**③ Ergebnisse ermitteln und dokumentieren (Leitung)**
- Methode:
  z. B. Computermodell, Diskurs
- Dokumentation:
  z. B. Standard-, Ereignisberichte

Quelle: eigene Darstellung

Nachdem die Entscheidungen der unterschiedlichen Teams in das Marktmodell eingeflossen sind, werden die Marktergebnisse einer jeden Spielrunde von der Spielleitung ermittelt und dokumentiert. Das quantitative Marktmodell ermittelt softwaregestützt den Einfluss der operativen Entscheidungsparameter der Unternehmen auf den Markt, zum Beispiel die Marktvolumenveränderung bei aggressiver Preis- und Promotionsstrategie eines Wettbewerbers oder bei der Markteinführung von Innovationen. Im Hinblick auf die strategischen Entscheidungsparameter nimmt das Team „Markt und Kontrolle"

> *„Die Teilnehmer identifizierten einerseits attraktive Akquisitionsziele, andererseits aber auch strategische Inkonsistenzen."*

**Einfluss auf die Marktergebnisse.** In seiner Rolle als Wettbewerbsaufsicht hat es über Transaktionsfreigaben beziehungsweise Auflagen zu entscheiden sowie in seiner Rolle als Banken und Analysten über Transaktionspreise. Mögliche kritische Entscheidungen werden zunächst zwischen dem Team und der Spielleitung geklärt. Erst danach werden die Rundenergebnissen von der Spielleitung in den Standardberichten zur Markt- und Branchenentwicklung zusammengefasst und an alle teilnehmenden Teams verteilt. Die verschiedenen Unternehmensteams erhalten darüber hinaus individuelle Berichte und Auswertungen zu ihren Wachstums- und Akquisitionsstrategien.

Im vierten und letzten Abschnitt einer Spielrunde kommen alle teilnehmenden Teams zusammen, um die Ergebnisse auszuwerten. Das Team „Markt und Kontrolle" stellt mit Unterstützung der Spielleitung die wesentlichen Marktergebnisse vor und legt dabei einen Schwerpunkt auf die strategischen Entscheidungsparameter. So werden Akquisitionsfreigaben bekannt gegeben oder über laufende Prüfverfahren berichtet. Im Anschluss interpretieren die Teilnehmer gemeinsam das Spielgeschehen und die Entscheidungen der einzelnen Teams. Eingetretene Erwartungen und überraschende Entwicklungen werden erörtert und Rückschlüsse für die weitere Strategieentwicklung abgeleitet. Diese gemeinsame Auswertung und die verschiedenen Berichte der Spielleitung stellen die Ausgangsbasis für die nächste Entscheidungsrunde dar (vergleiche **Abbildung 3**). Der beschriebene Ablauf einer Spielrunde wird entsprechend der Spielkonfiguration und Rundenanzahl wiederholt, wobei die Branchenentwicklung und Unternehmensstrategien rundenweise weiterentwickelt werden.

## Ergebnisse und Reflexion

In dem Business Wargame identifizierten die Teilnehmer einerseits attraktive Akquisitionsziele, um führende Marktpositionen sei es als Unternehmen selbst oder als Wettbewerber auszubauen. Andererseits entdeckten sie aber auch strategische Inkonsistenzen durch eine erhöhte Kapitalbindung beim Kauf von Unternehmen. Außerdem wurden strategische Risiken in möglichen Bieterverfahren deutlich. So identifizierten die Teilnehmer solche Wettbewerber, die aufgrund eines

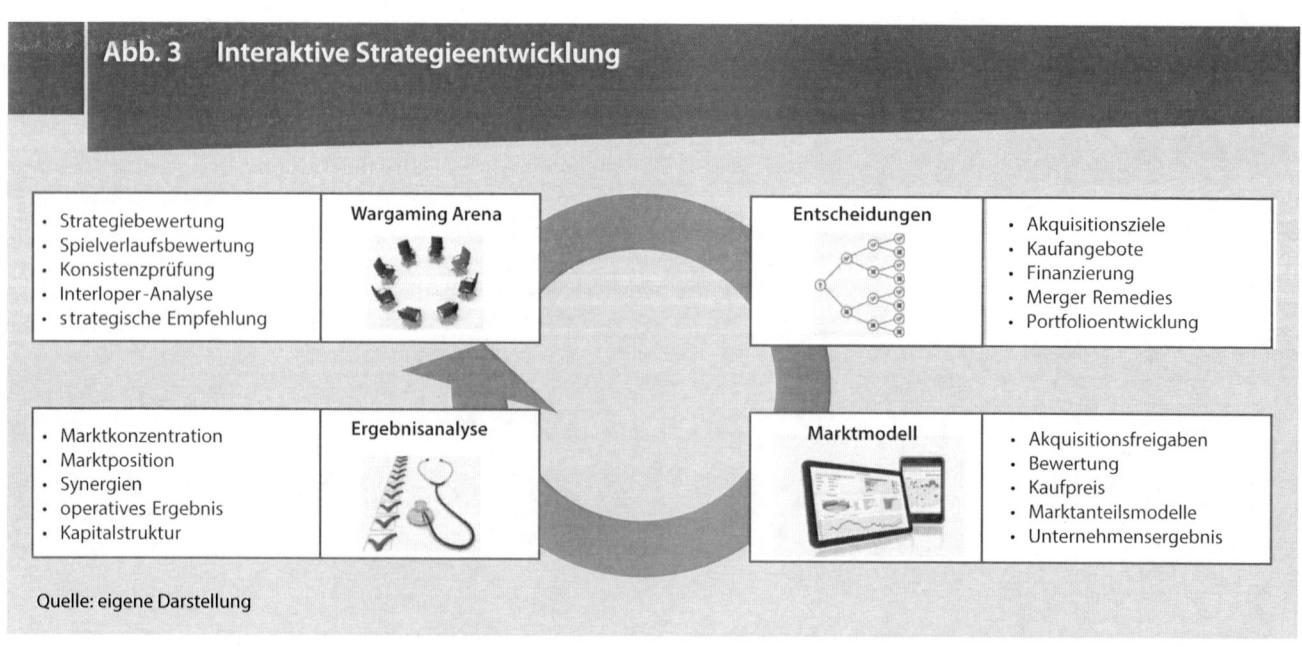

**Abb. 3    Interaktive Strategieentwicklung**

**Wargaming Arena**
- Strategiebewertung
- Spielverlaufsbewertung
- Konsistenzprüfung
- Interloper-Analyse
- strategische Empfehlung

**Entscheidungen**
- Akquisitionsziele
- Kaufangebote
- Finanzierung
- Merger Remedies
- Portfolioentwicklung

**Ergebnisanalyse**
- Marktkonzentration
- Marktposition
- Synergien
- operatives Ergebnis
- Kapitalstruktur

**Marktmodell**
- Akquisitionsfreigaben
- Bewertung
- Kaufpreis
- Marktanteilsmodelle
- Unternehmensergebnis

Quelle: eigene Darstellung

ähnlichen strategischen Portfolio-Fits und einer vergleichbaren Kapitalausstattung als höchstwahrscheinliche Konkurrenten im Bieterprozess für konkrete Akquisitionsziele auftreten könnten. Die gemeinsamen Schlussfolgerungen hinsichtlich Angebot, Priorisierung und Geschwindigkeit möglicher Akquisitionen am Ende jeder Spielrunde waren ein wichtiger Input für die folgenden Spielrunden und die strategischen Implikationen. Des Weiteren erkannten die Teilnehmer solche Transaktionsmöglichkeiten, die maßgeblich zur Branchenkonsolidierung beitragen würden, insbesondere solche in Wachstumsmärkten. Diese wurden inventarisiert und später an die Market Intelligence übergeben. Das Team „Unternehmen" legte durch diese Erkenntnisse im Laufe des Merger Endgames seinen Akquisitionsfokus zunehmend auf den Kauf ausgewählter Marken und nicht mehr auf Unternehmen. Damit rückten auch Marken von sehr viel größeren Wettbewerbern in den Fokus der Akquisitionsstrategie, die es bei einem ausschließlichen Fokus auf Unternehmenskäufe mit Sicherheit nicht auf die Akquisitionsliste geschafft hätten.

In den fünf Spielrunden kristallisierte sich ein Erfolgsmuster heraus, das die Teilnehmer im Rahmen der Diskussion konkretisierten. Erfolgreiche Akquisitionen gelangen dem Team „Unternehmen" vor allem dann, wenn es sich um lokale Marken mit einer Top-5-Marktposition handelt. Im Spielverlauf etablierte sich der Begriff „Pearls" für diese Marken. Diese Marken boten für die Endgame Player meist wenig Wachstumspotenzial und stellten daher keine strategischen Übernahmeziele dar. In der Folge wurde der Akquisitionspreis nicht durch einen starken Bieterwettstreit in die Höhe getrieben. Außerdem preiste das Team Unternehmen defensive Synergien auf der Basis ähnlicher technologischer Kompetenzen ein und berücksichtigte daher vor allem Marken mit ähnlichen Herstellungsverfahren und Rezepturen. Schließlich fanden sich vor allem zwei Typen von Unternehmen, deren Marken akquiriert wurden. Der eine Typus befand sich mangels kritischer Masse in einem strategischen Portfolioumbau („Endgame Loser"), und der andere Typus war aufgrund eines Wachstumshemmnisses verkaufswillig („Growth Laggard"). Im weiteren Spielverlauf stellte das Team „Unternehmen" außerdem fest, dass für die Integration von Marken in das Unternehmensportfolio eine entsprechende Strategie und ein unterstützender Prozess zu entwickeln waren. Dies stellte bis dahin eine strategische Wissenslücke im Unternehmen dar.

Die größte Herausforderung für die Teilnehmer bestand aber in dem unternehmerischen Perspektivwechsel und der Abstraktion von bekannten Denkschemata über die eigene Strategie, die Spielregeln in der Branche und das Verhalten von Wettbewerbern. Nach der letzten Spielrunde trafen sich die Teilnehmer daher in der Wargaming Arena ein letztes Mal, um gemeinsam den Spielverlauf und die daraus resultierenden Spielergebnisse anhand eines Fragenkatalogs zu bewerten und Schlussfolgerungen für die weitere Strategieentwicklung abzuleiten (vergleiche **Abbildung 4**).

Am Ende des Business Wargames formulierten die Teilnehmer ihre strategische Empfehlung an das Management. Im Ergebnis kamen sie zu einer veränderten Wachstumsstrategie, die

---

**Abb. 4    Fragenkatalog zur Auswertung von Business Wargames**

**Rückkopplung**

**Business Wargame Debriefing**

- Was ist gut und was ist schlecht gelaufen?
- Welche Schlussfolgerungen können aus dem Spielverlauf (weiche Fakten) abgeleitet werden?
- Welche Schlussfolgerungen können aus den Ergebnissen (harte Fakten) abgeleitet werden?
- Welche Schlussfolgerungen sind überraschend und verändern die bisherige Strategie?
- Welche nächsten Schritte werden dem Auftraggeber für den Strategieprozess empfohlen?
- Welche Ergebnisse werden für die Abschlussdokumentation festgehalten?

Quelle: eigene Darstellung

eine selektive Markenakquisition in ausgewählten Produktkategorien und Ländermärkten vorsah, um dort führende Marktpositionen aufzubauen. Die Empfehlung dieser „String-of-Pearls-Strategie" wurde durch eine vollständige Liste bewerteter Akquisitionsziele auf Basis des Spielergebnisses untermauert und in die Strategieformulierungsphase des Strategieprozesses

> *„Auf Basis der Ergebnisse aus dem Merger Endgame veränderte die Unternehmensleitung ihre strategischen Prioritäten."*

sowie in die Analysephase des Akquisitionsprozesses zur Bewertung und Kaufpreisindikation gegeben. Eine zentrale Erkenntnis stellten die identifizierten Wettbewerber (Interloper) mit höchstwahrscheinlichem Interesse an bestimmten Markenzukäufen dar, die für die Ausarbeitung der konkreten Bieterstrategien im Akquisitionsprozess zukünftig zu berücksichtigen wären. Die im Strategieprozess erarbeiteten strategischen Optionen, entweder Unternehmen ganzheitlich zu akquirieren oder Handelsmarken zu produzieren zwecks Kapazitätsauslastung, wurden von den Teilnehmern verworfen. Als wichtiges Nebenergebnis empfahlen die Teilnehmer, einen strukturierten und funktionsübergreifenden Prozess zur Markenintegration zu erarbeiten. Die Ergebnisse wurden der Unternehmensleitung übergeben und außerdem im Rahmen einer Abschlussdokumentation für das Wissens-Management im Unternehmen festgehalten.

## Schlussbetrachtung

Business Wargaming ergänzt klassische strategische Analysetools, indem es ermöglicht, offensive versus defensive Handlungsoptionen mittels einer interaktiven und modellbasierten Simulation zu bewerten. Wie das Beispiel aus der Konsumgüterindustrie zeigt, können dabei völlig neue strategische Optionen entwickelt werden. In diesem Fall veränderte die Unternehmensleitung auf der Basis der Ergebnisse aus dem Merger Endgame ihre strategischen Prioritäten, definierte die Selektionskriterien im Akquisitionsprozess neu und realisierte nachfolgend eine Reihe von Markenzukäufen mit relativ geringer Kapitalintensität. Diese Ergebnisse wurden zur weiteren Ausarbeitung konkreter Maßnahmen in die Strategieformulierungsphase überführt. Die Unternehmensleitung setzte zudem eine Task Force für die Ausarbeitung eines Markenintegrationsprozesses ein. Die strategischen Handlungsoptionen wurden damit nicht nur getestet, sondern erweitert, spezifiziert und begründet.

**Weitere Beiträge zur Serie:**

Die ersten beiden Teile der Beitragsserie mit Ausführungen zum Einsatz und zur Vorbereitung von Business Wargames sind in den **Ausgaben 1 und 2/2016** der Controlling & Management Review erschienen.

### Literatur

Büchler, J.-P. (2014): Strategie entwickeln, umsetzen und optimieren, Hallbergmoos.

 * Büchler, J.-P (2016): Business Wargames richtig vorbereiten, in: Controlling & Management Review, 60 (2), S. 48-53.

Deans, G. K./Kroeger, F./Zeisel, S. (2003): Winning the Merger Endgame, A Playbook for Profiting from Industry Consolidation, New York.

Weber, J./Spitzner, J./Stoffels, M. (2008): Erfolgreich steuern mit Market Intelligence, Marktentscheidungen fundiert treffen, in: Schriftenreihe Advanced Controlling, Band 63, Weinheim.

Zook, C./Allen, J. (2001): Erfolgsfaktor Kerngeschäft, Zeitlose Strategien für Wachstum und Innovation, München.

* Abonnenten von Springer Professional haben kostenfrei Zugriff.

Autor:

**Prof. Dr. Jan-Philipp Büchler**
Professor für Unternehmensführung und Global Business Management, Leiter des Center for Applied Studies & Education in Management (CASEM)
Fachhochschule Dortmund, Dortmund, Deutschland
E-Mail: jan-philipp.buechler@fh-dortmund.de

# Umsatz steigt, Gewinn sinkt

Die meisten DAX-Konzerne können für 2015 ein Zahlenwerk vorweisen, das sich sehen lassen kann. Die Umsätze stiegen im Vorjahresvergleich insgesamt um acht Prozent auf einen neuen Rekordwert von rund 1,12 Billionen Euro. Dies ergibt die Studie „Entwicklung der DAX-30-Unternehmen im Jahr 2015" der Wirtschaftsprüfungs- und Beratungsgesellschaft EY, in der die wichtigsten Finanzkennzahlen analysiert wurden. Auch der operative Cashflow ist um 13 Prozent gewachsen. Bei Experten bleibt der Enthusiasmus trotz der Rekordzahlen verhalten. Denn die positive Entwicklung geht vor allem auf das Konto des schwachen Euros: Viele internationale Konzerne konnten hier durch die Umrechnung von Auslandseinnahmen in Euro starke Umsatzzuwächse generieren: Von rund 80 Milliarden Euro Umsatzzuwachs sind 46 Milliarden Euro allein durch den Währungseffekt erzielt worden.

Eine weitere wichtige Information beim Blick auf die die Finanzkennzahlen der DAX-Konzerne ist das Earnings before Interest and Tax, kurz EBIT. Kumuliert ging diese Kennzahl bei den DAX-30-Unternehmen im Vergleich zum Vorjahr um fünf Prozent von 96,5 auf 91,5 Milliarden Euro zurück. Vor allem die Verluste der Deutschen Bank und von Eon haben sich hier stark ausgewirkt. Die derzeitige Schwäche von Län-

dern wie Russland, Brasilien und China sowie die sinkenden Ölpreise sind weitere Gründe für die Gewinnrückgänge der exportorientierten Unternehmen.

Dennoch konnten 20 der 29 untersuchten Unternehmen ihren operativen Gewinn gegenüber dem Vorjahr steigern. Bei den meisten Unternehmen sind die erzielten Ergebnisse also zufriedenstellend. Trotzdem warnt Thomas Harms, Partner bei EY: „Wachstum aus eigener Kraft ist derzeit schwierig."

Freuen konnten sich dennoch die meisten Aktionäre. Denn laut EY-Studie schüttet jedes zweite Dax-30-Unternehmen in diesem Jahr an seine Aktionäre mehr Geld aus als je zuvor. 24 Unternehmen erhöhten die Dividende für das abgelaufene Geschäftsjahr, drei Unternehmen hielten sie konstant und nur zwei Firmen setzen ihre Aktionäre auf Nulldiät (Deutsche Bank, RWE). Die höchste Dividende zahlt in diesem Jahr der Autokonzern Daimler mit einer Ausschüttungssumme von knapp 3,5 Milliarden Euro, gefolgt von der Allianz mit 3,3 Milliarden Euro.

**Sylvia Meier**

⬇ Lesen Sie den gesamten Beitrag auf www.springerprofessional.de

# CFOs wünschen sich mehr Unterstützung von der Internen Revision

Die Interne Revision soll dem CFO rechtzeitig unternehmensrelevante Risiken melden. Hier besteht jedoch noch Verbesserungsbedarf, wie die aktuelle Studie „Mehrwert schaffen durch die Interne Revision" der Beratungsgesellschaft KPMG, die in Zusammenarbeit mit Forbes entstanden ist, zeigt.

Zwischen den Informationen, die sich Chief Financial Officers (CFOs) und Prüfungsausschussmitglieder erhoffen und jenen, die sie tatsächlich von der Internen Revision geliefert bekommen, klafft eine Lücke. Demnach wünschen sich 57 Prozent der rund 400 befragten Studienteilnehmer Unterstützung bei der Bewertung von Risiken und Risiko-Manage-

ment-Prozessen durch die Interne Revision. Doch nur 22 Prozent geben an, dass sie diese Unterstützung auch tatsächlich erhalten. 36 Prozent erwarten von den Revisionsabteilungen zudem Informationen zu neu entstehenden Risiken. Doch lediglich fünf Prozent bekommen sie auch. 41 Prozent würden zudem Informationen zur nachhaltigen Gewinnerzeugung begrüßen. Derzeit erhalten aber nur 33 Prozent der Befragten solche Auskünfte.

Insgesamt erhofft sich die Mehrheit der Unternehmen (63 Prozent) von der Internen Revision einen messbaren Nutzen. Die Risikobewertung durch die Interne Revision wird jedoch laut Studie bestenfalls als angemessen empfunden.

In fast der Hälfte der Unternehmen beschäftigt sich vor allem die Compliance-Abteilung mit unternehmensweiten Risiken. Die Studienautoren raten deshalb generell dazu, dass die Revisionsabteilung beim Risk Assessment eng mit der Compliance-Abteilung, der Rechtsabteilung und dem Risiko-Management zusammenarbeitet und den Informationsaustausch nutzt.

Zudem zeigt die Studie, dass für 41 Prozent der Befragten angemessen qualifizierte Mitarbeiter wichtig sind. Doch was muss ein Interner Revisor eigentlich an Fähigkeiten mitbringen um dieser Aufgabe gerecht zu werden? Zu den fünf meistgefragten Kompetenzen zählen: Kommunikation (67 Prozent), technische Fertigkeiten (62 Prozent), kritisches Denken und Urteilsvermögen (52 Prozent), Verständnis globaler Märkte (48 Prozent) und versierter Umgang mit Datenanalysen (39 Prozent).

**Sylvia Meier**

Mehr zum Thema Interne Revision erfahren Sie auf
www.springerprofessional.de/link/10129494

---

Volker
Hagemann
im Dialog
mit
Jürgen
Weber

# „Mit OSCAR haben wir unser Controlling neu aufgebaut"

Die Einführung des neuen BI-Systems OSCAR war für die Leica Camera AG Auslöser, um ihre gesamte Controlling-Funktion grundlegend zu verändern. Wie der neue Ansatz von den betroffenen Mitarbeitern aufgenommen wurde, schildert Volker Hagemann, Bereichsleiter Controlling, im Gespräch mit CMR-Mitherausgeber Jürgen Weber.

*Volker Hagemann,*
*geboren 1971, studierte Betriebswirtschaft*
*mit dem Abschluss Diplom-Betriebswirt*
*(BA) an der Berufsakademie Mosbach,*
*Baden-Württemberg. Seine berufliche Kar-*
*riere begann er bei dem Automobilzulieferer*
*Woco im osthessischen Bad Soden-Salmün-*
*ster. Hagemann war bei Woco zunächst für*
*die Ergebnisrechnung und das betriebswirt-*
*schaftliche Reporting verantwortlich. Ab*
*dem Jahr 2000 übernahm er die Leitung des*
*zentralen Controllings der Woco-Gruppe. Im*
*Jahr 2002 wurde Hagemann Mitglied der*
*Geschäftsleitung für das Joint Venture Woco*
*Michelin AVS. Seit 2007 ist Hagemann als*
*Bereichsleiter Controlling bei der Leica Ca-*
*mera AG tätig. Hier verantwortet er welt-*
*weit alle Controlling-Aktivitäten, den Pla-*
*nungsprozess, das Reporting und das Risiko-*
*Management.*

Herr Hagemann, Sie haben das Controlling von Leica einem umfassenden Veränderungsprozess unterzogen. Solche Veränderungsprozesse werden zumeist aus ganz konkreten Problemen heraus angestoßen. Sie fallen umso tiefgreifender aus, je schwerwiegender der Auslöser dazu war. Warum haben Sie das Projekt OSCAR bei Leica angestoßen?

Vor der Einführung von OSCAR war das Controlling bei Leica funktional strukturiert. Es gab Vertriebs-Controlling, Produktions-Controlling, Entwicklungs-Controlling und so weiter. Die Controller waren für die Datenaufbereitung und

> *„Ein BI-System hat jeder, wir bei Leica haben OSCAR – das ‚Online System for Controlling, Analysis and Reporting‘."*

für die Datenbereitstellung verantwortlich. Die Zuordnung richtete sich nach Fachthemen und weniger danach, was gefragt wurde. Es gab zwar hochwertige Berichte, aber in Bezug auf eine effiziente Nutzung der Daten und ihre Integration in den Entscheidungsprozess war noch einiges zu verbessern. So erhielt beispielsweise der Vertriebschef vom Vertriebs-Con-

troller die Vertriebszahlen, vom Bestands-Controller die Bestandszahlen und vom Produktions-Controller die Produktionszahlen – natürlich in unterschiedlichen Formaten. Das wollten wir optimieren.

Das heißt, Sie haben bemerkt, dass Ihre internen Kunden nicht zufrieden sind, und haben daraufhin das Projekt OSCAR angestoßen?

Das ist richtig. Ich habe gemerkt, dass unsere Kunden einen Ansprechpartner und ein wirklich kundenorientiertes Berichtswesen brauchen. Im Grunde wollten wir unser Berichtswesen weiter ausbauen und vereinheitlichen. Dabei haben wir festgestellt, dass es noch besser ist, wenn man auch gleich die Organisation und damit auch das Verhalten der Controller entsprechend anpasst.

Wofür steht denn „OSCAR"?

OSCAR ist der Name für unser BI-System. Ein BI-System hat jeder, wir bei Leica haben OSCAR – das „Online System for Controlling, Analysis and Reporting". Es passt zu uns, weil es uns auch immer an unser großes Vorbild Oskar Barnack, den Erfinder der ersten erfolgreichen Kleinbildkamera, erinnert.

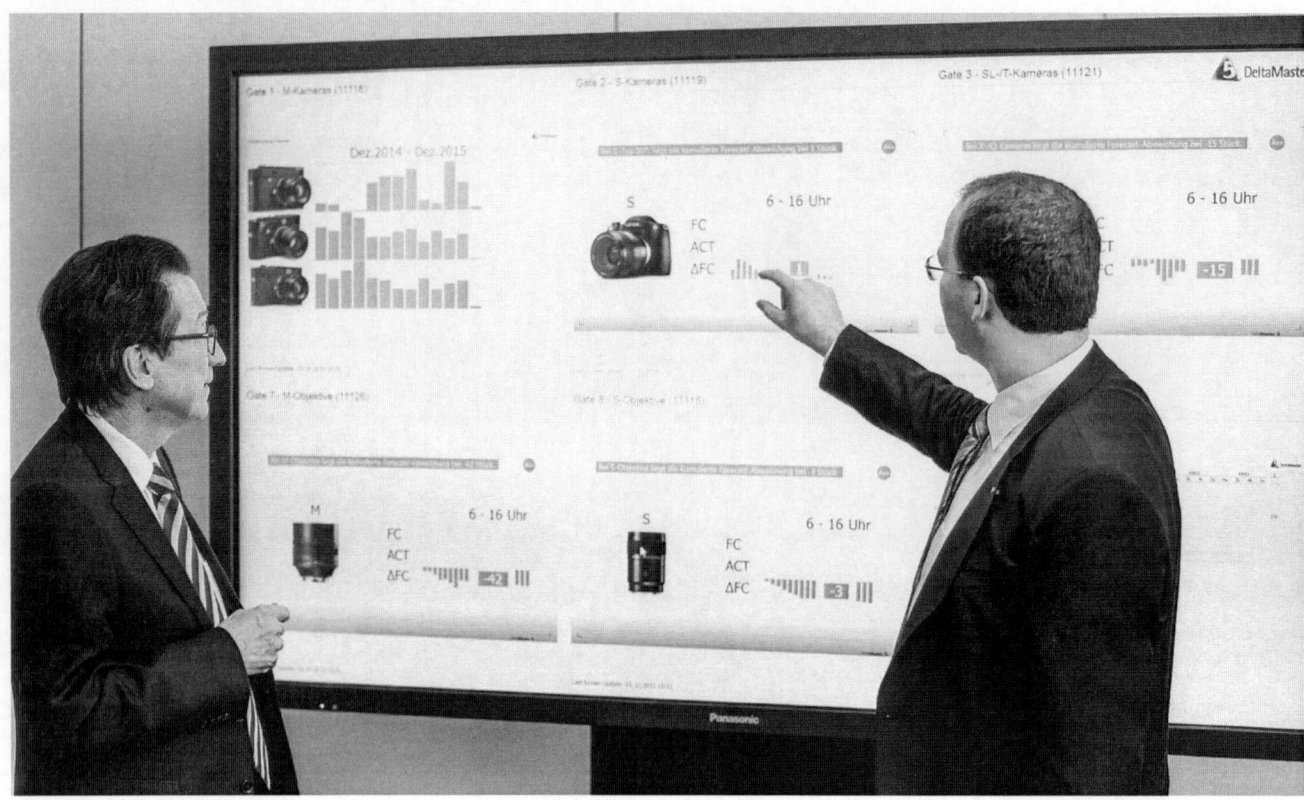

Im Rahmen von OSCAR haben wir unser Controlling systematisch neu aufgebaut. Der Name steht auch für die Philosophie des neuen Controlling-Ansatzes. Er baut auf drei Säulen auf: Zum einen haben wir die organisatorische Komponente. Leica ist nach Ressorts, also nach Fachbereichen, organisiert. Die Controller, die in der Rolle des Business Partners agieren, sind Sparringspartner für das Management. Daneben haben

*„Durch das Objektiv des Experten werden die Daten aufbereitet, und auf der Kamera des Business Partners wird daraus ein schönes, aussagekräftiges, emotionales Bild."*

wir Controller in der Rolle von Experten für die verschiedenen Fachbereiche. Sie bereiten beispielsweise Produktionsdaten, Vertriebsdaten oder Bestandsdaten entsprechend auf und stellen sie zur Verfügung. Die zweite Säule ist das Reporting selbst. Wir hatten auch vor OSCAR schon ein gut standardisiertes Reporting, aber uns fiel immer wieder auf, dass eigentlich auch die Fragestellungen in gewissem Maße standardisiert sein müssten. Mit der Frage nach dem Umsatz sollte also immer auch gleich klar sein, ob der Umsatz in Deutschland,

in Europa oder weltweit gemeint ist, um welches Leica-Produkt es geht und von welchem Zeitraum die Rede ist. Mit OSCAR ist es uns gelungen, bei den Fragestellungen einen gewissen Standard zu schaffen und diesen auch gleich mit der Nomenklatur der Berichte zu verbinden.

*Sie haben also erreicht, dass die Manager nun immer präzise fragen?*

Die Business Partner unter unseren Controllern sind entsprechend geschult und wissen: Wenn die Frage dem Standard entspricht, kann das Controlling sie in Sekundenschnelle beantworten.

*Sie sprachen noch von einer dritten Säule, auf die OSCAR aufbaut.*

Die dritte Komponente ist der Zugang zu den Daten und damit zu den Informationen. Beim Neubau der Unternehmenszentrale in Wetzlar hatten wir eine einmalige Gelegenheit, uns zu überlegen, wie wir das Monitoring in der Fertigung neu gestalten könnten. Die Idee war, Daten unmittelbar dort zur Verfügung zu stellen, wo sie entstehen und wo sie auch gebraucht werden – in hoher Qualität und leicht lesbar, mit Produktbildern, Vergleichszahlen, Forecast und vielleicht auch mit einem Farbkonzept, das erkennen lässt, ob es gut läuft

per Hand eine Grafik erstellt haben. Für die Akzeptanz der neuen Monitore war es hilfreich, dass es etwas Vergleichbares in viel einfacherer Umsetzung bereits vorher gegeben hatte.

**Wie lange haben Sie gebraucht, um OSCAR einzuführen und umzusetzen? Sind Sie überhaupt schon fertig damit?**
Nein (lacht). Wir werden wahrscheinlich nie damit fertig werden, sondern es immer weiter optimieren – gerade, was das Berichtswesen betrifft. Begonnen hat das Projekt sozusagen als Idee Anfang 2014, im März starteten wir mit der Produktionsmonitor-Lösung, die wir dank der Unterstützung unseres Software-Dienstleisters schon im Mai 2014 live schalten konnten. Was die organisatorische Komponente betrifft, brauchte es einiges an Gesprächen und auch an Geduld.

*„Die späteren Business Partner standen den organisatorischen Änderungen sehr offen gegenüber, die Experten waren erst einmal ein bisschen skeptisch."*

**Sie meinen damit die Rollenverteilung in Business Partner und Experten? Hatten die Leute Angst, es würde da eine neue Rangordnung entstehen?**
Wir hatten in der Tat lange überlegt, wie wir die beiden Rollen nennen. Wir wollten eben diese Über- und Unterordnung vermeiden. Ich habe die Erfahrung gemacht, dass nicht alle Controller gleich sind. Jeder hat seine eigene Begabung, seine eigenen Bedürfnisse, seine eigenen Fähigkeiten. Durch die Aufteilung der Rollen konnten wir entsprechende Fähigkei-

oder nicht. Das war natürlich eine Herausforderung. Wir mussten gemeinsam mit den Architekten klären, welche Anschlüsse man dafür brauchte und wie die Verbindungen zum SAP- und zum Deltamaster hergestellt werden konnten. Bis zur Einweihung des Werks im Mai 2014 hatten wir das System aber installiert und programmiert und konnten es live schalten. In den Besprechungsräumen wollen wir nun Touch-Bildschirme installieren, über die man direkt auf OSCAR zugreifen kann.

**Wie nehmen die Mitarbeiter in der Produktion das an?**
Ehrlich gesagt gab es anfangs eine gewisse Skepsis: Mittlerweile, so ist jedenfalls unser Empfinden, ist das System voll anerkannt und wird auch genutzt. Es wird als Hilfsmittel und nicht mehr als Kontrollinstrument wahrgenommen. Man kann ja, wann immer man möchte, auf den eigenen Bildschirm hochschauen und sehen, ob man das Soll erfüllt oder nicht. Und man kann auch sofort eingreifen, wenn zum Beispiel Material fehlt oder nicht genügend Personal da ist.

**In welcher Form hatten Sie die entsprechenden Daten denn früher erfasst?**
Wir hatten beispielsweise ein Flipchart, auf dem die Mitarbeiter die entsprechenden Kennzahlen eingetragen und daraus

### Leica Camera AG

Das aus den optischen Werkstätten Ernst Leitz hervorgegangene deutsche Traditionsunternehmen ist ein international tätiger Premiumhersteller von Kameras, Objektiven und Sportoptik-Produkten. Den Grundstein für den Erfolg legten die von dem Unternehmen entwickelten Optiken. In Verbindung mit innovativen Technologien bilden sie bis heute den Kern der Leica-Produkte. Die Marke Leica geht auf die 1914 von Oskar Barnack erfundene erste Kleinbildkamera der Welt zurück, die 1924 als Leica (Leitz Camera) in Serie ging. Das Unternehmen ist in zahlreichen Ländern vertreten und beschäftigt rund 1.600 Mitarbeiter.

ten nutzen und auch Wünsche erfüllen. Allerdings wollten wir bewusst keine allzu scharfe Trennlinie ziehen. Die Kollegen vertreten sich gegenseitig, sie helfen sich gegenseitig, sie sind im Grunde auch voneinander abhängig. Denn ein Business Partner kann ohne die entsprechenden Daten die Information nicht zur Verfügung stellen. Ich vergleiche das gerne mit

*„Wichtig ist, dass der Informations-austausch innerhalb des Controllings funktioniert – vom Business Partner an die Experten und von mir an das gesamte Team."*

einer Kamera und einem Objektiv: Sie haben einen Datenstrahl. Durch das Objektiv des Experten werden die Daten aufbereitet, und auf der Kamera des Business Partners wird daraus ein schönes, aussagekräftiges, emotionales Bild, das bei den Managern hoffentlich Begeisterung auslöst.

Würden Sie sagen, dass der normale Karriereweg eines Business Partners ist, dass er irgendwann Manager wird, dass der Experte aber eher bleibt, wo er ist?
Grundsätzlich sind Business Partner natürlich sehr nah an den Management-Entscheidungen dran und daher auch prä-

destiniert für den Weg ins Management. Ich könnte mir aber auch vorstellen, dass jemand, der als Experte anfängt und gerne mehr Verantwortung übernehmen möchte, später in die Rolle des Business Partners wechselt. Aber es gibt eben auch Controller, die sich in der Fachkarriere sehr wohlfühlen. Ihnen tun wir keinen Gefallen, wenn wir sie da herausholen. Im Übrigen war interessant, dass die späteren Business Partner den organisatorischen Änderungen im Rahmen von OSCAR sehr offen gegenüberstanden, während die Experten erst einmal ein bisschen skeptisch waren.

Liegt das möglicherweise daran, dass die Experten auch im Hinblick auf die Automatisierung im Controlling Existenzängste haben?
Reine Datenbearbeitungsthemen wird wohl irgendwann die Maschine übernehmen. Ob die Maschinen daraus auch Schlüsse ziehen und dem Management Handlungsempfehlungen geben werden, ob sie die Experten komplett ersetzen werden, kann ich noch nicht beurteilen.

Kann ein Experte, der weit weg vom Geschäft ist, überhaupt Muster erkennen, die für das Geschäft wichtig sind? Kann er eine Geschichte zu einer Zahl erzählen? Ein Business Partner kennt den Manager, hat viel mit ihm geredet, kennt den Kontext.

Ich kann nur für Leica sprechen. Wir sind sehr mittelständisch, und unsere Experten sind noch sehr nahe an den Produkten, an den Menschen und an den Themen. Wichtig ist aber auch, dass der Informationsaustausch innerhalb des Controllings funktioniert – vom Business Partner an die Experten und von mir an das gesamte Team. Entscheidend ist, dass wichtige Informationen auf jeden Fall auch den Experten weitergegeben werden. Dann werden diese den Bezug zu den Themen, die in den Abteilungen und am Markt vorherrschen, nicht verlieren.

*Fühlen sich die Business Partner bei Leica verantwortlich dafür, dass die Experten solche Informationen bekommen?*
Das ist ein interessanter Punkt. Vielleicht sollten wir das in die OSCAR-Philosophie aufnehmen. Dadurch, dass wir in Ressorts organisiert sind und die Business Partner auch Gruppenleiter der Experten sind, sollte es prinzipiell eine gewisse Informationskultur geben. Hier und da können wir bestimmt noch besser werden.

*„Den nächsten Schritt sehe ich darin, unseren Managern die Möglichkeit zu geben, jederzeit und überall auf die Daten zuzugreifen."*

*Wer trägt die Verantwortung für die Richtigkeit der Zahlen? Der Business Partner oder der Experte?*
Aus meiner Sicht liegt die Verantwortung dafür bei demjenigen, der die Botschaft überbringt. Er muss dafür sorgen, dass die Zahl richtig ist. Und das führt wiederum dazu, dass sich der Business Partner natürlich mit den Zahlen beschäftigen muss und vielleicht auch mal einem Wert nachgehen, tiefer in eine Analyse einsteigen muss. Er darf nicht zum Manager werden, der sich nur noch berichten lässt.

*Sie sagten vorhin, Sie würden OSCAR wahrscheinlich nie als Projekt abschließen, sondern es immer weiterentwickeln. Was sind die nächsten Entwicklungsschritte, die Sie in Angriff nehmen wollen?*
Es gibt noch jede Menge Ideen und Visionen. Ein wichtiges Thema ist sicherlich der Zugang zu den Daten. Nach dem Konzept mit den Bildschirmen sehe ich den nächsten Schritt darin, unseren Managern die Möglichkeit zu geben, jederzeit und überall auf die Daten zuzugreifen. Das geht heute über

Smartphones, über Tablets und so weiter. Warum könnte es nicht irgendwann einmal eine OSCAR-App geben, bei der man mit wenigen Klicks die Filter setzt und den maßgeschneiderten Bericht auf den Bildschirm bekommt? Man hätte dann die Daten auch auf Dienstreisen oder beim Gespräch mit dem Kunden online zur Verfügung.

*Großunternehmen haben solche Dinge teilweise ja schon. Sind sie für ein Unternehmen in der Größe von Leica finanzierbar?*
Natürlich kann man solche Dinge teilweise auch von Dienstleistern bekommen. Andererseits entwickeln wir ja auch unsere Kameras in diese Richtung. Auch hier bieten wir bereits Software und Apps an. Möglicherweise lassen sich da Synergien nutzen.

*Ist für Sie im Hinblick auf OSCAR Industrie 4.0 ein Thema?*
Wir denken darüber nach. Was die Verfügbarkeit von Daten in der Produktion betrifft, sind wir, wie gesagt, schon sehr weit. Wir haben natürlich auch Vertriebsdaten. Spannend wäre es, diese miteinander zu verknüpfen. Wenn wir also ein Produkt in Singapur verkaufen – ein M-Objektiv beispielsweise –, könnte das unmittelbar einen Fertigungsauftrag hier in Wetzlar auslösen. Ein weiterer Schritt, den ich für OSCAR sehe, geht in Richtung Verhaltensorientierung. Was ich mir wünschen würde, ist, dass unsere Business Partner die Fragen unserer internen Kunden schon erahnen, bevor sie gestellt werden. Sie könnten dann ihre Informationen schon im Vorfeld kundenorientiert aufbereiten und die Manager noch besser bei ihren Entscheidungen beraten. Das würde beim Management hohe Anerkennung finden, und der Business Partner würde sich in Richtung Business Manager entwickeln. Denn eines ist klar: Was für unsere externen Kunden gilt, soll auch für unsere internen Kunden gelten. Kundenzufriedenheit reicht uns nicht mehr, wir wollen Kundenbegeisterung. Experte und Business Partner sind gleichermaßen im Dienste des Unternehmens und im Dienste des Kunden unterwegs. Beide können dafür sorgen, dass der Kunde begeistert ist.

*Herr Hagemann, ich bedanke mich sehr für das Gespräch.*

*Das Gespräch führte Prof. Dr. Dr. h. c. Jürgen Weber, Direktor des Instituts für Management und Controlling (IMC) der WHU – Otto Beisheim School of Management in Vallendar und Mitherausgeber der Controlling & Management Review.*

# Wie Controlling Innovationen richtig fördert

Für Controller ist die Bewertung von Innovationen nicht einfach. Sie laufen Gefahr, bei den notwendigen Investitionsentscheidungen in Fallen zu geraten, in die auch Privatanleger häufig tappen. Kennt der Controller diese Fallen und weiß er mit ihnen umzugehen, kann er vom Innovationsbremser zum Innovationsförderer werden.

*Nicolai Andersen, Alexander Börsch*

Das Klischee, dass Controller Innovationen durch übermäßige Kontrollen im Keim ersticken, herrscht immer noch in vielen Unternehmen vor. Diese Wahrnehmung resultiert daraus, dass Controller bei Investitionsentscheidungen immer wieder in Fallen tappen, die durch die Verhaltensökonomie erklärbar sind. Kennt der Controller diese Fallen, hat er auch die Chance, sie zu vermeiden. Er kann dann einen wertvollen Beitrag zu Investitionsentscheidungen im Unternehmen leisten.

Dazu muss erst einmal hinterfragt werden, wie Entscheidungen über Innovationen in Unternehmen getroffen werden. Aus Sicht des Controllers sind Innovationen meist große Investitionen, deren Planung und Durchführung mit erheblichen Risiken verbunden sind, die nur auf Basis von Annahmen bewertet werden können und bei denen Einnahmen erst weit in der Zukunft zu erwarten sind. Das macht es schwierig, die Erfolgsaussichten einer Innovation richtig einzuschätzen, und führt gegebenenfalls zu Fehlentscheidungen bei Investitionen. Einige dieser Fehlentscheidungen treten besonders häufig auf. Doch warum ist das so, und wie können solche Fehlentscheidungen vermieden werden?

## Mit dem Blick der Verhaltensökonomie

Betrachtet man Innovations-Controlling aus der Perspektive der Verhaltensökonomie, versteht man, wie Entscheidungen zustande kommen und welche systematischen Fehler dabei gemacht werden. Dies kann zu Verhaltensänderungen und besseren Entscheidungen führen. Die Verhaltensökonomie (Behavioral Economics) zeigt auf, dass die Gesetze der Ökonomie in der Realität von Menschen bei ihren Entscheidungen kaum beachtet werden. Entscheidungen werden häufig nicht durch einen klaren, objektiven Bewertungsprozess bestimmt, sondern zum Beispiel durch die unbewusste Suche nach Mustern in zugrunde liegenden Daten, die völlig zufällig auftreten können (vergleiche Tversky/Kahnemann 1979, S. 1124). Ein anderer wichtiger psychologischer Effekt, die Verlust-Aversion, führt dazu, dass Verluste höher bewertet werden als Gewinne. Deswegen werden Entscheidungen eher mit Blick auf die kurz- als auf die langfristigen Auswirkungen getroffen. Einmal Erarbeitetes oder einmal getroffene Entscheidungen werden ungern aufgegeben oder revidiert.

Im Fokus von Behavioral Economics standen bisher oft suboptimale Geldanlageentscheidungen von Privatanlegern, die aufgrund von kognitiven Verzerrungen getroffen werden. Wenn man annimmt, dass den Investitionsentscheidungen im Unternehmensumfeld die gleichen Verhaltensmuster zugrunde liegen wie den Investitionsentscheidungen eines Individuums, gelten die Erkenntnisse der Verhaltensökonomie mittelbar auch für das Innovations-Controlling. Daraus lässt sich ableiten, an welchen Stellen die Investitionsentscheidung Fallen für den Controller birgt.

Aus den vier häufigsten kognitiven Fehlern, die bei Entscheidungen zur privaten Altersvorsorge getroffen werden, lassen sich Handlungsempfehlungen für Controller bei Innovationsentscheidungen ableiten (vergleiche auch **Abbildung 1**). Dies sind:

Falle 1: die Unterinvestition

Falle 2: die Entscheidungsüberlastung

Falle 3: der Fokus auf Aspekte statt auf das große Ganze

Falle 4: das Festhalten an vertrauten Mustern

## Falle 1: Unterinvestition

Obwohl es offensichtlich ist, dass die frühzeitige finanzielle Eigenvorsorge für das Alter sinnvoll ist, tendieren Menschen dazu, stattdessen kurzfristigen Versuchungen zu erliegen (vergleiche Beshears et al. 2006, S. 32 f.). Oftmals wird dem Luxusurlaub der Vorzug gegenüber der Altersvorsorge gegeben.

Auch Investoren in der Wirtschaft fällt es schwer, in der Gegenwart zu investieren. Schließlich liegen die Auswirkungen ihres Handelns in der Zukunft. Deswegen wird oft weniger investiert, als notwendig wäre. Unterinvestitionen betreffen das Innovations-Controlling in vielfältiger Weise. Aufgrund ihrer hohen Unsicherheit und der Langfristigkeit der Investition sind

Innovationen besonders komplex einzuschätzen und zu steuern. Dies trifft verstärkt auf solche Innovationen zu, die bestehende Technologien verdrängen (disruptive Innovationen). Ihre Erfolge sind unsicher, die Erträge schwer planbar, und der Budgetdruck ist bei der Vielzahl an konkurrierenden Projekten hoch. Somit tendieren Controller und auch Manager dazu, kurzfristige, dringendere Projekte zum Nachteil langfristiger Investitionen zu bevorzugen, um kurzfristige Wachstumsziele zu erreichen.

Eine der Hauptaufgaben des Controllers im Innovationsprozess ist es daher, als Schnittstelle zwischen den verschiedenen Stakeholdern die Strategieumsetzung im Unternehmen zu begleiten und zu überwachen. Er muss versuchen, einer Unterinvestition entgegenzuwirken und auch die langfristig notwendigen Investitionen zu unterstützen. Hierzu muss der Controller als Wächter der strategischen Unternehmensleitplanken agieren. So muss er bei der Ideengenerierung zu Beginn des Innovationsprozesses die Leitplanken etwas weiter fassen und den Beteiligten einer Innovation Raum für ein gewisses spielerisches Chaos geben (vergleiche van de Ven/Douglas/Raghu 2008, S. 10). Dadurch kann der Controller unternehmerisches Handeln sowie visionäre Denkweisen fördern (Intrapreneurship). Gleichzeitig muss er aber darauf achten, dass die Ideengenerierung zur Strategie des Unternehmens passt. Beides kann

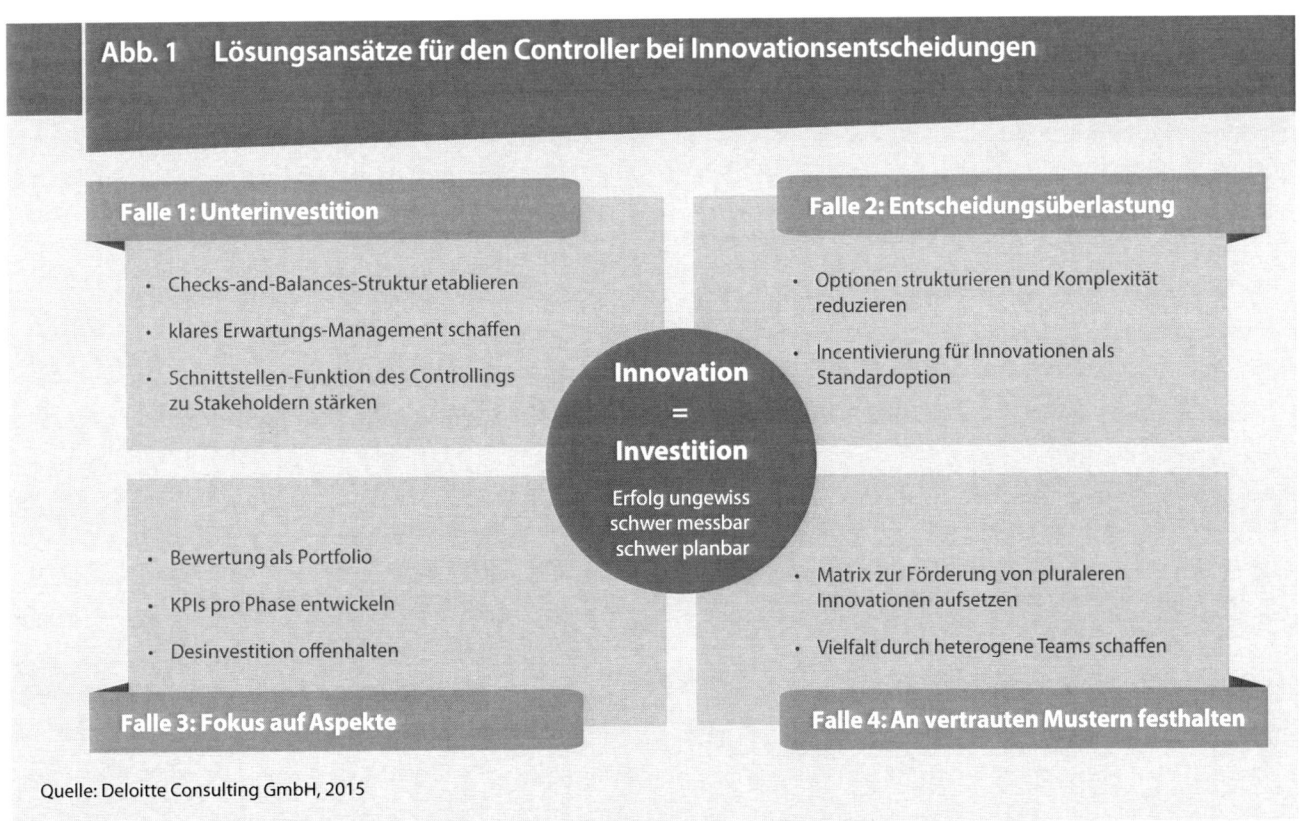

**Abb. 1    Lösungsansätze für den Controller bei Innovationsentscheidungen**

**Falle 1: Unterinvestition**

- Checks-and-Balances-Struktur etablieren
- klares Erwartungs-Management schaffen
- Schnittstellen-Funktion des Controllings zu Stakeholdern stärken

**Falle 2: Entscheidungsüberlastung**

- Optionen strukturieren und Komplexität reduzieren
- Incentivierung für Innovationen als Standardoption

**Innovation = Investition**

Erfolg ungewiss schwer messbar schwer planbar

- Bewertung als Portfolio
- KPIs pro Phase entwickeln
- Desinvestition offenhalten

**Falle 3: Fokus auf Aspekte**

- Matrix zur Förderung von pluraleren Innovationen aufsetzen
- Vielfalt durch heterogene Teams schaffen

**Falle 4: An vertrauten Mustern festhalten**

Quelle: Deloitte Consulting GmbH, 2015

er gewährleisten, indem er in seiner Rolle als Business Partner den Intrapreneur von der Erstellung des Business Cases über das Projekt-Controlling bis hin zur Messung der Innovationserfolge begleitet (vergleiche Weißenberger et al. 2012, S. 331).

Es kann vorkommen, dass sowohl Top Management als auch Intrapreneure eine Innovation zu stark euphorisieren und sich zu ehrgeizige Ziele stecken (zum Beispiel zu kurze Time-to-Market). In einem solchen Fall muss der Controller mithilfe seiner Zahlen die Balance zwischen Euphorie und Bodenständigkeit wiederherstellen. Die Strategieleitplanken helfen dem Controller bei der Umsetzung dieser sogenannten Checks and Balances genauso wie die Definition von Wirtschaftlichkeitskriterien und die Überwachung ihrer Einhaltung. Anders herum kann es allerdings auch vorkommen, dass das Top Management einer Innovation skeptisch gegenübersteht. Dann muss der Controller als Vermittler zwischen Intrapreneuren und Management fungieren und gegebenenfalls die Erwartungshaltung beider Seiten korrigieren. In der zweiten Phase der Innovation, in der Phase der Entwicklung, kann es zu Rückschlägen kommen, die manchen Controller dazu veranlassen, Kapital abzuziehen und kurzfristig anderweitig zu investieren. Dies geschieht vor allem dann, wenn der Controller unzureichend in die Entwicklungsphase eingebunden ist. Wird der Controller stärker in den gesamten Innovationsprozess involviert, kann er kurzfristige Entwicklungsverzögerungen besser beurteilen und objektiv Richtung Top Management und Investoren kommunizieren. Zusätzlich kann der Controller die Erwartungen der Stakeholder managen, indem er langfristige Innovationen in einzelne Entwicklungsschritte gliedert. Jeder dieser Entwicklungsschritte kann er gegenüber den Stakeholdern als reale Option darstellen, die entweder sofort, später oder gar nicht ausgeführt werden kann. Ist die Finanzierung der ersten Entwicklungsstufe beschlossen, heißt das nicht, dass automatisch auch in die nächste Entwicklungsstufe investiert werden muss. Kommt es zu Entwicklungsrückschlägen, kann das Projekt auch abgebrochen werden (vergleiche McGrath/MacMilan 2009, S. 55). Den Stakeholdern gibt der Controller damit mehr Ausstiegsmöglichkeiten und vermeidet kognitive Verzerrungen wie die eingangs erwähnte Kurzfristperspektive oder Verlust-Aversion, die zu Unterinvestition führen kann.

## Falle 2: Entscheidungsüberlastung

Eine weitere Herausforderung bei Investitionsentscheidungen ist die Entscheidungsüberlastung. Sie tritt ein, wenn die Anzahl der Auswahloptionen zu groß wird, um kognitiv verarbeitet beziehungsweise abgewogen zu werden. Die Entscheidungsüberlastung führt meistens dazu, dass die Standardoption gewählt wird. Existiert keine Standardoption, wird gar keine Option gewählt. Der Status quo wird beibehalten. Unsicherheit und neues Risiko werden dann zwar vermieden, doch führt dies zur Lähmung des Entscheidungsprozesses. Ein solches Verhalten wirkt sich langfristig negativ auf die Innovationskraft eines Unternehmens aus.

Vermeiden kann das Controlling eine solche Überlastung, indem es Anzahl und Art der Auswahlmöglichkeiten bei Innovationsprojekten steuert. Statt einer ungesteuerten Vorauswahl über alle Ideen gleichzeitig empfiehlt es sich, die Vielzahl an Optionen zunächst strukturiert zu bündeln. Sinnvolle Cluster, die dann eine realistische Vorauswahl erlauben, können beispielsweise Umsatzpotenzial, Markteinführungszeit, benötigte Kapitalintensität und Ressourcen sein. Ein Cluster sollte zwischen drei und zehn Auswahlmöglichkeiten beinhalten. Mehr als zehn Auswahlmöglichkeiten führen zur Entscheidungslähmung und weniger als drei Möglichkeiten zu suboptimalen Ergebnissen, die nur Vor- und Nachteile aufwiegen (vergleiche Heath/Heath 2013, S. 16). Zuerst wird dann über die Cluster entschieden, und danach wird jede Option des so geformten und gewählten Clusters in Bezug auf seine Auswirkung auf die Unternehmensstrategie analysiert. Auf dieser Basis können Entscheidungen über Investitionen in Innovationen effektiv und ohne kognitive Verzerrungen getroffen werden.

Innovationen können im Unternehmen nicht erzwungen werden. Um eine Lähmung des Entscheidungsprozesses zu vermeiden, ist die Konzeption einer Standardoption „Innovation" unverzichtbar. Innovationen müssen zu integrierten Bestandteilen des Arbeitsalltags, der Erwartungen von internen und externen Stakeholdern und der Unternehmenskultur werden. Da-

---

## Zusammenfassung

- Für Controller ist die Bewertung von Innovationen eine große Herausforderung, da diese mit herkömmlichen Methoden schwierig ist.
- Die Erkenntnisse der Verhaltensökonomie und der Vergleich mit den systematischen Fehlern von Privatanlegern bei der Geldanlage helfen bei der Bewertung.
- Wenn Unternehmen sich ihrer eigenen verhaltensbedingten Fehleinschätzung bewusst werden und eine Kultur aufbauen, die begrenztes Scheitern zulässt, können Innovationen auch durch das Controlling besser gefördert werden.

für sollten entsprechende Anreize und fördernde Rahmenbedingungen geschaffen werden.

Das Controlling ist gefordert, zunächst den Erfolg von Innovationen gemäß ihren Eigenheiten unterschiedlich zu messen, um dann entsprechende Anreizstrukturen entwickeln zu können. Die Bewertung ist aufgrund der vielen Unsicherheitsfaktoren besonders schwierig. Oftmals werden Investitionsentscheidungen auch auf Basis von Kennzahlen wie Discounted Cash Flow (DCF) oder Net Present Value (NPV) bewertet, die ihr tatsächliches Potenzial nicht ausreichend widerspiegeln. Dies führt dazu, dass inkrementelle, also schrittweise Innovationen in der Regel bevorzugt werden (vergleiche Clayton/Stephen/Willy 2008, S. 16 f.). Daher muss das Controlling jede Innovation individuell bewerten und qualitative Aspekte wie

- Reputation,
- intellektuelles Kapital,
- Lerneffekte aus Fehlern oder
- Synergien mit anderen Innovationen

mit einbeziehen. An solche Kenngrößen kann eine Incentivierung der verantwortlichen Mitarbeiter geknüpft werden, um eine Innovationskultur im Unternehmen zu schaffen. Gerade in der ersten Phase des Innovationszyklus ist dies essenziell. Denn hier wird noch kein Umsatz generiert, der als Messgröße für den Erfolg der Investition dienen kann. Und nur, weil der Erfolg einer Innovation schwerer messbar ist als der Erfolg des Status quo, sollte nicht automatisch auf die Innovation verzichtet werden. Gleichzeitig muss aber zur Incentivierung von Innovationen gemeinsam mit dem Management eine Kultur geschaffen werden, die auch akzeptiert, dass nicht jede Innovation erfolgreich bis zum Ende durchgeführt werden kann. Lerneffekte aus Fehlern sowie eine Kultur, die Scheitern erlaubt, tragen signifikant zur Förderung von Innovationen bei.

## Falle 3: Fokus auf einzelne Aspekte

Eine weitere kognitive Verzerrung bei Investitionsentscheidungen von Privatanlegern ist deren Fokus auf Einzelwerte. Häufig bewerten sie nicht die künftigen Gewinnaussichten ihres gesamten Anlage-Portfolios, sondern konzentrieren sich auf im Portfolio enthaltene Einzelwerte. Anleger hängen an einzelnen Wertpapieren, die sie oft erst bei Erreichen des eigentlich irrelevanten Einstandspreises verkaufen, anstatt auf vielversprechendere Papiere zu setzen.

Auch im Innovations-Controlling wird oftmals an einzelnen Projekten festgehalten, auch wenn sie unzureichende Ergebnisse liefern und sie Mittel binden, die in anderen Projekten besser eingesetzt wären. Um dieser Falle zu entgehen, ist die Kon-

zeption geeigneter Steuerungskennzahlen (KPIs) und Anreizsysteme der wesentliche Hebel. Damit kann der Controller eine ganzheitliche Perspektive auf das Portfolio gewährleisten. Die KPIs, mit denen Innovationen und deren Erfolg gemessen werden, sind auf das Innovationsportfolio als Ganzes und nicht auf einzelne Projekte anzuwenden. Durch die inhärente Unsicherheit bei Innovationsprojekten ist es wahrscheinlich, dass einige Projekte scheitern, während andere erfolgreich sind und die entstandenen Verluste aufwiegen können. Ziel des Innovations-Controllings muss es sein, das Gesamtergebnis positiv zu halten und zu steuern. Die Entwicklung des Gesamtportfolios lässt sich beispielsweise anhand von

- gewichteter Rendite,
- Sharpe Ratios oder
- Risiko-Rendite-Verhältnissen

messen. Diese sind so zu gewichten, dass Rückschläge in Teilprojekten nicht dazu führen, dass das gesamte Portfolio infrage gestellt wird.

Da jede Innovationsphase sehr spezifische Charakteristika hat, verändern sich im Laufe des Innovationszyklus die zu definierenden Leistungskennzahlen der Innovation. Diese KPIs müssen pro Phase von Controller und Intrapreneur gemeinsam an den spezifischen Innovationsauftrag angepasst werden. Für die Ideengenerierungsphase sind Kennzahlen zu betrachten wie

- die Anzahl der Ideen,
- der Neuigkeitsgrad der gesammelten Ideen oder
- die Anzahl der Ideen, die auf der Unternehmensstrategie abgestimmt sind.

## Handlungsempfehlungen

- Etablieren Sie den Controller als Wächter der strategischen Leitplanken und als Bindeglied zwischen den Stakeholdern.
- Lassen Sie das Controlling die Innovationsmöglichkeiten strukturieren, um die Komplexität zu reduzieren, und Anreizstrukturen an individualisierte Innovationsbewertungen knüpfen.
- Entwickeln Sie Anreizsysteme und Kennzahlen für das große Ganze und gewichten Sie diese überproportional.
- Erhöhen Sie die Vielfalt des Portfolios und des Innovations-Teams mit einem Controller, um vielfältigere Innovationen zu fördern.

In der Entwicklungsphase sind Kennzahlen entscheidend wie

- die Anzahl der Ideen, die die erste Finanzierungsrunde überstanden haben,
- die Geschwindigkeit der Prototypenentwicklung,
- die Anzahl der Prototypen je Neuentwicklung,
- die durchschnittlich erforderliche Zeit, die eine Innovation braucht, um die Phasen des Stage-Gate-Prozesses zu durchlaufen, sowie
- die Anzahl der gewährten Patente.

Für die Pilotphase sind eher Kennzahlen wie

- Verständnis der Kundenbedürfnisse,
- Anzahl der neu akquirierten Kunden und
- Produktbewertungen

zu wählen (vergleiche InnovationLabs LLC 2008, S. 9). Je stärker die Marktreife erreicht ist, desto wichtiger werden quantitative Kennzahlen wie

- Return on Investment (ROI),
- Brutto-Margen,
- Anteil der von neuen Produkten generierten Rendite,
- Wachstumsrate des Kundenstammes und
- Wachstum der Marktanteile.

Qualitative Kennzahlen wie Kundenzufriedenheit und Unternehmensreputation sind weiterhin zu analysieren.

Die ganzheitliche Betrachtung des Portfolioerfolgs erfordert auch die Fähigkeit, sich aus unrentablen Projekten zurückzuziehen. Dafür sollte der Controller das Desinvestment als mögliche Handlungsoption in Betracht ziehen. Bisher scheint diese Handlungsalternative in vielen Unternehmen stärker aus qualitativ-strategischen Gründen getrieben zu sein als aus einer

objektiven Risikostreuungsanalyse heraus. Die Entscheidung zum Desinvestment soll nicht nur getroffen werden, wenn Budgets überschritten werden. Sie sollte auch dann ganz bewusst fallen, wenn vordefinierte KPIs nicht gehalten werden können und man durch die enge Prozessbegleitung feststellt, dass im Sinne des Firmenerfolgs ein Desinvestment richtig wäre.

## Falle 4: An vertrauten Mustern festhalten

Im Gegensatz zur Empfehlung der konventionellen Portfoliotheorie, nie alle Eier in einen Korb zu legen, halten Privatinvestoren kaum diversifizierte Portfolios (vergleiche Goetzmann/Kumar 2008, S. 438). Individuen tendieren dazu, einem einmal eingeschlagenen Weg treu zu bleiben, selbst wenn dies ihrem Eigeninteresse widerspricht. Grund hierfür sind die mit einer Veränderung verbundenen Verlustängste, sodass das Festhalten am Status quo scheinbar einen inhärenten Vorteil gegenüber den anderen Alternativen hat.

Im Unternehmen führt das Festhalten an vertrauten Mustern zu einer verstärkten Berücksichtigung von inkrementellen, vertrauten Innovationen und hat dadurch eine negative Auswirkung auf die Fähigkeit, radikale Innovationen zu entwickeln. Allerdings ist Diversifizierung ein wesentlicher Faktor für die Wettbewerbsfähigkeit von Unternehmen (vergleiche Forbes LLC 2011, S. 2). Der Controller kann die Vielfalt der Portfoliostruktur in Entscheidungsgremien und -prozessen entsprechend steuern. Er kann das Innovationsportfolio gezielt diversifizieren, indem er Innovationen nach unterschiedlichen Kriterien und Mustern beurteilt, um ähnliche Typen von Innovationen zu vermeiden. Mittels einer Innovationsmatrix, die verschiedene Arten und Quellen von Innovationen abbildet, können beispielsweise Kriterien wie

- kurzfristige versus langfristige Investitionshorizonte,
- inkrementelle versus disruptive Innovationen sowie
- offene versus geschlossene Innovationsansätze

dargestellt werden.

Kommt es zu einer Konzentration in einem Quadranten, muss die neue Innovation durch eine bestehende ersetzt oder andere Innovationen aus anderen Quadranten müssen bevorzugt werden. Eine so aufgesetzte Matrix erlaubt dem Controller, einseitige Portfolios zu erkennen und gezielt Investitionen zu wählen, die eine Heterogenität in Art und Herkunft der Innovationen wiederherstellen. Durch die Matrix verhindert der Controller, dass bestimmte unvertraute Dinge abgelehnt werden, nur weil die Muster und Bewertungskriterien zur Auswahl des Vertrauten drängen.

---

### Ergänzende Studientipps

Deloitte Consulting GmbH, Epstein, R. (2014): CFO Insights: The Strategist CFO, http://tinyurl.com/deloitte-the-strategist-cfo (letzter Abruf: 20.10.2015).

Hoffman, L. R./Maier, N. R. F. (1961): Quality and Acceptance of Problem Solutions by Members of Homogeneous and Heterogeneous Groups, in: Journal of Abnormal and Social Psychology, 62 (2), S. 401-407.

Janis, I. L. (1972): Victims of Groupthink: A Psychological Study of Foreign-policy Decisions and Fiascoes. Boston.

Thaler, R. H. (2015): Misbehaving: How Economics Became Behavioural, London.

Des Weiteren kann der Controller vertraute Muster durchbrechen, indem er heterogene Teams zusammenführt, die das Portfolio aus unterschiedlichen Perspektiven betrachten und in der Konsequenz unterschiedliche und vielfältigere Innovationen auswählen. Studien zeigen, dass eine Heterogenität in Entscheidungsgremien zu besseren Ergebnissen führt (vergleiche Dhir 2015). Wichtig ist, dass solche Teams richtig und interdependent incentiviert werden. Die Fallen sowie die vorgestellten Lösungsansätze verdeutlicht auch **Abbildung 1**.

## Schlussbetrachtung

Um sich als Innovationsförderer zu etablieren, muss der Controller kognitive Verzerrungen erkennen und vermeiden. Dafür sind im Unternehmen sowohl Veränderungen der Controlling-Prozesse als auch der Rolle des Controllers notwendig. Wenn im Unternehmen, insbesondere seitens des Top Managements, Konsens besteht, dass der Controller zum Business Partner der Innovatoren werden soll, sollte der Controller zumindest ein temporäres Mitglied des Innovations-Teams werden. Nur dann kann er den Innovationsprozess und die unterschiedlichen Bedürfnisse jeder Innovationsphase verstehen und verinnerlichen. Des Weiteren sollte der Controller seine Rolle als Bindeglied zwischen Unternehmensleitung und Innovatoren verstehen und entsprechend umsetzen. Die Rolle des Controllers muss sich verändern, indem er die Eigenschaften der unterschiedlichen Innovationen berücksichtigt, versteht, analysiert und entsprechend abbildet.

Solche Veränderungen müssen von der Unternehmensführung getragen werden, damit das Unternehmen erfolgreich Innovationen implementieren kann. Die starke Einbindung des Controllers führt zur Neudefinition seiner Rolle als Strategie-Coach und Portfolio-Manager, der die strategischen Leitlinien überwacht und Ressourcen entsprechend verteilt.

### Literatur

Beshears, J./Choi, J. J./Laibson, D./Madrian, B. (2006): Helping employees help themselves, in: Milken Institute Review, 8 (3), S. 30-39.

Clayton, M. C./Stephen, P. K./Willy, C. S. (2008) Innovation Killers: How Financial Tools Destroy Your Capacity to Do New Things, in: Harvard Business Review, 33 (9), S. 14-25.

Dhir, A. (2015): Challenging boardroom homogeneity: Corporate law, governance, and diversity, Cambridge University Press.

Forbes LLC (2011): Global Diversity and Inclusion: Fostering Innovation Through a Diverse Workforce, http://images.forbes.com/forbesinsights/StudyPDFs/Innovation_Through_Diversity.pdf (letzter Abruf: 20.10.2015).

Goetzmann, W. N./Kumar, A. (2008): Equity Portfolio Diversification, in: Review of Finance, 12 (3), S. 433-463.

Heath, C./Heath, D. (2013): Decisive: How to Make Better Choices in Life and Work, New York.

InnovationLabs LLC, Morris, L. (2008): Innovation Metrics: The Innovation Process and How to Measure It, http://tinyurl.com/measuring-innovation (letzter Abruf: 20.10.2015).

McGrath, R. G./MacMillan, I. C. (2009): Discovery-Driven Growth: A Breakthrough Process to Reduce Risk and Seize Opportunity, Boston.

Tversky, A./Kahneman, D. (1974): Judgment under Uncertainty: Heuristics and Biases, in: Science, 185 (4157), S. 1124-1131.

Van de Ven, A. H./Douglas E. P./Raghu, G. (2008): The Innovation Journey, New York.

⬇ * Weißenberger, B. E./Wolf, S./Neumann-Giesen, A./Elbers, G (2012): Controller als Business Partner: Ansatzpunkte für eine erfolgreiche Umsetzung des Rollenwandels, in: Zeitschrift für Controlling & Management, 56 (5), S. 330-335. www.springerprofessional.de/link/6404120

* Abonnenten von Springer Professional haben kostenfrei Zugriff.

Autoren:

**Nicolai Andersen**
Partner und Leiter Innovation bei Deloitte
Deloitte, Hamburg, Deutschland
E-Mail: nicandersen@deloitte.de

**Alexander Börsch**
Director und Leiter Research bei Deloitte
Deloitte, München, Deutschland
E-Mail: aboersch@deloitte.de

# Controller-Gehälter steigen

Die Grundgehälter von Controllern sind 2015 auf allen Positionen gleichermaßen gestiegen. Das hat das WHU Controller Panel in seiner diesjährigen Gehaltsstudie, an der 482 Mitglieder des WHU Controller Panels teilgenommen haben, ermittelt.

Im Durchschnitt verdienten demnach Controlling-Mitarbeiter auf den unteren Hierarchieebenen im vergangenen Jahr 70.300 Euro, Controller in leitenden Positionen 94.600 Euro. Entscheidend für die Höhe des Grundgehalts ist die Unternehmensgröße: So erhalten Fachkräfte im Controlling in großen Firmen oder Konzernen mit einem Umsatz von über einer Milliarde Euro durchschnittlich 26 Prozent und Controlling-Leiter 37 Prozent mehr Gehalt als diejenigen, die in kleineren Betrieben mit einem Umsatz von bis zu 50 Millionen Euro tätig sind. Ein ähnliches Bild zeigt sich bei den jährlichen Boni: Während in großen Unternehmen 85 Prozent der Controller die prinzipielle Möglichkeit haben, eine Bonuszahlung zu erhalten, sind es in kleinen Unternehmen gerade einmal 48 Prozent.

Betrachtet man die Veränderung der Gehälter in den letzten drei Jahren, so ist eine gleichmäßige Steigerung von rund acht Prozent auf allen Hierarchieebenen zu sehen. Die gute Konjunkturlage schlägt sich somit auch im Portemonnaie der Controller nieder. Dies sind erfreuliche Nachrichten für den gesamten Controlling-Bereich.

Dennoch sind auch deutliche Unterschiede zu beobachten, insbesondere bei der Entwicklung der variablen Vergütungsbestandteile. Hier hat in Bezug auf die Höhe eine negative Entwicklung gegenüber 2013 stattgefunden. Sie trifft vornehmlich die Fachkräfte auf den unteren Hierarchieebenen. Fast die Hälfte der Controller auf diesen Positionen haben im Vergleich zu 2013 einen geringeren Bonus ausgezahlt bekommen. Bei Controlling-Leitern gilt dies dagegen nur für rund ein Drittel. Auf den Führungsetagen ist eine negative Bonus-Entwicklung noch seltener der Fall: Lediglich 21 Prozent der CFOs und CEOs haben einen niedrigeren Bonus erhalten als in 2013. „Dies bestätigt den bereits länger andauernden Trend, dass die Gehaltsschere auch im Controlling weiter aufgeht", sagt Professor Utz Schäffer, Leiter des WHU Controller Panels.

Spannende Benchmarks bietet ein Blick auf die Branchenunterschiede: Laut der Studie zahlt die Finanzbranche die höchsten Grundgehälter, je nach Position zwischen 78.000 Euro und 118.500 Euro. Es folgen Verkehr und Logistik sowie Maschinen- und Anlagebau. Wenig überraschend schließt die öffentliche Verwaltung das Branchenranking ab: Hier erhalten Controller zwischen 58.100 Euro und 77.100 Euro.

**Tetyana Kellerhoff**

Detaillierte Studienergebnisse und Benchmarks stehen den WHU-Controller-Panel-Mitgliedern nach kostenfreier Registrierung zur Verfügung auf: http://www.whu-on-controlling.com/pane

# Organisationen agiler gestalten

Wie beeinflussen Big Data und künstliche Intelligenz Mitarbeiter und Unternehmen? Sie zwingen Organisationen dazu, neu zu denken. Die neuen Technologien wie Social Media, künstliche Intelligenz oder Augmented Reality verändern gerade das Handlungsfeld und die Handlungsmöglichkeiten von Organisationen. Die alten und oft bewährten Organisationsstrukturen und Abläufe müssen auf den Veränderungsdruck reagieren, den die Digitalisierung verursacht.

Organisationen möglichst gut zu gestalten und zu koordinieren, stellt die wohl wichtigste Aufgabe des General Managements dar. Entscheidungen einzelner Personen und das Verhalten der Menschen werden wesentlich vom persönlichen Unterbewusstsein beeinflusst. Das Wechselspiel von Bewusstsein und Unterbewusstsein führt dabei oft zu Täuschungen, Verzerrungen, Prägungen und anderen psychologisch erklärbaren Besonderheiten. Ähnliche Überlegungen können auch auf Organisationen angewandt werden. Deren Erfolg hängt stark vom Können und den Fähigkeiten der Mitarbeiter ab. Mithilfe der Metapher vom Unterbewusstsein von Organisationen und Erkenntnissen der Kognitionswissenschaft kann grundlegend analysiert werden, wie die neuen Technologien die Entscheidungsfindung und Handlungen von Organisationen verändern. Dabei bietet sich an, den Bogen von der Wahrnehmung bis zur Entscheidung und Handlung zu spannen:

- Wahrnehmung der Organisation – wird verändert durch Augmented Reality, Sensorik, Internet of Things
- Erkenntnisfindung der Organisation – wird verändert durch Big Data, Simulationen, Analytics, Visualisierung, künstliche Intelligenz
- Entscheidungsfindung der Organisation – wird verändert durch Decision-Support-Systeme, Simulationswerkzeuge und Entscheidungsautomatismen auf Basis künstlicher Intelligenz
- Handlungen der Organisation – werden verändert durch interoperable, organisationsübergreifende, hochautomatisierte Prozesse, Robotik

Doch wie gestalten wir Organisationen, damit sie die Chancen der digitalen Transformation bestmöglich nutzen und die Risiken eingrenzen? Das Unterbewusstsein von Organisationen besteht per definitionem aus technischen Infrastrukturen wie etwa der IT, die der Organisation unterbewusstes und bewusstes Handeln ermöglichen beziehungsweise dies unterstützen, Strukturen und Prozessen einer Organisation sowie Werten, Haltungen und Strategien.

Daraus lassen sich zahlreiche Gestaltungsvorschläge für Organisationen entwickeln und ableiten. So gibt es etwa im Gesundheitsbereich durchaus das Risiko, automatisierte Diagnose- und Therapievorschläge unreflektiert zu übernehmen. Dieses Risiko, Entscheidungsvorschläge des Systems kritiklos zu übernehmen, besteht vor allem bei jungen Ärzten, die sich noch in der Ausbildung befinden. Intuition und Gespür können sich nicht richtig entwickeln.

Daher sind Organisationen gefordert, die richtigen Maßnahmen zu ergreifen und ihre Organisation anzupassen. Die Metapher des Unterbewusstseins macht deutlich, dass mit dem Einzug von künstlicher Intelligenz und Robotik auch die Abhängigkeit von den neuen Technologien enorm ist und Fähigkeiten der Mitarbeiter zu verkümmern drohen.

**Professor Werner Leodolter**

⬇ Mehr zum Thema erfahren Sie auf www.springerprofessional.de/link/7822608

# Erfolgreich verhandeln und Ziele erreichen

Fachwissen allein ist nicht alles: Bei Verhandlungen kommt es auf die richtige Taktik an. Doch in der Ausbildung oder im Studium werden in der Regel vor allem Fachinhalte vermittelt. Soft Skills müssen sich die meisten Berufstätigen selbst aneignen. Im Alltag ist es jedoch so, dass viele Controller immer wieder strategisch wichtige Verhandlungen führen müssen. Sei es, dass es um die Einführung eines neuen Prozesses, ein neues Budgetierungssystem oder Ähnliches geht. Fachlich ist dies vielleicht einfach nachvollziehbar. In der Praxis ist es jedoch leider häufig so, dass genau an dieser Stelle durch Kommunikationsprobleme Konflikte entstehen. Warum erreichen manche Menschen in fast allen Verhandlungen ihr Wunschergebnis und andere nicht? Hat es keine fachlichen Gründe, liegt es in der Regel an der Verhandlungsstrategie. Doch wie kann der Controller sein eigenes Ziel, zum Beispiel die Einführung eines neuen Prozesses, am besten erreichen?

Strategieberater Gebi Küng glaubt: „Verhandeln ist ein fester Bestandteil unseres Lebens. Trotzdem wird es immer wieder mit anderen Kommunikationsformen wie Argumentieren und Überzeugen verwechselt." Um erfolgreich verhandeln

zu können, sollte sich der Controller bewusst machen: „Es geht also nicht primär darum, jemanden von der eigenen Meinung zu überzeugen, sondern darum, seine eigenen Interessen zu befriedigen, wobei man von den anderen Beteiligten abhängig ist." Auch Controller sind davon abhängig, dass ihre Ziele im Unternehmen unterstützt werden. Es ist für sie deshalb von Vorteil, wenn sie geeignete Verhandlunsgtaktiken kennen und beherrschen.

So ist zum Beispiel gute Vorbereitung wichtig. „Vor der Verhandlung müssen Sie Ihre Strategie und Ihre Ziele definieren", empfiehlt Küng. Und: Die Kunst des Verhandelns beginnt nicht erst bei den Beteiligten, bei denen der meiste Gegenwind zu erwarten ist. Küng rät: „Beginnen Sie mit der Implementierung des Verhandlungs-Managements in dem Bereich, in dem Sie den geringsten Widerstand erwarten."

**Sylvia Meier**

⬇ Den vollständigen Beitrag lesen Sie unter www.springer-professional.de/link/7821990

# Social-Media-Controlling implementieren

Der Wertschöpfungsbeitrag von Social Media ist für Unternehmen nur schwer messbar. Ein strategisch eingesetztes Controlling kann helfen, diesen zu quantifizieren und so Erfolge nachzuweisen. Als Grundlage benötigt es eine unternehmensspezifische und systematisch entwickelte Social-Media-Strategie.

*Roman Emonts-Holley, Roman Senderek*

Social Media ist mehr als nur ein Hype. In der Forschung und auch in der Praxis wird die kontinuierlich steigende Bedeutung von Social Media in Unternehmen übereinstimmend anerkannt (vergleiche Kaplan/Haenlein 2010). Die Gründe und Ziele der Nutzung von Social Media sind vielfältig. Untersuchungen zeigen aber, dass beim Einsatz insbesondere das Marketing und die Steigerung des eigenen Bekanntheitsgrads im Fokus stehen (Conrad Caine GmbH/Universität St. Gallen – Institut für Marketing 2011). Dabei kann Social Media viel mehr, gerade im Bereich Kundenservice. So kann eine schnellere, unkompliziertere Kommunikation mit Kunden und Stakeholdern diesen oder auch den Vertrieb maßgeblich optimieren. Zusätzlich schafft Social Media neue Möglichkeiten für das Customer Relationship Management, das Produkt-Management, das Personal-Management oder für die Marktforschung (Heltsche 2012).

Trotz der sich neu eröffnenden Chancen stößt die Begeisterung über soziale Medien aber bei vielen Unternehmen an Grenzen. Über 50 Prozent der Unternehmen betreiben trotz der enormen Potenziale, die Social Media birgt, keine Social-Media-Aktivitäten (vergleiche Bundesverband Digitale Wirtschaft 2014). Das Problem: Sie wissen nicht, wie sie den Nutzen ihrer Social-Media-Präsenz messen können. Bisher wurden zwar Ansätze zur Bewertung von Social Media in Form verschiedener Kennzahlen und Kennzahlensysteme entwickelt, allerdings existierte kein geeignetes Instrument, um den Nutzen für Anbieter und Kunden tatsächlich zu quantifizieren und bereits ex ante bewertbar zu machen (vergleiche Fiege 2012). 2011 zeigte eine von der Conrad Caine GmbH und der Universität St. Gallen durchgeführte Studie, dass bis zu 90 Prozent der Unternehmen nicht in der Lage waren, den Nutzen ihrer Social-Media-Aktivitäten tatsächlich zu beziffern (vergleiche auch Fiege 2012). Die unzureichende Messung des Social-Media-Erfolges resultiert darin, dass 45 Prozent der Unternehmen der konkrete Nutzen von Social-Media-Aktivitäten unklar ist und 44 Prozent eine fehlende Akzeptanz von Social Media bei den Führungskräften beklagen (vergleiche **Abbildung 1**).

Hier kann das Controlling wegweisend sein. Es kann dabei helfen, eine an die Unternehmensstrategie angepasste Social-Media-Strategie zu erarbeiten und geeignete Tools und Kennzahlen zur Erfolgsmessung auszuwählen. Gemessene Erfolge eignen sich als Entscheidungsgrundlage für weitere Budgetdiskussionen und eine mögliche Neuausrichtungen der Social-Media-Aktivitäten.

## Ohne Social-Media-Strategie geht es nicht

Neben fehlenden Kennzahlen zur Messung und zum Controlling des Social-Media-Einsatzes in den Unternehmen erschwert das Fehlen von klar definierten Social-Media-Strategien die Messung des Nutzenbeitrags von Social Media. Viele Unternehmen befinden sich derzeit noch im Prozess, Social Media in ihre Organisationsstrukturen zu integrieren, und starten ohne Strategie (vergleiche Drüner 2011). Dabei kann eine solche dazu beitragen, den Umgang mit Social Media deutlich zu erleichtern. Nicht nur, dass ein Unternehmen mit einer ausgereiften Social-Media-Strategie in der Lage ist, intern und extern strategisch konsistent zu agieren. Auch das Controlling von Social-Media-Aktivitäten wird wesentlich vereinfacht, da eine gemeinsame, unternehmensspezifische und strategische Grundlage vorhanden ist. Ohne eine entsprechende Strategie können keine geeigneten Zieldimensionen und Kennzahlen abgeleitet werden (vergleiche B&F Brügemann & Freunde 2013; Bitkom 2012; Fiege 2012). Die Folge ist die unstrukturierte Messung willkürlicher Kennzahlen mit geringer Aussagekraft. Es ist deshalb essenziell für jedes Unternehmen, eine individuelle Social-Media-Strategie bereits im Vorfeld zu entwickeln und diese als Teil der Unternehmensstrategie zu verstehen (vergleiche Horstmann 2011).

Die strategische Einbindung von Social Media in ein Unternehmen dient dabei nicht nur dem klassischen Einsatz von Social Media als Kommunikationskanal, sondern im Idealfall können unternehmensinterne und -externe Prozesse verbessert beziehungsweise Produkte und Angebote im Unternehmen erweitert oder angepasst werden (Bundesverband Digitale Wirtschaft (BVDW) e. V. 2013). Es betrifft somit alle Unternehmensbereiche.

Idealerweise erfolgen Entwicklung und Umsetzung einer Social-Media-Strategie in sechs Schritten (vergleiche **Abbildung 2**).

## Schritt 1: Analyse
Im ersten Schritt wird eine umfassende Analyse der Social-Media-Aktivitäten im Unternehmen selbst und im Wettbewerbsumfeld durchgeführt. Zunächst wird analysiert, welche Social-Media-Plattformen und -kanäle auf dem Markt vorhanden sind, welche potenziellen Zielgruppen erreicht werden sollen und wo sich diese aufhalten. So können die Kanäle identifiziert werden, die das Unternehmen mit seinem Social-Media-Engagement adressieren möchte. Bereits bestehende Social-Media-Aktivitäten im Unternehmen werden erfasst und mit den zuvor festgelegten Kanälen und Zielgruppen auf Konsistenz geprüft.

## Schritt 2: Zielsetzung
Im Folgenden muss ein klares Ziel für das Social-Media-Engagement definiert werden. Das zugrunde liegende Geschäftsmodell des Unternehmens bildet dabei die Grundlage für die

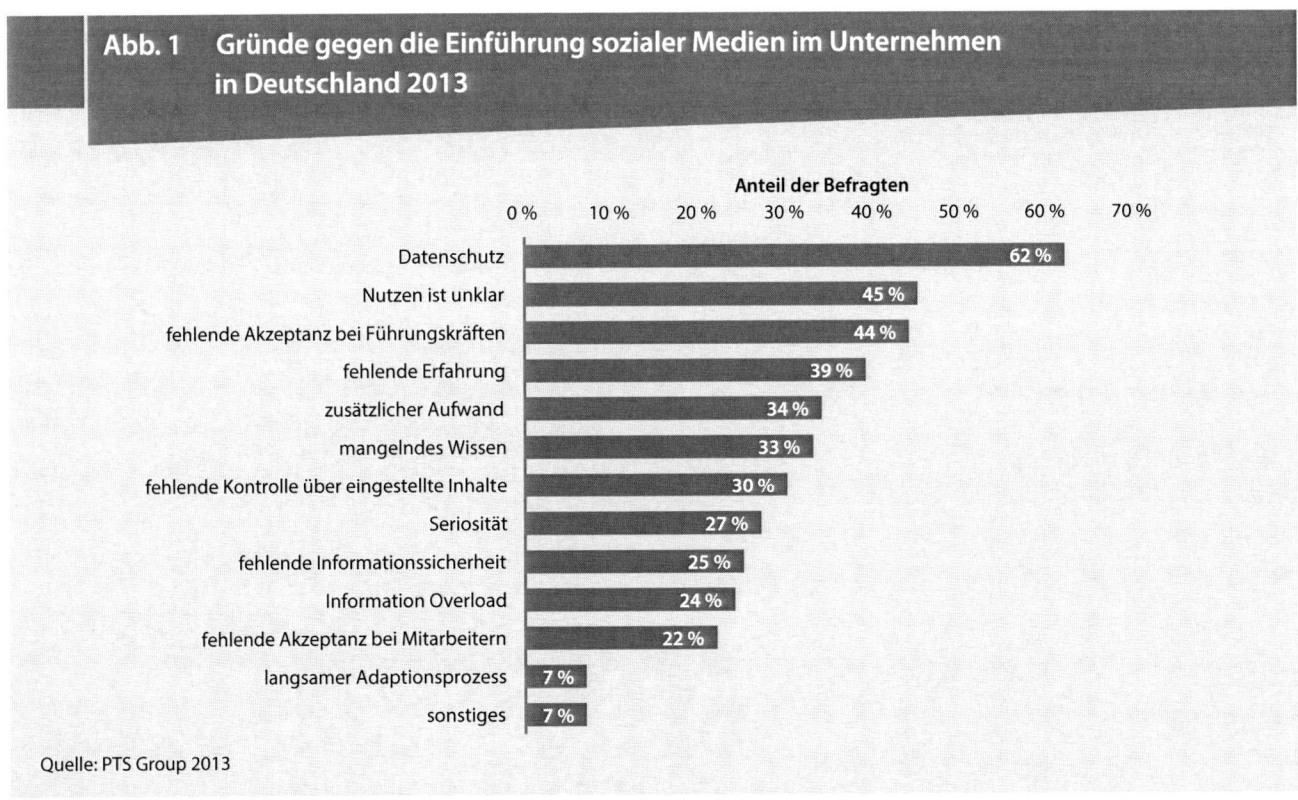

Quelle: PTS Group 2013

## Zusammenfassung

- Der Social-Media-Einsatz birgt für Unternehmen enormes Potenzial, allerdings ist die genaue Quantifizierung des Nutzens nur erschwert möglich.
- Ein strategisch implementiertes Controlling kann helfen, den Nutzenbeitrag von Social-Media-Aktivitäten zu quantifizieren.
- Die systematische Entwicklung einer Social-Media-Strategie ist dabei essenziell, denn ohne entsprechende Strategie können keine geeigneten Zieldimensionen und Kennzahlen abgeleitet werden.

Zielsetzung (vergleiche Horstmann 2011, S. 628 ff.), da die angestrebten Social-Media-Aktivitäten dieses Ziel unterstützen sollen. Als konkrete Ziele können beispielsweise die Steigerung der Reputation und Bekanntheit eines Unternehmens oder Hinweise für die Produktentwicklung formuliert werden. Die Ziele bestimmen, welche Inhalte das Unternehmen auf den ausgewählten Social-Media-Kanälen platziert. Parallel zur Zieldefinition sollten Kennzahlen für die Messbarkeit der Zielerreichung festgelegt werden. Dies erleichtert und unterstützt das folgende Controlling maßgeblich.

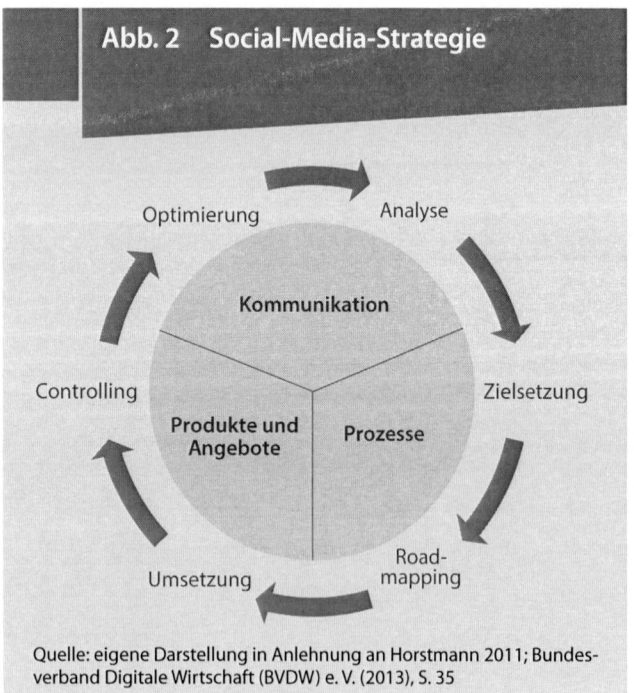

**Abb. 2 Social-Media-Strategie**

Optimierung

Analyse

Kommunikation

Controlling

Produkte und Angebote

Prozesse

Zielsetzung

Umsetzung

Road-mapping

Quelle: eigene Darstellung in Anlehnung an Horstmann 2011; Bundesverband Digitale Wirtschaft (BVDW) e. V. (2013), S. 35

### Schritt 3: Roadmapping

Sind mögliche Kanäle, Zielgruppen, Inhalte und Kennzahlen definiert, folgt die Entwicklung einer Roadmap. Dabei wird ein konkretes Konzept für die operative Umsetzung der angestrebten Ziele festgelegt. Die Kanäle, auf denen das Unternehmen agieren wird, werden endgültig festgelegt. Die benötigten Ressourcen werden identifiziert und geplant. Ein konkreter Ansprechpartner für die Social-Media-Aktivitäten wird benannt. Die Aufgaben werden klar verteilt, sodass die kontinuierliche Erstellung und Aktualisierung von Social-Media-Inhalten garantiert sind.

### Schritt 4: Umsetzung

Die Umsetzung der Social-Media-Aktivitäten gliedert sich in eine Anlaufphase und eine Management-Phase. In der Anlaufphase kann auch die externe Unterstützung sinnvoll sein. In der Managementphase gilt es, das Social-Media-Engagement entsprechend der festgelegten Zielsetzung und entwickelten Roadmap zu verfolgen.

### Schritt 5: Controlling

Ein Controlling prüft regelmäßig, ob und wie die zuvor definierten Ziele erreicht worden sind. Als Grundlage dienen ihm die zuvor parallel zu den Zielen definierten Kennzahlen. Die Herausforderung besteht darin, Änderungen in den Kennzahlen eindeutig Social-Media-Maßnahmen zuzuordnen (vergleiche Horstmann 2011). Dies ist gerade dann relevant, wenn beispielsweise ein Reputationszuwachs gemessen werden soll und zeitlich zur Social-Media-Aktivität auch noch TV-Werbung des Unternehmens geschaltet wurde.

### Schritt 6: Optimierung

Auf Basis der Ergebnisse des Controllings werden fortlaufend Optimierungen durchgeführt und bei Bedarf wird die Social-Media-Strategie entsprechend angepasst. Auch werden Handlungsempfehlungen für das Unternehmen abgeleitet. Der Optimierungsprozess kann so weit gehen, dass die einzelnen Phasen der Entwicklung einer Social-Media-Strategie erneut durchlaufen werden, da sich interne oder externe Rahmenbedingungen ändern und sich damit die Ziele und das Controlling der angestrebten Ziele maßgeblich verändert haben.

## Schlussbetrachtung

Die Ausarbeitung einer definierten Social-Media-Strategie ist Grundvoraussetzung für ein erfolgreiches Controlling der Social-Media-Aktivitäten im Unternehmen. Frühzeitig müssen konkrete Ziele definiert und Kennzahlen festgelegt werden, mit denen der Zielerreichungsgrad exakt gemessen werden kann. Nur so können detaillierte Ursache-Wirkungs-Beziehungen aufgezeigt werden, die als Grundlage für konkrete Handlungsempfehlungen dienen können. Ein geeignetes Controlling hilft, den konkreten Nutzen von Social Media zu beziffern und die Akzeptanz im Unternehmen beziehungsweise bei den Führungskräften signifikant zu erhöhen.

*Literatur*

B&F Brügemann & Freunde (2013): Social Marketing I/2013, Borken

Bitkom (Hrsg.) (2012): Social Media in deutschen Unternehmen, Berlin.

Bundesverband Digitale Wirtschaft (BVDW) e. V. (Hrsg.) (2013): Social Media Kompass 2013/2014, Düsseldorf.

Bundesverband Digitale Wirtschaft (BVDW) e. V. (2014): Führt Ihr Unternehmen generell Social Media Aktivitäten durch?, herausgegeben von Statista – Das Statistik-Portal, http://tinyurl.com/statista-umfrage-social-media (letzter Abruf: 04.03.2016).

Conrad Caine GmbH/Universität St. Gallen – Institut für Marketing (2011): Social Media Excellence 12, München.

Drüner, M. (2011): Warum und wie die Organisation mitgenommen werden muss, in: Schwarz, T, (Hrsg.): Leitfaden Online-Marketing, Band 2, Waghäusel, S. 611-614.

⭳ * Fiege, R. (2012): Social Media Balanced Scorecard: Erfolgreiche Social Media-Strategien in der Praxis, Wiesbaden. www.springerprofessional.de/link4466084

Heltsche, M. (2012): Social Media im Kommunikations-Controlling, Monitoring und Evaluation, Berlin/Leipzig, http://tinyurl.com/communicationscontrolling-pdf (letzter Abruf: 04.03.2016).

Horstmann, N. (2011): Strategische Einbindung von Social Media, in: Schwarz, T. (Hrsg.): Leitfaden Online-Marketing, Band 2, Waghäusel, S. 627-634.

Kaplan, A. M./Haenlein, M. (2010): Users of the world, unite! The challenges and opportunities of Social Media, in: Business Horizons, 53 (1), S. 59-68, http://tinyurl.com/michaelhaenlein-andreaskaplan (letzter Abruf: 15.03.2016).

PTS Group (2013): Was sind aus Ihrer Sicht Gründe, Social-Media-Anwendungen nicht einzuführen?, in: Statista – Das Statistik-Portal, http://tinyurl.com/statista-umfrage-pts-group (letzter Abruf: 04.03.2016).

* Abonnenten von Springer Professional haben kostenfrei Zugriff.

## Handlungsempfehlungen

- Entwickeln und implementieren Sie im Unternehmen eine Social-Media-Strategie, denn nur so können Sie Ihre Social-Media-Aktivitäten erfolgreich gestalten.
- Stellen Sie sicher, dass Ihre Social-Media-Strategie mit den strategischen Zielen Ihres Unternehmens übereinstimmt und Sie so nach innen und außen konsistent agieren.
- Implementieren Sie ein geeignetes Social-Media-Controlling und messen Sie so den spezifischen Nutzenbeitrag von Social Media in Ihrem Unternehmen.

Autoren:

**Roman Emonts-Holley**
Projektmanager im Bereich Dienstleistungsmanagement
FIR e. V. an der RWTH Aachen, Aachen, Deutschland
E-Mail: Roman.Emonts-Holley@fir.rwth-aachen.de

**Roman Senderek**
Projektmanager im Bereich Dienstleistungsmanagement
FIR e. V. an der RWTH Aachen, Aachen, Deutschland
E-Mail: Roman.senderek@fir.rwth-aachen.de

 Weitere Empfehlungen der Verlagsredaktion aus www.springerprofessional.de zu:

🔍 **Social-Media-Controlling**

Zaugg, A. D./Egle, E. (2013): Social Media Controlling – die 4 Social C, in: HMD – Praxis der Wirtschaftsinformatik, Band 293 (50), S. 86-92.
www.springerprofessional.de/link/5051624

Spillecke, D. (2013): Social Media ROI: Erfolge messen in sozialen Netzwerken, in: Controlling & Management Review, 57 (1), S. 26-35.
www.springerprofessional.de/link/6404284

Rogge, C./Karabasz, R. (Hrsg.) (2014): Social Media im Unternehmen – Ruhm oder Ruin, Erfahrungslandkarte einer Expedition in die Social-Media-Welt, Berlin, Heidelberg.
www.springerprofessional.de/link/4278114

# Rüstzeug für den Controller in Zeiten der digitalen Transformation

## Controller Congress, 25. und 26. April 2016, München

Zum 41. Mal lud der Internationale Controller Verein (ICV) in diesem Jahr zum Controller Congress in München. Er hatte die Veranstaltung unter den Titel „Planung und Steuerung im Zeitalter der digitalen Transformation – Veränderung. Impulse. Chancen." gestellt und damit ein Thema aufgegriffen, das die Controller aktuell ganz besonders bewegt. So benötigen Controller mehr denn je ein Rüstzeug in Themen wie Big Data, Business Analytics oder Industrie 4.0, um den „Digital Fit" ihres Unternehmens voranzutreiben. Es gelte, den Transformationsprozess in 2016 systematisch anzugehen und die Rolle des Controllers in diesem Kontext neu zu definieren, so Siegfried Gänßlen, Vorstandsvorsitzender des ICVs, in seiner Begrüßung.

Carsten Knobel, Chief Financial Officer (CFO) der Henkel AG & Co. KGaA, betonte diese Notwendigkeit in seinem Keynote-Vortrag und veranschaulichte dies anhand der Entwicklung im eigenen Haus: Jedes Unternehmen müsse eine digitale Strategie besitzen, die letztlich als Ziele ein einziges System, global vereinheitlichte Prozesse, hervorragend organisierte reale und virtuelle Teams sowie die Installation moderner Technologieplattformen verfolgt. Hierbei befürwortet er eine holistische Herangehensweise, die im Zuge der digitalen Transformation jeden Bereich des Unternehmens untersucht. Als Beispiele aus dem Finanzbereich führte Knobel unter anderem die Verwendung individualisierter Dashboards, eine schnellstmögliche Erstellung des Jahresabschlusses und einen immer offener werdenden Arbeitsplatz an. Nicht vergessen sollte man auch das „Reverse Mentoring", bei dem junge Mitarbeiter älteren Kollegen beim Umgang mit digitalen Medien und Tools zur Seite stehen. Für die Zukunft sieht der Henkel CFO in der digitalen Transformation vor allem Themen wie digitale End-to-End-Prozesse, Internetsicherheit und Datenbereitstellung in Echtzeit als Schwerpunkte.

Auch der Sieger des Controller-Preises 2016 zeichnete sich durch eine holistische Herangehensweise aus: Die Covestro Deutschland AG wurde für ihre ganzheitliche Neugestaltung des Controlling-Bereichs als Folge der Ausgliederung aus dem Bayer-Konzern prämiert. Wolfgang Zellerhoff, Leiter des Bereichs Global Accounting & Controlling, nahm den Preis stellvertretend für sein Team entgegen.

Auf unterhaltsame Weise stellte Christoph Engl, Managing Director der Brand Trust GmbH, in seinem Plenumsvortrag die „Marke Controller" vor. Dabei gelte vor allem, dass Marken nicht folgen, sondern führen. Die Rolle des Controllers sei daher, zu führen und noch stärker als Co-Pilot oder Prophet zu agieren. Der ICV wäre folglich Themenführer in der Controlling Community. Abschließend stellte Engl fest, dass die Marke Controller erst dann richtig stark ist, wenn sie mit Leidenschaft gelebt werde.

Diese Leidenschaft merkte man bereits Roland Brunhofer an, Landesdirektor des Rundfunksenders ORF Salzburg. Er löste die Controller-Kernaufgabe Kostenmanagement in den letzten Jahren so erfolgreich, dass das Landesstudio Salzburg nun das erfolgreichste und einzig profitable des ORF ist. Insbesondere hatte Brunhofer seine Kollegen dazu aufgerufen, sich von ge-

Foto: © Internationaler Controller Verein (ICV)

Siegfried Gänßlen, ICV Vorstandsvorsitzender, begrüßte die Teilnehmer des 41. Controller Congresses.

wohnten Verhaltensweisen zu verabschieden. Jeder Kostenfaktor wurde einzeln hinterfragt und gesenkt, und zugleich wurden durch neue Inhalte höhere Werbeeinnahmen realisiert. Seinem Credo hinsichtlich der gewohnten Verhaltensweisen folgt Brunhofer im Übrigen auch in der unternehmensinternen Kommunikation. E-Mails und Power-Point-Präsentationen gibt es unter seiner Führung nicht mehr.

**Fabian Mohr, Vallendar**

# CFOs investieren in die Digitalisierung

Viele Risikothemen haben die Finanzvorstände in den vergangenen Monaten beschäftigt. So beispielsweise der volatile Ölpreis und die wirtschaftlichen Entwicklungen in Asien. Doch inzwischen scheinen sie sich auf die politischen Risiken eingestellt zu haben, denn die CFOs engagieren sich jetzt stärker bei Themen rund um die Digitalisierung. Das zeigt der „CFO Survey Frühjahr 2016" der Beratungsgesellschaft Deloitte. So machen die Umfrageergebnisse beispielsweise deutlich, dass 58 Prozent der CFOs ihren Investitionsschwerpunkt auf IT-Technologien setzen und 40 Prozent die digitalen Kompetenzen der Mitarbeiter weiterentwickeln sowie fördern wollen. 60 Prozent der Befragten wollen damit mehr Transparenz und eine bessere Steuerung der internen Prozesse erreichen. Auch die Vernetzung von Arbeitsabläufen und Produktionsprozessen soll so besser bewerkstelligt werden. Überdies erhoffen sich 44 Prozent der befragten Unternehmen Data-Analytics-Kompetenzen. Die Studie macht auch deutlich, dass von der Digitalisierung viele Unternehmensbereiche und Funktionen betroffen sind. Das bringt zwar Veränderungen mit sich, birgt aber auch Chancen für die CFOs. Die Änderungen betreffen vor allem das Verständnis der Finanzfachkräfte für digitale Geschäftsmodelle. Zudem sollten sie Analytics-Fähigkeiten, Prozess-Know-how, Flexibilität und Anpassungsfähigkeit besitzen. Nur sechs Prozent der befragten Finanzvorstände meinen dagegen, ihre eigene Position hätte keine wesentliche Rolle bei der Digitalisierung. Und nur zwei Prozent der Finanzvorstände gaben an, dass die Digitalisierung gerade keine Rolle für ihr eigenes Unternehmen spielt.

**Sylvia Meier**

⬇ Lesen Sie den gesamten Beitrag unter
www.springerprofessional.de/link/10060484

# Sicherheit vor gezielten IT-Attacken

Mit nachgestellten Angriffen auf Server entwickeln Forscher derzeit neue Sicherheitsverfahren, mit denen Unternehmen in Zukunft besser geschützt werden sollen. Denn gängige Virenschutzprogramme beurteilen Gefahren momentan nur nach dem Aussehen der Bedrohung. So genannte Signaturen, Teile des Schadcodes aus der Malware, werden gesucht und verraten Eindringlinge. Doch dafür muss die Gefahr bekannt sein. Gezielte Angriffe nutzen meist noch unbekannte Methoden und werden oft erst entdeckt, wenn sie schon Schaden verursacht haben. Wie sich dabei Systemlücken ausnutzen lassen, zeigt der IT-Sicherheitsexperte Bastian Ballmann. In seinem Buch „Network Hacks" zeigt er anhand einiger Beispiele, wie man sich unberechtigt Zugang verschaffen kann. Um Cyber-Angriffen zuvor zu kommen, setzt Sebastian Schrittwieser, Dozent am Department Informatik und Security der Fachhochschule St. Pölten, auf eine neue Methode zum Enttarnen der Schadsoftware. Grundlage dafür ist deren Verhalten: Da und dort wird eine Datei angelegt, ein Programm gestartet oder eine Verbindung nach außen aufgebaut – Aktionen, die jede für sich auch von harmlosen Programmen ausgeführt werden. Es geht also um eine Vielzahl an Befehlen, die einzeln neutral, im Zusammenspiel aber verdächtig sind. Schrittwieser untersucht in diesem Zusammenhang, welche Spuren IT-Angriffe auf Unternehmen im Netzwerk hinterlassen und wie sie erkannt werden können. „In Zukunft sollen damit auch bisher unbekannte Sicherheitslücken entdeckt werden können", so Schrittwieser.

**Andreas Burkert**

⬇ Mehr zum Thema erfahren Sie unter
www.springerprofessional.de/link/10062376

## Herausgeber

Prof. Dr. Utz Schäffer und Prof. Dr. Dr. h. c. Jürgen Weber leiten das Institut für Management und Controlling (IMC) der WHU – Otto Beisheim School of Management. Als Herausgeber bieten sie mit der Controlling & Management Review eine Plattform für den regen Wissens- und Erfahrungsaustausch zwischen Praxis und Forschung.

## Beirat

| Praxisbeirat | Funktion |
| --- | --- |
| Mark Frese | Finanzvorstand Metro AG |
| Bernhard Günther | Finanzvorstand RWE AG |
| Guido Kerkhoff | Finanzvorstand ThyssenKrupp AG |
| Carsten Knobel | Finanzvorstand Henkel AG & Co. KGaA |
| Dr. Christian Bungenstock | Partner CTcon GmbH |

| Wissenschaftlicher Beirat | Universität |
| --- | --- |
| Prof. Dr. Andrea Dossi | Bocconi University, Mailand |
| Prof. Dr. Martin Glaum | WHU – Otto Beisheim School of Management, Vallendar |
| Prof. Dr. Dirk Hachmeister | Universität Hohenheim, Stuttgart-Hohenheim |
| Prof. Dr. Frank Hartmann | RSM Erasmus University, Rotterdam |
| Prof. Dr. Thomas Hess | Ludwig-Maximilians-Universität, München |
| Prof. Dr. Bernhard Hirsch | Universität der Bundeswehr, München |
| Prof. Dr. Martin Jacob | WHU – Otto Beisheim School of Management, Vallendar |
| Prof. Dr. Teemu Malmi | Aalto University – School of Economics, Helsinki |
| Prof. Dr. Markus Rudolf | WHU – Otto Beisheim School of Management, Vallendar |
| Prof. Dr. Thorsten Sellhorn | Ludwig-Maximilians-Universität, München |
| Prof. Dr. Xianzhi Zhang | Dongbei University of Finance and Economics (DUFE), Dalian |

## Call for Papers

Sie haben Interesse an einer Publikation in unserer Zeitschrift? Eingereicht werden können Beiträge zu unseren ständigen Rubriken oder zu unseren kommenden Schwerpunktthemen:

| Heftthema | Einreichfrist |
| --- | --- |
| Wertschöpfung 4.0: Digitalisierung der Geschäftsprozesse | 01.08.2016 |
| Marketing-Controlling | 02.09.2016 |
| Controlling im Mittelstand | 04.10.2016 |
| Forschungs- & Entwicklungs-Controlling | 02.11.2016 |
| Change Management: Rolle des Controllings in Transformationsprozessen | 01.12.2016 |

# ⬇ www.springerprofessional.de

## Beitrag des Monats

# Werden Bilanzbuchhalter in Deutschland diskriminiert?

Der Europäische Gerichtshof hat Ende vergangenen Jahres entgegen der Auffassung des Bundesfinanzhofs entschieden, dass es mit europäischem Recht nicht vereinbar ist, wenn Steuerberatungsgesellschaften aus anderen EU-Mitgliedstaaten vom Ausland aus keine Steuererklärungen erstellen und an deutsche Finanzämter übermitteln dürfen (Az. C-342/14). Nach Auffassung der Präsidentin des Bundesverbands der Bilanzbuchhalter und Controller (BVBC) Christel Fries werden deutsche selbstständige Bilanzbuch-

halter deshalb gegenüber ihren ausländischen Kollegen klar diskriminiert. Denn in anderen EU-Ländern dürfen Fachkräfte ohne Steuerberatertitel häufig umfangreicher steuerberatend tätig werden. Die deutschen Vorschriften sind hier deutlich restriktiver.

Der BVBC forderte deshalb auf der Kongressmesse ReWeCo in Bonn Gesetzesänderungen, um die freie Berufsausübung selbstständiger Bilanzbuchhalter zu gewährleisten.

⬇ Mehr erfahren auf www.springerprofessional.de/link/10048776.

## Weitere meistgeklickte Beiträge

**2.** Kennzahlen im Produktions-Controlling

⬇ www.springerprofessional.de/link/9996252

**3.** Nach dem Jahresabschluss folgt der CFO-Abschied

⬇ www.springerprofessional.de/link/10028772

**4.** Kassensysteme sollen künftig geprüft werden

⬇ www.springerprofessional.de/link/9223358

**5.** Der Countdown für die Erbschaftsteuerreform läuft

⬇ www.springerprofessional.de/link/7823162

### Das Wissensportal Springer für Professionals

Unser Wissensportal bündelt die wichtigsten Fachgebiete in Wirtschaft und Technik. Im Channel „Finance & Controlling" finden Sie aktuelle Informationen und weiterführende Literatur für Controller. Dort ist auch das Archiv der Controlling & Management Review hinterlegt. Abonnenten haben auf die mit ⬇ gekennzeichneten Inhalte kostenfrei Zugriff.

⬇ **www.springerprofessional.de**

### Neuerscheinung des Monats

Juliane Gottmann:
Produktionscontrolling,
Wiesbaden 2016.
ISBN: 978-3-658-01950-1,
39,99 Euro.
Bestellbar als Buch oder E-Book
auf www.springer.com.

## Empfehlung des Monats

# KMUs holen auf

Seit 2003 hat sich die Eigenkapitalquote kleiner und mittlerer Unternehmen (KMUs) laut einer aktuellen Studie im Vergleich zu der von Großunternehmen äußerst positiv entwickelt. Demnach verringern sich die Unterschiede zu großen Unternehmen. Gründe hierfür sind strengere Vorgaben durch Basel II und III, die Veränderungen des konjunkturellen Umfelds sowie die Niedrigzinspolitik. Daneben können sich KMUs auch zunehmend eigenfinanzieren. Dies liegt vor allem daran, dass Umsatzrentabilitäten, Cash-Flow-Raten und Unternehmensgewinne gestiegen sind. Dennoch sind KMUs noch regelmäßig auf Fremdkapital angewiesen. Der Bankkredit bleibt dabei das wichtigste Fremdfinanzierungsinstrument.

⬇ Lesen Sie mehr auf www.springerprofessional.de/link/9161922.

# Themen der nächsten Ausgaben:

### Ausgabe 4 / 2016
### Strukturierte Problemlösung – Tools und Fertigkeiten

Der Controller muss nicht nur die Fakten liefern, er muss sie auch so aufbereiten und kommunizieren, dass auf ihrer Grundlage Unternehmensentscheidungen getroffen werden können. In dieser wichtigen Rolle als Moderator in Problemlösungsprozessen benötigt er dazu geeignetes Methodenwissen. Die Beiträge zeigen unter anderem, dass auch Schaubildpräsentationen der Logik der strukturierten Problemlösung folgen müssen, um effektiv zu sein. In der Rubrik „Controller & Manager" berichtet Michael Müller, wie die RWE ihren Planungsprozess deutlich entschlackt hat.

### Sonderheft 2 / 2016
### Beschaffung – Neues Controlling für neue Schwerpunkte

Beschaffungsentscheidungen sind von enormer Tragweite für die Wertschöpfung eines Unternehmens. Umso wichtiger ist es für das Controlling, der Beschaffung die notwendige Beachtung zu schenken. Die Beiträge des Sonderhefts zeigen, dass sich mit den immer komplexeren Strukturen auch die Anforderungen geändert haben. Neue Konzepte sind gefragt. Die zunehmende Internationalisierung der Supply Chain rückt Themen wie Währungseffekte oder Nachhaltigkeit in den Vordergrund.

# Impressum

Controlling & Management Review
www.springerprofessional.de/cmr
Ausgabe 3 | 2016 | 60. Jahrgang
ISSN-Print 2195-8262
ISSN-Internet 2195-8270
Bis 2002: krp-Kostenrechnungspraxis
Bis 2012: ZfCM – Zeitschrift für Controlling & Management

Verlag
Springer Gabler / Springer Vieweg
Springer Fachmedien Wiesbaden GmbH
Abraham-Lincoln-Str. 46, 65189 Wiesbaden

Geschäftsführer
Joachim Krieger,
Dr. Niels Peter Thomas

Redaktion
Gesamtleitung Magazine:
Stefanie Burgmaier

Verantwortliche Redakteurin
Springer Gabler:
Vera Treitschke
Tel.: +49 (0)611 7878-135
vera.treitschke@springer.com

Herausgeber:
Prof. Dr. Utz Schäffer
WHU – Otto Beisheim School of
Management, Institut für Management
und Controlling (IMC), Burgplatz 2,
56179 Vallendar
www.whu.edu

Prof. Dr. Dr. h. c. Jürgen Weber
WHU – Otto Beisheim School of
Management, Institut für Management
und Controlling (IMC), Burgplatz 2,
56179 Vallendar
www.whu.edu

Redaktion WHU:
M.A. Brigitte Braun
Tel.: +49 (0)261 6509-486

Dipl.-Kfm. Babak Mirheli
Tel.: +49 (0)261 6509-466

M. Sc. Fabian Mohr
Tel.: +49 (0)261 6509-706

Mag. phil. Bernadette Wagener
Tel.: +49 (0)261 6509-488

Kontakt: cmr@whu.edu

Anzeigen, Marketing und Produktion
Leiter Media Sales: Volker Hesedenz
Leiter Vertrieb + Marketing: Jens Fischer
Gesamtleitung Produktion:
Dr. Olga Chiarcos

Verkaufsleitung
(verantwortlich für den Anzeigenteil):
Eva Hanenberg
Tel.: +49 (0)611 7878-226
Fax: +49 (0)611 7878-430
eva.hanenberg@springer.com

Anzeigendisposition:
Nicole Brzank
Tel.: +49 (0)611 7878-616
Fax: +49 (0)611 7878-443
nicole.brzank@springer.com

Anzeigenpreise: Es gelten die Mediadaten
vom 1. Oktober 2015.

Produktmanagement:
Dipl.-Kfm. Philipp Holsen
Tel.: +49 (0)611 7878-293
philipp.holsen@springer.com

Satz, Layout und Produktion:
Iris Conradi

Alle angegebenen Personen sind, sofern
nicht ausdrücklich angegeben, postalisch
unter der Adresse des Verlags erreichbar.

Sonderdrucke
Martin Leopold
Tel.: +49 (0)2642 9075-96
Fax: +49 (0)2642 9075-97
leopold@medien-kontor.de

Leserservice
Springer Customer Service Center GmbH
Springer Gabler Service
Haberstraße 7, 69126 Heidelberg
Tel.: +49 (0)6221 345-4303
Fax.: +49 (0)6221 345-4229
Montag bis Freitag 08.00 bis 18.00 Uhr
springergabler-service@springer.com

Druck
Kliemo Printing AG,
Hütte 53, 4700 Eupen, Belgien

Titelbild
© Jörg Block

Bezugsmöglichkeiten
Die Zeitschrift erscheint im Abonnement
sechsmal jährlich.

Bestellmöglichkeiten und Details zu den
Abonnementbedingungen finden Sie unter
www.mein-fachwissen.de/cmr.

Jährlich können ein bis vier Sonderhefte
hinzukommen. Der Preis pro Sonderheft
beträgt regulär 49,95 Euro, der Vorzugs-
preis für Abonnenten der Controlling &
Management Review 29,00 Euro. Die
Sonderhefte werden Abonnenten gegen
gesonderte Rechnung geliefert.

Bei Nichtgefallen können sie innerhalb einer Frist von drei Wochen an die Vertriebs-
firma zurückgesandt werden. Zusätzliche
Liefer- und Versandkosten fallen nicht an.

Jedes Jahresabonnement beinhaltet eine
Freischaltung für das Online-Archiv auf
Springer für Professionals. Der Zugang gilt
ausschließlich für den einzelnen Empfänger des Abonnements.

# Können wir das?

**Liebe Leserinnen und Leser,**

die Anforderungen an Controller haben sich über die Jahre schleichend, aber im Ergebnis dramatisch verändert. Heute werden regelmäßig nicht nur eine solide Instrumentenkenntnis und analytische Fähigkeiten, sondern auch kommunikative und soziale Fähigkeiten, ein ausgeprägtes Rückgrat und schließlich ein solides Verständnis des zugrunde liegenden Geschäfts erwartet. Zudem hat sich das, was man unter analytischen Fähigkeiten versteht, durchaus mit verändert. Damit ist eben nicht mehr nur rechnen können gemeint, sondern nicht zuletzt auch die Fähigkeit, unscharf konturierte Probleme strukturiert anzugehen. Leider werden die damit verbundenen Fähigkeiten in der traditionellen Lehre im Regelfall nicht systematisch vermittelt. Universitäre Lehre im Controlling beschränkt sich viel zu häufig auf die Vermittlung von Instrumenten und theoretischen Konzepten. Berufspraktische Fähigkeiten kommen dabei zu kurz. Und auch in der Unternehmenspraxis stehen Fähigkeiten wie die strukturierte Problemlösung nicht auf jedem Trainingsplan. Die Vermittlung entsprechender Kompetenzen bleibt in der Regel einführenden Trainings von Strategieberatern und dem „Learning by Doing" im Berufsalltag vorbehalten. Aber warum eigentlich?

Mit dem vorliegenden Heft wollen wir Sie für das Themenfeld der strukturierten Problemlösung und Kommunikation sensibilisieren. Dabei gibt es eine Vielzahl spannender Aspekte zu beachten: Wie definiere ich überhaupt präzise ein Problem, wenn ich mich nicht mit einem Schlagwort wie Finanz- oder Flüchtlingskrise zufriedengeben will? Wie unterscheide ich die Symptome eines Problems von den dahinterliegenden Ursachen? Wie schäle ich die in einem Projekt zu beantwortende Kernfrage präzise heraus? Wie kläre ich möglichst frühzeitig (und systematisch) die Rahmenbedingungen der Problemlösung – man denke nur an Restriktionen auf der Input-Seite, aber auch im erlaubten Lösungsraum? Wie kläre ich frühzeitig, was den Erfolg des Projekts definiert? Wie strukturiere ich ein definiertes Problem am besten mithilfe von Entscheidungsbäumen? Wie überführe ich eine entsprechende Struktur in eine umsetzbare Roadmap? Wie priorisiere ich die Schwerpunkte meiner Projektarbeit? Diese Aufzählung

*Utz Schäffer*  *Jürgen Weber*

ließe sich fortsetzen. Liegt aber ein Lösungsvorschlag für das zugrunde liegende Problem vor, geht die Arbeit vielfach erst richtig los. Es gilt, den Lösungsansatz strukturiert zu kommunizieren und an den Entscheider zu bringen. Just hier liegt auch der Schwerpunkt unseres Hefts. Dabei geht es nicht (nur) um schöne Schaubilder, sondern um die Frage, welche Techniken eine lösungsorientierte und adressatengerechte Kommunikation unterstützen können, wie die interne Konsistenz einer Präsentation sichergestellt werden kann, wie unnötige Barrieren im Kommunikationsprozess vermieden werden und ähnliche Dinge mehr.

Nimmt man als Controller die Herausforderung des Business Partnerings ernst, kann man sich um diese Fragestellungen nicht herumdrücken und sollte vielleicht auch nicht zu vorschnell darauf vertrauen, dass man solche Dinge schon irgendwie „im Griff" hat. Wir hoffen, dass Ihnen das vorliegende Heft die eine oder andere Anregung mitgibt, und wünschen Ihnen viel Spaß bei der Lektüre.

Utz Schäffer

Jürgen Weber

# 4 | 2016

www.springerprofessional.de/cmr

**Beilagenhinweis**
Dieser Ausgabe liegen Beilagen
der Firma Horvàth Akademie
GmbH, Stuttgart, bei.
Wir bitten unsere Leserinnen und
Leser um Beachtung.

# Strukturierte Problemlösung –
# Tools und Fertigkeiten

Die Größe eines Wortes stellt die relative Häufigkeit in allen Beiträgen der Rubrik Schwerpunkt dar.

Problemlösung
Anwendung Rolle
Aussagen Schaubilder
Kommunikation Stufe
Adressaten strukturiert
Regel Präsentation
Situation Aussage Pyramidenprinzip
logisch Vergleich Zuhörer
Frage Fakten Storytelling
Erzählerrolle Schaubild
Argumente

# Schwerpunkt
## Strukturierte Problemlösung – Tools und Fertigkeiten

# Erklären und überzeugen – Wege zur guten Story

Wer mit Argumenten Veränderungen bewirken will, muss seine Ansprechpartner für seine Lösungsansätze gewinnen. Ob dies gelingt, ist heutzutage keine Frage von rhetorischem Talent und Charisma mehr. Denn Techniken des Storylinings und Storytellings machen eine Professionalisierung betriebswirtschaftlicher Argumentation und Gedankenführung für jedermann möglich.

*Christoph Binder, Georg Klymiuk*

Controller sind heute zu einem der wichtigsten Ansprechpartner des Top Managements geworden. Mit dieser veränderten Rolle verbinden sich klare Anforderungen: Von Controllern wird erwartet, dass sie erkannte Herausforderungen transparent machen und situationsgerechte Handlungsempfehlungen in die Diskussion einbringen. Betriebswirtschaftliches Argumentieren ist dabei nur allzu oft sehr komplexer Natur. Richtig verstanden heißt Argumentieren nichts anderes, als Zusammenhänge zwischen Daten und Fakten zu identifizieren, sie zu erläutern und aus den gewonnenen Einsichten konkrete Empfehlungen und Maßnahmen abzuleiten. Ziel muss es sein, am Ende alles auf einen Punkt zu bringen, am besten im Rahmen einer für die Adressaten stimmigen und prägnanten Story. Um Effektivität und Effizienz des Problemlösungs- und -kommunikationsprozesses zu verbessern, wurde seit den 1970er und 1980er Jahren unter dem programmatischen Anspruch „Business Communication" eine Vielzahl von Instrumenten entwickelt. Wesentliche Anstöße – speziell zur Identifikation, Strukturierung und Analyse von Problemen – lieferte Barbara Minto. Vor allem ihr ist es zu verdanken, dass Verfahren des Storylinings Eingang in den Management-Alltag gefunden haben. Dazu gehören die Analyse der Adressaten, die Formulierung einer Kernbotschaft (Messaging) sowie die Strukturierung der

> *„Storylining hat bereits Eingang in den Management-Alltag gefunden, Storytelling wurde bislang stiefmütterlich behandelt."*

Einzelaussagen top-down nach dem „Pyramidenprinzip" (Pyramid Building). Eher stiefmütterlich wurde dagegen bislang der Themenkreis Storytelling behandelt. Im Wesentlichen geht es hier um Fragen- und Aufgabenstellungen, die sich ergeben, wenn man von Mintos „Pyramiden" zu stimmigen normalsprachlichen Texten – zu wirklichen „Storys" – gelangen will, sei es in mündlicher oder in schriftlicher Form.

Der vorliegende Beitrag schlägt bewusst die Brücke zwischen Storylining und Storytelling. Aus der Sicht des Praktikers wird aufgezeigt, wie sich Stück für Stück die Kommunikationsprobleme lösen lassen, die erfahrungsgemäß immer wieder auftreten, wenn man inhaltlich anspruchsvolle Präsentationen und/oder Texte erstellen will. Leitgedanke ist die dialogbasierte Vermittlung von Problemlösungen und Handlungsempfehlungen. Dazu werden Instrumente und Techniken vorgestellt, die sich inzwischen vielfach bewährt haben.

## Business Communication

Kommunikation im betriebswirtschaftlichen Umfeld ist eine sehr spezielle Form der Kommunikation, mit spezifischen Erfolgsanforderungen. Typisch für die Kommunikationssituation von Entscheidungsträgern und Führungskräften ist, dass sie unter massivem Arbeits- und Zeitdruck Präsentationen von hoher inhaltlicher Komplexität zustande bringen müssen:

*Prof. Dr. Christoph Binder*
*ist Professor für Management Accounting & Controlling an der ESB Business School der Hochschule Reutlingen.*

*Dr. Georg Klymiuk*
*ist Experte für strukturierte Kommunikation und Storytelling.*

Christoph Binder
Hochschule Reutlingen, Reutlingen, Deutschland
E-Mail: christoph.binder@reutlingen-university.de

Georg Klymiuk
München, Deutschland
E-Mail: georg_klymiuk@gmx.de

Präsentationen in oft sehr unterschiedlichen Formaten, Textsorten und über unterschiedliche Medien, mit nicht selten weitreichenden Aus- und Folgewirkungen. Auch wenn alle erforderlichen betriebswirtschaftlichen Daten, Fakten, Analysen und Befunde bereits vorliegen, ist und bleibt diese Form der Kommunikation häufig ein mühsames Unterfangen – nicht nur für Anfänger, sondern auch für sehr erfahrene Präsentatoren. Hier können neuere Instrumente von Business Communication wertvolle Entlastung und Unterstützung bieten. Mit ihrer Hilfe lässt sich der Weg vom Messaging und Storylining bis hin zum fokussierten Storytelling, das heißt dem souveränen, auf die Adressaten ausgerichteten Vortragen von Einzelargumenten und deren Verkettung zu stimmigen Argumentationen, systematisch strukturieren. Geschliffenes Argumentieren ist heute immer weniger der Ausweis von individuellem Charisma oder irgendwelcher „Black-Box-Kreativität", sondern vielmehr das Ergebnis von disziplinierter Vorbereitung und versierter Anwendung relativ einfacher, aber bewährter Argumentationstechniken und -tools.

Betriebswirtschaftliche Kommunikation unterscheidet sich dabei deutlich von der Kommunikation in anderen Bereichen, etwa der Welt der Journalisten oder Politiker – insbesondere durch folgende Aspekte:

- Manager müssen in aller Regel nicht erst die Aufmerksamkeit ihrer Adressaten gewinnen. Vielmehr geht es darum, diese über den gesamten Präsentationsverlauf zu behalten und produktiv zu nutzen.
- Ziel ist, die wesentlichen Aussagen, Ergebnisse und Empfehlungen treffsicher zu platzieren und die intendierten Veränderungen, beispielsweise weiterführende Aktivitäten, in der jeweils gewünschten Weise anzustoßen.
- Der Adressatenkreis ist in aller Regel hoch selegiert und schon von Berufs wegen mit der anstehenden Thematik inhaltlich vertraut – zumindest im Großen und Ganzen.
- Befunde und Empfehlungen haben meist unmittelbare Relevanz, ganz besonders für alle Verantwortlichen.

Zugeschnitten auf die spezifischen Anforderungen ergebnis- und handlungsorientierter Kommunikation stellt Business Communication ein Arsenal vielfach erprobter Verfahren und Werkzeuge zur Verfügung. Dreh- und Angelpunkt aller Business Communication ist das „Erklären & Überzeugen":

„Erklären" heißt, Daten, Fakten, Einsichten und Empfehlungen möglichst transparent, überschneidungsfrei, vor allem aber top-down darzustellen – einerseits plausibel und nachvollziehbar, andererseits robust und unwiderlegbar. Erklären zielt mithin auf die rationale Seite des Adressatenverhaltens.

„Überzeugen" heißt, mit der vorgeschlagenen Problemlösung die Entscheidungsträger zur Zustimmung zu bewegen, mit den Empfehlungen Veränderungsbereitschaft zu wecken sowie für die Umsetzung Unterstützer zu gewinnen. Überzeugen muss gerade die emotionale Seite der Adressaten ansprechen. Ihre Bauchgefühle müssen erreicht, bestehende Bedenken überwunden und konkrete Handlungsanreize angeboten werden. Dieser emoti-

> Für Führungskräfte muss es darum gehen, die entgegengebrachte Aufmerksamkeit zu behalten und produktiv zu nutzen.

onale Austausch zwischen Präsentator und Adressaten kann auf unterschiedliche Weise erfolgen: „charismatisch" über spontane Empathie- und Resonanzeffekte oder eher „bedächtig" über Vertrauensaufbau und eine Vielzahl inkrementeller Annäherungsschritte.

Erfolgreich ist eine Kommunikation zur Problemlösung nur, wenn die Ansprechpartner am Ende die vorgeschlagenen Maßnahmen auch intentionsgemäß und zielführend angehen und umsetzen. Weniger ist kein Erfolg!

## Dialogische Argumentationsführung

In aller Regel können sich Manager, wenn es um die Vermittlung betriebswirtschaftlicher Erkenntnisse und Einsichten geht, einer hohen Aufmerksamkeit in ihrer meist sehr selektiven Adressatengruppe sicher sein. Wer als Präsentator über relevantes Wissen und Know-how für die spezifische Situation verfügt, kann von vornherein mit einem hohen Maß an Interesse und Aufgeschlossenheit vonseiten seiner Ansprechpartner rechnen. Vordringliche Aufgabe ist deshalb, diese hohe Aufmerksamkeit über die gesamte Präsentation aufrechtzuerhalten und die positive Stimmungslage produktiv zu nutzen. Dazu bietet sich eine dialogische Argumentationsführung an. Sie erlaubt es, den Adressatenkreis so intensiv wie möglich in die eigene Gedankenführung mit einzubeziehen. Am besten zu verwirklichen ist dies durch ein durchgängiges, iteratives Frage-Antwort-Spiel mit den Adressaten. In schriftlichen Texten vollzieht sich dieses Frage-Antwort-Spiel in der Regel implizit, im mündlichen Vortrag gelegentlich auch explizit.

*„Geschliffenes Argumentieren ist weniger der Ausweis von Charisma als das Ergebnis bewährter Argumentationstechniken und -tools."*

Wesentliche Orientierungshilfe, gerade in der Vorbereitungsphase, liefern die Instrumente der mittlerweile hoch entwickelten Adressatenanalyse. Vor allem vier Aufgabenpakete sollten mit Vorrang in Angriff genommen werden:

1. die Bedürfnisse und Erwartungen der relevanten Entscheidungsträger und Führungskräfte präzise zu identifizieren;
2. den Handlungsbedarf dieser Adressaten systematisch zu ermitteln und mit dem eigenen Informations- oder Unterstützungsangebot realistisch und selbstkritisch abzugleichen;
3. eingängige, aufmerksamkeitsstarke Begriffe und Botschaften zu formulieren, zu sortieren und zu priorisieren;
4. die Bereitschaft zur Zustimmung zu wecken und eventuelle Unterstützer möglichst schon vorab zu identifizieren.

Es versteht sich von selbst, dass diese Bearbeitungsschritte bei Bedarf immer wieder iterativ durchlaufen werden müssen. Dabei sollte eine Frage zur kritischen Selbstkontrolle stets im Vordergrund stehen: Woran könnte, auch wenn alles wie geplant realisiert wird, der Kommunikationsprozess mit den ins Auge gefassten Adressaten doch noch scheitern?

## Zusammenfassung

- Techniken von Business Communication und dialogischer Argumentationsführung erleichtern es heute, im Unternehmen aufmerksamkeitsstark, adressatengerecht und professionell zu kommunizieren.
- Die Analyse der Adressaten, die Formulierung von Botschaften und das Vorgehen nach dem Pyramidenprinzip von Barbara Minto gehören zum Standardprozess des Storylinings.
- Mit den neuen Frameworks COPE und RELATE kann nun auch das Storytelling professionell und standardisiert erfolgen.

Selbst die ausgefeilteste Pyramidenarchitektur liefert nur das Narrativ für eine mögliche Story, niemals die Story selbst.

### Argumentieren nach dem Pyramidenprinzip

Das Pyramidenprinzip ist nach wie vor das klassische Werkzeug der Unternehmensberatung. Es wurde in den 1970er und 1980er Jahren von Barbara Minto und Sarah Roche bei Mc Kinsey & Company, Inc. entwickelt, um alltägliche Kommunikationsprobleme von Beratern pragmatisch zu strukturieren (Stichwort: „80:20 Rule") und dafür eine jeweils handlungsorientierte, praxisnahe Lösung zu finden (vergleiche **Abbildung 1**). Nach ihrem Ausscheiden bei Mc Kinsey & Company, Inc. hat Minto das Pyramidenprinzip zu einer eigenen Trademark weiterentwickelt. Einerseits sollte es menschliches Denken kognitionspsychologisch abbilden, um so ein Maximum an Effektivität und Effizienz in der Kommunikation von Präsentator und Adressaten sicherzustellen. Andererseits wurde es zu einem Universalinstrument für die Strukturierung, Lösung und Kommunikation von Unternehmensproblemen aller Art ausgebaut (vergleiche beispielsweise Fey, H.-J. und Partner 2004, S. 6). Für Minto und ihre Anhänger löst das Pyramidenprinzip überdies auch alle Probleme von Storylining und Storytelling. Storylining gibt, bildlich betrachtet, die horizontale Achse, Storytelling die vertikale Achse in einer Pyramidendarstellung wieder. Unterstellt wird dabei idealtypisch eine Dreischichten-Struktur jeder Pyramide: mit der übergeordneten Aussage (Governing Thought) sowie gegebenenfalls weiterer Kernaussagen an der Spitze, eventuell erforderlichen sogenannten Zwischenaussagen im Mittelbereich sowie empirischen Belegen, Daten, Fakten et cetera an der Basis (vergleiche Minto 2009, S. 27 ff.; Berner, W. und Kollegen o. J.).

*„Storylining stellt die horizontale Achse, Storytelling die vertikale Achse in einer Pyramidendarstellung dar."*

Unbestreitbar bewährt hat sich das Pyramidenprinzip – bei sachgerechter, professioneller Anwendung – als Instrument zur hypothesengeleiteten, präzisen Ableitung von Storylines beliebiger Komplexität. Die Pyramide – formallogisch betrachtet ein sogenanntes „Baumkalkül" von Aussagen – wird top-down entlang aufgeworfener Leitfragen konstruiert, ihre Architektur lässt sich bottom-up nachvollziehen und bestätigen. Zugleich wissen Präsentator wie Adressaten – die Architektur der Pyramide vor Augen – stets, auf welcher Stufe der Argumentation sie sich gerade befinden. Argumente der übergeordneten Stufe fassen jeweils die Argumente der nachgeordneten Stufe (stets mindestens zwei) in ihrem Aussagehalt zusammen. Aufgrund der Kapazitätsbegrenzungen des menschlichen Kurzzeitgedächtnisses empfiehlt es sich erfahrungsgemäß, maximal sieben plus zwei Argumente auf der gleichen Stufe anzuordnen. Argumente gleicher Stufe müssen stets „mutually exclusive" und „collectively exhaustive" („MeCe") sein: Das heißt, jedes einzelne Argument für sich muss eigenständig beziehungsweise überschneidungsfrei sein, und alle Argumente zusammen müssen die

**Abb. 1    Mintos Pyramidenprinzip im Überblick**

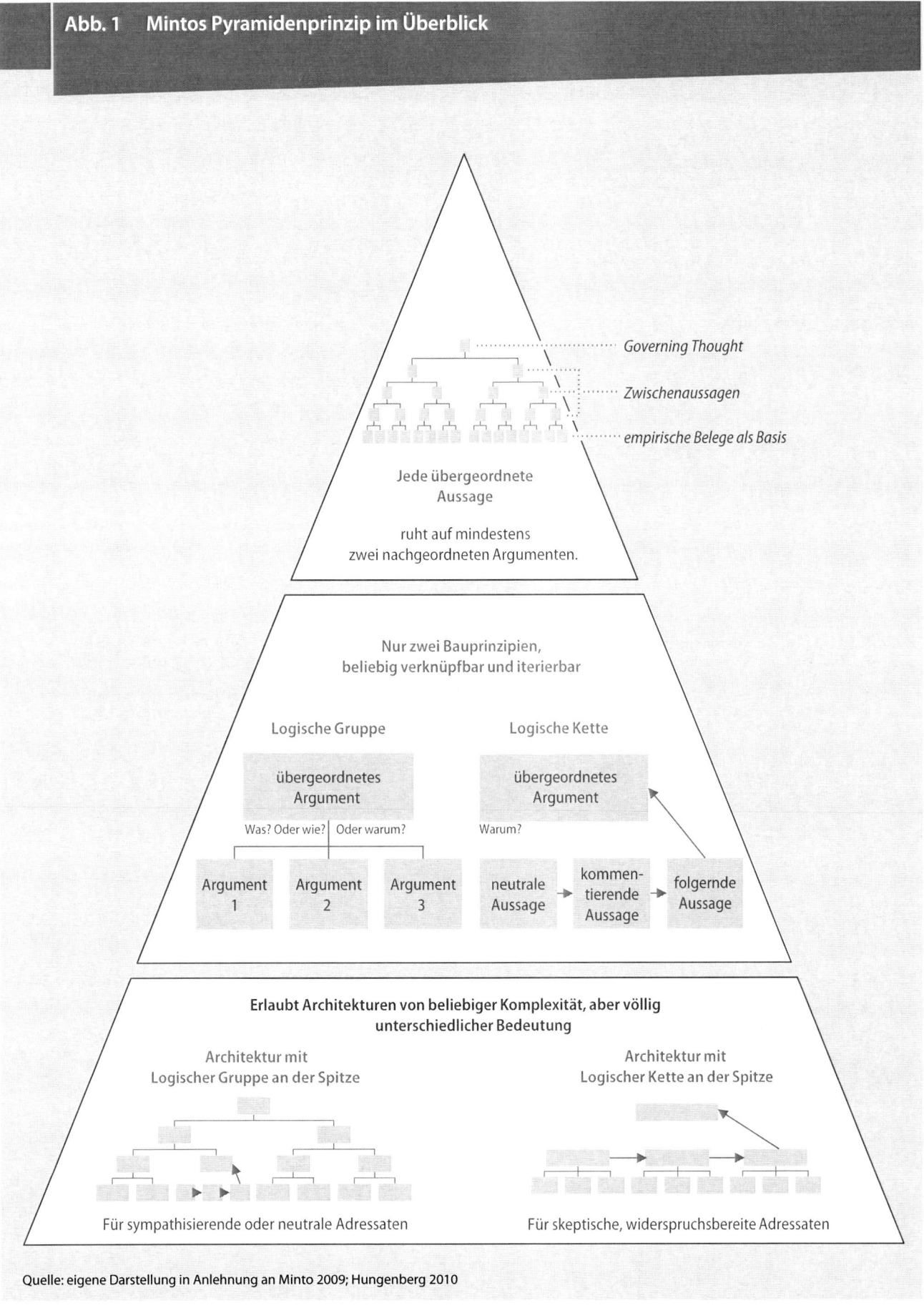

Governing Thought

Zwischenaussagen

empirische Belege als Basis

Jede übergeordnete
Aussage

ruht auf mindestens
zwei nachgeordneten Argumenten.

Nur zwei Bauprinzipien,
beliebig verknüpfbar und iterierbar

Logische Gruppe

Logische Kette

übergeordnetes
Argument

übergeordnetes
Argument

Was? Oder wie? | Oder warum?

Warum?

Argument
1

Argument
2

Argument
3

neutrale
Aussage

kommen-
tierende
Aussage

folgernde
Aussage

Erlaubt Architekturen von beliebiger Komplexität, aber völlig
unterschiedlicher Bedeutung

Architektur mit
Logischer Gruppe an der Spitze

Architektur mit
Logischer Kette an der Spitze

Für sympathisierende oder neutrale Adressaten

Für skeptische, widerspruchsbereite Adressaten

Quelle: eigene Darstellung in Anlehnung an Minto 2009; Hungenberg 2010

übergeordnete Aussage jeweils lückenlos und erschöpfend untermauern. Werden all diese Anforderungen erfüllt, ist eine Pyramide als System von Aussagen völlig äquivalent mit einem entsprechenden, wohlkonstruierten Problembaum (Leitfragen: „Was?", „Wie?") oder einem Hypothesenbaum (Leitfrage: „Warum?") in der Problemanalyse.

Pyramiden lassen sich in beliebiger Komplexität durch die iterative Anwendung von lediglich zwei Bauprinzipien konstruieren: der Logischen Gruppe und/oder der Logischen Kette. Auch wenn sie an sich gleichwertig sind, so unterscheiden sich beide doch ganz erheblich in Anwendung und Konsequenzen.

**Logische Gruppe:** An der Spitze der Logischen Gruppe steht eine übergeordnete, möglichst nicht kontroverse Aussage, die implizit zumeist die Leitfrage „Was?" oder „Wie?" aufwirft. Sofern die Aussage als unstrittig gilt, ist auch die Frage „Warum?" möglich. Beantwortet wird die jeweilige Frage auf der nachgeordneten Stufe durch eine variabel gestaltbare Folge von erkennbar „gleichartigen" Aussagen. Die Aussagen können also beispielsweise nur Gründe, nur Ziele, nur Maßnahmen oder nur Schritte sein, Gleiches gilt für alle anderen möglichen Kategorien. Eine Mischung der Kategorien ist generell unzulässig. Als pragmatische Hilfe bei der Sequenzbildung bietet sich an, Sortierungen von „(sehr) wichtig" bis „(sehr) unwichtig", „global" bis „lokal" oder „oben" bis „unten" et cetera vorzunehmen. Mithilfe der Logischen Gruppe lassen sich vor allem sehr breit gefächerte Themenstellungen, Zielsetzungen sowie Maßnahmenprogramme effizient darstellen. Sie eignet sich besonders, um Adressaten anzusprechen, die der übergeordneten Aussage im Prinzip wohlwollend oder zumindest neutral gegenüberstehen.

> *„Erfolgreich ist eine Kommunikation zur Problemlösung nur, wenn die Verantwortlichen die vorgeschlagenen Maßnahmen intentionsgemäß umsetzen."*

**Logische Kette:** An der Spitze der Logischen Kette steht eine übergeordnete, potenziell kontroverse Aussage, die implizit die Leitfrage „Warum?" aufwirft. Beantwortet wird sie auf der nachgeordneten Stufe durch eine stets gleiche, unverrückbare Sequenz von drei Aussagen: (1) die neutrale Aussage (Common Ground), (2) die kommentierende Aussage (Game Changer) und (3) die Schlussfolgerung (Conclusion). Letztere ergibt sich unmittelbar als Folge von (1) und (2). Die Schlussfolgerung muss exakt identisch sein mit der übergeordneten Aussage der Logischen Kette. Von rhetorischen Differenzierungsversuchen ist im Zweifelsfalle abzuraten. Die Logische Kette stellt die einzige Möglichkeit dar, die Gültigkeit einer übergeordneten Aussage direkt zu beweisen oder zu bestätigen. Sie bietet sich daher an, um einen skeptischen, widerspruchsbereiten Adressatenkreis mit Aussicht auf

Erfolg anzusprechen. Allerdings ist sie in der Praxis überaus aufwendig. Zudem erlaubt sie keinen Wissenszugewinn über die eingangs formulierte übergeordnete Aussage hinaus.

Ausgeprägte Stärken der Pyramidenstruktur sind sicherlich die Einheitlichkeit der Darstellung, die Möglichkeit, argumentative Schwerpunkte und Prioritäten zu setzen, und die Durchgängigkeit in der Argumentationsführung. Der Anspruch, dass die Argumentation sowohl top-down als auch bottom-up voll transparent sein sollte, wird in hohem Maße erfüllt. Welche Chancen die Pyramidenstruktur zum Ideenaustausch und zur präzisen Finalisierung von Argumentationen bietet, wird unmittelbar deutlich, wenn der Präsentator die Gelegenheit erhält, die Schaubilddarstellungen seiner Baumkalküle einmal direkt mit den Adressaten zu diskutieren.

Hierin liegt aber auch die eigentliche Krux der Pyramidendarstellung: Der Kommunikationserfolg steht und fällt mit der Wahl der „richtigen" übergeordneten Aussage. „Richtig" heißt dabei, dass sie auf den nachgeordneten Stufen jeweils so strukturiert und durch Fakten unterlegt sein muss, dass der ins Auge gefasste Ansprechpartner sie situationsgerecht und transparent nachvollziehen kann. So plausibel eine Pyramidendarstellung auf den ersten Blick auch erscheinen mag, sie ist niemals die einzige per se evidente und objektive Form einer Problembeschreibung. Im Gegenteil: Sie ist zumeist nur eine von mehreren möglichen Problemerklärungen. Auch wenn sie auf eventuell sehr detaillierten Problembeschreibungen aufbaut, so haben diese in einer Problemerklärung doch stets nur eine untergeordnete, illustrierende Funktion (vergleiche **Tabelle 1**).

Zudem muss man nüchtern konstatieren, dass eine Pyramidendarstellung in aller Regel noch sehr weit entfernt ist von einer tatsächlichen „Story", das heißt einem kohärenten mündlichen oder schriftlichen Vortrag. Sie liefert lediglich die Vorlage für das sogenannte „Narrativ", gelegentlich auch als „Hypertext" bezeichnet. Völlig offen sind insbesondere noch die Rolle und Haltung des Erzählers sowie – davon abhängig – die Wahl des optimalen Kommunikationsformats, um die Adressaten situationsgerecht anzusprechen. Zu Erzählerrolle und -verhalten gibt es inzwischen eine breite Diskussion in der Literaturwissenschaft und Textlinguistik (vergleiche dazu Adamczik 2016; Genette 2014; Krah/Titzmann 2010; Schach 2016).

Eingang gefunden in die betriebswirtschaftliche Praxis haben bislang nur Überlegungen zur Adressatenansprache bei der Unterbreitung von komplexen Beratungs-/Unterstützungsangeboten, vor allem im Dienstleistungssektor. Eine verallgemeinernde Darstellung der grundsätzlichen Optionen zur Wahl einer situationsgerechten Erzählerrolle und -haltung bietet das im Folgenden beschriebene COPE-Framework.

## Mit COPE die Erzählerrolle und -haltung bestimmen

Von Sonderfällen wie etwa Firmenfeiern abgesehen, werden schriftliche wie auch mündliche Texte in Business Communication – linguistisch betrachtet – weit überwiegend als „sprecherlose Texte" formuliert und vorgetragen. Sie sind in der dritten Person gehalten und verzichten weitgehend auf jede

> Größere Storys lassen sich in aller Regel als iterative Verknüpfungen von kleineren Mini-Storys oder Episoden entwickeln.

## Tab. 1    Erfahrungen mit dem Pyramidenprinzip

| | Stärken + | Schwächen - |
|---|---|---|
| „Pyramid Principle" (PP) nach Minto | ■ PP liefert pointierte Problemerklärungen, keine panoramatische Problembeschreibung.<br>■ Durchgängiges Frage-Antwort-Spiel: Was? Wie? Warum?<br>■ Governing Thought (GT) ist Dreh- und Angelpunkt der gesamten Argumentation.<br>■ hohe Kohärenz der Einzelargumente, durch MeCe-ness der Argumente<br>■ Klare Priorisierung der Argumente: Aussage der übergeordneten Stufe wird jeweils durch Argumente der nachgeordneten Stufe untermauert.<br>■ volle Transparenz der Argumente, top-down wie bottom-up | ■ Mehrere Problemerklärungen können zur Auswahl stehen.<br>■ Alles hängt von der Güte des GTs ab.<br>■ MeCe-ness* ist auf jeder Stufe (!) erforderlich:<br>▸ Alle Argumente der gleichen Stufe müssen für sich eigenständig und unabhängig sein.<br>▸ Alle Argumente zusammen müssen unter einem einheitlichen Argument auf der übergeordneten Stufe subsumierbar sein und dieses lückenlos abdecken.<br>■ Ab Stufen ≥ 3 sind gleichgeordnete Argumente oft nur noch „Me", aber nicht mehr „Ce".<br>■ SEAL-Gütesiegel (Uni St. Gallen) bietet Präzisierung von „MeCe"-ness:<br>▸ **S**imilar (**g**leichartig)<br>▸ **E**xclusive (**ü**berschneidungsfrei)<br>▸ **A**pt (**t**reffend)<br>▸ **L**inear (**e**rschöpfend) |
| Bauprinzip „Logische Gruppe" (LG) | ■ Übergeordnetes Argument ist lediglich Ausgangspunkt der nachfolgenden Argumentation.<br>■ Ermöglicht, breite Themenbereiche effizient darzustellen.<br>■ Top-down-Darstellung kompletter Konzepte:<br>▸ Vision/Leitvorstellung<br>▸ Zielhierarchie<br>▸ Stoßrichtungen/Schwerpunkte<br>▸ Sequenzierung der Arbeitsschnitte | ■ Bei mehr als fünf gleichgeordneten Argumenten je Stufe gibt es eine Tendenz zu wachsender Unübersichtlichkeit.<br>■ LG mit Leitfrage „Warum?" ist ineffektiv bei obstinaten Adressaten: Übergeordnetes Argument wird nur indirekt plausibilisiert, aber nicht direkt verifiziert.<br>■ LG ist nicht geeignet, um Skepsis und Widerspruch der Adressaten auszuräumen. |
| Bauprinzip „Logische Kette" (LK) | ■ Übergeordnetes Argument ist und bleibt Mittelpunkt der Argumentation.<br>■ dient effektiv zur (direkten) Verifizierung des übergeordneten Arguments,<br>■ schafft „Common Ground" mit Adressaten;<br>■ identifiziert und spezifiziert den tatsächlichen „Game Changer"<br>■ „Conclusion" baut nachprüfbar auf „Common Ground" und „Game Changer" auf. | ■ Argumentationsaufwand ist für unvoreingenommene Adressaten oft unverständlich und abschreckend.<br>■ kein Wissenszugewinn über das übergeordnete Argument (GT) hinaus<br>■ „Common Ground" muss Wissensstand der Adressaten wirklich glaubwürdig abbilden.<br>■ „Game Changer" muss imstande sein, neues Wissen einzuführen oder bislang kontroverses Wissen plausibel/konsensfähig zu machen. |
| Pyramidenarchitekturen | ■ Pyramidenarchitekturen sind Endstufe und Endprodukt des Storylinings.<br>■ äußerst präzise, luzide Darstellung von:<br>▸ Ergebnissen, Erkenntnissen<br>▸ Szenarien und Optionen<br>▸ Lösungen und Empfehlungen<br>▸ Zielen, Maßnahmen und Umsetzungsschritte<br>■ völlige Transparenz/Nachvollziehbarkeit top-down wie auch bottom-up. | ■ Pyramidenarchitekturen sind verlässlich nur in Schaubildform kommunizier- und diskutierbar<br>■ liefern lediglich das Narrativ bzw. den Hypertext für den Storytelling-Prozess.<br>■ Zu klären sind vor allem noch:<br>▸ Erzählerrolle/-haltung/-verhaltensweisen<br>▸ Wahl/Einsatz des passenden Kommunikationsformats, einschließlich geeigneter Medien.<br>▸ Auswahl/Gewichtung der zitierten Informationen |

\* „MeCe" = „mutually exclusive, collectively exhaustive"

Quelle: eigene Darstellung in Anlehnung an Minto 2009; Hungenberg 2010

Art von Kommentaren. Dies geschieht schon aus Gründen der Kommunikationseffektivität und -effizienz. Mitnichten bedeutet dies jedoch, dass betriebswirtschaftliche Texte distanziert, neutral oder gar „unengagiert" sein sollten. Das Gegenteil gilt: Wer ernsthaft erklären und überzeugen will, muss sich klar und glaubwürdig bekennen zu dem, was er vorträgt, und zu der Art, wie er es vorträgt. Dies heißt konkret zu seiner Rolle als Erzähler oder genauer genommen (1) zu seiner eigenen Sichtweise auf das Problem, (2) zu seinen Einschätzungen und Empfehlungen, (3) zu Auswahl und Umfang der zitierten Daten, Fakten und Analyseergebnisse, aber auch (4) zur Tonalität der benutzten Begriffe und Botschaften.

*„Argumente gleicher Stufe müssen stets „mutually exclusive" und „collectively exhaustive" („MeCe") sein."*

Um sich darüber klar zu werden, welche Erzählerrolle man in einer bestimmten Situation am besten einnehmen sollte, aus welcher Rolle heraus sich die gesamte Präsentation – ob nun mündlich oder schriftlich – souverän, plausibel und aufmerksamkeitsstark darstellen lässt, bietet sich das aus der Beratungspraxis heraus entwickelte COPE-Framework an. COPE ist eine proprietäre Weiterentwicklung des ursprünglich gemeinsam bei Mc Kinsey & Company, Inc. entwickelten Beratungs-Tools „NICE". Ausgehend von „harten" wie „weichen" Faktoren auf der Adressatenseite – gemeint sind hier einerseits die objektiv verfügbaren Ressourcen und Handlungsspielräume, andererseits die bestehende Ablauf- und Aufbauorganisation sowie die mentale Einstellung von Management und Mitarbeitern (vergleiche Coenenberg/ Salfeld 2007, S. 241 ff.) –, lassen sich damit idealtypisch vier verschiedene Erzählerrollen und Verhaltensweisen identifizieren, mit jeweils sehr unterschiedlichen Stärken und Schwächen. Anhand der vier Idealtypen kann ein Präsentator seine eigene Erzählerrolle optimal festlegen – das heißt exakt zugeschnitten auf die eigene Person, die eigene Biografie, den jeweiligen Adressatenkreis, die konkrete Themenstellung sowie auf den sonstigen Kontext der Kommunikationssituation.

### Capability Builder

Charakteristisch für diese Erzählerrolle und -haltung ist das glaubwürdige, zugleich respektvoll vorgetragene Angebot einer offenen, vertrauensvollen, idealerweise auch langfristig angelegten Interaktionsbeziehung. Voraussetzung hierfür ist – auf beiden Seiten – zum einen ein hohes Maß an Expertise und relevanten Fähigkeiten, zum andern die Überzeugung, dass Präsentator und Adressaten durch gemeinsames, abgestimmtes Handeln das angestrebte Ergebnis erreichen, ja sogar noch übertreffen können („The Sky is the Limit!"). Sei es durch evidente gemeinsame Zugewinne an Expertise und Kompetenzen, sei es durch wechselseitige Hilfestellung beim Emporklettern der Karriereleiter.

Mit COPE lassen sich Erzählerrolle und -haltung definieren und zugleich eine situationsgerechte Ansprache der Adressaten sicherstellen.

### Opportunity Provider

In dieser Rolle macht der Präsentator einen signifikanten Wissensvorsprung geltend. Er erklärt sich bereit, seine Expertise sowie gegebenenfalls auch das Implementierungs-Know-how an die Adressaten weiterzugeben. Explizit oder zumindest implizit sichert er dabei zu, dass die identifizierte Opportunität für die Adressaten von großem Vorteil und sicher realisierbar ist. Zudem versichert er, dass keine nennenswerten Zusatzbelastungen entstehen werden – weder für die Organisationsstrukturen noch für das Selbstverständnis und die Interaktion von Management und Mitarbeitern auf Adressatenseite.

### Problem Solver

Als „Problem Solver" beansprucht der Präsentator für sich, ein für die Adressaten relevantes, ihnen gegebenenfalls noch unbekanntes Problem sicher und zuverlässig lösen zu können. Sein Leistungsversprechen konzentriert sich eindeutig auf Problemlösung und Implementierungsunterstützung. Soweit damit verbunden, werden auch – anders als im Falle des Opportunity Providers – jeweils bereichs- und projektbezogen Verbesserungen der organisatorischen und/oder operativen Fähigkeiten auf Adressatenseite in Aussicht gestellt. Mehr wird allerdings bewusst nicht angeboten.

### Empathetic Escort

In der Rolle des „Empathetic Escort" bietet sich der Präsentator an, desolate, nahezu handlungs- und entscheidungsunfähige Adressaten an die Hand zu nehmen. Das heißt, sie sicher durch die anstehenden nächsten externen oder internen Herausforderungen zu navigieren. Der Escort bringt ein Maximum an Verständnis und Zuwendung auf. Im Gegenzug überträgt ihm der Adressat als „Klient" – meist sukzessive – praktisch die gesamten strategischen und operativen Führungsfunktionen. Die Abgrenzungen zwischen den Zuständigkeitsbereichen von Escort und Klient verschwinden zusehends. Ein möglicherweise nur kurzzeitig gedachtes Engagement weitet sich, schon durch den Arbeits- und Zeitaufwand bedingt, immer mehr aus – mit einem ebenso ungewissen wie unbegrenzten Ausgang (vergleiche **Tabelle 2**).

Besteht hinreichende Klarheit über die eigene, situationsgerechte Erzählerrolle, lassen sich – ausgehend vom Narrativ, wie es im vorausgehenden Storylining-Prozess erstellt wurde – Zielsetzung, Themenauswahl und -gewichtung sowie Detailgrad und Tonalität der Darstellung meist unschwer festlegen und finalisieren. Damit wird die gezielte, zugleich situativ passende Wahl des bestmöglichen Kommunikationsformats, einschließlich der erforderlichen Medien, zumindest beträchtlich erleichtert.

## RELATE – von Mini-Storys zur Gesamtgeschichte

Geschichten („Storys") beliebiger Komplexität entstehen in aller Regel durch iterative Verknüpfung sehr viel kleinerer „Mini-Storys", gelegentlich auch Episoden genannt. In schriftlichen Texten umfassen diese meist zwei bis drei Absätze von oft nur wenigen Zeilen, in mündlichem Texten geht es in der

> RELATE hilft, Schreib- und/ oder Formulierungsblockaden verlässlich zu überwinden.

Regel um Ausführungen von ein bis drei Vortragsminuten. Beim Generieren solcher Mini-Storys sieht man sich immer wieder mit typischen Schreib- beziehungsweise Formulierungsblockaden konfrontiert. Um sie zu überwinden, bietet sich ein einfaches, dreiteiliges Erzählschema an, wie es sich über Sprachgrenzen hinweg in den unterschiedlichsten Textsorten findet, ob nun akademisch oder nicht-akademisch, literarisch oder nicht-literarisch. Illustriert sei das Schema anhand einer einfachen Episode von Claude Lévi-Strauss (vergleiche folgende Textpassage in Auszügen aus Lévi-Strauss 2012, S. 261 ff.):

**„Wenn wir am Feuer den Mate trinken, lauschen wir den Fahrern, die von ihren Abenteuern im Sertao berichten:** Zur Regenzeit muss man stets vor den Wildschweinen auf der Hut sein, die in Herden von fünfzig und mehr Tieren umherziehen und deren Zähneknirschen kilometerweit zu hören ist. Bei diesem Geräusch tut der Jäger gut daran, die Flucht zu ergreifen, denn falls ein Tier getötet oder verletzt wird, greifen alle anderen an. *Er muss auf einen Baum oder einen cupim, einen Termitenhügel, klettern.*

**Einer der Männer erzählt, dass er eines Nachts, als er mit seinem Bruder unterwegs war, Rufe hörte.** Aus Angst vor Indianern zögerten sie, zu Hilfe zu eilen. Sie warteten den Tag ab, während die Schreie andauerten. Bei Morgengrauen fanden sie einen Jäger, der seit dem Vortag auf einem Baum saß. Sein Gewehr lag am Boden, *und er war von Wildschweinen umringt"*.

| Tab. 2 | COPE-Framework – Im Überblick | |
|---|---|---|
| **Erzählerrolle** | **Stärken +** | **Schwächen -** |
| **C**apability Builder | <ul><li>maximale Fokussierung auf Adressatenbedürfnisse/-erwartungen</li><li>Berücksichtigung „weicher" wie „harter" Faktoren</li><li>hohe Passgenauigkeit des Lösungsvorschlags</li><li>potenziell große Akzeptanz/Umsetzungsbereitschaft bei Adressaten</li></ul> | <ul><li>Fokus eher auf Breite der Themen/Analysen</li><li>Gefahr längerfristig falscher Themen/Akzentsetzung</li><li>hohe Anforderungen an die Zielformulierung</li><li>Unterschätzung/Vernachlässigung externer/interner Veränderungsdynamik bei Adressaten</li></ul> |
| **O**pportunity Provider | <ul><li>„Schnäppchen-im-Vorübergehen"-Angebot</li><li>pragmatisch-opportunistische Info-Vermittlung</li><li>Knowledge-/Know-how-Transfer nur in Maßen</li><li>hohe Erfolgs-/Umsetzungswahrscheinlichkeit</li></ul> | <ul><li>eher schmales Nutzenspektrum für Adressaten</li><li>eher limitierte Erfahrungsgewinne</li><li>wenige Aha-Effekte</li><li>Umsetzungsmethodik/-vorgehen nicht im Fokus</li></ul> |
| **P**roblem Solver | <ul><li>klare Problemorientierung</li><li>hohe Systematik des Lösungsangebots</li><li>klare Zielorientierung und Transparenz der Darstellung</li><li>Empfehlungen umfassend/nachhaltig umsetzbar</li></ul> | <ul><li>eher begrenztes Adressatenverständnis</li><li>Adressatenansprache, Lösungsangebot und Empfehlungen wie „von der Stange"</li><li>Vernachlässigung v. a. der „weichen" Faktoren</li><li>Fokus eher auf Detaillierung und Umsetzung</li></ul> |
| **E**mpathetic **E**scort | <ul><li>ganzheitliches Adressatenverständnis</li><li>Empathie als Überraschungseffekt</li><li>denkbar hohe Akzeptanz bei schutz- und zuwendungsbedürftigen Adressaten</li><li>Aufbau einer potenziell immer tieferen, umfassenderen Vertrauensbeziehung</li></ul> | <ul><li>diffuse Zielsetzungen</li><li>unklarer Umfang des Lösungsangebots</li><li>niedriges Anspruchsniveau</li><li>Verlust an Sachorientierung</li><li>keine „Outside-in-Objektivität"</li><li>wachsendes Intimitätsproblem</li></ul> |

Quelle: eigene Darstellung

Augenscheinlich haben die fett-, normal sowie kursiv gedruckten Textpassagen sehr unterschiedliche, zugleich einander komplementierende Erzählfunktionen:

- In der **fett** gedruckten Passage wird ein Erzählkontext geschaffen, oder es wird auf einen schon bestehenden, als bekannt vorausgesetzten Kontext Bezug genommen (Funktion: Refer).
- In den normal gedruckten Passagen werden dann völlig neue, zusätzliche Informationen eingeführt und soweit erforderlich erläutert (Funktion: Elaborate).
- In der *kursiv* gedruckten Passage werden abschließend die vermittelten Informationen in einen neuen, übergeordneten, meist abstrahierenden oder resümierenden Kontext überführt (Funktion: Transpose). Der Stellenwert der neuen Information wird auf diese Weise hervorgehoben, und es wird die übergeordnete Botschaft an den Adressaten definiert – das vielzitierte „So what?" oder „Take-away" des gesamten Erzählvorgangs. Die Transpose-Passage fungiert entweder als Endpunkt für die gesamte Geschichte oder als Ausgangspunkt für die nächste iterative Anwendung des Erzählschemas.

Das zugrunde liegende Erzählschema ist bereits aus der antiken Rhetorik bekannt: Am bekanntesten ist wohl der epigrammatische Kommentar von Julius Cäsar nach der Schlacht von Zela (47 v. Chr.): „Veni, vidi, vici." Eine verallgemeinernde, zudem überaus variable Darstellung liefert das proprietäre RELATE-Konzept mit den drei Arbeitsschritten: Refer – Elaborate –

**Abb. 2    Vielfältige Anwendungsmöglichkeiten von RELATE**

| Typische R-E-T-Variationen | Messbare Effekte |
|---|---|
| R - E - T ⟶ | *etabliert rationalen Diskurs, betont logische Nachvollziehbarkeit und Transparenz von Kontext, neuen Informationen sowie „So what"/„Take-away"* |
| E - T - R ⟶ | *adressiert Emotionen, weckt Aufmerksamkeit fürs „So what"/„Take-away" der neuen Informationen, bei eher als bekannt/beiläufig eingestuftem Kontext* |
| T - R - E ⟶ | *setzt auf Entscheidungs-/Handlungsbereitschaft, bei beiläufiger Nennung von Kontext sowie insbesondere Thematik/Details der neuen Informationen* |
| T - E - R ⟶ | *fokussiert auf Stellenwert und „So what"/„Take-away" der neuen Informationen, danach folgen erst die genauen Details, zuallerletzt der Blick auf den Kontext* |
| E - R - T ⟶ | *nutzt plakativ die neuen Informationen, setzt sie in Bezug zu Kontext sowie Blickrichtung der Adressaten, lenkt ab vom eventuellen „So what"/„Take-away"* |
| R - T - E ⟶ | *konfrontiert die Adressaten mit dem aktuellen Kontext und Stellenwert der Ansprache; wie bei einer Rettungsmaßnahme werden „So what"/„Take-away", vor allem aber die Brisanz/Details der folgenden Informationen heruntergespielt* |

R = Refer
E = Elaborate
T = Transpose

*Je nach Situation, Befindlichkeit und Vorwissen der Adressaten kann es sinnvoll sein, von der Standard-Reihenfolge R – E – T abzuweichen.*

Quelle: eigene Darstellung

Transpose (R – E – T). Je nach Situation, Befindlichkeit und Vorwissen der Adressaten kann es sinnvoll sein, von der Standard-Reihenfolge R – E – T abzuweichen. Permutationen der Reihenfolge erlauben dabei eine sehr nuancierte Ansprache der Adressaten (vergleiche **Abbildung 2**). Wer sich mit der Vielfalt möglicher R – E – T -Variationen näher vertraut machen will und besonders kreative Anwendungsbeispiele sucht, sei auf so unterschiedliche Autoren wie Sebastian Haffner („Von Bismarck zu Hitler"), Peter Heather („Empires and Barbarians"), Thomas Mann („Epilog zum Zauberberg") oder Jürgen Osterhammel („Die Verwandlung der Welt") hingewiesen.

Inzwischen liegen auf Basis von R – E – T -Anwendungen auch weitgehend standardisierte Erzählschemata für die Einleitung und den Schlussteil von schriftlichen und mündlichen Texten vor. Damit wird eine fokussierte, zugleich professionelle Erstellung dieser oft recht problematischen Präsentationsteile merklich erleichtert.

*Literatur*

Adamczik, K. (2016): Textlinguistik: Grundlagen, Kontroversen, Perspektiven, 2. Auflage, Berlin/Boston.

Berner W. und Kollegen (o. J.): Storyline: Die Struktur der künftigen Präsentation, http://www.umsetzungsberatung.de/projekt-management/storyline.php (letzter Abruf: 16.05.2016).

Coenenberg, A. G./Salfeld, R. (2007): Wertorientierte Unternehmensführung: Vom Strategieentwurf zur Implementierung, 2. Auflage, Stuttgart.

Fey, H.-J. und Partner (2004): Wie Sie mit dem Pyramidenprinzip in professionellen Texten auf den Punkt kommen, http://www.feyundpartner.com/fileadmin/Bilder/FuP/FuP-Downloads/DasPyramidenprinzip_-_Auszuege.pdf (letzter Abruf: 16.05.2016).

Genette, G. (2014): Die Erzählung, 3. Auflage, München.

Hungenberg, H. (2010): Problemlösung und Kommunikation im Management. Vorgehensweisen und Techniken, 3. Auflage, München.

Krah, H./Titzmann, M. (2010): Medien und Kommunikation. Eine interdisziplinäre Einführung, Passau.

Lévi-Strauss, C. (2012): Traurige Tropen, 20. Auflage, Berlin.

Minto, B. (2009): The Pyramid Principle, 3., überarbeitete Auflage, London et al.

 * Schach, A. (2016): Storytelling und Narration in den Public Relations. Eine textlinguistische Untersuchung der Unternehmensgeschichte, Wiesbaden. www.springerprofessional.de/link/6658360.

* Abonnenten des Portals Springer Professional haben kostenfrei Zugriff.

Weitere Empfehlungen der Verlagsredaktion aus www.springerprofessional.de zu:

🔍 **Kommunikation**

Zelazny G. (2015): Wie aus Zahlen Bilder werden. Der Weg zur visuellen Kommunikation – Daten überzeugend präsentieren, Wiesbaden. www.springerprofessional.de/link/4325052

# Problemlösungs-kompetenz besser präsentieren

Es ist nicht das schicke Design, das eine gute Schaubild-Präsentation ausmacht. Folgen Sie der Logik der strukturierten Problemlösung, und Sie werden Ihr Publikum interessieren, involvieren und motivieren. Jenseits von Standard-Powerpoint bieten attraktive neue Formate spannende Möglichkeiten für die visuelle Umsetzung.

*Ernst Engel, Markus Graebig*

Seit zwei Jahrzehnten begleitet uns Powerpoint, und fast genauso lange kennen wir die „Haben-Sie-Powerpoint-oder-etwas-zu-sagen"-Kolumnen aus den Feuilletons. Dabei ist das Medium Powerpoint zum Sündenbock für ein tiefer liegendes Problem geworden, dessen eigentliche Ursache in einer unzureichenden gedanklichen Durchdringung und Strukturierung des Sachverhalts besteht. Eine gute Business-Präsentation macht einen strukturierten Problemlösungsprozess erlebbar. Wirklich erfolgskritisch ist daher nicht das formvollendete Design der einzelnen Folie, sondern die Fähigkeit des Vortragenden, eine überzeugende Geschichte (Story-line) zu erzählen – mit klaren Kernaussagen, sorgfältiger Zielgruppenorientierung, rotem Faden und am Ende mit einem handlungsorientierten „So-what?". Das gilt für klassische Powerpoint-Präsentationen ebenso wie für andere, „frischere" Formate, die wir Ihnen im dritten Abschnitt dieses Beitrags vorstellen werden. Zunächst starten wir aber mit zeitlosem Handwerkszeug, welches die Kompetenz in strukturierter Problemlösung mit strukturierter Kommunikation und effektiver Visualisierung verbindet.

## Storytelling – Rückgrat der Präsentation

Folien-Recycling ist verlockend. Allzu gerne greift man, sobald ein Vortrag vorzubereiten ist, in den Fundus existierender Präsentationen und zieht diejenigen Folien zusammen, die „irgendwie interessant" wirken. Das führt regelmäßig zu Präsentationen mit inneren Brüchen und schlechter Zielgruppenorientierung. Auch wenn es zunächst einmal lästig wirken mag: Nehmen Sie sich ein paar Minuten Zeit, bevor Sie Powerpoint öffnen, und planen Sie Ihre Business-Präsentation entlang von drei zentralen Aspekten:

*„Bevor Sie Powerpoint öffnen, planen Sie Ihre Präsentation entlang der drei zentralen Aspekte Zielsetzung, Zielgruppe und Struktur."*

### Zielsetzung

Den größten Teil Ihrer Präsentation werden die Zuhörer sehr schnell wieder vergessen. Identifizieren Sie die ein, zwei oder drei Kernbotschaften, die hängenbleiben sollen, und richten Sie Titel, Gliederung, Ablauf, Folienüberschriften et cetera Ihrer Präsentation danach aus. Überlegen Sie sich auch, was Sie mit Ihrer Präsentation auslösen möchten, welche Antwort Sie auf das „So-what?" geben möchten. Ein Manager wird Ihnen nicht deshalb zuhören, weil das „alles so interessant ist", sondern weil er praktische, handlungsorientierte Aussagen als Ergebnis eines nachvollziehbaren, strukturierten Problemlösungsprozesses sucht. Testen Sie sich selbst, indem Sie Ihre Botschaft so kurz und bündig zusammenfassen, dass Sie sie während einer Fahrt mit dem Fahrstuhl wiedergeben könnten („Elevator Message").

*Ernst Engel*
*ist Experte für visuelle Kommunikation.*

*Markus Graebig*
*ist wissenschaftlicher Mitarbeiter,*
*Unternehmensberater und Trainer.*

Ernst Engel
McKinsey & Company, München, Deutschland
E-Mail: ernst_engel@mckinsey.com

Markus Graebig
Technische Universität Berlin, Berlin, Deutschland
E-Mail: markus.graebig@tu-berlin.de

Bei Schaubild-Präsentationen geht es weniger um schickes Design als um Kompetenz in der Visualisierung von strukturierter Problemlösung.

### Zielgruppe

Die Frage danach, wer Ihre Zuhörer sind, mag trivial wirken – und doch geschehen hier die schwerwiegendsten Versäumnisse in der Vorbereitung einer Präsentation. Analysieren Sie Ihre Zielgruppe anhand der folgenden vier Kriterien:

**Personen:** Wer sind Ihre Zuhörer? Welche Funktionen, welche Positionen haben sie inne? Sind sie Freund oder Feind?

**Kenntnisstand:** Was wissen die Zuhörer bereits über das Thema? Welche eigene Agenda bringen sie mit?

**Empathie:** Was beschäftigt die Zuhörer persönlich/professionell? Gibt es Sensibilitäten oder Stolperfallen, da Ihr Thema eine „Vorgeschichte" hat? Sind bestimmte soziale Normen zu beachten oder stilistische Erwartungen zu erfüllen?

**Erwartungen:** Warum sind die Zuhörer in die Präsentation gekommen? Was brauchen sie? Was brauchen sie nicht? Was interessiert sie? Was interessiert sie nicht?

### Struktur

Erstens: Überlegen Sie sich, ob die Präsentation vorgetragen wird oder zum Selberlesen gedacht ist. Eine Präsentation zum Vortragen wird auf kurze, knappe Info-Grafiken setzen, die durch den mündlichen Vortrag komplettiert werden. Eine Präsentation zum Selberlesen wird hingegen aus wesentlich inhaltsdichteren Info-Containern bestehen. Zweitens: Verstehen Sie Ihre Präsentation als eine Geschichte mit rotem Faden, die aus handlungsorientierten Aussagen und klaren Botschaften besteht. Bei der Strukturierung hilft oftmals das Pyramidenprinzip (vergleiche Minto 2008), also die hierarchische Anordnung von Fakten und Argumenten. Beginnen Sie mit einer Kernaussage, der „Pyramidenspitze", und fächern Sie top-down die stützenden Fakten und Argumente entlang einer sinnvollen Frage (Warum? Wie? …) auf. Falls eine noch lose Sammlung von Fakten und Argumenten vorliegt, hilft das Denken in der pyramidalen Struktur dabei, eine Synthese und letztlich auch eine Kernaussage abzuleiten.

> *„Formulieren Sie Ihre Botschaft so, dass Sie sie während einer Fahrt mit dem Fahrstuhl wiedergeben könnten („Elevator Message")."*

Auf Basis dieses Dreiklangs – Zielsetzung, Zielgruppe, Struktur – entsteht die Storyline, welche die Geschichte der Präsentation vollständig und lückenlos erzählt. Schreiben Sie hierzu der Reihe nach die Titel aller Ihrer geplanten Folien auf, und zwar am besten in Form von Aussagetiteln: Anstelle von deskriptiven und in sich aussagelosen Titeln wie „Umsatzentwicklung im ersten Quartal" schreiben Sie Aussagen wie „25 Prozent Umsatzzuwachs im ersten Quartal dank neuer Vertriebsstrategie". Mit einer guten Storyline erreichen Sie zweierlei: erstens einen klaren roten Faden und zweitens eine

Planung aller Ihrer Folien in der Präsentation – denn nun müssen Sie nur noch zu den vorgegebenen Aussagetiteln die jeweils passende Info-Grafik finden. Dabei gilt idealerweise: eine Folie, eine Aussage.

## Goldene Regeln des Schaubild-Designs

Erst wenn die Storyline steht, beginnt die Arbeit an der Visualisierungshilfe. Sofern Sie das klassische Powerpoint-Format wählen, sind das die Schaubilder, also die einzelnen Folien Ihrer Präsentation. Die vielen Facetten des guten Schaubild-Designs füllen Bücher (zum Beispiel Zelazny 2015; Duarte 2009 sowie Graebig/Jennerich-Wünsche/Engel 2011). Wir beschränken uns hier auf „fünf goldene Regeln", die jedes stimmige Schaubild erfüllen sollte (vergleiche Graebig/Jennerich-Wünsche/Engel 2011, S. 140 ff.):

**Regel 1 – Genau eine klare Aussage:** Die Kernbotschaft des Schaubilds steht im Aussagetitel. Überprüfen Sie, ob dieser klar und unmissverständlich ist. Ohne Aussagetitel würden Sie das Schaubild der Beliebigkeit des Betrachters preisgeben, da zu jedem Datenmaterial, zu jedem Text und zu jeder Abbildung sehr viele mögliche Interpretationen denkbar sind. Das ist aber nicht im Sinne einer aussageorientierten, stringenten Storyline. Die Wahl des Aussagetitels ist daher entscheidend, um nicht irgendeine, sondern die beabsichtigte Botschaft zu transportieren.

**Regel 2 – Aussage und Grafik sind stimmig:** Das Schaubild zeigt genau die Informationen, welche die Aussage stützen – keinesfalls weniger, und möglichst nicht unnötig mehr. Das bedeutet, auf unnötige Informationen zu verzichten und zugleich sicherzustellen, dass im Aussagetitel keine Behauptung steht, die nicht unmittelbar aus dem Schaubild nachzuvollziehen ist. Wenn eine Grafik unterschiedliche Interpretationen zulässt, sollte nach Möglichkeit die gewünschte Aussage in geeigneter Weise akzentuiert werden.

**Regel 3 – Lesbarkeit und Orientierung sind ein Muss:** Ganz klar, die Schriftgröße, die Farbgebung und die Kontraste sollten so gewählt werden, dass das Schaubild auch aus der hintersten Reihe und auch bei ungünstigen Lichtverhältnissen mühelos erfasst werden kann. Versuchen Sie aber auch, Ihrem Schaubild einen intuitiv verständlichen Aufbau zu geben. Anders als bei gedruckten Fließtexten, die wir per Konvention von links nach rechts und von oben nach unten lesen, gibt es nämlich in Präsentationen keine klare Vereinbarung darüber, wie ein Schaubild zu lesen ist. Sollte man es aus der Mitte heraus, von oben nach unten oder quadrantenweise im Uhrzeigersinn betrachten? Oftmals wechseln die Lese- und Betrachtungsrichtungen von Schaubild zu Schaubild. Der Betrachter ist daher auf jedem Schaubild erneut auf Orientierungssuche – ein entscheidender Grund dafür, warum es oft als anstrengend empfunden wird, einer Präsentation zu folgen. Helfen Sie Ihrem Auditorium möglichst gut dabei, sich schnell auf den Folien zu orientieren. Die Anordnung der Informationen sollte einen logischen Aufbau haben und der natürlichen, intuitiven Leserichtung folgen. Und am Rande bemerkt: Gewöhnen Sie sich während der Präsentation an, die Be-

## Zusammenfassung

- Eine gute Business-Präsentation macht einen strukturierten Problemlösungsprozess erlebbar. Gutes Schaubild-Design ist auch für Nichtexperten entlang einiger „goldener Regeln" zu erreichen.

- Jenseits des Powerpoint-Standards gibt es wirkungsvolle Ansätze zur innovativen Visualisierung, zum kreativen Design und zur Nutzung neuer Medientechnologien.

- Innovative Lösungen bieten die Möglichkeit, die Grenzen der standardisierten Business-Präsentation zu überwinden.

trachter aktiv „durch die Folie zu führen" – denn niemand kann sich besser auf der Folie orientieren als Sie selbst.

**Regel 4 – Weniger ist mehr:** Der Informationsgehalt des Schaubildes sollte die Aussage stützen und das notwendige Material für die zu erwartenden Fragen und Diskussionen enthalten. Unnötige Details oder Zusatzinformationen sind zu vermeiden. Die Textmenge sollte möglichst gering gehalten werden, ohne allerdings notwendige Angaben wie Diagrammbeschriftung oder Einheiten zu vernachlässigen. Grafikelemente wie Bilder, Farben oder Animationen sollten sparsam verwendet werden. Fragen Sie sich bei jedem dieser Grafikelemente selbstkritisch: „Welchen Beitrag liefert es für meine Aussage?", und verzichten Sie auf unnötige oder rein dekorative Elemente.

**Regel 5 – Grafikstil ist klar und konsistent:** Grafische Konsistenz ist innerhalb eines Schaubildes ebenso wie entlang mehrerer Schaubilder in der Präsentation geboten. Dazu gehören Farbschemata (gleiche Farbe für gleiche Aussagen), Schriftgrößen (möglichst innerhalb eines Schaubildes und auch entlang mehrerer Schaubilder einheitlich), Anordnung der Standardelemente (Titel, Fußnoten, Quellenangaben) et cetera.

> *Eine gute Storyline und klare Aussagen sind unverzichtbar für jede gute Business-Präsentation.*

> *„Der erste Schritt ist eine aufgeräumte, pointierte Gestaltung der Folie, möglichst mit einer grafischen Metapher anstelle von viel Text."*

## Trends und innovative Lösungen

Powerpoint ist zur dominanten Software für die Erstellung von Präsentationen geworden – und wird es wohl noch auf Jahre hinaus bleiben. Das Präsentieren von Schaubildpaketen allein ist jedoch längst nicht mehr das Maß der Dinge. Längst gibt es faszinierende Möglichkeiten jenseits der Standard-Powerpoint-Präsentation: innovative Visualisierung, kreatives Design und neue Medientechnologie. Der erste Schritt ist dabei eigentlich längst ein Klassiker, der in der Praxis dennoch viel zu selten zur Geltung kommt: die aufgeräumte, pointierte Gestaltung der Folie, möglichst mit einer grafischen Metapher anstelle von viel Text. Ein Beispiel hierfür geben wir in der Übersicht über konzeptionelle Schaubilder (vergleiche Info-Kasten). Drei neue Entwicklungen zeichnen sich darüber hinaus ab: erstens, weg von der klassischen, linearen Präsentation hin zu einem Dialog zwischen Präsentierendem (oder besser: Moderierendem) und seinem Auditorium; zweitens, innovatives Design (in Powerpoint) mit dem Ziel, zielgruppenspezifisch zu kommunizieren; drittens, neue Tools, die eine mobile und vernetzte Anwendung ermöglichen.

Powerpoint-Präsentationen lassen sich in vier Schritten mit neuen Medien und Formaten so kombinieren, dass die empfängergerechte Kommunikation gelingt. Dem Nutzer werden vier Einstiegsmöglichkeiten geboten. Sie orientieren sich an der Kernfrage: „Welches Medium oder welches Format eignet sich am besten für den spezifischen Kommunikationsanlass?" Dabei

## Ein Framework für konzeptionelle Schaubilder

Es gibt drei wesentliche Typen von Schaubildern: textbasierte, datengetriebene und konzeptionelle Schaubilder. Während datengetriebene Diagramme die „harten Fakten" der Präsentation liefern, werden Konzeptschaubilder genutzt, um Ideen, Strukturen, Visionen oder kreative Lösungsvorschläge vorzustellen. Für die textbasierten Schaubilder gibt es klare Ratschläge (nach Möglichkeit vermeiden; falls doch erforderlich, möglichst knapp und gut strukturiert anlegen), und für die datengetriebenen Schaubilder existiert einschlägige Literatur (empfehlenswert insbesondere die „Zelazny-Matrix" aus Gene Zelaznys Klassiker „Wie aus Zahlen Bilder werden", vergleiche Zelazny 2005). Ausgerechnet die konzeptionellen Schaubilder, deren Erstellung erfahrungsgemäß als besonders herausfordernd empfunden wird, waren oftmals der Kreativität oder Erfahrung der Präsentierenden überlassen. In unserem Buch „Wie aus Ideen Präsentationen werden" (vergleiche Graebig/Jennerich-Wünsche/Engel 2011, S. 156) haben wir den Versuch gemacht, eine praxistaugliche Übersicht der beliebtesten und bewährten konzeptionellen Schaubilder zusammenzustellen. Diese Übersicht finden Sie in **Abbildung 1**.

**Abb. 1   Typen von Konzeptschaubildern mit gängigen Visualisierungen**

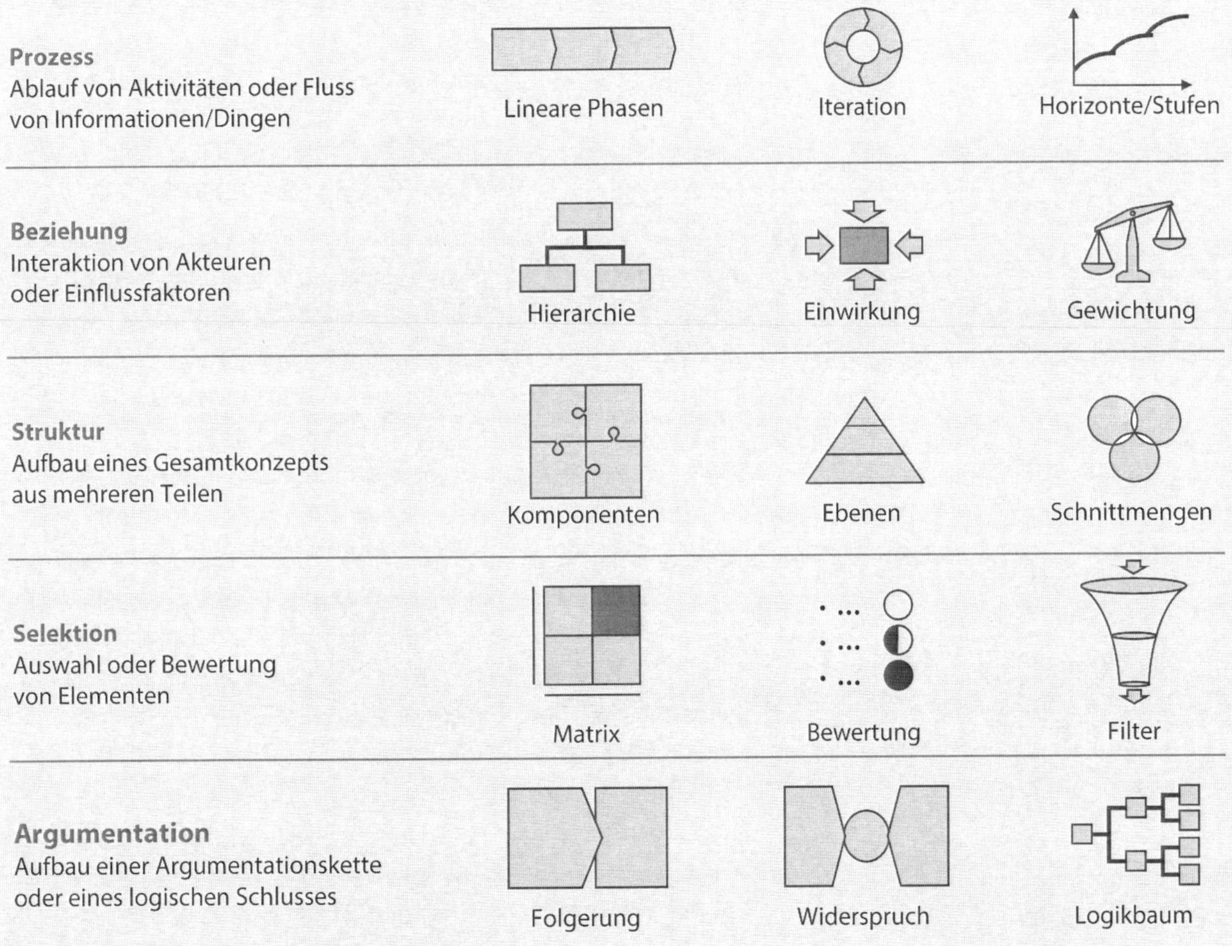

Quelle: Graebig/Jennerich-Wünsche/Engel 2011, S. 156

Eine Präsentation muss präzise auf die Zielgruppe ausgerichtet sein, die Kernaussagen bedürfen sorgfältiger Planung.

lassen sich die ersten drei Schritte mit etwas Übung auch ohne externe Hilfe umsetzen. Der vierte Schritt (Inspirieren) wird gewöhnlich die Unterstützung durch erfahrene Spezialisten erfordern. Wer die goldenen Regeln des Schaubild-Designs konsequent anwendet und die schnelle Erfassbarkeit von Aussagen und Inhalten als oberstes Ziel betrachtet, wird auch weiterhin seine Zuhörer inhaltlich überzeugen. Die multimediale Anreicherung von Präsentationen eröffnet indes neue Möglichkeiten, die Aufmerksamkeit der Zuhörer zu wecken und zu halten.

**Schritt 1 – „Entfeinern":** Die klassische Kunst der Schaubildkommunikation besteht darin, die Aussagen zu schärfen, den Text zu minimieren und die Grafik auf das Nötigste zu reduzieren. Die Anwendung der fünf goldenen Regeln des Schaubild-Designs schafft ein Maximum an Klarheit und Logik. Man muss kein Designer sein, um dieses Niveau zu erreichen.

**Schritt 2 – Anreichern:** Mögen Inhalte noch so interessant sein, immer gleiche Folienpräsentationen ermüden. Die Aufmerksamkeit kann erhöht werden durch die Einbindung anderer Medien, die ein Überraschungsmoment erzeugen. Dies kann zum Beispiel das mit dem eigenen Smartphone gedrehte Experten- oder Kunden-Video sein oder ein treffendes Bild (legal über Fotodatenbanken erworben). Sehr wirkungsvoll, speziell für strategische Themen, ist die maßgeschneiderte Präsentation, bei der mithilfe von Grafikern individuell gezeichnete Bilder verwendet werden. Ein Bild sagt mehr als Tausend Worte.

**Schritt 3 – Wechseln:** Der Wechsel zu einem anderen Meeting-Format erlaubt es, die Zuhörer zu aktivieren. Als attraktives Format hat sich unter anderen der Gallery Walk erwiesen, bei dem anstelle von projizierten Powerpoint-Folien auf ausgedruckte, großformatige Poster gesetzt wird. Schaubild-Poster bieten beides: den Überblick über alle Seiten und die vertiefte Diskussion einer einzelnen Seite. Ideal sind sie für Break-out-Sessions: Die Teilnehmer erheben sich von ihren Sitzen und gruppieren sich um die Poster herum zu einem angeregten Expertengespräch. Gleiches gilt für die Placemat, die jedem Gesprächspartner als laminierte Tischunterlage vorliegt und die wichtigsten Schaubilder im Überblick zeigt. Letztere ist eher für die kleine Runde geeignet, um das Gespräch über ein zentrales Konzept oder die Kurzfassung eines Transformationsprogramms einzuleiten.

**Schritt 4 – Inspirieren:** Hier handelt es sich um die Königsdisziplin der multimedialen Kommunikation – ohne Beamer-Präsentation, ohne Powerpoint-Ermüdung. Andere Medien und neue Formate ermöglichen den Teilnehmern, sich aktiv in die Problemlösungsdiskussion einzubringen. Hierfür bieten sich klassische Printformate an, wie zum Beispiel eine Illustration, die das Veränderungsprogramm auf einen Blick erfassbar macht, oder auch digitale Formate wie ein Video mit einem Kunden-Statement. Erfahrungsgemäß regen sie lebhafte Diskussionen an. Die Gestaltung solcher Meetings bedarf der Beratung und Mitwirkung von erfahrenen Grafikern oder Kommunikationsspezialisten. (Übrigens, falls das Budget dafür vorhanden ist, laden Sie doch einmal einen spezialisierten Grafiker zu Ihren Strategie-

Meetings ein und lassen Sie ihn die erarbeiteten Konzepte live zeichnen – eine ausgesprochen wirkungsvolle Ergebnissicherung, die sich auch hervorragend für anschließende Präsentationen verwenden lässt.)

## Schlussbetrachtung

Der Trend geht hin zu digitalen Medienformaten und zur digitalen Bereitstellung (Digital Delivery). Bereits heute stehen neue Tools zur Verfügung, die den Problemlösungsprozess und die Datenvisualisierung unterstützen (Tableau) und das Erstellen multimedialer Präsentationen erleichtern (zum Beispiel Microsoft Sway). Es ist gut vorstellbar, dass eine Kombination aus beidem, das heißt aus einem innovativen Problemlösungs-Tool und einer webbasierten Präsentations-Software, es dem Nicht-Spezialisten bald ermöglichen wird, interaktive Präsentationen zu erstellen, die über Mobile Devices projiziert oder betrachtet werden. Neue Medientechnologien werden dank Kommoditisierung ein schnelles Erstellen von entsprechenden Präsentationen mit geringem Spezialwissen ermöglichen. Doch welche neuen technischen Möglichkeiten sich auch bieten, ausschlaggebend für den Erfolg Ihrer Präsentation bleibt: Ihre Zuhörer müssen Sie als Moderator eines strukturierten Problemlösungsprozesses begreifen. Ihre Präsentation ist ein Management-Werkzeug, das genau diesen strukturierten Problemlösungsprozess veranschaulicht und zu einer handlungsorientierten, zielgruppengerechten Empfehlung führt.

*Literatur*

Duarte, N. (2009): slide:ology, 1. Auflage, Köln.

⬇ * Graebig, M./Jennerich-Wünsche, A./Engel, E. (2011): Wie aus Ideen Präsentationen werden, 1. Auflage, Wiesbaden. www.springerprofessional.de/link/4523994

Minto, B. (2009): The Pyramid Principle, 3., überarbeitete Auflage, London et al.

⬇ * Zelazny, G. (2015): Wie aus Zahlen Bilder werden, 7. Auflage, Wiesbaden. www.springerprofessional.de/link/4325052

* Abonnenten des Portals Springer Professional haben kostenfrei Zugriff.

⬇ Weitere Empfehlungen der Verlagsredaktion aus www.springerprofessional.de zu:

🔍 **Präsentation**

Schoof A./Binder K. (2013): Auf den Punkt: Präsentationen pyramidal strukturieren, Erfolgreicher kommunizieren mit klaren Botschaften und ergebnisorientierter Struktur, Wiesbaden. www.springerprofessional.de/link/4280332

Lemper-Pychlau M. (2015): Überzeugende Präsentationen, in: Mehr erreichen, 36 Bausteine für Ihre Effektivität, Wiesbaden, S. 199-203. www.springerprofessional.de/link/4308806

# „Wir müssen die Controlling-Ausbildung auf den Prüfstand stellen!"

Die Ausbildung an Hochschulen darf nicht auf die Vermittlung von Fachwissen reduziert werden. Fähigkeiten wie strukturiertes Problemlösen und strukturiertes Kommunizieren von Lösungsansätzen gehören auch dazu. Utz Schäffer stellt im Interview das Konzept einer Lehrveranstaltung an der WHU in Vallendar vor, die diese Fähigkeiten vermittelt.

*Interview mit Utz Schäffer*

Foto: © WHU

*Prof. Dr. Utz Schäffer*
*ist Direktor des Instituts für Management*
*und Controlling (IMC) der WHU –*
*Otto Beisheim School of Management*
*in Vallendar und Mitherausgeber der*
*Controlling & Management Review. Er*
*hat die Veranstaltung „Strukturierte*
*Problemlösung" im Jahr 2004 gemeinsam*
*mit Prof. Dr. Christoph Binder und*
*Dr. Daniel Steiners konzipiert und bietet*
*sie seit 2008 an der WHU an.*

Sie sind Professor für Controlling und Unternehmenssteuerung. Dennoch bieten Sie den Studierenden der WHU in Vallendar eine Veranstaltung zur strukturierten Problemlösung an. Warum?

Die Anforderungen an Controller und Finanzvorstände sind in den letzten Jahren gewachsen und umfassen heute neben einem soliden Verständnis von Daten und einschlägigen Controlling-Instrumenten eine ganze Reihe von Fertigkeiten – „Soft Skills", wie wir das zumeist nennen. Diese gehören in meinen Augen unbedingt auch in ein zeitgemäßes Curriculum. Und Techniken der strukturierten Problemlösung und der strukturierten Kommunikation dieser Lösungen sind ein Teil davon. Wie gehe ich überhaupt an eine unscharfe Problemsituation heran? Wie definiere ich das zugrunde liegende Problem? Wie strukturiere ich das Problem? Wie breche ich eine große Herausforderung in kleinere, lösbare Einheiten herunter? Da sind Sie dann auch ganz schnell bei Themen des Projekt-Managements …

Und die Kommunikation der Lösungen?

Ja, auch diese ist ein wichtiges Thema. Häufig werden Kommunikationsfragen auf einen Rhetorik-Kurs und auf das Malen von Schaubildern reduziert. Das kann man alles machen, entscheidend ist in meinen Augen aber die Frage, wie ein Dokument oder eine Präsentation strukturiert wird. In Bachelor- und Masterarbeiten bringen wir unseren Studierenden häufig einen Bottom-up-Ansatz bei: „Was ist Controlling?" im ersten Kapitel, „Was ist Anlagenbau?" im zweiten Kapitel, und im dritten Kapitel geht es dann um die Wurst, konkret: die Spezifika des Controllings im Anlagenbau, um bei unserem Beispiel zu bleiben. Die eigentliche Lösung

kommt also am Ende. In Unternehmen macht häufig das Gegenteil Sinn, nämliche eine sogenannte Top-down-Kommunikation. Ich stelle Problemstellung und Lösung an den Anfang und gehe dann rückwärts, stelle die einzelnen Lösungsbausteine Schritt für Schritt vor. Das ist für einen Entscheider viel effizienter, weil er gleich weiß, worum es eigentlich geht und welche Rolle der Baustein im Gebäude der Argumentation hat …

*„Ich möchte die Studierenden bewusst aus der Kuschelzone kleiner, präzise lösbarer Aufgaben herausholen."*

Die Botschaft kommt also zuerst?

Ja, genau. Und ich stelle immer wieder fest, wie herausfordernd es für die Studierenden sein kann, die eigentliche Botschaft ihrer Präsentation in zwei oder drei Sätzen auf den Punkt zu bringen und ganz präzise so zu formulieren, dass sie gleichzeitig auch den Empfänger abholt. Sie können den Studis solche Dinge stundenlang in einer Vorlesung erzählen, am Ende müssen sie es aber selbst ausprobieren. Daher ist unsere Veranstaltung so konzipiert, dass ich am Anfang und in der Mitte einen jeweils halbtägigen Vorlesungsblock habe, der die zentralen Konzepte kommuniziert und auch zahlreiche kleine Übungen beinhaltet. Das Entscheidende ist aber, dass parallel eine Problemstellung in einem fiktiven Unternehmen zu lösen ist – in der X-Presso AG, einem Hersteller von Kaffeemaschinen und anderen Kaffeeprodukten. Jeweils vier Studierende bilden über den Zeitraum von zwei Monaten ein Team und müssen eine sehr breit angelegte und anspruchsvolle Fragestellung bearbeiten.

**Können Sie ein Beispiel dafür nennen?**

Der Umsatz der X-Presso AG stagniert seit Jahren. Gleichzeitig legen die Wettbewerber kräftig zu. Was tun?

**Das klingt in der Tat nach einer breit angelegten Fragestellung …**

Ja! Ich möchte die Studierenden bewusst aus der Kuschelzone kleiner, präzise lösbarer Aufgaben herausholen. Und es ist ja nun an der WHU so, dass die jungen Leute nicht nur meine Veranstaltung besuchen, sondern parallel eine Vielzahl von anderen curricularen und extracurricularen Aktivitäten verfolgen. Die Aufgabe ist also in der kurzen Zeit kaum machbar. Ohne Struktur und ohne hypothesengetriebenes Vorgehen müssen die Teams einfach scheitern. In der Sprache der Berater: Den Ozean abzukochen bringt sie um. Und das ist auch gewollt. So – und nur so – bringe ich die Teams dazu, Entscheidungsbäume und ähnliche Dinge nicht als akademische Übung zu verstehen, sondern als hilfreiche Tools.

*„Die Studierenden präsentieren ihre Ergebnisse nicht nur am Ende der Veranstaltung, sondern müssen sich auch auf halber Strecke einer Art Lenkungsausschuss stellen."*

**Wie stellen Sie sicher, dass sich die Teams nicht komplett verlaufen?**

Lassen Sie mich zunächst noch mal einen Schritt zurückgehen. Die Teams bekommen zu Beginn nur relativ wenige Informationen von uns. Den Rest müssen sie sich im Internet und in Interviews mit dem CEO und dem Controller des fiktiven Unternehmens selbst holen. Diese Rollen werden von Assistenten des Instituts und mir selbst gespielt. Wer dabei strukturiert an die Dinge herangeht und die besseren Fragen stellt, bekommt in der Regel die hilfreicheren Antworten. Auch deshalb ist die Varianz der Lösungsansätze groß, und das Verlaufen ist eine reale Option. Aber zu Ihrer Frage: Die Studierenden müssen ihre Ergebnisse nicht nur am Ende der Veranstaltung präsentieren, sondern sich auch auf halber Strecke einer Art Lenkungsausschuss stellen, wir nennen das „Interim Presentation". Das ist eine gute Gelegenheit, die Teams zu challengen und sicherzustellen, dass sie sich nicht auf einem komplett falschen Pfad bewegen. Der entscheidende Punkt ist die Herausforderung. Präsentieren

können unsere Studierenden eigentlich alle ganz gut. Aber eine Meinung, eine Position, eine Analyse gegen gute Argumente und auch im harten Wind zu verteidigen, das müssen viele noch lernen. Wir versuchen, das so praxisnah wie möglich zu gestalten. Und schließlich gibt es nach jedem Interview, nach der Zwischenpräsentation und nach der finalen Präsentation ausführliches und konkretes Feedback für jedes Team. So eine Feedback-Sitzung dauert schon einmal über eine Stunde.

**Ist die Veranstaltung dann nicht sehr betreuungsintensiv?**

Doch. Deshalb ist die Teilnehmerzahl auch auf 24 je Semester beschränkt. Keine Frage, wir können hier den Vorteil einer kleinen und gut finanzierten Business School ausspielen und unseren Studierenden ein Format anbieten, das in dieser Art wohl nicht an jeder Hochschule replizierbar wäre.

**Wann sind Sie überhaupt auf die Idee gekommen, das Controlling Curriculum durch eine solche Veranstaltung zu ergänzen?**

Das ist schon eine ganze Weile her. Zwischen Studium und Habilitation habe ich zunächst für die CTcon, später für McKinsey gearbeitet. Nach meiner Zeit in der Unternehmensberatung fiel mir dann schon auf, dass wir vieles von dem, was ein Berater so lernt, auch im Controlling brauchen können. Strukturiertes Problemlösen ist da nur ein Thema. Die Arbeitskultur wäre ein anderes: Eine „obligation to dissent", die Verpflichtung zum Widerspruch, die solche Beratungen intern kultivieren, schadet auch keiner Controlling-Abteilung. Ich könnte noch mehr Aspekte nennen, nur haben sich solche Dinge damals wie heute kaum in den Curricula der betriebswirtschaftlichen Fakultäten widergespiegelt. Während meiner Zeit als Hochschullehrer an der European Business School habe ich dann zusammen mit zwei ehemaligen Doktoranden – Christoph Binder, der heute Professor und Studiendekan an der ESB Reutlingen ist, und Daniel Steiners, der heute für die Bayer AG arbeitet – das Konzept für die Veranstaltung erarbeitet.

**Und wie kommt die Veranstaltung an?**

Das müssen Sie schon die Studierenden fragen [lacht] … Aber im Ernst: Die Veranstaltung wird sehr gut bewertet. Ich glaube, die Studenten merken, dass sie diese Dinge im täglichen Leben brauchen können, und mir fällt immer wieder auf, wie dankbar sie für ehrliches und intensives Feedback sind. Offenbar geben wir ihnen davon in normalen Veranstaltungen häufig nicht genug.

Was sollen die Studierenden denn vor allem mit nach Hause nehmen?

Zunächst natürlich die ganzen Techniken und Instrumente, aber sicherlich auch eine bestimmte Art zu denken. Wenn sie ihren Team-Prozess und das Abschlussdokument in einer bestimmten Art und Weise erarbeiten, dann wird über die Zeit auch ihr Denken analytischer und präziser. Und wenn sie unterwegs merken, dass sie mit Oberflächlichkeiten, Inkonsistenzen und – Sie erlauben mir, dass ich das in der Sprache der Studenten sage – dem „Auswürgen von Bulletpoints" nicht durchkommen, unterstützt das den Prozess ungemein. In Klausuren, in denen viel Stoff unter Zeitdruck reproduziert wird, ist das vielleicht nicht in jedem Fall so. Ein zweiter Aspekt, der in den Feedback-Gesprächen immer wieder eine zentrale Rolle einnimmt, hat mit dem menschlichen Miteinander zu tun: „Versuchen Sie nicht, schlauer zu sein als Ihr Gegenüber" – im Sinne von: „Interagieren Sie stets mit offenem Visier und behandeln Sie Ihr Gegenüber mit Respekt. Wenn Sie es schaffen, nicht nur irgendeinen Gedanken zu verkaufen, sondern gemeinsam mit Ihrem Gegenüber ein Problem zu lösen, ist das häufig die halbe Miete." So eine Botschaft können Sie in einer Vorlesung nicht so recht rüberbringen. Klar, es wird Ihnen jeder zustimmen. Aber in der Praxis der Umsetzung wird sich wenig ändern. Solche Aspekte können nur im aktiven Bearbeiten der Fallstudie und in der Feedback-Runde rübergebracht werden. In gewisser Hinsicht wird der Prof so wirklich zum Coach der Studierenden.

Das hört sich gut an. Welche Tipps können Sie Dozenten geben, die über ähnliche Veranstaltungen nachdenken?

Zunächst einmal muss ich nochmals vor dem Aufwand warnen. Ein bisschen Idealismus gehört schon dazu. Aber wer dazu bereit ist, wird schnell merken, wie viel er hier erreichen und weitergeben kann. Es lohnt sich also. Und schauen Sie: Die Ausbildung an Universitäten und Hochschulen steht in den nächsten Jahren durch die Digitalisierung und die noch weiter zunehmende Globalisierung vor enormen Herausforschungen. Das wird und muss auch Auswirkungen auf das Curriculum haben. Ich glaube, wir müssen die Ausbildung an Hochschulen generell auf den Prüfstand stellen …

*„Die Studenten merken, dass sie diese Dinge im täglichen Leben brauchen können."*

Was meinen Sie damit?

Wir müssen prüfen, welche Fähigkeiten es wirklich zu vermitteln gilt. Die strukturierte Problemlösung ist ja nur ein Beispiel. Denken Sie etwa an Verhandlungs- und Debattiertechniken, den Umgang mit ethischen Dilemmata oder auch einfach an kritisches Denken und die Fähigkeit zur Reflexion …. Da gibt es so viele Dinge, die wir heute im Regelfall noch eher stiefmütterlich behandeln. Fachwissen ist das eine, Fähigkeiten und Persönlichkeitsentwicklung das andere. Und genau hier stoßen digitale Lehrformen viel früher an Grenzen als die persönliche Interaktion mit dem Hochschullehrer. Dass sich parallel dazu auch das nötige Fachwissen in der Folge der Digitalisierung verändert, ist ein ganz anderes Thema. Kurzum, wir müssen die Studis für das digitale Zeitalter vorbereiten! Mit Buchhaltung, Kostenrechnung und Ähnlichem allein ist es nun wirklich nicht mehr getan.

Herr Professor Schäffer, wir bedanken uns für das Gespräch.

Das Interview führte Bernadette Wagener, Redaktion der Controlling & Management Review.

# Aus unserer Bibliothek

*Frank Edelkraut, Stephan Balzer*

**Inspiring! Kommunizieren im TED-Stil**

Springer Gabler, Wiesbaden 2016,

193 Seiten, 34,99 Euro,

ISBN: 978-3-658-09572-7

## Kernthese

Man muss kein geborener Redner sein, um auf einer Bühne erfolgreich zu präsentieren.

## Nutzen für die Praxis

Das Buch zeigt, wie Führungskräfte und Fachexperten in Unternehmen so ansprechend und mitreißend präsentieren wie die TED-Redner und wie damit der Austausch von Ideen und Innovation in Unternehmen gefördert werden kann.

## Abstract

Zuhörer lieben gute Auftritte, viel mehr lieben sie allerdings gute Geschichten – so wie diese bei den populären TED-Konferenzen geboten werden. Dr. Frank Edelkraut und Stephan Balzer zeigen, wie TED-Talks vorbereitet und präsentiert werden und wie Führungskräfte ihre eigenen Präsentationen, Vorträge und Talks für die Verbesserung der internen Kommunikation nutzen.

*Gene Zelazny*

**Wie aus Zahlen Bilder werden**

**Der Weg zur visuellen Kommunikation –**

**Daten überzeugend präsentieren**

Springer Gabler, 7. Aufl., Wiesbaden 2015,

229 Seiten, 64,99 Euro,

ISBN: 978-3-658-07451-7

## Kernthese

Wer anderen Menschen komplexe Ideen vermitteln möchte, muss diese übersichtlich strukturieren und so klar und einfach wie möglich darstellen.

## Nutzen für die Praxis

Die siebte, aktualisierte Auflage dieses Bestsellers enthält alle wichtigen Punkte der Vorauflagen und zeigt darüber hinaus, wie Sie auf Ihrem Computer perfekte und einprägsame Charts auswählen.

## Abstract

Dieser Ratgeber weist Schritt für Schritt den Weg zu überzeugenden Präsentationen. Anhand zahlreicher Beispiele aus der Unternehmenspraxis erfährt der Leser, wie er komplexe Inhalte visualisieren und vermitteln kann. Ein Buch für alle, die ihre Aussagen klar und prägnant vermitteln wollen.

*Axel Schoof, Karin Binder*

**Auf den Punkt: Präsentationen**

**pyramidal strukturieren**

Springer Gabler, Wiesbaden 2013,

384 Seiten, 39,99 Euro,

ISBN: 978-3-658-03228-9

## Kernthese

Erfolgreicher kommunizieren mit klaren Botschaften und ergebnisorientierter Struktur.

## Nutzen für die Praxis

Pyramidale Strukturen können die Lösung für das heutige Präsentationsdilemma sein. Präsentationen müssen auf den Punkt kommen. Das Buch gibt Beispiele für Ihre berufliche Arbeit.

## Abstract

Axel Schoof und Karin Binder stellen in ihrem Buch das Konzept der pyramidalen Kommunikation vor. Das Ergebnis steht am Anfang – untermauert mit inhaltlicher Substanz. Pyramidale Kommunikation arbeitet konsequent mit klaren Botschaften, Top-down-Detaillierung und einer schlüssigen Struktur. Der Empfänger entscheidet dabei selbst, was er vertiefen möchte.

# Rubriken

# IT plus Interaktion!

Neuere Entwicklungen im Bereich der Informationssysteme sollen es Managern ermöglichen, sich unabhängig vom Controller zu informieren. Wird die Interaktion von Manager und Controller dann ein stückweit durch Self Service ersetzt? Eine WHU-Studie zeigt im Gegenteil, dass Self Service sogar ein „Enabler" für einen stärkeren inhaltlichen Dialog sein kann.

*Leona Wiegmann, Utz Schäffer, Jürgen Weber*

Das Controlling befindet sich in einem grundlegenden Transformationsprozess. Neue Entwicklungen im Bereich der Informationstechnologien, die zunehmende Globalisierung und ein steigender Effizienzdruck sind die Trends, die das Aufgabenbündel der Controller und ihre Rolle im Unternehmen grundlegend verändern (vergleiche Schäffer/ Weber 2015a; b). Der wohl größte Treiber des anstehenden Wandels sind die rasanten Veränderungen der Informationstechnologie. Sie erleichtern komplexe Analysen – wie etwa Simulationen und Mustererkennung – und ermöglichen eine stärkere Standardisierung und Automatisierung von Controlling-Prozessen (vergleiche Tretbar/Wiegmann/ Strauß 2013). Controllern verschaffen diese Entwicklungen Zeit, um dem wachsenden Effizienzdruck gerecht zu werden und um das Management auf Augenhöhe zu beraten. Zumindest dann, wenn die freigesetzte Kapazität dem Controlling weiter zur Verfügung steht. Gleichzeitig werden Manager unter dem Stichwort „Self Service" in die Lage versetzt, sich individuell und unabhängig vom Controlling zu informieren und einfache Analysen selbst durchzuführen (vergleiche etwa Claassen/Hohorst 2015; Tretbar/Wiegmann 2013).

Was bedeuten diese Veränderungen für das Controlling in Unternehmen? Schaffen Informationssysteme die Controller zumindest ein stückweit ab? Fühlt sich das Management durch den Self Service besser informiert? Und welche Veränderungen ergeben sich daraus für die Zusammenarbeit von Controllern und Managern?

Die 2015 durchgeführte Umfrage „Zukunftsthema IT: Wirkung der IT auf das Controlling" im WHU Controller Panel sowie ergänzende Erkenntnisse aus Interviewgesprächen in einem deutschen Großunternehmen liefern hier Antworten. Beide Studienbausteine befassen sich mit den Implikationen, die Informationssysteme für die Aufgaben der Controller, die Informationsversorgung des Managements und die Interaktion zwischen Controlling und Management mit sich bringen. Dabei wurden die Informationssysteme anhand der Einschätzungen der Respondenten in der quantitativen Erhebung zu dem Reifegrad ihrer Systeme in Bezug auf unterschiedliche Aspekte wie Zugriffs- und Rechenzeiten, Benutzerfreundlichkeit, Vollständigkeit der Datenintegration, Flexibilität und Anpassbarkeit sowie Nachvollziehbarkeit der Dokumentation und das Vorhandensein von Echtzeitdaten (vergleiche Gorla/ Somers/Wong 2010) charakterisiert.

## Controlleraufgaben in der Informationsversorgung des Managements

Die Ergebnisse der WHU-Panel-Umfrage zeigen, dass ausgereiftere Informationssysteme mit einem hohen Grad an Standardisierung, Automatisierung und Datenqualität einhergehen Auf diese Weise können Informationssysteme die Effizienz des Controllings erhöhen. Dieses ist auch im betrachteten Fallunternehmen festzustellen, wo eine hohe Standardisierung und eine hinreichend gute Datenqualität kaum noch Diskussionen über die Richtigkeit einer Zahl notwendig machen. Auch Zahlen für Berichte müssen hier nicht mehr eigens aufbereitet, sondern können deutlich einfacher als vorher auf beliebigen Aggregationsstufen abgerufen und automatisch visualisiert werden. Sowohl Controller als auch Manager empfinden die veränderten Berichtserstellungsprozesse als deutlich effizienter. Zum einen, weil durch die hohe Standardisierung und Datenqualität eine Rohdatenprüfung durch die Controller nahezu vollständig entfällt, und zum anderen, weil die vom System bereitgestellten Aggregations- und Visualisierungsoptionen die Aufbereitung der Daten erheblich vereinfacht und verkürzt haben. In den Worten des Controlling-Leiters: „Für die Erstellung eines Berichts wurden bislang zwei Wochen benötigt. Jetzt sehen wir die Zahlen sofort."

Obwohl der Einsatz von Informationssystemen nicht nur die Standardisierung, sondern auch die weitgehende Automatisierung des Reportings ermöglicht, ist in den befragten Unternehmen der Grad der Automatisierung im Verhältnis zum Grad der Standardisierung im Reporting vergleichsweise gering. Nur 55 Prozent der Controller in Unternehmen mit sehr stark standardisierten Reporting-Prozessen geben an, dass letztere auch sehr stark automatisiert sind.

Das kann daran liegen, dass die Befragung nur eine Momentaufnahme ist: Da Automatisierung Standardisierung voraussetzt, ist es naheliegend, dass die Entwicklung der beiden Aspekte zeitlich versetzt verläuft. Zudem soll die Standardisierung gar nicht immer in automatisierten Prozessen, sondern häufig „nur" in globaler Zentralisierung beziehungsweise im sogenannten Shared Service münden. Schließlich kann es auch durchaus inhaltliche Gründe dafür geben, dass trotz hoher Standardisierung der Bereitstellungsprozesse ein erheblicher Teil der Informationsversorgung des Managements nicht automatisiert wird. Ein im Rahmen unserer Fallstudie befragter Controller erklärt, weshalb Analysen in seinem Unternehmen bisher nicht automatisiert wurden:

„Aus Analysegründen müssen wir verschiedene Datencubes verwenden. Wir haben beispielsweise für die Umsatzbetrachtung einen Datencube, der bis auf das letzte Material runtergehen kann. Dies gilt auch für die Rohstoffkosten. In der Ergebnisrechnung ist die kleinste Ebene die Kostenstelle. In der Gewinn- und Verlustrechnung ist es dagegen nicht möglich, das auf die Produkte zurückzuführen. Das heißt, wir müssen verschiedene Sichten miteinander kombinieren, um ein Gesamtbild bei der EBIT-Analyse zu erhalten. Das ist der Grund, warum wir so eine EBIT-Analyse nicht im System haben.

Wir können auch im Business Warehouse keine Brücke auf Knopfdruck erstellen. Wir können das machen für den Umsatz, den Währungseffekt, den Preiseffekt und auch den Mengeneffekt, das ist kein Problem. Alles, was drunter kommt, aber ist im Moment nicht zu synchronisieren, weil wir einfach auf verschiedene Ebenen der Information zugreifen, die sich nicht miteinander vergleichen lassen. Und was auch ein wichtiger Punkt ist: Wenn wir so eine Brücke bauen, die die verschiedenen Ebenen verknüpfen soll, bleibt am Ende oft ein Delta übrig, das verteilt werden muss, um die Brücke zu schließen. Das ist zwar nicht viel, aber wo würde das System dieses Delta hinpacken? Das ist einfach, was wir dann aus dem Wissen heraus, was wir haben, am besten verteilen können."

Für Controller bleibt also fürs Erste noch genügend Arbeit im Reporting übrig. Diese verändert sich jedoch mit zunehmender Standardisierung und Automatisierung der Informationsbereitstellungsprozesse signifikant: Analysiert man den zeitlichen Anteil der Tätigkeiten im Reporting-Prozess, sieht man bei höherer Standardisierung und Datenqualität eine Verschiebung der Tätigkeiten weg von Datenbeschaffung und -aggregation hin zur Kommunikation und Diskussion der Ergebnisse (siehe **Abbildung 1**). Ausgereiftere Informationssys-

## Zusammenfassung

- Eine Studie des WHU Controller Panels mit zwei Bausteinen zeigt, wie Informationssysteme die Interaktion von Controllern und Managern verändern können.
- Reife Informationssysteme ermöglichen es, den Tätigkeitsschwerpunkt der Controller weg von der Datenbeschaffung und -aggregation hin zu mehr Analyse und Kommunikation zu verschieben. Sie fördern so die Entwicklung des Controllers zum Business Partner.
- Gleichzeitig ermöglicht die Informationstechnologie eine eigenständigere und bessere Informationsversorgung der Manager.
- Auf dieser Basis können Manager und Controller in eine stärker inhaltliche Analyse und problemorientierte Diskussion eintreten.

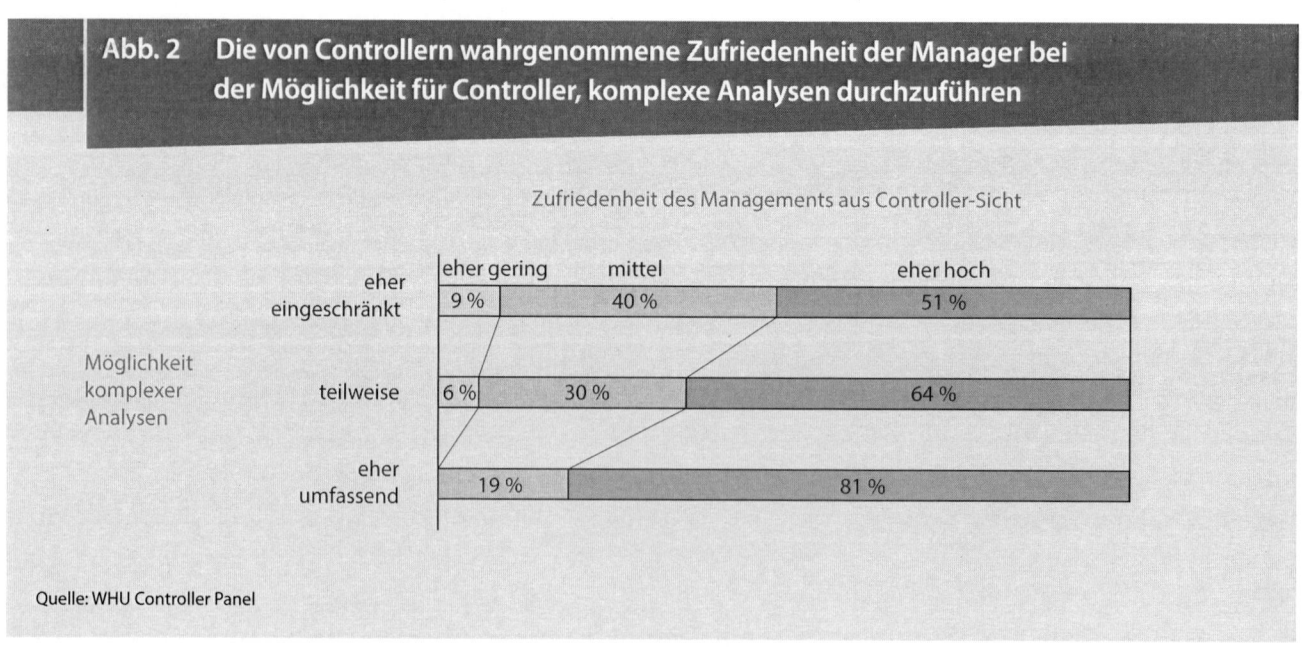

**Abb. 1  Einfluss von Standardisierung und Datenqualität auf die Tätigkeit der Controller**

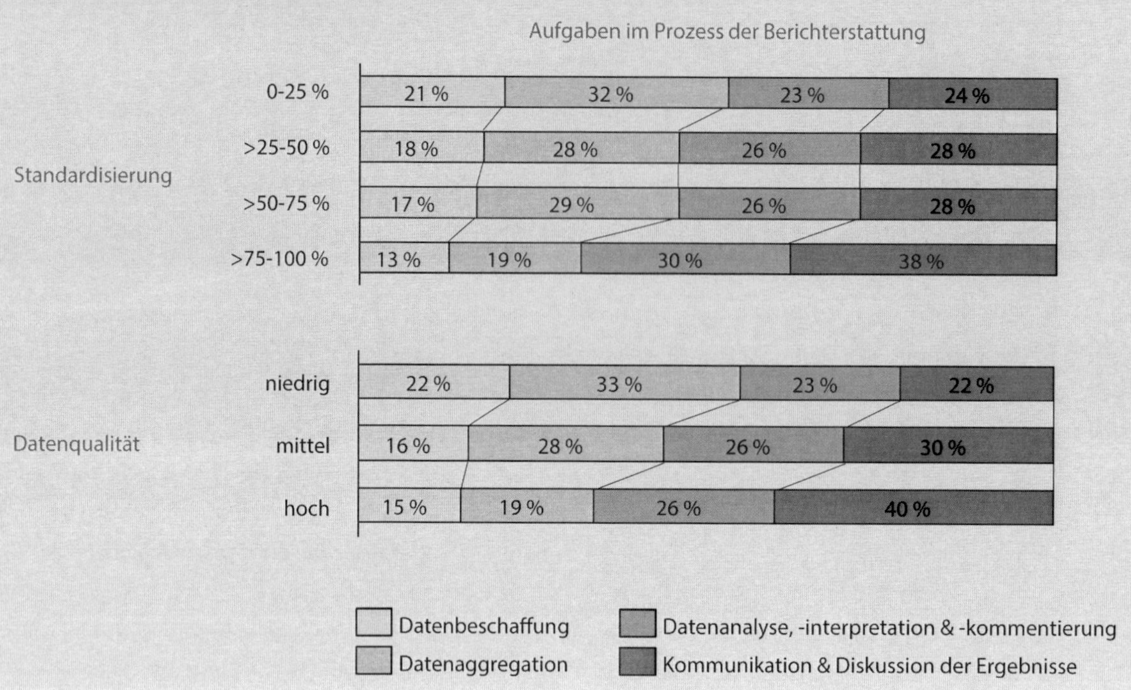

Aufgaben im Prozess der Berichterstattung

**Standardisierung**

| | Datenbeschaffung | Datenaggregation | Datenanalyse, -interpretation & -kommentierung | Kommunikation & Diskussion der Ergebnisse |
|---|---|---|---|---|
| 0-25 % | 21 % | 32 % | 23 % | 24 % |
| >25-50 % | 18 % | 28 % | 26 % | 28 % |
| >50-75 % | 17 % | 29 % | 26 % | 28 % |
| >75-100 % | 13 % | 19 % | 30 % | 38 % |

**Datenqualität**

| | | | | |
|---|---|---|---|---|
| niedrig | 22 % | 33 % | 23 % | 22 % |
| mittel | 16 % | 28 % | 26 % | 30 % |
| hoch | 15 % | 19 % | 26 % | 40 % |

Datenbeschaffung
Datenaggregation
Datenanalyse, -interpretation & -kommentierung
Kommunikation & Diskussion der Ergebnisse

Quelle: WHU Controller Panel

teme ermöglichen es Controllern offenbar, ihren Tätigkeitsschwerpunkt zu verschieben und stärker auf ihre Rolle als Business Partner zu fokussieren. Negativ formuliert: Anders lässt sich ihre Existenz dann auch nicht mehr rechtfertigen.

## Gute Informationen – zufriedene Manager

Gleichzeitig ermöglicht es den Self Service Managern, sich unabhängig vom Controlling zu informieren und sogar einfache Analysen selbstständig durchzuführen. Was bedeuten diese Ver-

**Abb. 2  Die von Controllern wahrgenommene Zufriedenheit der Manager bei der Möglichkeit für Controller, komplexe Analysen durchzuführen**

Zufriedenheit des Managements aus Controller-Sicht

**Möglichkeit komplexer Analysen**

| | eher gering | mittel | eher hoch |
|---|---|---|---|
| eher eingeschränkt | 9 % | 40 % | 51 % |
| teilweise | 6 % | 30 % | 64 % |
| eher umfassend | | 19 % | 81 % |

Quelle: WHU Controller Panel

änderungen für die Zufriedenheit des Managements mit der Informationsversorgung? Fühlen sich die Manager besser informiert? Oder sind sie möglicherweise mit der Informationsflut überfordert oder empfinden die Informationen als irrelevant?

Elf Prozent der befragten Controller, CFOs und CEOs im WHU Controller Panel gaben an, dass Controller in ihren Unternehmen die Möglichkeit haben, umfassende und komplexe Analysen wie beispielsweise Simulationen und Mustererkennungen durchzuführen; für 20 Prozent ist dieses teilweise und für 60 Prozent der Befragten eher eingeschränkt möglich. Dabei zeigt sich ein Zusammenhang zwischen der Möglichkeit solcher Analysen und der Zufriedenheit des Managements mit dem Berichtswesen. Von denjenigen, die angeben, umfassend komplexe Analysen durchführen zu können, empfinden 81 Prozent die Zufriedenheit ihres Managements mit dem Berichtswesen als eher hoch, während diese Einschätzung nur 51 Prozent derjenigen teilen, die eher über eingeschränkte Möglichkeiten für komplexe Analysen verfügen (siehe **Abbildung 2**). Offenbar werden bereitgestellte Informationen verbunden mit der Möglichkeit komplexer Analysen von den Studienteilnehmern als nützlicher für die tägliche Arbeit und relevanter für die Entscheidungsfindung angesehen.

Informationssysteme können also auf unterschiedliche Weise als eine Art „Enabler" wirken: Höhere Standardisierung und Datenqualität helfen, die Effizienz im Controlling zu steigern, da weniger Aufwand für die Datenbeschaffung und -aggregation erforderlich ist. Gleichzeitig ermöglichen zusätzliche Analysemöglichkeiten eine als besser wahrgenommene Informationsversorgung und fördern so die Zufriedenheit des Managements mit dem Berichtswesen. Dass Effizienz und Zufriedenheit widersprüchliche Ziele sein können, aber nicht müssen, erklärte der Controlling-Leiter des Fallunternehmens wie folgt: „Das

## „Informationssysteme machen Controller nicht (unbedingt) überflüssig."

Management trifft letztendlich die Entscheidungen, aber wir müssen die Optionen identifizieren – durchaus proaktiv, nicht nur auf Rückfrage – und damit bei Entscheidungsunterstützungsprozessen mitwirken. [Das System] war einer der wesentlichen ‚Enabler', der es uns überhaupt erlaubt hat, Freiräume dafür ohne ‚Headcountaufbau' zu schaffen."

Neben der besseren Informationsversorgung durch das Controlling scheinen Manager aber auch zufriedener mit dem Berichtswesen zu sein, wenn sie sich selbstständig informieren können. Im WHU Controller Panel wurden unterschiedliche Formen des Self Service abgefragt (siehe **Abbildung 3**). Hier scheint es, dass die Zufriedenheit der Manager dann deutlich steigt, wenn sie bei Bedarf Unternehmensdaten aus allen Bereichen auch im Detail selbstständig analysieren können. Zumindest werden dann die zur Verfügung stehenden Kennzahlen häufiger als ausreichend und hinreichend relevant für die Steuerung bewertet. Am unzufriedensten sind laut unserer Studie diejenigen Manager, denen nur eine standardisierte Informationsbasis zur Verfügung steht. Ein individueller Bericht seitens des Cont-

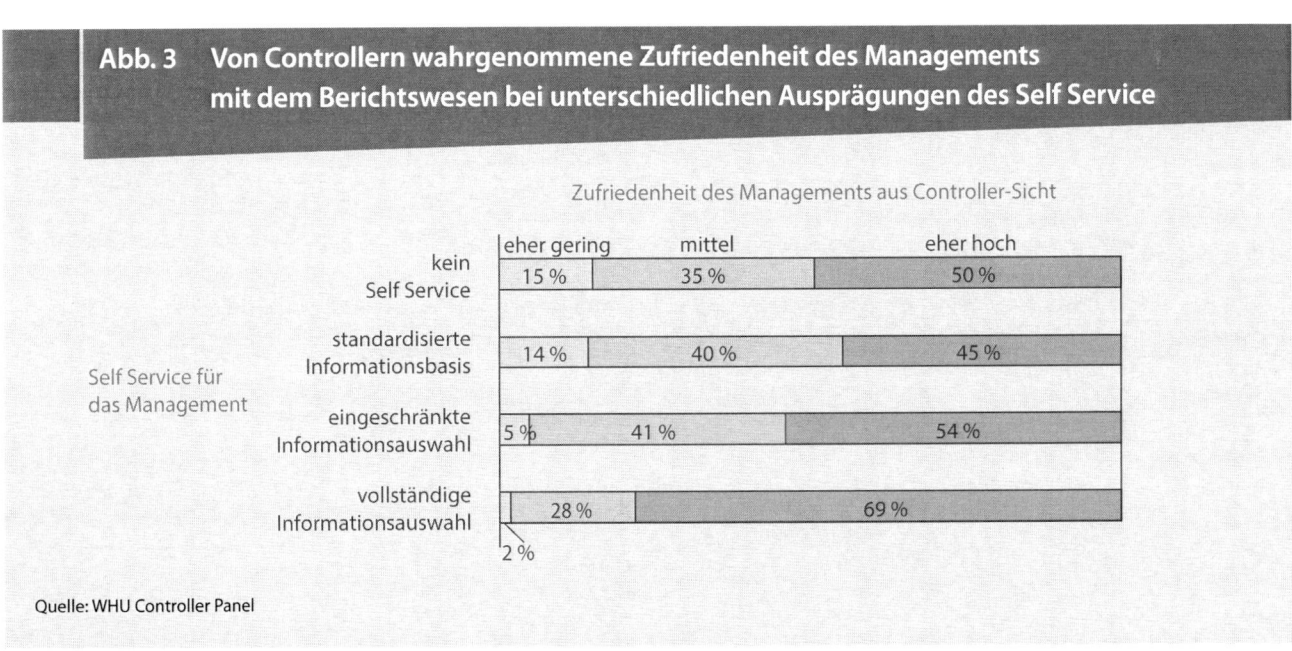

**Abb. 3** Von Controllern wahrgenommene Zufriedenheit des Managements mit dem Berichtswesen bei unterschiedlichen Ausprägungen des Self Service

Zufriedenheit des Managements aus Controller-Sicht

| Self Service für das Management | eher gering | mittel | eher hoch |
|---|---|---|---|
| kein Self Service | 15 % | 35 % | 50 % |
| standardisierte Informationsbasis | 14 % | 40 % | 45 % |
| eingeschränkte Informationsauswahl | 5 % | 41 % | 54 % |
| vollständige Informationsauswahl | 2 % | 28 % | 69 % |

Quelle: WHU Controller Panel

rollings scheint – wenig überraschend – das Informationsbedürfnis der Manager besser zu befriedigen. Vor diesem Hintergrund ist es nicht verwunderlich, dass die befragten Unternehmen angeben, in den nächsten Jahren die Self-Service-Möglichkeiten des Managements weiter ausbauen zu wollen.

## Interaktion von Controlling und Management

Sowohl aufseiten der Controller als auch aufseiten der Manager können Informationssysteme Arbeitsfelder und Arbeitsweisen verändern: Controller gewinnen mehr Zeit für die Interpretation und Kommunikation von Analysen, Manager informieren sich stärker selbst. Was bedeutet das aber für die Interaktion zwischen den beiden?

Die Befragung zeigt, dass eine stärkere Selbstinformation der Manager mit einer intensiveren Datenanalyse und -interpretation der Controller verbunden ist (vergleiche **Abbildung 4**): Während bei einer standardisierten Informationsbasis Controller nur 26 Prozent ihrer Arbeitszeit auf die Datenanalyse und 18 Prozent auf die Datenkommunikation verwenden, somit also mehr als die Hälfte für die Datenbeschaffung und -aggregation, verschiebt sich diese Aufteilung, wenn eine vollständige Informationsauswahl zur Verfügung steht. Insbesondere der Anteil der Datenanalyse an der Gesamtarbeitszeit steigt hier auf 35 Prozent. Self Service verändert somit zwar erwartungsgemäß die Aufgaben der Controller in der Informationsversorgung. Diese Veränderung fällt jedoch geringer aus, als zu vermuten war. Dass bei vollständiger Informationsauswahl der Aufwand für die Datenbeschaffung und -aggregation nicht deutlicher zu-

rückgeht, liegt möglicherweise daran, dass Manager immer wieder neue Informationsideen entwickeln, für die dann neue Daten verknüpft werden müssen.

Es bleibt allerdings nicht nur bei der relativen Verschiebung des Arbeitsaufwands der Controller; die Veränderungen in dem untersuchten Fallunternehmen deuten darauf hin, dass die Datenanalyse und -kommunikation zusätzlich eine andere Qualität annimmt. Ein Controller erklärte beispielsweise, dass er durch den Self Service der Manager schon viel früher im Berichtsprozess mit dem Management in eine inhaltliche Diskussion über die Zahlen kommt. Zunehmend geht diese Diskussion auch vom Management aus, das sich jetzt stärker proaktiv mit den Unternehmensinformationen auseinandersetzt. Das führt für beide Seiten zu einer tieferen Beschäftigung mit den Zahlen: „Wenn ich morgens ins Büro komme, dann hatte der Business-Unit-Leiter meist schon die Chance, die Zahlen anzugucken. Und wenn ich mir einen Kaffee hole, kommt er raus und fragt: ‚Hast Du schon gesehen?' – ‚Ja, sieht ja gut aus diesen Monat.' – Darüber kommt eine Interaktion ins Rollen, ohne dass er mich erst fragen muss, wie es diesen Monat aussieht."

Aufgrund der höheren Datenqualität haben die Controller im Unternehmen zudem den Eindruck, dass es in der Interaktion weniger um die Klärung von Dateninkonsistenzen und -transparenz geht. Der Self Service der Manager mit Echtzeitdaten scheint vielmehr dazu zu führen, dass zunehmend gemeinsam an aktuellen Problemen gearbeitet und nach Lösungen gesucht wird. Controller werden daher nicht mehr für Informationen über aktuelle Zahlen gebraucht. Sie sind gefragt, um diese zu hinterfragen und kritisch zu diskutieren.

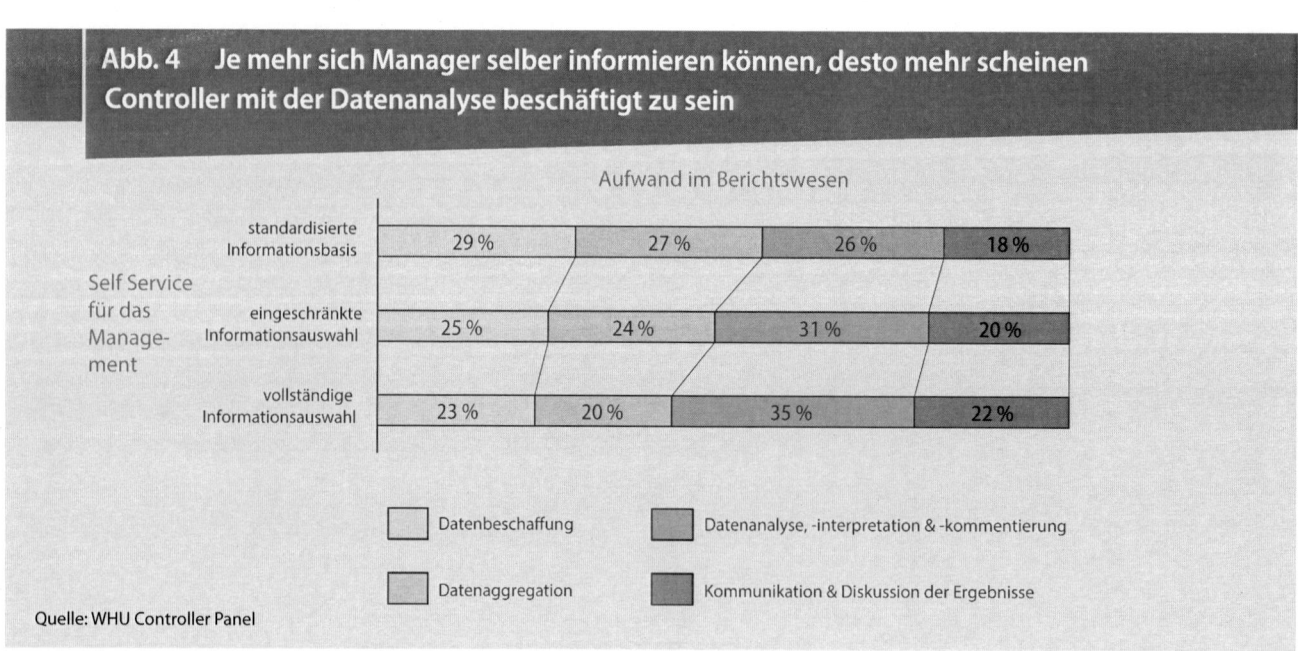

**Abb. 4    Je mehr sich Manager selber informieren können, desto mehr scheinen Controller mit der Datenanalyse beschäftigt zu sein**

Aufwand im Berichtswesen

Self Service für das Management

| | Datenbeschaffung | Datenaggregation | Datenanalyse | Kommunikation |
|---|---|---|---|---|
| standardisierte Informationsbasis | 29 % | 27 % | 26 % | 18 % |
| eingeschränkte Informationsauswahl | 25 % | 24 % | 31 % | 20 % |
| vollständige Informationsauswahl | 23 % | 20 % | 35 % | 22 % |

◻ Datenbeschaffung    ◼ Datenanalyse, -interpretation & -kommentierung

◻ Datenaggregation    ◼ Kommunikation & Diskussion der Ergebnisse

Quelle: WHU Controller Panel

Dieser Eindruck bestätigt sich in der Umfrage des WHU Controller Panels. Hier zeigen die Zahlen, dass Unternehmen mit ausgereifteren Informationssystemen stärker durch eine sogenannte „Kultur des Informationsaustausches" charakterisiert sind. Solch eine Kultur hilft Unternehmen, erfolgreicher mit Krisen und Volatilität umzugehen (Schäffer/

## „Die IT-Systeme fungieren als Enabler für eine intensivere Interaktion von Controllern und Managern."

Weber 2015c). In Unternehmen mit ausgereifteren Informationssystemen schätzen die befragten Controller insbesondere den unternehmensinternen Informationsaustausch als ausgeprägter ein (innerhalb einer Hierarchieebene und auch über Hierarchieebenen hinweg; vergleiche **Abbildung 5**): Während nur 41 Prozent der Studienteilnehmer, die den Reifegrad ihrer Informationssysteme als gering ansehen, den Informationsaustausch als eher stark ausgeprägt beschreiben, sind dies bei einem hoch eingeschätzten Reifegrad 73 Prozent der Respondenten. Scheinbar bieten ausgereiftere Informationssysteme Controllern eine bessere Informationsbasis, die zu einem intensiveren Austausch mit dem

Management führt. Dieses ist insbesondere dann der Fall, wenn Controllern in ihrer Arbeit komplexe Analysemöglichkeiten verwenden. Auch werden in Unternehmen mit ausgereifteren Informationssystemen Probleme und unangenehme Punkte in höherem Maße offen angesprochen (74 Prozent versus 59 Prozent).

## Schlussbetrachtung

Die neueren Entwicklungen im Bereich der Informationssysteme müssen nicht zwingend dazu führen, dass Controllerstellen großflächig abgebaut werden. Die Daten des WHU Controller Panels zeigen vielmehr, dass ausgereiftere Informationssysteme dazu beitragen können, das Standing des Controllings im Unternehmen zu verbessern. Gelingt es dem Controlling, die Entscheidungsfindung mithilfe von besseren Informationen und überlegener Analyse zu verbessern, können sie mehr zur Wertschöpfung beitragen und die Nachfrage nach ihren Leistungen steigt. Aber eben nur, wenn die genannten Voraussetzungen erfüllt sind.

Die Informationssysteme dienen dabei lediglich als „Enabler". Es hängt sowohl vom Controlling als auch vom Management ab, ob und inwieweit die Chance zur Veränderung auch genutzt wird. Wenn die Zahlen automatisch generiert werden, muss der

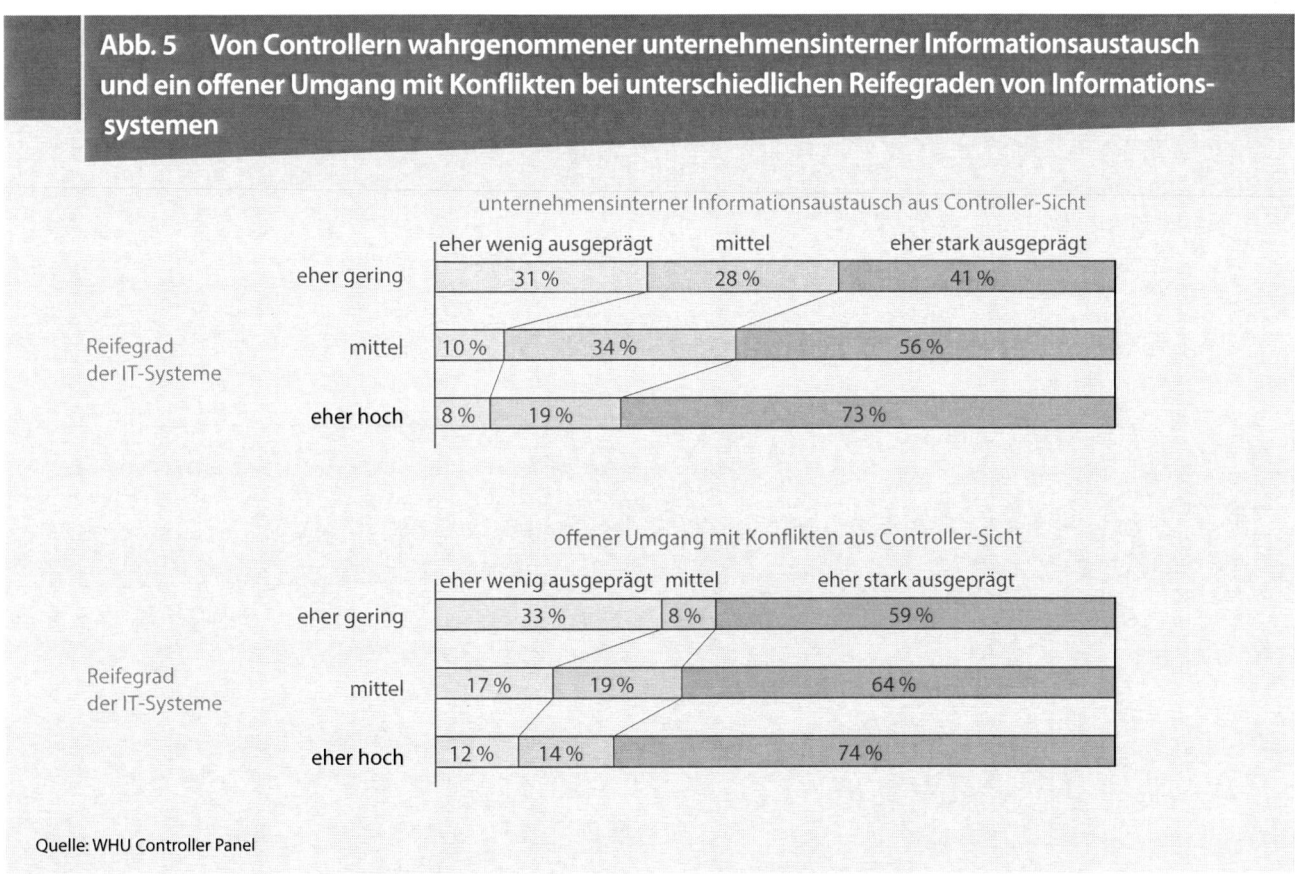

**Abb. 5  Von Controllern wahrgenommener unternehmensinterner Informationsaustausch und ein offener Umgang mit Konflikten bei unterschiedlichen Reifegraden von Informationssystemen**

unternehmensinterner Informationsaustausch aus Controller-Sicht

|  | eher wenig ausgeprägt | mittel | eher stark ausgeprägt |
|---|---|---|---|
| eher gering | 31 % | 28 % | 41 % |
| mittel | 10 % | 34 % | 56 % |
| eher hoch | 8 % | 19 % | 73 % |

Reifegrad der IT-Systeme

offener Umgang mit Konflikten aus Controller-Sicht

|  | eher wenig ausgeprägt | mittel | eher stark ausgeprägt |
|---|---|---|---|
| eher gering | 33 % | 8 % | 59 % |
| mittel | 17 % | 19 % | 64 % |
| eher hoch | 12 % | 14 % | 74 % |

Reifegrad der IT-Systeme

Quelle: WHU Controller Panel

Mehrwert des Controllings an anderer Stelle geschaffen werden. Der CFO des befragten Fallunternehmens bringt die Herausforderung auf den Punkt: „Man glaubt, man hat alle Zahlen zur Verfügung, sodass man stehen bleibt. Und das darf man eben nicht!"

## WHU-Panel-Studie

Die vorgestellten Ergebnisse basieren auf einer Umfrage des WHU Controller Panels. Dieses Panel wurde 2007 als Initiative des Instituts für Management und Controlling der WHU – Otto Beisheim School of Management gegründet. Regelmäßig werden wichtige Aspekte der Controlling-Praxis untersucht, relevante Benchmarks ermittelt und Best-Practice-Empfehlungen abgeleitet. Ziele sind ein gewinnbringender Austausch zwischen Wissenschaft und Praxis sowie ein Beitrag zur Weiterentwicklung der deutschen Controlling Community. Die Durchführung der Studien im WHU Controller Panel erfolgt daher auch in enger Kooperation mit dem Internationalen Controller Verein (ICV). An der Studie „Zukunftsthema IT: Wirkung der IT auf das Controlling" im Jahr 2015 haben insgesamt 433 Mitarbeiter der Finanzfunktion unterschiedlicher Hierarchieebenen teilgenommen (Rücklaufquote: 47 Prozent). Die Studienteilnehmer sind in Unternehmen unterschiedlicher Größe (19 Prozent < 50 Millionen Euro Umsatz, 47 Prozent 50 Millionen. bis eine Milliarde Euro Umsatz, 34 Prozent > eine Milliarde Euro Umsatz) in den DACH-Ländern beschäftigt. Als weiterer Baustein fließen die Ergebnisse einer 2014 in einem deutschen Großunternehmen durchgeführten Umfrage ein. Dabei wurden 15 Interviewgespräche mit Mitarbeitern der Accounting- und Controlling-Funktion aller Ebenen, vom Controller bis zum CFO, und mit Mitarbeitern im Management geführt. Das Unternehmen hatte zu diesem Zeitpunkt circa 11,6 Milliarden Euro Umsatz und beschäftigte mehr als 14.000 Mitarbeiter weltweit. Das Unternehmen nutzte zum Zeitpunkt der Studie bereits ein sehr ausgereiftes Informationssystem, das beispielsweise Self Service und Echtzeitdaten für Manager bietet. So konnten die Erfahrungen mit den Veränderungen durch das System dokumentiert und analysiert werden.

## Literatur

⬇ * Claassen, F./Hohorst, S. (2015): Den Finanzbereich neu denken, in: Controlling & Management Review, 59 (2), S. 34-42. www.springerprofessional.de/link/6050338

Gorla, N./Somers, T./Wong, B. (2010): Organizational impact of system quality, information quality, and service quality, in: Journal of Strategic Information Systems, 19, S. 207-228.

Schäffer, U./Weber, J. (2015a): Controlling im Wandel – Die Veränderung eines Berufsbilds im Spiegel der zweiten WHU Zukunftsstudie, in: Controlling – Zeitschrift für erfolgsorientierte Unternehmenssteuerung, 27 (3), S. 185-191.

Schäffer, U./Weber, J. (2015b): Controlling – Trends & Benchmarks, Vallendar.

Schäffer, U./ Weber, J. (2015c): Cultivating a Controlling Culture – The Key to Handling Volatility Successfully, in: Cost Management, 29 (3), S. 6-11.

⬇ * Tretbar, T./Wiegmann, L. (2013): Reporting 2.0 – Wie Self-Service-Auswertungen das Controlling verändern, Interview mit Lothar Burow und Wolfgang Zellerhoff, in: Controlling & Management Review, 57 (SH2), S. 6-10. www.springerprofessional.de/link/6404550

⬇ * Tretbar, T./Wiegmann, L./Strauß, E. (2013): Controlling & IT – Hype oder nachhaltige Entwicklung?, in: Controlling & Management Review, 57 (8), S. 12-19. www.springerprofessional.de/link/6404560

* Abonnenten des Portals Springer Professional haben kostenfrei Zugriff.

Angaben zu Autoren:

**Jun.-Prof. Dr. Leona Wiegmann**
Juniorprofessorin am Institut für Management und Controlling (IMC)
WHU – Otto Beisheim School of Management, Vallendar, Deutschland
E-Mail: Leona.Wiegmann@whu.edu

**Prof. Dr. Utz Schäffer**
Direktor des Instituts für Management und Controlling (IMC)
WHU – Otto Beisheim School of Management, Vallendar, Deutschland
E-Mail: Utz.Schaeffer@whu.edu

**Prof. Dr. Jürgen Weber**
Direktor des Instituts für Management und Controlling (IMC)
WHU – Otto Beisheim School of Management, Vallendar, Deutschland
E-Mail: Juergen.Weber@whu.edu

⬇ Weitere Empfehlungen der Verlagsredaktion aus www.springerprofessional.de zu:

🔍 **IT-Unterstützung**

Fiedler R. (2014): IT-Unterstützung, in: Controlling von Projekten, Wiesbaden, 6. Auflage, S. 247-269. www.springerprofessional.de/link/4459550

# Berichte besser visualisieren

Innovative Analyse- und Reporting-Tools sollten einfach zu bedienen sein und als Self Service funktionieren. Auf dem Markt werden dafür verschiedene Tools angeboten:

Das von der PM One AG entwickelte Werkzeug cMore/Message zum Beispiel bietet in der Version 5.0 eine optimierte Benutzeroberfläche und Performance-Verbesserungen bei deutlich geringerem Speicherbedarf. Allen Controlling-Standards eines modernen Information Designs folgend, unterstützt cMore/Message Anwender bei der Erstellung aussagekräftiger Berichte in Excel. Die Stärken des Add-ins liegen im schnellen und intuitiven Aufbau von Geschäftsgrafiken sowie in vielfältigen Möglichkeiten, Berichte mit einer klaren Aussage zu versehen. Funktionen wie Chart-Synchronisierung und eine automatische Skalierung sorgen zusätzlich für Vergleichbarkeit. Diese konsequent standardisierte Berichtssprache gewährleistet konzernweit einheitliche Geschäftsinformationen und die Vermittlung klarer Botschaften.

Um unterschiedliche Darstellungsanforderungen abzudecken, verfügt die Lösung über eine umfangreiche Chart-Bibliothek. Speicherbedarf und Reaktionszeit der Oberfläche wurden optimiert, sodass selbst bei einer großen Anzahl von Charts eine schnelle Bearbeitung von Reports möglich ist.

Das Berliner Unternehmen Hi-Chart GmbH bietet mit dem Excel-basierten Sytem „chart-me" ebenfalls ein Reporting-Tool, für das spezielle Kenntnisse in Datenanalyse nicht erforderlich sind. Einfache Ad-hoc-Analysen, Diagramme und Dashboards für Geschäftsberichte lassen sich damit ohne großen Aufwand schnell generieren.

Ein bequem handhabbares und schnelles BI-Tool hat auch das schwedische Unternehmen QlikView im Angebot. Das Werkzeug erlaubt es, Analysen und Reportings von verschiedensten Datenquellen aus zu starten und unter unterschiedlichen Gesichtspunkten auszuwerten.

⬇ Lesen Sie mehr über das Potenzial von visuell gestalteten Geschäftsberichten auf:
www.springerprofessional.de/link/10136028

**Gabi Böttcher**

# Innovative Kennzahlen in der Unternehmensbewertung

Die Digitalisierung hat auch Auswirkungen auf die Unternehmensbewertung: Die Studie „The Digital Finance Imperative", die der britische Berufsverband für Management Accounting, Controlling und Rechnungslegung, Chartered Global Management Accountant (CGMA), in Kooperation mit Oracle in der EMEA-Region durchgeführt hat, zeigt, dass Chief Financial Officers (CFOs) sich Gedanken um die Bewertung ihrer Unternehmen machen müssen. Dabei basieren heute Unternehmenswerte zu einem großen Teil auf immateriellen Vermögensgegenständen wie Kundenzufriedenheit und Markenbekanntheit.

So machen immaterielle Güter 80 Prozent des Wertes der im US-Index S&P 500 gelisteten Unternehmen aus. Als wichtigste immaterielle Werte identifizierten die befragten CFOs Kundenzufriedenheit (75 Prozent), Qualität der Geschäftsprozesse (62 Prozent) sowie Kundenbeziehungen (62 Prozent). Umso wichtiger ist es, dass Informationen zu diesen Werten vorliegen. Doch immer noch stehen Controller und Finanzvorstände vor der Frage: Wie komme ich an die entsprechenden Daten? Die Studie zeigt den Optimierungsbedarf auf.

„Finanzabteilungen verfügen grundsätzlich über die Möglichkeiten, innovative Geschäftsprozesse voranzutreiben. Dafür benötigen sie jedoch moderne, cloudbasierte ERP-Systeme und Lösungen für das Performance Management, um Zugang zu den entsprechenden Daten aus dem gesamten Unternehmen zu bekommen", sagt Laurent Dechaux, Vice President Oracle Applications.

Fazit: Der Wert eines Unternehmens basiert heute häufig vor allem auf immateriellen Werten. Das Controlling muss sich dieser Entwicklung stellen und neue, innovative Konzepte entwickeln. Weitere Ergebnisse der CGMA-Studie gibt es auf http://tinyurl.com/zz96h5a.

⬇ Den ganzen Beitrag lesen Sie unter:
www.springerprofessional.de/link/7433252

**Sylvia Meier**

# Vertriebsincentivierung – Gleiche Anreize für alle?

Die vielen Ausgestaltungsmöglichkeiten variabler Vergütungssysteme stellen Unternehmen vor die Qual der Wahl, welches Modell sie zur Steuerung ihrer Vertriebsmitarbeiter einsetzen sollen. Zwei aktuelle empirische Studien untersuchen die Anreizwirkung verschiedener Vergütungskomponenten. Dabei zeigt sich einmal mehr: Einen „One-size-fits-all-Ansatz" gibt es nicht.

*Arne Eimuth, Christian Neßler*

Immer häufiger entwickelt und implementiert die Unternehmensführung Vergütungssysteme gemeinsam mit dem Controlling (vergleiche Kramer 2011, S. 20). Hierbei spielen das Wissen der Controller bezüglich des Wirkungsgefüges unternehmerischer Entscheidungen und Maßnahmen sowie deren Einfluss auf die Erreichung des Unternehmensziels eine entscheidende Rolle (vergleiche Lingnau/Willenbacher 2013, S. 14 ff.). Die Entlohnung des Vertriebs enthält typischerweise einen hohen variablen Anteil. Deswegen ist insbesondere

> *„Immer häufiger entwickelt und implementiert die Unternehmensführung Vergütungssysteme gemeinsam mit dem Controlling."*

im Rahmen der Gestaltung entsprechender Vergütungssysteme Fingerspitzengefühl gefragt, damit durch die Incentivierung selbst keine Fehlanreize generiert werden (vergleiche hierzu auch gemachte versus originäre Fehlanreize in Wagenhofer 1995, S. 124 f.).

Die in der Praxis vorzufindenden Vergütungssysteme des Vertriebs sind vielfältig und in ihrer Wirkungsweise vielschichtig. So besteht die variable Vergütung typischerweise aus einer Kombination von festen Boni, die bei Erreichung vorab festgelegter Quoten als Umsatzziele (häufig auch als „Sales-Quota" bezeichnet) gewährt werden, sowie zusätzlich aus Provisionen auf erzielte Umsätze (vergleiche Chung et al. 2014, S. 165 sowie ergänzend Joseph/Kalwani 1998, S. 150 ff.). Im Rahmen der Ausgestaltung entsprechender Vergütungsmodelle ergeben sich unter anderem folgende Fragestellungen: Wie sollten die verschiedenen Komponenten miteinander kombiniert werden? Sollten die Vorgaben von Umsatz-Quoten sowie verknüpfte Auszahlungen unterjährig erfolgen? Sollte nach dem Erreichen einer Quote ein Bonus oder eine Übererfüllungs-Provision gewährt werden?

Oftmals lassen sich solche Fragen nicht pauschal beantworten. Neben der jeweiligen Branche und der Unternehmensstrategie kann auch der Homogenitätsgrad der Mitarbeiter-Performance eine entscheidende Rolle spielen. Ein und dasselbe Vergütungssystem kann je nach Befähigung der Mitarbeiter zu unterschiedlichen Anreizen führen.

## Wie variable Vergütungselemente wirken

Doug J. Chung, Thomas Steenburgh und K. Sudhir (2014) analysieren in ihrer empirischen Studie die Wirkungsweise verschiedener variabler Vergütungskomponenten. Das von ihnen betrachtete Unternehmen verfügt über ein Vergütungssystem, das die fixe Gehaltskomponente wie folgt mit einer umsatzabhängigen variablen Vergütung ergänzt:

- Jeder Mitarbeiter erhält neben einer linearen Provision auf den erzielten Umsatz einen festen Bonus bei Erreichen einer Quartals-Quote.
- An die Stelle einer vierten Quartals-Quote tritt die sogenannte Jahres-Quote als kumuliertes Jahres-Umsatzziel, das bei Erreichen zur Auszahlung des Jahresbonus führt.
- Zusätzlich erhalten Mitarbeiter, welche die Jahres-Quote überschreiten, eine lineare Provision auf die Übererfüllung.

Um die Anreizwirkung der Jahres-Quote untersuchen zu können, substituieren die Autoren der Studie diese durch eine vierte Quartals-Quote. Dabei entspricht die Summe der Quartalsvorgaben der ursprünglichen Jahres-Quote, und der Jahresbonus wird gleichmäßig auf die Quartalsboni verteilt. Die Anreizwirkung ist je nach Performance-Segment unterschiedlich: Mitarbeiter, welche die Ziele der ersten Quartale verfehlen (Low-Performer-Segment), haben bei Existenz der Jahres-Quote einen geringeren Anreiz, ihre Performance im letzten Quartal zu steigern, da das Jahresziel möglicherweise nicht mehr erreichbar ist. Dieses Segment hat durch die Implementierung einer vierten Quartals-Quote, die vom Zielerreichungsgrad der ersten Quartale unabhängig ist, einen stärkeren Anreiz, die Performance zu steigern. Für das Segment der

> *„Bei der Ausgestaltung der Vergütungsmodelle gilt es zu entscheiden, wie fixe und variable Komponenten miteinander kombiniert werden sollen."*

Top Performer hingegen besteht bei Existenz einer Jahres-Quote der Anreiz, die Performance ganzjährig zu erhöhen, da sie bereits in den ersten Quartalen, auch ohne eine zusätzliche Vergütung, von einer Übererfüllung der Quartals-Quoten profitieren können. Die Übererfüllung dient beispielsweise als Risikopuffer und erhöht die Wahrscheinlichkeit, dass die Jahres-Quote auch tatsächlich erreicht wird.

Die Anreizwirkung zur Umsatzsteigerung für Top Performer verstärkt sich nochmals, wenn eine Provision auf die

---

### Methodik der untersuchten Studie 1

In ihrer Analyse greifen Chung/Steenburgh/Sudhir (2014) auf einen Datensatz von 348 Vertriebsmitarbeitern eines Unternehmens der Bürobedarfs-Branche zurück, das laut „Fortune Global 500" zu den 500 umsatzstärksten Unternehmen der Welt gehört. Die Daten stammen aus dem Zeitraum zwischen 1999 und 2001. Den Autoren standen der Umsatz als Output-Größe der Vertriebsanstrengung und die entsprechende Vergütung der Vertriebsmitarbeiter als Datenbasis zur Verfügung. Nach einer analytischen Modellierung des Verhaltens der Mitarbeiter konnten die Autoren die Wirkungsweisen unterschiedlicher Vergütungskomponenten auf den Umsatz mittels Simulationen untersuchen.

Chung, D./Steenburgh, T./Sudhir, K. (2014): Do Bonuses Enhance: Sales Productivity? A Dynamic Structural Analysis of Bonus-Based Compensation Plans, in: Marketing Science, 33 (2), S.165-187.

---

Übererfüllung der Jahres-Quote implementiert und damit die sogenannte Deckelung der Entlohnung aufgehoben wird. Bei Verwendung eines festen Jahres-Bonus wird der zusätzliche Aufwand, der zur Umsatzgenerierung über die Jahres-Quote hinaus nötig ist, monetär nicht entlohnt. Eine zusätzliche Vergütung in Form einer Provision auf eine solche Übererfüllung kann diesen Aufwand (über-)kompensieren und liefert hier in Kombination mit dem Jahresbonus einen zusätzlich positiven Leistungsanreiz.

Wird die Anreizwirkung der Quartals-Quote isoliert betrachtet, zeigt sich ein positiver Effekt auf den Umsatz aller Performance-Segmente. Bereits unterjährig besteht der monetäre Anreiz, Jahresteilziele zu erreichen, was letztlich zu einer erhöhten Wahrscheinlichkeit der Jahreszielerreichung führen kann. Die Quartalsvorgaben sowie die daran gekoppelte Vergütung dienen somit unter anderem als Richtschnur, um nicht hinter das Jahresziel zurückzufallen. Hiervon profitiert im Modell insbesondere das Low-Performer-Segment, das einen verstärkten Anreiz hat, die Performance in Richtung Gesamtjahr zu erhöhen.

### Welche Anreize Boni und Provisionen setzen

Sunil Kishore, Raghunath S. Rao, Om Narasimhan und George John (2013) untersuchen die Anreizwirkungen von Boni und Provisionen nach Erreichen unterjähriger Umsatzziele, sogenannter Quartals-Quoten. Die Vertriebsaktivität des Unternehmens besteht aus einer direkt und einer indirekt umsatzfördernden Tätigkeit, wobei Letztere tendenziell mittel- bis langfristig zur Umsatzsicherung führt. Eine solche Tätigkeit findet man beispielsweise in der US-Pharmabranche: Hier sollen gemäß einer „Pull"-Marketing-Strategie Ärzte von den Produkten des Pharmaherstellers überzeugt werden. Eine häufigere Empfehlung dieser Produkte durch die Ärzte (in

*„Die Einführung des Provisionsmodells führt in der vorliegenden Studie zu einer Performance-Steigerung in allen Segmenten."*

den USA dürfen nur Wirkstoffe, nicht spezifische Präparate verschrieben werden) führt jedoch erst dann zu einem Umsatz, sofern der Patient auch exakt dieses Präparat in einer Apotheke erwirbt.

Der von den Autoren der Studie analysierte Datensatz beinhaltet einen Wechsel von einem Bonus- auf ein Provisionsmodell:

- Neben einem Fixum enthält die Vergütung zunächst einen festen Bonus, der an das Erreichen einer Quartals-Quote gekoppelt ist.

---

**Methodik der untersuchten Studie 2**

Für ihre Studie haben Kishore/Rao/Narasimhan/John (2013) circa 14.000 Beobachtungen von 458 US-Vertriebsgebieten eines Handelsunternehmens der Pharmabranche zwischen 2007 und 2010 untersucht. Ihre Erkenntnisse ziehen sie unter anderem aus Umsatzzahlen, Vergütung der Vertriebsmitarbeiter, Vertriebsaktivitäten sowie vorgegebenen Quartals-Quoten.

Kishore, S./Rao, R. S./Narasimhan, O./John, G. (2013): Bonuses Versus Commissions: A Field Study, in: Journal of Marketing Research, 50 (3), S. 317-333.

---

- Nach dem Wechsel wird anstelle des Bonus eine lineare Provision auf den Umsatz gewährt, der über der Quartalsvorgabe liegt. Quote und Provisionssatz sind dabei derart festgelegt, dass die variable Vergütung unter beiden Regimen bei Erreichen der initialen Quote identisch ist (vergleiche **Abbildung 1**).
- Zur monetären Incentivierung der indirekt umsatzfördernden Tätigkeit existiert eine Mindestvorgabe, deren Unterschreiten zu einer Bonusreduktion führt.

Der Wechsel vom Bonus- zum Provisionsmodell macht es für die Autoren der Studie möglich, die jeweilige Auswirkung auf den Umsatz und die Vertriebstätigkeit zu analysieren sowie Rückschlüsse auf die jeweiligen Anreize zu ziehen. Dabei wird zusätzlicher Umsatz im Provisionsmodell bereits ab einer niedrigeren Umsatz-Quote zusätzlich vergütet. Die Höhe des Provisionssatzes wird derart festgelegt, dass die Gesamtvergütung bei Erreichen der ursprünglichen Umsatz-Quote die gleiche Höhe wie im Bonusmodell aufweist (siehe **Abbildung 1**).

Die Einführung des Provisionsmodells führt im Durchschnitt über alle Segmente hinweg zu einer Performance-Steigerung. Dabei hat die Umstellung den größten Effekt auf Low Performer. Durch das Herabsetzen der Quote im Provisionsmodell steigt die Wahrscheinlichkeit für dieses Segment, die anreizrelevante Zone zu erreichen und die Vergütung durch einen erhöhten Umsatz zu steigern. Der Effekt auf die Gruppe der Top Performer erweist sich zwar als weniger stark. Jedoch ist auch hier eine Umsatzsteigerung zu beobachten, welche sich unter anderem auf die durch die Provision aufgehobene Deckelung der Entlohnung zurückführen lässt.

In beiden Modellen zeigt sich neben der Performance-Steigerung der Anreiz, Umsätze zwischen Perioden zu verschieben, um die Vergütung zu maximieren. Dabei divergieren die Auswirkungen auf das Verhalten der Segmente je nach Vergütungsmodell: Unter Verwendung des Bonusmodells besteht die Tendenz zur Umsatzverschiebung in das Folge-Quartal, wenn die Quote erreicht wurde (Top Performer) oder diese nicht mehr erreicht werden kann (Low Performer). In beiden Fällen wird eine zusätzliche Anstrengung zur Umsatzsteigerung nicht vergütet. Durch die Verschiebung von Umsätzen in die Folgeperiode können die Mitarbeiter jedoch die Wahrscheinlichkeit steigern, die künftigen Quoten zu erreichen. Ein Anreiz, Umsätze aus dem Folge-Quartal in das aktuelle vorzuziehen, zeigt sich für beide Segmente insbesondere dann, wenn die Quote am Ende eines Quartals nur knapp noch nicht erreicht ist.

Durch die Aufhebung der Deckelung der Vergütung im Provisionsmodell zeigt sich für Top Performer auch nach Erreichen der Quote eine schwache Tendenz, Umsätze in die aktuelle Periode zu verlagern, um ihre Vergütung kurzfristig zu maximieren. Bei Verfehlen der Quote, was vorrangig das Low-Performer-Segment betrifft, besteht analog zum Bonusmodell der Anreiz, Umsätze in künftige Quartale zu verschieben.

*„Die verschiedenen Anreizwirkungen können je nach Mitarbeiter unterschiedlich und auch nicht zwingend im Sinne des Unternehmensziels sein."*

Betrachtet man die im Datensatz erfassten Vertriebsaktivitäten, zeigt sich je nach Vergütungsmodell und Performance-Segment, dass sich die Aktivitäten verschieben. Ist die Quote noch nicht erreicht, besteht unabhängig vom Vergütungsmodell und Performance-Segment zunächst der Anreiz, lediglich die Minimum-Vorgabe der indirekt umsatzfördernden Aktivität zu erbringen, um eine Bonusreduk-

## Zusammenfassung

- Zwei aktuelle Studien zur Anreizwirkung von Vergütungskomponenten zeigen, dass ein und dasselbe Vergütungsmodell je nach Performance-Segment zu unterschiedlichen Anreizen führen kann.
- Top Performer werden besonders durch Umsatzziele („Sales-Quota") in Kombination mit Provisionsmodellen zur Leistungssteigerung motiviert, Low Performer eher durch die Verwendung unterjähriger Umsatzziele.
- Eine nach Performance-Segment individuell ausgestaltete variable Vergütung erhöht die Wahrscheinlichkeit, bessere Leistungen der Vertriebsmitarbeiter im Sinne des Unternehmensziels zu erzielen.

tion zu vermeiden. Darüber hinausgehender Aufwand bedingt dann keine zusätzliche Vergütung. Die Steigerung der direkt umsatzfördernden Aktivität kann hingegen noch dazu führen, das Umsatzziel zu erreichen und damit die Vergü-

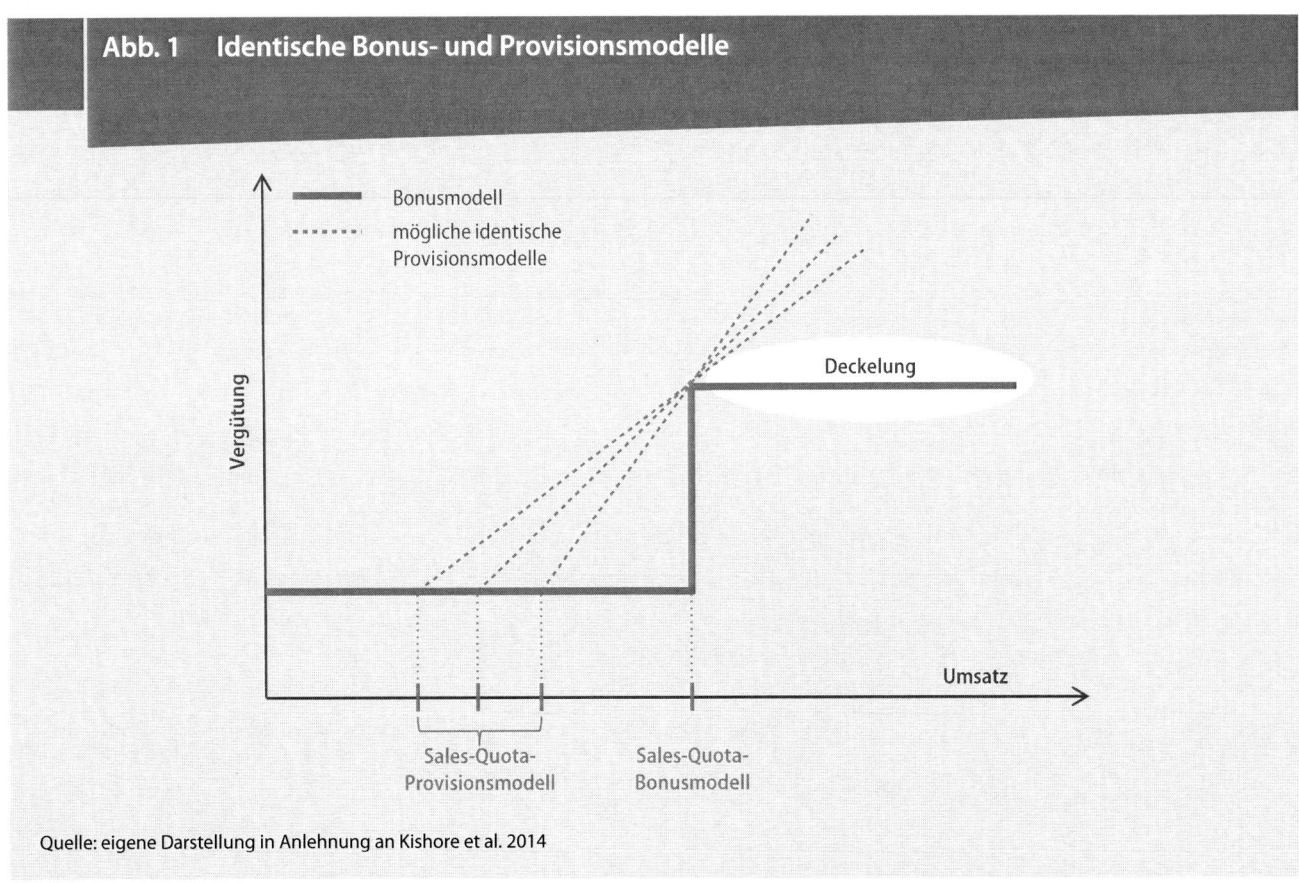

**Abb. 1    Identische Bonus- und Provisionsmodelle**

Quelle: eigene Darstellung in Anlehnung an Kishore et al. 2014

## Handlungsempfehlungen

- Untersuchen Sie gemeinsam mit dem verantwortlichen Vertriebs-Manager den Homogenitätsgrad der Mitarbeiter-Performance, um zu entscheiden, ob individuelle Anreize für spezifische Performance-Segmente gesetzt werden sollten.
- Analysieren Sie vor der Implementierung eines Vergütungssystems die Komplexität der Wirkungsweise von einzelnen Vergütungskomponenten sowie deren Kombination beispielsweise mittels Simulationen oder Testgruppen.
- Richten Sie das Vergütungsmodell vor dem Hintergrund der Unternehmensziele bereichs- und gegebenenfalls segmentspezifisch aus.

tung zu erhöhen. Unter dem Bonusmodell ist erst dann eine Steigerung der indirekt umsatzfördernden Aktivität über das Minimum zu beobachten, wenn die Quote erreicht wurde (Top Performer) oder nicht mehr zu erreichen ist (Low Performer). Weitere Anstrengungen zur Umsatzsteigerung führen in diesen Fällen zu keiner Erhöhung der variablen Entlohnung. Im Provisionsmodell ist im Gegensatz hierzu bei Erreichen der Quote (betrifft tendenziell Top Performer) zu beobachten, dass weiterhin lediglich das vorgegebene Minimum der indirekt umsatzfördernden Aktivität erbracht wird. Der Anreiz lässt sich unter anderem durch die zusätzliche Provision auf zusätzlich erzielten Umsatz erklären, der im Bonusmodell entfällt.

## Schlussbetrachtung

Die Erkenntnisse der Studien verdeutlichen die Wirkung verschiedener variabler Vergütungskomponenten auf das Verhalten von Vertriebsmitarbeitern. Hierbei ist zu beachten, dass die Anreizwirkungen je nach Mitarbeiter unterschiedlich ausfallen können und auch nicht zwingend im

Sinne des Unternehmensziels sein müssen. So können je nach verwendetem Vergütungsregime und Performance-Segment auch Anreize bestehen, Umsätze zwischen Perioden zu verschieben oder nicht beziehungsweise schwach monetär incentivierte Tätigkeiten zu vernachlässigen.

*Literatur*

Joseph, K./Kalwani, M. (1998): The Role of Bonus Pay in Salesforce Compensation Plans, in: Industrial Marketing Management, 27 (2), S.147-159.

⬇ * Kramer, S. (2011): Financial Incentives in der Unternehmenspraxis, in: Controlling & Management Review, 55 (Sonderheft 3), S. 20-23. www.springerprofessional.de/link/6403892

Lingnau, V./Willenbacher, P. (2013): Die Rolle des Controllings bei der Gestaltung von Anreizsystemen, in: Lingnau, V. (Hrsg.): Beiträge zur Controlling-Forschung, Nr. 24, www.controlling-forschung.de (letzter Abruf: 05.05.2016).

Wagenhofer, A. (1995): Unterstützung des strategischen Controlling durch die Kostenrechnung, in: Wagenhofer, A./Gutschelhofer, A. (Hrsg.): Controlling und Unternehmensführung, Wien, S. 117-144.

\* Abonnenten des Portals Springer Professional haben kostenfrei Zugriff.

Autoren:

**Dr. Arne Eimuth**
Fellow des Lehrstuhls für Controlling
Johannes Gutenberg-Universität Mainz, Mainz, Deutschland
E-Mail: arne.eimuth@uni-mainz.de

**Dr. Christian Neßler**
Fellow des Lehrstuhls für Controlling
Johannes Gutenberg-Universität Mainz, Mainz, Deutschland
E-Mail: christian.nessler@uni-mainz.de

## Ergänzender Studientipp

⬇ * Weber, J./Grunwald-Delitz, S./Margolin, M. (2014): Auf dem Weg zu mehr Einfachheit, in: Controlling & Management Review, 58 (1), S. 30-37. www.springerprofessional.de/link/6404724

 Weitere Empfehlungen der Verlagsredaktion aus www.springerprofessional.de zu:

🔍 **Anreizsysteme**

Eimuth A. (2015): Interdivisionale und intertemporale Kostenallokation zur Konstruktion zielkonsistenter Performancemaße, Wiesbaden.
www.springerprofessional.de/link/4347626

Künzel H. (2016): Erfolgsfaktor Performance Management. Leistungsbereitschaft einer aufgeklärten Generation, Wiesbaden.
www.springerprofessional.de/link/4412620

# Unternehmen im Fusionsfieber

Es wäre einer der so genannten Mega-Merger: Der Leverkusener DAX-Konzern Bayer hat vor einigen Wochen ein Kaufangebot für den US-Saatgutriesen Monsanto abgegeben. Die Amerikaner werden an der Börse mit stattlichen 42 Milliarden US-Dollar bewertet, Bayer ist nahezu doppelt so schwer. Analysten taxieren den Preis inklusive Schulden für Monsanto auf bis zu 65 Milliarden Euro. Der Merger würde die Deutschen zum größten Saatguthersteller der Welt machen.

Wie Bayer machen es weltweit viele andere Konzerne. Sie generieren Wachstum durch Übernahmen und Fusionen. Allein in der Konsumgüter- und Handelsbranche gab es im vergangenen Jahr weltweit Fusionen und Übernahmen im Umfang von 365 Milliarden US-Dollar. Der höchste Stand aus dem Jahr 2008, in dem das globale Transaktionsvolumen in dieser Branche bei 502 Milliarden US-Dollar lag, wurde damit zwar verfehlt, trotzdem sind die Aktivitäten seit 2010 kontinuierlich gestiegen, von 2014 auf 2015 sogar um 26 Prozent.

Zu diesem Ergebnis kommt die Studie „Has The Consumer-Retail M & A Market Lost Its Froth?" der Unternehmensberatung A. T. Kearney. Sie basiert auf der Analyse von mehr als 1.000 internationalen Transaktionen im Zeitraum von 2005 bis 2015 sowie auf einer Top-Management-Umfrage zu Herausforderungen und Zukunftstrends.

Für die nächsten Monate prognostiziert die Untersuchung einen weiteren Anstieg: 48 Prozent der befragten Top Manager gehen davon aus, dass die M&A-Aktivität in den USA zwischen zehn und mehr als 20 Prozent zunimmt, für Westeuropa erwartet dies gut ein Drittel.

„Der Konsolidierungsdruck in der Branche bleibt hoch", kommentiert Markus Stricker, Leiter des europäischen Beratungsbereichs Konsumgüterindustrie bei A. T. Kearney.

⬇ Mehr zu diesem Thema erfahren Sie unter: www.springerprofessional.de/link/10138822

**Anja Schüür-Langkau**

# Eine gemischte Führung bringt Familienunternehmen voran

„Um in der kompetitiven Finanzindustrie zu bestehen, sollte die Führung einer Bank bei führenden Köpfen liegen", schreibt Leonhard von Metzler, Mitglied der Frankfurter Bankiersfamilie von Metzler. Die gleichnamige zweitälteste Privatbank Deutschlands ist seit ihrer Gründung im Jahr 1674 und mittlerweile in der elften Generation in Familienbesitz.

Die Gründerfamilie entschied früh, führende Köpfe nicht zwangsläufig nur innerhalb der eigenen Familie zu suchen, um die Selbstständigkeit und Stabilität des Hauses durch die Jahrhunderte zu erhalten. Bereits 1787 wurde der erste familienfremde Partner in die Führungsspitze geholt.

Dieses Vorgehen der Traditionsbank ist kein Einzelfall. Mittlerweile werden die meisten Familienunternehmen in Deutschland von einem Team aus Familienmitgliedern und externen Managern geleitet. Die Mischkultur trägt reiche Früchte. Von 163 für die Pricewaterhouse-Coopers-(PwC)-Studie „Gemischte Geschäftsführungsteams in Familienunternehmen" befragten Familienunternehmen sind 90 Prozent mit dem Fremdmanager in der Geschäftsführung zufrieden

und 77 Prozent finden, dass er sich das Vertrauen der Familie verdient hat.

Bei 73 Prozent der Befragten war die Hoffnung auf neue fachliche Expertise ausschlaggebend für die Öffnung der Führungsspitze. Die fortschreitende Professionalisierung des Unternehmens (53 Prozent) und ein stärkeres Wachstum (49 Prozent) sowie ein fehlender qualifizierter Nachfolger in der Unternehmensfamilie sind weitere Gründe. „In den meisten Familienunternehmen hat sich inzwischen die Erkenntnis durchgesetzt, dass die Geburt niemanden zum guten Unternehmer macht. In diesem Fall kann eine Ergänzung der Geschäftsführung durch Fremdmanager eine gute und manchmal sogar die bessere Lösung sein, weil so neue Sichtweisen in das Unternehmen eingebracht werden", kommentiert Dr. Peter Bartels, PwC-Vorstandsmitglied und Leiter des Bereichs Familienunternehmen und Mittelstand.

⬇ Weitere Informationen zur Studie erhalten Sie unter: www.pwc.de/familienunternehmen

**Michaela Paefgen-Laß**

**Michael
Müller
im Dialog
mit Utz
Schäffer**

# „Jetzt planen wir nur noch mit 25 bis 30 KPIs!"

Mit dem Projekt Lean Planning geht die RWE AG gegen kapazitätsfressende Planungsprozesse vor. Dr. Michael Müller, Leiter Konzern-Controlling, erläutert die wesentlichen Ansatzpunkte für die Neuausrichtung im Unternehmen. Im Dialog mit CMR-Mitherausgeber Utz Schäffer macht er deutlich, an welchen Stellen wesentlich verschlankt und entschlackt werden konnte.

*Dr. Michael Müller*

*ist als Leiter Konzern-Controlling verant-
wortlich für das Controlling und Risiko-
Management des RWE Konzerns. Er
studierte Maschinenbau und Betriebswirtschaftslehre in Aachen und Hanover, USA.
Er begann seine berufliche Karriere bei der
Unternehmensberatung McKinsey. 1995
trat er bei RWE als technischer Projektleiter im Kraftwerksbereich ein und hatte
seitdem eine Reihe von Führungspositionen im Erzeugungs- und Handelsbereich
inne, so zum Beispiel als Leiter Einkauf,
Leiter Asset Management Kontinental-
europa und als Leiter des Restrukturie-
rungsprogramms NEO der Erzeugungs-
sparte. Im September 2016 wird Michael
Müller den Posten des CFOs der Handels-
tochter Supply & Trading übernehmen.*

Herr Dr. Müller, bei RWE wurde im letzten Jahr das Projekt „Lean Planning" ins Leben gerufen. Was war hierfür der Auslöser?

Sie wissen ja, der RWE Konzern befindet sich gerade in unruhigem Fahrwasser. Die Preisentwicklung an den Strommärkten und der intensive Wettbewerb in unseren Kernmärkten, aber auch politische Entscheidungen haben massive Auswirkungen auf unser Geschäft. Wir haben deshalb bereits in den letzten Jahren einige Maßnahmen angestoßen, um wettbewerbsfähig zu bleiben. Wir hatten dann aber das Gefühl, dass da noch mehr möglich ist und wir gerade im Bereich der Querschnittsfunktionen noch effizienter und effektiver werden können.

Welches Ziel verfolgen Sie?

Wir möchten uns noch stärker nur auf die wirklich wesentlichen Dinge konzentrieren und so die Effizienz und Effektivität von finanziellen Planungs- und Prognoseprozessen signifikant erhöhen. Wie machen wir das? Insbesondere durch eine Fokussierung auf die wichtigsten beziehungsweise steuerungsrelevanten Werttreiber in der Planung und Berichterstattung. Und zwar auf allen Ebenen des Unternehmens!

Was waren die wesentlichen Kritikpunkte am alten Prozess?

Wir haben festgestellt, dass wahnsinnig viele Leute auf zu vielen Hierarchieebenen in den Planungs- und Prognoseprozess eingebunden waren. Der Grund: Der Planungsprozess wurde oft mit den Zielvereinbarungen gleichgesetzt. Man wollte also im Vorfeld unbedingt sicher sein, dass die Planwerte, die zum Beispiel für die Tantiemen relevant waren, mit hoher Wahrscheinlichkeit erreicht werden konnten. Im alten Prozess waren wir geprägt von einem extremen Planungskonservatismus, die Prognosegüte war gar nicht so gut und die Prozesse dauerten durch die vielen Abstimmungen viel zu lang. Die Datenerhebung war zudem stark bottom-up-getrieben, was dazu führte, dass viele Details erhoben wurden, die für die strategische oder operative Steuerung des Unternehmens irrelevant sind. Und schließlich trug das konzernweit eingesetzte Erfassungs- und Konsolidierungs-Tool für Plan-und Prognosewerte, das relativ stark auf Ist-Prozesse und deren Anforderungen ausgerichtet war, dazu bei, dass wir eher eine Art „Forward Accounting" betrieben. Das durfte nicht so bleiben.

Können Sie das näher erläutern?

Nehmen Sie beispielsweise den Planungsprozess: Dieser ist ein Kernprozess im Controlling. Den gab es schon immer, den

wird es auch zukünftig immer geben. Er ist gewachsen und fest etabliert, aber der im Controlling betriebene Aufwand stand in keinem Verhältnis zum Nutzen. Von 850 Controllern im Konzern war umgerechnet ein Viertel Vollzeit mit dem Planungsprozess befasst.

*Da war in der Tat viel Kapazität gebunden. Was haben Sie dann gemacht? Welches Ziel haben Sie sich gesetzt?*
Es gab ein klares Commitment von oben, angefangen bei unserem CFO Dr. Bernhard Günther: Wir wollten einen schlanken Prozess etablieren, der sich – wie bereits erwähnt – nur

## RWE AG

Das Unternehmen gehört zu den führenden Strom- und Gasanbietern in Europa. Die RWE Generation verfügt über einen der modernsten und effizientesten Kraftwerkparks in Europa – mit einer starken Verankerung in Deutschland, Großbritannien und den Niederlanden. Die Handelssparte RWE Supply & Trading gehört derzeit zu den drei führenden Energiehandelshäusern in Europa. Neben Strom handelt sie auch Rohstoffe und $CO_2$-Zertifikate. Mit diesen beiden operativen Geschäftsfeldern, der konventionellen Energieerzeugung und dem Energiehandel, ist RWE auf allen Stufen der Energiewertschöpfungskette tätig. Das dritte Standbein bildet die Mehrheitsbeteiligung an der RWE International SE.

auf die wesentlichen Dinge und die steuerungsrelevanten Informationen konzentriert. Ziel war außerdem, die Qualität im Planungsprozess zu halten oder sogar zu verbessern. Dazu waren wir bereit, Bestehendes infrage zu stellen und uns auf Unsicherheit einzulassen.

*Können Sie für uns die einzelnen Bausteine des Projekts beschreiben?*
Wir haben zunächst die bestehenden Aktivitäten oder Endprodukte in den Querschnittsfunktionen konzernweit einheitlich definiert. Für das Controlling beispielsweise die Planung, die Prognosen oder die Kommentierung von Ist-Zahlen. Diese Endprodukte wurden dann mit Preisschildern versehen, zum Beispiel: Wie viel kostet es in den verschiedenen Konzerngesellschaften, eine Mittelfristplanung zu erstellen? Wir haben bei Querschnittsfunktionen natürlich vorrangig die Personalkosten betrachtet, aber durchaus auch die Sachkosten berücksichtigt.

*Also eine klassische Ressourcenallokation als Startpunkt.*
Genau. Im zweiten Schritt haben wir im Dialog mit den Kollegen unsere Planungs- und Prognoseprozesse komplett hinterfragt und erarbeitet, was wesentlich, weil steuerungsrelevant ist. Darauf haben wir uns im Grunde konzentriert und dann die Tätigkeiten bestimmt, die unter anderem aus rechtlichen Gründen oder aus Steuerungsgesichtspunkten unbedingt notwendig sind. Weil wir nun eine einheitliche Definition der Tätigkeiten hatten, war ein Quervergleich des Aufwands zwischen den Konzernbereichen möglich. So konnten

wir auch ermitteln, wie hoch die Kosten für diese Tätigkeiten maximal sein dürften. Die Diskussionen waren hier zum Teil sehr intensiv, aber auch konstruktiv, denn wir konnten Best-Practice-Ansätze austauschen.

*War es immer einfach zu sagen, welche Tätigkeit notwendig ist, welche nicht?*
Nein. Natürlich gibt es auch Tätigkeiten, die zwar nicht unbedingt notwendig sind, aber trotzdem einen Mehrwert schaffen. Da wir am Anfang des Projekts eine Ideenhürde vorgegeben hatten, war aber allen von vornherein klar, dass es nicht möglich sein würde, sämtliche Tätigkeiten mit einem Mehrwert fortzuführen. Jede Funktion hatte die Aufgabe, Ideen für eine Kostenreduzierung um mindestens 30 Prozent zu generieren.

> *„Durch die Konzentration auf die wirklich wesentlichen Dinge erhöhen wir die Effizienz und Effektivität von finanziellen Planungs- und Prognoseprozessen signifikant."*

Es musste also entschieden werden, welche Tätigkeiten unter dem vorgegebenen Einsparziel gestrichen und welche fortgeführt werden sollten. Auf Basis von Kosten-Nutzen-Abwägungen wurde dies zusammen mit den jeweiligen internen Kunden diskutiert. Aus der Entscheidung ergab sich die Soll-Dimensionierung für Personal- und Sachkosten. Die verein-

barten Maßnahmen zur Erreichung der damit verbundenen Kostensenkungsziele haben wir anschließend fest in der Mittelfristplanung verankert. So sind wir auch im Controlling vorgegangen. Das Interessante ist, dass die operativen Kollegen immer begeistert sind, wenn die Controller bei sich selbst sparen. Aber an einem gewissen Punkt sagen auch die Operativen, dass sie auf bestimmte Endprodukte nicht verzichten wollen. Und damit beginnt die spannende Diskussion, was eigentlich steuerungsrelevant ist.

*Sie haben die Anzahl der KPIs, die Unternehmenssegmente an das Group Controlling berichten müssen, stark verringert. Welche KPIs haben sich als wesentlich herauskristallisiert?*
Wir steuern den Konzern nach funktionalen Segmenten, in denen wir zum Beispiel die konventionelle Erzeugung bündeln. Früher haben wir jedes Jahr jede legale Einheit mit bis zu 300 Positionen beplant, und war sie noch so klein. Jetzt planen wir nur noch mit 25 bis 30 finanziellen KPIs je Segment. Für die Steuerung sind letztlich nur eine Handvoll solcher KPIs wichtig – im Wesentlichen Ergebnis, operativer Cash, Investitionen sowie Veränderungen im Working Capital. Zusätzlich betrachten wir natürlich auch die wesentlichen operativen KPIs, mit denen wir die Entwicklung der Finanzkennzahlen gut erklären können. Dazu gehören zum Beispiel Kundenzahlen, Akquisekosten im Vertrieb oder kommerzielle Verfügbarkeit in der Erzeugung. Von den Segmenten verlangen wir also lediglich die Kennzahlen, die für ihre eigene Steuerung wichtig sind, plus ein paar wenige zusätzliche Zahlen, die wir als Input für die Konzernplanung benötigen.

Erfassen die einzelnen Einheiten weiterhin alle Kennzahlen oder hat RWE auch hier verschlankt und zentralisiert?

Für die Planung „südlich" des operativen Ergebnisses bedienen wir uns bei den Centers of Expertise (CoEs), die wir in den letzten zwei Jahren gegründet haben. Hier haben wir alle Tätigkeiten rund um Accounting, Finance und Steuern gebündelt. Die CoEs stellen zum Beispiel das Finanzergebnis oder die Steuerplanung auf Konzernebene zur Verfügung. Solche Kennzahlen haben wir früher für jede einzelne Legaleinheit ermittelt. Verantwortlich war dann der CFO der jeweiligen Einheit, jetzt ist beispielsweise der Leiter Steuern allein für die Steuerplanung verantwortlich, was die Güte deutlich verbessert, da er eine

*„Für die Planung ‚südlich' des operativen Ergebnisses bedienen wir uns bei den Centers of Expertise (CoEs)."*

ganzheitliche Brille für den Konzern aufsetzen muss. Wir haben nämlich nicht nur die Anzahl der finanziellen KPIs, die wir von den Segmenten abfragen, sondern auch die Anzahl der Berichtseinheiten drastisch reduziert. Lagen früher integrierte Planungen, also GuV, Bilanz und KFR für mehrere Hundert Einzelgesellschaften vor, so setzt sich die Planung auf Konzernebene nun nur noch aus circa zehn Bausteinen zusammen.

Was erhoffen Sie sich von diesem neuen reduzierten Datenmodell?

Auf den oberen Ebenen leiten wir nicht mehr Ergebnisziele aus dem Budget ab, sondern aus einer Kapitalmarktsicht. Es wird relativ früh festgelegt, was das Ziel ist. Dann wird durch die funktionalen Segmente festgelegt, wie man zum Ziel kommen will. Das führt zu einem schlanken Top-down-Prozess, der sehr gut für alles auf den oberen Ebenen funktioniert. Allerdings kippt irgendwann dieses Top-down dann wieder in ein Bottom-up.

Dann sind Sie wieder im alten Prozess.

Das genau ist die Schwierigkeit, an der wir momentan stehen. Das Entscheidende ist, die schlanken Prozesse auf Konzernebene auch vorzuleben.

Genau. Wie lebt das Top Management denn den neuen Planungsprozess?

Das Commitment von Bernhard Günther als CFO war ganz klar ein zentrales Erfolgskriterium. Er hat sich persönlich und sichtbar für alle immer wieder für das Projekt starkgemacht.

Dieses Commitment von oben ist auch wichtig, weil man radikale Prozessänderungen, von denen doch viele Kolleginnen und Kollegen im Konzern relativ stark betroffen sind, sonst nicht umsetzen kann. Die Implementierung von Maßnahmen wie Lean Planning erfordert einen kleinen Kulturwandel, ein Umdenken, ein Loslassen von alten Gewohnheiten. Das Top Management hat hier ganz klar eine Vorbildrolle: Wenn auf der Ebene keine Veränderung wahrgenommen wird, wird man auf den Ebenen darunter auch keine durchsetzen können.

Gibt es denn noch Fragen zu KPIs, die nicht mehr im Datenmodell enthalten sind?

Wer Wasser predigt, muss nachher auch Wasser trinken. Es muss das Vertrauen zwischen Datenlieferant – in der Regel dem Controller – und dem Kunden da sein, dass man sich an diese Absprachen hält. Wenn beschlossen wurde, auf bestimmte Kennzahlen oder Details zu verzichten, dann sollte sich der Controller darauf verlassen können, dass nicht doch nach alten KPIs gefragt wird. Sonst würde er „auf Vorrat arbeiten": Es könnte ja doch nach den Details gefragt werden. Das würde aber den Gedanken von Lean Planning konterkarieren. In Ausnahmefällen mag es sein, dass doch eine detailliertere Analyse notwendig ist, zum Beispiel bei unerwarteten Geschäftseinbrüchen, aber das sollte dann ad hoc bearbeitet werden und nicht wieder in einen Regelprozess münden. Andersherum muss sich der Kunde darauf verlassen können, dass die ihm bereitgestellten Informationen belastbar sind, sodass er damit auch wirklich seinen Verantwortungsbereich steuern kann. Auch wenn die Details nicht mehr verfügbar sind, müssen die Kennzahlen trotzdem die wesentlichen Effekte berücksichtigen. Durch Lean Planning hat der Controller mehr Zeit, sich mit diesen Inhalten zu beschäftigen als früher, was zur Qualitätssicherung und effektiven Steuerung beitragen sollte.

Effizienzverbesserungen stehen bei Lean Planning im Vordergrund – wie hat sich die Effektivität der Planung verändert?

Ein Missverständnis, das uns oft begegnet, ist die angeblich hohe Qualität und Belastbarkeit einer detaillierten Planung. Wir haben aber, wie viele andere Unternehmen auch, immer wieder festgestellt, dass es nicht die Details sind, die die Qualität bestimmen, sondern die Durchdringung der Entwicklung wesentlicher Werttreiber oder die Auswirkung sogenannter Sondereffekte. Wie sich Lean Planning tatsächlich auf die Effektivität auswirkt, werden wir in den nächsten ein bis zwei Jahren sehen. Wir haben erst im Herbst letzten Jahres die ersten großen Maßnahmen eingeführt. Wir haben dadurch schnell eine deutliche Reduzierung des Planungs- und Prognoseaufwands erreicht.

Wie sind Ihre konkreten Erfahrungen?

Die Erfahrungen bislang sind sehr positiv: Lean Planning hat dazu geführt, dass wir uns mehr auf die Inhalte konzentrieren und uns nicht mehr so sehr um die Details oder die Technik kümmern. Die wichtigen Fragen, die wir in einer Planung oder Prognose beantworten müssen, sind doch folgende: Welche sind die wesentlichen Werttreiber eines Steuerungsobjekts? Welche Effekte führen zu signifikanten Abweichungen dieser Kennzahlen? Welche sind die Chancen und Risiken und wie können wir diese aktiv steuern? Es ist ganz entscheidend, sich nur auf wenige relevante Kennzahlen zu konzentrieren. Wir merken, dass wir uns mehr mit den relevanten Themen beschäftigen. Die Diskussionen sind viel fokussierter auf die Sachverhalte. Dieses monolithische Planungssystem, in dem ich über drei oder fünf Jahre feste Prämissen habe, wird sich ändern. Bezogen auf die Plan- oder Prognosequalität hatten wir mit dem Jahresabschluss 2015 den ersten Lackmustest, den wir bestanden haben: Die Belastbarkeit der Prognose aus dem Herbst 2015 im Vergleich zum Jahresabschluss war mindestens genauso gut wie früher, als wir noch sämtliche Details vorliegen hatten. Die Prognosegüte ist sogar besser geworden.

Was sind für Sie die wesentlichen Lessons Learned aus dem Projekt, wenn Sie das Controlling betrachten?

Wichtig ist, den Mut zu haben, Bestehendes zu hinterfragen. Das Top Management muss sichtbar hinter einem solchen Projekt stehen und mit gutem Beispiel vorangehen. Der Planungsprozess ist das Herzstück des Controllings, da bestehen bei vielen Kolleginnen und Kollegen recht viele Vorbehalte, wenn man auf die gewohnten Prozesse und Berichte verzichten soll. Das Beharrungsvermögen, aber auch die Unsicherheit an der Basis über die Auswirkungen von Lean Planning waren doch recht hoch. Zweitens ist es wichtig, schnell und sichtbar radikale Maßnahmen umzusetzen. Damit setzt man das klare Signal, dass man es ernst meint. Ein letzter Punkt ist, dass die vereinbarten Maßnahmen letztendlich auch mit konkreten Effizienzzielen, also Kostensenkungen, verbunden werden. Auch wenn es natürlich immer besser ist, wenn jemand von den Vorteilen einer Maßnahme überzeugt ist: Lean Planning darf keine komplett freiwillige Veranstaltung sein, weil dann die Motivation zur Implementierung möglicherweise zu gering ist.

RWE verändert sich ganz grundlegend. Was heißt das für die Planung?

In der Tat steht RWE vor tiefgreifenden organisatorischen Veränderungen: Wie Sie wissen, planen wir die Bündelung unserer Aktivitäten in den Bereichen erneuerbare Energien, Netze und Vertrieb in einer neuen börsennotierten Tochtergesellschaft. Wir dürfen bei aller Fokussierung auf diese wichtige Mammutaufgabe trotzdem nicht den Fehler machen, die Lean-Planning-Prinzipien aus den Augen zu verlieren. Stärker noch: Der Erfolg des RWE Konzerns und auch dieser neuen Gesellschaft wird zukünftig vom Kapitalmarkt auch daran

*„Die Implementierung von Maßnahmen wie Lean Planning erfordert ein Loslassen von alten Gewohnheiten.“*

gemessen, wie effizient und effektiv wir unsere Prozesse gestalten. Im letzten Jahr haben wir Lean Planning im Wesentlichen auf Konzernebene eingeführt. In 2016 arbeiten wir daran, Lean Planning auch auf den Ebenen darunter zu verankern. Das ist insofern eine Herausforderung, als dass ab einer bestimmten Ebene die Unterscheidung zwischen operativer Steuerung und Finanzplanung kaum mehr möglich ist. Trotzdem möchten wir auch an diesen Stellen hinterfragen, welche Informationen in welcher Frequenz wirklich für die Steuerung benötigt werden.

Ein letzter Punkt?

Wir möchten zukünftig sicherstellen, dass Prozessverbesserungen kontinuierlich umgesetzt werden. In der Vergangenheit haben wir uns die Möglichkeiten zur Verbesserung von Planungsprozessen alle paar Jahre im Rahmen von Projekten näher angeschaut. Wir wollen nun jedoch eine nachhaltige und kontinuierliche Verbesserung dieser Prozesse etablieren und dazu beispielsweise interdisziplinäre Teams zusammenstellen, die für einen gesamten Prozess („end-to-end") und dessen ständige Optimierung zuständig sind.

Herr Dr. Müller, herzlichen Dank für das Gespräch.

Das Gespräch führte Prof. Dr. Utz Schäffer, Direktor des Instituts für Management und Controlling (IMC) der WHU – Otto Beisheim School of Management in Vallendar und Mitherausgeber der Controlling & Management Review.

# Ein Leitfaden für die Controller-Entwicklung

Mit ihrem Kompetenzmodell hat die International Group of Controlling ein wertvolles Tool für HR- und Controlling-Leiter geschaffen. Das Kompetenz-Management im Controlling soll besser werden.

*Rita Niedermayr-Kruse, Heimo Losbichler*

Das Berufs- und Rollenbild der Controller wandelt sich kontinuierlich und erlebt eine zunehmende Differenzierung, die Anforderungen an den Berufsstand steigen und werden vielschichtiger. Doch wie gehen die Controlling-Verantwortlichen mit dieser Tatsache um? Bislang hat eine fundierte Aus-

einandersetzung mit den Kompetenzen, über die ein Controller heute verfügen sollte, noch nicht stattgefunden, und Unternehmen laufen Gefahr, dass ihre Controlling-Organisationen mittel- bis langfristig den neuen Anforderungen nicht mehr entsprechen (vergleiche Schäffer/Margolin 2013, S. 141 ff.; Gleich/Gänßlen/Losbichler 2011, S. 25 ff.).

Lernen wird immer noch von vielen auf die Aneignung von Fach- und Sachwissen reduziert. Dies ist zwar weiterhin die notwendige Grundvoraussetzung, genügt aber angesichts der Anforderungen eines leistungsfähigen Controllings bei Weitem nicht mehr. Im Mittelpunkt einer zeitgemäßen Controller-Entwicklung sollten neben Fach- und Sachwissen insbesondere auch erfolgskritische Controller-Kompetenzen stehen. Das Controller-Können muss in seiner Vielschichtigkeit und Mehrdimensionalität erfasst, evaluiert, geplant und gesteuert werden. Es muss im Einklang mit den Zielen und mit der Strategie des Unternehmens stehen und darf nicht dem Zufall überlassen werden.

## Controller-Kompetenzen besser managen

Als Management-Partner müssen Controller heute neben fachlich-methodischen Kompetenzen über ein fundiertes Geschäftsverständnis, Social Skills sowie über die Fähigkeit, ihr Rollenverhalten situativ anzupassen, verfügen. Ein fehlendes Management dieser Kompetenzen äußert sich in der Praxis durch wiederholte Fehlbesetzungen, durch einen fal-

### Serie Controller-Kompetenzen

Dr. Rita Niedermayr-Kruse ist Mitglied der Geschäftsführung des Österreichischen Controller-Instituts; Geschäftsführerin von Contrast Ernst & Young Management Consulting und Mitglied des Managing Committees der International Group of Controlling.

Prof. Dipl.-Ing. Dr. Heimo Losbichler ist Leiter des Studiengangs Controlling, Rechnungswesen und Finanzmanagement an der FH-Oberösterreich in Steyr, er ist stellvertretender Vorsitzender des Internationalen Controller Vereins (ICV) und Vorsitzender des Managing Committees der International Group of Controlling.

schen Einsatz von Mitarbeitern, durch unzureichendes Know-how, durch eine problembehaftete Zusammenarbeit zwischen Controllern und ihren Stakeholdern, durch eine steigende Unzufriedenheit und mangelnde Motivation der Mitarbeiter sowie durch eine überdurchschnittliche Fluktuation von Mitarbeitern. Ohne ein systematisches Kompetenz-Management in der Controller-Organisation können diese Defizite bestenfalls temporär durch Einzelmaßnahmen kompensiert werden. Jedoch kostet Improvisation bekanntlich viel Geld sowie Energie und führt nur zu suboptimalen Ergebnissen. Das Controller-Kompetenzmodell der IGC setzt hier an und bietet erstmals eine durchgängige Methodik für das Kompetenz-Management im Controller-Bereich.

## Die richtigen Kompetenzen definieren

Das Controller-Kompetenzmodell beantwortet folgende wichtige Fragen:

- Welche Kompetenzen sind für Controller allgemein wichtig?
- Welche Kompetenzen sind für typische Controller-Funktionen erfolgskritisch?
- Welche Kompetenzen sind für eine konkrete Controller-Funktion in einem konkreten Unternehmen erfolgskritisch? Wie weit sind diese tatsächlich vorhanden? Welcher Entwicklungsbedarf besteht daher?

### Das Controller-Kompetenzmodell

Das Controller-Kompetenzmodell der International Group of Controlling (IGC) bietet erstmals eine durchgängige Methodik für das Kompetenz-Management im Controller-Bereich. Es besteht aus einem hierarchischen Kompetenzkatalog, der auf dem IGC-Prozessmodell (vergleiche IGC 2011, S. 21 ff.) und dem Controller-Leitbild (vergleiche Losbichler/Niedermayr 2013, S. 167 ff.) aufbaut und sowohl prozessspezifische als auch prozessübergreifende Controller-Kompetenzen ausführlich behandelt. Der Kompetenzkatalog wird durch Muster-Funktionsprofile und daraus abgeleitete Muster-Kompetenzprofile komplettiert. Damit steht Controllern, Führungskräften und HR-Verantwortlichen ein konkret anwendbares Werkzeug für die Kompetenzentwicklung, -überprüfung und -steuerung zur Verfügung.

Das Controller-Kompetenzmodell besteht aus einem umfangreichen, hierarchischen Kompetenzkatalog, aus Muster-Funktionsprofilen sowie aus darauf aufbauenden generischen Muster-Kompetenzprofilen für verschiedene Controller-Funktionen (siehe **Abbildung 1**).

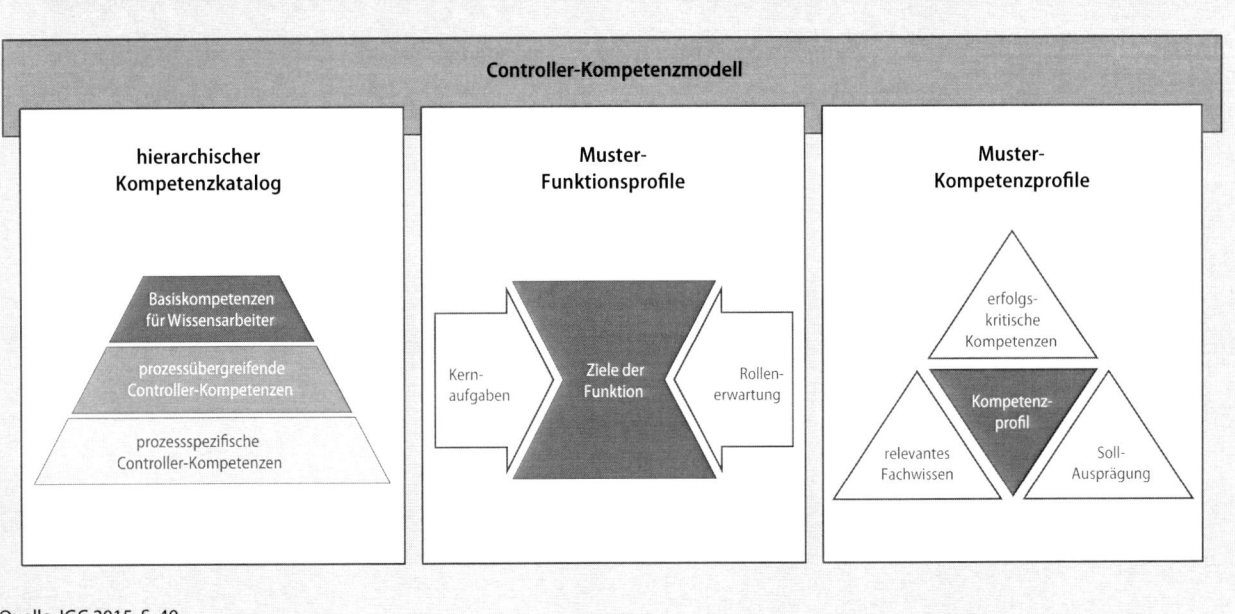

**Abb. 1    Bestandteile des Controller-Kompetenzmodells der IGC**

Controller-Kompetenzmodell

hierarchischer Kompetenzkatalog

Basiskompetenzen für Wissensarbeiter

prozessübergreifende Controller-Kompetenzen

prozessspezifische Controller-Kompetenzen

Muster-Funktionsprofile

Kern-aufgaben    Ziele der Funktion    Rollen-erwartung

Muster-Kompetenzprofile

erfolgs-kritische Kompetenzen

Kompetenz-profil

relevantes Fachwissen    Soll-Ausprägung

Quelle: IGC 2015, S. 40

Der hierarchische Kompetenzkatalog orientiert sich am Kompetenzatlas von Heyse/Erpenbeck (vergleiche Heyse/Erpenbeck 2009, S. XIII) und baut darüber hinaus auf dem IGC-Prozessmodell beziehungsweise dem Controller-Leitbild der IGC auf. Er definiert zum einen Basiskompetenzen für Wissensarbeiter und zum anderen erfolgskritische Controller-Kompetenzen auf prozessübergreifender und prozessspezifischer Ebene. Eine Kompetenz wird dabei als Fähigkeit verstanden, Problemstellungen in der Praxis selbstorganisiert zu lösen. Kompetenzen gehen damit deutlich über reines Fach- und Sachwissen hinaus. Sie manifestieren sich im gezeigten Verhalten (vergleiche Erpenbeck/von Rosenstiel 2007, S. XV).

Der Kompetenzkatalog umfasst 45 ausführlich beschriebene Controller-Kompetenzen. Die genaue, standardisierte Beschreibung ist erforderlich, um subjektiven Interpretationsspielraum zu begrenzen und ein gemeinsames Verständnis zu schaffen. Der Detaillierungsgrad der Beschreibung der Kompetenzen ist dabei von der Ebene des Kompetenzkataloges abhängig. Während die Basiskompetenzen für Wissensarbeiter lediglich allgemein beschrieben werden, findet auf der prozessübergreifenden und auf der prozessspezifischen Ebene eine controllerspezifische Beschreibung der Kompetenzen statt. Die allgemein formulierten Kompetenzen des Kompetenzatlas werden so in konkrete Controller-Kompetenzen überführt. Die Operationalisierung der Controller-Kompetenzen auf der prozessübergreifenden und -spezifischen Ebene liefert konkrete Anknüpfungspunkte für die Personalarbeit im Controller-Bereich und stellt somit die Grundlage für die Ableitung von Kompetenzprofilen für unterschiedliche Controller-Positionen dar. Die prozessübergreifende Controller-Kompetenz „Impulsgeben" wird exemplarisch in **Abbildung 2** dargestellt.

Neben den ausführlich beschriebenen Kompetenzen beinhaltet der Kompetenzkatalog auch einen Überblick über das relevante Fachwissen im Kontext des IGC-Prozessmodells. Er ist damit eine generische, nicht auf den Kontext einer Organisation angepasste Orientierungsgrundlage für die Erstellung eines unternehmensindividuellen Kompetenzkataloges und für die systematische Auswahl und Modellierung der jeweils notwendigen Controller-Kompetenzen. Aus Sicht des einzelnen Unterneh-

---

**Abb. 2    Beispiel – Kompetenzbeschreibung „Impulsgeben"**

| Impulsgeben (A/S; L; Ü) | Fähigkeit, anderen Handlungsanstöße zu vermitteln |
|---|---|

**Erläuterung:**
Impulsgeben ist die Fähigkeit, Führungskräften wie Mitarbeitern aller Unternehmensbereiche proaktiv und wirksam Verhaltens- und Denkanstöße vermitteln zu können. Controller inspirieren ihre Gesprächspartner auf Basis gut aufbereiteter Information und einleuchtender Argumente; sie regen an, sie motivieren und sind Auslöser für Maßnahmen zur Performance-Steigerung.

**Kompetenzbegriff:**
• regt durch seinen Wissenshintergrund an
• gibt Denkanstöße, regt gemeinsames Nachdenken an
• ermuntert im Rahmen der Diskussion Entscheidungsträger zu rationalem und ökonomisch sinnvollem Handeln

**Kompetenzübertreibung:**
• setzt sich zu versessen für die Durchsetzung seiner Ideen ein
• drängt sich anderen mit seinen Ideen auf

**Begründung der Auswahl:**
Die Fähigkeit des Impulsgebens hilft dem Controller, über die sachliche Argumentation hinaus das Management zu inspirieren und Verhaltensanstöße zu geben. Impulse für ein wirtschaftlich sinnvolles Handeln zu geben, kann als eine Grundaufgabe des Controllers, insbesondere in seiner Rolle als Management-Partner, angesehen werden.

A/S: Mischform aus Aktivitäts- und Umsetzungskompetenz und sozialkommunikativer Kompetenz
L:    Output-Kategorie Leadership
Ü:    prozessübergreifende Kompetenz

Quelle: IGC 2015, S. 57; in Anlehnung an Heyse/Erpenbeck/Ortmann 2010, S. 123 ff.

---

mens geht es in weiterer Folge darum herauszufinden, welche Kompetenzen für bestimmte Funktionen beziehungsweise für eine konkrete Position im Controlling erfolgsentscheidend sind.

Ein wesentliches Charakteristikum des Controller-Kompetenzmodells ist seine outputorientierte Strukturierung. Outputorientiert bedeutet, dass die einzelnen Controller-Kompetenzen entsprechend ihrem Erfolgsbeitrag zur Controller-Performance unterschiedlichen Kategorien zugeordnet werden. Konkret unterscheidet das Modell fünf Output-Kategorien (vergleiche IGC 2015, S. 45 f):

**Know-how und Anwendung:** Beinhaltet Kompetenzen, die Controller befähigen, über ihre ausgeprägte Fachexpertise auf dem Gebiet der Unternehmenssteuerung und anderer, relevanter Wissensbereiche im Unternehmen als betriebswirtschaftliches Gewissen zu agieren sowie als interner Berater die Unternehmensentwicklung mitzugestalten.

**Leadership:** Beinhaltet Kompetenzen, die Controllern die Fähigkeiten verleihen, Führungsaufgaben eigenverantwortlich wahrzunehmen und eine aktive Rolle im Zusammenhang mit der Umsetzung der Controlling-Prozesse unter Beweis zu stellen.

**Kundenfokus:** Beinhaltet Kompetenzen, die es Controllern ermöglichen, ihre Leistung service- und kundenorientiert zu erbringen und gegenüber ihren Stakeholdern Wirkung zu erzielen.

**Effizienz:** Beinhaltet Kompetenzen, die Controllern dazu verhelfen, ihre knappen Ressourcen rational einzusetzen und wirtschaftlich zu arbeiten.

**Zukunftsgestaltung:** Beinhaltet Kompetenzen, die Controller dazu befähigen, Akzente für zukunftsträchtige betriebswirtschaftliche Entscheidungen und für die Weiterentwicklung des Controller-Bereichs und des Controllings zu setzen.

Die Muster-Kompetenzprofile der IGC orientieren sich an dem in **Abbildung 3** dargestellten Kompetenzraster, das mit einem ausgewogenen Set an Controller-Kompetenzen in allen fünf Output-Kategorien arbeitet. Jede der fünf Output-Kategorien umfasst wiederum jeweils fünf Controller-Kompetenzen. Mit diesem Profilraster der 25 Controller-Kompetenzen wird es möglich, Controller-Können in seiner Vielschichtigkeit und Mehrdimensionalität zu erfassen, zu evaluieren, zu planen und zu steuern. Die IGC erstellt auf Basis des vorlie-

---

**Abb. 3   Outputorientiertes Kompetenzraster der IGC**

| Leadership | | Kundenfokus | |
|---|---|---|---|
| normativ-ethische Einstellung | ☐ ☐ ☐ ☐ ☐ | Glaubwürdigkeit | ☐ ☐ ☐ ☐ ☐ |
| proaktives Impulsgeben | ☐ ☐ ☐ ☐ ☐ | Kommunikationsfähigkeit | ☐ ☐ ☐ ☐ ☐ |
| zielorientiertes Führen | ☐ ☐ ☐ ☐ ☐ | Kooperationsfähigkeit | ☐ ☐ ☐ ☐ ☐ |
| Entscheidungsfähigkeit | ☐ ☐ ☐ ☐ ☐ | Konfliktlösungsfähigkeit | ☐ ☐ ☐ ☐ ☐ |
| Integrationsfähigkeit | ☐ ☐ ☐ ☐ ☐ | Beratungsfähigkeit | ☐ ☐ ☐ ☐ ☐ |

| Know-how & Anwendung | |
|---|---|
| Fachwissen | ☐ ☐ ☐ ☐ ☐ |
| analytische Fähigkeiten | ☐ ☐ ☐ ☐ ☐ |
| Beurteilungsvermögen | ☐ ☐ ☐ ☐ ☐ |
| Markt- und Geschäftsverständnis | ☐ ☐ ☐ ☐ ☐ |
| Projektmanagement | ☐ ☐ ☐ ☐ ☐ |

| Effizienz | | Zukunftsgestaltung | |
|---|---|---|---|
| Belastbarkeit | ☐ ☐ ☐ ☐ ☐ | ganzheitliches Denken | ☐ ☐ ☐ ☐ ☐ |
| konsequente Beharrlichkeit | ☐ ☐ ☐ ☐ ☐ | Offenheit für Veränderungen | ☐ ☐ ☐ ☐ ☐ |
| Zuverlässigkeit | ☐ ☐ ☐ ☐ ☐ | schöpferische Fähigkeiten | ☐ ☐ ☐ ☐ ☐ |
| syst. methodisches Vorgehen | ☐ ☐ ☐ ☐ ☐ | Innovationsfreudigkeit | ☐ ☐ ☐ ☐ ☐ |
| Organisationsfähigkeit | ☐ ☐ ☐ ☐ ☐ | Konzeptionsstärke | ☐ ☐ ☐ ☐ ☐ |

Quelle: IGC 2015, S. 111

## Handlungsempfehlungen

- Arbeiten Sie die Ziele und die Strategie Ihres Controller-Bereichs für die nächsten fünf Jahre heraus. Sie stecken damit den Rahmen ab, welche Controller-Kompetenzen für Ihr Unternehmen besonders erfolgskritisch sein werden.
- Orientieren Sie sich dabei am Kompetenzkatalog der IGC mit seinen prozessübergreifenden und -spezifischen Kompetenzen. Individualisieren Sie ihn. Welche Prozesse sind für Ihre zukünftige Controlling-Performance von besonderer Bedeutung?
- Bilden Sie Funktionsgruppen als Ausgangspunkt für die Kompetenzmodellierung.
- Setzen Sie ihr Kompetenzmodell in mehreren Bereichen des Personal-Lebenszyklus ein, damit es eine nachhaltige Wirkung auf die Controller-Leistung entfalten kann.
- Verankern Sie eine Kompetenzkultur im Controller-Bereich, und sichern Sie sich die Unterstützung von zentralen Entscheidungsträgern wie CFO oder Personalleitung.

blieren und größeren Kundennutzen zu generieren. Kompetenzbasierte Trainingsprogramme, Kompetenzentwicklung am Arbeitsplatz und individuelle Laufbahnplanung werden zum Schlüsselfaktor für erfolgreiches Controlling.

*Literatur*

Erpenbeck, J./von Rosenstiel, L. (2007): Handbuch Kompetenzmessung: Erkennen, verstehen und bewerten von Kompetenzen in der betrieblichen, pädagogischen und psychologischen Praxis, 2. Auflage, Stuttgart.

Gleich, R./Gänßlen, S./Losbichler, H. (2011): Challenge Controlling 2015 - Trends und Tendenzen, Freiburg.

Heyse, V./Erpenbeck, J. (2009): Kompetenztraining. 64 Modulare Informations- und Trainingsprogramme, 2. Auflage, Stuttgart.

Heyse, V./Erpenbeck, J./Ortmann, S. (2010): Grundstrukturen menschlicher Kompetenzen – Praxiserprobte Instrumente und Konzepte, Münster.

International Group of Controlling (2011): Controlling-Prozessmodell – Ein Leitfaden für die Beschreibung und Gestaltung von Controlling-Prozessen, Freiburg.

International Group of Controlling (2015): Controller-Kompetenzmodell – Ein Leitfaden für die moderne Controller-Entwicklung mit Muster-Kompetenzprofilen, Freiburg.

Schäffer, U./Margolin, M. (2013): Controllerkompetenzen im Wandel erfolgreich managen, in: CFO aktuell, 7 (4), S. 141-143.

genden Profilrasters Muster-Kompetenzprofile für sechs häufig vertretene Funktionsgruppen:

- Leiter Controller-Bereich
- Strategischer Controller
- Beteiligungs-Controller
- Werks-Controller
- Vertriebs-Controller
- Personal-Controller

## Mit dem Kompetenzmodell arbeiten

Unternehmensintern ist das Controller-Kompetenzmodell ein Schlüssel für die Personalentwicklung von Controllern, für die richtige Besetzung von Controller-Funktionen und die realistische Organisationsentwicklung im Controller-Bereich. Extern bietet es vor allem Aus- und Weiterbildungsinstitutionen, aber auch Hochschulen die Chance, maßgeschneiderte effektive Programme abseits des One-size-fits-all-Ansatzes zu eta-

 Weitere Empfehlungen der Verlagsredaktion aus www.springerprofessional.de zu:

🔍 **Kompetenzmodell**

Jochmann W./Gechter S. (2007): Strategisches Kompetenzmanagement, Berlin Heidelberg.
www.springerprofessional.de/link/2723978

# „Haben Sie Kinder?"

## Chinesisch-deutsches Forschungssymposium zu Green Controlling, 24. – 26. Mai 2016 in Dalian, China

„Und was können wir als Controller tun, um unsere Umwelt für unsere Kinder zu bewahren?" Mit diesen Fragen eröffneten die Professoren Utz Schäffer, WHU – Otto Beisheim School of Management (Deutschland), und Xianzhi Zhang von der Dufe School of Accounting der Dongbei University in Dalian (China) das Symposium, bei dem sechs Professoren aus Deutschland und Österreich mit 13 Professoren von unterschiedlichen chinesischen Universitäten in Dalian zusammenkamen. Angesichts der großen Herausforderungen, denen sich die Welt – und China im Besonderen – heute stellen muss, erwies sich das Thema sowohl für Controlling-Forscher als auch für Wirtschaftsunternehmen der Teilnehmerländer als besonders brennend.

Die präsentierten wissenschaftlichen Arbeiten stellten vor allem zwei Fragen in den Mittelpunkt: Wie kann man sicherstellen, dass Umwelt-Key-Performance-Indicators nicht nur in das Reporting Eingang finden, sondern auch das Denken und die Grundeinstellung von Führungskräften und Mitarbeitern verändern? Und wie kann über Kennzahlen die Entwicklung ökologischer Geschäftsmodelle gefördert werden? Die Lösungsansätze der Forscher deckten ein weites Spektrum von Theorien und Methoden ab. Es zeigte sich aber auch, dass die Herausforderungen zur Bewältigung dieser Aufgaben vielfältig sind. So können die Messung und das Reporting ökologischer Performance schnell höchst komplex werden. Es ist eine Sache, die G4-Richtlinien der Global Reporting Initiative für das externe Reporting zu erfüllen, es ist aber eine ganz andere Sache sicherzustellen, dass die Qualität der Kennzahlen auch ausreicht, um als Basis für interne Entscheidungsprozesse zu dienen. Auch müssen die Messgrößen in der richtigen Weise verwendet werden.

Dies gilt insbesondere für chinesische Unternehmen, in denen das Management traditionell keine Kultur der Transparenz pflegt, ganz zu schweigen von einer Kultur der internen Kritik und des Lernens. Ein erheblicher Teil der Diskussionen während des Symposiums stellte daher die Unterschiede zwischen den zugrunde liegenden deutschen und chinesischen Management- und Controlling-Ansätzen in den Fokus.

Daneben gab es auch einen regen Meinungsaustausch zu einer möglichen Integration von Systemen des Umwelt-Controllings in die etablierten Systeme des Finanz-Controllings und in die Steuerungsprozesse. Die meisten Teilnehmer stimmten darin überein, dass die Integration in diesem Fall über eine rein technische Integration der beiden Systeme hinausgehen muss. In beiden Bereichen seien dazu eine organisatorische und eine kognitive Integration erforderlich. Ebenso war man sich einig, dass der Großteil der Unternehmen, sowohl in Deutschland als auch in China, noch einen weiten Weg vor sich hat, um eine wirklich integrierte Nachhaltigkeitsstrategie umzusetzen.

Die von Professor Xianzhi Zhang organisierte und von der Deutschen Forschungsgemeinschaft (DFG) sowie der Chinese National Natural Science Foundation großzügig unterstützte Veranstaltung fand bei allen Teilnehmern großen Anklang. Man vereinbarte, weiterhin Ideen auszutauschen und in Zukunft noch stärker zusammenzuarbeiten.

**Bernadette Wagener**

Foto: © WHU

Chinesische und deutsche Forscher diskutieren die Möglichkeiten und Chancen von Green Controlling.

# Personal-Controlling und HR besser verzahnen

Der Personalbereich und das Controlling in Unternehmen kooperieren laut einer Studie zum „Personalcontrolling 2015", die von der Hochschule Rhein-Main in Wiesbaden und Haufe Lexware als Online-Befragung bei 305 Unternehmen in Deutschland, Österreich und der Schweiz durchgeführt wurde, nach wie vor nur wenig. Nur drei Prozent der Kapazitäten bei Human Resources (HR) werden für das Personal-Controlling eingesetzt. Das verwundert, wenn man bedenkt, dass Personalkosten und -planung oft entscheidende Faktoren in der Unternehmensstrategie darstellen und eine Steuerungsfunktion haben. In der langfristigen Gesamtstrategie von Unternehmen gewinnen sie schon aufgrund des demografischen Wandels immer mehr an Bedeutung. Auch für Fragen der Personalentwicklung und Mitarbeiterqualifikation, etwa Weiterbildung und gezieltes Talent-Management, sind Aussagen aus dem Personal-Controlling wichtig. Denn nur dann können Mitarbeiter zielgerichtet und erfolgreich gefördert werden. In der Realität verfügen Ergebnissen der Studie zufolge jedoch nur 23,3 Prozent der befragten Unternehmen über eine eigene Organisationseinheit für das Personal-Controlling. Nur 26,5 Prozent nutzen eine Controlling-Software. Systematische Kennzahlensysteme sind ebenso wenig verbreitet: 86,5 Prozent haben kein Personalkennzahlensystem, 70,9 Prozent erfassen nur einzelne, isolierte Kennzahlen. Einige wichtige Kennzahlen im Personal-Controlling, die Unternehmen für die Planung benötigen, sind beispielsweise

- Anzahl der Mitarbeiter,
- Kranken- und Fluktuationsquote,
- Durchschnittsalter der Belegschaft,
- durchschnittliche Betriebszugehörigkeit,
- die Quote weiblicher Mitarbeiter sowie
- weitere Personalstrukturkennzahlen.

Auch die Möglichkeiten von Big Data, Benchmarking oder Szenario-Analysen schöpfen die Mehrzahl der befragten Unternehmen nicht aus.

 Mehr zum Thema HR-Controlling lesen Sie unter: www.springerprofessional.de/link/10237698

**Sylvia Meier**

---

# Social Media Readiness

Den meisten Unternehmen ist klar, dass die externe Unternehmenskommunikation nur mit Einbezug von Social Media zukunftsfähig ist. Doch sind sie bereit und in der Lage für ein aktives und langfristiges Social Media Engagement? Ein Readiness-Modell kann Unternehmen bei der Bewertung und Einordnung vorhandener Kompetenzen helfen.

*Roman Emonts-Holley, Roman Senderek*

Fast die Hälfte aller deutschen Unternehmen nutzen Social Media als aktive Komponente ihrer Unternehmenskommunikation (vergleiche Bitkom 2012). Reine Marketingzwecke stehen dabei längst nicht mehr im Vordergrund, auch Kundenservice 2.0 zählt mittlerweile zu einem festen Bestandteil der Kommunikationsstrategien erfolgreicher Unternehmen. Die Kommunikation über Social-Media-Kanäle wie soziale Netzwerke, Blogs und Co. ermöglicht es Unternehmen, mehr über ihre Kunden und deren Bedürfnisse zu erfahren. Eine gute und insbesondere transparente Kundenbetreuung fördert ein positives Unternehmensimage und dient so gleichzeitig auch als eine wichtige Marketing-Maßnahme.

> *„Entscheidern fehlt oft ein Informationstool, um zu wissen, wie ihr Unternehmen im Bereich Social Media bereits aufgestellt ist."*

Bisher ist vielen Unternehmen jedoch noch nicht klar, wie sie das große Potenzial im Kundenservice über Social Media effektiv nutzen können. Um die Unternehmensstrategie den Anforderungen sozialer Medien anzupassen, ist es wichtig, dass Zielvorgaben festgelegt werden, mit denen sich später die Auswirkungen einer Social-Media-Investition messen lassen. Damit sind vor allem klare Kennzahlen und relevante Mess-

werte, wie beispielsweise die Kundenzufriedenheit, die Mitarbeitermotivation, der Umsatzanteil durch Social Media oder die Reputation gemeint, die weit über die Messung der Größe der Fangemeinde und des Web Traffics hinausgehen. Sind diese einmal definiert, muss eine für das Unternehmen passgenaue Social-Media-Strategie entwickelt werden. Diese ist abhängig von den Gegebenheiten in Bezug auf die aktuelle Nutzung von Social Media im Unternehmen. Vielfach ergeben sich hier die ersten Schwierigkeiten. Denn vielen Entscheidern fehlt ein geeignetes System, das offenlegt, was ihr Unternehmen im Bereich Social Media bereits kann, wo es bereits gut aufgestellt ist und in welchen Punkten idealerweise nachgebessert werden muss. Ein Modell, das die Bereitschaft (Readiness) des Unternehmens für ein Social-Media-Engagement anhand verschiedener Kategorien messen kann, versetzt Unternehmen in die Lage, dies ganz leicht selbst herauszufinden.

## Die Social Media Readiness Map

Im Rahmen des Forschungsprojekts „Customer Service Scorecard 2.0" hat das Forschungsinstitut für Rationalisierung (FIR) e. V. auf Grundlage bereits existierender Self Assessment Tools (vergleiche Demand Metric 2009; Geißler 2011) weiterführende Überlegungen für eine Social Media Readiness Map durchgeführt. Mithilfe eines Punktesystems, dem sogenannten Readiness Score mit einer Skala von eins bis fünf, kann diese Map die Social-Media-Kompetenzen eines Unternehmens in einzelnen Bereichen abbilden.

Grundlage der Messung ist ein umfangreicher Fragenkatalog, der mittels Faktorenanalyse ausgewertet wird. Um die Kompetenzen (Input) einzelner Unternehmensbereiche messen zu können, werden neun übergeordnete Kategorien berücksichtigt:

- Management Commitment
- Social-Media-Kultur
- Customer Engagement
- Marktgeschehen
- Organisation
- Entwicklung und Strategie
- Social Media Controlling
- Governance
- Social Media Analytics

Die Zieldimensionen Kundenzufriedenheit, Produktivität/Durchlaufzeit, Kosten und Umsatzanteil durch Social Media werden als Output gesondert abgefragt. Durch die Faktorenanalyse ist es möglich, die Zieldimensionen auf Basis der neun Kategorien zu bewerten, das heißt zu sehen, welcher Input-Faktor (Score der einzelnen Kategorien) einen hohen Einfluss auf welchen Output-Faktor (Zieldimension) ausübt. Daraus lässt sich ableiten, welche Maßnahmen notwendig sind, um einzelne Zieldimensionen zu beeinflussen.

Die separate Betrachtung einzelner Bereiche ermöglicht es, Unternehmen auf ihre Stärken und Schwächen aufmerksam zu machen und Verbesserungspotenzial gezielt aufzudecken. Jede einzelne Frage des Fragebogens soll von dem Teilnehmer individuell mit den Punkten 1 (trifft überhaupt nicht zu) bis 5 (trifft voll zu) bewertet werden. Als Ergebnis des Selbsttests erhalten Unternehmen ein Netzwerkdiagramm mit ihrem visualisierten Resultat (vergleiche **Abbildung 1**). Je weiter außen ein Punkt liegt, desto höher ist der Einzel-Score in einem Bereich. Zu dem Diagramm erhalten die Teilnehmer eine „Map" mit dem gesamten End-Score und den Teil-Scores der einzelnen Bereiche. Außerdem soll nach einer gewissen Laufzeit der Durchschnitts-Score aus den anonymisierten Ergebnissen aller Teilnehmer veröffentlicht werden, um einen Gesamteindruck der Unternehmensentwicklungen im Social-Media-Bereich zu gewinnen.

Im Folgenden werden die einzelnen Kategorien genauer spezifiziert.

### Management Commitment

Eine besonders wichtige Kategorie für die Bewertung der Social-Media-Bereitschaft ist die Unterstützung durch die Führungsebene. Mithilfe des Fragebogens wird ermittelt, wie

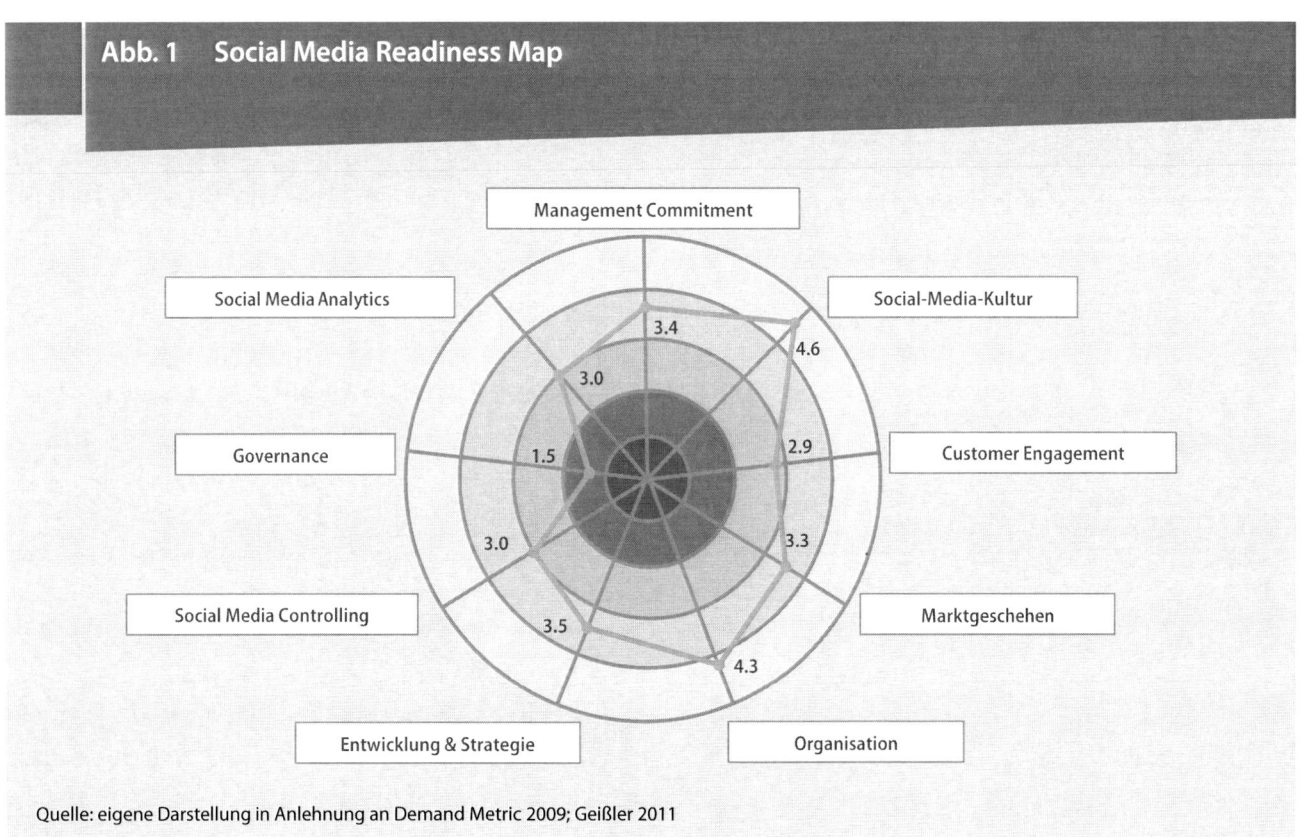

**Abb. 1   Social Media Readiness Map**

Management Commitment
Social Media Analytics
Social-Media-Kultur
3.4
4.6
3.0
Governance
1.5
2.9
Customer Engagement
3.3
Social Media Controlling
3.0
Marktgeschehen
3.5
4.3
Entwicklung & Strategie
Organisation

Quelle: eigene Darstellung in Anlehnung an Demand Metric 2009; Geißler 2011 stark das Management an einer Social-Media-Präsenz interessiert und wie stark es möglicherweise bereits in Social-Media-Prozesse involviert ist. Nur wenn das Management bereit ist, die benötigten Ressourcen für ein Engagement in sozialen Medien zur Verfügung zu stellen und eventuell notwendige Veränderungen vorzunehmen, können Unternehmen ihr Potenzial im digitalen Kundenservice ausschöpfen. Top Manager sollten zudem als Vorbilder agieren und Social Media aktiv selbst „leben", indem sie beispielsweise ihre eigenen Social-Media-Profile nutzen, um Unternehmensbeiträge mit ihrem Netzwerk zu teilen.

## Social-Media-Kultur

Diese Kategorie gibt Auskunft darüber, wie hoch der aktuelle Integrationsgrad von Social Media im Unternehmen ist. Erfasst wird der Wissensstand im Bereich soziale Medien, indem beispielsweise untersucht wird, ob und wie Führungskräfte und Mitarbeiter soziale Medien derzeit nutzen und welche Kenntnisse sie über die einzelnen Kanäle besitzen. Erfragt wird zudem, ob im Unternehmen überhaupt ein allgemeines Verständnis dafür besteht, welche Social-Media-Kanäle zur Verfügung stehen und welche am besten für die Organisation geeignet sind. Soll gerade diese Kategorie im

### Online-Selbst-Check für Unternehmen

Das Self-Assessment Tool (https://goo.gl/UVq9k3) bietet Ihnen die Möglichkeit, ohne großen Aufwand die Social-Media-Bereitschaft Ihres Unternehmens zu ermitteln. Finden Sie heraus, in welchen Bereichen Sie in Bezug auf Social Media schon besonders gut aufgestellt sind und in welchen Bereich noch Entwicklungsmöglichkeiten bestehen.

Das Bewertungstool ist ein erstes Ergebnis des Forschungsvorhabens „Customer-Service-Scorecard 2.0" des Forschungsinstitut für Rationalisierung (FIR) e.V. an der RWTH Aachen. Dieses hat zum Ziel, kleine und mittlere Unternehmen (KMUs) dabei zu unterstützen, die Effizienz und Effektivität ihres Kundenservices durch den Einsatz von Social Media zu verbessern.

Mehr Informationen dazu finden Sie unter:
http://tinyurl.com/jx6n24t

Unternehmen optimiert werden, ist es notwendig, gewisse Vorkenntnisse zu verankern und eine generelle Offenheit für soziale Medien im Mitarbeiterumfeld herbeizuführen. Verantwortliche Mitarbeiter sollten sich für Neuigkeiten in der Welt der sozialen Medien interessieren und bereits ein Grundverständnis über deren gewinnbringenden Einsatz entwickelt haben.

## Customer Engagement

Es ist wichtig zu wissen, ob die eigenen Kunden soziale Medien nutzen und wie sie sich in sozialen Medien verhalten. Dazu wird ermittelt, ob das Unternehmen bereits über eigene Profile auf Social-Media-Plattformen verfügt und sich dort bereits eine Fangemeinde oder Online Communities gebildet haben. Im Rahmen dieser Kategorie lässt sich ebenfalls ableiten, wie groß der Level an gelösten Kundenanfragen durch Social Media schon ist. Beim Customer Engagement steht der Dialog mit dem Kunden im Vordergrund, um die Wünsche und Probleme des Kunden zu verstehen und darauf zu reagieren.

## Marktgeschehen

Wollen Unternehmen auf dem Markt im Bereich Social Media stark sein, müssen sie sich mit den Online-Strategien ihrer Wettbewerber eingehend beschäftigen und diese aufmerksam beobachten. In dieser Kategorie wird deshalb primär ermittelt und analysiert, wie weit Wettbewerber den Social-Media-Markt bereits durchdrungen haben, wie stark präsent sie in sozialen Netzwerken sind und welche Trends auf dem Markt zu beobachten sind. Gefragt wird zudem nach der Fangemeinde der Wettbewerber und danach, wie diese ihre Kommunikation mit Kunden im Web managen.

## Organisation

Diese Kategorie ist für die Entwicklung einer hohen Social-Media-Kompetenz von großer Bedeutung, denn sie zeigt, inwieweit Social Media bereits auf organisationaler Ebene im Unternehmen verankert ist. Es gilt zu ermitteln, ob und in welcher Weise Mitarbeiter bereits mit Social-Media-Tätigkeiten betraut sind. Gefragt wird hier insbesondere, ob Ansprechpartner oder verantwortliche Abteilungen definiert wurden, die das Social-Media-Programm leiten und den entsprechenden Inhalt erstellen. Ebenso gilt es, die Rahmenbedingungen zu betrachten: Werden beispielsweise Mitarbeiter auf ihre neuen Rollen durch Schulungen oder Social-Media-Trainingsprogramme vorbereitet? Wie sind die technischen Gegebenheiten? Stimmen die Rahmenbedingungen, so sind Mitarbeiter bereit, ihr Unternehmen auch im Web optimal zu vertreten.

## Entwicklung und Strategie

Um einen erfolgreichen Dialog zum Kunden aufzubauen, ist es wichtig, dass Social Media nicht nur im Marketing berücksichtigt wird. Social Media ist längst nicht mehr nur Marketing, es können auch Geschäftsprozesse über Social Media abgebildet beziehungsweise die Erstellung der Prozesse unterstützt werden. Es geht deshalb darum, einen Media-Plan aufzustellen, der das Unternehmen abteilungsübergreifend mit den benötigten Informationen beispielsweise zu Schnittstellen und Ansprechpartnern versorgt. Eine hohe Social-Media-Bereitschaft ist gekennzeichnet durch die regelmäßige Beteiligung von Führungskräften einzelner Abteilungen, um Social-Media-Strategien zu entwickeln beziehungsweise anzupassen. Das Controlling übernimmt dabei die Moderation und hilft, positive Entwicklungen, aber auch Misserfolge zu bewerten.

*„Bei starkem Social Media Engagement muss das Controlling eng mit der IT, der Kundenbetreuung und der Führungsebene zusammenarbeiten."*

## Social Media Controlling

Die Beobachtung, Überwachung und Bewertung sämtlicher Social-Media-Aktivitäten im Zusammenhang mit dem Unternehmen wird immer mehr zu einer Aufgabe des Controllings. Denn entscheidet sich ein Unternehmen dafür, Social Media gewinnbringend zu nutzen, muss es auch bereit sein, die damit verbundenen enormen Datenmengen auszuwerten und in nützliche Informationen umzuwandeln. Unternehmen mit einer hohen Social Media Readiness haben Social Media bereits in ihr Controlling fest integriert und ein Dashboard entwickelt, um die relevanten Metriken bezüglich des Social Media Engagements unternehmensweit zur Verfügung zu stellen. Strategisch implementiertes Social Media Controlling kann eine wichtige Entscheidungsgrundlage für das Management liefern und einen Hinweis auf den tatsächlichen Wertschöpfungsbeitrag des geleisteten Engagements geben (vergleiche Emonts-Holley/ Senderek 2016a).

Unternehmen, die in diesem Bereich gut abschneiden, zeichnen sich durch eine enge Zusammenarbeit zwischen

## Zusammenfassung

- Vielen Unternehmen fehlt ein geeignetes System zur Bewertung der Social-Media-Bereitschaft der einzelnen Unternehmensbereiche.
- Ein Self Assessment in Form eines Fragenkatalogs ermöglicht Unternehmen, ihre Bereitschaft zum Social Media Engagement in neun Kategorien zu ermitteln.
- Ergebnis ist eine Social Media Readiness Map, die den Kompetenzgrad der einzelnen Unternehmensbereiche im Hinblick auf ihr Social Media Engagement visualisiert.

Management und Controlling aus. Gemeinsam sollten die Beteiligten geeignete Zielvariablen festlegen und daraus eine Social-Media-Strategie ableiten. Nur durch die Definition bestimmter Zielgrößen lassen sich Engagement und Auswirkungen einzelner Maßnahmen abschließend messen und analysieren.

## Governance

In dieser Kategorie gilt es zu klären, inwiefern das Management geeignete Rahmenbedingungen geschaffen hat, um Social Media zu einem festen Bestandteil der Unternehmenskultur und -kommunikation zu machen. Solche Rahmenbedingungen könnten beispielsweise verbindliche Guidelines für die Kommunikation in sozialen Medien, klare Zielvorgaben oder regelmäßige Trainings sein. Existiert beispielsweise eine Unternehmens-Policy, die die Nutzung von sozialen Medien zwischen Mitarbeitern, Vertragspartnern und Kunden regelt? Da die Anzahl von Anwendungsfeldern und davon betroffenen Abteilungen ständig steigt und immer auch rechtliche Aspekte berücksichtigt werden müssen, ist ein geregelter Umgang mit sozialen Medien bei positiver Unternehmensentwicklung nahezu unverzichtbar.

### Ergänzende Studientipps

Grothe, M./Weber, J. (2013): Social Media & Controlling. Die Rolle des Controllers auf dem Weg in ein neues Unternehmenszeitalter, Schriftenreihe Advanced Controlling, Band 86, Weinheim.

## Social Media Analytics

Unternehmen mit starkem Social Media Engagement brauchen ein Controlling, das abteilungsübergreifend eng mit der IT, der Kundenbetreuung und der Führungsebene zusammenarbeitet. Nur so können die enormen Datenmengen auch wertstiftend ausgewertet werden. Wer die externe Kommunikation über soziale Medien und die Entwicklung in Richtung des digitalen Kundenservice beherrschen will, muss in der Lage sein, beträchtliche Datenmengen aus unterschiedlichen Quellen echtzeitbasiert zu verwalten und auszuwerten. Die große Herausforderung ist dabei, relevante von irrelevanten Informationen zu trennen, um letztendlich aussagekräftige Prognosen zu verfassen. Controller sollten sich dabei mit Kennzahlensystemen, die auf soziale Medien ausgerichtet sind, auseinandersetzen. Nur so können sie auf Entwicklungen in Bezug auf Außenwirkung und interne Effizienz des Unternehmens reagieren und wichtige Informationen in Echtzeit zur Verfügung stellen. Für die Controller ergeben sich aus Social-Media-Analysen Informationen, die weit über klassische monetäre Steuerungsgrößen wie etwa Return on Investment (ROI) und Cashflow hinausgehen. Auf Basis dieser Informationen werden sie zukünftig zu internen Beratern und Partnern der einzelnen Abteilungen und dem Management.

## Schlussbetrachtung

Die Social Media Readiness eines Unternehmens kann entweder mithilfe der Social Media Readiness Map oder durch gezielte und strukturierte Fragestellungen im Unternehmen evaluiert werden. Im Prinzip wird damit ein Teilschritt des Prozesses der Einführung von Social Media Controlling im Unternehmen durchgeführt: die Analyse der Social-Media-Aktivitäten im Unternehmen und Unternehmensumfeld als wichtiger Schritt zu einer geeigneten Social-Media-Strategie (vergleiche Emonts-Holley/Senderek 2016b). Der Vorteil der Map ergibt sich einerseits durch die Vergleichbarkeit mit branchenähnlichen Unternehmen und andererseits durch die geschaffene Transparenz, die aufzeigt, wie hoch die Potenziale in bestimmten Bereichen sind und wie weit die Ziele in einzelnen Teilen schon erreicht wurden. Die Visualisierung mittels Netzwerkdiagramm macht es einfach zu erkennen, in welchen Bereichen das Unternehmen bereits Experte ist und in welchen Bereichen es noch Handlungsbedarf gibt. Daraus lassen sich dann im nächsten Schritt operative Maßnahmen zur Erhöhung der Readiness ableiten. Das übergeordnete Ziel sollte es also sein, die Readiness in den Bereichen zu erhöhen, die für das Unternehmen strategisch wichtig sind, um Social Media erfolgreich einzusetzen.

### Literatur

Bitkom (2012). Social Media in deutschen Unternehmen, Berlin, https://www.bitkom.org/Publikationen/2012/Studie/Social-Media-in-deutschen-Unternehmen/Social-Media-in-deutschen-Unternehmen4.pdf (letzter Abruf: 20.05.2016).

Demand Metric (2009): Social Media Maturity Assessment, http://www.demandmetric.com/content/social-media-maturity-assessment-0 (letzter Abruf: 22.05.2016).

Geißler, J. (2011): In fünf Schritten zum Enterprise 2.0, in: Avantgarde 2, S. 44-51, http://www.plenum.de/media/In_fuenf_Schritten_zum_Enterprise_2.0.pdf (letzter Abruf: 22.05.2016).

⬇ * Emonts-Holley, R./Senderek, R. (2016a): Den digitalen Kundenservice bewerten lernen, in: Controlling & Management Review 60 (1), S. 64-70. www.springerprofessional.de/link/7467732

⬇ * Emonts-Holley, R./Senderek, R. (2016b): Social Media Controlling implementieren, in: Controlling & Management Review 60 (3), S. 66-69. www.springerprofessional.de/link/10258278

* Abonnenten des Portals Springer Professional haben kostenfrei Zugriff.

**Angaben zu den Autoren:**

**Roman Emonts-Holley**
ist Projektmanager im Bereich Dienstleistungsmanagement am FIR e. V. an der RWTH Aachen.
E-Mail: Roman.Emonts-Holley@fir.rwth-aachen.de

**Roman Senderek**
ist Projektmanager im Bereich Dienstleistungsmanagement am FIR e. V. an der RWTH Aachen.
E-Mail: Roman.senderek@fir.rwth-aachen.de

 **Weitere Empfehlungen der Verlagsredaktion aus www.springerprofessional.de zu:**

🔍 **Social Media**

Mack D./Vilberger D. (2016): Leitfäden: Wie geht man systematisch vor für den Social-Media-Einsatz? (Social-Media-Navigator), in: Social Media für KMU. Der Leitfaden mit allen Grundlagen, Strategien und Instrumenten, Wiesbaden, S. 63-99.
www.springerprofessional.de/link/6949996

Zaugg A. D./Egle U. (2013): Social Media Controlling – die 4 Social C, in: HMD Praxis der Wirtschaftsinformatik, Ausgabe 5/2013, Wiesbaden, S. 86-92.
www.springerprofessional.de/link/5051624

# Moderne Planungs-Software schont Ressourcen

Datengetriebene Entscheidungen in Unternehmen werden immer wichtiger für die klassischen Aufgaben des Controllings, also die Planung, Steuerung und Kontrolle der Unternehmenszahlen. Diese werden immer häufiger auch unterjährig gebraucht, wie Anwender in der Studie „The Planning Survey 16" des Software-Analystenhauses Barc berichten. Trends wie eine treiberbasierte Planung, Predictive Planning, also die vorausschauende Planung anhand statistischer Daten, sowie die Nutzung mobiler Endgeräte erhöhen den Veränderungsdruck weiter, so die Barc-Analysten. An der Befragung, bei der 13 Software-Planungsanwendungen von zwölf verschiedenen Anbietern untersucht wurden, beteiligten sich weltweit insgesamt 1.245 Anwender aus den Bereichen Finance und IT sowie weiteren Abteilungen von Unternehmen. Die Ergebnisse der Umfrage zeigen, dass 75 Prozent aller Firmen immer noch Excel für die Planung nutzen oder es parallel zu speziellen Software-Lösungen einsetzen. Am häufigsten beklagen die Nutzer dabei

- fehlende Funktionen, beispielsweise Planungsfunktionen,
- Features für die Datenaufbereitung,
- Prozesssteuerung,
- Schwächen im Datenqualitäts-Management und die mangelnde Skalierbarkeit der Daten.

Der Überblick macht zudem deutlich, dass Anwender grundsätzlich weniger zufrieden mit ihren Planungswerkzeugen sind als noch vor einem Jahr. So erklärten aktuell nur noch 32 Prozent der Befragten, mit ihrer Planungslösung „sehr zufrieden" zu sein, im Vorjahr waren es 41 Prozent. 49 Prozent dagegen sagen laut Barc-Studie, dass sie „eher zufrieden sind". Im Vorjahr waren es noch 41 Prozent. Bei der Beurteilung als Planungswerkzeug fällt Excel durch. Nur noch vier Prozent der Anwender sind „sehr zufrieden", gegenüber elf Prozent im Vorjahr, 24 Prozent sind „eher zufrieden". 2015 waren es noch 42 Prozent.

Im Unterschied zu Excel trennen andere spezielle Planungswerkzeuge, die im Rahmen der Befragung analysiert wurden, zwischen Datenhaltung, Planungsmodellen und -masken. Plan- und Ist-Daten werden über definierte Datenintegrationsprozesse aus operativen Vorsystemen übernommen und zentral in einer gemeinsamen Datenbasis abgelegt. Darüber hinaus sind spezialisierte Funktionen verfügbar. Dazu gehören beispielsweise Möglichkeiten, um Daten zu erfassen, eine Workflow-Unterstützung des Planungsprozesses, Kommentarfunktionen oder simulierte Szenarien. Die Eingabe der Ist-Daten, die Datenverarbeitung und -zusammenfassung sowie die -analyse erfolgen mit einer einheitlichen Datenbasis. Über Web-Clients oder die Einbindung von Office können Plandaten zudem ortsunabhängig eingegeben werden.

🔖 Details zu dieser Studie können Sie nachlesen unter: http://barc-research.com/planning-survey-16/planning-survey-16-results/

**Eva-Susanne Krah**

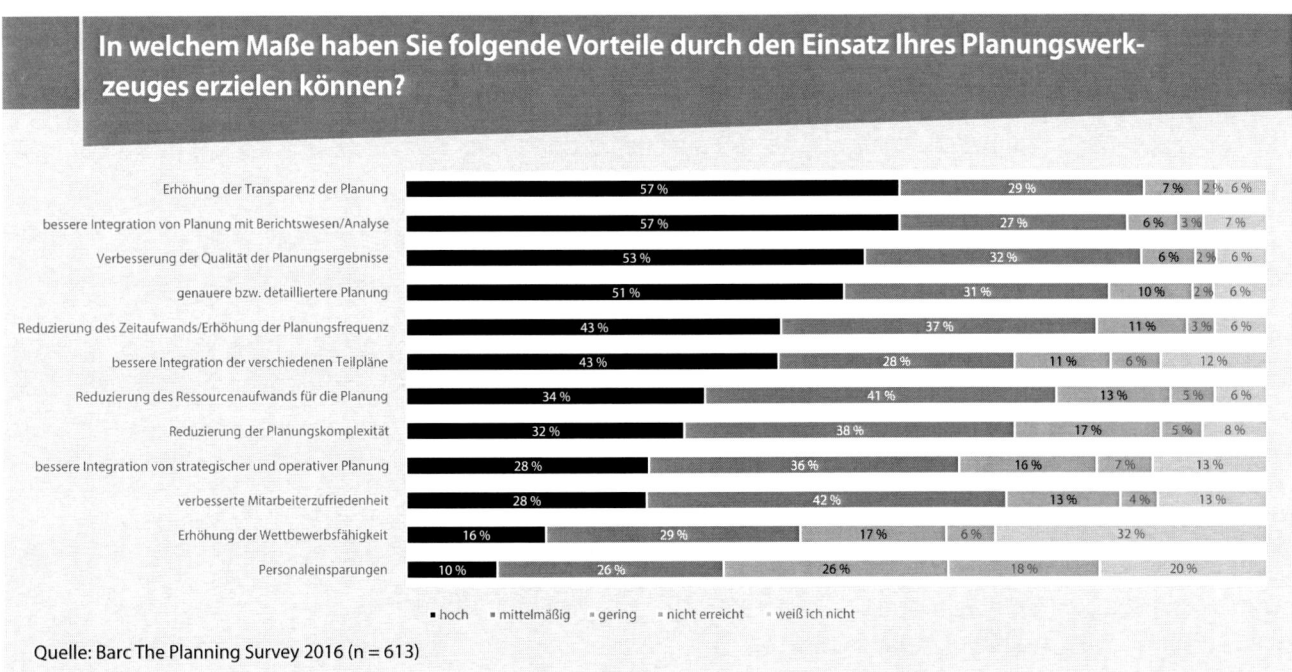

**In welchem Maße haben Sie folgende Vorteile durch den Einsatz Ihres Planungswerkzeuges erzielen können?**

| | hoch | mittelmäßig | gering | nicht erreicht | weiß ich nicht |
|---|---|---|---|---|---|
| Erhöhung der Transparenz der Planung | 57 % | 29 % | 7 % | 2 % | 6 % |
| bessere Integration von Planung mit Berichtswesen/Analyse | 57 % | 27 % | 6 % | 3 % | 7 % |
| Verbesserung der Qualität der Planungsergebnisse | 53 % | 32 % | 6 % | 2 % | 6 % |
| genauere bzw. detailliertere Planung | 51 % | 31 % | 10 % | 2 % | 6 % |
| Reduzierung des Zeitaufwands/Erhöhung der Planungsfrequenz | 43 % | 37 % | 11 % | 3 % | 6 % |
| bessere Integration der verschiedenen Teilpläne | 43 % | 28 % | 11 % | 6 % | 12 % |
| Reduzierung des Ressourcenaufwands für die Planung | 34 % | 41 % | 13 % | 5 % | 6 % |
| Reduzierung der Planungskomplexität | 32 % | 38 % | 17 % | 5 % | 8 % |
| bessere Integration von strategischer und operativer Planung | 28 % | 36 % | 16 % | 7 % | 13 % |
| verbesserte Mitarbeiterzufriedenheit | 28 % | 42 % | 13 % | 4 % | 13 % |
| Erhöhung der Wettbewerbsfähigkeit | 16 % | 29 % | 17 % | 6 % | 32 % |
| Personaleinsparungen | 10 % | 26 % | 26 % | 18 % | 20 % |

Quelle: Barc The Planning Survey 2016 (n = 613)

## Herausgeber

Prof. Dr. Utz Schäffer und Prof. Dr. Dr. h. c. Jürgen Weber leiten das Institut für Management und Controlling (IMC) der WHU – Otto Beisheim School of Management. Als Herausgeber bieten sie mit der Controlling & Management Review eine Plattform für den regen Wissens- und Erfahrungsaustausch zwischen Praxis und Forschung.

## Beirat

| Praxisbeirat | Funktion |
|---|---|
| Mark Frese | Finanzvorstand Metro AG |
| Bernhard Günther | Finanzvorstand RWE AG |
| Guido Kerkhoff | Finanzvorstand ThyssenKrupp AG |
| Carsten Knobel | Finanzvorstand Henkel AG & Co. KGaA |
| Dr. Christian Bungenstock | Partner CTcon GmbH |

| Wissenschaftlicher Beirat | Universität |
|---|---|
| Prof. Dr. Andrea Dossi | Bocconi University, Mailand |
| Prof. Dr. Martin Glaum | WHU – Otto Beisheim School of Management, Vallendar |
| Prof. Dr. Dirk Hachmeister | Universität Hohenheim, Stuttgart-Hohenheim |
| Prof. Dr. Frank Hartmann | RSM Erasmus University, Rotterdam |
| Prof. Dr. Thomas Hess | Ludwig-Maximilians-Universität, München |
| Prof. Dr. Bernhard Hirsch | Universität der Bundeswehr, München |
| Prof. Dr. Martin Jacob | WHU – Otto Beisheim School of Management, Vallendar |
| Prof. Dr. Teemu Malmi | Aalto University – School of Economics, Helsinki |
| Prof. Dr. Markus Rudolf | WHU – Otto Beisheim School of Management, Vallendar |
| Prof. Dr. Thorsten Sellhorn | Ludwig-Maximilians-Universität, München |
| Prof. Dr. Xianzhi Zhang | Dongbei University of Finance and Economics (DUFE), Dalian |

## Call for Papers

Sie haben Interesse an einer Publikation in unserer Zeitschrift? Eingereicht werden können Beiträge zu unseren ständigen Rubriken oder zu unseren kommenden Schwerpunktthemen:

| Heftthema | Einreichfrist |
|---|---|
| Controlling im Mittelstand | 23.09.2016 |
| Forschungs- und Entwicklungs-Controlling | 02.11.2016 |
| Business Analytics: IT-Lösungen für den Controlling-Bereich | 01.12.2016 |
| Change Management: Rolle des Controllings in Transformationsprozessen | 06.01.2017 |
| Performance-Messung in digitalen Unternehmen | 27.03.2017 |
| Controlling-Kultur: Zielorientierung und Transparenz | 28.04.2017 |

# ⬇ www.springerprofessional.de

## Beitrag des Monats

# Neue Sorgen für Unternehmen durch den Brexit

Die Unternehmenswelt in Europa steht noch unter Schock. Das Abstimmungsergebnis der Briten zum EU-Austritt hat viele überrascht. EU-Befürworter wollen den Austritt nicht wahrhaben. Gibt es eine Möglichkeit, den Brexit zu verhindern? Den Exit vom Brexit? Für den Deutschen Industrie- und Handelskammertag (DIHK) ist der Brexit „ein Schlag ins Kontor".

Die politischen und wirtschaftlichen Konsequenzen sind momentan schwer einschätzbar und führen deshalb zu vielen Unsicherheiten. Auch viele Manager und CFOs stehen der Situation noch ratlos gegenüber.

Über die konkreten Folgen kann derzeit nur spekuliert werden. Etwa 2.500 deutsche Unternehmen sind im Vereinigten Königreich tätig, hat die Beratungsgesellschaft KPMG festgestellt. Die politischen und wirtschaftlichen Unsicherheiten werden die deutsche Wirtschaft lange beschäftigen.

⬇ Lesen Sie weiter auf: www.springerprofessional.de/link/10286020

## Weitere meistgeklickte Beiträge

**2.** Die elf wichtigsten Kennzahlen für Unternehmen
⬇ www.springerprofessional.de/link/10274568

**3.** Ermittlungen gegen VW werden brisanter
⬇ www.springerprofessional.de/link/10275390

**4.** Personal-Controlling findet kaum statt
⬇ www.springerprofessional.de/link/10237698

**5.** Management Reporting in drei Phasen entwickeln
⬇ www.springerprofessional.de/link/10221334

## Das Wissensportal Springer Professional

Unser Wissensportal bündelt die wichtigsten Fachgebiete in Wirtschaft und Technik. Im Channel „Finance & Controlling" finden Sie aktuelle Informationen und weiterführende Literatur für Controller. Dort ist auch das Archiv der Controlling & Management Review hinterlegt. Abonnenten haben auf die mit ⬇ gekennzeichneten Inhalte kostenfrei Zugriff.

⬇ **www.springerprofessional.de**

## Empfehlung des Monats

# Controller-Gehalt im Fokus

Controller haben 2015 im Durchschnitt 70.300 Euro verdient. In leitenden Positionen lag das Gehalt bei 94.600 Euro. Besonders attraktive Vergütungen bietet die Finanzbranche. Je nach Position lag das Gehalt 2015 hier zwischen 78.000 Euro und 118.500 Euro. Die öffentliche Verwaltung ist im Vergleich nicht so großzügig: Controller erhielten zwischen 58.100 Euro und 77.100 Euro. Zu diesen Ergebnissen kommt die Studie „Das Controllergehalt im Fokus" des WHU Controller Panels. Sie zeigt zudem, dass seit 2013 das Grundgehalt im Controlling auf allen Hierarchieebenen gestiegen ist.

⬇ Lesen Sie den ganzen Beitrag unter: www.springerprofessional.de/link/10261550

# Thema der nächsten Ausgabe:

# Weiterbildung – Neue Wege

Es ist vor allem die Digitalisierung, die bewährte Konzepte für die Aus- und Weiterbildung infrage stellt. Dies gilt nicht nur für Controller, sondern auch für die Belegschaft allgemein. Lernen die Leute noch, was sie für den Job wirklich brauchen? Können manche Inhalte an große Zielgruppen auch kostengünstiger und attraktiver vermittelt werden? Gibt es im Unternehmen die Voraussetzungen für neue Ausbildungsformate? Vertreter der Unternehmen Bayer, Henkel und Deutsche Telekom berichten in diesem Heft über die neuen Bildungskonzepte in ihren Unternehmen.

# Impressum

Controlling & Management Review
www.springerprofessional.de/cmr
Ausgabe 4 | 2016 | 60. Jahrgang
ISSN-Print 2195-8262
ISSN-Internet 2195-8270
Bis 2002: krp-Kostenrechnungspraxis
Bis 2012: ZfCM – Zeitschrift für
Controlling & Management

Verlag
Springer Gabler / Springer Vieweg
Springer Fachmedien Wiesbaden GmbH
Abraham-Lincoln-Str. 46, 65189 Wiesbaden

Geschäftsführer
Joachim Krieger,
Dr. Niels Peter Thomas

Redaktion
Gesamtleitung Magazine:
Stefanie Burgmaier

Verantwortliche Redakteurin
Springer Gabler:
Cornelia Morick
(freie Mitarbeiterin)
Tel.: +49 (0)170-5576956
cornelia.morick.consultant@springer.com

Herausgeber:
Prof. Dr. Utz Schäffer
WHU – Otto Beisheim School of
Management, Institut für Management
und Controlling (IMC), Burgplatz 2,
56179 Vallendar
www.whu.edu

Prof. Dr. Dr. h. c. Jürgen Weber
WHU – Otto Beisheim School of
Management, Institut für Management
und Controlling (IMC), Burgplatz 2,
56179 Vallendar
www.whu.edu

Redaktion WHU:
M.A. Brigitte Braun
Tel.: +49 (0)261 6509-486

Dipl.-Kfm. Babak Mirheli
Tel.: +49 (0)261 6509-466

M. Sc. Fabian Mohr
Tel.: +49 (0)261 6509-706

Mag. phil. Bernadette Wagener
Tel.: +49 (0)261 6509-488

Kontakt: cmr@whu.edu

Anzeigen, Marketing und Produktion
Leiter Media Sales: Volker Hesedenz
Leiter Vertrieb + Marketing: Jens Fischer
Gesamtleitung Produktion:
Dr. Olga Chiarcos

Verkaufsleitung
(verantwortlich für den Anzeigenteil):
Eva Hanenberg
Tel.: +49 (0)611 7878-226
Fax: +49 (0)611 7878-430
eva.hanenberg@springer.com

Anzeigendisposition:
Nicole Brzank
Tel.: +49 (0)611 7878-616
Fax: +49 (0)611 7878-443
nicole.brzank@springer.com

Anzeigenpreise: Es gelten die Mediadaten
vom 1. Oktober 2015.

Produktmanagement:
Dipl.-Kfm. Philipp Holsen
Tel.: +49 (0)611 7878-293
philipp.holsen@springer.com

Satz, Layout und Produktion:
Iris Conradi

Alle angegebenen Personen sind, sofern
nicht ausdrücklich angegeben, postalisch
unter der Adresse des Verlags erreichbar.

Sonderdrucke
Martin Leopold
Tel.: +49 (0)2642 9075-96
Fax: +49 (0)2642 9075-97
leopold@medien-kontor.de

Leserservice
Springer Customer Service Center GmbH
Springer Gabler Service
Tiergartenstr. 15, 69121 Heidelberg
Tel.: +49 (0)6221 345-4303
Fax.: +49 (0)6221 345-4229
Montag bis Freitag 08.00 bis 18.00 Uhr
springergabler-service@springer.com

Druck
Kliemo Printing AG,
Hütte 53, 4700 Eupen, Belgien

Titelbild
© Jörg Block

Bezugsmöglichkeiten
Die Zeitschrift erscheint im Abonnement
sechsmal jährlich.

Bestellmöglichkeiten und Details zu den
Abonnementbedingungen finden Sie unter
www.mein-fachwissen.de/cmr.

Jährlich können ein bis vier Sonderhefte
hinzukommen. Der Preis pro Sonderheft
beträgt regulär 49,95 Euro, der Vorzugs-
preis für Abonnenten der Controlling &
Management Review 29,00 Euro. Die
Sonderhefte werden Abonnenten gegen
gesonderte Rechnung geliefert.

Bei Nichtgefallen können sie innerhalb einer Frist von drei Wochen an die Vertriebs-
firma zurückgesandt werden. Zusätzliche
Liefer- und Versandkosten fallen nicht an.

Jedes Jahresabonnement beinhaltet eine
Freischaltung für das Online-Archiv auf
Springer für Professionals. Der Zugang gilt
ausschließlich für den einzelnen Empfänger des Abonnements.

# Lernen als oberste Maxime

**Liebe Leserinnen und Leser,**

es gibt im Augenblick kaum dynamischere Berufe als den des Controllers – zumindest, wenn man den Berufsverbänden und uns Hochschullehrern glaubt. Kein Stein bleibt auf dem anderen. Der angestammte Platz hinter dem Bildschirm bietet keine Sicherheit mehr. Der Controller muss sich in Management-Themen bewähren. Geschäftskenntnisse sind unverzichtbar geworden. Zugleich nehmen die Anforderungen in den angestammten Expertentätigkeiten zu. Wer nicht aufpasst, dem nimmt Big Data den Status der „single source of truth", und ein Business Analyst avanciert schnell zum begehrten Gesprächspartner der Manager – am Controller vorbei.

Controller können einem aktuell fast schon ein wenig leidtun. Nach langen Jahren gefühlt ruhigen Fahrwassers ist die See rau geworden. Man hat den Eindruck, dass sich der schon immer latent geäußerte Verdacht, beim Controller müsse es sich um eine eierlegende Wollmilchsau handeln, heute mit Macht bestätigt. Können Controller wirklich noch dem massiven Erwartungsdruck gerecht werden? Ist das für einen normalen Menschen leistbar?

Wir stellen die Gegenfrage: Warum soll das nicht der Fall sein? Die Praxis scheint uns recht zu geben. Viele CEOs großer Unternehmen waren vor nicht allzu langer Zeit Top-Controller. Wir kennen eine große Zahl von aktuellen Controllern, die ihren Weg in Management-Positionen weitergehen werden, die ihren Controller-Job als eine logische, notwendige Station in ihrer Management-Karriere sehen. Controller, die so angelegt sind, haben in ihrer Entwicklung schon viele Bereiche im Unternehmen kennengelernt, im Inland wie im Ausland. Bei manchen Unternehmen steigt man bewusst so breit ein, wie etwa bei Henkel, wo man in den ersten Jahren zwei Funktionsbereiche, zwei Geschäftsbereiche und zwei Länder kennenlernt. Dies ist eine sehr effektive Form eines systematischen Lernens, für Controller wie für anderen Management-Nachwuchs gleichermaßen. Lernen ist das Schlüsselwort, um den immer höheren Anforderungen gerecht zu werden, Lernen „on the job" die effektivste Art, dies zu tun.

*Utz Schäffer*        *Jürgen Weber*

Natürlich reicht das nicht aus. In jeder Funktion – so auch im Controlling – bedarf es einer speziellen fachlichen Weiterbildung. Dies beginnt bei einer klassischen Entsendung zu Spezialseminaren und endet in professionell gestalteten Weiterbildungskonzepten. Neue mediale Lehrformen helfen, den Reiseaufwand zu begrenzen und gleichzeitig Wissen und Ideen quer über das Unternehmen hinweg auszubreiten. Auch eine regelmäßige fachliche Kommunikation via Internet, soziale Medien und periodische Treffen führen dazu, eine Finance Community aufzubauen, Wissen zu distribuieren, kollektiv lernen zu können. Die Finanzperspektive ist für das Unternehmen in allen Management-Fragen wesentlich; sie sollte deshalb von allen Managern beherrscht werden. Auch für diese wird das Anforderungsprofil breiter und umfassender. Nicht nur Controller müssen ständig dazulernen, sondern jeder im erweiterten Management! Wir sind sehr zuversichtlich: Es wird gelingen – auch den Controllern!

Viel Spaß bei der Lektüre wünschen Ihnen

Utz Schäffer        Jürgen Weber

# 5 | 2016

## Schwerpunkt

## Accounting & Reporting

www.springerprofessional.de/cmr

**Beilagenhinweis**
Dieser Ausgabe liegen je ein Prospekt des BVBC Bundesverband
der Bilanzbuchhalter und Controller, Bonn, und der Haufe Akademie, Freiburg, bei. Wir bitten
unsere Leserinnen und Leser um
Beachtung.

# Weiterbildung – Neue Wege

Die Größe eines Wortes stellt die relative Häufigkeit in allen Beiträgen der Rubrik Schwerpunkt dar.

# Schwerpunkt

## Weiterbildung –
## Neue Wege

# Lernen im Unternehmen vor neuen Herausforderungen

Die digitale Transformation der Unternehmen stellt die betriebliche Bildung vor große Herausforderungen. Anstelle des Aufbaus von Wissen rückt nun die Entwicklung von Handlungskompetenz in den Mittelpunkt. Praktische Beispiele führender Unternehmen zeigen, wie durch digitales und informelles Lernen neue Lernlandschaften entstehen.

*Joachim Niemeier*

Die betriebliche Bildung (Aus-, Fort- und Weiterbildung) hat sich in der Unternehmenspraxis etabliert und ist als Funktion nicht mehr wegzudenken. Präsenzschulungen und seminaristisches Lernen haben sich in diesem Zusammenhang etabliert, doch werden sie zunehmend auch kritisch gesehen, insbesondere aufgrund ihrer hohen Kosten. Im Vergleich ist E-Learning vor allem bei großen Teilnehmergruppen kosteneffizienter und ermöglicht dem Lernenden Flexibilität bei der Nutzung im Hinblick auf Lernzeit und Lernraum. Doch nicht immer stößt E-Learning bei den Lernenden auf Begeisterung, sitzen sie doch alleine vor ihren Rechnern und müssen die Inhalte mehr oder weniger passiv durcharbeiten.

Neue Herausforderungen für die betriebliche Bildung entstehen durch die Digitalisierung der Arbeits- und Lebenswelt, welche hinter Themen wie Internet der Dinge, Industrie 4.0, Enterprise 2.0 und Arbeit 4.0 steht. Diese digitale Transformation stellt auch neue Anforderungen an die Strategie der betrieblichen Bildung. Sie wird die Lernlandschaften in den Unternehmen verändern. Die Entwicklung geht dabei vom formalen Lernen in Form von Präsenzschulungen oder E-Learning-Kursen hin zum informellen Lernen am Arbeitsplatz und zum sozialen Lernen in Communities.

Gleichzeitig sehen sich die Verantwortlichen für die betriebliche Bildung mit knapper werdenden Budgets bis hin zu Legitimationsproblemen in den Fachbereichen konfrontiert – von einer fehlenden Verknüpfung zum eigentlichen Geschäft bis hin zu neuen Rollen für die Personalentwicklung, vom Ziel, operative Exzellenz im Schulungsgeschäft zu erreichen, bis hin zu einem erwarteten Beitrag zur Strategieimplementierung und zum kulturellen Wandel im Unternehmen.

Eine Befragung im Herbst 2015 unter 181 Corporate-Learning-Praktikern und Experten zeichnete ein ernüchterndes Bild (vergleiche Sauter 2015, S. 50). Obwohl sich über 80 Prozent der Unternehmen aufgrund der technologischen Entwicklungen in ihren Strukturen und Prozessen wandeln,

- sahen nur rund sieben Prozent der Befragten die Unternehmen im Bildungsbereich für die Herausforderungen in den kommenden Jahren vorbereitet,
- gaben nur rund neun Prozent an, dass die dazu notwendigen Veränderungsprozesse im Bereich von Geschäftsmodellen der betrieblichen Bildung, der Lernkonzeptionen und der Lernkultur bereits eingeleitet wurden,
- stellten 16 Prozent fest, dass die Bildungsexperten entsprechende Kompetenzen für die Planung, Umsetzung, Implementierung und Begleitung innovativer Lernkonzepte aufgebaut haben,
- gaben ebenfalls 16 Prozent an, dass die Infrastruktur für kollaboratives Arbeiten und Lernen am Arbeitsplatz und im Netz bereits in den Unternehmen implementiert wurde.

Während die Digitalisierung der Unternehmensprozesse und -strukturen in vollem Gange ist, fehlen jedoch häufig die dafür passenden Infrastrukturen und Lernstrategien. Die Transformationsprozesse führen dazu, dass anstelle des Aufbaus von Wissen nun die Entwicklung von Handlungskompetenz

*Prof. Dr. Joachim Niemeier*
*ist Executive Consultant bei der Centrestage GmbH, Honorarprofessor an der Universität Stuttgart und Mitglied der Corporate Learning Alliance. Er war Geschäftsführer der T-Systems Multimedia Solutions GmbH.*

Joachim Niemeier
Centrestage GmbH, Esslingen, Deutschland
E-Mail: joachim.niemeier@centrestage.de

in den Mittelpunkt rückt. Notwendig ist eine stärkere Konzentration auf die Entwicklung von Kenntnissen, Fertigkeiten und Fähigkeiten der Mitarbeiter, mit denen sie die Herausforderungen in Projekten und am Arbeitsplatz selbstorganisiert und kreativ lösen können.

### Trends und Themen im Corporate Learning

In einer Expertenbefragung mit dem Titel „Arbeit 4.0: Megatrends digitaler Arbeit der Zukunft" hat die Deutsche Telekom in Zusammenarbeit mit der Universität St. Gallen untersucht, wie die Digitalisierung die Arbeitswelten verändern wird (vergleiche Deutsche Telekom/Universität St. Gallen 2015). Die Ergebnisse dieser Delphi-Studie verdeutlichen, dass sich die hinter einem Unternehmen stehende Aufbau- und Ablauforganisation grundlegend ändern wird. Der Wandel der Arbeitswelten zeigt sich in einer Vielzahl von Handlungsfeldern. Intelligente Maschinen werden Mitarbeiter nicht nur in repetitiven Tätigkeitsbereichen ersetzen und zu Kollegen werden. Mitarbeiter werden zukünftig vor allem dort benötigt, wo es um kreative und nicht-lineare Tätigkeiten geht. Informationsaustausch, Kommunikation und Zusammenarbeit finden immer mehr in Form einer virtuellen Zusammenarbeit statt. In diesen neuen Arbeitswelten gilt es, weg von der Präsenz- und hin zu einer Ergebniskultur zu gelangen. Es ist ein neues Führungsverständnis erforderlich, das von stetiger Innovation, virtueller Zusammenarbeit und disruptivem Wandel ausgeht.

Welche Kompetenzen werden die Mitarbeiter beispielsweise durch Transformationsprozesse wie einer Digitalisierung der Unternehmensprozesse zukünftig benötigen? Wie werden sich dadurch die Kompetenzprofile verschiedener Rollen im Unternehmen verschieben? Um diese Fragen beantworten

> *„Die digitalen Transformationsprozesse führen dazu, dass statt des Aufbaus von Wissen die Entwicklung von Handlungskompetenz in den Mittelpunkt rückt."*

zu können, müssen die Gestalter der betrieblichen Bildung strategische Perspektiven berücksichtigen und eng mit den operativen Geschäftseinheiten zusammenarbeiten. Die Grenzen zwischen Lernen und Arbeiten verwischen zunehmend, und das Lernen am Arbeitsplatz (learning on the job) gewinnt zunehmend an Bedeutung, sodass traditionelle Formen der betrieblichen Bildung wie Präsenzschulungen und E-Learning-Kurse sehr schnell an ihre Grenzen stoßen. Dies erfordert eine Änderung des Fokus. Dieser richtet sich stärker auf informelles Lernen, bei dem Lernen als selbstverständliches Element der Arbeit implementiert werden muss. Dazu gilt es, neue Herangehensweisen, mit denen das Lernen am Arbeitsplatz in den Unternehmensbereichen mit ganz unterschiedlichen Bedürfnissen und Anforderungen unterstützt werden kann, zu identifizieren und zu fördern.

Neue Formen digitalen Lernens, informelles Lernen am Arbeitsplatz und soziales Lernen in Communities sind die Zukunftstrends.

Die Verantwortung der Mitarbeiter für ihre persönliche Weiterentwicklung wird zunehmen. Dazu müssen eigenverantwortliches und selbstgesteuertes Lernen im Selbstverständnis der Mitarbeiter und Führungskräfte etabliert werden. Der Trend geht zum „Self Service". Um eine Kultur des selbstgesteuerten oder sogar selbstorganisierten Lernens zu entwickeln, sind jedoch Schulungsstrategien notwendig, die Selbststeuerungskompetenzen, mit denen die Mitarbeiter ihre persönliche Entwicklung aktiv gestalten können, fördern.

*„Die Entwicklung geht vom formalen Lernen wie Präsenzschulungen oder E-Learning hin zum informellen Lernen am Arbeitsplatz und zum sozialen Lernen in Communities."*

Die Rolle der Führungskräfte verändert sich dahin gehend, dass sie in einer neuen Lernkultur nicht mehr nur die Aufgabe haben, auf Anfrage ihrer Mitarbeiter eine Schulungsveranstaltung aus einem bestehenden Budget zu genehmigen. Sie müssen vielmehr die neue Lernkultur aktiv umsetzen, selbst zu Lehrenden und Lernenden sowie zu Coaches ihrer Mitarbeiter werden.

Digitales Lernen jenseits von E-Learning-Kursen bietet vielfältige neue Möglichkeiten (vergleiche Kerres 2016; Wildi-Yune/Cordero 2015). Beispiele sind soziales und kollaboratives Lernen auf Basis von Online-Communities, unternehmensweite Online-Kurse auf Basis des Massive-Open-Online-Course-(MOOC)-Formats, der Einsatz von nutzergenerierten Inhalten, die Nutzung von Open Educational Resources (OER) im betrieblichen Kontext oder informelles Lernen über externe Inhalte auf TED Talks, Youtube, Communities of Practice oder fachliche Blogs. Aber auch Ansätze wie Reverse Mentoring, Bar Camps oder Learning Journeys rücken in den Fokus. Eine funktionale technische und organisatorische Lernlandschaft zum Einsatz digitaler Werkzeuge in Lernprozessen zur Unterstützung von formellem und informellem Lernen ist eine Voraussetzung für die Entwicklung von Kompetenzen und die Bildung von Netzwerken. Im Hinblick auf den Lernort werden Themen wie die zukünftige Arbeitsplatzgestaltung oder die Gestaltung eines innovativen Lern-Campus diskutiert.

## Neue Lernlandschaften für die betriebliche Bildung

Die betriebliche Bildung steht vor großen Veränderungen. Die Grenzen zwischen Lernen und Arbeiten verschwinden immer mehr, Lernen wird im Hinblick auf Themen, Ort und Zeit flexibler. Selbstgesteuertes Lernen geschieht entlang der individuellen Bedarfe und im eigenen Tempo. Neue digitale Lernlandschaften entstehen, wobei die Vernetzung und der Wissensaustausch mit anderen Lernern immer mehr in den Mittelpunkt rücken. Drei Fallbeispiele verdeutlichen die Vielfalt von neuen Lernlandschaften.

### Zusammenfassung

- Unternehmen müssen in der Aus-, Fort- und Weiterbildung ihrer Mitarbeiter mit neuen Lernlandschaften auf aktuelle Entwicklungen wie die Transformation der Unternehmen durch die Digitalisierung reagieren.
- Es gilt, für die verschiedenen Zielgruppen den richtigen Mix an Präsenzschulungen, seminaristischem Lernen, E-Learning und neuen, digitalen Lernformaten wie Lernen in Communities oder Corporate MOOCs zusammenzustellen.
- Die Herausforderung ist, rasch die personellen, organisatorischen und technologischen Voraussetzungen zu schaffen, um sowohl neue digitale als auch informelle Lernmethoden auf breiter Basis nutzbar zu machen.

Unternehmen müssen passende Infrastrukturen und organisatorische Zuständigkeiten schaffen.

### Praktische Anwendung des 70/20/10-Ansatzes bei SAP

Das 70/20/10-Bildungs- und Entwicklungsmodell wurde erstmals im Jahr 2006 als Trendaussage im „Career Architect Development Planner" des Centers for Creative Leadership, einem Anbieter von Fortbildungen für Führungskräfte, von Michael M. Lombardo und Robert W. Eichinger (vergleiche Lombardo/Eichinger 2006, S. 4) erwähnt und findet aktuell in den Unternehmen wieder sehr hohe Beachtung (vergleiche Jennings/Overton/Dixon 2016). Führungskräfte und Mitarbeiter erwerben demnach ihre Kompetenzen zu 70 Prozent durch Erfahrungen im Arbeitsalltag und durch berufliche Herausforderungen, zu 20 Prozent durch Feedback und Beobachtung von Kollegen und Vorgesetzten und zu zehn Prozent durch formale Weiterbildungsaktivitäten wie Kurse, Seminare und das Lesen von Informationen. SAP nutzt dieses Modell bei der Entwicklung von Schulungskonzepten, welche auch das informelle Lernen am Arbeitsplatz, soziales Lernen in Communities durch den Austausch von Praxiserfahrungen und die Wissensvermittlung durch Lernen mit anderen integrieren (vergleiche Jenewein 2014).

*„Während die Digitalisierung der Unternehmensprozesse in vollem Gange ist, fehlen häufig die dafür passenden Infrastrukturen und Lernstrategien."*

### Der Adidas Group Learning Campus

2012 startete Adidas einen offenen Prozess der Konzeptentwicklung für ihre zukünftige Lernlandschaft. In Form einer Crowd-Sourcing-Aktion wurden alle Interessenten zur Ideen-Entwicklung über einen Blog-Beitrag eingeladen (vergleiche Kuhna 2012). Im März 2014 wurde der Adidas Group Learning Campus dann der Öffentlichkeit vorgestellt (vergleiche Moesen 2014). Entstanden ist ein virtueller Learning Campus in Form einer Online-Plattform für kollaboratives, selbstgesteuertes und technologiebasiertes Lernen. Als zweite Säule wurden physikalische Lernräume geschaffen, welche aber nicht als klassische Schulungsräume, sondern als informale Räume für kreatives Lernen ausgestaltet sind. Die dritte Säule ist der sogenannte „Future Workplace", eine individuelle Arbeitsumgebung für jeden Mitarbeiter, bei der das Lernen vollständig in die tägliche Arbeit eingebettet ist. Als wichtiges kulturelles Element wurden fünf Prinzipien für den neuen Weg, voneinander und miteinander zu lernen, entwickelt (vergleiche Kuhna 2014). Eines dieser Prinzipien sagt beispielsweise aus, dass Führung konstantes Teilen, Lehren und Lernen bedeutet. Jeder, auch oder gerade eine Führungskraft, ist danach sowohl Lehrender als auch Lernender.

### Agile „Learning Bundles" bei IBM

IBM hat als Technologieunternehmen eine lange Tradition beim digitalen Lernen. Die aktuellen Herausforderungen für das Lernen bei IBM sind typisch für viele Unternehmen. Die Fach- und Führungskräfte sind stark ausgelastet, sie können nicht mehr auf Vorrat lernen, sondern sollen Lerninhalte selbstgesteuert dann nutzen können, wenn diese für die eigene Arbeit benötigt werden. Dies soll flexibel im Hinblick auf Ort und Zeit bei gleichzeitig reduzierten Kosten geschehen. Der Lösungsansatz von IBM für ein Lernen zum Zeitpunkt des Bedarfs ist die Entwicklung sogenannter „Learning Bundles" (vergleiche Drennan 2016). So werden die im Unternehmen frei zugänglichen Lerneinheiten bezeichnet, die sowohl über eine Homepage genutzt werden als auch in Arbeitsumgebungen, Communities, E-Mails oder Wikis eingebettet werden können. Spannend an den Learning Bundles ist, dass diese sehr agil eingesetzt werden können, beispielsweise als kurze Lernressource für freie zehn Minuten, für die Vor- und Nachbereitung von Events oder als gezielte Empfehlung von Führungskräften zur Kompetenzentwicklung für ihre Mitarbeiter.

### Magenta MOOC der Telekom AG

Ein MOOC, die Abkürzung der englischen Bezeichnung „Massive Open Online Course", ist ein Bildungsformat, das aus dem universitären Kontext stammt und eine zunehmende Aufmerksamkeit im Bereich der wissenschaftlichen Weiterbildung erfährt (vergleiche Franken/Fischer/Köhler 2014). Die typischen Eigenschaften von MOOCs sind dabei, dass sie auf eine große Anzahl an Teilnehmern über das Internet ausgerichtet sind, keine Zugangsbeschränkungen durch eine kostenlose oder zumindest eine offene Registrierung haben, in den Online-Kurs sowohl Social Networking, frei zugängliche Online-Ressourcen als auch fachliche Inputs von führenden Experten integrieren und auf die Selbstorganisation der Teilnehmer im Hinblick auf ihre Lernziele und ihren Lernprozess bauen (vergleiche McAuley 2010, S. 4 f.). Bei der Nutzung des MOOC-Formats im Unternehmenskontext, den sogenannten Corporate MOOCs, wird im Vergleich zu klassischen Weiterbildungsangeboten verstärkt die Aktivierung von Mitarbeitern und ihrer Kompetenzen, die Verbesserung von Prozessen und die Begleitung des organisatorischen Wandels angestrebt (vergleiche Reimann 2013; Vernau/Hauptmann 2014).

Die Deutsche Telekom hat beispielsweise im Jahr 2014 mit dem „Magenta MOOC – Share Your Entrepreneurial Spirit" das MOOC-Konzept in ihren Unternehmenskontext übertragen und für die betriebliche Bildung genutzt (vergleiche Bouzidi 2015; Jumpertz 2014). Das neue digitale Lernangebot war sowohl durch individuelles und selbstgesteuertes Lernen, einen offenen Erfahrungs- und Wissensaustausch der Teilnehmer untereinander als auch das gemeinsame Lernen in einer Gruppe geprägt.

Für die Beteiligung am Magenta MOOC gab es keine Teilnahmebeschränkungen. Mitmachen konnte jeder Telekom-Mitarbeiter nach Zustimmung seiner Führungskraft. Als Aufwand für die Teilnahme wurden pro Woche fünf Stunden der Arbeitszeit veranschlagt. Von Anfang April bis Ende Juni 2014 nahmen am Magenta MOOC über 3.650 Mitarbeiter aus 27 Landesgesellschaften teil, davon machten 700 Personen in heterogenen, virtuell orga-

> Die betriebliche Weiterbildung muss über neue Lernstrategien und die notwendigen Kompetenzen in Unternehmen nachdenken.

nisierten Teams à fünf Personen mit, und weitere rund 3.000 Mitarbeiter unterstützten diese Teams als sogenannte „Supporter". Diese Teams arbeiteten während der drei Monate in einem klar umrissenen Zeitrahmen an sechs konkreten arbeitsplatznahen Fragestellungen.

Jedes Modul wurde über eine kurze Video-Vorlesung und dazugehörige Literatur sowie Handouts eingeleitet. Weitere strukturgebende Elemente im Lernprozess waren Mentoren, die am Ende jedes Moduls ein Feedback zu den Arbeitsergebnissen gaben, sowie Tutoren, die als Ansprechpartner für Fragen aller Art zur Verfügung standen und das Community Management übernahmen. Die Teilnehmer nutzten auch die Möglichkeit zum Peer Feedback und luden sich gegenseitig zur Diskussion und Bewertung ein.

Der Magenta MOOC ermöglichte es den Teilnehmern, virtuelles Lernen und Zusammenarbeiten in einer selbstbestimmten Form über das Arbeiten an konkreten Fragestellungen im Team zu erfahren. Im Magenta MOOC wurde nicht nur bestehendes Wissen vermittelt, sondern es wurde auch eine Vielzahl an neuen Ideen für Produkt- und Serviceinnovationen generiert. Über 100 innovative Ideen am Ende des Magenta MOOCs, aber auch das Weiterleben der MOOC-Community nach dem Ende des Kurses belegen den Beitrag dieses Formats zum organisatorischen Lernen sowie zur Weiterentwicklung der Unternehmenskultur durch das Kennenlernen neuer Menschen im Konzern mit ihren Ideen und Perspektiven.

### Rollen, Kompetenzen und Organisation

Folge der aufgeführten Trends und Themen ist, dass sich die zuständige Organisationseinheit beziehungsweise die zuständigen Organisationseinheiten eben in den Aufgaben, Werten und Einstellungen neu definieren müssen. Es reicht nicht mehr aus, nur Weiterbildungsmaßnahmen zu entwickeln beziehungsweise deren Durchführung zu steuern oder einen Schulungskatalog zu erstellen. Vielmehr muss die Frage, wie in der Zukunft im Unternehmen gelernt wird, zum zentralen Thema gemacht werden.

Durch den stärker werdenden Fokus auf das Lernen und die persönliche Entwicklung im Prozess der Arbeit müssen Mitarbeiter und Führungskräfte in ihrer neuen Rolle gestärkt und in der Umsetzung selbstgesteuerter und selbstorganisierter Lernformen unterstützt werden. Neue Lernformen und Lernformate müssen systematisch beobachtet und durch Ausprobieren eigene Erfahrungen gesammelt werden.

Neben einer stärkeren Methodenkompetenz im Umgang mit digitalen Medien und (Lern-)Technologien sind vielfältige neue Rollen für die betriebliche Weiterbildung in der Diskussion, so zum Beispiel Rollen wie Lern-Begleitung, Lern-Coach, Lern-Community-Manager oder Kurator von externen und internen Inhalten.

Das Marketing von neuen Lernangeboten ist ein wichtiger Erfolgsfaktor und eine Voraussetzung, um Informationslücken und Nutzungsbarrieren zu überwinden. Auch der Einsatz von Gamification-Elementen, das heißt spieltypischen Elementen wie Auszeichnungen („Badges"), Ranglisten oder Fort-

> Die Schaffung einer Kultur des selbstgesteuerten Lernens ist eine zentrale Voraussetzung für den Erfolg neuer Lernmethoden.

schrittsbalken, zur Motivation bei der Bewältigung von individuellen oder kollaborativen Lernaufgaben rückt ins Blickfeld.

In den Unternehmen existiert eine Vielfalt an Möglichkeiten, den Bildungsbereich zu organisieren. Diese reichen von zentralen Ansätzen bis hin zu dezentralen Ansätzen (zum Beispiel unabhängige „Center of Excellence"). Darüber hinaus kommt eine Vielfalt von Koordinationsmechanismen wie Zielvorgaben oder geteilte Zuständigkeiten bis hin zu einem Steuerungskreis zum Einsatz. Auch findet man Beispiele für eine zentrale Führungsfunktion als „Chief Learning Officer" (CLO).

In einem Benchmark-Projekt wurden im Hinblick auf die Organisation der Lernfunktion anhand von Indikatoren mehrere Ansätze bei Großunternehmen in der DACH-Region identifiziert (vergleiche **Tabelle 1**).

Die verschiedenen organisatorischen Ansätze sind eine Folge der jeweiligen Strategie für die betriebliche Bildung. Für die Realisierung einer betrieblichen Lernfunktion, die auf einen hohen Anteil an digitalem Lernen ausgerichtet ist, orientieren sich die Unternehmen eher an einer zentralen Governance oder verfolgen einen globalen Ansatz mit verschiedenen Kompetenzzentren. Lernfunktionen mit auftragsorientiertem Ansatz haben dagegen sehr begrenzte Möglichkeiten, (1) Skaleneffekte zu realisieren und (2)

| Tab. 1 Organisation der Lernfunktion in Unternehmen der DACH-Region | |
|---|---|
| **organisatorischer Ansatz** | **Indikatoren** |
| zentralisierte Zuständigkeit und Durchführung | • eine unternehmensweite Corporate-Learning-Funktion<br>• die meisten Mitarbeiter mit Aus- und Weiterbildungsaufgaben berichten an eine zentrale Unternehmenseinheit<br>• globales Team<br>• Teil der HR-/L&D-Organisation<br>• direkter Berichtsweg zur Unternehmensleitung<br>• organisiert nach Job-Familien |
| globaler Ansatz mit verteilten Kompetenzzentren | • globale Trainingsangebote haben Priorität<br>• regionale Feld-Organisation<br>• Shared Services |
| zentralisierter Management-Ansatz mit dezentralisierter Verantwortung für die Durchführung | • 80-20-Ansatz<br>• HR-Business-Partner-Modell<br>• zusätzliche Trainingseinheiten (Akademien, Teams) in Geschäftsbereichen, Regionen, Standorten<br>• Tochterunternehmen für Training |
| dezentraler Ansatz mit gemeinsamen Aktivitäten | • viele autonome Trainingseinheiten (Akademien, Teams) in Geschäftsbereichen, Regionen, Standorten<br>• die meisten Mitarbeiter mit Aus- und Weiterbildungsaufgaben berichten an Verantwortliche in geschäftlichen oder regionalen Einheiten<br>• zentrale Weiterbildungseinheit für geschäftsbereichsübergreifende Themen, einige unternehmensweite Programme (zum Beispiel Führungskräftetraining)<br>• Verantwortung liegt bei den Management Teams in den Geschäftsbereichen, Zielmärkten und Regionen<br>• zentrale Zuständigkeit (zum Beispiel für Infrastruktur) |
| mehrere unabhängige „Center of Excellence" | • unabhängig agierende Aus- und Weiterbildungseinheiten in einer Matrix-Organisation |

Quelle: Centrestage GmbH/Deutsche Telekom AG, Benchmarking-Studie 2015

proaktiv neue Lernmethoden und -formate einzuführen. Innovative Lernmethoden und -formate werden eher in dezentraler Verantwortung in Fach- oder Geschäftsbereichen beziehungsweise von Projektbereichen mit IT-Bezug (zum Beispiel Digital Workplace, Enterprise 2.0, Community Management) erprobt.

*„Es ist ein neues Führungsverständnis erforderlich, das von stetiger Innovation, virtueller Zusammenarbeit und disruptivem Wandel ausgeht."*

## Schlussbetrachtung

Corporate Learning steht vor großen Herausforderungen. Es ist zwar wichtig, dass sich die Verantwortlichen für die betriebliche Bildung eine entsprechende Medienkompetenz aneignen, diese reicht aber für sich genommen nicht aus. Vielmehr ist eine systematische und strategische Herangehensweise erforderlich, um das volle Potenzial der vielfältigen neuen Formen des Lernens auszuschöpfen. Diese umfasst eine konsistente digitale Lernstrategie, ein Change-Management-Konzept „Wie kann digitales und informelles Lernen erfolgreich werden?" sowie die Erprobung neuer digitaler und informeller Lernmethoden. Dabei kann man sich durchaus die Frage stellen: „Wenn wir heute neu starten würden, wie würde das Geschäftsmodell der Bildung im Unternehmen dann aussehen?"

### Handlungsempfehlungen

- Klären Sie, welche Anforderungen die verschiedenen Stakeholder im Unternehmen in den nächsten zwei bis fünf Jahren an das Lernen und an die betriebliche Bildung haben.
- Verschaffen Sie sich ein klares Bild, wo die betriebliche Bildung im Unternehmen heute steht. Fragen Sie nach Standards, Prozessen, Rollen, technologischen Infrastrukturen, verfügbaren Lerninhalten, Feedback der verschiedenen Stakeholder.
- Sammeln Sie selbst Erfahrung im Umgang mit neuen digitalen Lernformaten wie MOOCs, und suchen Sie beispielsweise nach erfolgreichen Beispielen für informelles Lernen in Ihrem Arbeitsumfeld.
- Entwickeln Sie eine Handlungs- und Problemlösungsstrategie für die Zukunft der betrieblichen Bildung. Wie sieht ein funktionierendes Geschäftsmodell für die betriebliche Bildung aus, welches langfristig erfolgreich ist und möglichst viele Mitarbeiter erreicht?

### Literatur

Bouzidi, H. (2015): Magenta MOOC. Virtuelle Zusammenarbeit im unternehmerischen Kontext, in: Detecon Management Report BLUE, S. 92-95, https://www.detecon.com/sites/default/files/20_DMR_blue_Transformation_Magenta_MOOC_D_02_2015.pdf (letzter Abruf: 08.08.2016).

Deutsche Telekom/University of St. Gallen (2015): Arbeit 4.0: Megatrends digitaler Arbeit der Zukunft – 25 Thesen. Ergebnisse eines Projektes von Shareground und der Universität St. Gallen, https://www.telekom.com/static/-/285820/1/150902-Studie-St.-Gallen-si (letzter Abruf: 08.08.2016).

Drennan, L. (2016): An Agile Construct for Learning, https://www.td.org/Publications/Magazines/TD/TD-Archive/2016/08/An-Agile-Construct-for-Learning (letzter Abruf: 08.08.2016).

Jenewein, T. (2014): Mehr Kompetenz mit dem 70/20/10-Lernansatz, http://news.sap.com/germany/mehr-kompetenz-mit-dem-702010-lernansatz/ (letzter Abruf: 08.08.2016).

Jennings, C./Overton, L./Dixon, G. (2016), 70+20+10=100. The Evidence Behind the Numbers. http://www.towardsmaturity.org/article/2016/02/02/in-focus-702010-100-evidence-behind-numbers/ (letzter Abruf: 08.08.2016).

Jumpertz, S. (2014): Innovativer werden auf innovative Art. Kulturwandel per MOOC. Interview mit Eva Strube und Reza Moussavian, in: managerSeminare, 201, S. 68-73.

Franken, O./Fischer, H./Köhler, T. (2014), Analyse von Geschäftsmodellen nationaler und internationaler MOOC-Provider, in: Köhler, T./Kahnwald. N. (Hrsg.): GeNeMe ,14, Gemeinschaft in neuen Medien, S. 170-190, http://www.qucosa.de/fileadmin/data/qucosa/documents/15420/GeNeMe2014_179-190.pdf / (letzter Abruf: 08.08.2016).

Kerres, M. (2016): E-Learning vs. Digitalisierung der Bildung: Neues Label oder neues Paradigma? in: Hohenstein, A./Wilbers, K. (Hrsg.): Handbuch E-Learning, 61. Ergänzungslieferung, Köln, http://mediendidaktik.uni-due.de/sites/default/files/elearning-vs-digitalisierung.pdf / (letzter Abruf: 08.08.2016).

Kuhna, C. (2012): Help us find the new way of working and learning. http://blog.adidas-group.com/2012/05/help-us-find-the-new-way-of-working-and-learning/ (letzter Abruf: 08.08.2016).

Kuhna, C. (2014): Bringing the adidas Group Learning Campus to Life! – Learning in the 21st Century. http://www.gameplan-a.com/2014/03/bringing-the-adidas-group-learning-campus-to-life-learning-in-the-21st-century/ (letzter Abruf: 08.08.2016).

Lombardo, M. M./Eichinger, R. W. (2006): The Career Architect Development Planner, 4. Ausgabe, http://johncollinscareerdevelopmentplan.weebly.com/uploads/2/4/4/0/24401899/lominger_career_architect_development_planner.pdf (letzter Abruf: 08.08.2016).

McAuley, A./Stewart, B./Siemens, G./Cormier, D. (2010): Massive Open Online Courses. Digital ways of knowing and learning. The MOOC Model for Digital Practice, http://www.elearnspace.org/Articles/MOOC_Final.pdf (letzter Abruf: 08.08.2016).

Moesen, J. (2014): A marketplace for learning – adidas Group Learning Campus, http://blog.adidas-group.com/2014/09/a-marketplace-for-learning-adidas-group-learning-campus/(letzter Abruf: 08.08.2016).

Reimann, S. (2014), Corporate MOOCs: The Missing Link, in: managerSeminare 184, Juli 2013, S. 64-69.

Sauter, W. (2015): CL 2.0 MOOC: Deutsche Bahn AG – Next Education, in: Wirtschaft & Beruf, 67 (2), S. 49–51.

Vernau, K./Hauptmann, M. (2014): Unternehmen lernen online. Corporate Learning im Umbruch. München.

Wildi-Yune, J./Cordero, C. (2015): Digitales Lernen. Wie wird es „richtig" umgesetzt? KMPG/IMD-Positionspapier. https://assets.kpmg.com/content/dam/kpmg/pdf/2015/09/digitales-lernen-in-unternehmen-KPMG-2015.pdf (letzter Abruf: 08.08.2016)

Daniel Frense-
meier, Björn
Radtke und
Rainer Schiller
im Dialog mit
Utz Schäffer

# „Wir suchen nach den optimalen Lernmethoden"

Globale Konzerne bilden ihre Finanzmitarbeiter zunehmend in eigenen Finance Academies weiter. Daniel Frensemeier von der Henkel AG & Co. KGaA, Björn Radtke von der Top-Management-Beratung CTcon GmbH und Rainer Schiller von der Bayer AG sprechen über Konzepte, konkrete Erfahrungen und zukünftige Trends in der Controller-Weiterbildung.

Fotos: © Kai Myller

*Daniel Frensemeier*

*ist Senior Manager Controlling & Reporting innerhalb des Bereichs Integrated Business Solutions und arbeitet seit 2008 bei der Henkel AG & Co. KGaA in Düsseldorf. In seiner derzeitigen Rolle ist er unter anderem für den Finance Campus verantwortlich. Für Henkel war Daniel Frensemeier bereits in unterschiedlichen Positionen in Düsseldorf und Shanghai tätig. Vor seiner Zeit bei Henkel arbeitete er unter anderem bei Siemens, Altran und Vodafone.*

*Henkel AG & Co. KGaA*

*ist weltweit mit führenden Marken und Technologien in den drei Unternehmensbereichen Laundry & Home Care, Beauty Care und Adhesive Technologies tätig. Das 1876 gegründete Unternehmen hat seinen Hauptsitz in Düsseldorf und hält bekannte Marken wie Persil, Schwarzkopf oder Loctite.*

Bayer und Henkel haben für die Weiterbildung ihrer Mitarbeiter aus dem Finance-Bereich schon vor Jahren eine eigene Finance Academy oder wie es bei Henkel heißt – einen Finance Campus – gegründet. Auch andere Unternehmen betreiben eigene Akademien, um ihre Finance-Mitarbeiter weiterzuentwickeln. Welche Ziele werden damit verfolgt?

**Frensemeier:** Der Finance Campus ist ein fester Bestandteil bei Henkel. Es gibt ihn seit acht Jahren. Wir sehen unser Angebot als Ergänzung zu den klassischen HR-Trainings und versuchen, alle relevanten Finance-Themen für Henkel abzudecken und entsprechende Lernangebote bereitzustellen. Die Finance-Organisation hat sich ja in den letzten Jahren sehr verändert. Ich denke da beispielsweise an die stark gewachsenen Shared Service Center, in die unter anderem viele operative Controlling-Prozesse ausgelagert worden sind. Daher ist es wichtig, den Kolleginnen und Kollegen in den Regionen Trainingsangebote zu unterbreiten, die es ihnen möglich machen, notwendige Skills aufzubauen. Auch die Rollen haben sich ganz klar verändert und damit natürlich auch die Lern-

anforderungen. Hier bieten wir Themenblöcke, die über das operative Controlling hinausgehen. Der Fokus liegt zurzeit auf Business Partnering mit den Business Units. Aber auch Projekt-Management, Tools und Systeme sowie die Prozesse betreffendes Know-how werden stark nachgefragt. Außerdem legen wir großen Wert auf Vernetzung.

Und wie sieht es bei Bayer aus? Warum gibt es dort eine eigene Inhouse-Akademie?

**Schiller:** Eigentlich aus drei Gründen: Wir wollen Bayer-internes Know-how vermitteln. Das ist entscheidend. Keine Allgemeinplätze, die man zukauft, sondern wirklich selbstkreierte Trainings. Die weiteren Ziele sind, den Austausch der Mitarbeiter untereinander zu fördern und prinzipiell - wie bei Henkel auch - eine Vernetzung innerhalb des Unternehmens zu generieren. Die Wissensvermittlung steht von der Priorisierung her aber deutlich an erster Stelle. Wir sind im Prinzip der professionelle Partner für die Weiterentwicklung der Finance-Mitarbeiter.

*Björn Radtke*

*ist Partner und Geschäftsführer von CTcon. Seit 1996 berät er für CTcon führende Konzerne sowie große öffentliche Organisationen in Consulting- und Trainingsprojekten. Björn Radtke hat zahlreiche namhafte Organisationen bei der Neuausrichtung von Controlling-Bereichen, dem Ausbau von Personalentwicklungs- und Qualifizierungsprogrammen für Controller sowie der Personalgewinnung begleitet.*

*CTcon GmbH*

*ist eine führende Top-Management-Beratung für Unternehmenssteuerung und Controlling und als kompetenter Partner großer Industrie- und Dienstleistungsunternehmen sowie bedeutender öffentlicher Institutionen etabliert. Als Spin-off der WHU – Otto Beisheim School of Management 1992 gegründet, ist CTcon heute mit Büros in Bonn, Düsseldorf, Frankfurt am Main, München und Vallendar weltweit aktiv.*

Herr Radtke, wie stellt sich die Situation aus der Sicht eines Beratungs- und Trainingsunternehmens dar, das den Überblick über viele Konzern-Akademieansätze hat?

**Radtke:** Aus CTcon-Sicht sehen wir unterschiedliche Motive, die man klaren Typologien zuordnen kann: Manche Unternehmen stellen eine Finance Academy im Rahmen einer großen Finance-Transformation auf. Die Academy ist dann wesentliches Umsetzungsvehikel des Transformationsprogramms. Andere setzen auf strategische Ziele ihres CFO-Ressorts in Bezug auf die Themen People and Talent Development sowie Community-Entwicklung auf. Die Gründung von sogenannten „funktionalen Akademien" ist gerade in den Großkonzernen immer mehr en vogue. Die Aussage „Ich trage Verantwortung für eine spezialisierte globale Community und die hat eigene Lernbedarfe, eigene Lernanforderungen und damit auch Bedarf an einer eigenen spezialisierten Academy" hören wir von immer mehr Konzern-CFOs.

## Roundtable for Finance Academies

Der Roundtable for Finance Academies wurde vor einigen Jahren als Arbeitskreis zum Themenfeld „Finance Learning and People Development in Großkonzernen" etabliert. Dort trifft sich ein ausgewählter Kreis von Global Playern regelmäßig, um Erfahrungen, Konzepte und Entwicklungstrends auszutauschen sowie Optionen zur Zusammenarbeit auszuloten. Der Kreis setzt sich aktuell aus den für die jeweiligen „Finance Academies" global verantwortlichen Vertretern von ABB, Bayer, Bertelsmann, Bosch, CTcon, Daimler, Deutsche Post DHL, Henkel, Metro, RWE sowie der Zürich Insurance Group zusammen und hat sich zu einer sehr vertrauensvollen und offenen Plattform zum Austausch von Erfahrungen und Best Practices entwickelt.

*Rainer Schiller*

*hat seit Januar 2016 die Führung der Bayer Finance Academy übernommen und ist seit 1986 bei der Bayer AG tätig. Nach verschiedenen Positionen innerhalb der Zentralen Logistik wechselte er 1996 in das Controlling, wo er in den folgenden 16 Jahren in verschiedenen Landes-, Regionen- oder Headquarter-Positionen wirkte. Zwischen 2012 und 2015 leitete Schiller die Bayer HealthCare Finance Academy.*

*Bayer AG*

*ist ein weltweit agierendes Life-Science-Unternehmen mit Kernkompetenzen auf den Gebieten Gesundheit und Agrarwirtschaft. Es gliedert sich in die drei Divisionen Pharmaceuticals, Consumer Health und Crop Science sowie die Geschäftseinheit Animal Health. Hauptsitz des 1863 gegründeten Unternehmens ist Leverkusen.*

Wer ist eigentlich Ihre Zielgruppe? Sind das nur Controller oder alle Mitarbeiter der Finanzfunktion? Inwieweit ist das Angebot global?

**Schiller:** Unsere Zielgruppe sind weltweit alle Mitarbeiter in den Bereichen Accounting, Controlling, Finanzen und Steuern. Wir haben aber auch ein sogenanntes „Modul X" – Finanzwissen für Nicht-Finanz-Leute. Zielgruppe ist hier nahezu das gesamte Unternehmen. Bisher finden alle Angebote nur auf Englisch statt, was einen großen Vorteil hat: Es reduziert sowohl Komplexität als auch Kosten. Es funktioniert hervorragend. Das einzige Problem, das wir entdeckt haben, ist: Sobald wir aus unserer eigentlichen Zielgruppe rausgehen und ein Finanzthema an eine größere Zielgruppe vermitteln wollen, wird das Sprachthema irgendwann akut.

Wie ist es bei Henkel, Herr Frensemeier?

**Frensemeier:** Wir fokussieren mit unserem Finance Campus sehr auf die Controller und die General-Accounting-Kollegen. Der Campus bei Henkel deckt aber, ähnlich wie bei Bayer, alle 1.100 Mitarbeiter in unserer Finance-Organisation ab,

auch M&A, Steuern und Investor Relations. Auch wir möchten in Zukunft Finance für Nicht-Finanz-Mitarbeiter anbieten, weil wir den Bedarf sehen. Als Hauptsprache nutzen wir ebenfalls Englisch und passen die Sprache nach Bedarf regional an.

**Radtke:** Der Anspruch, mit einer Finance Academy eine gesamte CFO-Community abzudecken, ist weitverbreitet. De facto agieren aber meist einzelne Funktionen innerhalb des CFO-Bereichs implizit oder explizit als Vorreiter. Oft liegt diese Rolle beim Leiter Controlling, der dann auch den „Push" für benachbarte Funktionen gibt. Typischerweise wird auch sehr viel Content im Accounting-Bereich angeboten. Hier gilt es eher zu identifizieren, welchen Detailgrad an aktualisiertem Rechnungslegungswissen welche Zielgruppen in der Community tatsächlich brauchen. Englisch ist inzwischen Standard als Sprache. Finance Academies, die eine starke, auch operative Rolle im Roll-out von globalen Initiativen haben, kommen aber nicht umhin, bestimmte Module und Inhalte in mehreren Sprachen anzubieten.

Wo sehen Sie die größten Lernbedarfe für Controller?

**Frensemeier:** Ich hatte ja schon die Themen Projekt-Management und Business Partnering erwähnt. Sehr aktuell ist auch das Thema Realtime Data. Hier geht es darum, Daten viel schneller zur Verfügung zu stellen, Reports in Echtzeit zu erhalten und interpretieren zu können. Wir müssen die analytischen Fähigkeiten ausbauen, um diese neuen Reports lesen zu können. Mit der Auslagerung vieler operativen Reports in die Shared Service Center liegt der Fokus auf der Interpretation der Daten und auf ihrer interaktiveren Analyse. Dieses Thema versuchen wir, auch im Business-Partnering-Modell anzugehen: Ziel ist die Verlinkung zwischen den Fragestellungen, die die Business Unit hat, und dem Controller, der sie beantworten soll und interaktiv darauf zurückgreifen möchte.

**Schiller:** Ich kann mich da nur anschließen. Die Finance Academy vermittelt Fachwissen, beispielsweise um die Welt von Working Capital zu verstehen. Wie werden KPIs berechnet? Wie laufen Controlling-Prozesse ab? Und wie werden diese durch System-Anwendungen unterstützt? Das alles kann methodisch sehr gut dargestellt werden. Im Gegensatz zu den allgemeinen Verhaltenstrainings, die von HR angeboten werden, haben wir spezielle Seminare für die Finance-Mitarbeiter zum Thema „Verhalten" in Kombination mit der Zahlenwelt und im Zusammenspiel mit dem Business.

**Frensemeier:** Vielleicht noch ein Ergänzung: Bei Henkel versuchen wir verstärkt, Interaktion zu fördern. Einmal jährlich organisieren wir daher Workshops, zu denen wir Kollegen aus der bereichsübergreifenden Controller-Community einladen. Im Rahmen dieser mehrtägigen Workshops werden dann aktuelle Business-Projekte besprochen und reflektiert. Damit stärken wir nicht nur das Networking, sondern fördern auch das Verständnis der Veränderungen im Geschäft. Das Feedback zu diesen Workshops ist sehr positiv.

**Radtke:** Die Rollenbilder und die Anforderungen an Controller werden immer anspruchsvoller. Gefordert ist ein sehr hoher Anteil an umfassenden Management-Kompetenzen. Nach unseren Erfahrungen sind die Kompetenzbereiche Interaktion, Kommunikation und Geschäftsverständnis in aller Regel deutlich schwächer ausgeprägt als die typischen betriebswirtschaftlichen und die fachlich controllingspezifischen Kompetenzen. Der Schwerpunkt der Angebote zielt vielfach darauf, genau solche Defizite zu minimieren, damit die Controller das Management so aktiv wie zunehmend gefordert unterstützen können.

Man hört ja zurzeit viel über neue Lernformen. Alle Welt redet von MOOCs, E-Learning und Web Based Training. Wie sieht Ihr Angebot aus? Ist das die Zukunft?

**Schiller:** Das Thema Blended Learning wird gerade stark diskutiert, wobei für mich Blended Learning nicht nur eine Kombination von zwei Methoden bedeutet. Die Wahl der

Lernmethode hängt von der Zielgruppe, vom Thema und vom Lernziel ab. Erst wenn alle diese Aspekte berücksichtigt sind, lässt sich die optimale Methode oder ein Mix daraus festlegen. Das reicht wirklich vom E-Learning, vom Web Based Training bis zu einer Präsenzveranstaltung. Meiner Meinung nach hat sich da auch nicht viel gewandelt. Die Technologien werden besser im virtuellen Bereich, ja. Aber der Bedarf an Klassenraumtrainings besteht weiterhin. Man kann sie jetzt nur durch Vor- oder Nachschalten elektronischer Lerneinheiten qualitativ verbessern und effizienter gestalten. Bei Bayer reicht das Spektrum von Webinaren, virtuellen Klassenräumen über Videos und einem Wimmelbild bis zu den bereits erwähnten Präsenzveranstaltungen, die modular aufgebaut sind, aufeinander aufbauen und mit einer Transferaufgabe bestückt sind.

**Frensemeier:** Bei Henkel sieht es ähnlich aus. Wie Herr Schiller schon sagte, glaube ich, dass der Trend eher dahin geht, den richtigen Mix zu finden und das richtige Training für die jeweilige Anforderung zu definieren. Auch wir nutzen das gesamte Spektrum von klassischen Klassenraum-Trainings zu E-Learnings, Videos et cetera. Gerade haben wir mit den ersten Webinaren angefangen und versuchen, die Klassenraumtrainings effizienter zu gestalten. Wir bieten jetzt vorbereitende E-Learnings an oder kurze Videos, ebenso entsprechende Follow-ups. Das Klassenraum-Training wird immer wieder angefragt, allein schon wegen des Networking-Aspekts. Aber auch aus dem Blickwinkel des Zeit-Managements bekommen wir das Feedback, dass die Lerneffizienz im Rahmen eines Präsenz-Trainings höher ist als beim E-Learning. Letztendlich hängt die Trainingsform aber natürlich ganz stark von den Themen ab. Themen, die Interaktion, eine Diskussion benötigen, bieten wir im Klassenraum an. Themen, die sehr systematisch angegangen werden müssen, decken wir eher durch E-Learning oder Webinare ab.

**Radtke:** Blended-Learning-Angebote ergänzen inzwischen immer stärker die klassischen Klassenraum-Kernmodule. Beim E-Learning beobachten wir in einigen Häusern eher eine Tendenz zu Masse statt Klasse. Die Qualität hat durch den Anspruch, zu allen Bereichen Angebote zu schaffen, vielfach gelitten. Es fällt den Unternehmen schwer, die Aktualisierung der Programme zu garantieren und den erforderlichen Ressourceneinsatz zu stemmen. Daneben haben wir immer noch sehr intensive Diskussionen hinsichtlich wirklich passender Lernformen zum jeweiligen Kompetenzfeld. Rein aus Kostengesichtspunkten werden vielfach noch Lernformen gewählt, die – wenn wir eine wirkliche Verhaltenstransformation hinbekommen möchten – nicht adäquat sind. Unser Tipp ist, eher mit einem klaren Blick im ersten Schritt auf „Key People" und „Key Positions" zu fokussieren und anschließend mit einer Zielgruppenausweitung Kaskadeneffekte anzustreben.

Versuchen Sie, auch Inhalte spielerisch zu vermitteln? In den letzten Jahren war viel von „Gamification" die Rede.

**Frensemeier:** Gamification ist bei Henkel weniger Thema …

… und Business Cases?

**Frensemeier:** Ja, Business Cases sind innerhalb von Seminaren sehr wichtig als eine Art Real Life Example, das wir dann durchsprechen.

**Schiller:** Business Cases spielen auch bei Bayer definitiv eine große Rolle. In Seminaren sowieso, aber auch in anderer Form, im virtuellen Bereich. Beim Thema Working Capital zum Beispiel vermitteln wir erst einmal Grundwissen, also etwa, wie werden Working Capital KPIs bei uns berechnet? Darauf aufbauend zeigen wir Anwendungsbeispiele anhand von Business Cases zur Vertiefung des Wissens.

Im schon erwähnten Modul X für Nicht-Finanzler, die sich dort durch acht Stunden als eher trocken empfundenes Finanzwissen arbeiten müssen, haben wir einen recht innovativen Ansatz gewählt und eine motivierende, komplett virtuelle Landschaft kreiert, in der die Web Based Trainings eingebunden sind. Man kann sich durch Lernen Punkte erarbeiten und diese Landschaft gestalten. Als Wissens-Check nutzen wir nicht nur die klassischen Kapitelfragen, sondern auch Mini-Games. Und, ja, bisher ist das Angebot recht gut angenommen worden; und wir haben sehr viel positives Feedback erhalten. Man hat sich gewundert, dass wir gerade im Bereich Finanzen so eine Methode anwenden.

**Radtke:** Business Cases sind gerade beim Roll-out von Programmen ein ganz wichtiges Mittel. So werden beispielsweise in den Bereichen Working Capital Management, Wertkonzepte oder andere Steuerungskonzepte aus Sicht der CTcon einfach deutlich bessere Lernerfolg erzielt, wenn spezifische Business Cases dahinterstehen. Das Thema Gamification erhält auf der einen Seite ein sehr positives Feedback, auf der anderen Seite halten aber sehr hohe Entwicklungskosten Unternehmen davon ab, solche Ansätze breit auszurollen.

Herr Frensemeier, Herr Schiller, Sie sprachen beide über Business Partnering. Wie vermitteln Sie Controllern die nötigen Soft Skills?

**Frensemeier:** Soft Skills wie Rhetorik oder Verhandlungstechnik haben wir bei Henkel ebenfalls im Programm. Hier arbeiten wir eng mit unseren HR-Kollegen zusammen, um auch systematisch ein auf die Person bezogenes, umfassendes Angebot machen zu können. Bei Verhandlungstechniken oder anderen, eher allgemeinen Management-Themen verweisen wir daher auf das übergeordnete HR-Trainings-Angebot. Einige Finance-bezogene Soft-Skill-Themen runden unser Campus-Angebot ab.

**Schiller:** Bei Bayer werden in der Finance Academy grundsätzlich keine allgemeinen Soft-Skill-Trainings angeboten. Sie gehören zum generellen Kompetenz-Training, wofür HR zuständig ist. Für speziellen Lernbedarf gibt es aber Ausnahmen. Das Training zu allgemeinen Präsentationstechniken wird durch HR abgedeckt, während die Vermittlung der Ergebnisse einer Business-Case-Analyse von der Finance Academy angeboten würde.

**Radtke:** Wenn ich auf unsere typischen Angebote in Konzernen schaue, ist durch das Thema Business Partnering der Anteil von verhaltensorientierten Angeboten erheblich gewachsen. Wir arbeiten dabei üblicherweise mit einer Kombination aus spezialisierten Trainern und Führungskräften des jeweiligen Konzerns.

Wie sehen Sie denn generell die Rolle einer Finance Academy? Ist sie Anbieter von fachspezifischen Seminaren und Programmen oder eher Teil des Community Managements und der Organisationsentwicklung?

**Schiller:** Natürlich sind bei sechstägigen Seminaren immer Community-Aspekte vorhanden, die wir bei Bayer auch nutzen wollen, aber unser Fokus liegt eindeutig auf dem Angebot von Fachtrainings.

**Frensemeier:** Wie bei Bayer ist der Anspruch des Finance Campus der, Erstkontakt für Trainingsanforderungen zu sein. Sollten diese Anforderungen über den reinen Finance-Ansatz hinausgehen, verweisen wir auf die HR-Trainings. In enger Abstimmung zum einen mit den HR-Kolleginnen und -Kollegen und zum anderen mit den Unternehmensbereichen, die eigene Campus-Strukturen haben, versuchen wir, Synergien zu heben. Richtung Community: Wir bringen die Teilnehmer der Workshops schon vorher zusammen und nutzen dazu Yammer als Social-Media-Netzwerk. Da die Kolleginnen und Kollegen während der Workshops die Social-Media-Plattform nutzen, funktioniert die Interaktion vor, während und nach dem Training hervorragend. Das Angebot einer Learning-Plattform-Gruppe dagegen hatte nur mäßigen Erfolg, weil dort die Interaktion, die wir uns erhofft hatten, nicht wirklich entstanden ist.

**Radtke:** Auch wir beobachten, dass der klassische Ansatz deutlich am weitesten verbreitet ist. Gerade heftig diskutiert wird bei Personalentwicklern der 70/20/10-Learning-Ansatz – mit der These, dass eigentlich nur zehn Prozent des Lernens in einem Kontext stattfinden, den wir klassischerweise als Weiterbildung verstehen, also im Klassenraum oder in richtigen Trainingsprogrammen. 20 Prozent lernen wir in Projekten, durch Coaching beziehungsweise Mentoring oder bei sonstigen Personalentwicklungsmaßnahmen. 70 Prozent macht informelles Lernen am Arbeitsplatz aus, durch praktische Erfahrungen im beruflichen Alltag. Es gibt erste Akademien, die ihren Anspruch deshalb deutlich in Richtung Community Management erweitern bis hin zu Angeboten im Rahmen von Projekt-Assignments, Rotationsprogrammen und Ähnlichem. Da erwarte ich noch einen deutlichen Ausbau in der nächsten Zeit. Aber zurück zum Anspruch und zur Organisation: Die CTcon ist Teil eines Arbeitskreises, in dem wir uns regelmäßig mit den Kollegen aus Finance Academies vieler großer Konzerne treffen. Der Kreis ist eine bunte Mischung aus Kollegen aus dem Finance-Bereich selbst und aus HR, weil die Organisationsformen und die Verankerung ganz unterschiedlich sind. Es gibt keinen Normpfad für den Aufbau von Finance Academies, aber dennoch eine gewisse Tendenz. Finance neigt dazu, erst einmal komplett alles bis hin zum organisatorischen Teil selbst zu machen. Erst im zweiten Schritt wird versucht, zumindest in den Bereichen Organisation der Seminare, Learning-Management-System und Auswahl der Kandidaten Aufgaben auch an HR abzugeben. Wir sehen aber allgemein eine große Streuung, sowohl hinsichtlich des Umfangs der Ressourcen als auch hinsichtlich der Organisationsform der Academies, die manchmal eher als lang laufendes Projekt, manchmal aber auch als feste Abteilung in der Organisation aufgestellt sind.

*Abschließend ein Blick in die Zukunft. Was erwarten Sie für die nächsten Jahre?*

**Frensemeier:** Uns beschäftigt schon jetzt intensiv die immens zunehmende Informationsvielfalt. Es gibt so viele Quellen für Informationen und für Daten. Da stellt sich die Frage, wie man das konsolidieren kann. Es gibt Anbieter, die versuchen, dem Lerner Informationen aus unterschiedlichen Quellen vorgefiltert anzubieten. Er bekommt dann kurz eine E-Mail mit seinen fünf Learning Tasks für den Tag. Wir evaluieren zurzeit einen Piloten, um herauszufinden, wie so etwas ankommt. Insgesamt sehen wir, dass die Masse an internen und externen Trainings-Angeboten immens wird. Und auch die zunehmende Globalisierung stellt uns vor neue Herausforderungen und erfordert eine regionale Anpassung der Trainings-Angebote. Das dritte Thema betrifft den Komplex Realtime und Digitalisierung: Daten sind viel schneller da. Ein

CFO hat zum Beispiel den Daten-Report zum gleichen Zeitpunkt auf seinem iPad wie der Controller. Wie geht man damit um? Was heißt das für die Rolle des Controllers und die typische hierarchische Reporting-Kette, die man aus der Vergangenheit kennt? Und wie geht man damit um, wenn Daten bei jedem per Knopfdruck verfügbar sind und jeder sie interpretieren und auswerten kann?

**Schiller:** Für Bayer sind hier zwei Themen wichtig: Relevanz und Effizienz. Es gibt die Fachakademien – wie Herr Frensemeier schon zu Beginn sagte –, weil in einem sich sehr schnell verändernden Umfeld immer wieder sichergestellt werden muss, dass wir relevante Themen anbieten und wir den Wissensbedarf unserer Zielgruppen auch ausreichend abdecken können. Das alleine bei steigender Komplexität sicherzustellen, ist sicherlich schon eine Herausforderung. Gleichzeitig müssen wir unsere Erfahrungen der letzten Jahre nutzen, um unsere Trainings kontinuierlich zu verbessern, indem wir sie qualitativ aufwerten und/oder verkürzen. Unsere Lerner investieren ihre Zeit und ihre Motivation in unsere Trainings, dafür können sie einen entsprechenden Return erwarten: tatsächlich benötigtes Wissen, effizient vermittelt. In Zukunft wird also der Lerner immer mehr in den Mittelpunkt gestellt, um seine Performance am Arbeitsplatz zu unterstützen.

**Radtke:** Ja, wir sehen die Themen sehr ähnlich wie die Kollegen. Ich glaube, die Suche nach den jeweils optimalen Lernmethoden wird uns noch eine Weile beschäftigen. Ein zweites Thema ist die immer arbeitsteiligere Aufstellung in den Finanz-Organisationen. Der Bedarf für eine Welt, in der große Teile des Finance-Bereichs in Shared Services arbeiten, wo Teile des eigenen Portfolios outgesourct sind und gleichzeitig sehr anspruchsvolle Business-Partner-Aufgaben laufen, stellt die Anbieter hinsichtlich der Mischung von Lerngruppen sowie hinsichtlich gemeinsamer Lernansätze vor ganz neue Herausforderungen. Bisher sehen wir bei den Finance Academies vielfach eine Tendenz der fachlich Verantwortlichen, den „Sendern", vor allem Content senden zu wollen und weniger, sich auf die Perspektive der Lerner einzustellen.

*Meine Herren, ich danke Ihnen für das Gespräch.*

*Das Gespräch führte Prof. Dr. Utz Schäffer, Direktor des Instituts für Management und Controlling (IMC) der WHU – Otto Beisheim School of Management in Vallendar und Mitherausgeber der Controlling & Management Review.*

# Wie Controller sich weiterbilden

Von Controllern wird immer öfter erwartet, dass sie sich in neue Themen wie beispielsweise Big Data oder Green Controlling einarbeiten. Sie sollen Geschäftsverständnis entwickeln und Managern bei strategischen Entscheidungen beratend zur Seite stehen. Doch haben sich die Weiterbildungsanbieter auf den neuen Bedarf und neue Lernmethoden eingestellt?

*Sören Dressler, Thomas Rachfall*

Während der Controller in den Anfängen des Controllings im Wesentlichen als „Zahlenknecht im stillen Kämmerlein" betrachtet wurde, entwickelt er sich heute immer mehr zu einem Business- und Sparringspartner des Managements (vergleiche David 2005, S. 329). Er gestaltet und begleitet den Management-Prozess in Bezug auf Zielfindung, Planung und Steuerung. Zusätzlich analysiert er Zukunftsszenarien und weist auf Chancen und Risiken hin. Aufgaben und Verantwortungsbereiche der Controller haben sich also stetig verändert und werden dies auch in Zukunft tun. Wollen Controller den steigenden und immer neuen Anforderungen gerecht werden, müssen sie ihre Kompetenzen erweitern und sich weiterbilden.

Aufbauend auf einer Vorgängerstudie aus dem Jahr 2012 (vergleiche Dressler/Rachfall 2012, S. 209), hat deshalb die Hochschule für Technik und Wirtschaft Berlin in einer neuen Studie aktuelle Entwicklungen und Trends im Bereich Controlling-Weiterbildung analysiert. Für einen Überblick wurden mithilfe von strukturierten Interviews aktuelle Controller-Anforderungen, Seminarangebote und Seminarinhalte erhoben. Die Teilnehmer kamen aus verschiedenen Bildungseinrichtungen (universitäre Weiterbildungsangebote, Industrie- und Handelskammern, Handwerkskammern), Berufsfachverbänden (national und international) sowie DAX-30-Unternehmen. Die Ergebnisse lassen sich am besten anhand der folgenden Fragen nachvollziehen:

1. Der Controller als betriebswirtschaftlicher Berater – Welche Anforderungen werden an ihn gestellt?
2. Lebenslanges Lernen als Notwendigkeit – Welche Weiterbildungsmöglichkeiten existieren?
3. Die Entwicklung der Lehrformen und Inhalte – Was ist wirklich neu?

## Aktuelle Anforderungen an den Controller

Die Ergebnisse der aktuellen Studie bestätigen, dass an den Controller allgemein sehr hohe und breit gefächerte Anforderungen gestellt werden. Zu den Top-3-Anforderungen zählen Geschäftsverständnis, analytisches Denkvermögen und das Beherrschen gängiger Controlling-Instrumente (vergleiche **Abbildung 1**). Zu einem ähnlichen Ergebnis kommen auch andere Umfragen: So nennen Jürgen Weber und Susanne Zubler (2010) sowie Wolfgang Becker, Bianca Brandt, Robert Ebner und Robert Holzmann (2013) Geschäftsverständnis, analytisches Denkvermögen und kritisches Hinterfragen als die gefragtesten Fähigkeiten von Controllern.

In seiner Rolle als betriebswirtschaftlicher Berater muss ein Controller über ein angemessenes Geschäftsverständnis verfügen. Die Umwandlung von Ideen in Zahlen erfordert analytisches Denken ebenso wie die gedankliche Durchdringung komplexer Planungen oder die Ursachenanalyse im Falle auftretender Abweichungen. Das Beherrschen der gängigen Controlling-Instrumente dagegen wird von den befragten Gruppen sehr unterschiedlich gewichtet. Die DAX-Unternehmen sehen diese Fähigkeit zwar als wichtig an, stufen aber im Gegensatz zu der restlichen Teilnehmergruppe Kommunikationsfähigkeit und Problemlösungsfähigkeit höher ein. Diese

*Prof. Dr. Sören Dressler*
*ist Professor für Internationales Controlling an der HTW Berlin und leitet das dortige Master Programm „Master of Business Administration and Engineering".*

*Prof. Dr. Thomas Rachfall*
*ist Professor für Allgemeine Betriebswirtschaftslehre, insbesondere Controlling, an der HTW Berlin.*

Prof. Dr. Sören Dressler
HTW Berlin, Berlin, Deutschland
E-Mail: soeren.dressler@htw-berlin.de

Prof. Dr. Thomas Rachfall
HTW Berlin, Berlin, Deutschland
E-Mail: rachfall@htw-berlin.de

Diskrepanz deutet darauf hin, dass insbesondere große Unternehmen die Beherrschung der Controlling-Instrumente als Basisanforderungen definieren. Universitäten und Weiterbildungsanbieter messen dem Bereich der Beherrschung der Controlling-Instrumente die größte Bedeutung bei, da sie genau diese Kompetenzen vermitteln wollen. Neben den vorgegebenen Antwortmöglichkeiten ergänzten die DAX-Unternehmen das Arbeiten im internationalen und virtuellen Umfeld als wichtig. Die Bildungsanbieter fügten den im Fragebogen genannten Anforderungen Sozialkompetenz, Nachhaltigkeit, Verantwortungsbewusstsein und allgemein Soft Skills hinzu.

Kreativität, Verhandlungsgeschick sowie Englischkenntnisse sind laut der Befragung die am wenigsten relevanten Anforderungen, welche an den Controller von heute gestellt werden. Dies überrascht beim Thema Kreativität nicht, ist doch der Controller eher für seine rationale Herangehensweise bekannt. Die moderate Bewertung von Verhandlungsgeschick allerdings verblüfft, wird der Controller doch zunehmend als „Gegenpart mit Rückgrat" zum Management oder den Fachabteilungen gesehen.

Auch die Frage nach den Stärken und Schwächen von Controllern fördert Überraschungen zutage: Obwohl Geschäftsverständnis von allen Teilnehmergruppen übereinstimmend als wichtigste Anforderung herausgestellt wird, wird gleichzeitig mangelndes Geschäftsverständnis einhellig als größte Schwäche der Controller identifiziert. Wer Managern auf Augenhöhe begegnen will, muss also deren Geschäft hinreichend kennen. Ist dies nicht

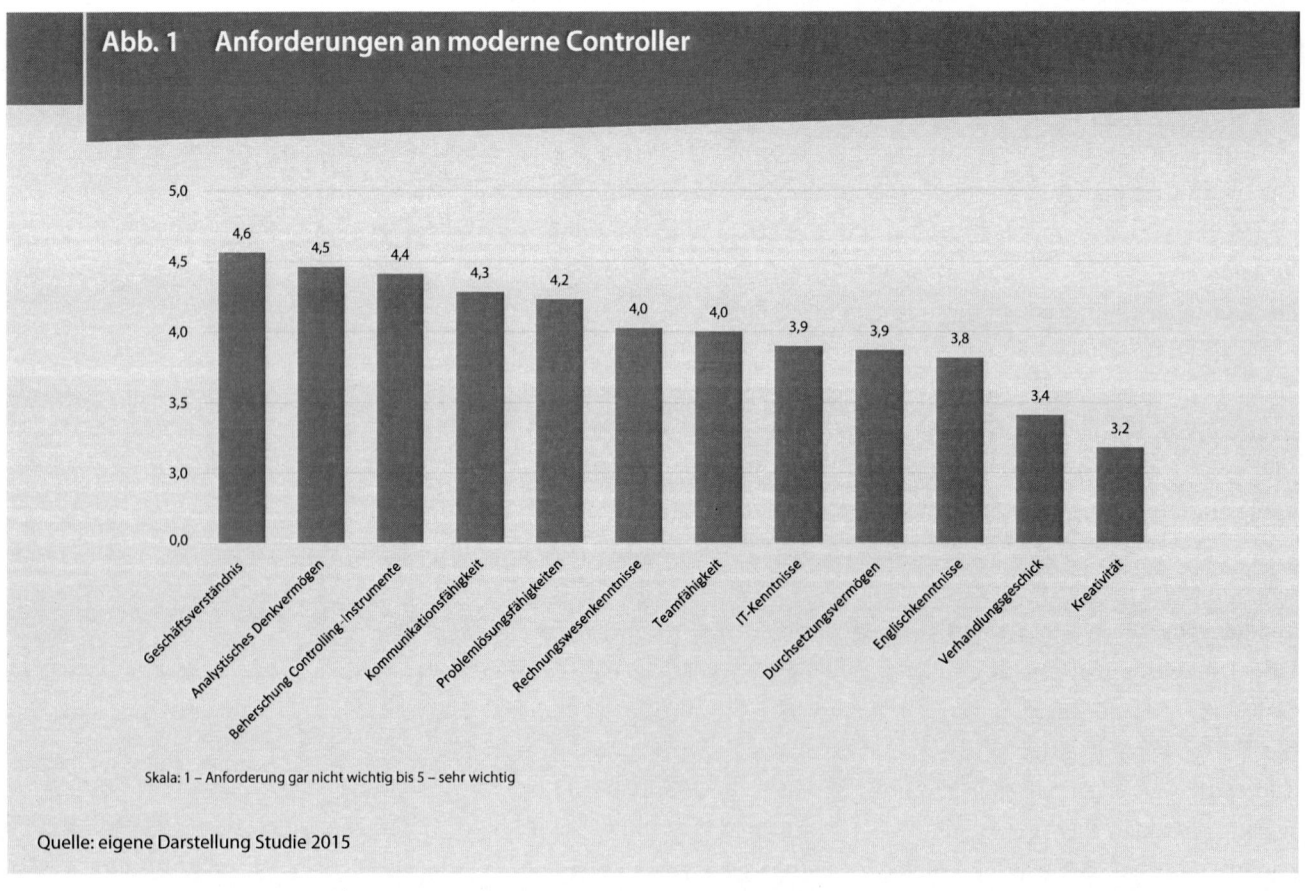

**Abb. 1    Anforderungen an moderne Controller**

Skala: 1 – Anforderung gar nicht wichtig bis 5 – sehr wichtig

Quelle: eigene Darstellung Studie 2015

der Fall, besteht die Gefahr, diese mit Zahlen zu versorgen, die zur Leitung des Aufgabengebiets beziehungsweise des gesamten Unternehmens nicht notwendig und damit überflüssig sind. Diese Lücke zwischen Wunsch und Wirklichkeit wollen die Unternehmen schließen und versuchen, den wahrgenommenen Missstand zu beheben. Die Teilnehmer der Befragung verweisen explizit auf Trainee-Einsätze, Jobrotation oder Praktika während des Jobs, welche angehenden Controllern einen detaillierten Prozessüberblick sowie Verständnis für das Geschäftsmodell vermitteln sollen.

Neben mangelndem Geschäftsverständnis zählen die Befragten mangelhafte oder fehlende Soft Skills wie zum Beispiel Kommunikationsfähigkeit, Teamfähigkeit sowie soziale Kompetenz zu den Schwächen von Controllern. Damit bestätigen sie leider das gängige Vorurteil des zahlenfokussierten Controllers, das viele Kollegen bereits in der Vergangenheit gegenüber Controllern geäußert hatten. Zudem geben alle teilnehmenden Gruppen an, dass der Controller sich zu stark auf die Zahlen fokussiere. Beschreibungen wie „Zahlenverliebtheit" oder „Zahlenjongleur" zeigen klar auf, wie Controlling häufig noch gelebt beziehungsweise erlebt wird. Zwar ist allen klar, dass eine intime Zahlenkenntnis notwendig ist, aber mittlerweile wird das Überblickswissen, das für das Verständnis der Geschäftsprozesse unabdingbar ist, geringfügig relevanter eingestuft.

## Weiterbildungsangebote für Controller

2012 hat Friedrich Hubert Esser, Präsident des Bundesinstituts für Berufsbildung (vergleiche Bundesinstitut für Berufsbildung 2012) die folgenden zehn Jahre in Deutschland zu einer Dekade der beruflichen Weiterbildung erklärt, in der die Bedeutung der beruflichen Fortbildung stetig zunehmen wird. Die Komplexität wächst aufgrund der Dynamik und Schnelllebigkeit der Märkte und führt zu stetig wachsenden Herausforderungen, denen in immer kürzeren Zeiträumen begegnet werden muss.

Die rasche Zunahme der Anforderungen und Herausforderungen in Bezug auf das Tätigkeitsgebiet zeigt sich hierbei insbesondere im Berufsbild des Controllers. Kaum eine andere betriebswirtschaftliche Funktion hat in den letzten Jahrzehnten so an Bedeutung gewonnen wie das Controlling (vergleiche Horváth et al. 2011, S. 171 ff.). Waren Controller früher reine Zahlenverantwortliche, die lediglich kontrollierten, ob die Geschäftszahlen auch ordnungsgemäß erfasst, aufgeführt und korrekt sind, sind sie mittlerweile zu geschätzten Business Partnern und kritischen Counterparts des Managements geworden. Die Gründe für diese enorme Rollenentwicklung liegen auch in den Veränderungen aufseiten der heutigen Manager. Zunehmender Entscheidungsdruck und das sehr hohe Arbeitspensum führen zu einer veränderten Erwartungshaltung der Manager gegenüber den Controllern (vergleiche Berens et al. 2013, S. 9). Zu vernachlässigen ist in diesem Zusammenhang ebenfalls nicht, dass die Controller diesen Prozess auch selbst durch wachsende Fähigkeiten und Erfahrungen aktiv mitgestaltet haben (vergleiche Weber 2013). Diese Entwicklung spiegelt sich ebenfalls in der Studie wider. Die Teilnehmer gehen davon aus, dass sich die

> Controller sollen sich auch künftig zu Analytikern mit sehr gutem Geschäftsverständnis weiterbilden.

## Zusammenfassung

- Die Anforderungen an Controller sind sehr vielfältig und steigen stetig. Daraus resultiert ein gestiegener Weiterbildungsbedarf.
- Die Fragmentierung des Weiterbildungsmarktes steht im Wiederspruch zur Forderung der Unternehmen nach höherer Standardisierung und Vergleichbarkeit der Controller-Weiterbildung.
- Die Controller-Weiterbildung wird noch von traditionellen Lehrformen dominiert, moderne E- und Blended-Learning-Konzepte sind erst langsam auf dem Vormarsch.

Anforderungen an das Controlling durch Themen wie Big Data, Compliance und Nachhaltigkeit weiter verändern werden.

Aufgrund der Dynamik der Veränderungen im Controlling halten die Studienteilnehmer eine kontinuierliche Weiterbildung für Controller für unabdingbar (vergleiche **Abbildung 2**). Die Hälfte der Befragten (53 Prozent) hält Weiterbildungen in Intervallen von ein bis drei Jahren für ausreichend. Es verwundert nicht, dass gerade die Unternehmen zu 82 Prozent Weiterbildungsmaßnahmen in diesen Intervallen präferieren, während die Bildungsanbieter zu 93 Prozent eher eine jährliche Weiterbildung empfehlen.

## Der Weiterbildungsmarkt

Die Studie offenbart einen sehr heterogenen und differenzierten Fort- und Weiterbildungsmarkt. Die Zahl der Anbieter ist hoch, so dass der Controller die Wahl zwischen zahlreichen Inhalten und Zertifikaten hat. Dabei kommt es in Bezug auf Angebot und Nachfrage laut der Studie zu einer Diskrepanz zwischen den Anbietern auf der einen und den Unternehmen auf der anderen Seite.

Unternehmen wünschen sich in einem hohen Maß standardisierte Inhalte und vergleichbare Zertifikate. Anbieter lehnen dagegen eine Standardisierung der Controller-Ausbildung aufgrund der hohen Komplexität und der individuellen Bedürfnisse der Kunden und Firmen generell ab. Gleichzeitig bemängeln sie aber die geringe Akzeptanz ihrer Angebote bei den Unternehmen. Manche Anbieter verweisen ganz bewusst auf ihre jeweilige Indi-

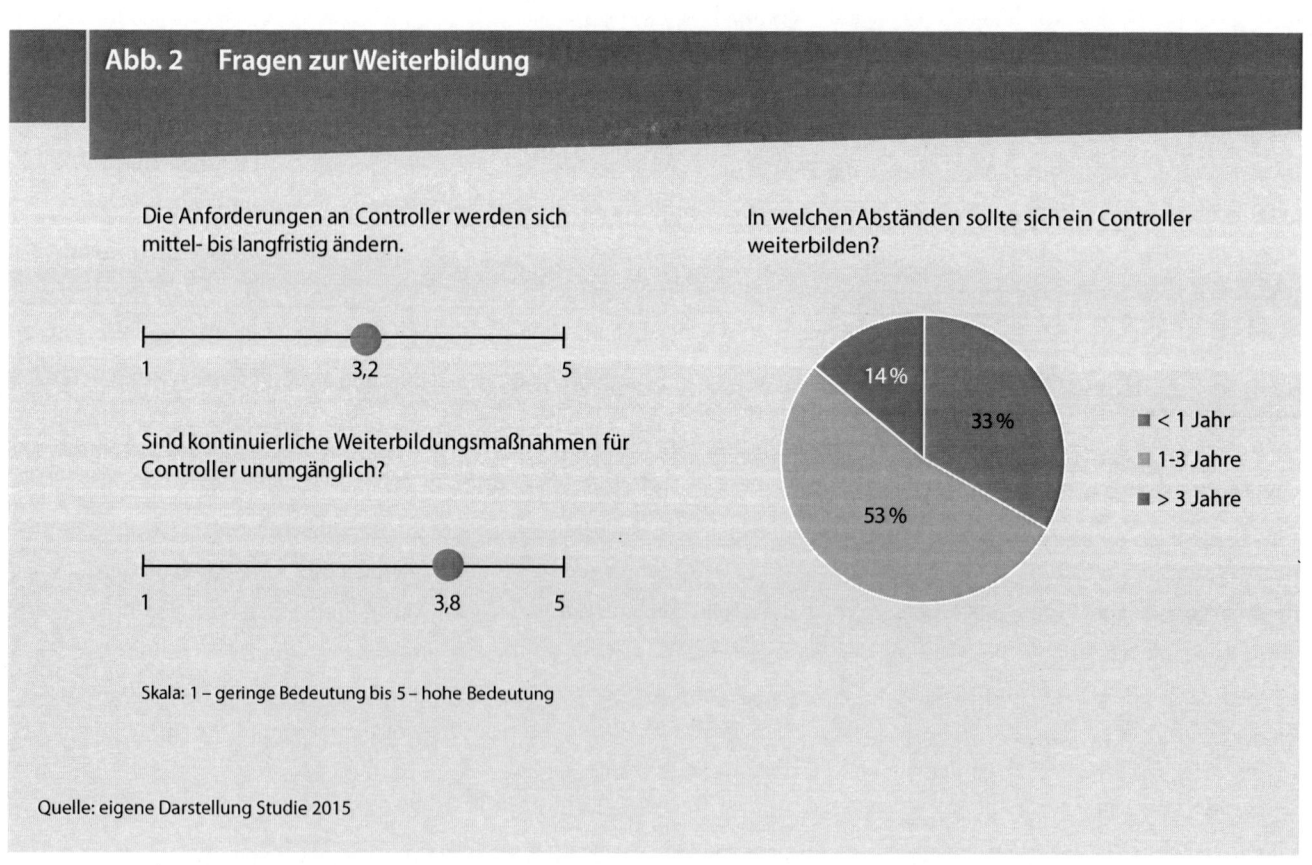

**Abb. 2    Fragen zur Weiterbildung**

Die Anforderungen an Controller werden sich mittel- bis langfristig ändern.

1    3,2    5

Sind kontinuierliche Weiterbildungsmaßnahmen für Controller unumgänglich?

1    3,8    5

Skala: 1 – geringe Bedeutung bis 5 – hohe Bedeutung

In welchen Abständen sollte sich ein Controller weiterbilden?

14 %
33 %
53 %

■ < 1 Jahr
■ 1-3 Jahre
■ > 3 Jahre

Quelle: eigene Darstellung Studie 2015

vidualität und Einzigartigkeit und versuchen, mit ihrem Angebot eigene Standards zu setzen und sich von der breiten Masse der Anbieter abzusetzen. Besonders im Hochschulbereich sind solche Alleinstellungsmerkmale von großer Bedeutung, so dass auch hier jeweils eigene Kompetenzprofile der angebotenen Weiterbildungen entwickelt werden. Interessanterweise zeigen sich international bereits erste gegenläufige Bemühungen, die eine Vereinheitlichung und Standardisierung von Weiterbildungsangeboten anstreben. So kooperieren zum Beispiel die beiden großen internationalen Verbände Chartered Institute of Management Accountants (CIMA) und American Institute of Certified Public Accountants (AICPA). Sie bieten eine gemeinsame globale Management-Accounting-Qualifikation an, den Chartered Accountant Global Management (CGMA).

Die untersuchten Angebote sind gut nachgefragt, 82 Prozent der Seminare sind im Durchschnitt ausgelastet. Gut 90 Prozent der Anbieter legen den Fokus ihrer Angebote auf eine hohe bis sehr hohe Praxisnähe. Allein die befragten Universitäten fokussieren sich mehrheitlich auf eine theoretische Ausbildung und setzen auf einen anschließenden Erfahrungszuwachs im Beruf. Einzelne Organisationen verpflichten ihre Mitglieder sogar zu regelmäßigen Weiterbildungen und entziehen bei Nichterfüllung dieser Auflage den erworbenen Titel. Als Beispiel sei das CIMA genannt: Hier werden im Rahmen der „Continuing Education" 40 Stunden Weiterbildungen alle zwei Jahre gefordert, ansonsten dürfe der erworbene Titel nicht mehr geführt werden. Die durchschnittlichen Kosten der untersuchten Fortbildungen belaufen sich auf circa 100 bis 200 Euro pro Seminartag.

## Lehrformen und Inhalte

Ein wenig differenziertes Bild bietet sich im Bereich der Lehrformen, also der Art und Weise, wie das Wissen vermittelt wird. Hierbei gelten viele Erkenntnisse der Vorgängerstudie (vergleiche Dressler/Rachfall 2012, S. 209) auch noch für die neue Untersuchung. Auffällig ist die nach wie vor hohe Bedeutung des klassischen Frontalunterrichts verbunden mit praxisnahen Case Studies und Workshops (vergleiche **Abbildung 3**). Bei den Case Studies und den Workshops nimmt zwar die Bedeutung im Vergleich zur Vorgängerstudie ab, allerdings spiegelt sich das nicht in den wirklichen Seminaranteilen wider. DAX-Unternehmen und Bildungseinrichtungen unterscheiden sich nicht nennenswert in ihren Antworten. Sie weisen aber beide auf die zunehmende Bedeutung von Fernlehrgängen hin. Gerade der Kombination von Fernlehrgängen mit elektronischen Anteilen (E-Learning) und Präsenzphasen, sprich dem Blended Learning, wird eine nicht zu vernachlässigende Bedeutung zugesprochen. Beide Lehrformen finden jedoch in den Seminaren bisher nur eine untergeordnete Berücksichtigung. Dabei bietet gerade das Blended Learning (integriertes Lernen) viele Möglichkeiten. Diese „hybride" Lehrform kombiniert den Präsenzunterricht und das elektronisch unterstützte Lernen. So können die Vorteile beider Methoden vereint werden, um den Lernprozess deutlich zu verbessern. Während der Präsenzphase haben die Lernenden eine Bezugsperson, die über Themen referiert

Der Controller-Weiterbildungsmarkt benötigt stärkere, auch internationale Standardisierung, wie sie beispielsweise Credit-Point-Systeme bieten.

und im Idealfall auch Erfahrungswerte beisteuern kann. Zudem ist es auch möglich, mit dem Referenten in eine direkte Diskussion zu treten, die im besten Fall Unklarheiten auflöst oder neue Erkenntnisse bringen kann. Eine physische Anwesenheit trägt zudem zur sozialen Kontaktaufnahme bei, wodurch Soft Skills wie Teamarbeit, Einfühlungsvermögen oder Führungs-qualitäten gefördert werden. Dagegen bietet das elektronisch gestützte Lernen die Möglichkeit, unabhängig von Zeit (ständige Verfügbarkeit der Inhalte) und Raum (absolut ortsunabhängig) zu arbeiten. Ferner können Teilnehmer in ihrem eigenen Rhythmus lernen. Trotz kontinuierlichen Fort-schritts in der Technik und den damit verbundenen Möglichkeiten werden die Potenziale bisher wenig genutzt. Der Anteil des Blended Learnings erscheint mit nur zehn Prozent massiv unterrepräsentiert und das, obwohl 77 Prozent der deutschen Unternehmen angeben, in den nächsten zwei Jahren häufiger Blended Learning einsetzen zu wollen (vergleiche Milo/Mei-erwisch 2016).

Analog der Studie von 2012 wurde den Studienteilnehmern, also den Anbietern, die Frage nach den aktuell relevanten Inhalten für Controlling-Seminare gestellt (vergleiche **Abbildung 4**). Die klassischen Themeninhalte wie Balanced Scorecard (BSC), Shareholder Value, IT, Planung, Bilanzrech-nungsmodernisierungsgesetz (BilMoG), Risiko-Controlling sowie Life-cycle Controlling (dem Controlling im Product Lifecycle Management) spie-len dabei eine weiterhin wichtige Rolle. Insgesamt ist aber ein Bedeutungs-

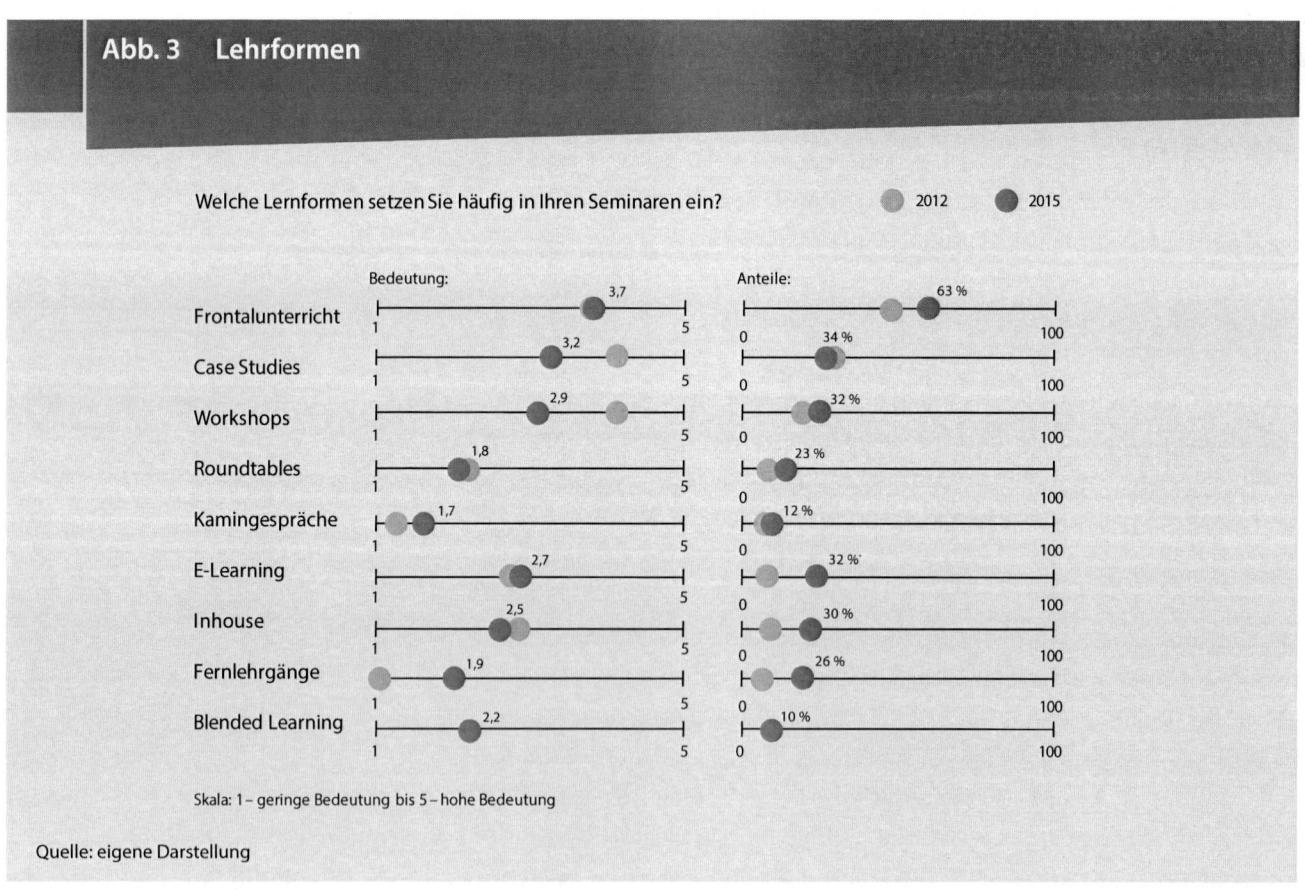

**Abb. 3   Lehrformen**

Welche Lernformen setzen Sie häufig in Ihren Seminaren ein?        ● 2012   ● 2015

Skala: 1 – geringe Bedeutung bis 5 – hohe Bedeutung

Quelle: eigene Darstellung

anstieg aller Bereiche deutlich erkennbar, dies gilt vor allem bei BSC, IT, Planung, BilMoG und Lifecycle Controlling. Dieser generelle Bedeutungsanstieg zeigt, dass in einzelnen Teilbereichen zukünftig vertieftes Wissen benötigt wird und sich somit das inhaltliche Profil eines Controllers stärker schärft. Über die Standardthemen hinaus sahen die Befragten die Themen Target Costing, Einkaufs-Controlling, Compliance, Big Data und Nachhaltigkeits-Controlling als weitere relevante Inhalte.

## Schlussbetrachtung

Im Zuge der kontinuierlich steigenden Anforderungen an das Controlling hat sich auch der Anspruch an die Weiterbildung der Controller signifikant erhöht. Aktuelle Themen wie zum Beispiel Big Data und Nachhaltigkeit fordern immer wieder einen neuen und erweiterten Skill-Set, den Controller beherrschen müssen. Waren es vor 20 Jahre noch IT-Themen wie die Anwendung integrierter Software-Pakete, insbesondere SAP oder der üblichen Tabellenkalkulation (MS Excel), in denen Controller sicher sein mussten, so sind es heute zum Teil die Beherrschung inhaltlicher Themen, soziale Kompetenz und Kommunikationsfähigkeit sowie ein verbessertes Geschäftsverständnis, die einen wirklich guten Controller auszeichnen. Wie die Folgestudie allerdings nachweist, besteht nach wie vor eine gewisse Diskrepanz zwischen dem, was Bildungsanbieter im Bereich Controlling-Weiterbildung vermitteln wollen, und dem, was Unternehmen wirklich fordern. So hat die Fragmentierung des Bildungsanbieter-

> Die Lehrformen für Controller-Weiterbildung müssen modernisiert werden.

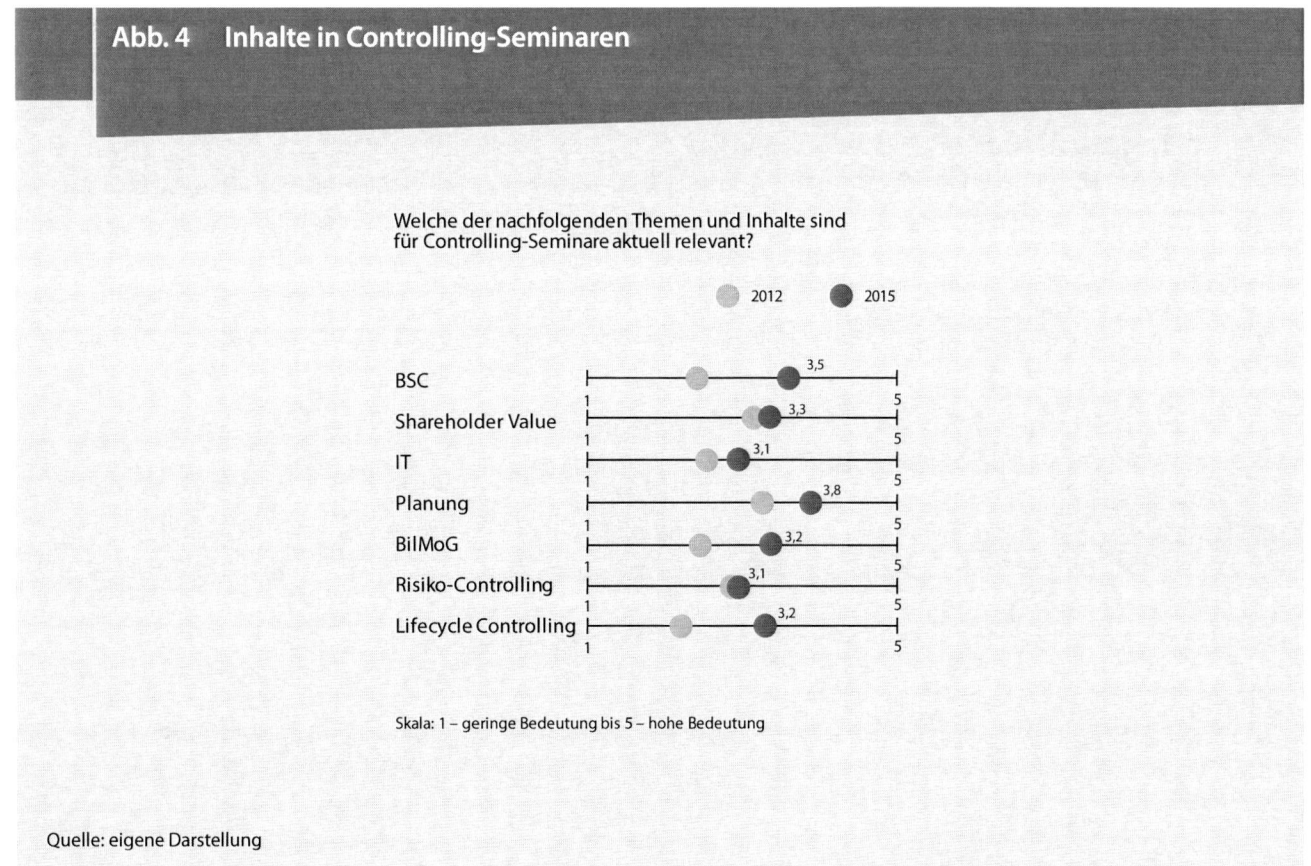

**Abb. 4    Inhalte in Controlling-Seminaren**

Welche der nachfolgenden Themen und Inhalte sind für Controlling-Seminare aktuell relevant?

2012        2015

| | |
|---|---|
| BSC | 3,5 |
| Shareholder Value | 3,3 |
| IT | 3,1 |
| Planung | 3,8 |
| BilMoG | 3,2 |
| Risiko-Controlling | 3,1 |
| Lifecycle Controlling | 3,2 |

Skala: 1 – geringe Bedeutung bis 5 – hohe Bedeutung

Quelle: eigene Darstellung

Marktes dazu geführt, dass eine Vielzahl kaum vergleichbarer Titel und Zertifikate besteht, den Unternehmen mit einer größeren Standardisierung aber wahrscheinlich mehr geholfen wäre. Die Einführung eines Credit-Point-Systems, wie es heute im universitären Umfeld im Rahmen der Bachelor- und Masterausbildung zu einem internationalen Gradmesser der Werthaltigkeit der Ausbildung geworden ist, wäre beispielsweise ein Lösungsansatz, über den nachgedacht werden könnte. Ebenso das „Continuing Education"-Konzept der CIMA. Bei den Lehrformen besteht nach wie vor noch erheblicher Nachholbedarf, insbesondere Blended-Learning-Konzepte auch in der Controlling-Weiterbildung stärker zum Einsatz kommen zu lassen. Dies würde den Seminarteilnehmern helfen, eine größere Flexibilität bei der Weiterbildung zu erlangen.

### Literatur

Becker, W./Brandt, B./Ebner, R./ Holzmann, R. (2013): Unternehmensführung & Controlling – Situative Anforderungen an den Controller, Universität Bamberg, Short Link: http://tinyurl.com/hye5soq

⬇ * Berens, W./Knauer, T./Sommer, F./Wöhrmann, A. (2013): Controller gesucht! – Erwartungen an Controller und ihre Ausbildung, in: Controlling & Management Review, 57 (Sonderheft 1), S. 8-16. www.springerprofessional.de/link/6404346

Bundesinstitut für Berufsbildung (2012): Präsident Esser betont zunehmende Bedeutung der beruflichen Weiterbildung. Pressemitteilung: https://www.bibb.de/de/pressemitteilung_413.php (letzter Abruf: 29.06.2016).

⬇ * David, U. (2005): Strategisches Management von Controllerbereichen: Konzept und Fallstudien, Wiesbaden. www.springerprofessional.de/link/2562590

⬇ * Dressler, S./Rachfall, T. (2012): Die Controllingweiterbildung der Zukunft, in: Zeitschrift für Controlling und Management, 56 (3), S. 209-213. www.springerprofessional.de/link/6403952

⬇ * Horváth, P./Isensee, J./Seiter, M. (2011): Megatrends als Treiber der Zukunftssicherung des Controllings, in: Tiberius, V. (Hrsg.): Zukunftsorientierung in der Betriebswirtschaftslehre, Wiesbaden. www.springerprofessional.de/link/4526134

Milo, E./ Meierwisch, T. (2016): Digital Learning eine europäische Benchmark-Studie. Haufe Akademie und Cross Knowledge

Weber, J./Zubler S. (2010): Controlling in Zeiten der Krise: Wirkungen und Maßnahmen. Advanced Controlling 73, Weinheim.

Weber, J. (2013): Vom Erbsenzähler zum Business Partner. Und wie geht es weiter? Advanced Controlling 88, Weinheim.

* Abonnenten von Springer Professional haben kostenfrei Zugriff.

Weitere Empfehlungen der Verlagsredaktion aus www.springerprofessional.de zu:

🔍 **Weiterbildung**

Kauffeld S. (2016): Nachhaltige Personalentwicklung und Weiterbildung – Betriebliche Seminare und Trainings entwickeln, Erfolge messen, Transfer sichern, 2. Auflage, Berlin Heidelberg.

www.springerprofessional.de/link/6958846

## Zum Projekt

Wesentliche Teile dieses Beitrages basieren auf dem Projekt „Controllingweiterbildung der Zukunft". Dieses Projekt wurde nach 2012 nun zum zweiten Mal durchgeführt. Das Projekt wurde im Rahmen des Masterstudienganges Wirtschaftsingenieurwesen der Hochschule für Technik und Wirtschaft Berlin aufgesetzt. Die Autoren bedanken sich deshalb bei den Studierenden für die Unterstützung.

# Aus unserer Bibliothek

*Simone Kauffeld*

**Nachhaltige Personalentwicklung und Weiterbildung – Betriebliche Seminare und Trainings entwickeln, Erfolge messen, Transfer sichern**

Springer Gabler, 2. Aufl., Wiesbaden 2016,
172 Seiten, 34,99 Euro,
ISBN: 978-3-662-48129-5

## Kernthese

Betriebliche Trainings müssen nachhaltig ausgerichtet sein und klaren Bewertungskriterien folgen.

## Nutzen für die Praxis

Das Buch richtet sich an Trainer, Seminaranbieter sowie Personalverantwortliche. Es gibt Tipps zur Entwicklung und Durchführung von betrieblichen Seminaren und zeigt Instrumente zur Trainingsevaluation und Transfer-Sicherung auf verschiedenen Ebenen auf.

## Abstract

Die Autorin zeigt, welche Kriterien in Trainings beachtet werden sollten, wie Trainingserfolge gemessen werden und Bewertungsstrategien sowie Diagnoseinstrumente in der betrieblichen Weiterbildung benutzt werden können.

*Jürgen Weber, Utz Schäffer*

**Einführung in das Controlling**

Schäffer-Poeschel, 15. Auflage
Stuttgart 2016,
596 Seiten, 34,95 Euro
ISBN: 978-3-7910-3574-1

## Kernthese

Die Controlling-Lehre muss den raschen Entwicklungen der Praxis Rechnung tragen.

## Nutzen für die Praxis

Der Lehrbuch-Klassiker bietet nicht nur Grundlagen für Studierende, sondern auch zahlreiche Case-Studies und konkrete Hilfestellungen. Ein weiteres Feature ist die mediale Ergänzung des Buches durch Videos, interessante Praxisartikel und Spreadsheets.

## Abstract

Theorie und Praxis des Controllings unterliegen einem steten Wandel. Das Aufgabenspektrum und die Anforderungen zwischen Controllern und Managern wachsen. Die „Einführung in das Controlling" spiegelt diese Entwicklungen wider und vermittelt die nötigen Grundlagen, Konzepte und Instrumente, die Controller heutzutage benötigen.

*Martyn Rademakers*

**Corporate Universities – Drivers of the Learning Organization**

Routledge, Abingdon Oxford 2014,
170 Seiten, 113,70 Euro
ISBN: 978-0-415-66054-9

## Kernthese

Corporate Universities are a blueprint for the modern way of learning, as they show a combination of strategic management tools and corporate learning.

## Nutzen für die Praxis

This book is written for academics in strategy, Human Resources Department, and organizational behaviour disciplines, as well as practicing managers alike. It offers a consistent set of concepts, frameworks, and cases to integrate general strategy with organizational learning.

## Abstract

Organizations constantly need to adapt themselves to stay aligned with an ever-changing and increasingly complex environment. The author introduces "Corporate Universities" as a model for "smart learning". It stresses strategies to secure alignment between organization and environment in which which both speed of learning and learning in the right direction is crucial.

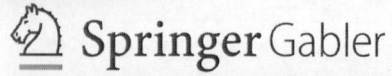

# Rubriken

# Investitionsrisiko Kapitalkosten

Fremdkapital ist aktuell „billig", doch die Investitionstätigkeit von Unternehmen bleibt zurückhaltend. Wer investieren möchte, muss in erster Linie die Höhe der Kapitalkosten berücksichtigen, die im Gegensatz zu den Zinsen nur leicht gesunken sind. Controller brauchen geeignete Ansätze, um zukünftige Kapitalkosten in Investitionsentscheidungen einzubeziehen.

*Andreas Taschner*

Die letzte Finanz- und Wirtschaftskrise hat die Zentralbanken aller wichtigen Wirtschaftsnationen zu massiven Senkungen ihrer Leitzinsen veranlasst. Während in Japan der Leitzins bereits seit Anfang des Jahrtausends praktisch bei null verharrte, fielen die Zinsniveaus in den USA, der EU, Großbritannien und der Schweiz Ende 2008/Anfang 2009 binnen weniger Monate auf historische Tiefs knapp über null. Zinsen für langfristige Kredite und Hypothekendarlehen sowie die effektive Verzinsung von Unternehmensanleihen bewegten sich entsprechend ebenfalls nach unten.

Seit Jahren müssen Kreditnehmer für Fremdkapital also immer weniger Mittel aufwenden. Die mit Fremdkapital finanzierten Investitionen müssen entsprechend niedrigere Kapitalkosten zurückverdienen und werden dadurch bei sonst gleichbleibenden Bedingungen für die Unternehmen attraktiver. In Zeiten von Niedrigzinsen werden Investitionen vorteilhaft, die sich bei höheren Zinsniveaus bisher als unvorteilhaft für das Unternehmen darstellten. In dieser einfachen Logik führen niedrige Zinsen folglich zu einem höheren Investitionsvolumen. Die Devise lautet: „Die Zinsen sind niedrig – investiert!"

Für die Führungskräfte jedes Unternehmens stellt sich damit die Frage: „Verpassen wir den Anschluss an die Konkurrenz, wenn wir in Zeiten von Niedrigzinsen unsere Investitionstätigkeit nicht steigern?" Controller werden sich dagegen eher fragen: „Wie stelle ich sicher, dass uns das niedrige Zinsniveau nicht zu falschen Entscheidungen verleitet?" Beide Fragen hängen natürlich zusammen und zeigen sich in unterschiedlichen Facetten. Im Folgenden sollen Anregungen zu ihrer Beantwortung gegeben werden.

## „Ändern wir unseren WACC?"

Zinsen spielen für langfristige Investitionsentscheidungen eine herausragende Rolle. Im Zusammenspiel mit der Höhe des eingesetzten Kapitals bestimmen Zinsen die Kapitalkosten, welche eine Investition über ihre Lebensdauer tragen muss: Je höher der Kapitalbedarf einer Investition und je höher die Zinsen, welche auf das eingesetzte Kapital zu zahlen sind, desto höher fallen die Kapitalkosten der Investition aus. Höhere Kapitalkosten reduzieren die Vorteilhaftigkeit der Investition.

Da Unternehmen allgemein ebenso wie Einzelinvestitionen in aller Regel mischfinanziert sind und unterschiedliche Kapitalquellen nutzen, existiert kein einheitlicher Kapitalkostensatz. Vielmehr wenden Controller in der Investitionsrechnung üblicherweise einen Mischzins an, der sich als gewichtetes Mittel der einzelnen Kapitalkosten errechnet. Nach der englischen Bezeichnung „Weighted Average Cost of Capital" werden auch im Deutschen diese durchschnittlichen Kapitalkosten schlicht „WACC" genannt.

Der WACC wird üblicherweise vereinfacht als Mischzins aus der geforderten Eigenkapitalrendite und dem durchschnittlichen Fremdkapitalzins (Zinsaufwand / zinstragendes Fremdkapital) ermittelt:

$$WACC = \frac{EK \times i_e + FK \times i_f}{EK + FK}$$

WACC: Weighted Average Cost of Capital
(gewichteter durchschnittlicher Kapitalkostensatz)
EK: Eigenkapital
FK: Fremdkapital
$i_e$: Verzinsungsanspruch der Eigenkapitalgeber
$i_f$: Verzinsungsanspruch der Fremdkapitalgeber

Im Regelfall wird der ermittelte WACC in investitionsrechnerischen Analysen als konstant über den gesamten Analysezeitraum angenommen und implizit auch als unabhängig von der Höhe des Kapitalbedarfs sowie der Dauer der Kapitalbindung gesehen. Dahinter steckt die in der Investitionsrechnung übliche Annahme eines vollkommenen Kapitalmarkts: In einem vollkommenen Kapitalmarkt herrscht völlige Transparenz über Angebot und Nachfrage, sodass keine Arbitragemöglichkeiten, also Möglichkeiten zur gezielten Ausnutzung von Preis-, Kurs- und Zinsdifferenzen, existieren und alle Marktteilnehmer reine „Preisnehmer" sind – das heißt den im freien Spiel der Märkte gebildeten Marktpreis (= Zinssatz) akzeptieren müssen.

Sinkende Fremdkapitalzinsen führen bei strenger Anwendung der oben genannten Formel zu einem niedrigeren Kapitalkostensatz – Kapital wird billiger. Muss deshalb in Zeiten niedriger Fremdkapitalzinsen nicht quasi automatisch der für Investitionsentscheidungen und die Bestimmung der Kapitalkosten genutzte WACC nach unten angepasst werden? Nein! Entscheider und Controller müssen hier sehr genau zwischen Fremdkapitalzinsen einerseits und Kapitalkosten andererseits (ausgedrückt durch den WACC) differenzieren. Als Mischzins bezieht der WACC neben den Fremdkapitalzinsen auch die erwarteten Renditeansprüche des Eigenkapitals mit ein. Während die Fremdkapitalzinsen stark gefallen sind, liegen die durchschnittlichen WACCs auf einem Niveau, das nur unwesentlich niedriger ist als vor zehn Jahren (vergleiche **Abbildung 1**).

Ein Blick auf die Berechnungsformel des WACCs macht deutlich, dass sinkende Fremdkapitalzinsen offensichtlich durch steigende Renditeansprüche des Eigenkapitals teilweise kompensiert worden sind – ein klares Indiz dafür, dass Eigentümer als Eigenkapitalgeber ein höheres Geschäftsrisiko wahrnehmen, das durch höhere Renditen kompensiert werden muss.

## „Ändern wir unseren Kapitalmix?"

Aus der Formel lässt sich die zweite Frage für Entscheider und Controller – jene nach der Finanzierungsstruktur – ableiten: Sollten Unternehmen dann nicht verstärkt auf „billiges" Fremdkapital ausweichen und „teures" Eigenkapital meiden? Auch hier zeigt ein Blick auf die Statistik, dass dies – zumindest in Deutschland – nicht der Fall ist (vergleiche **Abbildung 2**). Die durchschnittliche Eigenkapitalquote deutscher Unternehmen ist in den letzten 15 Jahren kontinuierlich ge-

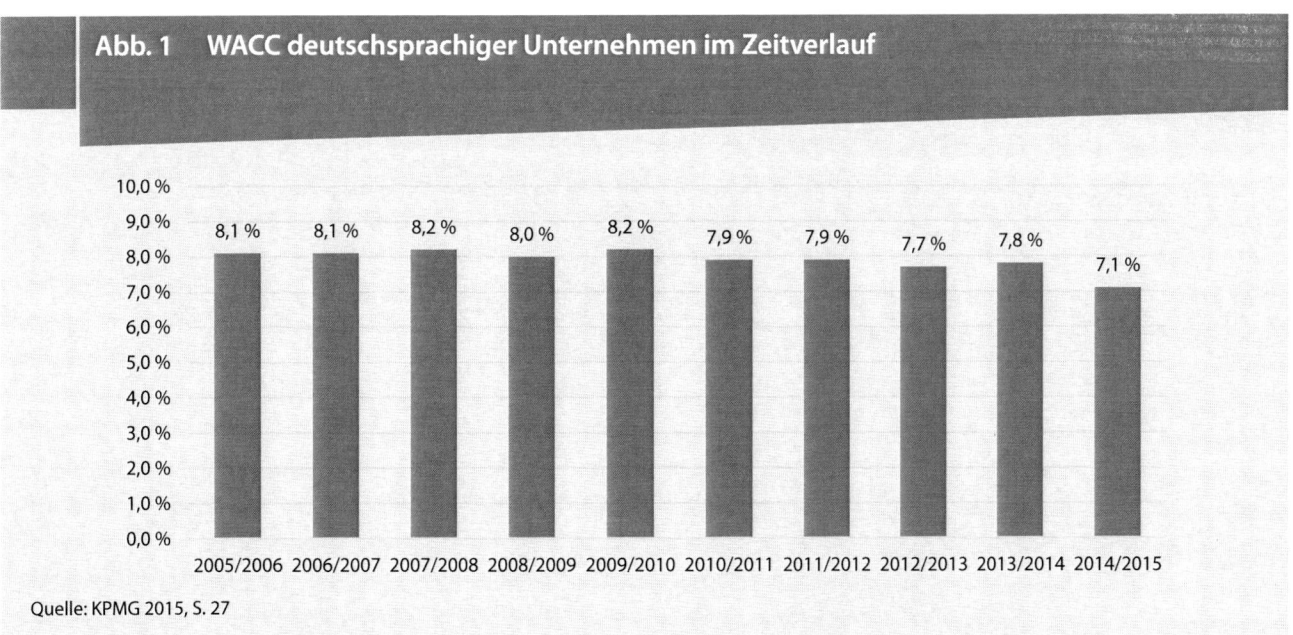

**Abb. 1 WACC deutschsprachiger Unternehmen im Zeitverlauf**

| | 2005/2006 | 2006/2007 | 2007/2008 | 2008/2009 | 2009/2010 | 2010/2011 | 2011/2012 | 2012/2013 | 2013/2014 | 2014/2015 |
|---|---|---|---|---|---|---|---|---|---|---|
| | 8,1 % | 8,1 % | 8,2 % | 8,0 % | 8,2 % | 7,9 % | 7,9 % | 7,7 % | 7,8 % | 7,1 % |

Quelle: KPMG 2015, S. 27

stiegen. Niedrige Fremdkapitalzinsen haben also zu keiner systematischen Verdrängung von Eigenkapital geführt.

„Billiges" Fremdkapital hat also weder den WACC gesenkt noch die Eigenkapitalquote deutscher Unternehmen reduziert. Beide Phänomene können mit der gleichen Ursache erklärt werden, welche für Controller und Entscheider gleichermaßen wichtig als auch intuitiv einleuchtend ist: Das Risiko unternehmerischer Investitionsentscheidungen ist gestiegen.

## „Mehr investieren oder nicht?"

Wenngleich man die idealisierte Annahme eines vollkommenen Kapitalmarkts zwar aus guten Gründen kritisieren kann, so bleibt die allgemeine Logik davon zunächst unberührt: Niedrige Fremdkapitalzinsen befeuern die Investitionstätigkeit. Wer in diesem Rennen nicht mitzieht, verliert den Anschluss. Erstaunlicherweise lässt sich dafür aber kein ausreichender empirischer Beleg finden. Eher im Gegenteil haben deutsche Großunternehmen in den Jahren seit der Finanz- und Wirtschaftskrise kontinuierlich weniger investiert (vergleiche **Abbildung 3**). In den Jahren 2013 und 2014 waren die Nettoinvestitionen der DAX-Konzerne sogar negativ, das heißt, die Neuinvestitionen erreichten nicht einmal die Höhe des durch Abschreibungen ausgedrückten Wertverzehrs bestehender Investitionsobjekte. Die Unternehmen haben also nicht einmal ihren Vermögensstock beibehalten, sondern eher von der Substanz gelebt. Von angeregter Investitionstätigkeit durch niedrige Zinsen kann hier nicht gesprochen werden.

Ein „Automatismus" zwischen sinkenden Fremdkapitalzinsen und steigender Investitionstätigkeit der Unternehmen existiert offensichtlich nicht. Ein Unternehmen, das seine Investitionstätigkeit nicht ausgedehnt hat, befindet sich also in guter Gesellschaft. Unternehmerische Investitionsentscheidungen müssen gerade in Zeiten von Niedrigzinsen wohlüberlegt werden. Entscheider und Controller müssen genau analysieren, welche Risiken sich verändert haben und welchen Einfluss sie auf die Vorteilhaftigkeit von zukünftigen Investitionsprojekten haben.

## „Wie geht es weiter?"

Am Ende bleibt die Frage, ob Fremdkapitalzinsen und WACC nicht zwingend wieder steigen werden. Sollte deshalb in den Investitionsrechnungen automatisch von zukünftig wieder steigenden Kapitalkosten ausgegangen werden? Selbst wenn man diese Frage eindeutig bejaht (was man keineswegs tun muss!), ist damit das investitionsrechnerische „Wie?" nicht geklärt. Controller haben aber die Möglichkeit, die Annahme steigender Zinsen und Kapitalkosten in unterschiedlicher Weise in ihren Business Case, also ihre Investitionsfolgenabschätzung, einzubauen (vergleiche Taschner 2013):

1. Die einfachste Lösung besteht darin, auf die Kapitalkosten (WACC) einen rechnerischen Sicherheitsaufschlag zu verrechnen. Liegen die eigenen Kapitalkosten aktuell bei acht Prozent, so rechnet man für zukünftige Investitionen eben mit neun Prozent. „Rechnet" sich die Investition selbst dann noch, fühlt man sich auf der sicheren Seite mit seiner Entscheidung. Dieser Ansatz ist eindeutig NICHT zu empfehlen.

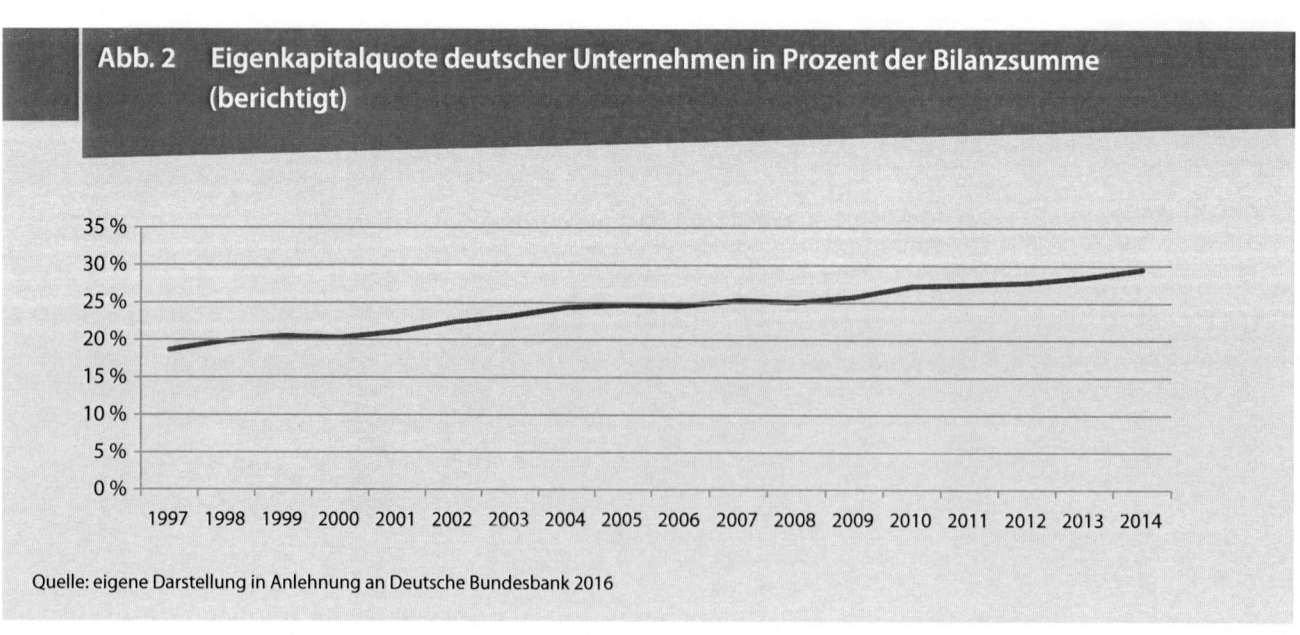

**Abb. 2    Eigenkapitalquote deutscher Unternehmen in Prozent der Bilanzsumme (berichtigt)**

Quelle: eigene Darstellung in Anlehnung an Deutsche Bundesbank 2016

Solche Sicherheitsaufschläge sind völlig willkürlich und intransparent. Außerdem kranken sie an der methodischen Schwäche, dass ein unbekannter Prognosefehler („Wie hoch könnten unsere Kapitalkosten in fünf Jahren sein?") nur rein zufällig durch einen bewusst gesetzten Aufschlag „korrigiert" werden kann. Die Qualität und die Nachvollziehbarkeit des Rechenwerks werden aber deutlich verschlechtert.

2. Den Vorwurf einer ungerechtfertigten pauschalen Korrektur des WACCs kann man dadurch vermeiden, dass man für unterschiedliche Rechenperioden auch unterschiedliche Kapitalkosten ansetzt – also zum Beispiel den WACC langsam über den rechnerischen Investitionszeitraum steigen lässt und in späteren Perioden mit höheren WACCs rechnet. Die Umsetzung in einer Tabellenkalkulation ist problemlos, allerdings öffnet diese Vorgehensweise die Tür zu einer reinen Scheingenauigkeit. Welcher Controller würde sich heute mit gutem Gewissen zutrauen, die Entwicklung der eigenen Kapitalkosten jahresgenau über die nächsten zehn Jahre zu prognostizieren?

3. Wesentlich sinnvoller, aber aufwendiger ist es, die Kapitalkosten einer Sensitivitätsanalyse zu unterziehen – also den Business Case systematisch mit unterschiedlichen Werten für den WACC zu rechnen und dabei jeweils alle anderen Input-Werte konstant zu halten. Jede Änderung des Outputs, beispielsweise des Kapitalwerts oder der Amortisationsdauer, ist dann direkt auf die vorgenommene Änderung

## Zusammenfassung

- Fremdkapitalzinsen verharren seit Jahren auf historisch niedrigem Niveau, die Investitionstätigkeit deutscher Unternehmen ist jedoch nicht gestiegen.
- Ein Sinken der Kapitalkosten ist nur ansatzweise festzustellen. Dies bedeutet, dass das geschäftliche Risiko und damit die Renditeansprüche der Eigenkapitalgeber gestiegen sind.
- Kapitalkosten bleiben eine zentrale Variable in jeder Investitionsentscheidung. Das Sinken der Zinsniveaus hat daran nichts geändert.
- Zukünftige Kapitalkosten bleiben unsicher. Dies muss in einem Business Case berücksichtigt werden, indem zum Beispiel Sensitivitätsanalysen oder vollständige Finanzpläne eingebaut werden.

des WACCs zurückzuführen. Die Unsicherheit bezüglich zukünftiger Kapitalkosten wird dadurch zwar nicht reduziert, aber die Konsequenzen möglicher Fehleinschätzungen werden unmittelbar transparent.

4. Eine weitere Möglichkeit besteht darin, die Finanzierungsseite der Investitionsentscheidung explizit in die Rechnung aufzunehmen. In der Praxis werden hierfür vollständige Finanzpläne erstellt. Diese bilden nicht nur die originären

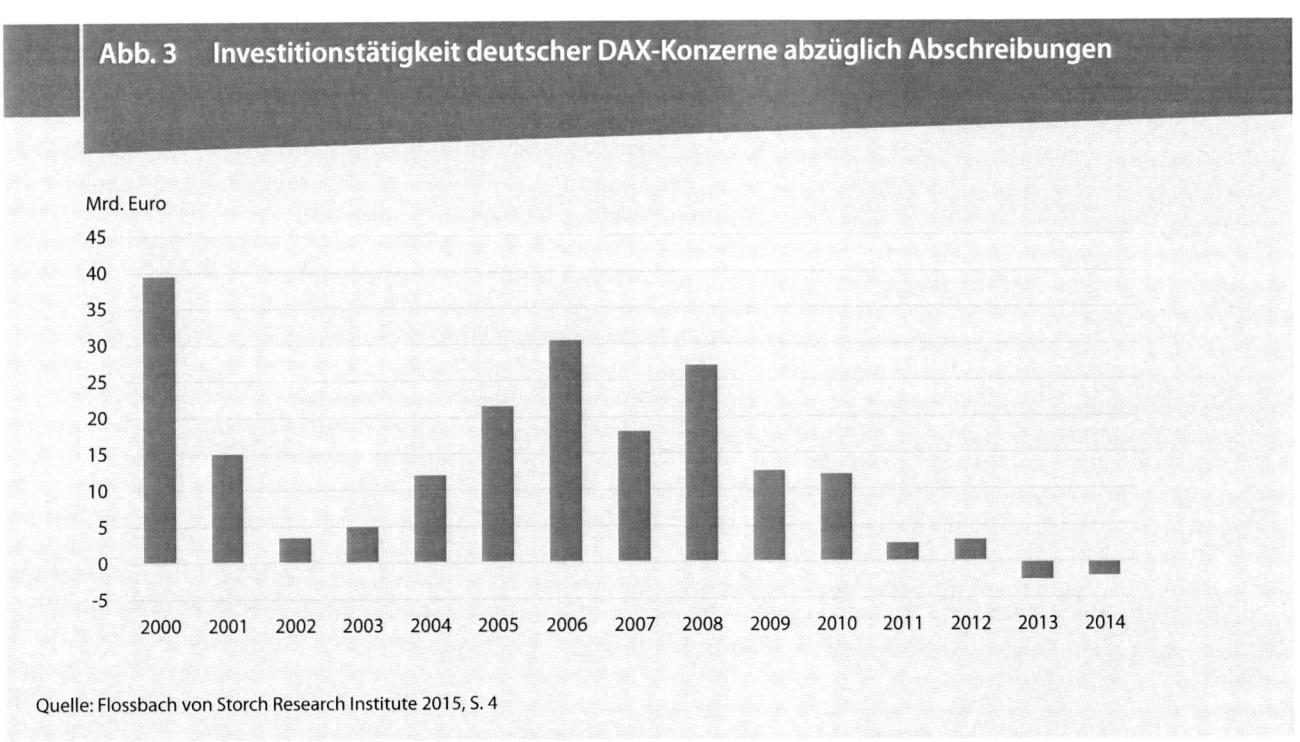

**Abb. 3  Investitionstätigkeit deutscher DAX-Konzerne abzüglich Abschreibungen**

Quelle: Flossbach von Storch Research Institute 2015, S. 4

## Handlungsempfehlungen

- Verwechseln Sie „niedrige Zinsen" nicht mit „niedrigen Kapitalkosten" – Kapitalkosten werden vor allem auch durch das in den Verzinsungsansprüchen des Eigenkapitals ausgedrückte Risiko beeinflusst.
- Ersetzen Sie „teures" Eigenkapital nur dann durch „billiges" Fremdkapital, wenn Sie das damit einhergehende Risiko als niedrig beziehungsweise beherrschbar einstufen.
- Treffen Sie Ihre Investitionsentscheidungen weiterhin, indem Sie auf die gesamten Kapitalkosten achten. Billiges Fremdkapital zwingt kein Unternehmen zu verstärkter Investitionstätigkeit.
- Behandeln Sie in Ihrem Business Case die Kapitalkosten als das, was sie sind: eine zentrale, aber unsichere Variable. Sensitivitätsanalysen und vollständige Finanzpläne sind hierfür hilfreiche Instrumente.

Zahlungsströme des Investitionsobjekts selbst ab, wie zum Beispiel Einzahlungen aus Umsatzerlösen, Auszahlungen für Betrieb, Wartung, Reparatur et cetera, sondern zusätzlich auch alle Zahlungen, welche durch die damit verbundenen Finanzierungsentscheidungen entstehen. So kann eine Kreditaufnahme nunmehr explizit im Detail abgebildet wer-

> *„Niedrige Fremdkapitalzinsen haben in Deutschland bisher zu keiner systematischen Verdrängung von Eigenkapital geführt."*

den, indem der Zufluss des Kreditbetrags ebenso in den Finanzplan aufgenommen wird wie jede zukünftige Zins- oder Tilgungszahlung. Vollständige Finanzpläne haben den Vorteil, dass sie die Kapitalkosten nicht mehr pauschalisiert über die Größe WACC abbilden müssen, sondern viel differenziertere Aussagen und Annahmen ermöglichen. So könnte beispielsweise für einen heute aufgenommenen Kredit der für die Kreditlaufzeit feststehende Zins über die gesamte Kreditlaufzeit als fest modelliert werden (keine Unsicherheit), während für die in der Zukunft liegende Refinanzierungsentscheidung die Kapitalkosten als unsicher angenommen werden und eine Sensitivitätsanalyse durchgeführt wird.

## Schlussbetrachtung

Niedrige Zinsen führen weder automatisch zu steigenden Investitionen noch zu einem höheren Verschuldungsgrad der Unternehmen. Die Kapitalkosten eines Unternehmens werden vor allem durch das geschäftliche Risiko beeinflusst – ein Faktor, auf den Entscheider und Controller bei Investitionsentscheidungen vordringlich ihr Augenmerk legen müssen. Zeiten von Niedrigzinsen sind meist auch Zeiten hoher Unsicherheit. Wie sich die Kapitalkosten des Unternehmens in Zukunft entwickeln werden, sollte deshalb in einem Business Case als das abgebildet werden, was es ist: eine unsichere Annahme, welche Entscheider und Controller gemeinsam analysieren.

*Literatur*

Deutsche Bundesbank (2016): Hochgerechnete Angaben aus Jahresabschlüssen deutscher Unternehmen von 1997 bis 2014, http://www.bundesbank.de/Redaktion/DE/Downloads/Veroeffentlichungen/Statistische_Sonderveroeffentlichungen/Statso_5/statso5_1997_2014_EXCEL.xlsb?__blob=publicationFile (letzter Abruf: 24.06.2016).

Flossbach von Storch Research Institute (2015): Investitionsschwäche trotz Niedrigzinsen – Kalkulatorische Kapitalkosten als Hemmschuh?, www.fvs-ri.com/files/kapitalkosten.pdf (letzter Abruf: 29.05.2016).

KPMG (2015): KPMG Kapitalkostenstudie 2015, https://assets.kpmg.com/content/dam/kpmg/pdf/2015/11/impairment-2015-copyright-29015_sec.pdf (letzter Abruf: 29.05.2016).

⬇ * Taschner, A. (2013): Business Cases, 2. Auflage, Wiesbaden. www.springerprofessional.de/link/4242918

* Abonnenten von Springer Professional haben kostenfrei Zugriff.

Angaben zum Autor:

**Prof. Dr. Andreas Taschner**
Professor für Rechnungswesen und Controlling
ESB Business School der Hochschule Reutlingen, Reutlingen, Deutschland
E-Mail: andreas.taschner@reutlingen-university.de

 Weitere Empfehlungen der Verlagsredaktion aus www.springerprofessional.de zu:

🔍 **Kapitalkosten**

Scheld A. (2013): Kapitalkosten und Unternehmenssteuerung, in: Fundamental Beta – Ermittlung des systematischen Risikos bei nicht börsennotierten Unternehmen, Wiesbaden, S. 9-35.
www.springerprofessional.de/link/4537034

# Mehr Ausgaben für Wirtschaftsprüfer

Viele Unternehmen sind dazu verpflichtet, die eigenen Berichte überprüfen zu lassen. Viele Konzerne vergeben entsprechende Aufträge an große Wirtschaftsprüfungsgesellschaften wie Pricewaterhouse Coopers, Ernst & Young, Deloitte und KPMG. Eine aktuelle Studie der Lünendonk GmbH zeigt, dass die 25 führenden Gesellschaften erneut ihre Umsätze 2015 um 8,2 Prozent steigern konnten. Für das aktuelle Geschäftsjahr 2016 wird ein Wachstum von fünf Prozent erwartet. Doch dies könnte sich zukünftig ändern. Bisher beauftragten die Konzerne oftmals das gleiche Wirtschaftsprüfungsunternehmen. Das sparte Zeit und Kosten und die Wirtschaftsprüfungsgesellschaften konnten dadurch einen festen Mandantenstamm aufbauen. Doch nach der Weltwirtschaftskrise wurde die bisherige Prüfpraxis hinterfragt. Die Europäische Kommission änderte die Abschlussprüferverordnung (EU Nr. 537/2014) und die Abschlussprüferrichtlinie (RL 2014/56/EU) und auch Deutschland hat daraufhin ein neues Abschlussprüfungsreformgesetz auf den Weg gebracht. Aufsichtsräte müssen sich nun mit der Umsetzung befassen. Unbegrenzt kann der gleiche Prüfer nicht mehr beauftragt werden. Für kapitalmarktorientierte Unternehmen ist das Prüfungsmandat nach § 264d Handelsgesetzbuch (HGB) auf zehn Jahre begrenzt, es sei denn, es wird eine öffentliche Ausschreibung durchgeführt: Dann ist eine Höchstlaufzeit von 20 Jahren möglich. Im Falle eines Joint Audits, also wenn zwei Prüfungsgesellschaften tätig werden, sind sogar 24 Jahre denkbar (§ 318 HGB). Experten sind sich einig: Das wird den Markt der Prüfungsgesellschaften bewegen. „Auf diese Umstellungen müssen sich Unternehmen gemeinsam mit ihren Abschlussprüfern gut vorbereiten. Vielfach bedeutet der Wechsel des Abschlussprüfers in Zukunft nämlich, dass neben Abschlussprüfer auch Berater und Steuerberater gewechselt werden", kommentiert die Beratungsgesellschaft KPMG.

**Sylvia Meier**

⬇ Lesen Sie mehr zu diesem Thema
www.springerprofessional.de/link/10271408

# Mit der Blockchain effizienter werden

Trotz neuer Technologien, die viele Arbeitsabläufe in Unternehmen erleichtern, entstehen bei der Interaktion und Information innerhalb von Unternehmensprozessen oft noch Reibungsverluste. Die Blockchain-Technologie, die einst als Plattform für die Cyber-Währung Bitcoin im Internet startete, kann dies ändern. Sie bietet Unternehmen auf vielen Ebenen nicht nur Möglichkeiten, die Transparenz und Effizienz in Prozessabläufen zu erhöhen, sondern auch die Unternehmensorganisation zu wandeln.

Bisherige Geschäftsprozesse und -beziehungen können sich dabei radikal verändern, wie der Report „Fast Forward – Rethinking enterprises, ecosystems and economies with blockchains" des IBM Institute for Business Value verdeutlicht. Denn mit der Blockchain-Technologie können Abläufe im Unternehmensmanagement durch zentralisierte, sichere und transparente Workflows neu gestaltet werden.

So werden beispielsweise jegliche Informationen oder geschäftliche Transaktionen permanent aufgezeichnet.

Jeder Teilnehmer einer Transaktion kann die komplette Transaktionshistorie jederzeit einsehen und sie nachvollziehen. Dabei können die Beteiligten Informationen übergreifend je nach Rolle und Zugangsberechtigung teilen, entsprechende Daten werden nahezu in Echtzeit aktualisiert.

Darüber hinaus ist es auf Basis von Blockchain-Netzwerken auch möglich, neue Dienstleistungen anzubieten und Partner von Anfang an mit einzubinden, die dann an der Wertschöpfung partizipieren.

**Eva-Susanne Krah**

☝ Weitere Informationen zur Studie das IBM Institute for Business Value finden Sie unter: http://ibm.co/2bCcqvE.

# Timing ist alles! Desinvestitionen richtig kommunizieren

Unternehmen haben die Möglichkeit, ihren Marktwert bei Desinvestitionen positiv zu beeinflussen. Entscheidend dabei ist ihre Kommunikationsstrategie gegenüber den Aktionären. Gerade Legitimität und Zeitpunkt der Ankündigung als Einflussfaktoren sind nicht zu vernachlässigen. Sie wirken sich günstig auf die Haltung zur geplanten Maßnahme aus.

*Miriam Flickinger*

Ankündigungen von Desinvestitionen beeinflussen den Marktwert eines Unternehmens. Desinvestitionen, also strategisch getriebene Veräußerungen von Unternehmensteilen, erfolgen dabei meist in einer der drei folgenden Formen: als Spin-off, als Sell-off oder als Equity Carve-out. Beim Spin-off werden bestehende Unternehmensteile als eigenständiges Unternehmen ausgegliedert, während diese beim Sell-off an Dritte verkauft werden. Bei einem Equity Carve-out werden im Zuge einer Neuemission Anteile an einer Tochtergesellschaft über die Börse veräußert. Ganz gleich, auf welchem dieser Wege das Unternehmen die Desinvestition durchführt, die Aktienmärkte reagieren auf die angekündigte strategische Maßnahme. Mit der Veränderung des Aktienpreises geben sie eine Einschätzung darüber ab, ob die angekündigte Desinvestition für das Unternehmen positive oder negative Konsequenzen haben wird. Diese Bewertung erfolgt im Einklang mit der Theorie effizienter Kapitalmärkte (vergleiche zum Beispiel Fama 1970; Fama 1976), die davon ausgeht, dass Aktionären die notwendigen Informationen für diese Einschätzung zur Verfügung stehen.

Unternehmen bieten sich verschiedene Möglichkeiten, um Werte durch Desinvestition zu generieren. So können sie damit beispielsweise ihren Diversifikationsgrad reduzieren, um sich stärker auf ihre Kernkompetenzen konzentrieren zu

> *„Aktionäre orientieren sich nicht ausschließlich an objektiven Kriterien."*

können (vergleiche zum Beispiel Comment/Jarrell 1995; Daley/Mehrotra/Sivakumar 1997; Dittmar/Shivdasani 2003). Sie können aber auch Desinvestitionen dazu nutzen, dem Unternehmen den Zugang zu neuem Kapital zu verschaffen, wenn es beispielsweise auf Basis schlechter Performance in eine finanzielle Notlage zu geraten droht (vergleiche beispielsweise Lang/Poulsen/Stulz 1995). In beiden Fällen reagieren Aktionäre positiv auf die Ankündigung einer Desinvestition, da sie langfristig positive Konsequenzen für das Unternehmen erwarten.

Die Reaktion der Aktionäre auf solche objektiven, da nicht veränderbaren Kriterien einer Desinvestition, wie zum

Beispiel die Reduzierung des Diversifikationsgrades, erscheint deshalb als gegeben. Kann es vor diesem Hintergrund überhaupt möglich sein, den Unternehmenswert durch die Aktienmarktreaktion auf Desinvestitionsankündigungen positiv zu beeinflussen? Aus einer Vielzahl von Untersuchungen im Rahmen des Behavioral-Finance-Ansatzes ist bekannt (vergleiche zum Beispiel Shefrin 2000; Thaler 2005), dass Aktionäre sich nicht ausschließlich an objektiven Kriterien, wie sie beispielsweise oben genannt werden, orientieren. Sie verhalten sich gerade nicht streng rational beziehungsweise dem Homo oeconomicus entsprechend. Nutzt man diese Erkenntnis, stellt sich die Frage, welche weiteren Kriterien/ Faktoren die Aktionäre positiv beeinflussen können.

## Legitimität als Einflussfaktor

Ein wichtiger sozialer (und eben nicht-objektiver) Faktor, der Einfluss auf Aktionäre ausübt, ist Legitimität. Legitimität, bezogen auf eine unternehmerische Handlung wie Desinvestitionen, beschreibt das von einer Gruppe geteilte Verständnis, dass diese Handlung als angemessen, wünschenswert oder allgemein akzeptiert gilt (vergleiche Suchman 1995, S. 574). Legitimität kann dabei auf verschiedene Art und Weise entstehen. Beispielsweise zeigt Scott (2001) in seinem Dreisäulenmodell, dass die Legitimität einer Handlung durch ihre Vereinbarkeit mit der regulativen, normativen und kulturell-kognitiven Umwelt beeinflusst wird. Dies bedeutet, dass die Handlung mit der aktuellen Gesetzeslage konform ist (regulative Legitimität), als angemessenes Mittel zur Zielerreichung verstanden werden muss (normative Legitimität) und zum kulturellen Selbstverständnis der bewertenden Gruppe passen sollte (kulturell-kognitive Legitimität). Legitimität entsteht zusätzlich auch dann, wenn eine Handlung häufig auftritt, damit stärker verbreitet ist und so zu größerer medialer Aufmerksamkeit führt. Dadurch entsteht bei den Stakeholdern eine größere Vertrautheit mit der Maßnahme, sie schätzen mögliche Risiken geringer ein. Gerade in Bezug auf Aktionäre führen die beiden Legitimationseffekte Vereinbarkeit mit der Umwelt und häufiges Auftreten zu einer Verzerrung weg von der rein rational geprägten Einschätzung von Unternehmensaktivitäten und hin zu einer positiveren Einschätzung, die vor allem auf dem Glauben beruht, dass hier eine allgemein akzeptierte Handlung stattfindet.

Dieser Effekt kann auch bei Desinvestitionen beobachtet werden, wie die Studie „The Institutionalization of Divestiures: A Meta-Analysis of Stock Market Performance" zeigt. Für die Untersuchung wurden im Rahmen einer Meta-Analyse alle bisherigen internationalen Studien zum Thema

## Zusammenfassung

- Die Ankündigung von Desinvestitionen beeinflusst den Marktwert des Unternehmens, da Aktionäre positiv oder negativ auf die Ankündigung reagieren.
- Das Unternehmen kann positiv auf diesen Effekt einwirken, indem es die von Aktionären empfundene Legitimität der angekündigten Desinvestition erhöht.
- Die Aktienmarktreaktion auf Desinvestitionsankündigungen ist positiver, wenn insgesamt mehr Desinvestitionen im Markt angekündigt werden und Desinvestitionen besser in ihrer Umwelt legitimiert sind.

Desinvestitionen auf Daten zu Aktienmarktreaktionen auf Desinvestitionsankündigungen, insbesondere zu ungewöhnlichen Renditen um den Zeitpunkt der Ankündigung herum, durchsucht. Das Ergebnis dieser Suche ist ein Sample von 10.783 Aktienmarktreaktionen auf angekündigte Desinvestitionen im Zeitraum von 1955 bis 2012 (vergleiche Flickinger 2009, 2013).

## „Ein wichtiger sozialer Faktor, der Einfluss auf Aktionäre ausübt, ist Legitimität."

Die extrahierten Aktienmarktreaktionen wurden dann auf Basis des Jahres ihres Stattfindens in Phasen hoher Aktivität (Wellenberg der M&A-Welle) beziehungsweise niedriger Aktivität (Wellental der M&A-Welle) eingeteilt. Das Ergebnis zeigt, dass die Aktienmarktreaktion auf Desinvestitionsankündigungen mit der Häufigkeit von angekündigten Desinvestitionen schwankt: Ist die Anzahl von Desinvestitionen auf dem Wellenberg einer M&A-Welle besonders hoch, so ist auch die Aktienmarktreaktion auf deren Ankündigung positiver als während eines Wellentals (vergleiche **Abbildung 1**).

Um den Einfluss von Legitimität auf die Aktienmarktreaktion auf Desinvestitionsankündigungen noch tiefer gehend zu analysieren, wurden die aus bisherigen Studien extrahierten Ergebnisse zusätzlich auf ihre Übereinstimmung/Vereinbarkeit mit der von Scott (2001) beschriebenen regulativen, normativen und kulturell-kognitiven Umwelt untersucht. Mithilfe dieser drei Säulen der Legitimität kann eine Veränderung der Akzeptanz von Desinvestitionen im Verlauf der Zeit beobachtet werden. So herrschte zu Beginn der 1980er Jahre noch der stark diversifizierte Mischkonzern als konglomerate Organisationsform vor. Zu Beginn der 1990er Jahre

## Handlungsempfehlungen

- Machen Sie sich bewusst, dass die Ankündigung einer Desinvestition einen positiven oder negativen Einfluss auf den Marktwert Ihres Unternehmens ausüben kann. Gestalten Sie Ihre Kommunikationsstrategie so, dass diese einen positiven Einfluss/Effekt auf die Aktionäre hat.
- Formulieren Sie Ihre Ankündigung der Maßnahme „legitim", indem Sie möglichst viel Nähe zu legitimen Elementen der regulativen, normativen und kulturell-kognitiven Umwelt aufbauen.
- Wählen Sie Ankündigungszeitpunkte möglichst so, dass Sie von Häufigkeitseffekten und damit höherer Legitimität der angekündigten Maßnahme profitieren.

erfolgte ein Paradigmenwechsel weg von Konglomeraten hin zur Konzentration auf Kernkompetenzen und der damit verbundenen Entflechtung von Unternehmensstrukturen. Änderungen der Gesetzeslage (regulative Legitimität), ein Verlust des Glaubens an die Profitabilität des Konglomerats als Unternehmensform (normative Legitimität) sowie das Aufzeigen von Tendenzen zur Entwicklung von Hybris auf-

seiten der Manager von Mischkonzernen (kulturell-kognitive Legitimität) (vergleiche zum Beispiel Roll 1986) trieben diese Veränderung. In der Konsequenz führten sie zu einer höheren Legitimität von Desinvestitionen in den 1990er Jahren, die notwendig waren, um die zuvor bestehende Diversifikation der Unternehmen zu reduzieren.

## „Eine als höher empfundene Legitimität führt zu einer positiveren Aktienmarktreaktion."

Auch dieser Effekt bestätigt sich in den erhobenen Daten, denn wieder führt eine als höher empfundene Legitimität aufseiten der Aktionäre zu einer positiveren Aktienmarktreaktion auf die Ankündigung von Desinvestitionen (vergleiche **Abbildung 2**). Für die Untersuchung wurden die aus bisherigen Studien extrahierten Aktienmarktreaktionen in zwei Gruppen eingeteilt: in eine Gruppe der Ankündigungen vor 1990 und eine Gruppe der Ankündigungen nach 1990. Das Jahr 1990 wurde gewählt, da es das Veröffentlichungsjahr von C. K. Prahalads und Gary Hamels Klassiker „The Core Competence of the Corporation" ist und damit als möglicher Wendepunkt am Übergang von konglomerater Organisationsform zur Konzentration auf Kernkompetenzen dienen kann.

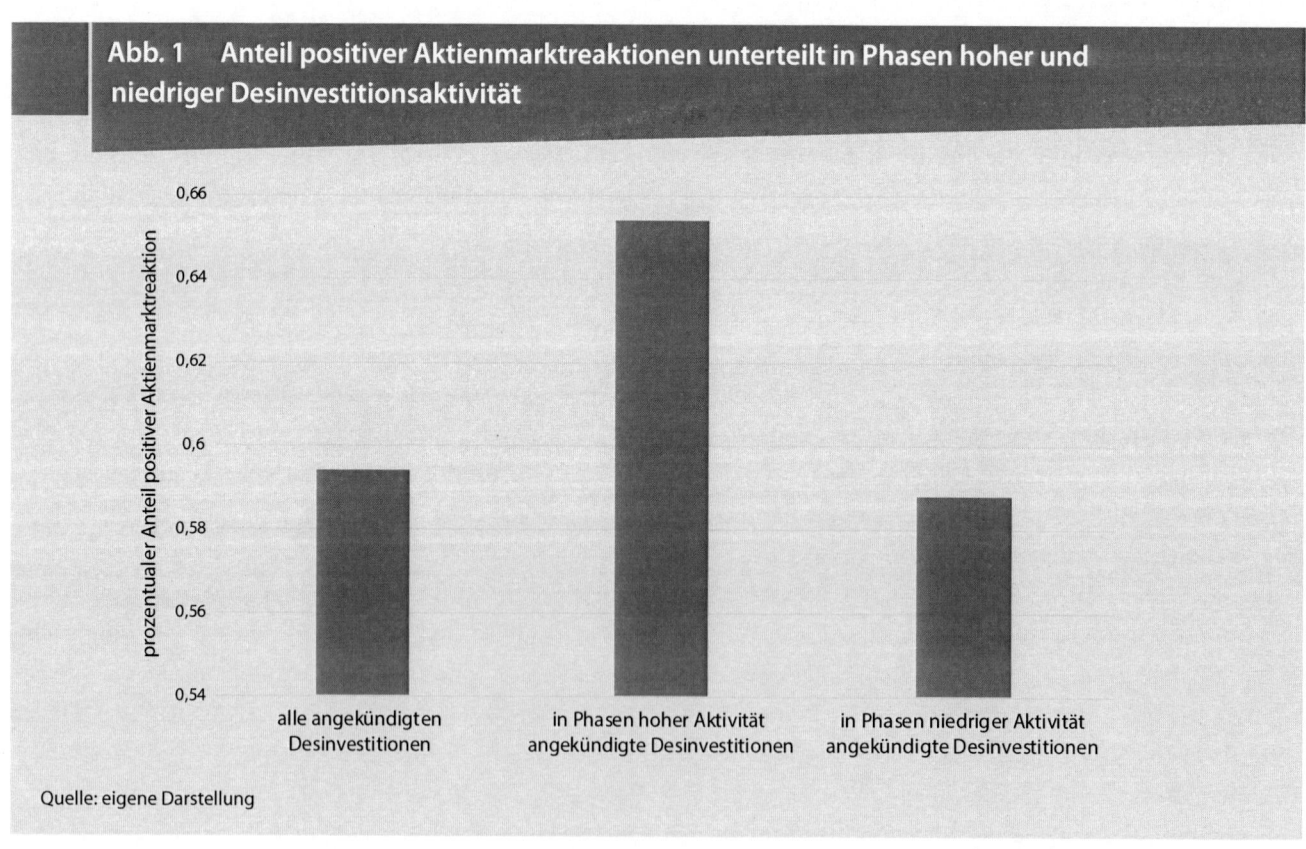

**Abb. 1** **Anteil positiver Aktienmarktreaktionen unterteilt in Phasen hoher und niedriger Desinvestitionsaktivität**

prozentualer Anteil positiver Aktienmarktreaktion

0,66
0,64
0,62
0,6
0,58
0,56
0,54

alle angekündigten Desinvestitionen

in Phasen hoher Aktivität angekündigte Desinvestitionen

in Phasen niedriger Aktivität angekündigte Desinvestitionen

Quelle: eigene Darstellung

## Schlussbetrachtung

Die Ergebnisse beider Analysen zeigen, dass das Kriterium Legitimität die Aktienmarktreaktion auf Desinvestitionsankündigungen deutlich beeinflusst. Daraus ergeben sich neue Spielräume für Unternehmen, da sie auf die Aktienmarktreaktion ihrer Desinvestitionsankündigungen einwirken können. Anders als auf die objektiven Charakteristika einer Desinvestition können sie die von Aktionären empfundene Legitimität einer Desinvestition beeinflussen.

Sie können dies vorrangig dadurch erreichen, indem sie im Ankündigungstext möglichst viel Nähe zur Legitimität der regulativen, normativen und kulturell-kognitiven Umwelt herstellen. Vor allem normative Legitimität kann dadurch erhöht werden, dass die Desinvestition als anerkanntes und erprobtes Mittel zur Wertgenerierung dargestellt wird. Die Herstellung kulturell-kognitiver Legitimität erfordert die genaue Berücksichtigung der regionalen, branchen- und unternehmensspezifischen Kultur, die je nach Ausprägung möglicherweise eine Diskussion von Aspekten wie Stellenabbau und die Verlagerung von Unternehmensaktivitäten ins Ausland stärker notwendig macht. Zusätzlich zur Ankündigungskommunikation können Unternehmen auf die von Aktionären empfundene Legitimität durch den Ankündigungszeitpunkt positiv einwirken. Sofern dies möglich ist, sollte hier der Ankündigungszeitpunkt so gewählt werden, dass er nicht außerhalb einer Ankündigungswelle stattfindet, sondern zeitgleich mit der Ankündigung von Desinvestitionen durch andere Unternehmen erfolgt. Dadurch können sich Unternehmen den Effekt verstärkter Legitimität durch hohe Prävalenz der angekündigten Maßnahme zunutze machen.

### Literatur

Comment, R./Jarrell, G. A. (1995): Corporate focus and stock returns, in: Journal of Financial Economics, 37 (1), S. 67-87.

Daley, L./Mehrotra, V./Sivakumar, R. (1997): Corporate focus and value creation, in: Journal of Financial Economics, 45 (2), S. 257-281.

Dittmar, A./Shivdasani, A. (2003): Divestitures and divisional investment policies, in: Journal of Finance, 58 (6), S. 2711-2743.

Fama, E. F. (1970): Efficient capital markets: A review of theory and empirical work, in: Journal of Finance, 25 (2), S. 383-417.

Fama, E. F. (1976): Foundations of finance: Portfolio decisions and securities prices, New York.

Flickinger, M. (2013): Institutionalization in Divestiture Waves: Market Learning and Legitimacy-Related Effects of Shareholder Reactions, Paper, Strategic Management Society Annual Meeting 2013 Atlanta.

⬇ * Flickinger, M. (2009): The Institutionalization of Divestitures: A Meta-Analysis of Stock Market Performance, Wiesbaden. www.springerprofessional.de/link/4577316

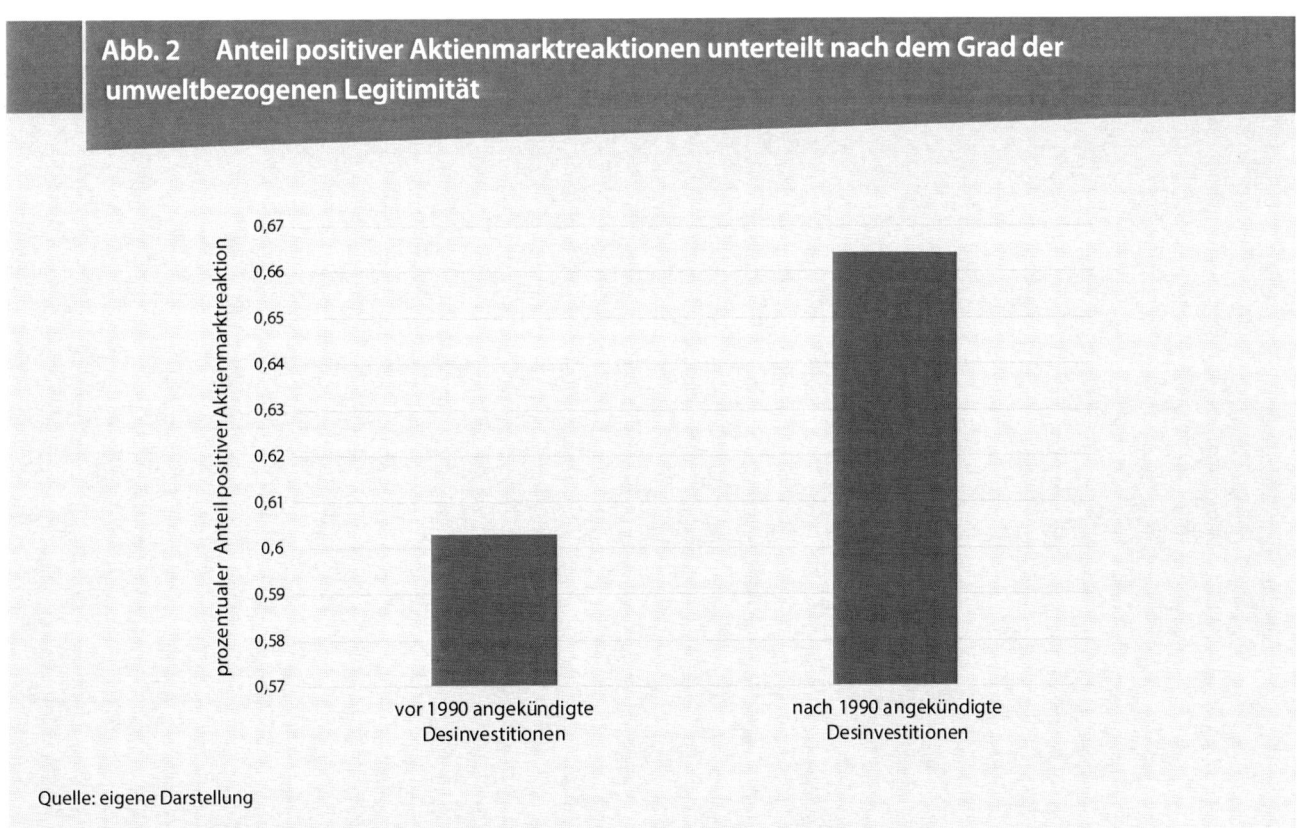

**Abb. 2 Anteil positiver Aktienmarktreaktionen unterteilt nach dem Grad der umweltbezogenen Legitimität**

Quelle: eigene Darstellung

Lang, L./Poulsen, A./Stulz, R. (1995): Asset sales, firm performance, and the agency costs of managerial discretion, in: Journal of Financial Economics, 37 (1), S. 3-7.

Prahalad, C. K./Hamel, G. (1990): The core competence of the corporation, in: Harvard Business Review, 68 (3), S. 79-91.

Roll, R. (1986): The hubris hypothesis of corporate takeovers, in: Journal of Business, 59 (2), S. 197-216.

Scott, W. R. (2001): Institutions and organizations, Thousand Oaks, CA.

Shefrin, H. (2000): Beyond greed and fear: Understanding behavioral finance and the psychology of investing, Boston.

Suchman, M. C. (1995): Managing legitimacy: Strategic and institutional approaches, in: Academy of Management Review, 20 (3), S. 571-610.

Thaler, R. H. (2005): Advances in behavioral finance, New York.

\* Abonnenten des Portals Springer Professional haben kostenfrei Zugriff.

**Angaben zur Autorin:**

**Dr. Miriam Flickinger**
Wissenschaftliche Assistentin am Institut für
Strategische Unternehmensführung
Ludwig-Maximilians-Universität München, München,
Deutschland
E-Mail: flickinger@bwl.lmu.de

# Wenn die Kosten von Großprojekten explodieren

Kaum ein großes Bauprojekt in Deutschland erfüllt die Erwartungen an Kosten und Zeitpläne. Der Fehler liegt im System: Regelmäßig erhält der günstigste Bieter den Zuschlag. Im Projektverlauf realisiert sich dann der sogenannte Fluch des Siegens. Eine aktuelle Studie gibt Ihnen Anregungen, wie Sie mit diesem Problem umgehen können.

*Carsten Kruppe*

Die Debakel rund um den Bau des neuen Berliner Flughafens BER und der Hamburger Elbphilharmonie sind nur zwei prominente Beispiele der jüngeren Vergangenheit, in denen scheiternde Großprojekte die mediale Aufmerksamkeit auf sich gezogen haben. „Großprojekte werden zu optimistisch geplant", titelte beispielsweise die „Frankfurter Allgemeine Zeitung" am 5. Oktober 2015 und bezieht sich auf eine kürzlich vorgelegte Studie von Flyvbjerg und Sunstein (2015), die Daten großer Projekte weltweit untersucht. Andere Forschungsarbeiten, wie die der Hertie School of Governance (2015), analysieren Großprojekte in Deutschland. Beide Studien kommen zu drastischen Erkenntnissen: Nach dem Projektstart kann kaum ein Großprojekt die Erwartungen erfüllen. Abgesehen von einem überschätzten wirtschaftlichen Nutzen und zu kurz angesetzten Bauzeiten stehen vor allem Überschreitungen der Investitionskosten im Fokus. Dabei ist der Investitionsbetrag aufgrund der zumeist technisch anspruchsvollen Lösungen, der komplexen Bauabläufe und der über mehrere Jahre dauernden Projektlaufzeit ohnehin schon außerordentlich hoch.

Bei der Vergabe der gesamten Bauleistung im Rahmen einer Ausschreibung kommt meist überhaupt nur aufgrund hoher technischer und qualitativer Anforderungen eine kleine Gruppe von Bietern infrage. Bei gleicher Eignung ist das zentrale Kriterium bei der Erteilung des Zuschlags der Preis, zu dem der Gewinner dann die angebotene Leistung auszuführen hat. Dies führt zu einem auktionstheoretischen Problem, das in der ökonomischen Literatur als Fluch des Siegens oder „Winner's Curse" bekannt wurde. Es resultiert daraus, dass dem Gebot des Gewinners regelmäßig die optimistischste Kosten- und Projektablaufschätzung zugrunde liegt.

## Warum die tatsächlichen Kosten die geschätzten regelmäßig übertreffen

Unabhängig von seiner Größenordnung und neben möglichen weiteren Entscheidungskriterien ist es normalerweise zwingend, vor der Umsetzung eines Projekts seine Wirtschaftlichkeit zu prüfen. Üblich ist es, hierzu einen projektspezifischen Business Plan heranzuziehen. Auf dessen Basis werden die erwarteten finanziellen Rückflüsse ermittelt, diskontiert und in der Summe dem geschätzten Investitionsbetrag, der sich aus Baukosten oder Kaufpreis inklusive Nebenkosten ergibt, gegenübergestellt. Bei positiver Differenz ist die Wirtschaftlichkeit des Projekts ex ante gegeben (sogenanntes Nettokapitalwertkriterium).

Damit hängt das Ergebnis dieser Wirtschaftlichkeitsrechnung neben der Güte der prognostizierten finanziellen Rückflüsse auch davon ab, wie gut der Investitionsbetrag geschätzt wird. Bei kleineren Projekten mit fast austauschbaren Investitionsgütern und transparentem Angebotspreis besteht eine hohe Schätzsicherheit. Aufgrund einer ausreichend hohen Zahl an Anbietern bildet sich ein gängiger Marktpreis. Dagegen erweisen sich Mega-Projekte oft als hochkomplex. Dies betrifft speziell Projektverläufe und technische Abhängigkeiten. Es ist geradezu unwahrscheinlich, dass bei mehrjährigen Projektzeiträumen keine plötzlich auftretenden Änderungserfordernisse, zum Beispiel aufgrund von Bauablaufstörungen, auftreten. Diese Erfordernisse sollten bereits bei der Angebotsabgabe berücksichtigt werden, zumal sie auch Folgen für andere planmäßige Teilprojekte haben können. Kurzum, sowohl die Schätzung des Investitionsbetrags als auch der Projektdauer sind mit hohen Unsicherheiten behaftet. Das Problem verstärkt sich durch Top-down-Kostendeckelungen, die nicht bottom-up gespiegelt werden, beziehungsweise durch strategische Kosten-Nutzen-Analysen. Fixieren die Vertragspartner die Errichtungsdauer durch Vorgabe eines Termins zur Inbetriebnahme, verdichtet sich das Problem auf die Schätzung des Investitionsbetrags und verstärkt sich außerdem, da Zeit- in Kostendruck umgelenkt wird.

Üblicherweise wird der Auftrag zur Umsetzung eines Großprojekts wie der Errichtung großer technischer Anlagen in einem Bieterverfahren vergeben. Aufgrund der Nähe zu öffentlichen Auftraggebern unterliegen die meisten Großprojekte sehr strengen Vorgaben des Vergaberechts. Die Vergabe richtet sich meist an eine kleine Gruppe von Bietern, da andere Bieter allein schon wegen des Umfangs nicht in der Lage sind, das Projekt entsprechend umzusetzen. Diese Bieter geben auf Basis eines standardisierten Informationssatzes (Leistungsspektrum) ein Gebot ab, das neben qualitativen Informationen vor allem den Preis enthält. Um das auktionstheoretische Problem herauszuheben, wird unterstellt, dass die teilnehmenden Bieter die gleiche fachliche Eignung und ähnliche Kostenstrukturen besitzen. Der zu vergebende Auftrag kann dann als Common Value (gemeiner Wert) interpretiert werden, der unsicher ist und daher vorab geschätzt werden muss. Es gewinnt dann der Bieter, der den Investitionsbeitrag am geringsten einschätzt, da er das niedrigste Preisgebot abgeben wird. Zum angebotenen Zuschlagspreis hat dieser Bieter dann die Anlage zu errichten. Dieser Bieter muss nun befürchten, dass er dem in der ökonomischen Literatur als Fluch des Siegens oder „Winner's Curse" bekannten Problem unterliegt. Denn es ist zu erwarten, dass die wirklichen Projektkosten über seiner optimistischen Kosten- und Projektablaufschätzung und damit auch über seinem Gebot liegen werden. Abgesehen von möglichen Problemen aus der vorangegangenen Vergabe von Planungsleistungen, beginnen Kostenüberschreitungen von Großprojekten systematisch mit der Leistungsvergabe an den günstigsten Bieter.

*„Kostenüberschreitungen von Großprojekten beginnen systematisch mit der Leistungsvergabe an den günstigsten Bieter."*

### Beispiel:
### Wie der Winner's Curse im Projektverlauf entsteht

Fünf Bieter bieten auf ein Infrastrukturprojekt. Alle führen Kostenprognosen durch. Selbst wenn die Kostenstrukturen aller Bieter im Wesentlichen gleich sind, werden nicht alle Kostenprognosen zum gleichen Ergebnis führen, da Projekte hinsichtlich der finanziellen, terminlichen, technischen und qualitativen Anforderungen unterschiedlich eingeschätzt werden können. Zum Beispiel könnten den Bietern die in **Tabelle 1** angegebenen fünf verschiedenen Prognosen vorliegen.

Das arithmetische Mittel aller Kostenprognosen liegt bei 2,65 Milliarden Euro. Der Median von 2,61 Milliarden Euro zeigt, dass die Kostenprognosen nahezu symmetrisch verteilt sind. Die einzelnen Bieter kennen die Gebote/Informationen ihrer Mitbewerber nicht und können nur durch die einmalige Abgabe eines Gebots an der Ausschreibung teilnehmen. Unterstellt, dass kein Bieter seine eigenen Kostenprognosen unterbietet und damit bewusst Verluste in Kauf nimmt, wird Bieter D das Gebot mit dem geringsten Preis abgeben und dadurch den Zuschlag erhalten. Um das Bieterverfahren zu gewinnen, müsste er nur geringfügig weniger als 2,43 Milliarden Euro, also zum Beispiel 2,429 Milliarden Euro, bieten. Der

| Bieter | A | B | C | D | E |
|---|---|---|---|---|---|
| Kostenschätzung in Mrd. Euro | 2,43 | 3,20 | 2,61 | 2,15 | 2,86 |

**Tab. 1  Kostenschätzungen der einzelnen Bieter im Beispielsfall**

Quelle: eigene Darstellung

dann von ihm erwartete Gewinn aus dem Projekt beträgt rund 279 Millionen Euro, also die Differenz des potenziellen Zuschlagspreises von 2,429 Milliarden Euro zu seiner eigenen Kostenschätzung von 2,15 Milliarden Euro.

Im Gegensatz dazu würde jemand, der alle Kostenprognosen kennt, den Investitionsbetrag anders prognostizieren. Ein solch komplett informierter Marktteilnehmer würde den Mittelwert aller ihm zur Verfügung stehenden Kostenprognosen ansetzen, also erwartete Projektkosten von knapp über 2,6 Milliarden Euro. Allerdings verpflichtet sich Bieter D mit Zuschlagserteilung, das Projekt zum Preis von 2,429 Milliarden Euro zu realisieren. Daher ist davon auszugehen, dass Bieter D die Differenz aus erwarteten Projektkosten und vereinbartem Zuschlagspreis, also rund 200 Millionen Euro mindestens als Verlust realisieren wird. Dies wird er aber erst im Laufe des Projekts bemerken. Diese Kombination aus gewonnener Auktion und realisierten Verlusten ist der sogenannte Fluch des Siegens oder „Winner's Curse".

## Spannungen zwischen den Vertragsparteien sind vorprogrammiert

Grundsätzlich ist es möglich, dass, obwohl das erwartete Verlustszenario eintritt, der Auftragnehmer das Projekt zum vereinbarten Preis fertigstellt und damit die Mehrkosten einfach übernimmt. Dieses Szenario ist jedoch eher unwahrscheinlich, da wegen der Größe des Projekts der Auftragnehmer damit vermutlich ein Bestandsrisiko eingehen würde. Wahrscheinlicher ist, dass der Auftragnehmer im weiteren Projektverlauf allmählich seinen Fehler entdeckt und an der Lösung

des Problems arbeitet. Anfänglich könnten kleinere Kostenüberschreitungen von ihm auf eigene Rechnung übernommen werden. Projektpläne wären zu überarbeiten, Meilensteine rückten auf der Zeitachse dichter zusammen und kalkulatorische Kostenpuffer würden verbraucht. Der Auftragnehmer unterstellt damit zunächst, dass sich durchschnittlich und im Projektverlauf alles ausgleicht und die gerade realisierten Kostenüberschreitungen durch künftige Ersparnisse kompensiert werden. Einer ähnlichen Annahme unterliegen auch Budgetumwidmungen, mit denen noch nicht verbrauchtes Budget von einem Teilprojekt in ein anderes transferiert wird. Diese Art der Quersubvention verschiebt das Problem allerdings meist nur zeitlich.

*„Wenn der Winner's Curse eintritt, ist, anders als der reine Wortlaut es vermuten lässt, nicht allein der Sieger verflucht."*

Nach einiger Zeit tritt das Projekt in seine kritische Phase ein. Statt durchschnittlichen Ausgleich zu unterstellen, versucht der Auftragnehmer nun zunehmend, Mehrkosten in Mehrpreis zu überführen. Dies kann unter anderem dadurch geschehen, dass Bauablaufstörungen dem Auftraggeber angezeigt und Zusatzkosten für Maßnahmen zur Be- oder Entschleunigung geltend gemacht werden. Zusatzleistungen können vom Auftragnehmer auf Basis von Nachträgen oder auf der Baustelle ausgesprochenen Anordnungen ausgeführt und zusätzlich in Rechnung gestellt werden. Diese kritische Phase ist durch hohe Verhandlungsintensität zwischen den Vertragsparteien gekennzeichnet.

Nicht selten werden in der Folge Budgetüberschreitungen und Abweichungen vom Projektablaufplan zu massiv, sodass dem Projekt der Stillstand droht. Stillstand bezieht sich allerdings nur auf den Leistungsfortschritt. Stillstandskosten wie zum Beispiel für die Baustellensicherung laufen hingegen weiter auf.

Dieser beschriebene kaufmännische Projektverlauf zeigt auf, wie der Winner's Curse sukzessive sichtbar wird. Darüber hinaus ist deutlich erkennbar, dass sich trotz des immer weiter in Schieflage geratenden Projekts die Verhandlungsmacht des Auftragnehmers verstärkt. Dies hat mit dem zunehmenden Projektfortschritt und vor allem mit dem heranrückenden Termin für die Inbetriebnahme zu tun. Beschrieben wird dieser Zustand durch das Break-fix-Modell des Projekt-Managements, nach dem Projekte trotz Scheiterns irgendwann nicht mehr zu stoppen sind.

---

### Zusammenfassung

- Die Auftragsvergabe in einem Ausschreibungsprozess bei Großprojekten birgt systematisch die Gefahr eines „Winner´s Curse", da die Leistungsvergabe regelmäßig an den günstigsten Bieter mit einer im Vergleich zu den tatsächlichen Kosten zu optimistischen Schätzung der Projektkosten erfolgt.
- Im weiteren Projektverlauf zeigen sich die Folgen, die von erheblichen Budgetüberschreitungen bis hin zum vollständigen Projektstillstand reichen können.
- Gegenmaßnahmen, mit denen die Vergabe und der weitere Projektverlauf gezielt gesteuert werden können, bieten einen gewissen Schutz, obgleich ein Winner's Curse nicht völlig vermieden werden kann.

## Möglichkeiten, um Projekte vor Winner´s Curse zu schützen

Wenn der Winner's Curse eintritt, ist offensichtlich nicht allein der Sieger verflucht. Nach Auftragsvergabe entstehen im weiteren Projektverlauf meist Spannungen zwischen Auftraggeber und Auftragnehmer, die sich in Kostenerhöhungen niederschlagen und beide Vertragsparteien belasten. Kompletter Baustillstand als eine extreme Konsequenz ist schon gar nicht im beiderseitigen Interesse. Um Projekte vor dem Fluch des Siegens zu schützen, müssen sowohl der Ausschreibungs- und Bietprozess als auch der weitere Projektverlauf entsprechend gesteuert werden. Hierfür kommen nachstehende Maßnahmen in Betracht.

### 1. Transparenz schaffen

Unabhängig von der grundsätzlichen Frage, ob technische Möglichkeiten in jedem neuen Projekt ausgereizt werden müssen, sollte die in der Vergabe enthaltene Projektbeschreibung detailliert und klar dargestellt sein. Gut ausgearbeitete Planungsunterlagen und der Aufbau einer Schnittstellenmatrix zur Leistungsabgrenzung sind hierfür die Basis. Zum einen erhöht sich dadurch für den Auftragnehmer die Schätzgenauigkeit. Zum anderen bewahrt sich der Auftraggeber im weiteren Projektverlauf eine größere Verhandlungsmacht. Funktionale Ausschreibungen, vor allem in der Technik, sind zu vermeiden, da sich geänderte oder zusätzliche Leistungen nur schwer vom Ursprungsauftrag abgrenzen lassen und schwierige Nachtragsverhandlungen zu erwarten sind.

### 2. Softfacts einbeziehen

Typischerweise sind auch Referenzprojekte als Teil des Gebots anzugeben. Nicht selten zählen Bieter in den Gebotsunterlagen eine Vielzahl von Projekten auf. Für den finanziellen Projekterfolg ist es jedoch wichtiger, zwei bis drei echte Referenzen anzugeben, in denen der eindeutige Bezug des Auftragnehmers zum Projekterfolg dargestellt wird. Diese Softfacts sind ein wichtiger Teil der Gesamtbewertung und damit auch vergaberelevant. Das neue Vergaberecht bietet hierfür die Möglichkeit, da nunmehr nicht dem preislich besten, sondern dem wirtschaftlichsten Angebot der Zuschlag gegeben werden darf.

### 3. Erfolg honorieren

Der Auftraggeber hat den Überblick über die abgegebenen Gebote und ist damit in der Lage, eine eigene Kostenprognose zu bilden. Diese Kostenprognose kann er nicht nur für seine interne Kommunikation nutzen. Möglicherweise bietet sie auch einen sinnvollen Ausgangspunkt für die Vereinbarung einer va-

riablen Vergütung in Form einer Erfolgsprämie. Dabei verzichtet der Auftraggeber auf einen Teil des „guten Deals" zugunsten einer erfolgreichen Projektumsetzung. Als Alternative zu einer Erfolgsprämie schlagen Flyvbjerg und Sunstein (2015) vor, Planungsfehler zu pönalisieren. Dies setzt allerdings voraus, dass die aufgetretenen Fehlplanungen extern verursacht und eindeutig identifizierbar sind. Fehlerhafte Planvorgaben des Auftraggebers können sich hierbei nachteilig auswirken.

### 4. Alternative Zuschlagsmodelle
Abweichend von der Vergabe zum gebotenen Preis sind Preismodelle denkbar, die das höchste und das niedrigste Gebot ausschließen oder einen Durchschnittspreis über eine transparent kommunizierte Formel ermitteln.

### 5. Nachhaltig planen
Jede nachträgliche Planänderung kostet Geld. Je größer die Verhandlungsmacht des Auftragnehmers, desto größer sind der Anreiz und die Chance, Planänderungen noch mehr Geld kosten zu lassen. Modulare Bauweisen können helfen, auch nachträglich auf veränderte Bedingungen flexibel reagieren zu können.

### 6. Rechtzeitig und gründlich überwachen
Wichtig sind von Beginn an ein gutes Vertrags-, Claim- und Änderungs-Management. Einige Planänderungen sind unvermeidbar und können unter anderem durch veränderte technische Regelwerke, Normen, Bauablaufstörungen oder geänderte Kundenwünsche auftreten. Vor allem unter Zeitdruck ist es nicht unüblich, die Dokumentation erst nach der Beauftragung anzufertigen. Aus Steuerungsgründen sollte jedoch erst dokumentiert werden, was genau zu welchem Preis und mit welchen Auswirkungen auf den Bauablauf zusätzlich getan werden soll. Erst danach sollte beauftragt werden, da auf

diese Weise die Verhandlungsmacht des Auftragnehmers begrenzt werden kann. Es gilt: Je klarer der Auftraggeber strukturiert ist, umso weniger Angriffspunkte bietet er.

## Schlussbetrachtung
Mit der Auftragsvergabe an den günstigsten Bieter droht systematisch die Gefahr eines Winner's Curse. Anders als der reine Wortlaut es vermuten lässt, sind hiervon beide Vertragsparteien betroffen. Denn wenn lange Errichtungszeiten bei erheblichen Budgetüberschreitungen eintreten, kann dies zu einem vollständigen Projektstillstand führen, durch den weitere erhebliche Mehrkosten entstehen. Die Kostenexplosion ist in solchen Fällen vorprogrammiert. Gezielte Gegenmaßnahmen können den Winner's Curse zwar nicht verhindern, helfen aber, die Folgen deutlich zu reduzieren.

*Literatur*

Decker, H. (2015): Großprojekte werden zu optimistisch geplant, in: Frankfurter Allgemeine Zeitung, S. 24.

Flyvbjerg, B. (2014): What You Should Know About Megaprojects and Why: An Overview, in: Project Management Journal, 2 (45), S. 6-19.

Flyvbjerg, B./Sunstein, C. (2015): The Principle of the Malevolent Hiding Hand; or the Planning Fallacy Writ Large, Draft 4.4, forthcoming in: Social Research.

Hertie School of Governance (2015): Großprojekte in Deutschland – Zwischen Ambition und Realität, Mai 2015.

Mein besonderer Dank gilt Kristin Rauch, Projektmanagerin bei der b.i.g. Bechtold Projektsteuerung GmbH.

Angaben zum Autor:

**Prof. Dr. Carsten Kruppe**
Professor für Allgemeine Betriebswirtschaftslehre, insbesondere Finance
FOM Hochschule für Oekonomie & Management, Berlin, Deutschland
E-Mail: carsten.kruppe@fom.de

## Handlungsempfehlungen
- Steuern Sie den Vergabeprozess durch genaue und klare Projektangaben.
- Nutzen Sie die Informationen aus dem Vergabeprozess für eigene Kostenschätzungen.
- Seien Sie sich bewusst, dass ein Zuschlagspreis kleiner als die bei kompletter Information erwarteten Kosten auch für Sie als Auftraggeber kein guter Deal ist.
- Im Projektverlauf sollten Sie Planänderungen vermeiden beziehungsweise eng überwachen.

# Controlling kaum in Nachhaltigkeitsstrategien

In der Unternehmensstrategie sind Nachhaltigkeitsthemen mittlerweile in vielen Firmen fest verankert. Doch das Controlling wird bisher noch nicht oder nur sehr wenig in die Umsetzung sozialer und ökologischer Unternehmensziele eingebunden. Das zeigt die „Green-Controlling-Studie 2016" des Internationalen Controller Vereins (ICV), die zum zweiten Mal aufgelegt wurde. Ein Grund ist, dass häufig die Kapazitäten zur Übernahme von Green-Controlling-Aufgaben fehlen oder die Einbindung sogar unerwünscht ist.

Erschwerend kommt hinzu, dass in manchen Unternehmen Manager bewusst das Controlling außen vor lassen, da sie den Controller nicht als Ansprechpartner für das Thema wahrnehmen. Dadurch werden viele Potenziale noch nicht ausgeschöpft. So könnte man gerade mithilfe des Controllings eine bessere finanzielle Bewertung der Nachhaltigkeitsmaßnahmen erzielen. Auch die Bereitstellung geeigneter Systeme und Prozesse wäre möglich.

Die meisten befragten Unternehmen sehen jedoch für die Zukunft das Thema Green Controlling als geteilte Verantwortung zwischen Unternehmens-Controlling und Nachhaltigkeits-Management. Die Studienautoren raten den Verantwortlichen im Controlling deshalb dazu, sich stärker bei diesem Thema zu positionieren und mit den verantwortlichen Abteilungen wie beispielsweise dem Umwelt-Management oder auch der Personalabteilung zu vernetzen. Insgesamt hat die strategische Bedeutung der Nachhaltigkeit von Unternehmen im Vergleich zur Vorgängerstudie von 2010 zugenommen, allerdings weniger stark als damals prognostiziert. 2016 stehen die ökonomischen Vorteile im Vordergrund, verbunden mit der gesellschaftlichen Verantwortung und der Erfüllung gesetzlicher Pflichten. Dabei ist die Nachhaltigkeitsstrategie eines Unternehmens maßgeblich für die Ausgestaltung des Green Controllings verantwortlich.

**Sylvia Meier, Anja Schüür-Langkau**

⬇ Mehr Hintergrundeinformation zu Controlling und CSR erhalten Sie auf www.springerprofessional.de/link/10207020.

# Warum Schutz gegen Korruption wichtig ist

Korruption ist laut einer Untersuchung des Internationalen Währungsfonds vom Mai 2016 eine schwere Belastung für die Weltkonjunktur. Sie schwächte das Wachstum weltweit um zwei Prozent und verschlingt zudem jährlich bis zu zwei Billionen US-Dollar . Die negativen Auswirkungen auf die Wirtschaft sind dabei vielfältig. So fördert Korruption die Steuerflucht, schwächt die Handlungsfähigkeit von Staaten und schreckt Investoren ab. In Deutschland war laut einer Studie der Wirtschaftsprüfungsgesellschaft KPMG, für die branchenübergreifend 500 Unternehmen befragt wurden, in den vergangenen Jahren fast die Hälfte der großen Unternehmen Opfer von Korruption oder anderen wirtschaftskriminellen Handlungen. Dazu gehörten etwa Betrug, Diebstahl oder Geldwäsche. Rund 50 Prozent der Betrüger kommen der Studie zufolge aus dem eigenen Unternehmen. Zwei Drittel der Täter stammen aus der unteren Management-Ebene – und immerhin fünf Prozent der Kriminellen kommen aus dem Top Management. Doch Korruption trifft auch kleinere Unternehmen. Sie verzeichnen den größten Anstieg wirtschafts-krimineller Handlungen vor allem im Bereich IT, denn die elektronische Vernetzung der Unternehmen wird immer häufiger zum Einfallstor für Kriminelle. Um Wirtschaftskriminalität effizient in der eigenen Unternehmensorganisation zu bewältigen, greifen immer mehr Unternehmen daher auf die Unterstützung durch externe Dienstleister zurück. Neben dem reinen wirtschaftlichen Schaden schätzen die Unternehmen zudem das Risiko eines Reputationsschadens durch wirtschaftskriminelle Handlungen oder Compliance-Verstöße mit einem Anteil von 27 Prozent ähnlich hoch ein wie das Risiko, überhaupt von Wirtschaftskriminalität betroffen zu sein.

**Andreas Nölting**

⬇ Mehr zum Thema Korruption erfahren Sie auf www.springerprofessional.de/link/10492080.
🖱 Details zur KPMG-Studie lesen Sie auf http://bit.ly/29MzpE1 und mehr zum Report des IWF finden Sie auf http://bit.ly/27g7Wjb.

# Als CFO Industrie 4.0 gestalten

Für die Wirtschaftswelt von morgen braucht es nicht unbedingt revolutionäre Produkte, sondern Innovationen in den Geschäftsmodellen, Strukturen und Prozessen. Das größte Innovationspotenzial der Unternehmen liegt im kaufmännischen Bereich. Wer wäre besser geeignet, alles neu zu denken und mit kreativen Strategien die Innovation voranzutreiben und zu finanzieren, als der CFO?

*Evelyne Freitag*

Die Zukunft ist längst da: 3-D-Drucker, Smart Buildings und fahrerlose Autos verändern unseren Alltag. Doch reicht es, sich immer neue Produkte auszudenken, die unsere Welt immer komfortabler, schneller, sicherer werden lassen? Die Antwort ist: Nein. Produkte gibt es bereits im Übermaß; der Trend geht vom Produkt weg hin zur Dienstleistung: Das erfolgreichste „Taxi-Unternehmen" der Welt hat kein einziges Taxi, die erfolgreichste Unterkunftsvermittlung der Welt besitzt kein einziges Hotel und der größte Filmanbieter der Welt kommt ganz ohne Kinos aus – Uber, Airbnb und Netflix gehören zu den Digital Natives unter den Unternehmern. Sie haben längst verinnerlicht, dass es statt neuer Varianten des Alten heutzutage völlig neue, disruptive Geschäftsmodelle braucht, um Erfolg zu haben.

Die eigentliche Herausforderung für die Wirtschaftswelt von morgen liegt nicht darin, immer schrägere, originellere oder technisch ausgeklügeltere Dinge zu ersinnen, sondern darin, Geschäftsmodelle, Prozesse und Strukturen neu und klüger zu denken. Die Veränderung durch Digitalisierung und Globalisierung ist so grundlegend, dass wir vor keiner geringeren Aufgabe stehen, als schlichtweg alles neu zu denken – auch die Rolle des Chief Financial Officers (CFOs).

Industrie 4.0 ist mehr als die Sammlung und Digitalisierung von Daten oder die Vernetzung einzelner Produkte oder Maschinen. Es ist eine radikale Transformation der Unternehmen, mit immensen Auswirkungen auf unsere Arbeits- und Wirtschaftswelt. Ob die technischen Innovationen in den Unternehmen enthusiastisch begrüßt oder eher skeptisch beäugt werden – entziehen kann sich dieser Transformation niemand.

Unternehmen sollten daher nicht nur Kreative, Ingenieure und Erfinder mit Zukunftsfragen beschäftigen, sondern vor allem Mitarbeiter, die sich schon lange mit Veränderungen befassen – Fachkräfte, deren Kernkompetenz darin besteht, sich mit Unternehmensabläufen, der Analyse und Interpretation von Daten und Fakten und mit Geschäftsplanung auszukennen, deren Aufgabe es ist, ihre Umgebung ständig auf Optimierungspotenzial zu scannen sowie zukünftige Entwicklungen samt ihrer wirtschaftlichen Auswirkungen vorherzusehen: die CFOs.

## Unser Arbeitsumfeld verändert sich

Noch immer gelten CFOs als kühle Köpfe und fantasielose Buchhaltertypen. Sie stehen für überlegtes risikoscheues Handeln, Klarheit und Beständigkeit. Als kreativ gelten CFOs allenfalls, wenn sie als kriminelle Betrüger unterwegs sind. Unternehmen müssen sich nicht nur von diesem völlig überholten Bild verabschieden, sie sollten die klassischen Aufgabengebiete ihrer CFOs dringend erweitern: Die Finanzstrategen der Zukunft schaffen – vom Innovationskapital über Human Relations (HR) bis zu Compliance – die Rahmenbedingungen für Produktivität, Wachstum und Effizienz. Für Industrie 4.0 braucht es daher andere Qualifikationen, als wir es aus dem Finanzbereich bislang gewohnt sind.

Wenn analoge Arbeitsprozesse flexibilisiert, digitalisiert und vernetzt werden, hat das enorme Auswirkungen. Neben großen Investitionen erfordern die disruptiven Geschäftsmodelle auch eine neue Arbeitsweise. Die neuen Human-Resources-Konzepte nennen sich Crowdworking, Mobile Computing, Open Space, Clean Desk, Mobile Workplace oder Smart Working und werfen sehr pragmatische Fragen auf: Wie wird Teilzeit organisiert? Wie soll im Home oder Mobile Office gearbeitet werden? Wird in festangestellten oder freiberuflichen Strukturen gearbeitet?

Für diese neuen Arbeitskonzepte braucht es eine neue IT-Umgebung und neue Immobilien. Vor allem aber schließen sich finanzielle und rechtliche Überlegungen an: Können vernetzte Maschinen und darauf abgestimmte Unternehmensprozesse effizienter und kostengünstiger sein als Menschen, die vergleichsweise fehler- oder risikoanfällig sind (zum Beispiel aufgrund unvorhersehbarer Krankheitsfälle), selbst wenn sie in Niedriglohnländern arbeiten? Wo entstehen neue Arbeitsplätze, wenn wir Menschen durch Maschinen ersetzen? Welches Rechtsgebiet gilt für den vom deutschen Arbeitgeber nach Indonesien entsandten britischen Mitarbeiter, und welcher Datenschutz gilt für die weltweit verstreuten Mitarbeiter eines globalen Konzerns? Welchem Land sind die Daten einer Cloud zuzuordnen, wenn es um die Archivierungspflicht gemäß Steuergesetz geht?

## Globale Gesetzeskonflikte

Um praktikable Antworten auf all diese Fragen zu finden, sind durchdachte Konzepte vonnöten, gerade im Hinblick auf die Notwendigkeit, weltweite Strategien und Geschäftsmodelle über nationale und kontinentale Grenzen hinweg zu implementieren. Es gilt, sich überschneidende Steuerrechtsgebiete und widersprüchliche Datenschutzbedingungen aufeinander abzustimmen. Hinzu kommen die neuen Vorschriften, die die digitale Welt wie Google und Co. selbst vorgibt. Auch müssen neue Archivierungskonzepte entwickelt werden, die rechtliche und steuerliche Vorschriften über die Grenzen hinweg respektieren und dennoch effizient und handelbar bleiben.

Global agierende Unternehmen haben es in vielen Bereichen mit abweichenden Regularien in den unterschiedlichen Ländern zu tun. So gilt es nicht nur, diverse Antikorruptions-

## Zusammenfassung

- Neue Technologien verändern unseren Alltag und unsere Arbeitsweise. Es gilt, sämtliche Geschäftsmodelle, Prozesse und Strukturen neu zu denken und kreative Finanzierungsstrategien zu entwickeln.
- Um diese komplexe und investitionsreiche Transformation entscheidend mitzugestalten, müssen sich Rolle und Aufgaben des CFOs erweitern und innovative Wege gesucht werden.
- Der CFO verfügt über die Instrumente, um die Rahmenbedingungen für Produktivität, Wachstum und Effizienz für eine Wirtschaftswelt mit Industrie 4.0 zu schaffen.

richtlinien oder Compliance-Richtlinien hinsichtlich der US-Bundesgesetzte zu beachten, wie etwa den Foreign Corrupt Practices Act (FCPA) oder den Sarbanes-Oxley Act (SOX), sondern auch internationale Rechnungslegungsvorschriften (IFRS, US GAAP, HGB, UGB et cetera), Umweltschutzgesetze und Emissionsrichtlinien einzuhalten sowie Konzernvorgaben zu weltweit harmonisierten Prozessen und einheitlichen Systemen oder auch zur Benutzung von globalen Shared Services Folge zu leisten. Die unterschiedlichen rechtlichen und steuerlichen Standards halten mit den technologischen Entwicklungen nicht mit. Greift in Deutschland ein vergleichsweise strenger Datenschutz, der die Mitarbeiter unter anderem vor Überwachung schützt, ist man in Amerika oder Asien sehr viel weniger streng. Ändert sich nichts am abweichenden Umgang mit den Daten, so ist der Konflikt mit dem Gesetz vorprogrammiert: Die digitalisierte Erfassung aller Arbeitsschritte und Personendaten nimmt stetig zu. Die Unternehmen zentralisieren und standardisieren zunehmend, doch nicht immer ist die zentrale Strategie ohne Weiteres auf alle Unternehmensstandorte zu übertragen. So sind die verschiedenen Compliance-Richtlinien schwer einzuhalten. Selbst Versuche, über die Ländergrenzen hinweg einen „sicheren Hafen" zu schaffen, um Personendaten konfliktfrei zu übermitteln, scheitern – wie das Safe-Harbour-Abkommen zwischen den USA und den Ländern der Europäischen Union zeigt, das kürzlich vom Europäischen Gerichtshof für ungültig erklärt wurde.

Hinzu kommt: Die größte Herausforderung des globalen Zusammenarbeitens ist nicht die Schaffung der technischen Voraussetzungen für den reibungslosen Datenaustausch, für die Videokonferenzen oder Webex-Meetings in Echtzeit. Neben der

Schaffung von Regeln und Normen, die für alle in gleicher Weise gelten, besteht die größte Herausforderung vielmehr darin, Missverständnisse in der interkulturellen Kommunikation zu vermeiden und die zeitnahe Abstimmung von sequenziellen Arbeitsschritten über mehrere Länder hinweg sicherzustellen. Auch hier sind Offenheit, Kreativität und Einflussnahme gefragt.

Die Ansprüche an Finanzorganisationen wachsen dadurch ständig, und das Aufgabenspektrum des CFOs 4.0 umfasst damit viele spannende Herausforderungen wie die Finanzierung größerer Investitionen (vergleiche **Abbildung 1**). Schließlich ist für die meisten Industriebetriebe die Digitalisierung ein Kostenfaktor unvergleichbarer Größenordnung und verbunden mit der Vernetzung von Maschinen und Geschäftspartnern. Als zweite, in ihrer Bedeutung kaum zu überschätzende Aufgabe steht auf der Agenda des CFOs 4.0 das Generieren von Wachstum durch neue Geschäftsmodelle, die es gilt, mit zu definieren und auf den Prüfstand zu stellen. Mit Digitalisierung und Echtzeitdaten werden schnellere faktenbasierte Entscheidungen möglich, und durch präzise Datenanalysen und -interpretationen stehen für CFOs als unverzichtbarer dritter Baustein die Planung und Realisierung von Produktivitäts- und Effizienzsteigerungen im Fokus.

Auch die schrittweise Realisierung der großen – und teilweise disruptiven – Industrie-4.0-Vision bringt viertens eine große Change-Management-Aufgabe mit sich. Aus der Komplexität der Transformation soll nämlich ein praktikables Programm mit klaren Meilensteinen und Kommunikationsschritten entwickelt werden. Darin verflochten steht die fünfte Aufgabe, die Qualifizierung und Motivation aller Mitarbeiter, auf der Agenda. Ob Industrie 4.0 Job-Killer oder Job-Motor wird, hängt nicht zuletzt davon ab, in welcher Weise Mitarbeiter auf diese stark digitalisierte und virtuelle Welt vorbereitet, dafür qualifiziert und an der Einführung beteiligt werden. An sechster Stelle – und nur in dieser Aufzählung an letzter – steht die Sicherstellung von Compliance und Cyber Security.

Angesichts dieser komplexen Aufgabenliste ist klar, dass sich die Rolle des CFOs – entgegen aller Traditionen und Klischees – keinesfalls auf die des nüchternen Analytikers oder des SAP-Implementierers reduzieren lässt. Stattdessen hat er in der digitalisierten Industriewelt sehr viele Rollen zu spielen: Er ist proaktiver Stratege, innovativer Pragmatiker, empathischer Kommunikator, Wächter der Unternehmenswerte und Trend-Financier.

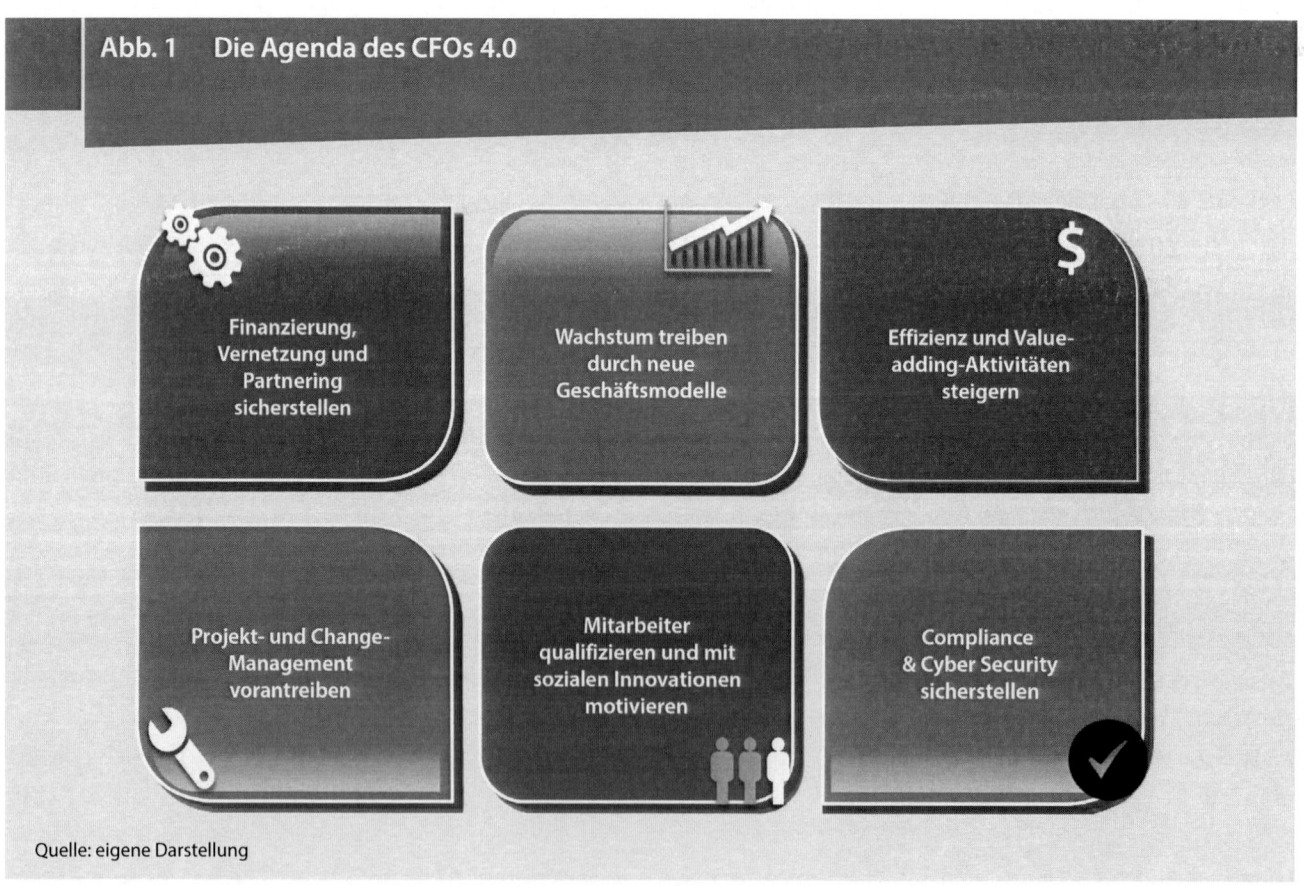

**Abb. 1    Die Agenda des CFOs 4.0**

Finanzierung, Vernetzung und Partnering sicherstellen

Wachstum treiben durch neue Geschäftsmodelle

Effizienz und Value-adding-Aktivitäten steigern

Projekt- und Change-Management vorantreiben

Mitarbeiter qualifizieren und mit sozialen Innovationen motivieren

Compliance & Cyber Security sicherstellen

Quelle: eigene Darstellung

Mit den neuen Aufgaben und Rollen ändert sich auch das Anforderungsprofil des CFOs 4.0 und seines Teams. Für die „eierlegende Wollmilchsau" gibt es nach wie vor keinen Studiengang an Universitäten oder elitären Business Schools. Umso ausschlaggebender für den Erfolg ist ein klug aufgestelltes Team (vergleiche **Abbildung 2**). Gerade im Hinblick auf die komplexen zukünftigen Herausforderungen im Bereich des CFOs steht „Diversity", also Vielfältigkeit und Diversität bei der Team-Zusammensetzung, im Vordergrund. Statt die Anforderungen an die Mitarbeiter zu standardisieren, gilt es, sie so auszuwählen, dass sie sich in der Vielfalt ihrer Ausbildung, ihres Werdegangs und ihrer Karrierewege sowie ihrer Erfahrungen und Kompetenzen strategisch ergänzen.

## Vom Taschenrechner zur digitalen Strategie

Es sind daher neue Anforderungsprofile für Mitarbeiter und Führungskräfte im Finanzbereich notwendig. Schließlich gilt es, zeitnah neue Normen und Standards auszuarbeiten, um all jene landesspezifischen Hürden aus dem Weg zu räumen, denen die global agierenden Unternehmen in der Praxis begegnen. Um zu gewährleisten, dass die international einheitlichen Standards am Ende auf nationaler Ebene umsetzbar sind, ist die Expertise der CFOs dringend gefragt.

Mit am wichtigsten für einen CFO ist, dass er übergreifendes Prozessverständnis sowie IT- und Systemaffinität mitbringt. Galt es früher, eine Informationsbasis zu schaffen und auswertbare Daten zu generieren, um möglichst detailgenaue Zahlen für die Bilanz zusammentragen zu können, braucht es heute die Fähigkeit, aus der Masse an vorhandenen Daten die richtigen herauszufiltern und zielgerecht zu interpretieren. Für den CFO 4.0 ist der souveräne Umgang mit Big Data unabdingbar. Unternehmen brauchen keine Datensammler, sondern IT-affine Kreativköpfe, die mithilfe geeigneter Analyse-Tools die relevanten Informationen auswählen, lesen, interpretieren und vor allem intelligent miteinander verknüpfen. Schließlich ist dies die Basis für die Erfassung neuer Trends und Kundeninteressen und für die Entwicklung neuer Geschäftsmodelle. Die IT-basierte systematische Analyse von Geschäfts- und Kundendaten, die sogenannte Business Intelligence, ist der Dreh- und Angelpunkt jeder Strategie.

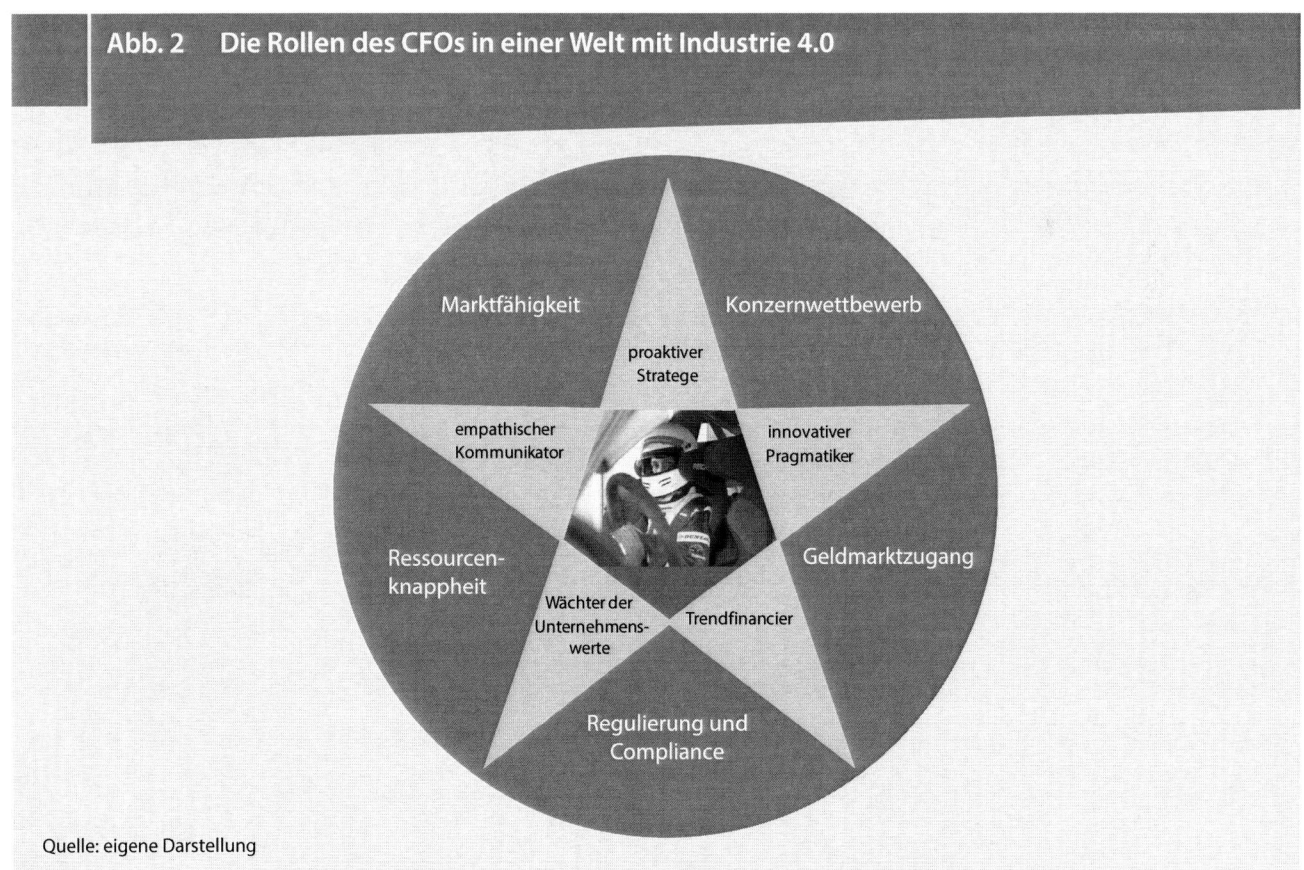

**Abb. 2    Die Rollen des CFOs in einer Welt mit Industrie 4.0**

Marktfähigkeit
Konzernwettbewerb
proaktiver Stratege
empathischer Kommunikator
innovativer Pragmatiker
Ressourcen-knappheit
Geldmarktzugang
Wächter der Unternehmens-werte
Trendfinancier
Regulierung und Compliance

Quelle: eigene Darstellung

## Strategie mit Sozialkompetenz

Neben der Finanzexpertise und IT-Affinität gehören zum Anforderungsprofil des CFOs der Zukunft auch Flexibilität sowie eine ganze Reihe sozialer Fähigkeiten – im Grunde genau jene Kompetenzen, die wir von einem CEO schon lange erwarten und die auch der CFO als Unternehmensstratege unbedingt mitbringen sollte. Die wesentlichen Anforderungen lassen sich an einer Hand abzählen (vergleiche **Abbildung 3**).

**Regeltreue und Verantwortungsbewusstsein:** Die Compliance ist und bleibt auch mit Industrie 4.0 ein Kernthema der Finanzabteilung. Der CFO behält die Einhaltung der nationalen Gesetze und der internen Richtlinien immer im Blick, holt die notwendigen Genehmigungen ein und installiert dafür einfache, aber effektive Kontroll- und Überwachungspunkte.

**Strategisches Denken:** In seiner strategischen Rolle wird der CFO auch in Zukunft seine Tätigkeit nicht erst beginnen, wenn es neue Maßnahmen zu implementieren gilt. Er nimmt von Anfang an Einfluss auf die Entwicklung neuer Strategien und Geschäftsmodelle.

**Innovationsgeist und Mut:** Um die altbekannten Finanzpfade zu verlassen, geht der CFO 4.0 Wagnisse ein. Dazu braucht er den Mut, Neues auszuprobieren. Um mit den Marktentwicklungen Schritt zu halten, sorgt er für Innovationsgeist im ganzen Team: Er begeistert andere für neue Wege, Prozesse und Aufgaben, nimmt ihnen die Angst und zeigt neue Möglichkeiten auf. Er stellt sicher, dass effizientere Prozesse und Strukturen entstehen und dabei eine konstruktive Fehlerkultur installiert und gefördert wird. Change Management gehört daher zu den unabdingbaren Zusatzqualifikationen eines CFOs.

**Teamfähigkeit und Pragmatismus:** Die Finanzstrategen der Zukunft leben authentisches Business Partnering: Sie stellen Komplexität einfach und zielgruppengerecht dar und agieren lösungsorientiert. Zu ihren Kompetenzen zählt auch das Projekt-Management. Sie versehen Themen und Projekte mit klaren Zielen, Aufgaben und Ergebnissen anhand realistischer Zeitleisten und Meilensteine. Sie sind in der Lage, Ressourcen aus anderen Bereichen hinzuzuziehen und zu steuern und eine funktionsübergreifende Zusammenarbeit zu fördern.

**Kommunikationsfähigkeit und interkulturelle Kompetenz:** Mehr noch als die Kollegen aus anderen Bereichen ist der CFO in der Lage, seine Aussagen und seinen Kommunikationsstil an die unterschiedlichen Stakeholder im und rund um das Unternehmen anzupassen. Er kann mit einem angelsächsischen Aktionär genauso reden wie mit dem südamerikanischen Werksleiter, dem asiatischen Leiter des globalen Shared Service Centers oder dem osteuropäischen Vertriebschef.

Unterm Strich heißt das: Finanzexpertise allein reicht für den CFO 4.0 bei Weitem nicht mehr aus – erst seine IT-Affinität sowie die fünf Säulen der Sozialkompetenz machen ihn zum kreativen Finanzstrategen der Zukunft.

## Der CFO als Innovationstreiber

Erfahrungsgemäß braucht es neben den richtigen Kompetenzen Zeit, vor allem aber Ideen, um einen Rahmen zu schaffen, in dem Innovationen reibungslos Anwendung finden können, ob das nun Bezahl- oder Abrechnungssysteme, neue Vertriebswege oder vernetzte Produkte sind.

Als im Daimler Konzern der Smart entwickelt wurde, stand im Vordergrund neben der Entwicklung und Einführung einer neuen Automarke, einer neuartigen Autokonzeption (kleines, aber leistungsfähiges Auto mit hohen Sicherheitsstandards, entwickelt für eine bessere Mobilität in der Stadt) vor allem aber auch die gleichzeitige Einführung von revolutionären Mobilitätsdienstleistungen. Zum Beispiel kannte damals kaum jemand Mobilitätskonzepte wie GPS, Car Sharing und Elektromobilität; das Pay-per-Use-Konzept war eine sensationelle Neuerung. Die „Zahlung nach Verbrauch" wurde ursprünglich nicht für die Konsumentenseite angedacht, sondern vor knapp 20 Jahren zunächst für die Lieferantenseite erfolgreich eingeführt. Erst wenn das Auto aus der Fabrik in Lothringen vom Band rollte, wurde beispielsweise die Anzahl der Reifen ermittelt und dem Lieferanten per Gutschriftsverfahren vergütet.

Quelle: eigene Darstellung

Auch Vertriebswege bergen oft großes Innovationspotenzial: Bei Pfizer etwa konnten für die Medikamentendistribution neben dem klassischen Großhandel neue Wege erschlossen werden, indem man direkt vom Hersteller an die Apotheken lieferte. Das erschließt nicht nur neue Margen und Handelswege mit einem besseren und direkten Zugang zum Point of Sale, sondern hat aus Kundensicht auch den Vorteil, dass Patienten in Deutschland ihre Medikamente schnell, sicher und verlässlich erhalten. Änderungen im Distributionsweg und Abrechnungssystem können auch strukturelle Branchenveränderungen bedeuten, etwa wenn ganze Märkte vertikal oder horizontal zusammenwachsen, die früher – beispielsweise aufgrund der Beratungs- oder Verschreibungspflicht bei Medikamenten – streng getrennt waren. So vermischen sich die Sortimente der Kosmetik- und der Pharmabranche sowie jene der Lebensmittel- und der Apothekenbranche zunehmend.

Es bleibt abzuwarten, inwiefern smarte Produkte, wie beispielsweise Autoreifen, die durch eine Vernetzung zum Auto selbst melden, wenn sie abgefahren sind, letztlich auch Vertriebsstrukturen ändern – die smarten Reifen lernen nicht nur „sprechen", sie sollen den Kunden idealerweise auch gleich in die „richtige" Werkstatt lenken.

## Als proaktiver Stratege zur Industrie 4.0

Die CFOs sind es, die über die notwendigen Instrumente verfügen, um die Voraussetzungen für Neuerungen zu schaffen. Das größte Innovationspotenzial von Unternehmen liegt mittlerweile nicht in den Produkten allein, sondern gleichermaßen im kaufmännischen Bereich. Zu den finanzstrategischen Innovationsleistungen gehören neue Geschäfts- oder Bezahlmodelle (Pay per Use), eine neue Preis-Leistungs-Balance (Verzahnung von Produkt und Dienstleistung) sowie neue Lieferketten (Kooperation mit anderen Markt-Playern oder Geschäftspartnern entlang der Logistikkette oder direkter Endverbraucherzugang durch Internet-Lösungen), die große finanzielle Möglichkeiten und Wachstumschancen bergen. Zum Beispiel nutzen Lkw-Flottenbesitzer zunehmend die Möglichkeit, beim Reifenhersteller Fahrleistung mit einem Preis pro Kilometer anstatt klassisch Reifen und zusätzlich Monteurstunden oder Pannendienstleistungen zu kaufen. Die wichtigste Rolle des CFOs in der Industrie 4.0 ist daher die des proaktiven Strategen.

Er muss prüfen, welche Ansätze für innovative Finanzierungsoptionen und Einnahmequellen es bereits gibt und welche noch zu entdecken sind. So kommen für Finanzierun-

### Handlungsempfehlungen

- Innovation braucht Kapital. Erschließen Sie neue Geld- und Einnahmequellen, sichern Sie die Liquidität Ihres Unternehmens über intelligente Leasing-Modelle und Factoring-Lösungen oder vernetzen Sie sich mit Geschäftspartnern bei größeren Investitionsmodellen.
- Nutzen Sie Instrumente wie Projekt-Management, Business Cases mit ROI-Kennzahlen, Contingency-Pläne und Sensitivitätsanalysen, um sicherzustellen, dass Investitionsentscheidungen und deren Finanzierung zu Wachstum führen.
- Sorgen Sie für Innovation im kaufmännischen Bereich: Prüfen Sie neue Geschäfts- und Bezahlmodelle, verkürzen oder optimieren Sie die Lieferkette, entwickeln Sie effiziente und vernetzte Prozesse und interpretieren Sie Big Data für zielgerichtete Entscheidungen.
- Qualifizieren Sie Ihre Mitarbeiter für die neue Arbeitswelt, erweitern Sie Ihr Team um Menschen mit unterschiedlichem Hintergrund, unterschiedlichen Erfahrungen und unterschiedlichen Kompetenzen, und behalten Sie ständig Compliance und Datensicherheit im Blick.

gen neben Cash Pools und eigenen Kredittranchen auch ABS-Finanzierungen oder Factoring- und Reverse-Factoring-Programme, Leasing-Finanzierungen oder gemeinsame Investitionen mit Geschäftspartnern infrage. Als Einnahmequellen sind beispielsweise produktnahe Service-Leistungen, branchenspezifische IT-Systementwicklungen, Franchise-Einnahmen, Markennutzungen, Co-Finanzierungen oder Leasing-Modelle vorstellbar. Der CFO ist es auch, der dafür Sorge tragen kann, dass die erheblichen Investitionen, die insbesondere in der Produktion und im IT-Bereich nötig sind, auch getätigt werden können. Allererste Voraussetzung ist es, Innovationskapital zu erschließen und zu vermehren.

Der CFO kennt viele Instrumente, um die Finanzierung von Investitionen sicherzustellen und neue Geschäftsmodelle und Wachstumsstrategien zu begleiten – angefangen mit der Erstellung von realistischen Business Cases und Liquiditätsplanungen mit ROI- oder ROCE-Kennzahlen, der Ermittlung und Bewertung von Chancen und Risiken und der Entwicklung von Maßnahmen zu Risikominimierung oder Contingency-Plänen über die Beurteilung von verschiedenen Szenarien unter strategischen und finanziellen Gesichtspunkten, die strategische Positionierung des Unternehmens innerhalb seiner Geschäftsbeziehungen bis hin zur Abwicklung neuer Geschäftsideen in effizienten Standardprozessen und -systemen und einer zielführenden Interpretation von gewonnenen Kunden- und Geschäftsdaten zur zukunftsorientierten Ressourcenallokation.

Industrie 4.0 bedeutet mehr als eine Digitalisierung der Arbeitswelt, mehr als neue Technologien und mehr als globales Agieren. Es ist eine radikale Transformation unserer Art zu konsumieren und zu produzieren, zu arbeiten und zu wirtschaften. Wir stehen vor der Herausforderung, das Innovationspotenzial der Unternehmen in sämtlichen Strukturen und Prozessen voll auszuschöpfen – insbesondere im kaufmännischen Bereich.

**Angaben zur Autorin:**

**Evelyne Freitag**
Geschäftsführerin und CFO für die D-A-CH-Region
(Deutschland – Österreich – Schweiz)
Goodyear Dunlop Tires Germany GmbH, Hanau, Deutschland
E-Mail: mail@evelynefreitag.com

## Weiterführende Studientipps

Feldges, D. (19.01.2016): Industrie 4.0 sorgt für frischen Wind, in: Neue Zürcher Zeitung Online, http://www.nzz.ch/wirtschaft/industrie-40-sorgt-fuer-frischenwind-1.18679393 (letzter Abruf: 22.01.2016).

Friedman, T. L. (2005): The World is Flat. A Brief History of the Twenty-First Century, New York.

George, M./Rowlands, D./Kastle, B (2004): What is Lean Six Sigma?, New York.

Gigerenzer, G. (2013): Risiko. Wie man die richtigen Entscheidungen trifft, München.

Hope, J. (2006): Reinventing the CFO: How Financial Managers Can Transform Their Roles and Add Greater Value, London.

Laukenmann, J. (04.01.2014): Menschheit steht vor dem größten Umbruch seit der industriellen Revolution, in: Sonntagszeitung, http://www.sonntagszeitung.ch/read/sz_04_01_2015/gesellschaft/Menschheit-steht-vor-dem-groessten-Umbruch-seit-der-industriellen-Revolution-23180 (letzter Abruf: 22.01.2016).

Lepore, J. (23.06.2014): The Disruption Machine, in: The New Yorker, http://www.newyorker.com/magazine/2014/06/23/the-disruption-machine?currentPage=all (letzter Abruf: 22.01.2016).

Meck, G./Weiguny, B. (27.12.2015): Disruption, Baby, Disruption!, in: Frankfurter Allgemeine Zeitung, http://www.faz.net/aktuell/wirtschaft/wirtschaftswissen/das-wirtschaftswort-des-jahres-disruption-baby-disruption-13985491.html (letzter Abruf: 22.01.2016).

Schoemaker, P. J. H. (2002): Profiting from Uncerntainty: Strategies for Suceeding No Matter What the Future brings, New York.

 Weitere Empfehlungen der Verlagsredaktion aus www.springerprofessional.de zu:

 **Industrie 4.0**

Becker T./Knop C. (2015): Digitales Neuland – Warum Deutschlands Manager jetzt Revolutionäre werden, Wiesbaden.
www.springerprofessional.de/link/4343454

Botthof A./Hartmann E.A. (2015): Zukunft der Arbeit in Industrie 4.0, Berlin Heidelberg.
www.springerprofessional.de/link/4397972

# Kompetenzbasierte Personalarbeit im Controlling

Das Controller-Kompetenzmodell der IGC eignet sich ganz besonders für die Anwendung im HR-Management. Es kann in allen Phasen des Lebenszyklus eines Mitarbeiters Nutzen stiften.

*Rita Niedermayr-Kruse, Silke Wickel-Kirsch*

Zwölf spezifische Controller-Kompetenzen wurden für eine Studie des WHU Controller Panels definiert und 2011 bei 389 Führungskräften des Controller-Bereichs abgefragt. Die Ergebnisse der Befragung zeichnen ein insgesamt positives Bild der Stärken und Schwächen von Controllern (vergleiche **Abbildung 1**): Laut der Selbstwahrnehmung der Studienteilnehmer werden Controller den Anforderungen, die an sie gestellt werden, alles in allem gerecht. Insbesondere was die Kompetenz in Sachen Controlling-Instrumente, Geschäftsverständnis und Teamfähigkeit betrifft, schneiden die Controller überdurchschnittlich gut ab. Etwas anders sieht das Ergebnis allerdings bei Kommunikationsfähigkeit, Überzeugungsfähigkeit und Führungskompetenz aus. Hier werden die Ansprüche nur unterdurchschnittlich erfüllt. Das WHU Controller Panel belegt damit klar, dass die Controller Nachholbedarf bei den Social Skills haben. Den niedrigsten Erfüllungsgrad zeigt die Umfrage hinsichtlich Führungskompetenz.

Die Ergebnisse der Studie machen damit deutlich, dass Kompetenzen integraler Bestandteil des HR-Managements und der Führung im Unternehmen werden müssen. Neben den fachlichen Qualifikationen müssen sie in allen Phasen des Lebenszyklus eines Mitarbeiters Beachtung finden. Im Einzelfall können Kompetenzen sogar fachliche Fähigkeiten ausstechen, denn sie sind schwerer zu erwerben als das reine Fachwissen. Kompetenzen müssen geprüft und gefördert werden, und das Kompetenz-Modell der IGC soll genau dies im Rahmen der Personalarbeit ermöglichen.

So stellt sich die Frage, welche Qualifikationen in den nächsten Jahren – und hier reicht die Frage von kurz- bis langfristig – für den Unternehmenserfolg gebraucht werden. Kompetenzprofile können in der qualitativen Personalplanung eine wichtige Hilfestellung bieten. Sie sind darauf ausgelegt, die wesentlichen Verhaltensweisen der Mitarbeiter darzustellen und sie darauf

## Serie Controller-Kompetenzen

Dr. Rita Niedermayr-Kruse ist Mitglied der Geschäftsführung des Österreichischen Controller-Instituts; Geschäftsführerin von Contrast Ernst & Young Management Consulting und Mitglied des Managing Committees der International Group of Controlling.

Prof. Dr. Silke Wickel-Kirsch ist hauptberuflich an der Hochschule Rhein-Main in Wiesbaden im Studiengang Media Management tätig. Forschungs- und Beratungsschwerpunkte sind Personal-Controlling sowie Wertschöpfungs-Management.

vorzubereiten, künftige Stellen auszufüllen. Denn auch die fachlichen Anforderungen werden immer schneller obsolet.

Auch bereits bei der Rekrutierung können Kompetenzprofile eine positive Wirkung entfalten, Wenige Entscheidungen, die sich auf einen Mitarbeiter beziehen, wirken so nachhaltig wie seine Einstellung. Wird ein Mitarbeiter rekrutiert, der nicht zum Unternehmen passt, dann wird dies dem Unternehmen langfristig in der einen oder anderen Weise schaden. Mittels der Kompetenzprofile kann bereits bei der Auswahl anhand eines aus der Strategie abgeleiteten Profils eine fundierte Entscheidung für oder gegen einen Kandidaten getroffen werden. Nur wer die Kompetenzen für die künftige Stelle erfüllt, wird eingestellt.

Das Controller-Kompetenzmodell hilft in der Folge dabei, den Weiterbildungsbedarf des Mitarbeiters festzustellen. Hat das Unternehmen die Kompetenzen identifiziert, die seine Mitarbeiter langfristig brauchen, kann es auch den Bildungsbedarf erkennen und entsprechende Angebote für eine zielorientierte Weiterbildung zur Verfügung stellen.

Auf diese operativ ausgerichtete Weiterbildung kann auf Basis des Kompetenzmodells auch eine strategische Personalentwicklung aufgesetzt werden, und die über das Kompetenzmodell erhobenen Potenziale können ausgebaut werden. Mitar-

## Das Controller-Kompetenzmodell

Das Controller-Kompetenzmodell der International Group of Controlling (IGC) bietet erstmals eine durchgängige Methodik für das Kompetenz-Management im Controller-Bereich. Es besteht aus einem hierarchischen Kompetenzkatalog, der auf dem IGC-Prozessmodell (vergleiche IGC 2011, S. 21 ff.) und dem Controller-Leitbild (vergleiche Losbichler/Niedermayr 2013, S. 167 ff.) aufbaut und sowohl prozessspezifische als auch prozessübergreifende Controller-Kompetenzen ausführlich behandelt. Der Kompetenzkatalog wird durch Muster-Funktionsprofile und daraus abgeleitete Muster-Kompetenzprofile komplettiert. Damit steht Controllern, Führungskräften und HR-Verantwortlichen ein konkret anwendbares Werkzeug für die Kompetenzentwicklung, -überprüfung und -steuerung zur Verfügung.

beiter, die gefördert werden sollen, müssen im Umkehrschluss die entsprechenden Kompetenzen aufweisen beziehungsweise bereit sein, diese zu entwickeln oder auszubauen. Hier-

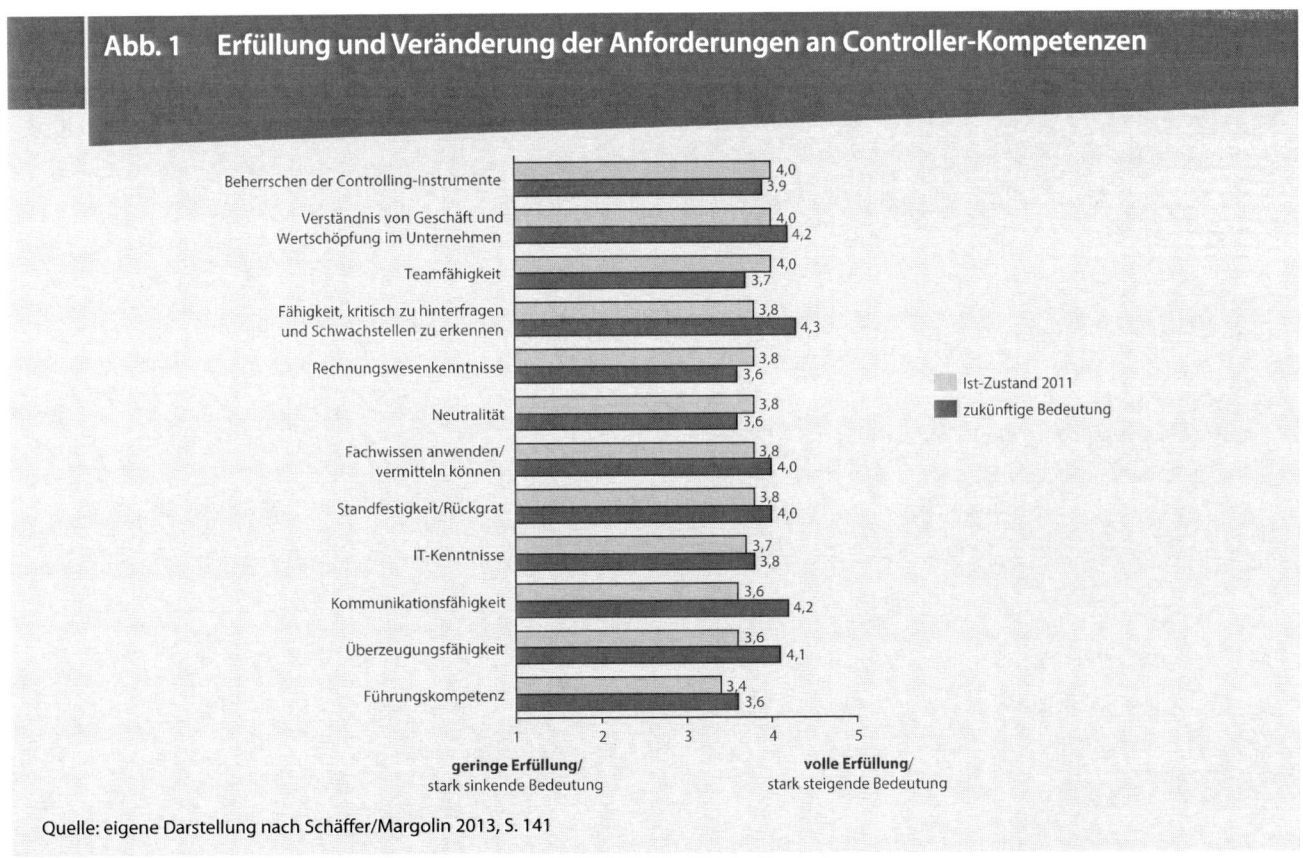

**Abb. 1    Erfüllung und Veränderung der Anforderungen an Controller-Kompetenzen**

Beherrschen der Controlling-Instrumente — 4,0 / 3,9
Verständnis von Geschäft und Wertschöpfung im Unternehmen — 4,0 / 4,2
Teamfähigkeit — 4,0 / 3,7
Fähigkeit, kritisch zu hinterfragen und Schwachstellen zu erkennen — 3,8 / 4,3
Rechnungswesenkenntnisse — 3,8 / 3,6
Neutralität — 3,8 / 3,6
Fachwissen anwenden/vermitteln können — 3,8 / 4,0
Standfestigkeit/Rückgrat — 3,8 / 4,0
IT-Kenntnisse — 3,7 / 3,8
Kommunikationsfähigkeit — 3,6 / 4,2
Überzeugungsfähigkeit — 3,6 / 4,1
Führungskompetenz — 3,4 / 3,6

Ist-Zustand 2011
zukünftige Bedeutung

geringe Erfüllung/ stark sinkende Bedeutung          volle Erfüllung/ stark steigende Bedeutung

Quelle: eigene Darstellung nach Schäffer/Margolin 2013, S. 141

durch wird auch eine transparentere Personalentwicklung ermöglicht, die klaren Regeln folgt.

Außerdem sollte eine strukturierte Nachfolge- und Laufbahnplanung auf Kompetenzen aufbauen. Wer als Nachfolger für eine bestimmte Position infrage kommen will, muss aus Sicht des Unternehmens ein an diese Position geknüpftes Kompetenzprofil erfüllen. Dadurch wird die Nachfolgeplanung stringenter und erfolgreicher, da eine bessere Passung zur Funktion erreicht wird und zugleich weniger subjektive Entscheidungen getroffen werden. Im Rahmen einer Laufbahnplanung, die sich mit alternativen Karrieremodellen befasst, können alternative Kompetenzen für alternative Karrieren ausdifferenziert werden.

Das unternehmenseigene Kompetenzmodell kann auch im Bereich der Zielvereinbarungen und der Entlohnung Anwendung finden. So können zum Beispiel Verbesserungen im Kompetenzprofil durch einen Leistungsbonusanteil belohnt werden. Eine weitere Option wäre, in die Zielvereinbarungen Weiterbildungsmaßnahmen für spezifische Kompetenzen aufzunehmen und ihre Durchführung in der Entlohnung zu berücksichtigen. Auch Gehaltserhöhungen könnten von der Erfüllung von stellenbezogenen Kompetenzprofilen abhängig gemacht werden.

Schließlich kann auch die Trennung von Mitarbeitern als letzter Schritt im „Lebenszyklus" mit dem Kompetenzmodell verknüpft werden. Muss ein Unternehmen Stellen abbauen, so können die Kompetenzen dem Unternehmens die Auswahl erleichtern: Wer die Kompetenzprofile besser erfüllt, ist wertvoller für das Unternehmen und gerät weniger in Gefahr, gekündigt zu werden. Umgekehrt hat ein Mitarbeiter, der von Kündigung aufgrund negativer wirtschaftlicher Unternehmensentwicklungen betroffen ist, aber über hohe Kompetenzen verfügt, meist bessere Chancen auf dem externen Arbeitsmarkt.

## Handlungsempfehlungen

- Leiten Sie erfolgskritische Kompetenzen für Ihren Controller-Bereich aus Ihrer Controlling-Strategie ab.
- Binden Sie die Stakeholder Ihres Controller-Bereiches in die Auswahl und Modellierung der Kompetenzen ein. Das sind ausgewählte interne Kunden des Controller-Bereichs, HR-Vertreter, Controlling-Führungskräfte verschiedener Bereiche.
- Entwickeln Sie gemeinsame Zielbilder der Kompetenzausstattung einzelner Controller-Funktionen und der gesamten Controller-Organisation.
- Entwickeln Sie Personalentwicklungsmaßnahmen, die auf Kompetenzerwerb oder -ausbau ausgerichtet sind.
- Entwickeln oder kaufen Sie Testverfahren, die bereits im Einstellungsprozess eingesetzt werden, sodass es nicht zu Fehleinstellungen „an den Kompetenzen vorbei" kommt.
- Befördern Sie konsequent nur Mitarbeiter, die die Kompetenzen bereits haben oder die aufgrund einer Potenzialanalyse bescheinigt bekommen, dass sie diese erwerben können.

*Literatur*

Erpenbeck, J./von Rosenstiel, L. (2007): Handbuch Kompetenzmessung: Erkennen, verstehen und bewerten von Kompetenzen in der betrieblichen, pädagogischen und psychologischen Praxis, 2. Auflage, Stuttgart.

International Group of Controlling (2015): Controller-Kompetenzmodell – Ein Leitfaden für die moderne Controller-Entwicklung mit Muster-Kompetenzprofilen, Freiburg.

Schäffer, U./Margolin, M. (2013): Controllerkompetenzen im Wandel erfolgreich managen, in: CFO aktuell, 7 (4), S. 141-143.

 Weitere Empfehlungen der Verlagsredaktion aus www.springerprofessional.de zu:

🔍 **HR-Controlling**

Girbig R./Härzke G. (2013): Controlling HR Development, in: Strategic Human Resource Development – A Journey in Eight Stages, Berlin Heidelberg, S. 81-108.
www.springerprofessional.de/link/3920446

# Was ist wichtiger als eine Gehaltserhöhung?

Der „War for Talents" und die Digitalisierung der Bildung gelten derzeit als Megatrends in der Diskussion um Recruitment und Fort- und Weiterbildung. Denn viele Mitarbeiter sehen die Weiterbildung als Fundament für ihren beruflichen Erfolg und schauen, welche Angebote und Rahmenbedingungen ihnen die Unternehmen bieten.

Die von der PFH Private Hochschule Göttingen durchgeführte Studie „Digitalisierung in Bildungsprozessen" hat deshalb untersucht, welche Instrumente bei der Mitarbeiterförderung im deutschen Mittelstand eingesetzt werden. Die Autoren der Studie, Professor Bernt R. A. Sierke, Joachim Algermissen und Stefan Brinkhoff, haben zudem insbesondere den Stand der Digitalisierung in den Bildungsprozessen im Mittelstand ermittelt. Befragt wurden 5.338 Geschäftsführer und CEOs deutscher mittelständischer Unternehmen.

Wichtigste Befunde: Insgesamt gibt jedes zweite Unternehmen Probleme bei der Rekrutierung von Mitarbeitern an, insbesondere im Bereich der Fachkräfte. Den War for Talents nehmen überraschenderweise aber erst 38 Prozent von ihnen wahr.

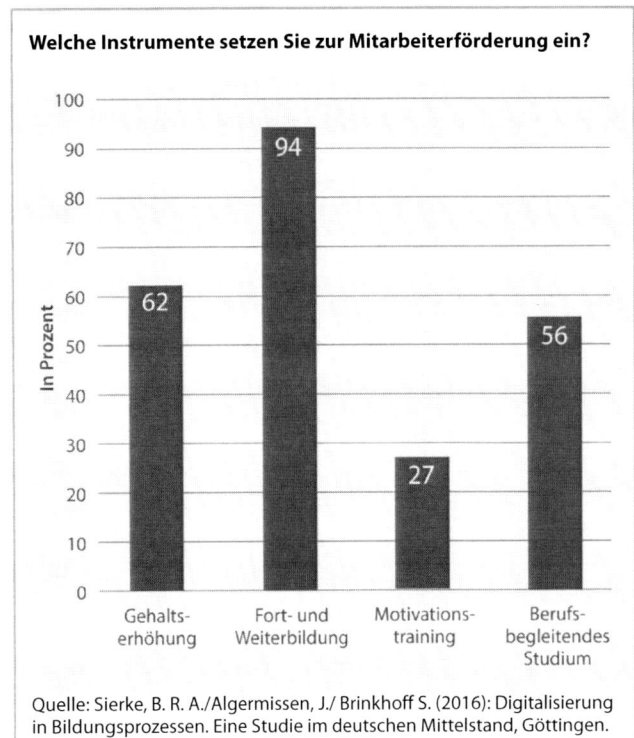

**Welche Instrumente setzen Sie zur Mitarbeiterförderung ein?**

Quelle: Sierke, B. R. A./Algermissen, J./ Brinkhoff S. (2016): Digitalisierung in Bildungsprozessen. Eine Studie im deutschen Mittelstand, Göttingen.

## Mittel der Wahl: Förderung per Studium

Nahezu alle Unternehmen (94 Prozent) setzen Fort- und Weiterbildungen zur Mitarbeiterförderung ein. Diese weisen damit sogar einen höheren Stellenwert als Gehaltserhöhungen auf. Mehr als jedes zweite Unternehmen bietet seinen Mitarbeitern berufsbegleitende Studienprogramme zur Fort- und Weiterbildung an. Duale Studiengänge sehen 79 Prozent der Befragten dabei als sinnvolles Instrument für die Bewältigung des Fachkräftemangels an, insbesondere, weil sie als praxisnäher gelten als nicht-duale Programme. Rund 85 Prozent der befragten Unternehmen würden ihre Mitarbeiter finanziell bei einem solchen Studium unterstützen.

Rund jedes zweite deutsche mittelständische Unternehmen kooperiert bereits mit einer Hochschule, die berufsbegleitende Studienprogramme anbietet. Der Schwerpunkt dieser Kooperationen liegt auf (Fach-)Hochschulen; Berufsakademien liegen deutlich abgeschlagen dahinter. Klassische Universitäten spielen bei berufsbegleitenden Programmen eine eher untergeordnete Rolle.

## Digitalisierung von Studienangeboten

Rund 75 Prozent der befragten Unternehmen nehmen zudem Digitalisierung als wichtiges Thema wahr. In diesem Rahmen wird dem E-Learning von mehr als jedem zweiten Unternehmen bei der Aus- und Weiterbildung seiner Mitarbeiter ein hoher Stellenwert beigemessen. Knapp 60 Prozent der befragten Unternehmen könnten sich duale Studiengänge als Fernstudium – und hier insbesondere mit digitalisierten Inhalten – vorstellen. Zwar haben bisher nur etwas weniger als die Hälfte der deutschen mittelständischen Unternehmen Erfahrungen mit Fernstudiengängen gemacht. Diejenigen Unternehmen, die sich dafür entschieden haben, geben dafür aber fast ausschließlich positive Rückmeldungen.

„Eigentlich teilen uns die mittelständischen Unternehmen in diesen Studienergebnissen mit, wie für sie die optimale Fördermaßnahme für Mitarbeiter aussehen soll: Fernstudiengänge, die in erster Linie zeit- und ortsunabhängig für die Mitarbeiter studierbar sind, mit nur wenig Ausfallzeiten im Unternehmen und mit Praxisthemen, die mit den Studieninhalten verknüpfbar sind", so das Fazit zur Studie von Professor Bernt R. A. Sierke, dem federführenden Autor der Untersuchung.

**Peter Diehl**

Ein E-Book der Vollversion der Studie finden Interessierte unter www.pfh.de/studien.

# Effektiver Kundenservice durch Social Media

Heutzutage erwarten Kunden einen Rund-um-die-Uhr-Service. Unternehmen müssen ihren Kundenservice neu ausrichten, um wettbewerbsfähig zu bleiben. Social Media übernehmen dabei als Servicekanal eine wichtige Rolle. Sie helfen nicht nur, die Kommunikation zu verbessern, sondern tragen ganz konkret zu messbaren Kostensenkungen bei.

*Roman Emonts-Holley, Felicia Kufferath-Kaßner, Roman Senderek*

Um wettbewerbsfähig zu bleiben, setzen Unternehmen verstärkt auf Social Media im Kundenservice. Die Relevanz des Social-Media-Einsatzes im Kundenservice unterstreicht eine Studie des Marktforschungsunternehmens Taylor Nelson Sofres (TNS) von 2012. Sie ermittelte, dass branchenunabhängig 57 Prozent der Kunden bei Problemen mit Produkten zunächst versuchten, eine geeignete Lösung für ihr Anliegen im Internet zu finden. Allerdings verfügten zu diesem Zeitpunkt lediglich 30 Prozent der entsprechenden Unternehmen über nennenswerte Social-Media-Angebote, die diesem Kundenanliegen nachkommen konnten. Erfolgreichen Unternehmen war es dagegen bereits gelungen, durch den Einsatz von Social Media sowohl die Kundenzufriedenheit zu steigern als auch die Antwortzeiten und Kosten pro Anfragenabwicklung zu senken. So verursachen digitale Chats im Vergleich zu klassischen Kundenkontaktcentern nur 56 Prozent der Kosten (vergleiche Banfi et al. 2013, S. 11 f.), Online-Foren und Zusammenstellungen von Frequently Asked Questions (FAQs) bedingen zwölf Prozent der Kosten im Verhältnis zu klassischen Kundenkontaktcentern. Die Kosten für einen Telefonanruf in einem Callcenter liegen zwischen sechs bis acht US-Dollar, während eine Interaktion via Social Media weniger als einen US-Dollar kostet (BenMark 2014).

Doch nicht nur auf die Kosten, auch auf die Kundenbindung hat der Einsatz von Social Media im Kundenservice einen erheblichen Einfluss. In einer Befragung von 307 Konsumenten ermittelte die Gkk Dialog Group 2013, dass über Social-Media-Kanäle gelöste Serviceanfragen im Vergleich zu solchen, die durch Telefonkontakt bedient wurden, einen bis zu 36 Prozent positiveren Effekt auf die Kundenwahrnehmung haben. Der Dialog mit anderen Nutzern vor Lösung einer Anfrage beeinflusst der Umfrage zufolge darüber hinaus die Bereitschaft, über Unternehmen positiv zu urteilen (vergleiche Gkk Dialog Group GmbH 2013).

## Social Media verändert die Kommunikation

Fand die Kommunikation zwischen Unternehmen und Kunden früher im Kundenservice nach dem klassischen Sender-Empfänger-Modell eins zu eins statt, besteht die Kommunikation heute aus vielfältigen Strömungen, die aktiv sowohl vom Anbieter als auch den Kunden beeinflusst werden (vergleiche Bock 2012). Dabei kann die Kommunikation im Kundenservice über Social Media sowohl den Nutzenbeitrag für den Kunden wie auch für den Anbieter deutlich steigern. So können Aufwände auf Anbieterseite verringert werden, während gleichzeitig den Kunden eine bessere Servicequalität geboten werden kann. Dem Unternehmen Kärcher ist es beispielsweise mithilfe seiner Service App gelungen, die Wertschöpfungspotenziale des Kundenservices durch einen Ausbau der digitalen Kundenschnittstelle zu heben. Die Kommunikation über Social-Media-Kanäle hat dort dazu beigetragen, die Service-Hotline für Kunden durch die Möglichkeit der zeitlichen Verlagerung zu entlasten. Exaktere Produkt- und Fehlerbeschreibungen auf Basis von Bildern und Barcode-Scannern stellen dem Kundenservice zudem qualitativ bessere Informationen für zielgenaue Lösungsansätze zur Verfügung. Höhere Erledigungsquoten werden erreicht.

Auch das Beispiel Kärcher zeigt, dass die verstärkt asynchrone Social-Media-gestützte Kommunikation dazu beitragen kann, dass Nachfragespitzen im Kundenservice leichter ausgeglichen werden (vergleiche dazu ebenfalls Simmet 2012). Die Kundenzufriedenheit steigt und die Durchlaufzeiten des Leistungserstellungsprozesses im Kundenservice können deutlich verkürzt werden (vergleiche Dutta/Aberdeen Group 2012). Zusätzlich kann die durch den Social-Media-Einsatz bedingte Veränderung der Unternehmenskommunikation helfen, neue Zielgruppen zu erreichen, Produkte und Leistungen gezielter auf die Kundenbedürfnisse abzustimmen oder auch gemeinsam mit den Kunden Innovationen zu entwickeln.

Die steigenden Integrationsmöglichkeiten durch den Einsatz von Social Media im Kundenservice eröffnen zudem die Möglichkeit, Aufgaben zwischen Kunden und Anbietern neu zu verteilen. Die Integrationstiefe definiert, inwieweit der Kunde am Leistungserstellungsprozess einer Dienstleistung beteiligt ist (vergleiche Kleinaltenkamp/Saab 2009). Dabei ergeben sich die Optionen, einerseits Aufgaben und Tätigkeiten des Kundenservices an den Nachfrager auszulagern (Externalisierung), andererseits kann der Anbieter weitere Aufgaben und Tätigkeiten vom Nachfrager übernehmen (Internalisierung) (Bruhn/Meffert 2012). Ein Beispiel für eine Externalisierung ist die Bearbeitung von Kundenanfragen durch sogenannte Lead-User. So wird ein Großteil der Anfragen zu technischen Problemen im Lenovo-Forum von sogenannten Lead-Usern beantwortet, während die unternehmensseitigen Administratoren mehr als kontrollierende Instanz fungieren. Als Internalisierung bezeichnet man beispielsweise die Auswahl und Lieferung durch einen Supermarkt, welche auf eine App-gestützte Bestellung des Kunden erfolgt. So hat sich die britische Supermarktkette Tesco mit QR-Code-basierten Bestellangeboten in Südkoreas U-Bahnen innerhalb weniger Wochen zum Marktführer des Landes im Lebensmittel-Internethandel entwickelt (vergleiche Petit de Meurville/Pham/Trine 2015).

Waren für den klassischen Kundenservice die Grenzen durch den limitierten Informations- und Kommunikationsaustausch gesetzt, existiert nun ein wesentlich breiterer Handlungsspielraum. Denkbar sind Szenarien von der Übernahme ursprünglicher Kundenprozesse bis hin zur Auslagerung der Aufgaben an die Kunden in Form von Self Services. Damit kann auch die gezielte Veränderung der Aufgabenverteilung einen wesentlichen Beitrag zur Steigerung der Produktivität des Kundenservices leisten. Sogar

*„Fand die Kommunikation früher im Kundenservice nach dem klassischen Sender-Empfänger-Modell statt, wird sie heute aus vielfältigen Strömungen aktiv von Anbieter und Kunden beeinflusst."*

nicht gestellte Serviceanfragen, die sich allerdings nur indirekt ermitteln lassen, können zur Kostenentlastung beitragen: Über die im Social Web zugänglichen öffentlichen Fragen und Antworten anderer Kunden können die Kunden ihr Problem selbstständig lösen, der Kundenservice spart Zeit und Personal.

## Viele Geschäftsbereiche sind involviert

Einige Geschäftsbereiche werden von der Digitalisierung des Kundenservices stark beeinflusst, andere Bereiche sind nur indirekt betroffen. Manche Geschäftsbereiche können von einem verbesserten Kundenservice ganz konkret und messbar profitieren. Hierzu gehören insbesondere der Einkauf und die Produktion.

Die Produktion kann von dem direkten Feedback der Kunden oder aber durch die Beobachtung der Posting-/Gesprächsinhalte profitieren. So kann sie Hinweise auf Optimierungsbedarf erhalten. Nimmt beispielsweise die Produktentwicklung die Anregungen auf und setzt Neuerungen um, führt dies zu größerer Kundenzufriedenheit. Das Controlling kann an dieser Stelle ermitteln, wie viele Verbesserungsvorschläge angenommen und verwendet wurden. Auch der Einkauf kann das Feedback beziehungsweise das Kaufverhalten der Kunden nutzen und eine wesentlich genauere Planung vornehmen.

Der Service beziehungsweise der Kundendienst ist neben dem Controlling am stärksten von einer Umstellung auf digitalen Kundenservice betroffen. Die Prozesse müssen verän-

## Zusammenfassung

- Immer mehr Unternehmen setzten auf Social Media im Kundenservice, um wettbewerbsfähig zu bleiben.
- Social Media verändern die Kommunikation und Interaktion zwischen Kunden und Unternehmen grundlegend. Der Kundenservice kann die neuen Kommunikationsformen nutzen, um Kosten zu senken und die Kundenzufriedenheit zu erhöhen.
- Das Controlling trägt mit der Messung des Aufwand-Nutzen-Verhältnisses einer Social-Media-Implementierung und der Betrachtung geeigneter Kennzahlen wesentlich zur Optimierung des Kundenservices bei.

dert, optimiert und die Mitarbeiter geschult werden. Die operative Umsetzung der Prozesse und das Prozess-Controlling sind in enger Abstimmung mit dem Controlling durchzuführen. Die Ist-Analyse und Soll-Prozess-Erstellung sind dabei nur zwei Bestandteile der Transformation. Bevor digitaler Kundenservice angeboten wird, müssen die Ziele der Geschäftsleitung überprüft und in Einklang mit dem operativen Geschäft gebracht werden. Das heißt auch, dass Kennzahlen entwickelt und erhoben werden müssen.

*„Einer der zentralen Vorteile der Nutzung von Social Media im Kundenservice ist die ortsunabhängig und zeitlich asynchrone Bearbeitung durch den Mitarbeiter."*

Für Marketing und Vertrieb ergibt sich eine notwendige Angebotserweiterung, da die neue digitale Dienstleistung für das Unternehmen einen zusätzlichen Kanal zum Kunden eröffnet. Hier müssen ebenfalls, in enger Abstimmung mit dem Controlling, Strategien und Maßnahmen angepasst werden.

Für die Personalabteilung bedeutet die Umstellung auf digitalen Kundenservice eine Einführung von Schulungen speziell für das Social Web, da Service-Mitarbeiter nun keine 1:1-Gespräche, sondern 1:n-Gespräche führen müssen und dementsprechend ihr Vorgehen in Seminaren für konkrete Anwendungsfälle ausgebildet werden muss.

Die Geschäftsleitung spielt beim Social-Media-Controlling eine zentrale Rolle. Sie legt die Social-Media-Strategie fest (vergleiche Emonts-Holley/Senderek 2016a), die zwar für das gesamte Unternehmen gilt, aber für den Kundenservice häufig besondere Herausforderungen birgt. Denn auf der strategischen Zielebene stehen häufig Prozess- und Strukturoptimierungen, die zu Kosteneinsparungen führen sollen. Auch eine höhere Kundenzufriedenheit und Kundenbindung sollen generiert werden. Mithilfe des Bereichs-Controllings müssen die Vorgaben in operative Maßnahmen zur Zielerreichung umgesetzt werden.

## Implikationen für das Controlling

Die häufigste Frage an das Controlling bei einem Transformationsprozess dieser Art lautet: Wie ist das Aufwand-Nutzen-Verhältnis für die Maßnahmen zur Implementierung? Langfristig kann die Wirkung eines Einsatzes von Social-Media-Lösungen beispielsweise anhand eines konkreten Analysemodells geprüft werden.

Das vom Forschungsinstitut für Rationalisierung (FIR) 2015 entwickelte Social Media Radar kann dazu genutzt werden, den Effekt von Social-Media-Anwendungen für Unternehmen messbar zu machen und zu überprüfen, wie wirksam der Einsatz digitaler Technologien ist (vergleiche Emonts-Holley/Senderek 2016b). Entsprechend kann ein solches Controlling effektiv dazu beitragen, geeignete Verbesserungsmaßnahmen abzuleiten und im Falle eines digital gestützten Kundenservices die Verfahren noch besser auf den Kunden abzustimmen.

Im Kundenservice spielt die Kundenzufriedenheit eine besonders starke Rolle und sollte deswegen im Controlling fokussiert werden. Einer der wesentlichen und zentralen Vorteile der Nutzung von Social Media im Kundenservice ist die ortsunabhängig und zeitlich asynchrone Bearbeitung durch den Mitarbeiter. Es ist also davon auszugehen, dass die Durchlaufzeit der Anfragen sinkt. Dies wird über die Resolution Time im Radar erfasst. Ein weiterer Punkt ist die schnelle und einfache Möglichkeit, Kunden-Feedback per Social Media zu erhalten, womit der Satisfaction Score ermittelt werden kann. So erhält man aus zwei simplen Kennzahlen bereits ein gutes Bild über den aktuellen Stand des Kundenservices mithilfe von Social Media.

### Literatur

Banfi, F./Gbahoué, B./Schneider, J. (2013): Higher satisfaction at lower cost: Digitizing customer care, in: Recall, 22, S. 10-15.

BenMark, G. (2014): Why the COO should lead social-media customer service, in: McKinsey Quartely, 1, S. 11-13, http://www.mckinsey.com/insights/marketing_sales/why_the_coo_should_lead_social_media_customer_service (letzter Abruf: 06.07.2016).

Bock, A. H. (2012): Kundenservice im Social Web. Köln.

⬇ * Bruhn, M./Meffert, H. (2012): Handbuch Dienstleistungsmarketing – Planung – Umsetzung – Kontrolle. 1. Auflage, Wiesbaden. www.springerprofessional.de/link/4499604

Dutta, S./Aberdeen Group (2012): Social Media and Customer Service. From Listening to Engagement. Boston, http://www.oracle.com/us/products/applications/aberdeen-social-customer-svc-1902160.pdf (letzter Abruf: 01.08.2016).

⬇ * Emonts-Holley, R./Senderek, R. (2016a): Social Media Controlling implementieren, in: Controlling & Management Review 60 (3), S. 66-69. www.springerprofessional.de/link/10258278

⬇ * Emonts-Holley, R./Senderek, R. (2016b): Den digitalen Kundenservice bewerten lernen, in: Controlling & Management Review 60 (1), S. 64-70. www.springerprofessional.de/link/7467732

Gkk Dialog Group GmbH (2013): Wissenschaftlich bestätigt: Kundenservice via Social Media lohnt sich! http://www.marketing-boerse.de/News/details/1339-Wissenschaftlich-bestaetigt-Kundenservice-via-Social-Media-lohnt-sich/44441 (letzter Abruf: 06.07.2016).

⬇ * Kleinaltenkamp, M./Saab, S. (2009): Technischer Vertrieb – Eine praxisorientierte Einführung in das Business-to-Business-Marketing. Heidelberg u. a. www.springerprofessional.de/link/2963922

Petit de Meurville, M./Pham, K./Trine, C. (2015): Shop on the go, http://www.businesstoday.in/magazine/lbs-case-study/case-study-tesco-virtually-created-new-market-based-on-country-lifestyle/story/214998.html (letzter Abruf: 01.08.2016).

Simmet, H. (2012): Stört das Telefon bald nur noch? Soziale Netzwerke erobern die Kunden-Kommunikation, https://hsimmet.com/2010/08/28/stort-das-telefon-bald-nur-noch-soziale-netzwerke-erobern%C2%A0die%C2%A0kundenkommunikation/ (letzter Abruf: 01.08.2016)

Taylor Nelson Sofres (TNS) (2012): Social Media Customer Service Report, London.

* Abonnenten von Springer Professional haben kostenfrei Zugriff.

Angaben zu den Autoren:

**Roman Emonts-Holley**
ist Projektmanager im Bereich Dienstleistungsmanagement FIR e. V. an der RWTH Aachen.
E-Mail: Roman.Emonts-Holley@fir.rwth-aachen.de

**Felicia Kufferath-Kaßner**
ist Mitarbeiterin am FIR e. V. an der RWTH Aachen.
E-Mail: Felicia.Kufferath-Kassner@fir.rwth-aachen.de

**Roman Senderek**
ist Projektmanager im Bereich Dienstleistungsmanagement FIR e. V. an der RWTH Aachen.
E-Mail: Roman.senderek@fir.rwth-aachen.de

 Weitere Empfehlungen der Verlagsredaktion aus www.springerprofessional.de zu:

🔍 **Kundenservice**

Bock A./Ebner W./Rossmann A. (2013): Telekom hilft – Kundenservice via Social Media, in: Marketing Review St. Gallen, Ausgabe 3/2013, Wiesbaden, S. 74-85. www.springerprofessional.de/link/6401900

Rossmann A./Tangemann M. (2015): Kundenservice 2.0: Kundenverhalten und Serviceleistungen in der digitalen Transformation, in: Marktplätze im Umbruch – Digitale Strategien für Services im Mobilen Internet, Berlin Heidelberg, S. 161-172. www.springerprofessional.de/link/4357664

## Herausgeber

Prof. Dr. Utz Schäffer und Prof. Dr. Dr. h. c. Jürgen Weber leiten das Institut für Management und Controlling (IMC) der WHU – Otto Beisheim School of Management. Als Herausgeber bieten sie mit der Controlling & Management Review eine Plattform für den regen Wissens- und Erfahrungsaustausch zwischen Praxis und Forschung.

## Beirat

| Praxisbeirat | Funktion |
|---|---|
| Mark Frese | Finanzvorstand Metro AG |
| Bernhard Günther | Finanzvorstand RWE AG |
| Guido Kerkhoff | Finanzvorstand ThyssenKrupp AG |
| Carsten Knobel | Finanzvorstand Henkel AG & Co. KGaA |
| Dr. Christian Bungenstock | Partner CTcon GmbH |

| Wissenschaftlicher Beirat | Universität |
|---|---|
| Prof. Dr. Andrea Dossi | Bocconi University, Mailand |
| Prof. Dr. Martin Glaum | WHU – Otto Beisheim School of Management, Vallendar |
| Prof. Dr. Dirk Hachmeister | Universität Hohenheim, Stuttgart-Hohenheim |
| Prof. Dr. Frank Hartmann | RSM Erasmus University, Rotterdam |
| Prof. Dr. Thomas Hess | Ludwig-Maximilians-Universität, München |
| Prof. Dr. Bernhard Hirsch | Universität der Bundeswehr, München |
| Prof. Dr. Martin Jacob | WHU – Otto Beisheim School of Management, Vallendar |
| Prof. Dr. Teemu Malmi | Aalto University – School of Economics, Helsinki |
| Prof. Dr. Markus Rudolf | WHU – Otto Beisheim School of Management, Vallendar |
| Prof. Dr. Thorsten Sellhorn | Ludwig-Maximilians-Universität, München |
| Prof. Dr. Xianzhi Zhang | Dongbei University of Finance and Economics (DUFE), Dalian |

## Call for Papers

Sie haben Interesse an einer Publikation in unserer Zeitschrift? Eingereicht werden können Beiträge zu unseren ständigen Rubriken oder zu unseren kommenden Schwerpunktthemen:

| Heftthema | Einreichfrist |
|---|---|
| Business Analytics: IT-Lösungen für den Controlling-Bereich | 01.12.2016 |
| Change Management: Rolle des Controllings in Transformationsprozessen | 12.01.2017 |
| Performance-Messung in Digital Pure Players | 15.03.2017 |
| Controlling-Kultur: Zielorientierung und Transparenz | 02.05.2017 |
| Karriere im Controlling | 01.06.2017 |

# ⬇ www.springerprofessional.de

## Beitrag des Monats

# Überdurchschnittliche Gehälter im Controlling

Fachkräfte in Finanzabteilungen erhalten einen überdurchschnittlichen Lohn. Die aktuelle Gehaltsanalyse des Bundesverbands der Bilanzbuchhalter und Controller (BVBC) zeigt, dass Bilanzbuchhalter und Controller besser verdienen als viele Angestellte in anderen Bereichen. Im Vergleich mit den Angaben vom Statistischen Bundesamt, die für 2015 ein Durchschnittsgehalt von Arbeitnehmern ohne Sonderzahlungen von 3.612 Euro monatlich (43.344 Euro pro Jahr) bestimmen,

kommt der BVBC zum Schluss, dass Finanzfachkräfte diese Zahlen übertrumpfen können. Einzige Ausnahme bilden Steuerfachangestellte. Das höchste Gehalt erzielten laut der Analyse Steuerberater, Wirtschaftsprüfer und Finanzabteilungsleiter in Unternehmen. Wermutstropfen: Bei einer Untersuchung vor zwei Jahren waren die Gehälter noch drei bis sechs Prozent höher.

⬇ Lesen Sie weiter auf www.springer-professional.de/link/10493856.

## Weitere meistgeklickte Beiträge

**2.** Die elf wichtigsten Kennzahlen für Unternehmen
⬇ www.springerprofessional.de/link/10274568
**3.** Welche Vorteile eine GmbH & Co. KG bietet
⬇ www.springerprofessional.de/link/6601318
**4.** Wie Banken von der Blockchain profitieren
⬇ www.springerprofessional.de/link/10497392
**5.** Wie viel verdienen Controller und CFOs 2016?
⬇ www.springerprofessional.de/link/6592644

## Das Wissensportal Springer Professional

Unser Wissensportal bündelt die wichtigsten Fachgebiete in Wirtschaft und Technik. Im Channel „Finance & Controlling" finden Sie aktuelle Informationen und weiterführende Literatur für Controller. Dort ist auch das Archiv der Controlling & Management Review hinterlegt. Abonnenten haben auf die mit ⬇ gekennzeichneten Inhalte kostenfrei Zugriff.

## ⬇ www.springerprofessional.de

## Neuerscheinung des Monats

Renger, K.: Finanzmathematik mit Excel, Wiesbaden 2016, ISBN 978-3-658-14099-1, 34,99 Euro. Bestellbar auf
⬇ www.springer.com.

## Empfehlung des Monats

# Das Reporting auf dem Prüfstand

Im Berichtswesen geht es um Fakten. Es geht um Informationen, die dem jeweiligen Entscheider Erkenntnisse liefern. Der Controller agiert hier als Dienstleister für seinen „Kunden": das Management. Nicht immer gelingt die Kundenorientierung. Manche Berichte bestechen zwar durch viele Zahlen. Doch was hilft das schönste Zahlenwerk, wenn der Bericht nicht adressatengerecht geschrieben und verstanden wird? Dies kann bedrohliche Folgen für die Qualität des Informations-Outputs haben. Ulrich Krings und Clemens Kustner empfehlen deshalb in ihrem Beitrag „Internes Reporting auf dem Prüfstand" (CMR Nr. 3/2016), eine Steuerungsgruppe einzusetzen.

⬇ Lesen Sie den ganzen Beitrag unter www.springerprofessional.de/link/10512780.

# Themen der nächsten Ausgaben:

## Sonderheft 3 / 2016
### Controlling-Organisation – Fit für die Zukunft?

Globalisierung und Digitalisierung verändern auch die Finance-Organisationen von Unternehmen. Aufgabenbereiche werden in Shared Services und Centers of Excellence ausgelagert, vieles wird automatisiert. Die Beiträge des Sonderheftes analysieren, welche Kontextfaktoren für die Controlling-Organisation wichtig sind, welche Ziele gesetzt und Eigenschaften gefördert werden sollten, welche Fehler man vermeiden kann und welche Trends sich abzeichnen.

## Ausgabe 6 / 2016
### Digitale Transformation – Controller überflüssig?

Der digitale Wandel schafft neue Rahmenbedingungen für das Controlling. Welche Tragweite die Digitalisierung für den Berufsstand hat, ist noch lange nicht absehbar. Die Beiträge lenken den Blick auf die zentralen Herausforderungen für Controller, diskutieren den Beitrag des Controllings zur Wertschöpfung in einer Zeit, in der ihre Herangehensweisen infrage gestellt werden und beleuchten aktuelle Transformationsprozesse am Beispiel von Thyssenkrupp.

# Impressum

Controlling & Management Review
www.springerprofessional.de/cmr
Ausgabe 5 | 2016 | 60. Jahrgang
ISSN-Print 2195-8262
ISSN-Internet 2195-8270
Bis 2002: krp-Kostenrechnungspraxis
Bis 2012: ZfCM – Zeitschrift für Controlling & Management

Verlag
Springer Gabler / Springer Vieweg
Springer Fachmedien Wiesbaden GmbH
Abraham-Lincoln-Str. 46, 65189 Wiesbaden

Geschäftsführer
Joachim Krieger,
Dr. Niels Peter Thomas

Redaktion
Gesamtleitung Magazine:
Stefanie Burgmaier

Verantwortliche Redakteurin
Springer Gabler:
Cornelia Morick
(freie Mitarbeiterin)
Tel.: +49 (0)170-5576956
cornelia.morick.consultant@springer.com

Herausgeber:
Prof. Dr. Utz Schäffer
WHU – Otto Beisheim School of
Management, Institut für Management
und Controlling (IMC), Burgplatz 2,
56179 Vallendar
www.whu.edu

Prof. Dr. Dr. h. c. Jürgen Weber
WHU – Otto Beisheim School of
Management, Institut für Management
und Controlling (IMC), Burgplatz 2,
56179 Vallendar
www.whu.edu

Redaktion WHU:
M.A. Brigitte Braun
Tel.: +49 (0)261 6509-486

Dipl.-Kfm. Babak Mirheli
Tel.: +49 (0)261 6509-466

M. Sc. Fabian Mohr
Tel.: +49 (0)261 6509-706

Mag. phil. Bernadette Wagener
Tel.: +49 (0)261 6509-488

Kontakt: cmr@whu.edu

Anzeigen, Marketing und Produktion
Leiter Media Sales: Volker Hesedenz
Leiter Vertrieb + Marketing: Jens Fischer
Gesamtleitung Produktion:
Dr. Olga Chiarcos

Verkaufsleitung
(verantwortlich für den Anzeigenteil):
Eva Hanenberg
Tel.: +49 (0)611 7878-226
Fax: +49 (0)611 7878-430
eva.hanenberg@springer.com

Anzeigendisposition:
Nicole Brzank
Tel.: +49 (0)611 7878-616
Fax: +49 (0)611 7878-443
nicole.brzank@springer.com

Anzeigenpreise: Es gelten die Mediadaten
vom 1. Oktober 2015.

Produktmanagement:
Dipl.-Kfm. Philipp Holsen
Tel.: +49 (0)611 7878-293
philipp.holsen@springer.com

Satz, Layout und Produktion:
Iris Conradi

Alle angegebenen Personen sind, sofern
nicht ausdrücklich angegeben, postalisch
unter der Adresse des Verlags erreichbar.

Sonderdrucke
Martin Leopold
Tel.: +49 (0)2642 9075-96
Fax: +49 (0)2642 9075-97
leopold@medien-kontor.de

Leserservice
Springer Customer Service Center GmbH
Springer Gabler Service
Tiergartenstr. 15, 69121 Heidelberg
Tel.: +49 (0)6221 345-4303
Fax: +49 (0)6221 345-4229
Montag bis Freitag 08.00 bis 18.00 Uhr
springergabler-service@springer.com

Druck
Kliemo Printing AG,
Hütte 53, 4700 Eupen, Belgien

Titelbild
© Jörg Block

Bezugsmöglichkeiten
Die Zeitschrift erscheint im Abonnement
sechsmal jährlich.

Bestellmöglichkeiten und Details zu den
Abonnementbedingungen finden Sie unter
www.mein-fachwissen.de/cmr.

Jährlich können ein bis vier Sonderhefte
hinzukommen. Der Preis pro Sonderheft
beträgt regulär 49,95 Euro, der Vorzugs-
preis für Abonnenten der Controlling &
Management Review 29,00 Euro. Die
Sonderhefte werden Abonnenten gegen
gesonderte Rechnung geliefert.

Bei Nichtgefallen können sie innerhalb einer Frist von drei Wochen an die Vertriebs-
firma zurückgesandt werden. Zusätzliche
Liefer- und Versandkosten fallen nicht an.

Jedes Jahresabonnement beinhaltet eine
Freischaltung für das Online-Archiv auf
Springer Professional. Der Zugang gilt ausschließlich für den einzelnen Empfänger
des Abonnements.

# Controlling 4.0

## Liebe Leserinnen und Leser,

vielleicht sind Sie es ja auch langsam leid, ständig irgendeinen Begriff aus der Welt der Wirtschaft mit der ominösen Zahl 4.0 in Verbindung gebracht zu sehen. Zugegeben: wir auch. Dummerweise macht die Digitalisierung aber vor all diesen Begriffen und auch vor dem Controlling nicht halt. Dabei sind zunächst Entwicklungen relevant, die mit Schlagworten wie Self Service, Real-Time-Verarbeitung von Informationen, Standardisierung und Automatisierung, Big Data und Predictive Analytics zu beschreiben sind. Ein prägnantes Beispiel liefert das Forecasting. Einige Pioniere testen derzeit, ob man diesen Prozess nicht völlig automatisieren, das heißt durch die maschinelle Auswertung der vorhandenen Ist-, Plan- und Kontextdaten ersetzen kann. Erste Tests liefern verheißungsvolle Ergebnisse: Die Prognosegüte scheint keineswegs hinter den menschlichen Experten (also den Managern und Controllern) zurückzuliegen – vielleicht auch, weil dem zugrunde liegenden mathematischen Modell politische Spiele gänzlich fremd sind. Im Reporting sind die Pioniere schon weiter, und der aufwendige Prozess ist entweder global im Shared Service zusammengefasst oder in Self-Service-Strukturen weitgehend automatisiert. Aus einer egoistischen Perspektive ist das für die Controller-Zunft eher eine schlechte Entwicklung. Bestätigt sie sich, verlieren Controller zentrale Arbeitsfelder. Digitalisierung wird dann einerseits bedeuten, dass im Controlling signifikante Kapazitäten wegbrechen – warum sollte das im Controlling auch anders sein als anderswo? Andererseits entstehen im Bereich der Analyse potenzielle neue Betätigungsfelder. Hierzu müssen sich Controller aber konsequent und schnell auf die neuen Möglichkeiten einlassen, konkurrieren und kooperieren sie doch in der Regel mit einem neuen Spieler, dem Data Scientist. Wer am Ende die einzige Quelle der Wahrheit im Unternehmen sein wird, ist bei Weitem noch nicht abschließend geklärt.

Die Digitalisierung zwingt schließlich dazu, auch die grundsätzliche Herangehensweise von Controllern infrage zu stellen. Controller sind heute die Hüter und Betreiber der Regelsteuerung. Sie beherrschen den komplexen Prozess souverän, von Forecasts bis hin zu Abweichungsanalysen. Die hohe Unsicherheit einer digitalen Disruption macht das komplexe System allerdings weitgehend obsolet. Komplexität und Dyna-

*Utz Schäffer*        *Jürgen Weber*

mik vertragen sich eben nicht. Management-Prozesse können nicht so weitgehend bürokratisiert werden wie gut planbares Regelgeschäft; die Controlling-Funktionen werden deshalb mehr von den beteiligten Managern selbst ausgeführt werden müssen, weniger von spezialisierten Controllern. Daneben muss ein Portfolio- an die Stelle des Projektdenkens treten, und die Forderung nach „No surprise!" muss durch eine Kultur des ständigen und zeitnahen Testens und Lernens ersetzt werden. Misserfolge sind dann Lernereignisse auf dem Weg zu einer tragfähigen Lösung.

In der Gesamtschau stellt die Digitalisierung das Controlling also vor signifikante Herausforderungen. Dabei ist sie Chance und Bedrohung zugleich. Noch wird die Herausforderung vielfach negiert, Controlling brauche man doch schließlich immer. Wir sagen: Ja, richtig. Transparenz, Analytik und eine Kultur des gemeinsamen Lernens waren nie so wertvoll wie heute. Aber was gute und vor allem wertstiftende Controller-Praxis ist, wird sich weiter deutlich verändern. Ein schnelles Erkennen des Handlungsdrucks ist daher ebenso erforderlich wie das Bemühen, zeitnah entsprechende Kompetenzen aufzubauen, und dies in instrumenteller und konzeptioneller Hinsicht gleichermaßen.

Sie sehen, es wird wirklich spannend. Viel Spaß bei der Lektüre wünschen Ihnen

Utz Schäffer        Jürgen Weber

# 6 | 2016

## Schwerpunkt

## Accounting & Reporting

www.springerprofessional.de/cmr

# Digitale Transformation – Controller überflüssig?

Die Größe eines Wortes stellt die relative Häufigkeit in allen Beiträgen der Rubrik Schwerpunkt dar.

Technologien
Predictive
Big Data
Produktion
Produkte
Service
Transformation
Daten
Prozesse
Analytics
Data
digital
Rolle
Analysen
Digitalisierung
Software
Dienstleistungen
Datenmengen
Kunden
Veränderungen
smart
Wertschöpfung
Unternehmenssteuerung
Geschäftsmodelle

# Schwerpunkt
## Digitale Transformation – Controller überflüssig?

# Die Digitalisierung wird das Controlling radikal verändern

Controller müssen sich in den nächsten Jahren acht zentralen Herausforderungen stellen, die die Digitalisierung mit sich bringt. Es gilt, Aufgabenprofil, Toolbox und Mindset den neuen Rahmenbedingungen anzupassen. Auf Sicht wird die Zahl der Controller drastisch zurückgehen, Controlling sich noch stärker zur Management-Philosophie entwickeln.

*Utz Schäffer, Jürgen Weber*

Für einige Jahre war die Digitalisierung primär ein Thema für transaktionale Prozesse im Backoffice und für Start-ups im Silicon Valley oder in Berlin. Im Kern gingen die Geschäfte für die meisten Unternehmen aber unverändert weiter – die Digitalisierung wurde lange Zeit nicht zum Anlass genommen, das etablierte Geschäftsmodell ganz grundsätzlich infrage zu stellen. Diese Sicht der Welt gehört nun zunehmend der Vergangenheit an – die Welle disruptiver Veränderungen kommt mit einem kaum für möglich gehaltenen Tempo auf die Wertschöpfungsketten etablierter Unternehmen zu. Und auch das Controlling kann sich diesen Veränderungen kaum entziehen.

Bis hierhin würden uns die meisten Finanzvorstände und Controller wohl ohne Zögern zustimmen. Die ganze Tragweite der Veränderungen für das Controlling wird unserer Erfahrung nach vielfach aber immer noch unterschätzt. Nur langsam reift die Einsicht, dass es bei der Digitalisierung um mehr geht als um die Standardisierung und Automatisierung transaktionsnaher Controlling-Prozesse oder den Einsatz neuer Software, die unter dem Schlagwort „Analytics" wahre Wunder verspricht. Lassen Sie es uns auf den Punkt bringen: Wir sind davon überzeugt, dass die Digitalisierung auch das Controlling grundlegend verändern wird (vergleiche Schäffer/Weber 2016). Im Folgenden wollen wir Ihnen die acht zentralen Herausforderungen, die die Digitalisierung für das Controlling mit sich bringt, kurz vorstellen (vergleiche **Abbildung 1**).

## Herausforderung 1: Daten-Management

Controller müssen kräftig in das Fundament investieren – das Management von Daten ist wichtiger denn je! Die Grundlage für die Nutzung großer digitaler Datenmengen – etwa durch Predictive Analytics oder Treiberbäume – sind granulare, fehlerfreie Roh- und Stammdaten. Liegen diese nicht vor, können alle digitalen Visionen und alle noch so schönen Tools wenig Positives bewirken („garbage in, garbage out"). Entsprechend kommt dem traditionell wenig geliebten Roh- und Stammdaten-Management im digitalen Zeitalter eine noch größere Rolle zu als bislang. Eine weitere, nicht weniger wichtige Aufgabe des Controllings liegt darin, die Konsistenz und die Kompatibilität von verschiedenen Daten- und Analysemodellen im Unternehmen sicherzustellen. Auch diese Aufgabe wird heute noch vielfach vernachlässigt. Controller müssen also im Übergang zum digitalen Zeitalter in das Fundament investieren. So toll Begriffe wie Predictive Analytics und Big Data auch klingen mögen und so groß ihr Potenzial auch sein mag, nur ein konsequentes, auf hohe Qualität gerichtetes Daten-Management macht den Weg in die schöne neue Welt frei!

Wer hat dabei die Federführung? Aus Controlling-Sicht ist die Antwort einfach: Controller müssen sicherstellen, dass die Hoheit über das Management finanzieller und nicht-finanzieller Roh- und Stammdaten im Controlling liegt. Heute sind etwa kundenbezogene Daten oft noch in der Obhut des Vertriebs, nicht-finanzbezogene Human-Resource-Daten (HR-Daten) in der Verantwortung von HR et cetera. Eine solche Praxis macht im digitalen Zeitalter aber nur noch wenig Sinn. Vor dem Hintergrund einer digita-

*Prof. Dr. Utz Schäffer*
*ist Direktor des Instituts für Management und Controlling (IMC) der WHU – Otto Beisheim School of Management.*

*Prof. Dr. Dr. h. c. Jürgen Weber*
*ist Direktor des Instituts für Management und Controlling (IMC) der WHU – Otto Beisheim School of Management.*

Utz Schäffer
WHU – Otto Beisheim School of Management,
Vallendar, Deutschland
E-Mail: utz.schaeffer@whu.edu

Jürgen Weber
WHU – Otto Beisheim School of Management,
Vallendar, Deutschland
E-Mail: juergen.weber@whu.edu

lisierungsinduzierten Integration von Daten und Prozessen stellt sich somit die Gatekeeper-Frage neu. Controller müssen dabei nicht zuletzt auch eine Antwort darauf finden, wie sie sich relativ zu neu entstehenden Data Science Centers aufstellen wollen. Dort analysieren Mathematiker, Physiker und Informatiker strukturierte und vor allem unstrukturierte Daten(berge) aus allen relevanten Wertschöpfungsbereichen des Unternehmens. Will das Controlling weiterhin der „single point of truth" im Unternehmen sein, hat das weitreichende Konsequenzen – nicht zuletzt auch für die Organisation des Daten-Managements.

### Herausforderung 2: Self-Controlling

Controller müssen die Demokratisierung des Informationszugangs vorantreiben und Manager in die Lage versetzen, den Controlling-Gedanken in die Tat umzusetzen! Drei grundlegende IT-Trends werden das, was traditionell mit Reporting umschrieben wird, grundlegend verändern. Manager sind zunehmend in der Lage, relevante Steuerungsinformationen direkt aus dem System zu ziehen (Self Service). Dies kann zudem weitgehend ortsungebunden (mobil) und aktuell (realtime) erfolgen. Im Ergebnis wird der Informationszugang ein gutes Stück demokratisiert; er kann weitgehend unabhängig vom Controlling erfolgen (vergleiche Weber/Strauß/Spittler 2012). Gleichzeitig werden Analysemöglichkeiten über „Apps" oder ähnliche Formate in höherem Maße standardisiert, als das bislang der Fall war (verglei-

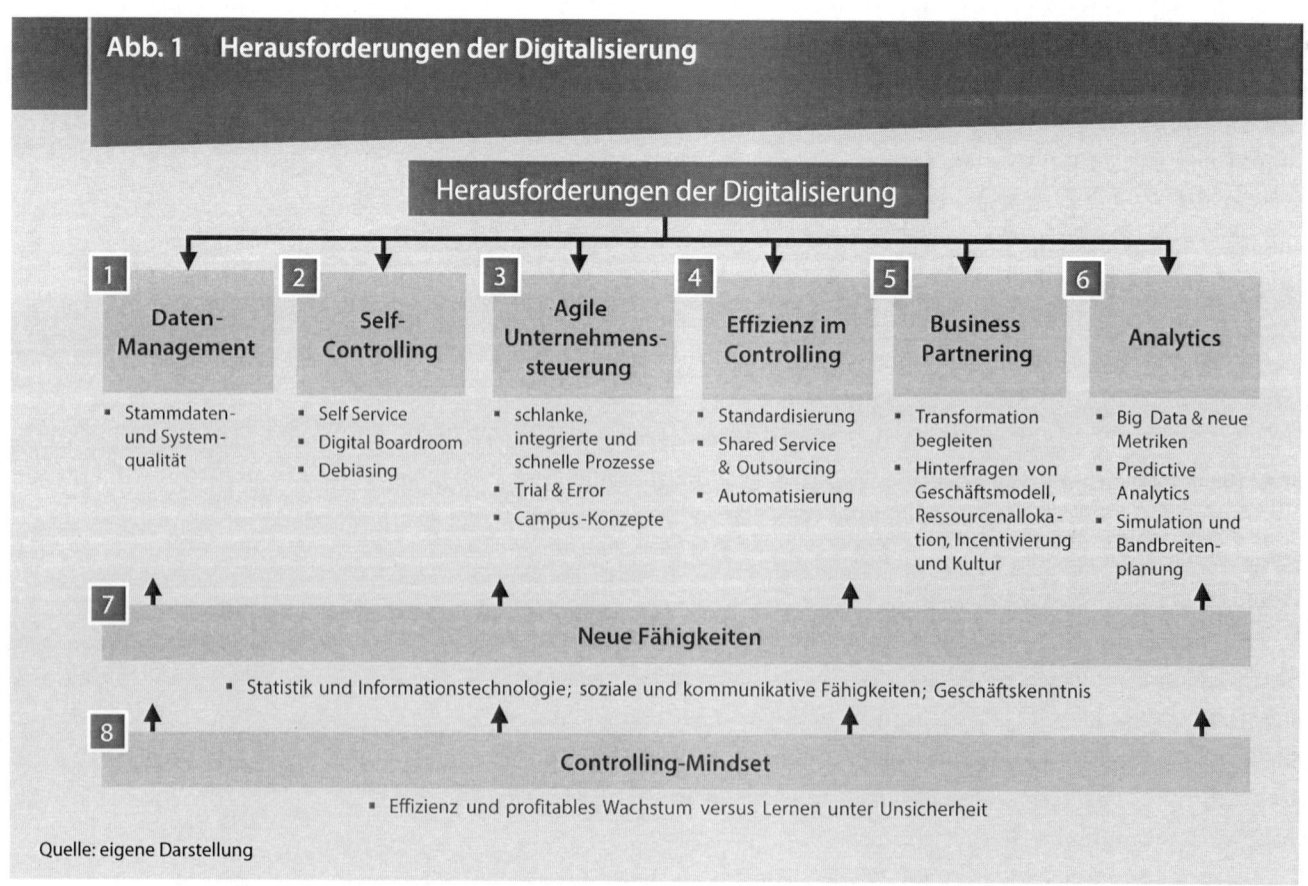

**Abb. 1    Herausforderungen der Digitalisierung**

Herausforderungen der Digitalisierung

| 1 Daten-Management | 2 Self-Controlling | 3 Agile Unternehmenssteuerung | 4 Effizienz im Controlling | 5 Business Partnering | 6 Analytics |
|---|---|---|---|---|---|
| • Stammdaten- und Systemqualität | • Self Service <br> • Digital Boardroom <br> • Debiasing | • schlanke, integrierte und schnelle Prozesse <br> • Trial & Error <br> • Campus-Konzepte | • Standardisierung <br> • Shared Service & Outsourcing <br> • Automatisierung | • Transformation begleiten <br> • Hinterfragen von Geschäftsmodell, Ressourcenallokation, Incentivierung und Kultur | • Big Data & neue Metriken <br> • Predictive Analytics <br> • Simulation und Bandbreitenplanung |

7 **Neue Fähigkeiten**

• Statistik und Informationstechnologie; soziale und kommunikative Fähigkeiten; Geschäftskenntnis

8 **Controlling-Mindset**

• Effizienz und profitables Wachstum versus Lernen unter Unsicherheit

Quelle: eigene Darstellung

che Schäffer/Weber 2015a). Werden dann noch Treiberbäume mit einem attraktiven und interaktiv nutzbaren Front End versehen (wie etwa im Digital Boardroom von SAP, vergleiche Weber 2016), bedeutet das nicht nur eine Demokratisierung des Informationszugangs; vielmehr kann auch die den Treiberbäumen zugrunde liegende Logik direkt in die Diskussion der Entscheider eingebunden werden.

*„Das Controlling muss sich in den nächsten Jahren acht zentralen Herausforderungen stellen."*

Sie sehen erneut: Controller können sich nicht länger auf ihrer etablierten Rolle als Gatekeeper zu Informationen ausruhen. Gleichzeitig werden einfache Analysen in dem Maße kaum noch als Mehrwert des Controllers wahrgenommen, in dem sie standardisiert und weitgehend personenunabhängig durchgeführt werden können. Controller sollten diese Entwicklung trotz aller möglichen Sorgen aktiv fördern und gleichzeitig die Gestaltung und Weiterentwicklung der Leitplanken für Self Services nicht aus der Hand geben. In der Rolle eines Kontextgestalters können sie weiter erheblichen Wert stiften. So gilt es insbesondere, das optimale Maß an Self Service und Realtime immer wieder zu überprüfen und anzupassen. Gleiches trifft für die den standardisierten Analysen und Treiberbäumen jeweils zugrunde liegenden Annahmen zu.

### Herausforderung 3: Agile Steuerung

Die Unternehmenssteuerung muss schlanker, integrierter und schneller – kurz: agiler werden! Die Implikationen der Digitalisierung gehen deutlich über die Demokratisierung der Informationsversorgung hinaus. Um einer digitalisierten Wertschöpfungskette gerecht zu werden, muss die Unternehmenssteuerung als Ganzes schlanker, integrierter und schneller werden. Schon heute können aus granularen Daten mithilfe von „Predictive Analytics" automatisierte Forecasts generiert werden, die häufig bereits im ersten Anlauf eine höhere Treffsicherheit als traditionell erstellte Vorhersagen haben. In dem Maße, wie die Datenverfügbarkeit in der Folge digitalisierter Geschäftsprozesse und konsequenter Einbindung externer Daten zunimmt, steigt das Potenzial solcher prädiktiver Analysen weiter an. Gleichzeitig verspricht die damit verbundene Automatisierung weiter Teile des Forecasting-Prozesses signifikante Effizienzgewinne; bislang mehr oder weniger produktiv im Forecasting gebundene Kapazitäten werden für andere Zwecke freigesetzt. Schließlich eröffnet sich die Möglichkeit, auf der Basis von so erstellten Forecasts und festgesetzten Entscheidungsparametern Preis- und Mengenanpassungen – etwa im Handel – ebenfalls automatisiert vorzunehmen. Im Ergebnis wird nicht nur der Prozess der operativen Unternehmenssteuerung in Teilen automatisiert und signifikant verschlankt, digitale Wertschöpfungsprozesse ermöglichen vielmehr auch eine weitgehend integrierte und – sofern relevant – unternehmensübergreifende Steuerung. Eine

Controller müssen die digitale Transformation des Unternehmens kritisch begleiten.

**Zusammenfassung**
- Die Digitalisierung wird in den nächsten zehn bis 20 Jahren auch das Controlling unter einen enormen Veränderungsdruck setzen.
- Controller müssen sich acht zentralen Herausforderungen stellen. Aufgabenprofil, Toolbox und Mindset werden sich grundlegend verändern (müssen).
- Die Zahl der Controller wird deutlich zurückgehen, Controlling wird sich noch stärker zur Management-Philosophie entwickeln.

## Die Positionierung des Controllings als Single Source of Truth ist in Gefahr.

solche Integration aller internen Steuerungsprozesse sowie die Integration der Planung von Zulieferern mit der eigenen Vertriebs- und Produktionsplanung hat das Potenzial, die Effizienz und die Effektivität der Steuerung noch weiter zu erhöhen. Entsprechend werden die genannten Entwicklungen dazu führen, dass Unternehmen zunehmend die Gesamtarchitektur ihrer Steuerungsprozesse infrage stellen und neue Kombinationen aus effizienzorientierter Verschlankung und Integration auf der einen Seite und intelligenten Formen der Organisation des Dialogs im Management auf der anderen Seite ausprobieren. Als Beispiel sei hier nur der Campus for Planning der Deutschen Telekom genannt (vergleiche Wilkens/Schäffer 2015).

Mit der Digitalisierung ändert sich schließlich auch der relevante Zeithorizont der Unternehmenssteuerung. Das schnelle, unterjährige Agieren auf der Basis aktueller Forecasts wird wichtiger, die Frequenz der Rückkopplungsschleifen höher. Jährliche Steuerungszyklen verlieren so tendenziell an Bedeutung. Gleichzeitig müssen Controller lernen, mit strategischer (und operativer) Unsicherheit umzugehen. Wenn etablierte Geschäftsmodelle zunehmend infrage gestellt werden und digitale Alternativen im harten Wettbewerb stehen, steigt die Unsicherheit. Die Planbarkeit des Geschäfts geht zurück. Entsprechend ist es unabdingbar, die Gültigkeit der Prämissen, die der Planung und dem Geschäftsmodell zugrunde liegen, laufend zu überprüfen und eine kontrollierte Trial-and-Error-Kultur zu entwickeln (nach dem Motto: „Wenn es weniger als 50.000 Euro sind, mach es einfach!"). Die Etablierung einer solchen Kultur erfordert aber nicht nur eine Überprüfung der etablierten Genehmigungsschwellen, sondern auch eine kritische Auseinandersetzung mit der gewünschten Risikoneigung (vergleiche auch Rickards et al. 2015). Auch müssen klare Spielregeln entwickelt werden, die die enge Taktung von Versuch und Irrtum und ein Switch-on/Switch-off-Denken erst ermöglichen. Gerade große Unternehmen tun sich heute beim schnellen Abschalten eines einmal initiierten Projekts eher schwer.

*„Die ganze Tragweite der Veränderungen wird vielfach immer noch unterschätzt."*

### Herausforderung 4: Effizienz im Controlling

Die Digitalisierung muss konsequent zur Effizienzsteigerung im Controlling genutzt werden! Die Digitalisierung bringt also zum einen die Forderung nach einer schlanken, integrierten und reaktionsfähigen Unternehmenssteuerung mit sich. Zum anderen ermöglichen das bereits erwähnte Automatisierungspotenzial in der Unternehmenssteuerung sowie die globale Standardisierung und Zentralisierung von Controlling-Prozessen enorme Effizienzsprünge in der Finanzfunktion. In der Folge beider eng miteinander verbundenen Entwicklungen entfällt ein Großteil der traditionellen Entlastungsaufgaben von Controllern, und diese können sich – so zumindest die häufig zu hörende Rhetorik – höherwertigen Aufgaben zuwenden.

In der Regel werden die Effizienzgewinne aber eher realisiert (werden) und sind fester Bestandteil des Business Cases von Shared Service Centers.

Wo dabei die Grenzen der Standardisierung wirklich liegen, kann als weitgehend offene Frage betrachtet werden. Sicher ist, dass sie in der Praxis der Pionierunternehmen weiter gespannt werden, als man das noch vor fünf

*„Das automatisierungsbedingte Wegfallen vieler Tätigkeitsprofile im Controlling führt zu neuen Karrierewegen für Controller.“*

oder zehn Jahren für möglich gehalten hätte, und dass auch zunächst unverdächtige Aktivitäten wie das Anfertigen spezieller Analysen davor nicht gefeit sind (vergleiche Schäffer/Weber 2015a): Haben Sie sich schon einmal gefragt, wie viele grundlegend verschiedene Typen von Anfragen und Analysen es bei Ihnen wirklich gibt? Und wie viel handwerkliche Verzierung wirklich nötig, wie viel der Gewohnheit und den Präferenzen einzelner Akteure geschuldet ist?

In jedem Fall führen das automatisierungsbedingte Wegfallen vieler Tätigkeitsprofile im Controlling einerseits sowie die Existenz von Shared Service Centern und Centers of Expertise andererseits zu neuen Karrierewegen für Controller und möglicherweise auch zu einem neuen Selbstverständnis der Profession. Eine noch stärkere Fokussierung auf Ergänzungsaufgaben – das Business Partnering – erscheint trotz und wegen der genannten Bedrohung als einzig gangbarer Weg für die Zukunft.

### Herausforderung 5: Business Partnering

Als Business Partner muss der Controller die digitale Transformation des Unternehmens konstruktiv-kritisch begleiten! Betrachtet man die Rolle als Business Partner im Zeitalter der digitalen Transformation näher, lassen sich mehrere Aspekte unterscheiden.

In der Phase der Annäherung an die digitale Transformation muss das Controlling die relative Ressourcenallokation auf digitale versus analoge Geschäftsfelder prüfen und gegebenenfalls Veränderungen einfordern. Der Balanceakt ist nicht einfach, gilt es doch, die digitale Transformation energisch voranzutreiben und gleichzeitig die kurzfristige Profitabilität hinreichend hochzuhalten. Gleichzeitig gilt es, das Unternehmen auf dem schmalen Grat zwischen ditigalem Aktionismus und einem hinreichend großen Verständnis für die Dringlichkeit der grundlegenden Veränderung auszusteuern. Szenarioanalysen können dabei helfen, die Implikationen disruptiver Veränderung zu verdeutlichen.

Besteht bereits eine gewisse Parallelität traditioneller und digitaler Geschäftsmodelle, ergeben sich daraus zusätzliche Herausforderungen für die Unternehmenssteuerung. Insbesondere gilt es zu verhindern, dass falsche Steuerungsanreize die Transformation behindern. Die richtige Allokation der digitalen Umsätze und veränderungsfreundliche Anreize für die tradi-

> Die Digitalisierung im Controlling selbst darf nicht auf Big Data, Analytics und Kosteneinsparungen reduziert werden.

tionelle Organisation sind nur zwei wichtige Punkte, auf die Controller in diesem Zusammenhang achten müssen.

Parallel dazu muss in vielen Fällen ein grundlegender Kulturwandel erfolgen: Will ein Unternehmen in einem Kontext hoher Unsicherheit und digitaler Transformation erfolgreich sein, muss eine Kultur des offenen Informationsaustauschs und der konstruktiven Kritik im Unternehmen vorherrschen und gegebenenfalls an die Stelle von politisch geprägtem Austausch und hierarchischem Silodenken treten. Instrumenten- und prozessbasierte Lösungen

*„Die digitale Transformation verstärkt zusätzliche Veränderungstreiber wie die Volatilität der Geschäftsmodelle und die Globalisierung der Wertschöpfung."*

mögen notwendig und hilfreich sein, der zentrale Treiber im Umgang mit Volatilität (vergleiche Schäffer/Weber 2015b) und digitaler Veränderung ist aber eine offene Performance-Kultur. Gerade Controller müssen hier mit gutem Beispiel vorangehen und als Business Partner ihre ureigenen Markenzeichen Transparenz und konstruktive Kritik ins Unternehmen tragen.

### Herausforderung 6: Analytics

Controller müssen das analytische Potenzial ihres Unternehmens stärken! Will der Controller auch in einem digitalen Kontext als Business Partner ernst genommen werden, darf er sich nicht auf Small Data beschränken. Vielmehr muss er auch die Analyse von Big Data hinreichend beherrschen. Das erfordert ein methodisches Rüstzeug, das über die Inhalte einführender Controlling-Lehrbücher und die Fähigkeiten der meisten Controller deutlich hinausgeht. Controller müssen daher im Zeitalter der Digitalisierung auch ihr Kompetenzprofil in Statistik und Informationstechnologie weiterentwickeln, ein „Weiter so" wäre wenig zielführend.

Mit Blick auf den neuen Berufsstand des Data Scientists stellen sich ganz grundlegende organisatorische Fragen: Sind Data Science Center Teil der Controlling-Organisation oder stehen sie daneben, etwa als Teil der IT? Wird Big Data in einer zentralen Einheit analysiert oder dezentral in einer Landesgesellschaft? Und wie gehen kleinere Unternehmen mit dem Thema um? Unser Eindruck: Controller haben sich mit diesen Fragen bislang kaum auseinandergesetzt, sie sehen Big Data in der Regel noch als Marketing- und Supply-Chain-Thema. Die Implikationen für die Unternehmenssteuerung werden nur eingeschränkt gesehen. Entsprechend strebt auch die gängige Rhetorik (nur) nach einer Zusammenarbeit auf Augenhöhe: Controller müssen danach all die statistischen Methoden gar nicht im Detail beherrschen. Vielmehr reiche es völlig aus, dass sie die richtigen Fragen stellten, hinreichendes Überblickswissen hätten und die Sprache der Data Scientists beherrschten. Nur: Wo bleibt dann der Mehrwert der Controller? Was hält den Manager davon ab, sich gleich direkt an den Data Scientist zu wenden?

Die Digitalisierung der Wertschöpfungskette geht neben einem Mehr an Daten mit einer erhöhten Unsicherheit der Umwelt einher. Auch dies hat nicht zu vernachlässigende Implikationen für die Toolbox der Controller. In dem Maße, wie dann eine präzise und punktgenaue Vorausschau nicht mehr sinnvoll erscheint, sollten im Forecast Bandbreiten und Wahrscheinlichkeiten an die Stelle von Punktlandungen, Simulationen an die Stelle von Planung unter (vermeintlicher) Sicherheit treten. Die Güte eines Forecasts sollte sich dann auch nicht mehr am genauen Erreichen des prognostizierten Werts, sondern am Einhalten eines sinnvollen und je nach Geschäftsmodell mehr oder weniger breiten Korridors sowie am Vermeiden systematischer Fehler orientieren (vergleiche Morlidge/Player 2010). Controller müssen beide Entwicklungen gleichermaßen fördern und kritisch begleiten. So sind Treiberbäume nicht nur hilfreich; sie werden im Kontext großer Unternehmen auch schnell sehr komplex. Dies führt einerseits dazu, dass nach einiger Zeit kaum noch jemand die zugrunde liegenden Details und Annahmen überblickt. Andererseits werden diese in einem Zeitalter ständiger Veränderungen schnell obsolet und können dann zum Bremsklotz werden. Und auch ein Denken in Bandbreiten und Simulationen kann politische Prozesse bei schlechter Performance nicht vermeiden, sondern allenfalls verlagern. Rationalitätssicherung im Transformationsprozess tut in beiden Fällen not.

## Herausforderung 7: Neue Fähigkeiten

Controller müssen ihr Kompetenzprofil weiterentwickeln! Eine Rolle als Business Partner in einem zunehmend digitalen Kontext setzt eine ganze Reihe wichtiger Fähigkeiten voraus. Neben einem vertrauten Umgang mit Zahlen und den traditionellen Anforderungen an System- und Methodenkenntnis gewinnen Kenntnisse in Statistik und Informationstechnologie, soziale und kommunikative Fähigkeiten sowie ein solides Verständnis des Geschäfts an Bedeutung (vergleiche auch Gänßlen et al. 2013). Die Anforderungen an das Kompetenzprofil des Controllers wachsen weiter.

## Herausforderung 8: Controlling-Mindset

Controller müssen ihre ureigenen Denkmuster infrage stellen! Das Denken von Controllern ist heute regelmäßig auf Effizienz und profitables Wachstum ausgerichtet. Das ist im Grundsatz nicht falsch und seit vielen Jahren ein Erfolgsrezept der Profession. Das Problem liegt darin, dass die damit verbundene Entscheidungs- und Steuerungslogik in vergleichsweise stabilen Kontexten hervorragend funktioniert, aber nicht mit disruptiven Veränderungen zurechtkommt (vergleiche Christensen 1997) und somit die digitale Transformation eher behindert. Denken in Effizienz und profitablem Wachstum fördert inkrementelle Innovationen, die auf die Sicherung bestehender Geschäftsmodelle gerichtet sind. Das rechtzeitige Schaffen der Voraussetzungen, um die digitale Zukunft anzugehen, wird so aber nicht unterstützt (ver-

Controller müssen ihr Aufgabenprofil und das tradierte Controlling-Mindset ganz grundlegend infrage stellen!

gleiche Christensen 1997). Gerade wenn Controller ihren erlernten Job gut machen, drohen sie den digitalen Herausforderungen nicht gerecht zu werden. In Anlehnung an Clayton Christensen möchten wir hier vom Dilemma des Controllers in Zeiten der digitalen Transformation sprechen.

Controller müssen daher lernen, besser mit strategischer (und operativer) Unsicherheit umzugehen. Dabei können die oben erwähnten Tools hilfreich sein. Auf den Punkt gebracht gilt es aber, vom Denken in Jahresscheiben zur Projektbetrachtung, von der Einzelmaßnahme zur Portfolioperspektive, vom Denken in Sicherheit zu einer Trial-and-Error-Kultur zu kommen. Für die meisten Controller wahrlich kein leichter Schritt!

### Fazit

Fassen wir zusammen: Die Digitalisierung setzt auch und gerade das Controlling unter einen enormen Veränderungsdruck. Sie verändert die Spielregeln und verstärkt ihrerseits zusätzliche Veränderungstreiber wie die Volatilität der zugrunde liegenden Geschäftsmodelle und die Globalisierung der Wertschöpfung. Im Ergebnis stehen im Controlling disruptive Veränderungen vor der Tür. Entsprechend wäre es fatal und geradezu fahrlässig, die Digitalisierung auf Kosteneinsparungen, Big Data und Analytics zu reduzieren und damit die kulturelle Komfortzone des Controllers nicht zu verlassen. Ebenso falsch wäre es, die Transformation der digitalen Wertschöpfungsprozesse im Unternehmen dem Chief Digital Officer (vergleiche

*„Die Digitalisierung verändert die Spielregeln."*

Rickards et al. 2015) zu überlassen und sich auf die Kontrolle entsprechender Budgets und das bewährte Geschäft der Regelsteuerung des etablierten Geschäftsmodells zu beschränken. Beides würde das Controlling auf den Weg in die sichere Bedeutungslosigkeit schicken!

Die Notwendigkeit zur Anpassung geht tiefer und umfasst ein Umdenken für alle Controller. Grundlegende Veränderungen des Geschäftsmodells machen die Interaktion mit dem Management noch herausfordernder und eine Rolle als Business Partner noch alternativloser. Sie sind zudem nur sehr eingeschränkt planbar und mit einer going-concern-orientierten Regelsteuerung traditioneller Prägung nicht zu machen. Ganz im Gegenteil: Eine einseitig an Effizienz und profitablem Wachstum in Jahresscheiben orientierte Entscheidungslogik wird in einem Zeitalter disruptiver Veränderung schnell obsolet und kontraproduktiv. Controller müssen daher lernen, mit strategischer (und operativer) Unsicherheit umzugehen. Dabei werden sich etablierte Geschäftsmodelle in der Regel nicht von heute auf morgen verändern; die Veränderung ist zunächst häufig ein langsamer, gewissermaßen schleichender Prozess. Entsprechend gilt es, zwei fundamental unterschiedliche Steuerungsphilosophien produktiv miteinander zu verbinden. Eine Kultur des Probierens und Lernens muss an die Seite von Fehlervermeidung und Sicherheit treten. Wahrlich keine leichte Aufgabe!

*Literatur*

Christensen, C. M. (1997): The Innovator's Dilemma – The Revolutionary Book That Will Change the Way You Do Business, Boston.

 * Gänßlen, S./Losbichler, H./Niedermayr, R./Rieder, L./Schäffer, U./Weber, J. (2013): Die Kernelemente des Controllings: Das Verständnis von ICV und IGC, in: Controlling & Management Review, 57 (3), S. 56-61. www.springerprofessional.de/link/6404458

Morlidge, S./Player, S. (2010): Future Ready – How to Master Business Forecasting, Chichester.

Rickards, T./Smaje, K./Sohoni, V. (2015): 'Transformer in Chief': The New Chief Digital Officer, McKinsey & Company, September, http://www.mckinsey.com/business-functions/organization/our-insights/transformer-in-chief-the-new-chief-digital-officer (letzter Abruf: 20.09.2016).

Schäffer, U./Weber, J. (2015a): Controlling im Wandel – Die Veränderung eines Berufsbilds im Spiegel der zweiten WHU-Zukunftsstudie, in: Controlling – Zeitschrift für erfolgsorientierte Unternehmenssteuerung, 27 (3), S. 185-191.

Schäffer, U./Weber, J. (2015b): Cultivating a Controlling Culture – The Key to Handling Volatility Successfully, in: Cost Management, 29 (3), S. 6-11.

Schäffer, U./Weber, J. (2016): Der Computer prognostiziert sehr gut, in: Frankfurter Allgemeine Zeitung, 24. Oktober 2016, S. 16.

 * Weber, J. (2016): „Wir ziehen Daten live und in Farbe raus, um sie im System darzustellen". Im Dialog mit Rouven Morato (SAP SE), in: Controlling & Management Review, 60 (Sonderheft 1), S. 24-30. www.springerprofessional.de/link/10060422

 * Weber, J./Strauß, E./Spittler, S. (2012): Controlling & IT: Wie Trends und Herausforderungen der IT die Controllingfunktion verändern, in: Zeitschrift für Controlling und Management (ZfCM), 56 (2), S. 105-109. www.springerprofessional.de/link/6403120

Wilkens, M./Schäffer, U. (2015): Mit dem Campus plant es sich schneller, in: Frankfurter Allgemeine Zeitung, 17. August 2015, S. 16.

* Abonnenten des Portals Springer Professional haben kostenfrei Zugriff.

**Reinhold Achatz im Dialog mit Utz Schäffer**

# „Das Controlling muss unternehmerisch denken und agieren"

Die letzten Jahre waren für die Thyssenkrupp AG nicht einfach. Umso größer ist die Herausforderung, will der Konzern in Zeiten der digitalen Transformation weiter in der oberen Liga spielen. Für den Chief Technology Officer ist das Controlling ein wichtiger Begleiter, wenn es um Entscheidungen für oder gegen digitale Innovationen geht. Es hilft, die richtigen Prioritäten zu setzen.

*Dr. Reinhold Achatz*

*ist Chief Technology Officer und Leiter der Corporate Function Technology, Innovation and Sustainability bei der Thyssenkrupp AG in Essen. In dieser Funktion ist er konzernweit und global für die Innovations- und Nachhaltigkeitsthemen von Thyssenkrupp zuständig. Seine Schwerpunkte liegen auf zukunftsorientierten Projekten, der Nutzung von technologischen Synergien im Konzern und der Prozessverbesserung. Vor seinem Wechsel zu Thyssenkrupp im Jahr 2012 war Reinhold Achatz in verschiedenen Management-Funktionen bei der Siemens AG tätig, zuletzt als Leiter der globalen Forschung. Er ist in einer Reihe von Organisationen und Institutionen aktiv, unter anderem im deutschen Wissenschaftsrat, in Kuratorien der Fraunhofer- und der Max-Planck-Gesellschaft, als Vorstand des Industrial Data Space e. V. und als Mitglied des Vorstands des Ausschusses für Forschung, Innovation und Technologie des BDI.*

Herr Dr. Achatz, die Bedeutung der Themen „Digitalisierung" und „Industrie 4.0" kann man für einen Industriekonzern wie Thyssenkrupp wahrscheinlich nicht hoch genug einschätzen. Wie weit ist Thyssenkrupp bei der digitalen Transformation?

**Achatz:** Wir sind mittendrin, aber lassen Sie mich zunächst sagen: Niemand braucht die digitale Transformation, …

…das überrascht mich jetzt …

**Achatz:** …, solange sie keinen zusätzlichen Wert generiert. Dieser zweite Teil der Aussage ist mir sehr wichtig und zentral dafür, wie wir diese Themen bei Thyssenkrupp angehen. Als Ingenieur bin ich naturgemäß von einer Vielzahl von neuen Technologien begeistert; der Einstieg in die digitale Transformation sollte aber gerade nicht zuerst über Technologien erfolgen. Es geht vielmehr um neue Geschäftsmodelle, zusätzlichen Kundennutzen und effizientere Abläufe. Für uns sind es drei Elemente, die über den Erfolg der digitalen Transformation entscheiden: erstens das Internetgeschäft, zweitens Industrie 4.0 und drittens Big Data und Predictive Analytics.

Das Internetgeschäft verbinden wahrscheinlich nur wenige Leser mit Thyssenkrupp. Was machen Sie dort genau?

**Achatz:** In unserer Business Area Material Services ist es bereits seit einigen Jahren in den USA möglich, Material aus Metall und Kunststoff online zu bestellen und zu sich nach Hause liefern zu lassen. Seit diesem Jahr bieten wir diesen Service auch in Deutschland an. Der direkte Zugang zum Endkunden ist für uns von großer Bedeutung. Wir wollen

*„Die Digitalisierung bringt einen dazu, die Welt zu sortieren."*

nicht, dass sich jemand zwischen uns und unseren Kunden schiebt, zum Beispiel mit einer Plattform, wie es in anderen Industrien bereits geschehen ist. Der Kunde ist es heute einfach gewohnt, rund um die Uhr bestellen zu können. Die Lieferung erfolgt je nach Größe und Menge über unsere etablierte Logistik oder über Logistikpartner. Die Digitalisierung bringt einen dazu, die Welt zu sortieren: Wer ist Wett-

bewerber? Wer ist Partner? Wobei selbst Wettbewerber in bestimmten Bereichen Partner sein können.

Führt die Preistransparenz, die durch den Online-Handel geschaffen wird, nicht zu niedrigeren Margen?

**Achatz:** Schon davor gab es Preistransparenz. Es gibt eben nur vier bis fünf große Anbieter, und die konnte der Kunde auch vorher anrufen, um einen möglichst geringen Preis zu zahlen. Die Plattform generiert zudem zusätzlichen Umsatz und kannibalisiert nicht einfach nur das „klassische" Geschäft. Das

### Thyssenkrupp AG

ist ein diversifizierter Industriekonzern mit traditionell hoher Werkstoffkompetenz und einem wachsenden Anteil an Industriegüter- und Dienstleistungsgeschäften. Über 155.000 Mitarbeiter erwirtschafteten in knapp 80 Ländern im Geschäftsjahr 2014/2015 einen Umsatz von rund 43 Milliarden Euro. Gemeinsam mit seinen Kunden entwickelt das Unternehmen in den Anwendungsfeldern Mechanik, Anlagenbau und Werkstoffe wettbewerbsfähige Lösungen für die Herausforderungen der Zukunft. Mit seiner Ingenieurkompetenz ermöglicht Thyssenkrupp seinen Kunden, innovative Produkte wirtschaftlich und ressourcenschonend herzustellen.

Online-Geschäft hat heute noch keinen großen Anteil, aber langfristig wird sich die Plattform durchsetzen. Als End-to-End-Lösung bietet sie einfach zu viele Vorteile für den Kunden und für uns. Der Controller interessiert sich beispielsweise für die Chancen zur Optimierung der Logistikkette, die sich daraus ergeben. Wir sind zwar nicht die Einzigen, die solch eine Plattform etablieren wollen, aber wir sind überzeugt, den Kunden die beste Lösung anbieten zu können.

Bei Industrie 4.0 denke ich zuerst an Effizienzsteigerungen durch die vollständige Vernetzung der Produktion. Gibt es denn ein aktuelles Beispiel bei Thyssenkrupp, von dem Sie berichten können?

**Achatz:** Ein wirklich neues Thema ist die horizontale Integration mit unseren Lieferanten und Kunden. Nehmen Sie als Beispiel die Hoesch Hohenlimburg GmbH in Hagen, die Mittelband – warmgewalzten Bandstahl – produziert und zu unserer Business Area Steel Europe gehört. Der Kunde, zum Beispiel aus der Automobilindustrie, bestellt direkt im gemeinsamen System und gibt dort die gewünschten Spezifikationen ein. Aufgrund dieser Anforderungen werden die Brammen von unserem Lieferanten produziert, die wir zur Herstellung des Mittelbands benötigen. Wenn die Brammen das Hüttenwerk des Lieferanten verlassen, wissen wir genau, wo jede von ihnen auf dem Zug liegt und für welchen Kunden sie bestimmt ist. Dieser kann noch bis unmittelbar vor Produktionsbeginn bei uns die definierten Walzparameter verändern. Der Kunde hat vollständige Transparenz und Flexibilität. Durch die digitale Steuerung

und Vernetzung sind wir in der Lage, seine Aufträge innerhalb von 48 Stunden abzuschließen. Wenn Sie sich vergegenwärtigen, dass es sich um Produkte handelt, die mehrere Tonnen wiegen, und nicht um übliche Paketsendungen, wird die logistische Herausforderung deutlich, die hier bewältigt wird.

Bei dem dritten Element, das Sie genannt hatten, Big Data und Predictive Analytics, sollte man meiner Erfahrung nach nicht unterschätzen, wie viel Vorarbeit erforderlich ist, um die dafür notwendige Datenqualität zu erreichen. Teilen Sie diese Einschätzung?

**Achatz:** Absolut. Die Reduktion der IT-Systeme und die Harmonisierung von Daten und Prozessen haben für uns eine hohe Priorität. In der Vergangenheit waren wir als Konzern sehr dezentral aufgestellt. Umso größer ist für uns nun die Herausforderung, zu einheitlichen Standards zu kommen. Aktuell gibt es bei uns zwei sehr große Initiativen: Mit „unITe" streben wir an, nur noch fünf Clouds in fünf Regionen zu haben. Dagegen zielt „daproh" auf die Harmonisierung unserer Daten und Prozesse.

Läuft man in einem ehemals so stark dezentral aufgestellten Konzern wie Thyssenkrupp mit seinen vielen unterschiedlichen Geschäftsfeldern bei so einer Standardisierungsinitiative nicht Gefahr, beim kleinsten gemeinsamen Nenner zu enden?

**Achatz:** Die Standardisierung von Controlling- und Accounting-Daten ist vergleichsweise einfach. Schwieriger ist es

sicherlich bei anderen Themen. Ich bin ja nicht nur für Technologie und Innovation verantwortlich, sondern auch für Nachhaltigkeit – übrigens ein wichtiger Bestandteil unserer Innovationsstrategie. Um hier angemessen steuern zu können, brauche ich natürlich Daten, beispielsweise über den

*„Es geht um neue Geschäftsmodelle, zusätzlichen Kundennutzen und effizientere Abläufe."*

Wasser- und Stromverbrauch, die konzernweit einheitlich vorliegen müssen. Umgekehrt gibt es Bereiche, wo unsere Business Areas spezifische Anforderungen haben. Letztlich geht es darum, nicht einfach etwas zu machen. Man muss das Richtige machen. Dies gilt genauso für die Verknüpfung interner mit externen Datenquellen. Und wenn die Daten in der erforderlichen Menge – weswegen man frühzeitig mit dem Sammeln anfangen sollte – und Qualität vorliegen, beginnt die Arbeit beim Thema Big Data und Predictive Analytics ja erst …

…, um neue Erkenntnisse zu gewinnen.

**Achatz:** Genau. In unserer Aufzugssparte kooperieren wir beispielsweise mit Microsoft bei der Datenanalyse, um die Effizienz bei Wartung und Service zu steigern. Hierzu haben wir die sogenannte „Blue Box" entwickelt, die für jeden Aufzug alle Komponenten überwacht, relevante Parameter aufzeichnet und in die Cloud sendet. Mittels Algorithmen, die aus der Internet-Welt stammen, werden die Daten analysiert. Damit ist es uns möglich, frühzeitig zu erkennen, wann ein Aufzug auszufallen droht. Wir können dann rechtzeitig einen Techniker schicken.

Sie brauchen also demnächst keine Call Center mehr?

**Achatz:** Zumindest deutlich weniger. Außerdem haben wir zufriedenere Kunden, wenn der Aufzug nicht ausfällt – typischerweise in einem ungünstigen Moment. Und nicht zuletzt können wir unsere Techniker effizienter einsetzen, wenn wir sie nicht erst losschicken, wenn der Aufzug schon ausgefallen ist und wir sofort reagieren müssen. Der nächste Schritt wäre daher, Verkehrsdaten zu integrieren und unsere Leute dann zum Kunden zu schicken, wenn auf den Straßen gerade wenig los ist und sie nicht im Stau steckenbleiben.

Wie sieht es mit dem Thema Datensicherheit aus, insbesondere wenn Sie verstärkt mit Partnern zusammenarbeiten und Daten austauschen?

**Achatz:** Datensicherheit ist von enormer Bedeutung und eine wesentliche Voraussetzung – ebenso wie Vertrauen. Nur so können solche Modelle der digitalen Vernetzung und Steuerung funktionieren, wie im Beispiel aus unserem Stahlbereich.

## „Entscheidend ist die enge Kooperation zwischen dem Controlling und den Technikverantwortlichen."

Weil ich fest davon überzeugt bin, dass hier ein großes Potenzial liegt, engagiere ich mich ja auch in der Initiative „Industrial Data Space", welche von der Fraunhofer-Gesellschaft und der Bundesregierung initiiert wurde. Ziel der Initiative ist es, weltweit einheitliche Regeln und Standards zu etablieren, die einen Datenaustausch über Unternehmensgrenzen hinweg ermöglichen und befördern.

Welche Rolle spielt denn das Controlling bei der digitalen Transformation von Thyssenkrupp?

**Achatz:** Wie allgemein bekannt ist, bewegen wir uns seit einiger Zeit in einem schwierigen wirtschaftlichen Umfeld. Wir müssen uns daher die Frage stellen, was wir machen und was wir nicht machen. Hier ist das Controlling natürlich ein wichtiger Begleiter von Innovationen und digitaler Transfor-

mation. Als solcher muss es unternehmerisch denken und agieren.

Können Sie ein Beispiel nennen?

**Achatz:** Bei elektrischen Lenksystemen haben wir mittlerweile sehr gut gefüllte Auftragsbücher. Dafür waren aber hohe Vorabinvestitionen notwendig. Wenn da das Controlling mit einer reinen Budgetsicht rangeht, macht man solche Investitionen nicht, die heute wehtun, aber den Erfolg in fünf Jahren sichern.

Wie haben Sie die Felder identifiziert, in die Thyssenkrupp trotz der begrenzten Mittel verstärkt investiert?

**Achatz:** Wir haben uns gefragt, wie die Welt nicht in fünf, sondern in 20 Jahren aussieht. Was sind die globalen Trends, und was bedeutet das für die Geschäftsfelder, in denen wir aktiv sind? Darauf aufbauend haben wir uns entschieden, ob wir investieren oder uns von Geschäften trennen wollen.

## „Es ist wichtig zu verstehen, dass die digitale Revolution längst begonnen hat."

In meiner früheren Tätigkeit bei Siemens haben wir das auch getan und waren nah dran mit unserer Vorhersage, was viele Entwicklungen angeht. Beispielsweise haben wir vor zehn Jahren die aktuellen Trends in der Automobilindustrie recht gut prognostiziert. Bei Thyssenkrupp haben wir bereits seit Längerem eine klare Strategie. Das sehen Sie auch daran, dass wir bei Vorträgen seit Jahren immer das gleiche Chart zu unserer Strategie zeigen. Diese Kontinuität ist wichtig, wenn man ein Unternehmen nachhaltig entwickeln und zukunftsfähig machen will. Entscheidend ist hier das Commitment unseres Vorstands und insbesondere unseres CEOs Dr. Heinrich Hiesinger, diese Zukunftsthemen anzugehen, auch in finanziell nicht einfachen Zeiten. Ich sage aber immer: „Eine Transformation ist keine Addition." Wenn wir etwas Neues machen, dann stellt sich eben umgekehrt die Frage, was wir an einer anderen Stelle nicht mehr tun.

Wie funktionieren das Controlling von Innovationen und die Zusammenarbeit mit dem Controlling bei Thyssenkrupp?

**Achatz:** Wir leben die Matrix. Ich habe bei mir im Bereich einen Controller sitzen, der an unseren Konzern-Controlling-Leiter Philipp Conze berichtet, aber ebenfalls in einer sogenannten „dotted line" an mich. Der Controller ist zwar nicht bei jedem Meeting dabei – zum Beispiel wenn es um rein technische Fragen geht –, aber immer dann, wenn es um finanzielle Themen geht, sitzt der Controller mit am Tisch. Ich empfinde diese frühzeitige Einbindung des Controllings als wertvolle Unterstützung. Die Zusammenarbeit läuft wirklich gut. Das liegt aber ehrlicherweise nicht nur an der Organisation der Zusammenarbeit, sondern ist eben – wie in vielen anderen Bereichen auch – personenabhängig.

*Wo sehen Sie generell den Beitrag des Controllings bei der digitalen Transformation?*

**Achatz:** Entscheidend ist hier die enge Kooperation zwischen dem Controlling und den Technikverantwortlichen. Sie müssen einen Kompromiss finden. Dabei sollte die Diskussion über das angemessene Verhältnis von Kosten und Nutzen – vor allem für den Kunden – im Vordergrund stehen.

*Was können Sie anderen Unternehmen mit auf den Weg geben, die bei der digitalen Transformation noch ganz am Anfang stehen?*

**Achatz:** Es ist wichtig zu verstehen, dass die digitale Revolution längst begonnen hat und alle Bereiche eines Unternehmens verändern wird. Ich kann daher nur empfehlen, einfach mal zu starten, auch wenn noch nicht alle Schritte im Voraus planbar sind. Hier gilt das amerikanische Motto „Learning by Doing".

*Herr Dr. Achatz, ich bedanke mich sehr für das Gespräch.*

Das Gespräch führte Prof. Dr. Utz Schäffer, Direktor des Instituts für Management und Controlling (IMC) der WHU – Otto Beisheim School of Management in Vallendar und Mitherausgeber der Controlling & Management Review.

# Die digitale Transformation der Wertschöpfung

Die unternehmerische Wertschöpfung verändert sich gerade nachhaltig. Lineare, starre Wertschöpfungsketten werden zunehmend durch kooperative, dynamische Netzwerke abgelöst, in denen Geschäfts- und Produktionsprozesse neu organisiert werden. Das Controlling muss umdenken, um dem Management die notwendige Entscheidungsbasis zur Verfügung stellen zu können.

*Gordon Müller-Seitz, Florian Beham, Tobias Thielen*

Die digitale Transformation hat schon jetzt die Art und Weise der Menschen zu leben, zu lernen und zu arbeiten grundlegend verändert. Unternehmen eröffnet sie beispielsweise, sich simultan sowohl in der digitalen als auch in der realen Welt bewegen zu können. So ist es keine Seltenheit mehr, dass Unternehmen statt mit reellen Produkten auch mit Daten handeln oder die eigenen Produkte von ihren Kunden sogar selbst produzieren und vermarkten lassen. Durch diese neue Bewegungsfreiheit werden Produkte, Dienstleistungen und unternehmerische Prozesse sowohl physisch wie auch virtuell erleb- und beeinflussbar. Gleichzeitig entstehen durch die zunehmende Datenverfügbarkeit sowie den hohen Vernetzungsgrad von Unternehmen neue Zukunftsperspektiven, die Auswirkungen auf die unternehmerische Wertschöpfung und das Controlling haben.

Grundsätzlich kann die Wertschöpfung nicht nur als Ergebnis des unternehmerischen Leistungsprozesses betrachtet, sondern auch zur Beschreibung des Prozessablaufs selbst herangezogen werden. Will ein Unternehmen seine Wertschöpfung steigern, ist es darauf angewiesen, für seine Leistungen am Markt höhere Preise zu erzielen oder die Kosten für seine Vorleistungen zu reduzieren. Das Management hat mit Blick auf die angestrebte Wertsteigerung die zentrale Aufgabe, die im Unternehmen ablaufenden Teilaktivitäten zu strukturieren und in einer Wertschöpfungskette plastisch zusammenzufassen (vergleiche Porter 1986). Hauptaugenmerk liegt dabei auf den einzelnen betrieblichen Teilaktivitäten und deren prozessualem Zusammenwirken. Die einzelnen unternehmerischen Teilprozesse werden dabei so gestaltet, dass sie hinsichtlich des Kundennutzens effektiver oder kostengünstiger durchgeführt werden können als bei den Wettbewerbern (vergleiche Smith 1989, S. 70 ff.). In diesem Zusammenhang kann die Wertschöpfungskette als eine lineare, eng verzahnte Abfolge von Prozessen betrachtet werden, deren Merkmal ein ununterbrochenes Fließen – vom Lieferanten bis zum Kunden – ist (vergleiche D`heur 2014, S. 5 f.). Durch das zunehmende Auftreten von Informations- und Kommunikationstechnologien (IuK) erfährt dieses Verständnis allerdings einen Wandel. Wertschöpfung findet unter Einfluss der Digitalisierung nicht mehr länger nur sequenziell und zeitversetzt statt, sondern vernetzt in kommunizierenden und flexibel aufeinander abgestimmten Prozessen. Der traditionelle lineare Wertschöpfungsprozess verändert sich. Ausschlaggebend dafür sind vier Trends, die infolge der digitalen Transformation zunehmend an Bedeutung gewinnen: smarte Produktion, smarte Prozesse, smarte Produkte und digitale Daten (vergleiche **Abbildung 1**).

## Smarte Produktion

Unter diesem Begriff wird grundsätzlich die Möglichkeit verstanden, Produktionsabläufe durch die Kombination klassischer Automatisierungstechniken und künstlicher Intelligenz zu rationalisieren und im Idealfall sogar völlig autonom ablaufen zu lassen. Zentrales Ziel ist es, durch die flexible Vernetzung von Maschinen, Dienstleistungen und Menschen, Produkte in Echtzeit individuell und kostengünstig zur Verfügung zu stellen. Zusammen

*Prof. Dr. Gordon Müller-Seitz*
*ist Inhaber des Lehrstuhls für Strategie, Innovation & Kooperation an der TU Kaiserslautern.*

*Florian Beham*
*ist wissenschaftlicher Mitarbeiter am Lehrstuhl für Unternehmensrechnung & Controlling an der TU Kaiserslautern.*

*Tobias Thielen*
*ist wissenschaftlicher Mitarbeiter am Lehrstuhl für Strategie, Innovation & Kooperation an der TU Kaiserslautern.*

Gordon Müller-Seitz
TU Kaiserslautern, Kaiserslautern, Deutschland
E-Mail: gms@wiwi.uni-kl.de

Florian Beham
TU Kaiserslautern, Kaiserslautern, Deutschland
E-Mail: florian.beham@wiwi.uni-kl.de

Tobias Thielen
TU Kaiserslautern, Kaiserslautern, Deutschland
E-Mail: tobias.thielen@wiwi.uni-kl.de

mit anderen automatisierten Schritten führt dieser Trend zu smarten Prozessen.

### Smarte Prozesse

Diese verbinden die einzelnen Teilaktivitäten von der Beschaffung bis zum Kunden miteinander. Einzelne Wertschöpfungsstufen können so besser aufeinander abgestimmt werden, wodurch sich Produktionszeiten und Innovationszyklen verringern können.

### Smarte Produkte

Smarte Produkte als dritter Trend können als komplexe Systeme betrachtet werden, welche mittels eigener künstlicher Intelligenz oder Konnektivität zu anderen smarten Produkten autonome Entscheidungen treffen. So kann beispielsweise eine Smart Watch für sich oder in Verbindung mit einem Smartphone und der entsprechenden Software von den Präferenzen des Kunden lernen und ihre Funktionen und Leistungen an dessen Bedürfnisse anpassen. Das smarte Produkt verbindet den Kunden mit dem Anbieter und ermöglicht diesem einen direkten Zugang zum Kunden, wodurch gezielt Service- und Dienstleistungen implementiert werden können.

### Digitale Daten

Smarte Produktion, Prozesse und Produkte sammeln letztendlich Unmengen an Daten. Die Erfassung, Verarbeitung und Auswertung dieser digitalen Daten ermöglichen effektivere und effizientere Entscheidungen sowie kundenspezifische Produkt- und Serviceinnovationen. So zeigen beispiels-

> Durch die digitale Transformation nimmt die Bedeutung der Kollaboration in Netzwerken zu.

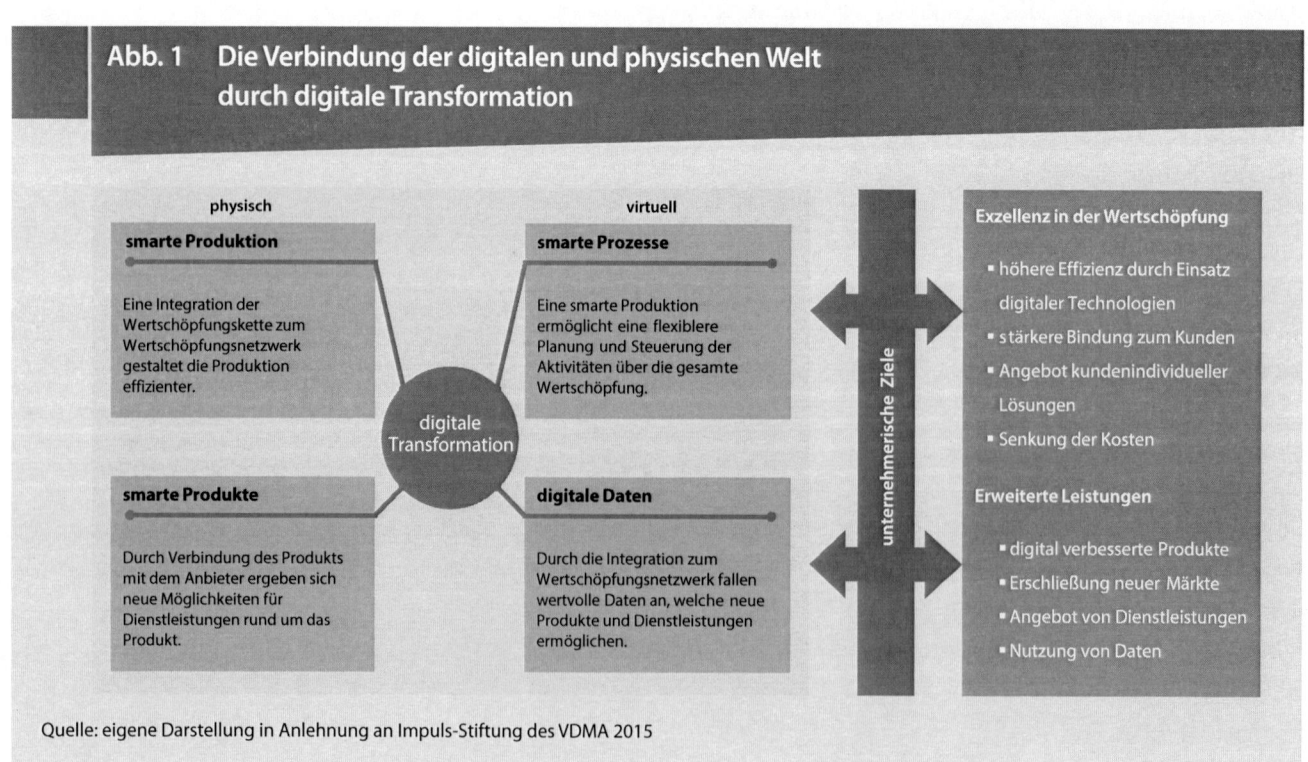

**Abb. 1    Die Verbindung der digitalen und physischen Welt durch digitale Transformation**

physisch

**smarte Produktion**

Eine Integration der Wertschöpfungskette zum Wertschöpfungsnetzwerk gestaltet die Produktion effizienter.

virtuell

**smarte Prozesse**

Eine smarte Produktion ermöglicht eine flexiblere Planung und Steuerung der Aktivitäten über die gesamte Wertschöpfung.

digitale Transformation

**smarte Produkte**

Durch Verbindung des Produkts mit dem Anbieter ergeben sich neue Möglichkeiten für Dienstleistungen rund um das Produkt.

**digitale Daten**

Durch die Integration zum Wertschöpfungsnetzwerk fallen wertvolle Daten an, welche neue Produkte und Dienstleistungen ermöglichen.

unternehmerische Ziele

**Exzellenz in der Wertschöpfung**

- höhere Effizienz durch Einsatz digitaler Technologien
- stärkere Bindung zum Kunden
- Angebot kundenindividueller Lösungen
- Senkung der Kosten

**Erweiterte Leistungen**

- digital verbesserte Produkte
- Erschließung neuer Märkte
- Angebot von Dienstleistungen
- Nutzung von Daten

Quelle: eigene Darstellung in Anlehnung an Impuls-Stiftung des VDMA 2015

weise die Daten von Nutzern, welche die Smart Watch aus Informationsgründen beim Joggen tragen, nicht nur deren Interesse an sportlicher Betätigung, sondern auch Ort, Art, Umfang und Niveau der Tätigkeit, wodurch Unternehmen gezielt Informationen zu ihren Kunden akquirieren können.

Die Digitalisierung versetzt Unternehmen somit in die Lage, die Infrastruktur der Wertschöpfungskette durch neue Technologien zu integrieren. Dadurch entwickeln sich bis dato bilaterale Beziehungen zu einem Wertschöpfungsnetzwerk und Vorteile für Unternehmen entstehen (vergleiche

*„Nicht selten handeln Unternehmen statt mit reellen Produkten auch mit Daten oder lassen Produkte von ihren Kunden produzieren und vermarkten."*

Sydow/Schüßler/Müller-Seitz 2016, S. 246 ff.). Als Beispiel sei hier die Technologieinitiative Smartfactory e. V. angeführt. Als herstellerunabhängige Plattform für den Austausch von Know-how werden gezielt durch Kooperation Innovationen auf technischer und managementbezogener Ebene erforscht. Im Netzwerk werden digitale Daten der Kooperationspartner gesammelt, welche anschließend wieder zur Verbesserung des Prozesses, der Produkte und der Produktion genutzt werden können. Die Zusammenarbeit ermöglicht eine Steigerung der Wertschöpfung gegenüber derjenigen der einzelnen Partnerunternehmen.

Ein solches Netzwerk bietet viele Vorteile und erlaubt Unternehmen, neue Geschäftsfelder zu erkunden, nachhaltig zu wachsen und wettbewerbsfähig auf dem internationalen Markt zu bestehen. Wertschöpfungsnetzwerke bergen jedoch auch Gefahren. Durch die Verbesserung der Infrastruktur und die Nutzung smarter Produkte und Prozesse entsteht eine Fülle an Daten. Dadurch gewinnt der Einsatz digitaler Technologien für die Funktionalität des Netzwerks an zentraler Bedeutung. Dies stellt ein Sicherheitsproblem dar; Unternehmen müssen nun nicht nur für die Sicherheit von Kundendaten Sorge tragen, sondern auch ihre eigenen Daten schützen, sowohl vor Wettbewerbern als auch Netzwerkpartnern, um ein vollständiges Offenlegen ihrer Kernkompetenzen zu vermeiden. Aufgrund des zunehmenden Wettbewerbsdrucks ist daher heute – mehr denn je – eine Verschiebung der klassischen Geschäftsfelder zu beobachten, um diesen Risiken der Digitalisierung zu begegnen.

## Wertschöpfung durch datenbasierte Dienstleistungen

Um heute aus den Teilprozessen eines Wertschöpfungsnetzwerks Output und schlussendlich auch Wertschöpfung zu generieren, bedarf es passender Geschäftsmodelle. Im Sinne des klassischen Wertschöpfungsprozesses zielen diese darauf ab, Wert für den Kunden zu kreieren (Value Creation), diesen zu erfassen (Value Capture) und zuletzt auch an den Kunden zu liefern (Value Delivery) (vergleiche Aversa/Haefliger/Baden-Fuller 2015). Die digitale Transformation eröffnet Unternehmen Möglichkeiten für neue Geschäftsmodelle nicht nur im Bereich innovativer Produkte, sondern auch im

### Zusammenfassung
- Die klassische Wertschöpfungskette verändert sich durch horizontale und vertikale Integration zunehmend in ein integriertes Wertschöpfungsnetzwerk.
- Unternehmen gehen im Zuge der Digitalisierung vermehrt dazu über, Dienstleistungen zu offerieren, um ihr Stammgeschäft mit Produkten zu erweitern.
- Das Controlling wird im Zuge der Digitalisierung das Management gezielt bei der Wissensgenerierung und Entscheidungsfindung unterstützen müssen, um betriebliche Erfolgspotenziale sichtbar zu machen.

Dienstleistungssektor. Grundsätzlich lässt sich beobachten, dass Unternehmen immer mehr dazu übergehen, Dienstleistungen zu offerieren, um ihr Stammgeschäft mit Produkten zu erweitern (vergleiche Müller-Seitz 2015; Seiter 2013). Dienstleistungen bieten beispielsweise die Möglichkeit, etablierte und hoch umkämpfte – und damit oftmals weniger margenträchtige – Aktivitäten durch attraktive Dienstleistungsangebote anzureichern, die unter Umständen höhere Gewinnmargen versprechen und im gleichen Atemzug die Kundenbindung und -abhängigkeit steigern. Dies wird durch die digitale Transformation weiter angetrieben, da neue Technologien auch neue Möglichkeiten zur Wertschöpfung bieten (vergleiche Grünert et al. 2016). In der Technologieinitiative Smartfactory e. V. werden so beispielsweise virtual-reality-basierte Trainings- und Unterstützungsprogramme rund um eine digitalisierte Produktion entwickelt, welche dem Arbeiter helfen und die technologische Komponente komplettieren.

Wie jedoch können nun durch die Digitalisierung der Wertschöpfungsprozesse diese Möglichkeiten geschaffen werden, die Wertkreation, -erfassung und -lieferung zu steigern? Ein oftmals in diesem Zusammenhang fallender Begriff ist der des „Big Data".

Big Data steht für große und zumeist organisationsinterne Datenmengen, aus welchen ein Unternehmen Wert zu generieren versucht. Als ein anschauliches Beispiel sei hier der US-amerikanische Automobilhersteller Ford angeführt. Als eine Möglichkeit der Wertschöpfung 4.0 nutzt Ford die Nutzungsdaten der Scheibenwischerautomatik. Die in Echtzeit gewonnenen und GPS-verknüpften Informationen werden aggregiert und an Wetterdienste weiterverkauft, die von der hohen Qualität der in Echtzeit zur Verfügung stehenden Informationen profitieren. Allerdings kann die Nutzung und Auswertung von Kundendaten auch heikel sein. US-Medien zufolge analysierte etwa ein amerikanisches Einzelhandelsgeschäft Kundendaten hinsichtlich des Kaufs von Haushaltsartikeln. Statistiker des Unternehmens entwarfen so ein Modell, anhand dessen sie ableiten konnten, ob eine Kundin schwan-

> **„Um aus Teilprozessen eines Wertschöpfungsnetzwerks Output und Wertschöpfung zu generieren, bedarf es passender Geschäftsmodelle."**

ger ist – und sogar den ungefähren Geburtstermin abschätzen (vergleiche Hill 2012). Einer 17-jährigen US-Amerikanerin versandten sie so gezielt Werbung für Schwangere, da sich ihr Surf- und Kaufverhalten dahingehend auslegen ließ. Dies führte dazu, dass der Vater des Teenagers sich höchst erbost bei der Handelskette über die aus seiner Sicht moralisch verwerflichen Angebote an seine noch minderjährige Tochter beschwerte. Kleinlaut kontaktierte er jedoch kurze Zeit später erneut das Unternehmen und entschuldigte sich, da er mit seiner Tochter eine Aussprache hatte, die tatsächlich schwanger geworden war. Es ist teilweise also Vorsicht geboten. Überdies lässt sich kritisch fragen, wie groß die allseits propagierten Big Data eigentlich sind. Im Fall des angeführten Beispiels sind die Big Data von Ford mit

Durch attraktive Dienstleistungsangebote können die Kundenbindung und -abhängigkeit gesteigert werden.

Blick auf die Größe des Gesamtkonzerns und der dort vorhandenen Daten-
volumina wohl eher Small Data.

## Die Digitalisierung im Controlling

Manager sehen sich durch die Digitalisierung vermehrt Entscheidungssituationen ausgesetzt, welche durch eine zunehmende Komplexität, Flexibilität und Unsicherheit gekennzeichnet sind (vergleiche Lingnau/Brenning
2015, S. 457 f.). Bei der Bewältigung dieser Herausforderungen wird das
Controlling zukünftig eine entscheidende Rolle einnehmen. Denn als Trä-
ger des Wissens über die formalzielorientierten Ansprüche der Eigenkapitalgeber ist es die zentrale Aufgabe des Controllings, sein fachspezifisches
sekundäres Wissen in die Problemlösungsprozesse innerhalb der Organisation einzubringen (vergleiche Lingnau 2009, S. 21 ff.). So wird das Controlling zukünftig das Management auch gezielt dabei unterstützen müssen, die
im Zuge der Digitalisierung entstehenden großen Datenmengen in kürzes-
ter Zeit zu bewältigen und durch eine adäquate Analyse von aktuellen Informationen betriebliche Erfolgspotenziale sichtbar zu machen.

Während sich klassische Analyseverfahren derzeit noch überwiegend mit
dem Treffen effizienter Entscheidungen anhand retrospektiver Informationen auseinandersetzen, wird zukünftig die Identifikation von grundlegenden Zusammenhängen in Unternehmen immer wichtiger werden. Mithilfe
geeigneter analytischer Verfahren können so im Idealfall Produkte, interne
Prozesse und Dienstleistungen verbessert und die Kundenprofitabilität gesteigert werden (vergleiche Horváth/Michel/Aschenbrücker 2015, S. 104).
Mit Blick auf Big-Data-Lösungen ist es beispielsweise bereits heute möglich,
anhand geeigneter Text-Mining-Programme gezielt Meinungen aus sozialen Medien wie Wikis, Facebook oder Twitter abzuleiten und bis auf konkrete Kennzahlen zu aggregieren. Monetäre Kennzahlen können auf diese
Weise bei der Unternehmenssteuerung mit nicht-monetären Informationen
verknüpft werden. Aber auch im Bereich Planung und Kontrolle werden Big-
Data-Lösungen zukünftig in Themenfeldern wie Forecasting, Früherkennung und Szenarioanalysen eine wichtige Rolle spielen (vergleiche Hess/
Willmes/Gschmack 2015, S. 258 f.). Allerdings unterliegt die Auswertung
dieser „unstrukturierten" Datenmengen derzeit noch einigen Limitationen.
So sind die aggregierten Indizes meist noch zu ungenau oder die Daten nur
für spezifische Produkte und Dienstleistungen anwendbar (vergleiche Hess/
Willmes/Gschmack 2015, S. 259 f.).

Trotz der bisherigen Grenzen beinhaltet die digitale Transformation sowohl
die Notwendigkeit, als auch die Chance für das Controlling, neue Instrumente
zu entwickeln und die Implementierung komplexer Controlling-Instrumente
voranzutreiben. Dies gilt auch für das Controlling in Wertschöpfungsnetzwerken. In diesem Kontext kann das Controlling als Business Partner das Management gezielt bei der Wissensgenerierung und Entscheidungsfindung im Netzwerk unterstützen. Ein klassisches Kennzahlensystem wie die Balanced Scorecard (BSC) kann so beispielsweise durch die Implementierung einer zusätzlichen
Kooperationsperspektive erweitert werden (vergleiche Richert 2006, S. 89 ff.).

> Zur Bewältigung der
> großen Datenmengen muss
> das Controlling funktional
> geeignete Zielstrukturen
> entwickeln.

Dies ermöglicht, neben den vier klassischen Perspektiven (Finanzen, Kunden, Prozess, Lern- und Entwicklungsperspektive), durch Aufbereitung und Analyse beziehungsrelevanter Faktoren gezielt Aussagen hinsichtlich Qualität und Intensität der Zusammenarbeit im Wertschöpfungsnetzwerk treffen zu können.

Trotz der neuen Möglichkeiten, die die Digitalisierung mit sich bringt, ist gleichzeitig aber auch zu beachten, dass die großen Datenmengen aufgrund der begrenzten Rationalität der Entscheidungsträger schnell zu Information-Overload-Phänomenen führen können. Das Controlling wird daher, funktional betrachtet, Zielstrukturen und Konfliktlösungsregeln entwickeln müssen, die die Entscheidungsträger bei der mehrdimensionalen Informationsbewertung unterstützen (vergleiche Lingnau/Brenning 2015, S. 457). Aufgrund der enormen Datenmenge müssen daher grundsätzlich technologische, fachliche und organisationale Voraussetzungen in Unternehmen geschaffen werden, um die Informationsfülle in der gewünschten Zeit (Echtzeit) auch gezielt verarbeiten zu können. Informationstechnologisch sind Infrastrukturen notwendig, um das Potenzial der digitalen Transformation mit Blick auf die Datenverfügbarkeit und Datenqualität voll ausschöpfen zu können. Gleichzeitig wird das Controlling aber auch vor der Herausforderung stehen, immer größere Datenmengen mithilfe geeigneter Werkzeuge adäquat aufzubereiten, um mögliche Datenfriedhöfe und Information-Overload-Phänomene zu verhindern. Dementsprechend wird sich auch das Qualifikationsprofil von Controllern zukünftig wandeln. Das Controlling muss auch einen Mehrwert über die traditionelle Datensammlung, Informationsbereitstellung und -versorgung für das Management hinaus liefern. Aus diesem Grund müssen sich Controller und Controllerinnen gezielt auf die Nutzung neuer Methoden und Instrumente fachlich, methodisch und konzeptionell vorbereiten (vergleiche Gleich/Losbichler/Zierhofer 2016, S. 49 f.). Letztendlich ist es deshalb notwendig, den digitalen Wandel auch in den organisationalen Strukturen fest zu verankern. In Unternehmen sind klare Vorgaben unerlässlich, wie mit Daten, Modellen und Systemen umzugehen ist. Das Controlling wird sich daher neben der Datensicherheit und Datenqualität zukünftig vermehrt auch mit rechtlichen Aspekten und der Veränderbarkeit von Daten aus Compliance-Gesichtspunkten auseinandersetzen müssen.

*Literatur*

Aversa, P./Haefliger, S./ Rossi, A./Baden-Fuller, C. (2015): From Business Model to Business Modeling: Modularity and Manipulation. Baden-Fuller/C., Mangematin, V. (Ed.): Business Models and Modelling, Bingley. Advances in Strategic Management, Volume 33, pp.151 - 185, in: http://dx.doi.org/10.1108/S0742-332220150000033022 (letzter Abruf: 25.08.2016).

⬇ * D'heur, M. (2014): Shared.value.chain: Profitables Wachstum durch nachhaltig gemeinsame Wertschöpfung?, in: D'heur, M. (Hrsg.): CSR und Value Chain Management, Berlin, Heidelberg, S. 1-122. www.springerprofessional.de/link/4148100

Gleich, R./Losbichler, H./Zierhofer, R.M. (2016): Unternehmenssteuerung im Zeitalter von Industrie 4.0: Wie Controller die digitale Transformation erfolgreich steuern, München.

Grünert, L./Kersten, W./Seiter, M./Müller-Seitz, G. (2016): Symposium „Betriebs-wirtschaftliche Aspekte von Industrie 4.0". 78. Pfingsttagung des Verbands der Hoch-schullehrer für Betriebswirtschaft e. V., München.

Hess, T./Willmes, C./Gschmack, S. (2015): Die Bedeutung von Big Data im Control-ling- Eine empirische Studie, in: Controlling – Zeitschrift für erfolgsorientierte Un-ternehmenssteuerung, 27 (4/5), S. 256-262.

Hill, Kashmir (2012, 16. Febr.): How Target Figured Out A Teen Girl Was Pregnant Be-fore Her Father Did, in: Forbes, http://www.forbes.com/sites/kashmirhill/2012/02/16/how-target-figured-out-a-teen-girl-was-pregnant-before-her-father-did/#23038b5434c6 (letzter Abruf: 08.07.2016).

Horváth, P./Michel, U./Aschenbrücker, A. (2015): Big Data – Potenzial für den Con-troller, in: Controlling – Zeitschrift für erfolgsorientierte Unternehmenssteuerung, 27 (2), S. 103-106.

Impuls-Stiftung des VDMA (2015): Industrie 4.0 Readiness. Stiftung für den Ma-schinenbau, den Anlagenbau und die Informationstechnik, Aachen.

Lingnau, V./Brenning, M. (2015): Komplexität, Flexibilität und Unsicherheit – Kon-zeptionelle Herausforderungen für das Controlling durch Industrie 4.0, in: Control-ling – Zeitschrift für erfolgsorientierte Unternehmenssteuerung, 27 (8/9), S. 455-460.

Lingnau, V. (2009): Shareholder Value als Kern des Controllings?, in: Wall, F./Schrö-der, R. (Hrsg.): Controlling zwischen Shareholder Value und Stakeholder Value, München, S. 19-37.

Müller-Seitz, G. (2015): Strategische Führung in Industrial Service Networks: Leit-gedanken zu Chancen und Grenzen aus Sicht von KMU, in: Schmalenbachs Zeit-schrift für betriebswirtschaftliche Forschung (ZfbF), 69 (15), S. 17-34.

Porter, M. E. (1986): Wettbewerbsvorteile, Frankfurt am Main.

 * Richert, J. (2006): Performance Measurement in Supply Chains. Balanced Score-card in Wertschöpfungsnetzwerken, Wiesbaden. www.springerprofessional.de/link/4570890

 * Seiter, M. (2013): Industrielle Dienstleistungen – Wie produzierende Unterneh-men ihr Dienstleistungsgeschäft aufbauen und steuern, Wiesbaden. www.springer-professional.de/link/7828162

Smith, M. (1989): Towards Decision-Useful Management Accounting, in: Manage-ment Accounting, 67 (8), S. 70-73.

Sydow, J./Schüßler, E./Müller-Seitz, G. (2016): Managing Interorganizational Rela-tions – Debates and Cases, London.

* Abonnenten des Portals Springer Professional haben kostenfrei Zugriff.

Weitere Empfehlungen der Verlagsredaktion aus www.springerprofessional.de zu:

🔍 **Wertschöpfung**

Kieviet, A. (2016): Digitalisierung der Wertschöpfung: Auswirkung auf das Lean Management, in: Erfolgsfaktor Lean Management 2.0 – Wettbewerbs-fähige Verschlankung auf nachhaltige und kundenorientierte Weise, Berlin, Heidelberg, S. 41-59.
www.springerprofessional.de/link/10629842

Obermaier, R. (2016): Industrie 4.0 als unternehmerische Gestaltungs-aufgabe – Betriebswirtschaftliche, technische und rechtliche Heraus-forderungen, Wiesbaden.
www.springerprofessional.de/link/10077198

# Ein Reifegradmodell für das digitale Controlling

Die Digitalisierung hat deutliche Auswirkungen auf die Controlling-Abteilungen. Ein Rollenverständnis, das den Controller als kompetenten Berater im Hinblick auf Planung und Strategie sieht, gewinnt an Bedeutung. Ob ein Unternehmen bereits auf dem Weg in diese Richtung ist, zeigt ein Reifemodell, das hilft, den Digitalisierungsgrad zu bestimmen und Optimierungsprozesse einzuleiten.

*Ronald Koß*

Beraten Sie schon oder analysieren Sie noch? So oder so ähnlich könnte die provokante Frage lauten, die sich Controller angesichts der zunehmenden Digitalisierung stellen müssen.

Der disruptive Charakter der Digitalisierung erfasst alle Bereiche des (Arbeits-)Lebens, ohne dabei vor Unternehmen haltzumachen. Neue Formen der Wertschöpfung und Interaktionsmöglichkeiten mit dem Kunden erzeugen ungeahnte Chancen, doch auch neue Risiken, insbesondere im Hinblick auf die IT-Sicherheit, entstehen. Sinnbild für die geänderten Rahmenbedingungen im Zeitalter der Digitalisierung ist seit einigen Jahren der Begriff „Industrie 4.0". Eine zu diesem Thema in Deutschland 2016 veröffentlichte Umfrage der Pricewaterhouse Coopers AG Wirtschaftsprüfungsgesellschaft (PwC) zeigt, dass die Unternehmen von der Digitalisierung direkte Steigerungseffekte für den Umsatz sowie Kostensenkungen erwarten können (vergleiche PwC 2016). Hierzu sind sie laut Studie bereit, bis 2020 umfangreiche Investitionen von bis zu 4,6 Prozent pro Jahr zu tätigen. Als größte Herausforderung nennen die Unternehmen dabei neben dem klassischen Thema der Datensicherheit auch die Verfügbarkeit von qualifizierten Mitarbeitern.

Das Anforderungsprofil und Selbstverständnis solcher als qualifiziert angesehenen Mitarbeiter wandelt sich zunehmend: Durch den steigenden Grad der Automatisierung werden immer mehr Aufgaben, die bislang manuell ausgeführt wurden, in Zukunft durch Computer oder Maschinen übernommen werden. Eine von Forschern der Universität Oxford erstellte Liste von Jobs, die durch die Digitalisierung der Arbeitswelt am wahrscheinlichsten automatisiert werden, zeigt: Besonders Arbeiten mit einem hohen repetitiven Charakter weisen eine hohe Automatisierungswahrscheinlichkeit auf, während all diejenigen Jobs, bei denen eine hohe Anpassungsfähigkeit an die Bedürfnisse des Kunden gefordert ist, weiterhin manuell ausgeführt werden (vergleiche Frey/Osborne 2012). Was heißt dies für das Controlling? Sein Rollenverständnis beinhaltet eine Verschiebung der Aufgaben vom reinen Analysten hin zum Berater des Managements, also solche Tätigkeiten, die auch durch zunehmende Digitalisierung nur schwerlich durch Automatisierung übernommen werden können.

## „Beraten Sie schon oder analysieren Sie noch?"

Der disruptive Charakter der Digitalisierung beschäftigt auch das Controlling in hohem Maß. Diese Tatsache zeigte sich auch auf dem 41. Congress der Controller des Internationalen Controller Vereins im Frühjahr 2016, bei dem das Thema der „Digitalen Transformation" im Fokus stand (vergleiche Daum 2016). Eine unter Chief Financial Officers (CFOs) und Controllern Anfang 2015 durchgeführte Umfrage zeigt, wie diese die Auswirkungen der Digitalisierung auf das Controlling konkret einschätzen (vergleiche PwC 2015). Ausgehend vom Status quo hat PwC aus den Ergebnissen ein Reifegradmodell abgeleitet, anhand dessen Unternehmen den Digitalisierungsgrad des Controllings bestimmen können.

*Ronald Koß*
*ist Senior Manager bei der Pricewater-*
*house Coopers AG WPG.*

Ronald Koß
PwC, Hamburg, Deutschland
E-Mail: Ronald.Koss@de.pwc.com

Der Controller der Zukunft fungiert als Berater des Top Managements bei strategischen Entscheidungen.

### Status quo „digitales Controlling"

Nach der IT-Unterstützung des Controllings gefragt, geben etwas über 58 Prozent der Unternehmen an, dass sie zur Erstellung von Berichten SAP-Produkte nutzen. Bei knapp 42 Prozent aller befragten Unternehmen sind Produkte der Firma Microsoft im Einsatz. Während die Unternehmen auf eine professionelle und einheitliche Softwareunterstützung bei der Erstellung von Berichten setzen, ist dies bei der Datenerfassung im Controlling nicht der Fall: Ein Drittel der befragten Unternehmen nutzt Tabellenkalkulationen, um Ist-Daten in das Controlling-System zu bringen, gefolgt von manuellen Eingaben in das jeweilige Reporting Package bei knapp 28 Prozent der Unternehmen. Webbasierte Eingabemöglichkeiten oder die Eingabe durch ein lokal installiertes Modul werden nur durch zwölf beziehungsweise sieben Prozent aller Unternehmen genutzt. Die Umsetzung der automatischen Datenübernahme sehen die meisten Unternehmen derzeit als vollkommen ausreichend an.

Diese Ergebnisse zeigen potenzielle Fehlerquellen und machen deutlich, dass vermehrt in die Qualitätssicherung investiert werden muss. Die fehlerhafte Befüllung des Controlling-Systems wird von den Teilnehmern mit 42 Prozent als der Hauptgrund dafür gesehen, dass eine konzernweite Konsolidierung häufig nicht termingerecht fertiggestellt wird. Dies führt auch zu einer durchschnittlichen Bearbeitungszeit zur Erstellung von Jahresberichten von mehr als 56 Arbeitstagen (vergleiche **Abbildung 1**). Ein Controller, der so mehr als ein Drittel seiner Zeit mit der reinen Erstellung von Berichten verbringt (vergleiche **Abbildung 2**), definiert sich in erster Linie als Analyst.

Ist das oben genannte, gewandelte Zielbild und neue Rollenverständnis des Controllers also nur eine Chimäre? Zeigen die Ergebnisse nicht vielmehr,

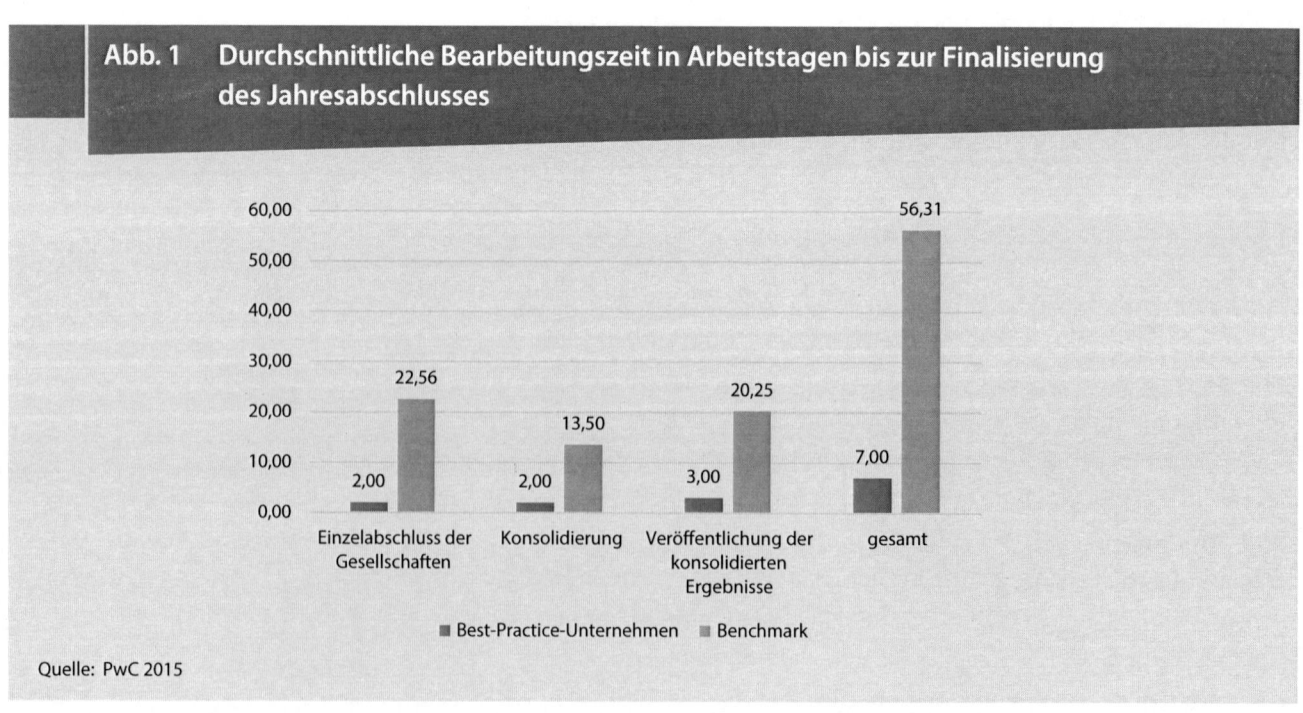

**Abb. 1** Durchschnittliche Bearbeitungszeit in Arbeitstagen bis zur Finalisierung des Jahresabschlusses

Quelle: PwC 2015

dass der Controller nur Analyst statt Berater des Managements ist und dies wohl auch auf absehbare Zeit bleiben wird?

Mitnichten, denn der Vergleich mit den Best-Practice-Unternehmen zeichnet ein anderes Bild. Diese Unternehmen sind in der Lage, die Dauer zur Erstellung von Jahresberichten auf sieben Kalendertage zu reduzieren. Im Vergleich mit den Benchmarks bedeutet dies eine Verringerung um mehr als 49 Arbeitstage und somit um mehr als 87 Prozent. Die so gewonnene Zeit verwenden die Controller der Best-Practice-Unternehmen darauf, sich

*„Der disruptive Charakter der Digitalisierung erzeugt neue Formen der Wertschöpfung."*

strategischen Themen zuzuwenden, sei es bei der Unterstützung von Leuchtturmprojekten oder der Entwicklung der Konzernstrategie. Gemittelt über alle Teilnehmer der Umfrage machen solche Aufgabenfelder nur einen Anteil von weniger als einem Drittel aus, doch es zeigt sich, dass gerade die Best-Practice-Unternehmen die gewonnenen Freiheiten hierfür zu nutzen wissen.

## Zusammenfassung

- Das neue Rollenbild des Controllings wird durch die zunehmende Digitalisierung gefördert. In vielen Unternehmen besteht jedoch Optimierungsbedarf.
- Ein Reifegradmodell unterstützt Unternehmen dabei, einen Abgleich zwischen Ist- und Soll-Zustand durchzuführen und Optimierungsmaßnahmen zu planen.
- Moderne Technologien, insbesondere Business-Intelligence-Lösungen, haben einen positiven Effekt auf den Wandel des Controllers in Richtung Berater.

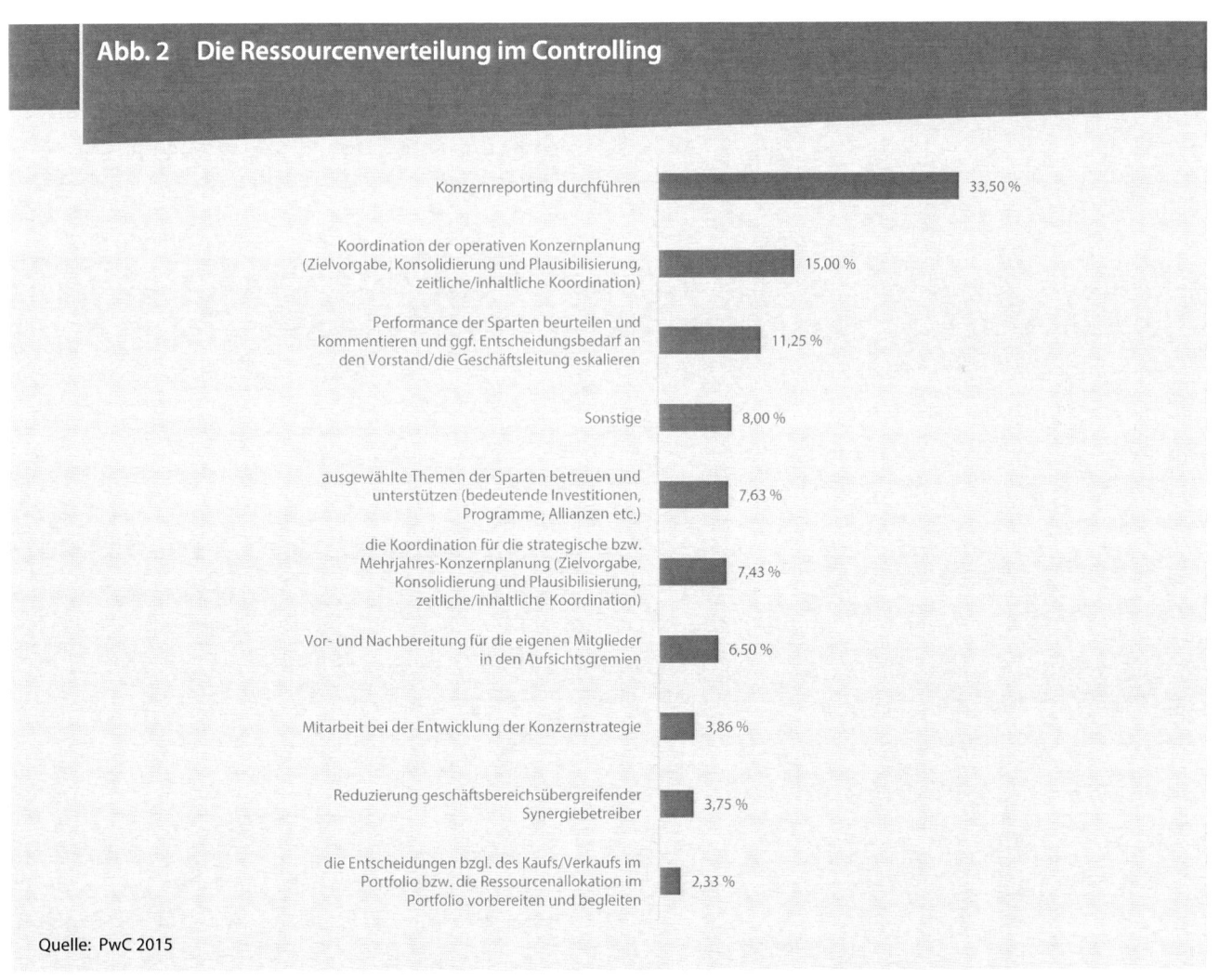

**Abb. 2  Die Ressourcenverteilung im Controlling**

| | |
|---|---|
| Konzernreporting durchführen | 33,50 % |
| Koordination der operativen Konzernplanung (Zielvorgabe, Konsolidierung und Plausibilisierung, zeitliche/inhaltliche Koordination) | 15,00 % |
| Performance der Sparten beurteilen und kommentieren und ggf. Entscheidungsbedarf an den Vorstand/die Geschäftsleitung eskalieren | 11,25 % |
| Sonstige | 8,00 % |
| ausgewählte Themen der Sparten betreuen und unterstützen (bedeutende Investitionen, Programme, Allianzen etc.) | 7,63 % |
| die Koordination für die strategische bzw. Mehrjahres-Konzernplanung (Zielvorgabe, Konsolidierung und Plausibilisierung, zeitliche/inhaltliche Koordination) | 7,43 % |
| Vor- und Nachbereitung für die eigenen Mitglieder in den Aufsichtsgremien | 6,50 % |
| Mitarbeit bei der Entwicklung der Konzernstrategie | 3,86 % |
| Reduzierung geschäftsbereichsübergreifender Synergiebetreiber | 3,75 % |
| die Entscheidungen bzgl. des Kaufs/Verkaufs im Portfolio bzw. die Ressourcenallokation im Portfolio vorbereiten und begleiten | 2,33 % |

Quelle: PwC 2015

Die genannten Effizienzsteigerungen korrelieren direkt mit der Anzahl der Mitarbeiter in Controlling-Abteilungen, die im Mittel bei einem Full-time Equivalent (FTE) von circa zehn pro 1.000 Mitarbeitern liegt und im vierten Quartil sogar auf knapp 67 FTE je 1.000 Mitarbeiter ansteigt. Dem gegenüber steht bei den Best-Practice-Unternehmen im ersten Quartil ein Wert von 3,6 FTE pro 1.000 Mitarbeiter. Gegenüber dem Durchschnitt bedeutet dies eine Einsparung von 64 Prozent.

Die Ergebnisse der Studie machen deutlich, dass es einen signifikanten Unterschied zwischen Best-Practice-Unternehmen und den Benchmarks gibt. Was aber ist notwendig, um die Top-Ergebnisse der Best-Practice-Unternehmen zu erreichen?

Ein Reifegradmodell kann helfen, in einem ersten Schritt den Ist-Zustand eines Unternehmens für den Bereich Controlling zu klassifizieren.

### Reifegradmodell zur Digitalisierung des Controllings

Das Reifegradmodell für das Controlling basiert auf einem bereits bestehenden Modell von PwC, das bereits 2014 für das Digitalisierungsbarometer entwickelt wurde und vier Wellen zur Einordnung enthält (vergleiche PwC 2014). Jede der Wellen quantifiziert den Grad der Digitalisierung. Ziel des Modells ist es, Unternehmen in eine von vier Wellen einzuordnen. Das hilft den Unternehmen, ihren Status quo im Prozess der Digitalisierung zu ermitteln und darauf aufbauend Optimierungspotenziale zu identifizieren.

In der ersten Welle dieses generischen Reifegradmodells nutzen Unternehmen digitale Kanäle zur Umsatzsteigerung, sei es durch Werbung oder durch digitale Absatzmärkte. In den nachfolgenden Wellen wird der Fokus

Unternehmen müssen ihren Grad der Digitalisierung genau bestimmen können, um Optimierungen einzuleiten.

*„Die Evaluation zeigt eine Diskrepanz zwischen dem Anspruch des neuen Rollenbildes des Controllers und der erfassten Wirklichkeit.“*

von der reinen Außenwirkung verlagert auf die aktive Einbindung der Kunden. In Welle zwei werden Kundendaten stärker genutzt, in Welle drei hat der Kunde direkte Möglichkeiten, seine Bedürfnisse an das Unternehmen zu kommunizieren. In der vierten Welle der Digitalisierung sprechen wir dann von einem digitalen Ökosystem, das sich dadurch auszeichnet, dass der Kunde in einer quasi-symbiotischen Beziehung im Zentrum aller Geschäftsmodelle des Unternehmens steht und eine enge Abhängigkeit der beiden Player besteht.

**Abbildung 3** zeigt die Adaption des Modells für den Bereich Controlling. In der ersten Welle liegt der Fokus des Controllings auf der Sammlung von Daten, um das Management als Kunden mit Informationen versorgen zu können. In der zweiten Welle erweitert sich der Scope des Controllings um den Aspekt der Analyse. In Welle drei erweitert sich die Rolle des Controllings auf die eines Beraters und in der vierten Welle besteht die quasi-sym-

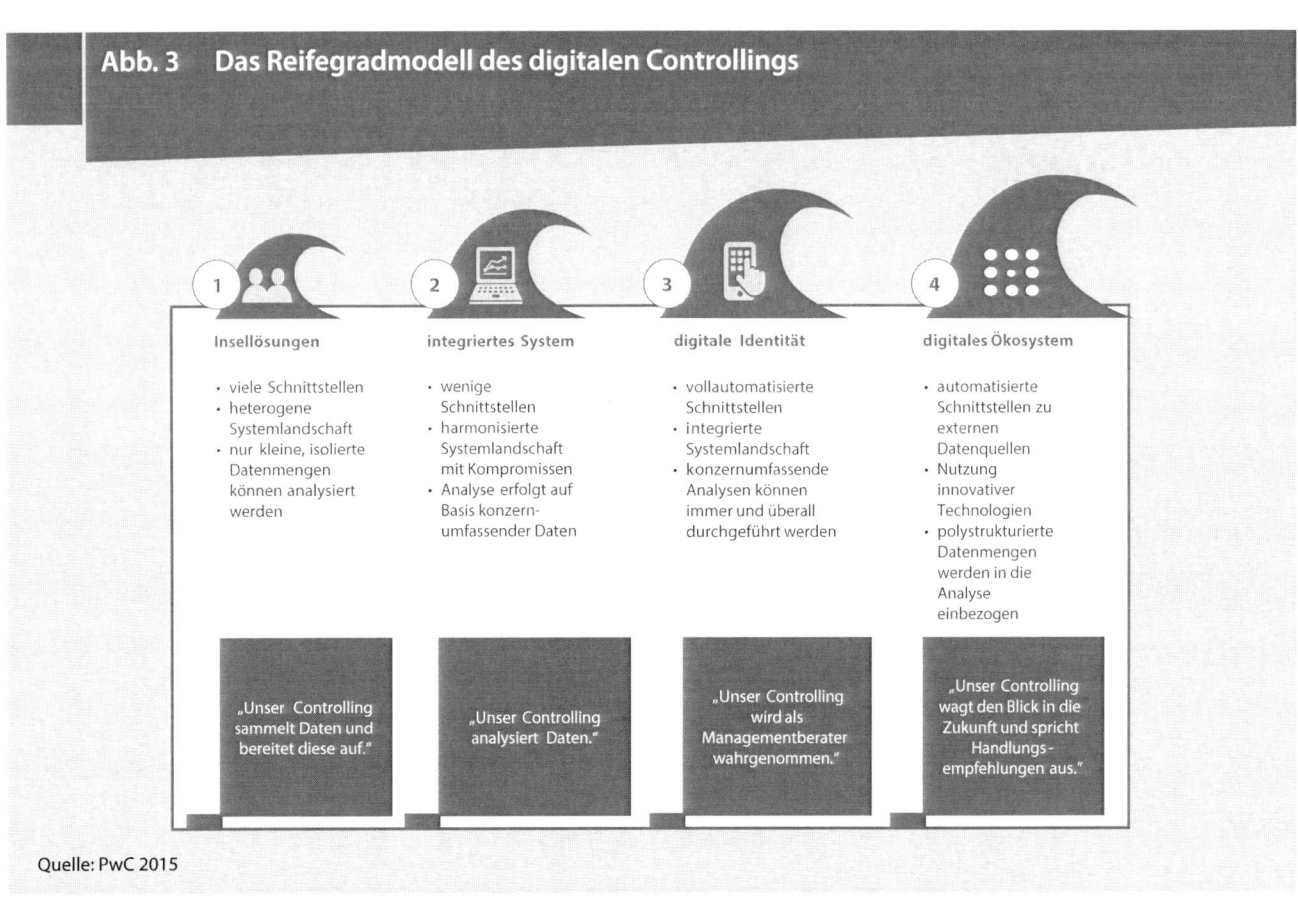

biotische Beziehung zwischen Management und Controlling, indem das Controlling in strategische Entscheidungen einbezogen wird.

Für jede der vier Wellen ist eine gewisse Form der Softwareunterstützung typisch. In der ersten Welle herrschen häufig verschiedenste Insellösungen vor, die oft keinerlei Schnittstellen aufweisen. Die Anfälligkeit für Fehler ist hoch. Der Controller hat die Rolle des Datensammlers. In den beiden folgenden Wellen steigt der Grad der Vernetzung der Software, es bilden sich einheitliche Strukturen. In Welle zwei existieren bereits grundsätzliche Schnittstellen, die dann in Welle drei bereits vollautomatisiert sind. Gleichzeitig sind in Welle drei die Analysen nicht länger an einen Ort gebunden, der Stellenwert von mobilen Technologien steigt. Das unterstützt den Wandel der Controller-Rolle, sodass in Welle drei der Controller bereits erste Beratungsleistungen erbringen kann.

Den ersten drei Wellen ist gemein, dass sie sich auf unternehmensinterne Daten beschränken. Der finale Schritt zum digitalen Ökosystem der vierten Welle zeichnet sich durch die Einbeziehung externer Daten in die Analysen aus. Der Blick des Controllings wird somit auf 360 Grad erweitert. Hinzu kommt die Nutzung modernster Business-Intelligence-Lösungen, die die Effizienz erhöhen und dem Controller die Möglichkeit bieten, sich von der operativen Fokussierung auf strategische Themen auszurichten. Zwischen dem Management und dem Controlling entsteht eine enge Beziehung, bei der sich beide als Partner wahrnehmen.

> Neue In-Memory-Technologien unterstützen die Etablierung eines neuen Rollenmodells maßgeblich.

**Abb. 3   Das Reifegradmodell des digitalen Controllings**

| 1 | 2 | 3 | 4 |
|---|---|---|---|
| **Insellösungen** | **integriertes System** | **digitale Identität** | **digitales Ökosystem** |
| • viele Schnittstellen<br>• heterogene Systemlandschaft<br>• nur kleine, isolierte Datenmengen können analysiert werden | • wenige Schnittstellen<br>• harmonisierte Systemlandschaft mit Kompromissen<br>• Analyse erfolgt auf Basis konzernumfassender Daten | • vollautomatisierte Schnittstellen<br>• integrierte Systemlandschaft<br>• konzernumfassende Analysen können immer und überall durchgeführt werden | • automatisierte Schnittstellen zu externen Datenquellen<br>• Nutzung innovativer Technologien<br>• polystrukturierte Datenmengen werden in die Analyse einbezogen |
| „Unser Controlling sammelt Daten und bereitet diese auf." | „Unser Controlling analysiert Daten." | „Unser Controlling wird als Managementberater wahrgenommen." | „Unser Controlling wagt den Blick in die Zukunft und spricht Handlungsempfehlungen aus." |

Quelle: PwC 2015

Der Blick des digitalen Controllings erweitert sich auf externe Datenquellen.

### Handlungsempfehlungen

- Leiten Sie eine Transformation hin zum digitalen Controlling ein, ehe die Digitalisierungswelle Sie überholt.
- Nutzen Sie ein Reifegradmodell, um die Ist-Situation zu analysieren und einen Soll-Zustand zu definieren.
- Gehen Sie ganzheitlich vor: Berücksichtigen Sie Organisation, Prozesse, Unternehmenskultur und Technologie.
- Generieren Sie Quick Wins, um den gesamten Veränderungsprozess zu beschleunigen.

### Business-Intelligence-Lösungen

Inwieweit können moderne Business-Intelligence-Lösungen (BI-Lösungen) dazu beitragen, den Wandel des Rollenbilds des Controllers zu unterstützen? Selbstverständlich ist die IT-Unterstützung nur ein Aspekt einer ganzheitlichen Optimierung, zu der auch die Prozesse, die Unternehmenskultur und die Organisation des Unternehmens gehören. Dennoch können moderne Technologien dazu beitragen, erste schnelle Erfolge bei der Optimierung des digitalen Controllings zu erzielen, um auf diese Weise den Weg zu ebnen für eine umfassendere Transformation. Das wichtigste Kriterium dabei ist eine einfache Umsetzbarkeit, die einem langwierigen Projekt vorzuziehen ist.

Der erste Schlüssel zum Erfolg ist eine Softwareunterstützung, die mehrere Merkmale erfüllt: Neben einer intuitiven Bedienbarkeit und einer hohen Endanwenderfreundlichkeit muss die Software in der Lage sein, die zahlreichen Datenquellen einfach einzubinden, ohne einen Experten für jede einzelne Quelle hinzuziehen zu müssen. Das Schlagwort hierzu lautet „Self Service Business Intelligence". Hinzu kommt die Anforderung, die Controlling-Prozesse durch die Software ganzheitlich umsetzen zu können: Von der Extraktion der Daten über ihre Analyse bis zur Erstellung von Berichten sollte möglichst nur eine Software verwendet werden, um die Produktvielfalt so gering wie möglich zu halten, die eher typisch für die Welle eins ist. Zudem muss die Software auf unterschiedlichen Plattformen skalierbar sein, damit die Nutzung mobiler Technologien möglich wird.

*„Mit der Verbindung aus modernen Softwarelösungen und einer agilen Vorgehensweise gelingt digitale Transformation im Controlling."*

Mit der Nutzung geeigneter Software für das Controlling, wie beispielsweise Qlik, wird das Controlling von vielen Aktivitäten im Bereich der Datensammlung und -analyse entlastet. Der Controller kann sich seiner neuen Rolle als Berater widmen, die im Reifegradmodell typischerweise den Wellen drei und vier zuzuordnen ist.

Der zweite Schlüssel zum Erfolg liegt in der Umsetzung des digitalen Wandels. Die Verwendung agiler Projektmethoden, die auf eine iterative Vorgehensweise, Anpassung und Flexibilität setzen, bietet hier nach PwC-Erfahrungen einen nennenswerten Vorteil. Diese Methoden gewährleisten eine enge Einbindung der Controller in das Software-Projekt, indem diese als Product Owner in die sogenannten wöchentlichen Sprints des Projektteams eingebunden werden und am Ende jedes Sprints über eine neue, releasefähige Software verfügen. Hierdurch ist sichergestellt, dass die Bedürfnisse der Controlling-Abteilung stets im Projekt berücksichtigt werden. Die Vorgehensweise führt zudem zu einer hohen Akzeptanz, da erste Erfolge dank regelmäßiger Releases schnell nutzbar werden.

Die Verbindung aus modernen Softwarelösungen und einer agilen Vorgehensweise stellt nach PwC-Erfahrung sicher, dass die digitale Transformation im Controlling erfolgreich vollzogen wird. Die neuen Tools erfordern keine lange Einarbeitungszeit und können darüber hinaus von den Controllern selbst angepasst werden, was deren Akzeptanz zusätzlich steigert.

## Schlussbetrachtung

Die Evaluation der Ist-Situation in Controlling-Abteilungen zahlreicher Firmen zeigt eine teilweise erhebliche Diskrepanz zwischen dem Anspruch des neuen Rollenbildes des Controllers und der erfassten Wirklichkeit in den Unternehmen. Das auf Grundlage dieser Ergebnisse entwickelte Reifegradmodell für das digitale Controlling hilft Unternehmen, ihre spezifische Ist-Situation zu bestimmen.

### Literatur

Frey, C. F./Osborne M. A. (2012): The Future of Employment: How Susceptible are Jobs to Computerisation, http://www.oxfordmartin.ox.ac.uk/downloads/academic/The_Future_of_Employment.pdf (letzter Abruf: 04.07.2016).

Daum, J. (2016), Digitale Transformation: Quo Vadis Unternehmenssteuerung, https://www.icv-controlling.com/fileadmin/Veranstaltungen/VA_Dateien/Congress_der_Controller/Vortr%C3%A4ge_2016_Ha16refcc_/Daum-Digitale_Transformation.pdf (letzter Abruf: 04.07.2016).

PwC AG WPG (2014), Digitalisierungsbarometer 2014, https://www.pwc.de/de/digitale-transformation/assets/pwc_digitalisierungsbarometer_2014.pdf (letzter Abruf: 06.07.2016).

PwC AG WPG (2015), Digital Controlling. Digitale Transformation im Controlling, https://www.pwc.de/de/digitale-transformation/assets/pwc-studie-digitale-transformation-im-controlling.pdf (letzter Abruf: 05.07.2016).

PwC AG WPG (2016), Industrie 4.0: Building the Digital Enterprise, Ergebnisse Deutschland, http://www.pwc.de/de/digitale-transformation/assets/pwc-praesentation-industrie-4-0-deutsche-ergebnisse.pdf (letzter Abruf: 04.07.2016).

Weitere Empfehlungen der Verlagsredaktion aus www.springerprofessional.de zu:

🔍 **Digitalisierungsgrad**

Schallmo, D. R. A. (2016): Jetzt digital transformieren – So gelingt die erfolgreiche Digitale Transformation Ihres Geschäftsmodells, Wiesbaden. www.springerprofessional.de/link/10626204

Abolhassan, F. (2016): Was treibt die Digitalisierung? Warum an der Cloud kein Weg vorbeiführt, Wiesbaden. www.springerprofessional.de/link/6658294

---

### Informationen zur Studie

Im Rahmen der PwC-Studie „Digital Controlling. Digitale Transformation im Controlling" wurden im Jahr 2014 Chief Financial Officers (CFOs) sowie Finanz- und Controlling-Verantwortliche großer mittelständischer Unternehmen (Jahresumsatz > 2 Milliarden Euro) befragt. Branchenübergreifend beteiligten sich 36 Unternehmen mit Firmensitz in Deutschland an der Online-Umfrage mit insgesamt 35 Einzelfragen zu Themen im Bereich Management Reporting.

Die Studie bietet neben einer aktuellen Bestandsaufnahme und einem Trendbarometer vor allem eine Benchmark (Mittelwert aller Antworten). Die ermittelten Best-Practice-Unternehmen zeichnen sich durch eine besonders hohe Effizienz aus, die sich beispielsweise an der geringen Anzahl der Mitarbeiter im Controlling und einer weit unterdurchschnittlichen Dauer zur Erstellung von Berichten festmacht.

Im nächsten Schritt plant PwC eine Folgestudie, die neben einer Aktualisierung der Ergebnisse aus der ersten Studie auch zum Ziel hat, den Reifegrad der befragten Unternehmen zu erheben. Die Kombination von Umfrageergebnis sowie Selbsteinschätzung in Bezug auf den Reifegrad ermöglicht die Ableitung von Modellen, die eine Korrelation zwischen Reifegrad und typischen Indikatoren, wie zum Beispiel der Erstellungsdauer von Berichten, zulässt.

Für Detailergebnisse sei an dieser Stelle auf die Studie verwiesen. https://www.pwc.de/de/digitale-transformation/assets/pwc_digitalisierungsbarometer_2014.pdf

# Aus unserer Bibliothek

*Uwe Weinreich*

**Lean Digitization**
**Digitale Transformation durch**
**agiles Management**
Springer Gabler, Wiesbaden 2016,
285 Seiten, 39,99 Euro
ISBN: 978-3-662-50501-4

## Kernthese
Lean Digitization ist kein Schweizer Taschenmesser der Digitalisierung, sondern eher das Inventar einer wohlausgestatteten Werkstatt.

## Nutzen für die Praxis
Das Buch bietet Unternehmen einen Überblick über die strategischen Möglichkeiten der digitalen Transformation und vermittelt eine Methodik, mit der es gelingt, den Transformationsprozess sicher, ressourcenschonend und erfolgreich zu gestalten.

## Abstract
Der Autor zeigt Methoden auf, mit denen Unternehmen den evidenzbasierten Prozess von Experimentieren, Messen und Lernen anwenden und ihre Produkte schnell und präzise zu optimaler Marktpassung führen können.

*Ralf T. Kreutzer, Tim Neugebauer,*
*Annette Pattloch*

**Digital Business Leadership**
**Digitale Transformation – Geschäfts-**
**modell-Innovation – agile Organisation –**
**Change-Management**
Springer Gabler, Wiesbaden 2016,
328 Seiten, 44,99 Euro
ISBN: 978-3-658-11913-3

## Kernthese
Der Schritt zum Digital Business ist erst dann vollzogen, wenn die Digitalisierung das gesamte Geschäftsmodell des ganzen Unternehmen durchdringt.

## Nutzen für die Praxis
Die Chancen, die sich für Unternehmen durch die Digitalisierung ergeben, werden anhand wissenschaftlicher Modelle und gepaart mit praxisrelevanten Methoden und Fallbeispielen umfassend dargestellt.

## Abstract
Auf der Basis klassischer und neuer Managementmethoden wurden acht Handlungsfelder und ausführliche Fallstudien zum Aufbau einer Digital Business Leadership erarbeitet.

*Andreas Taschner, Michel Charifzadeh*

**Management and Cost Accounting**
**Tools and Concepts in a Central European**
**Context**
Wiley-VCH, Weinheim 2016,
318 Seiten, 34,99 Euro
ISBN: 978-3-527-50822-8

## Kernthese
Accounting ist die wichtigste Grundlage für Unternehmensentscheidungen.

## Nutzen für die Praxis
Das Buch bietet eine umfassende Darstellung der Methoden des Management Accountings und geht auf die Unterschiede zwischen dem deutschen und dem angesächsichen Ansatz ein.

## Abstract
Management Accounting wird immer internationaler. Das Lehrbuch in englischer Sprache bietet einen Überblick über die Konzepte und Instrumente der Kosten- und Leistungsrechnung und fokussiert sich dabei auf praktische Anwendungsfälle. Herzstück des Buches ist ein System für die Vollkostenrechnung nach deutschem und mitteleuropäischem Standard.

# Rubriken

# Kategorisierung von Finanzinstrumenten strategisch nutzen

Der internationale Rechnungslegungsstandard IFRS 9 soll deutliche Verbesserungen bei der Bilanzierung von Finanzinstrumenten schaffen. Gleichwohl rollt ein Implementierungsaufwand auf die Unternehmen zu. Doch die Mühe kann sich lohnen, denn es lässt sich strategischer Nutzen aus der neuen Regel ziehen.

*Edgar Löw*

Die Bilanzierung von Finanzinstrumenten nach dem International Accounting Standard 39 (IAS 39) ist seit Beginn vor über 15 Jahren umstritten. Ursprünglich war geplant, eine komplette Fair-Value-Bilanzierung der Finanzinstrumente durch die Gewinn-und-Verlust-Rechnung (GuV) vorzugeben, um das finanzielle Risiko und dessen Veränderungen adäquat abzubilden. Widerstand der Banken, die eine Volatilität in der GuV befürchteten, führte jedoch zu einem Kompromiss. Doch auch dieser wurde während der Finanzmarktkrise heftig kritisiert. Nach mehreren Entwicklungsphasen veröffentlichte das International Accounting Standards Board (IASB) Mitte 2014

schließlich die Rechnungslegungsvorschrift International Financial Reporting Standard 9 (IFRS 9) – wieder das Ergebnis eines politischen Kompromisses. Die Analyse der Abschlüsse wird mit diesem Standard noch schwieriger werden.

Zwar stellen die neuen Vorschriften zu Ansatz und Bewertung von Finanzinstrumenten, zur Wertberichtigung und zur Abbildung von Sicherungsbeziehungen sowie deren Wechselbeziehungen an Industrie- und Handelsunternehmen neue Anforderungen, doch lassen sich diese strategisch nutzen. Denn IFRS 9 wird Geschäfte nicht nur abbilden, sondern auch beeinflussen. Die Bilanzabteilung sollte daher schon frühzeitig mit Controlling, Risiko-Controlling, Aktiv-/Passivsteuerung (Treasury) und IT zusammenarbeiten.

## Kategorisierung von Finanzinstrumenten

Das IASB beschäftigte sich zuerst mit der Kategorisierung und der anknüpfenden Folgebilanzierung (vergleiche **Abbildung 1**). Künftig sind zwei Kriterien zu prüfen: das „Geschäftsmodell" des Portfolios und die Beschaffenheit der Finanzinstrumente. Das Geschäftsmodell eines Portfolios soll laut IFRS lediglich dem Ziel folgen, vertragliche Zahlungsströme zu vereinnahmen (vergleiche IFRS 9.4.2(a)). Das Instrument selbst ist darauf auszurichten, dass nur eine Kapitalrückzahlung sowie die Zinsen auf den jeweils ausstehenden Betrag be-

### Autor der Serie

Prof. Dr. Edgar Löw ist Programmdirektor sowie Professor für Rechnungslegung sowie nationale und internationale Bilanzierung an der Frankfurt School of Finance and Management. Zudem ist er als Honorarprofessor an der WHU – Otto Beisheim School of Management tätig.

ansprucht werden (vergleiche IFRS 9.4.2(b)). Werden beide Kriterien gleichzeitig erfüllt, dann wird das Instrument mit fortgeführten Anschaffungskosten bilanziert.

Daraus ergibt sich für die Unternehmen die Überlegung, ob sie künftig mehrere Portfolios für Forderungen aus Lieferungen und Leistungen brauchen. Auf den ersten Blick ist ein solches Portfolio auf Geschäftsmodellebene leicht zu strukturieren, zumal nicht alle Forderungen bis zur Fälligkeit gehalten zu werden brauchen (vergleiche IFRS 9.B4.3). Fraglich ist allerdings die Zuordnung eines Finanzinstruments, wenn die Absicht besteht, die Forderungen über Factoring kurz nach ihrem Entstehen zu veräußern. In diesem Fall sollten mehrere Portfolios strukturiert werden, um das Modell für die übrigen, bis zur Tilgung gehaltenen Forderungen nicht zu gefährden.

## Künftige Kapitalanlagen richtig auswählen

Die IFRS 9-Bestimmungen wirken sich auch auf die Wahl der zukünftigen Kapitalanlagen aus, denn nicht alle Möglichkeiten eignen sich zur Erhaltung von fortgeführten Anschaffungskosten. Nach IFRS 9 hat das Finanzinstrument in seiner Gesamtheit die Zahlungsstromkriterien der Kapitalrückzahlung und Zinsen zu erfüllen, wobei Zinsen als Entgelt für den Zeitwert des Geldes und das Kreditrisiko definiert sind. Das bedeutet, dass in über 90 Prozent der Fälle trennungspflichtiger eingebetteter Derivate künftig eine erfolgswirksame Fair-Value-Bewertung notwendig wird.

So war die Anlage von Mitteln in einem Genussrecht bisher für Emittenten wie Investoren ein hoch attraktives Instrument. Denn mit einer festen Laufzeit, der Aussetzung von Zinszahlungen (soweit dadurch ein Bilanzverlust entsteht oder sich erhöht), mit der Minderung eines Rückzahlungsanspruchs, der möglichen Nachholung entfallener Zinszahlungen bis zum Laufzeitende und mit der Verlustbeteiligung führte dieses Finanzinstrument bilanziell zur Bildung von Eigenkapital. Nach IFRS 9 ist die Investition künftig allerdings zum Fair Value durch die GuV zu bewerten, und die Zahlungen hängen nicht nur von Zins und Tilgung ab. Bei der Auswahl der Finanzprodukte für die Kapitalanlage ist dies künftig zu berücksichtigen.

### Ausweitung der Fair-Value-Bewertung

Sämtliche Instrumente, die nicht kumulativ beide Kriterien erfüllen, sind fortan erfolgswirksam zum Fair Value zu bilanzieren (vergleiche IFRS 9.4.4). Konzeptionell weitet dies die GuV-wirksame Fair-Value-Bewertung aus. Dies kann zu einer erhöhten Volatilität in der GuV führen, ohne dass sich die Unternehmensstrategie verändert hat.

### Möglicher Ausgleich von Accounting Mismatches

Da zu Projektbeginn die Abbildungsregeln von Sicherungsbeziehungen unklar waren, forderte die Praxis, weiterhin die Wahl einer erfolgswirksamen Fair-Value-Bewertung zu

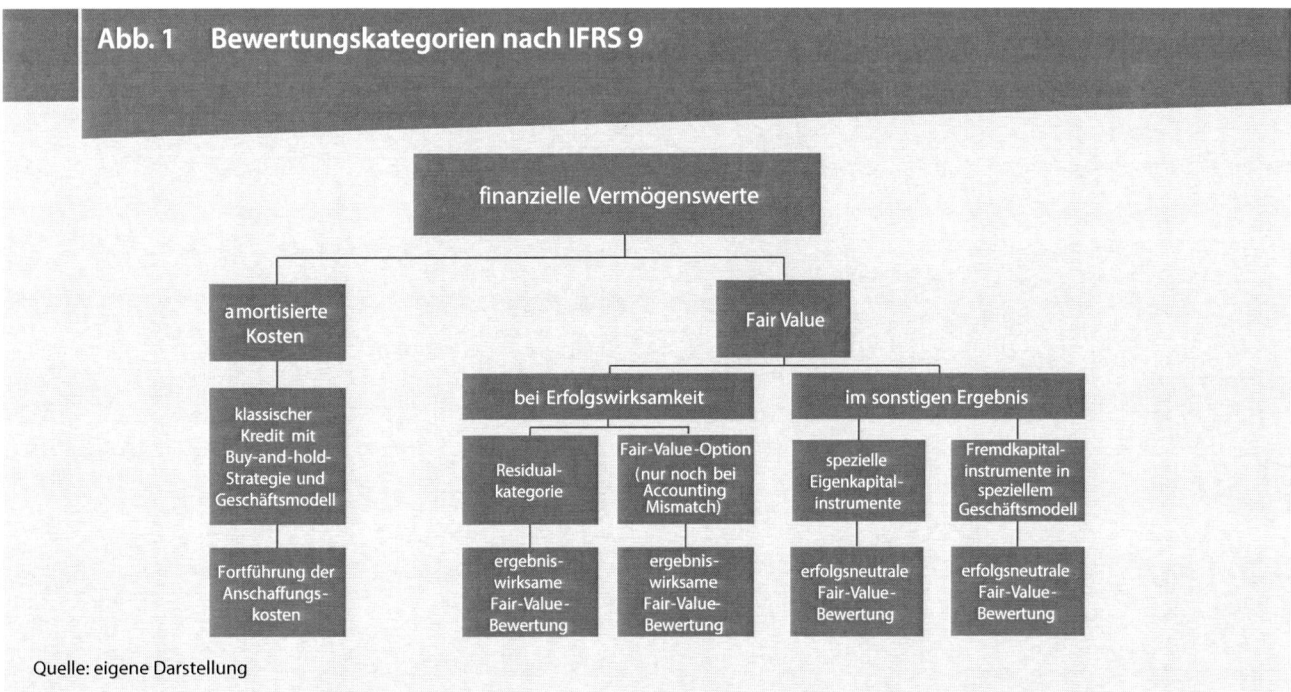

**Abb. 1   Bewertungskategorien nach IFRS 9**

finanzielle Vermögenswerte

amortisierte Kosten

Fair Value

klassischer Kredit mit Buy-and-hold-Strategie und Geschäftsmodell

Fortführung der Anschaffungskosten

bei Erfolgswirksamkeit

Residualkategorie

Fair-Value-Option (nur noch bei Accounting Mismatch)

ergebniswirksame Fair-Value-Bewertung

ergebniswirksame Fair-Value-Bewertung

im sonstigen Ergebnis

spezielle Eigenkapitalinstrumente

Fremdkapitalinstrumente in speziellem Geschäftsmodell

erfolgsneutrale Fair-Value-Bewertung

erfolgsneutrale Fair-Value-Bewertung

Quelle: eigene Darstellung

## Zusammenfassung

- IFRS 9 bringt völlig neue Kategorien zur Bewertung von Finanzinstrumenten. Unternehmen sollten sich strategisch darauf einstellen und neben Treasury und IT auch das Controlling involvieren.
- Um weiterhin zu fortgeführten Anschaffungskosten bilanzieren zu können, haben Finanzinstrumente sowohl ein Geschäftsmodell- als auch ein Produktkriterium zu erfüllen. Die Produktpalette für Mittelanlagen schränkt sich dadurch ein. Zur Erfüllung des Geschäftsmodells mag sich ein Neuzuschnitt der Portfolios anbieten.

haben. Das IASB hat zugestimmt. Auch künftig wird es die Fair-Value-Option geben. Allerdings beschränkt sie sich auf Fälle eines sogenannten Accounting Mismatches und damit auf Sachverhalte, die ein Risiko – etwa ein Zins- oder Währungsrisiko – mittels eines Derivates absichern, aber die Restriktionen für deren bilanzielle Abbildung nicht erfüllen, weil sie nicht in einer Eins-zu-eins-Absicherungsrelation zwischen Grundgeschäft und Derivat stehen.

### Zwei weitere Kategorien durch Lobbyarbeit

Lebensversicherungsanbieter halten oftmals Aktien als Depotbeimischung und zur Erzielung einer zugesagten Mindestverzinsung. Von der Vorstellung, diese erfolgswirksam durch die GuV zu buchen, waren sie nicht begeistert. Hans Hoogervorst, Chairman des IASB und zuvor zweifacher Minister in den Niederlanden, hat – ganz Politiker – nachgegeben. Für jedes einzelne Eigenkapitalinstrument hat er eine unwiderrufliche Möglichkeit geschaffen, zugunsten einer erfolgsneutralen Fair-Value-Bewertung auf eine erfolgswirksa-

me Bewertung zu verzichten (vergleiche IFRS 9.5.4.4). Bei Veräußerung werden die Aktien nun innerhalb des Eigenkapitals aus der Neubewertungsreserve in die Gewinnrücklagen umgebucht, und nur die Dividendenzahlungen werden erfolgswirksam in der GuV erfasst.

Banken ließen nicht lange auf sich warten und prangerten ihrerseits die restriktiven Geschäftsmodellkriterien für fortgeführte Anschaffungskosten an. Das Treasury von Banken kennzeichnet, dass es Liquiditätsreserven managt, ohne kurzfristige Handelsstrategien zu verfolgen, und Finanzinstrumente nicht bis zur Fälligkeit hält. Daher setzten sich Banken erfolgreich für ein weiteres Geschäftsmodellkriterium ein, das einer Geschäftsaktivität Rechnung trägt, die weder einerseits Finanzinstrumente bis zur Endfälligkeit hält noch diese wie im Handel bei sich bietender Gelegenheit veräußert, sondern eher einer Liquiditätsreservehaltung nahekommt. Auf diese Weise erhalten sie eine erfolgsneutrale Bewertung zum Fair Value. Zusätzlich ist zu gewährleisten, dass das Instrument selbst für die Bilanzierung mit fortgeführten Anschaffungskosten qualifiziert.

Dieses neuen Geschäftsmodellkriteriums können sich auch Industrie- und Handelsunternehmen bedienen. Mittelanlagen in deutschen Staatsanleihen bis zu einem Zeitpunkt, zu welchem eine Akquisition oder Sachinvestition finanziert werden soll, erfüllen das Kriterium des Haltens zur Vereinnahmung von vertraglichen Zahlungsströmen nämlich eher nicht, wenn zu erwarten ist, dass die Akquisition oder Investitionsmaßnahme mit einiger Wahrscheinlichkeit vor Fälligkeit der Anleihe erfolgen wird. Diese weitere Kategorie ist prädestiniert für solche Investmentstrategien.

Edgar Löw
Frankfurt School of Finance and Management, Frankfurt am Main, Deutschland
E-Mail: e.loew@fs.de

### Ergänzende Studientipps

Berger, J./Struffert, R./Nagelschmitt, S. (2014): Neue Klassifizierungs- und Bewertungsvorschriften für Finanzinstrumente – Endgültige Fassung von IFRS 9 veröffentlicht. Teil 1, in: WPg, 67 (21), S. 1075-1088. Teil 2, in: WPg, 67 (22), S. 1127- 1131.
Ganssauge, K./Tamm, G./Weller, K. (2016): Künftige Bilanzierung von Forderungen und „contract assets" nach IFRS, in: WPg, 69 (12), S. 670-676.

 Weitere Empfehlungen der Verlagsredaktion aus www.springerprofessional.de zu:

 **IFRS**

Verhofen, V. (2016): Konzernabschlusspolitik nach IFRS – Eine Analyse konzernspezifischer Aktionsparameter, Wiesbaden.
www.springerprofessional.de/link/10781906

# CSR-Reporting wird gesetzlich geregelt

Die Unternehmensberichterstattung zu Corporate Social Responsibility (CSR) soll gesetzlich geregelt werden. Dazu hat die Bundesregierung ein entsprechendes Gesetzesvorhaben auf den Weg gebracht. Der Gesetzesentwurf wurde vom Bundeskabinett am 21. September beschlossen. Die CSR-Richtlinie sieht vor, dass insbesondere am Kapitalmarkt tätige Firmen in ihren Lageberichten künftig auch nicht-finanzielle Themen transparenter und umfassender darstellen müssen. Die EU-Richtlinie soll zum 6. Dezember 2016 in nationales Recht umgesetzt werden. Die neuen Vorgaben gelten erstmals für Unternehmen, deren Geschäftsjahre 2017 beginnen. Bundesjustiz- und Verbraucherschutzminister Heiko Maas sieht Bedarf für das Gesetz, weil „Unternehmen heute nicht mehr nur nach ihren Finanzdaten bewertet werden". Der Gesetzesentwurf umfasst im Wesentlichen folgende Regelungen:

- Nicht-finanzielle Berichtspflichten: Große, börsennotierte Unternehmen, Kreditinstitute und Versicherungsunternehmen mit mehr als 500 Arbeitnehmern müssen im Lage- oder Konzernlagebericht oder in einem separaten nicht-finanziellen Bericht ihre wesentlichen Risiken transparent darstellen. Dies betrifft beispielsweise Angaben über Arbeitnehmer-, Sozial- und Umweltbelange, aber auch über die Achtung der Menschenrechte und die Bekämpfung von Korruption. Zudem müssen sie Angaben dazu machen, welche Konzepte sie in den genannten Bereichen verfolgen.
- Diversitätsstrategien: Bestimmte Unternehmen, die an der Börse notiert sind, sollen ihre Erklärung zur Unternehmensführung durch genauere Informationen zu den Diversitätskonzepten ergänzen.
- Erweiterte Sanktionen: Strafen und Bußgeldvorschriften, die heute schon im Handelsbilanzrecht bestehen, werden auf Verstöße gegen die neuen Berichtspflichten erweitert. Der bisher geltende, maximale Bußgeldrahmen wird erhöht.

Mit dem Gesetz will die Bundesregierung Unternehmen stärker in die Verantwortung nehmen und Transparenz schaffen.

**Eva-Susanne Krah**

🖰 Den Entwurf zur CSR-Richtlinie lesen Sie unter http://bit.ly/2d3fwIk.

# Wie Interne Revision erfolgreich ist

Unternehmen müssen sicherstellen, dass ihre Interne Revision unabhängig und objektiv tätig ist und die Ziele der internen Revisionsmaßnahmen und die nötige Performance erreicht werden. Revisoren stehen dabei oft vor der Herausforderung, dass sie einerseits Mitarbeiter eines Unternehmens sind, andererseits in ihrer Firma Schwachstellen aufdecken sollen. Wie erfolgreich die Interne Revision arbeiten kann, hängt auch mit der Einstellung des Managements zusammen.

Audit Committees für die Interne Revision können Revisionsverantwortliche dabei unterstützen, die Erwartungen der Stakeholder, also einzelner Interessengruppen des Unternehmens, an die Revision zu erfüllen. In ihrem Report „Six Audit Committee Imperatives", nennt das „Institute of Internal Auditors Research Foundation (IIARF)" im Rahmen der fortlaufenden Studie „The Global Internal Audit Common Body of Knowledge" (CBOK) vier Erfolgsfaktoren, nach denen Stakeholder eine erfolgreiche Interne Revision bewerten. Dazu gehören:

- klare Handlungsempfehlungen, die den Kern der identifizierten Probleme treffen,
- Qualität der Audit-Arbeit und verlässliche Ergebnisse in den Kernrisikobereichen des Unternehmens,
- eine zeitgerechte Kommunikation der identifizierten Risiken an die geeigneten Interessenvertreter sowie
- Orientierungshilfen in Bezug auf eventuelle neue Risikobereiche des Unternehmens.

Die Experten der Studie verdeutlichen, dass Audit Committees interne Revisoren vor allem dazu befähigen sollten, in ihrer Planung und dem Reporting umfassend strategisch zu denken. Darüber hinaus ist es sinnvoll, dass sie interne Audit-Verantwortliche motivieren, über den Audit-Plan hinauszudenken.

**Eva-Susanne Krah**

🖰 Mehr Handlungsempfehlungen aus der CBOK-Studie lesen Sie unter http://tinyurl.com/zhl34p3.

# Kennzahlen zur Liquidität

Ist Ihr Unternehmen kurz- und längerfristig imstande, seinen Zahlungsverpflichtungen nachzukommen? Mithilfe von klassischen und einigen neueren Kennzahlen können Sie dies überprüfen.

*Christoph Binder, Nils Högsdal*

„It´s not assets, it´s cash that will buy you a beer" ist eine alte Yankee-Weisheit, die vielleicht am einfachsten den Unterschied zwischen Vermögen und Zahlungsfähigkeit – „Liquidität" – erklärt. Mit dem Begriff werden zusammenfassend alle Bilanzpositionen bezeichnet, die ein Unternehmen nutzen kann, um seine aktuellen und zukünftigen Zahlungs-

### Autoren der Serie

Prof. Dr. Christoph Binder ist Professor für Management Accounting & Controlling an der ESB Business School der Hochschule Reutlingen. Sowohl im Rahmen seiner langjährigen Beratertätigkeit bei McKinsey & Company, Inc. als auch im Rahmen seiner Forschungs- und Vorlesungsschwerpunkte setzt er sich unter anderem mit Kosten- und Liquiditäts-Management sowie Kennzahlensystemen auseinander.

Prof. Dr. Nils Högsdal ist Professor für Corporate Finance und Entrepreneurship an der Hochschule der Medien Stuttgart. Ein Schwerpunkt seines Engagements in Lehre und Forschung liegt im Bereich Entrepreneurship mit einem Fokus auf Innovation. Er war viele Jahre als Unternehmer und Führungskraft tätig und bleibt in vielfältiger Art und Weise der Start-up-Welt verbunden.

verpflichtungen pünktlich zu erfüllen. Vor der Aufnahme von Geschäftsbeziehungen messen daher gut geführte Unternehmen nicht nur sorgfältig die Kapitalausstattung eines Geschäftspartners im Verhältnis zum geplanten Geschäftsvolumen, sondern auch seine Liquidität.

Liquidität ist also eine unabdingbare Voraussetzung für die Fortsetzung eines jeden Geschäftsbetriebs. Ein Unternehmen, das seinen Zahlungsverpflichtungen nicht nachkommen kann, ist illiquide oder insolvent, und das Management muss zwingend und unverzüglich ein Insolvenzverfahren einleiten. Ein Unternehmen kann bilanztechnisch überschuldet, aber dennoch liquide sein, wenn ihm weiter Zugang zu Geldmitteln offensteht – entweder weil beispielsweise Geldgeber (und auch Wirtschaftsprüfer) von stillen Reserven wissen oder weil diese von der Nachhaltigkeit des Geschäftsmodells überzeugt sind. Umgekehrt kann ein Unternehmen illiquide werden, obwohl noch ausreichend bilanzielles Eigenkaptal vorhanden ist – wenn die Geldgeber beispielsweise nicht bereit sind, ihre Kreditzusagen zu verlängern.

Ein ebenso spektakuläres wie unrühmliches Beispiel für eine solche Situation ist die Insolvenz der Autolegende Borgward (vergleiche Brandhuber 2012, S. 90 ff.): Am Ende erhielten die Eigentümer sogar einen Teil ihres eingesetzten Geldes zurück. Das heißt, das Unternehmen hatte noch Eigenkapital. Messung und Steuerung der Liquidität ist ein wesentlicher Aspekt des Risiko-Controllings. In der Kennzahlenanalyse spricht man gerne von einem „magischen" Dreieck aus Liquidität, Rentabilität und Sicherheit (vergleiche Pinner 2003, S. 28): Überschüssige Liquidität, also das Vorhalten von nichtbetriebsnotwendigen Finanzmitteln, schafft zwar mehr Sicherheit, geht aber in der Regel auf Kosten der Rentabilität.

So fallen entweder unnötige Finanzierungskosten an, oder man verzichtet auf Renditen aus alternativen Anlagemöglichkeiten. Es ist deshalb im Wirtschaftsleben sowohl für den Unternehmer als auch für seine Mitarbeiter und Zulieferer wichtig, sich an Messgrößen zu orientieren, mit denen die langfristige und die kurzfristige Liquidität eines Geschäftsbetriebs gemessen und beurteilt werden können.

## Klassische Kennzahlen zur Liquidität

Um sich ein Bild von der Liquidität eines Unternehmens zu machen, hilft ein Blick auf die Bilanzstruktur. Dort wird zum jeweiligen Stichtag auf der Aktivseite die Mittelbindung und auf der Passivseite die Mittelherkunft abgebildet. Die aus der Bilanz abgeleiteten Kennzahlen sind jeweils „statisch". Sie liefern Momentaufnahmen zum Bilanzstichtag und sind entsprechend beeinflusst von bilanzpolitischen Maßnahmen, beispielsweise aufgeschobenen Investitionen oder stichtagsbezogenen Bestands- oder Bewertungsstrategien beim Umlaufvermögen. Dennoch haben sich diese Kennziffern in der Praxis bewährt.

> *„Die kurzfristige Liquiditätsposition lässt sich praxisnah ermitteln anhand unterschiedlicher Liquiditätsgrade."*

Die „goldene Bilanzregel" ist eines der ältesten aus der Erfahrung gewachsenen Postulate der Finanzwirtschaft: Langfristig gebundenes Vermögen sollte langfristig entweder durch Eigenkapital oder durch langfristig verbrieftes Fremdkapital gedeckt sein. Nur wenn diese existenzielle Bedingung erfüllt ist, bleibt die Betriebsgrundlage gesichert und der Unternehmer kann sich auf seinen laufenden Geschäftsbetrieb konzentrieren. Eine Missachtung dieser Regel kann auch auf der Seite des Finanzierers fatale Folgen haben. Der Finanzmakler Rudolf Münemann versuchte Ende der 1950er Jahre eine Fristentransformation, indem er bis zu 35-jährige Kredite vergab, die er kurzfristig revolvierend zu finanzieren versuchte (vergleiche Jaeger 1997, S. 529 f.). Sein spektakuläres Scheitern ist ein mit dem Borgward-Konkurs vergleichbares Lehrstück für schlechtes Liquiditäts-Management.

Während die langfristige Finanzierung des Anlagevermögens und des Investitionsbedarfs meist sorgfältig in Zusammenarbeit mit den Eigen- und Fremdkapitalgebern strukturiert und modelliert wird, verlangt die Sicherstellung einer angemessenen kurzfristigen Liquidität ein ständiges Austarieren der zu

### Zusammenfassung

- Wer Vermögen hat, ist nicht unbedingt auch in der Lage, einer Zahlungsverpflichtung nachzukommen.
- Mithilfe bestimmter Kennzahlensysteme und Ansätze können Unternehmen analysieren, ob oder inwiefern sie imstande sind, ihren Verpflichtungen kurz- bis längerfristig nachzukommen.
- Da eine statische Liquiditätsanalyse Stichtagsprobleme aufwerfen kann, sollte immer auch eine dynamische, an Stromgrößen orientierte Cashflow-Analyse erfolgen, um das notwendige Gesamtbild zu erhalten.

erwartenden eingehenden und ausgehenden Zahlungsströme sowie die Steuerung des Sicherheitspolsters entweder durch Vorhalten von Bargeld oder durch die Vereinbarung von ausreichenden Kreditlinien. Die kurzfristige Liquiditätsposition lässt sich praxisnah ermitteln anhand unterschiedlicher Liquiditätsgrade (vergleiche Coenenberg/Haller/Schultze 2014, S. 1.078):

- Liquidität ersten Grades (auch Barliquidität) = liquide Mittel / kurzfristige Verbindlichkeiten
- Liquidität zweiten Grades = kurzfristig verfügbare Mittel (Finanzumlaufvermögen) / kurzfristige Verbindlichkeiten
- Liquidität dritten Grades = Umlaufvermögen (Finanzumlaufvermögen + Vorräte) / kurzfristige Verbindlichkeiten; zu beachten ist, dass bei Werten unter 100 Prozent zumindest Teile des Anlagevermögens nur kurzfristig refinanziert sind.

So wie die goldene Bilanzregel für den Langfristbereich, beurteilen auch die Kennziffern für die kurzfristige Liquidität nur die grundsätzliche strukturelle Fähigkeit des Unternehmens, zum Zeitpunkt der Bilanzerstellung seine kurzfristigen finanziellen Verpflichtungen aus den kurzfristig realisierbaren Vermögenspositionen zu decken.

## Cashflowbasierte Kennzahlen

Die zeitpunktbezogene bilanzielle Betrachtung gibt zwar den an der finanziellen Entwicklung des Unternehmens Interessierten eine schnelle und meist leicht zugängliche Information über die langfristige und kurzfristige Positionierung des Unternehmens – auch Quervergleiche mit anderen Unternehmen sind damit möglich –, für die tägliche Unternehmenssteuerung reicht diese strukturelle Aussage aber nicht aus. Der Transformationsprozess im Unternehmen ist ein fließender

Vorgang mit oft gravierend schwankenden Umsatz- und Kostenprofilen. Entsprechend anspruchsvoller ist dann die Anforderung des Managements und oft auch der Banken, die das Tagesgeschäft finanzieren.

In der Praxis wird heute vermehrt auch auf die dynamische Liquidität, die auf Stromgrößen basiert, geplant und kommuniziert. Gemessen wird hier, welche Zahlungsflüsse

## „Vermeiden Sie Management-Entscheidungen basierend allein auf einzelnen Kennzahlen."

aus welchen Quellen im analysierten Zeitraum zur Verfügung stehen. Durch die Abkehr von der Zeitpunktbetrachtung wird die Kennzahl weniger anfällig für Manipulationen. Zudem kann so frühzeitiger erkannt werden, wann Liquiditätsengpässe drohen. Die einfachste Form stellt die Betrachtung des Cashflows dar, eine Potenzialgröße zum Beispiel zur Tilgung von Schulden. Er lässt sich aus dem Jahresüberschuss ableiten, der zu diesem Zweck um nicht zahlungswirksame Positionen bereinigt wird. Die Formel dafür lautet vereinfacht:

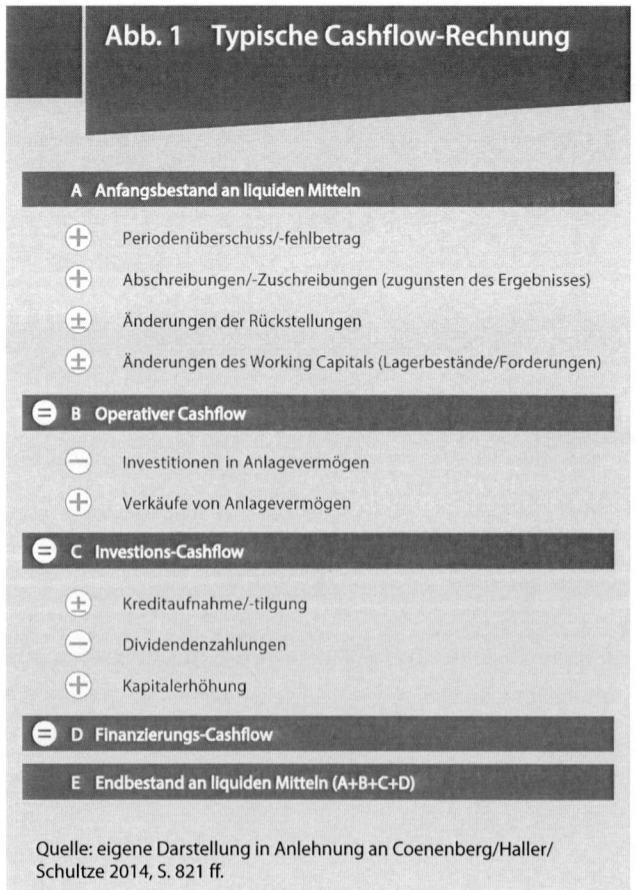

**Abb. 1 Typische Cashflow-Rechnung**

A **Anfangsbestand an liquiden Mitteln**

(+) Periodenüberschuss/-fehlbetrag

(+) Abschreibungen/-Zuschreibungen (zugunsten des Ergebnisses)

(±) Änderungen der Rückstellungen

(±) Änderungen des Working Capitals (Lagerbestände/Forderungen)

(=) B **Operativer Cashflow**

(−) Investitionen in Anlagevermögen

(+) Verkäufe von Anlagevermögen

(=) C **Investions-Cashflow**

(±) Kreditaufnahme/-tilgung

(−) Dividendenzahlungen

(+) Kapitalerhöhung

(=) D **Finanzierungs-Cashflow**

E **Endbestand an liquiden Mitteln (A+B+C+D)**

Quelle: eigene Darstellung in Anlehnung an Coenenberg/Haller/ Schultze 2014, S. 821 ff.

Traditioneller Cashflow =
Periodenüberschuss (nach Steuern)
+ Abschreibungen/- Zuschreibungen
(zugunsten des Ergebnisses)
+/- Änderungen der Rückstellungen.

Anhand des Cashflows lässt sich ermitteln, wie viel Liquidität ein Unternehmen insgesamt generieren kann, um beispielsweise Schulden zu tilgen oder Investitionen zu tätigen. Im Zuge internationaler Standardisierung hat sich inzwischen eine differenziertere Betrachtung etabliert, bei der analysiert wird, woher die Liquidität kommt und wohin sie fließt (vergleiche **Abbildung 1**).

**Operativer Cashflow/Cashflow aus laufender Geschäftstätigkeit**: erfasst die Zahlungsmittelüberschüsse, die im operativen Geschäft erwirtschaftet werden. Berücksichtigt wird unter anderem, inwiefern im Umlaufvermögen Liquidität gebunden ist (zum Beispiel durch den Lageraufbau) oder freigesetzt werden kann (zum Beispiel durch kürzere Zahlungsziele).

**Investitions-Cashflow/Cashflow der Investitionstätigkeit**: gibt das Saldo der Liquiditätspositionen wieder nach erfolgten Investitionen (Kauf von Anlagevermögen) wie auch Desinvestitionen (Verkauf von Anlagevermögen). Üblicherweise ist er nur positiv, wenn mehr Anlagevermögen abgegeben als hinzuerworben wird.

**Free Cashflow**: die Summe aus dem operativen und dem Investitions-Cashflow, also die Liquidität, die periodenweise nach (Re-)Investitionen, für Schulden und/oder Ausschüttungen zur Verfügung steht.

**Finanzierungs-Cashflow**: gibt das Liquiditäts-Saldo der Finanzierungstätigkeiten wieder, das heißt Kreditaufnahme und -tilgung sowie Dividenden und gegebenenfalls Kapitalerhöhungen.

## Dynamische Verschuldung und Cash Burn Rate

Die Kennzahlen zur Berechnung der dynamischen Verschuldung setzen die Verbindlichkeiten eines Unternehmens in Bezug zum operativen Cashflow. Dargestellt wird, wie viele Jahre das Unternehmen benötigen würde, um ohne Reinvestitionen seine Schulden tilgen zu können. Dazu wird folgende Formel benutzt:

zahlungsorientierter dynamischer Verschuldungsgrad
= Verbindlichkeiten / operativer Cashflow

## Handlungsempfehlungen

- Setzen Sie zuallererst auf eine nachhaltige Finanzierung durch Eigenkapital oder verbrieftes Fremdkapital des langfristig gebundenen Vermögens.
- Fokussieren Sie dann im Wesentlichen Ihre Bemühungen auf die laufende Liquiditätssicherung, um die Entwicklung von Cashflow und Netto-Verschuldung in jeder Berichtsperiode steuern zu können.
- Überbewerten Sie bei Start-ups nicht die Cash Burn Rate, sondern benutzen Sie stets auch flankierend eine Fundamentalanalyse, um Ihre Entscheidungen zu untermauern.
- Achten Sie beim Steuern des Net Working Capitals auf den „Orangeneffekt": Es lässt sich nur einmal „auspressen".

Bei Start-ups oder bei der Erschließung neuer Geschäftsfelder sollte zudem die Cash Burn Rate betrachtet werden. Sie ermittelt, wie viel Liquidität, das heißt wie viel operativer Cashflow, jeden Monat „verbrannt" beziehungsweise benötigt wird, jeweils gemessen an den von den Eigen-/Fremdkapitalgebern zur Verfügung gestellten liquiden oder geldnahen Investitionsmitteln (vergleiche Coenenberg 2001, S. 311 ff.). Start-ups erhalten normalerweise eine Kapitalausstattung, die – zumindest anfänglich oder nach Kapitalerhöhungen – auch mit der Liquidität korrespondiert. Im Normalfall machen Start-ups aufgrund von Produktentwicklung und Markteintritt Verluste. Auch bindet der Aufbau von Working Capital Liquidität. Die Bestimmung einer Cash Burn Rate – und damit verbunden des gesamten Finanzierungsbedarfes bis zum Zeitpunkt, an dem der Break Even erwartet werden kann – ist damit eine besondere Ausgestaltung der cashflowbasierten Kennziffern. Sie muss deshalb immer von einer Fundamentalanalyse der Cashflows flankiert werden, die im Zuge der Entwicklung des neuen Geschäftsmodells zu erwarten sind (vergleiche Graham, 2006, S. 512 f.).

## Net Working Capital Management

(Net) Working Capital Management ist spätestens seit der Finanzkrise 2008/2009 ins Blickfeld geraten. Betrachtet man das Umlaufvermögen, so zeigt sich, dass es meist massiv Liquidität bindet, bei entsprechender Reduzierung diese aber auch wieder freigesetzt werden kann. Man spricht von „Net

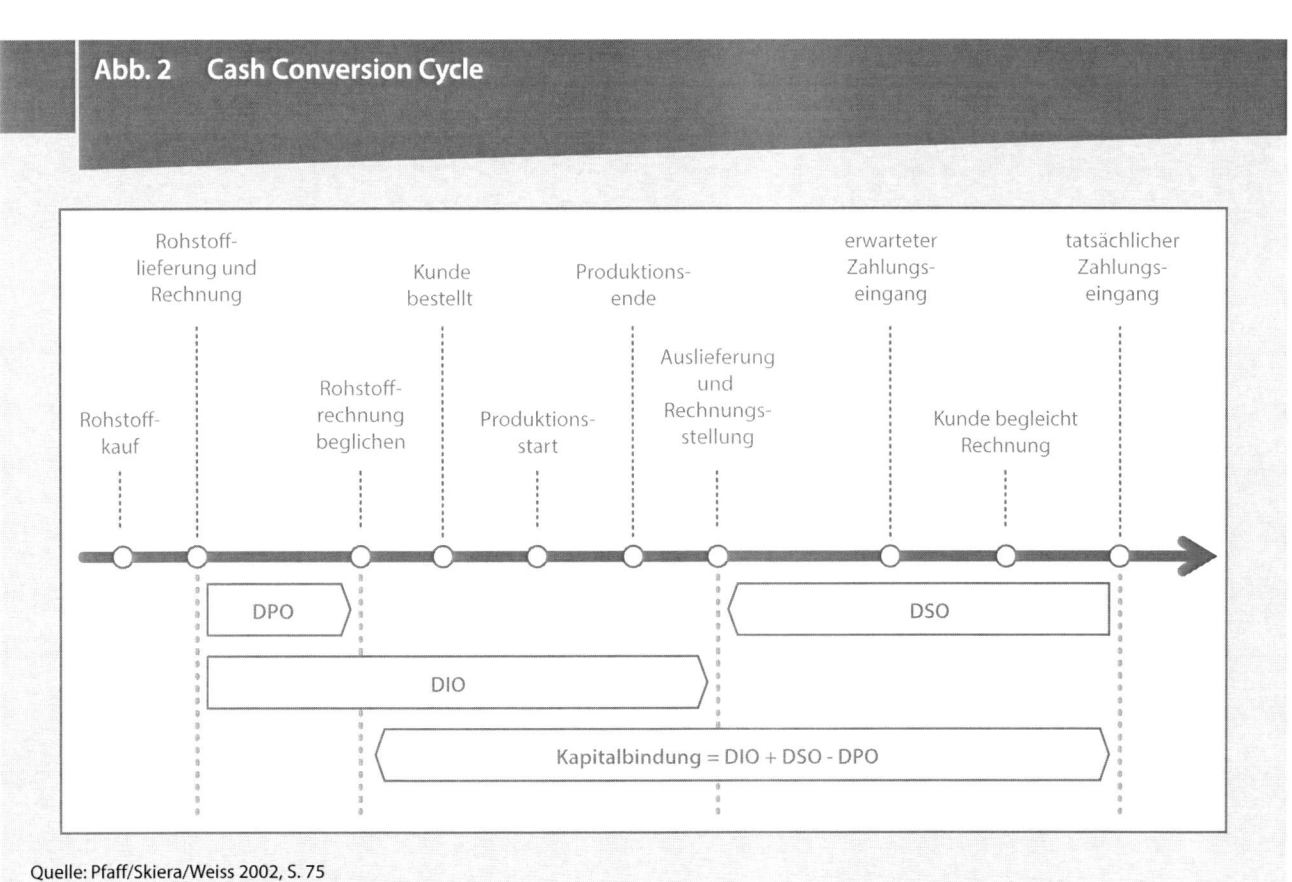

**Abb. 2    Cash Conversion Cycle**

Quelle: Pfaff/Skiera/Weiss 2002, S. 75

Working Capital", also vom Nettoumlaufvermögen, wenn nach Abzug der Verbindlichkeiten (ohne Renditeforderungen) ein Überschuss besteht, etwa aufgrund von Kundenanzahlungen oder Verbindlichkeiten gegenüber Lieferanten. Steuern lässt sich die Working-Capital-Liquidität durch Optimierung der Lagerbestände, Eintreiben von Ausständen (oder durch die Nutzung von Anzahlungen) sowie durch Hinauszögern von Zahlungsverpflichtungen. Bei negativem Working Capital wird das gesamte Umlaufvermögen von Kunden und Lieferanten zinsfrei finanziert. Kennzahlen für die Dauer der Bindung der liquiden Mittel, dem Working-Capital-typischen Cash Conversion Cycle (vergleiche **Abbildung 2**), sind:

- Days Sales Outstanding (DSO): durchschnittliche Dauer von eigener Rechnungsstellung bis zum Zahlungseingang
- Days Inventory Outstanding (DIO): durchschnittliche Verweilzeit von Lagerbestand im Unternehmen
- Days Payables Outstanding (DPO): durchschnittliche Dauer vom Rechnungserhalt bis zum Zahlungsausgang
- Days Working Capital: Dauer der Kapitalbindung (DIO + DSO - DPO)

Gerade in Krisenzeiten ist das Management des (Net) Working Capitals „en vogue". Anzumerken bleibt allerdings, dass es als Mittel der Liquiditätssicherung nur einmal „ausgepresst" werden kann („Orangeneffekt"). Zudem können höhere Lagerbestände für das eigene Geschäftsmodell förderlich sein, großzügige Zahlungsfristen können den Absatz unterstützen, und auch die Verzögerung eigener Zahlungen sollte wohldurchdacht sein. Daher ist stets eine Gesamtbetrachtung erforderlich. Management-Entscheidungen, allein basierend auf einzelnen Kennzahlen, sind zu vermeiden. In Krisensituationen und bei schnell wachsenden Unternehmen kann ausschließlich das Liquiditäts-Management im Fokus stehen. Bei normalem Geschäftsverlauf kann hingegen auch stärker auf die Rentabilität geachtet werden.

*Literatur*

Brandhuber, K. (2012): Borgward Automobil-Werke: Aufbau, Wirtschaftswunder und Konkurs. Hintergründe und Details, Bremen.

Coenenberg, A. G. (2001): Kapitalflussrechnung als Instrument der Bilanzanalyse, in: Der Schweizer Treuhänder, 75 (4), S. 311-320.

Coenenberg, A. G./Haller, A./Schultze, W. (2014): Jahresabschluss und Jahresabschlussanalyse, 23. Auflage, Stuttgart.

Graham, B. (2006): The intelligent investor, New York.

Jaeger, H. (1997): Münemann, Rudolf, in: Neue Deutsche Biographie (NDB). Band 18, Berlin, S. 529-530.

Pinner, W. (2003): Ethische Investments. Rendite mit „sauberen" Fonds, Wiesbaden.

Pfaff, D./Skiera, B./Weiss, J. (2002): Financial Supply Chain Management, Bonn.

Christoph Binder
Hochschule Reutlingen, Reutlingen, Deutschland
E-Mail: christoph.binder@reutlingen-university.de

Nils Högsdal
Hochschule der Medien Stuttgart, Stuttgart, Deutschland
E-Mail: hoegsdal@hdm-stuttgart.de

# Die Balanced Scorecard als operatives Steuerungsinstrument

McDonald's Deutschland bewertet regelmäßig seine Restaurant-Manager. Die Einführung einer Balanced Scorecard hat diese Bewertungen wesentlich objektiver und vergleichbarer gemacht. Das neue Steuerungsinstrument verbessert aber nicht nur die Performance-Messung. Es bietet den Restaurant-Managern auch Orientierung, Anreize und Steuerungsimpulse für ihre tägliche Arbeit.

*Helge Sagadin, Bernhard Hirsch*

Bei McDonald's Deutschland sind circa 1.300 Restaurantleiter tätig. Sie werden regelmäßig von ungefähr 280 Personen (Regional-Manager und Franchisenehmer) bewertet und beurteilt. Bis zur Einführung einer Balanced Scorecard für Restaurant-Manager standen für die regelmäßige Bewertung und Beurteilungen jedoch nur bedingt einheitlich interpretierte Zielvorgaben und Kennzahlen zur Verfügung. Zudem war es nicht möglich, die nicht immer vergleichbaren Ausgangspositionen der Restaurants in den Bewertungsrahmen mit einzubeziehen. Denn es macht zum Beispiel einen Unterschied, ob eine Umsatzgröße oder ein Service-Qualitätsziel mit einer eingespielten, gut ausgebildeten Mannschaft erreicht werden soll oder ob dieses Ziel für ein Restaurant formuliert wurde, in dem im Vorjahr aufgrund einer hohen Mitarbeiterfluktuation ein erheblicher Know-how-Abfluss stattfand.

Die Restaurant-Manager mussten im alten System 44 beurteilungsrelevante Kennzahlen und Zielgrößen bei ihren Entscheidungen und Handlungen berücksichtigen. Dies führte zu Überforderungen der Manager. Erschwerend kam hinzu, dass zahlreiche Ziele indirekt beschrieben waren und bei der täglichen Arbeit eine Transferleistung notwendig war, um zum Beispiel die Auswirkung einer Disziplinarmaßnahme auf eine zu erreichende Kennzahl zu antizipieren. Als Folge konnte man beobachten, dass es im Tagesgeschäft zu einer nicht dokumentierten Absprache zwischen Restaurant-Managern und Mitarbeitern kam, sich auf wenige einfache oder einfach messbare – leider oft auch einfach zu manipulierende – Kennzahlen zu beschränken.

Die Fülle an Zielen und Kennzahlen führte aber nicht nur zur Verwirrung bei den Restaurantleitern. Sie hatte auch monokausale Erklärungs- und Lösungsansätze im übergeordneten Management zur Folge. So wurde beispielsweise häufig versucht, eine bestimmte Geschäftsentwicklung auf im Wesentlichen eine Kennzahl zurückzuführen oder durch diese zu erklären. Zeitweilig wurden sogar alle Management-Ressourcen ausschließlich auf diesen einen Sachverhalt beziehungsweise die damit verbundene Kennzahl fokussiert. Da andere Kennzahlen vernachlässigt wurden, verschlechterte sich die Erreichung der nicht im Fokus stehenden Ziele, Vorgesetzte setzten zudem saisonal wechselnde Schwerpunkte. Eine langfristige Balance der Ziele und Kennzahlen und darauf aufbauend eine entsprechende Verteilung von Ressourcen blieben aus.

## Die Entwicklung einer BSC für Restaurantleiter

Ziel einer im Juni 2011 von McDonald's Deutschland eingesetzten Projektgruppe war es, mittels einer zu entwickelnden Balanced Scorecard (BSC) (vergleiche Kaplan/Norton 1992; 1993; 1996) das Verhalten der Restaurantleiter auf eine nachhaltige Optimierung des operativen Geschäftsergebnisses hin auszurichten. Die Projektgruppe wurde unterstützt durch die Professur für Controlling der Universität der Bundeswehr München.

Um eine schnelle Akzeptanz der BSC zu gewährleisten, wurden wesentliche Teile des vorhandenen Berichtswesens übernommen und bewährte Kennzahlen beibehalten. Zu Beginn des Entwicklungsprozesses legte sich die Projektgruppe auf die Verwendung der vier klassischen BSC-Perspektiven, also die Finanzperspektive, die Prozessperspektive, die Mitarbeiterperspektive und die Kundenperspektive, fest. Sie ging nach intensiver Diskussion davon aus, dass unter diesen Perspektiven eine Vielzahl von Zielen und Kennzahlen subsumiert werden kann, die den spezifischen Anforderungen des Managements eines McDonald's Restaurants gerecht werden. Am Ende der BSC-Entwicklung einigte sich die Projektgruppe auf zwölf BSC-Kennzahlen, die unter einfachen, im Unternehmensjargon verständlichen Perspektiven-Überschriften kategorisiert wurden. **Abbildung 1** zeigt die Perspektiven und Ziele dieser „entschlackten" BSC für einen Restaurantleiter. Um die Verständlichkeit zu erhöhen, wurden die vier klassischen Perspektiven zielgruppenspezifisch formuliert.

In der Finanzperspektive finden mit dem „Profit after Controllables" (PAC) sowohl eine Performance-Größe als auch die Qualität der Umsatzplanung Berücksichtigung. In der Gästeperspektive, die der Kundenperspektive der klassischen BSC entspricht, wird der Kundenzufriedenheit eine zentrale Bedeutung eingeräumt. So werden ein Kundenzufriedenheitsindex, die Zahl der Gästebeschwerden, der Service Capability In-

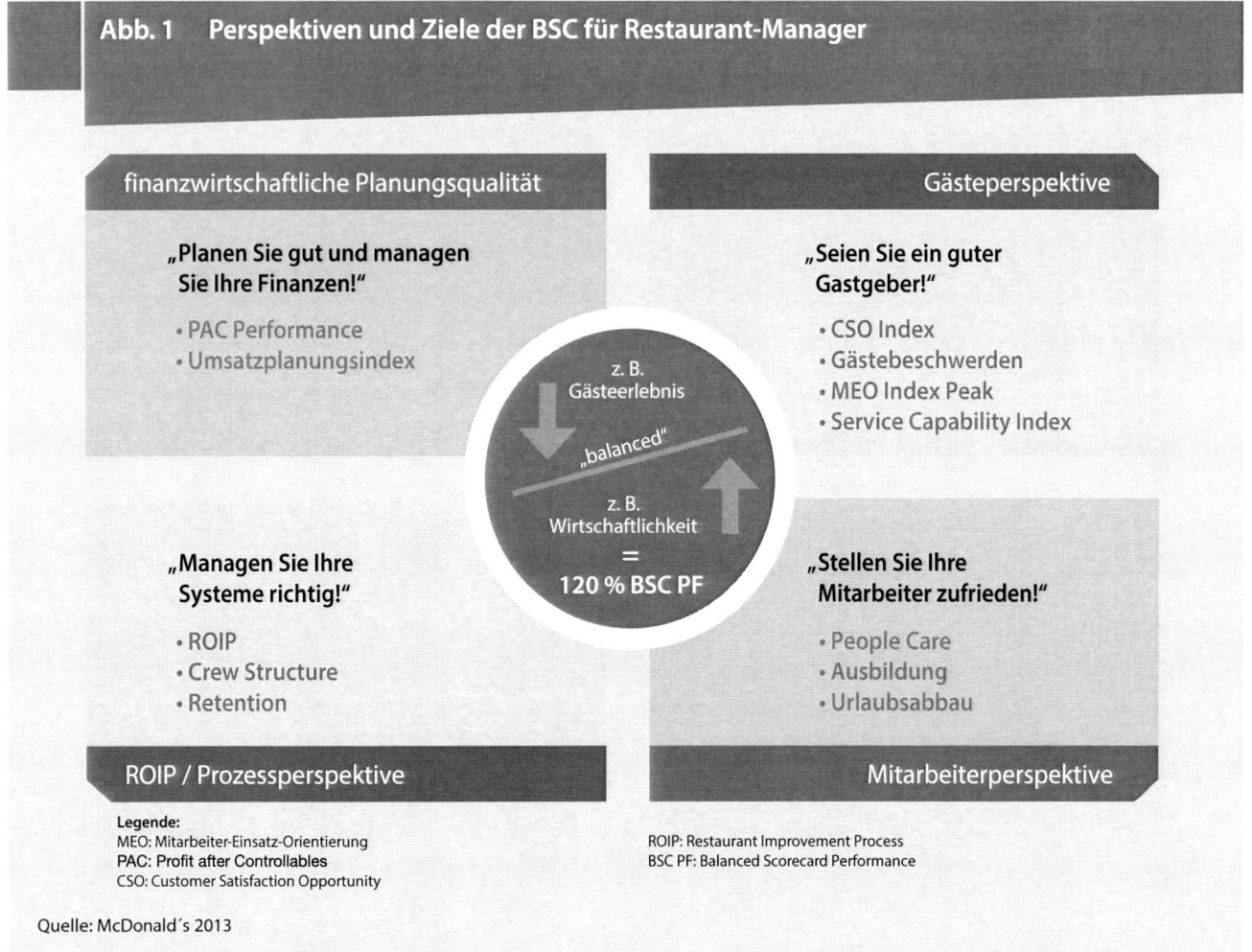

**Abb. 1  Perspektiven und Ziele der BSC für Restaurant-Manager**

finanzwirtschaftliche Planungsqualität

**„Planen Sie gut und managen Sie Ihre Finanzen!"**
- PAC Performance
- Umsatzplanungsindex

**„Managen Sie Ihre Systeme richtig!"**
- ROIP
- Crew Structure
- Retention

ROIP / Prozessperspektive

Gästeperspektive

**„Seien Sie ein guter Gastgeber!"**
- CSO Index
- Gästebeschwerden
- MEO Index Peak
- Service Capability Index

**„Stellen Sie Ihre Mitarbeiter zufrieden!"**
- People Care
- Ausbildung
- Urlaubsabbau

Mitarbeiterperspektive

z. B. Gästeerlebnis

„balanced"

z. B. Wirtschaftlichkeit = 120 % BSC PF

Legende:
MEO: Mitarbeiter-Einsatz-Orientierung
PAC: Profit after Controllables
CSO: Customer Satisfaction Opportunity

ROIP: Restaurant Improvement Process
BSC PF: Balanced Scorecard Performance

Quelle: McDonald's 2013

## Zusammenfassung

- McDonald's Deutschland hat als Basis für die Performance-Bewertung der Restaurant-Manager eine vierdimensionale Balanced Scorecard eingeführt.
- Mit zwölf Kennzahlen werden alle wesentlichen Faktoren für den Erfolg eines Restaurants erfasst.
- Ziel der Konzeptionierung und Einführung waren die Objektivierung und Vergleichbarkeit der Leistungsbeurteilung von Restaurant-Managern.

dex (SCI) und der Mitarbeitereinsatz-Orientierungs-Index (MEO-Index), der abhängig vom Umsatz die Anzahl der notwendigen Mitarbeiter und die zu besetzenden Stationen in Küche und Service als Planungshilfe vorgibt, als Kennzahlen definiert. Die Prozessperspektive und die Mitarbeiterperspektive beinhalten jeweils drei Kennzahlen, die sehr stark auf die Qualifikation und das Wohlbefinden der Mitarbeiter fokussieren.

Die Gesamtsicht der BSC enthält eine Fokussierung auf aggregierte Performance-Maße, die jeweils den Erfolg des Restaurant-Managers in einer Perspektive abbilden (vergleiche **Abbildung 2**). Der Gesamtwert der Performance jeder BSC-Perspektive wird dabei aus einer abgestimmten Gewichtung der einzelnen Kennzahlen der jeweiligen Perspektive entsprechend dem angenommenen Einfluss dieser Kennzahl über die Wirkungskette bestimmt. Die Visualisierung über Thermometer ermöglicht die Darstellung der relativen Leistung eines bestimmten Restaurants im Vergleich zur relevanten Benchmark-Gruppe. Ebenfalls dargestellt ist die Gesamtperformance der BSC-Perspektiven (Gesamtpunkte) für Restaurant-Manager.

Von der Gewichtung der Kennzahlen geht eine erhebliche Steuerungswirkung auf das Verhalten des Restaurantleiters und seiner Mitarbeiter aus. Sie wurde auf Basis intensiver Expertendiskussionen und zahlreicher Simulationsläufe ermittelt. Die IT-technische Abbildung der BSC ermöglicht das Aufblättern jeder Perspektive bis auf die einzelnen Kennzahlen. Dieser einfache Zugang zu den Kennzahlen und die

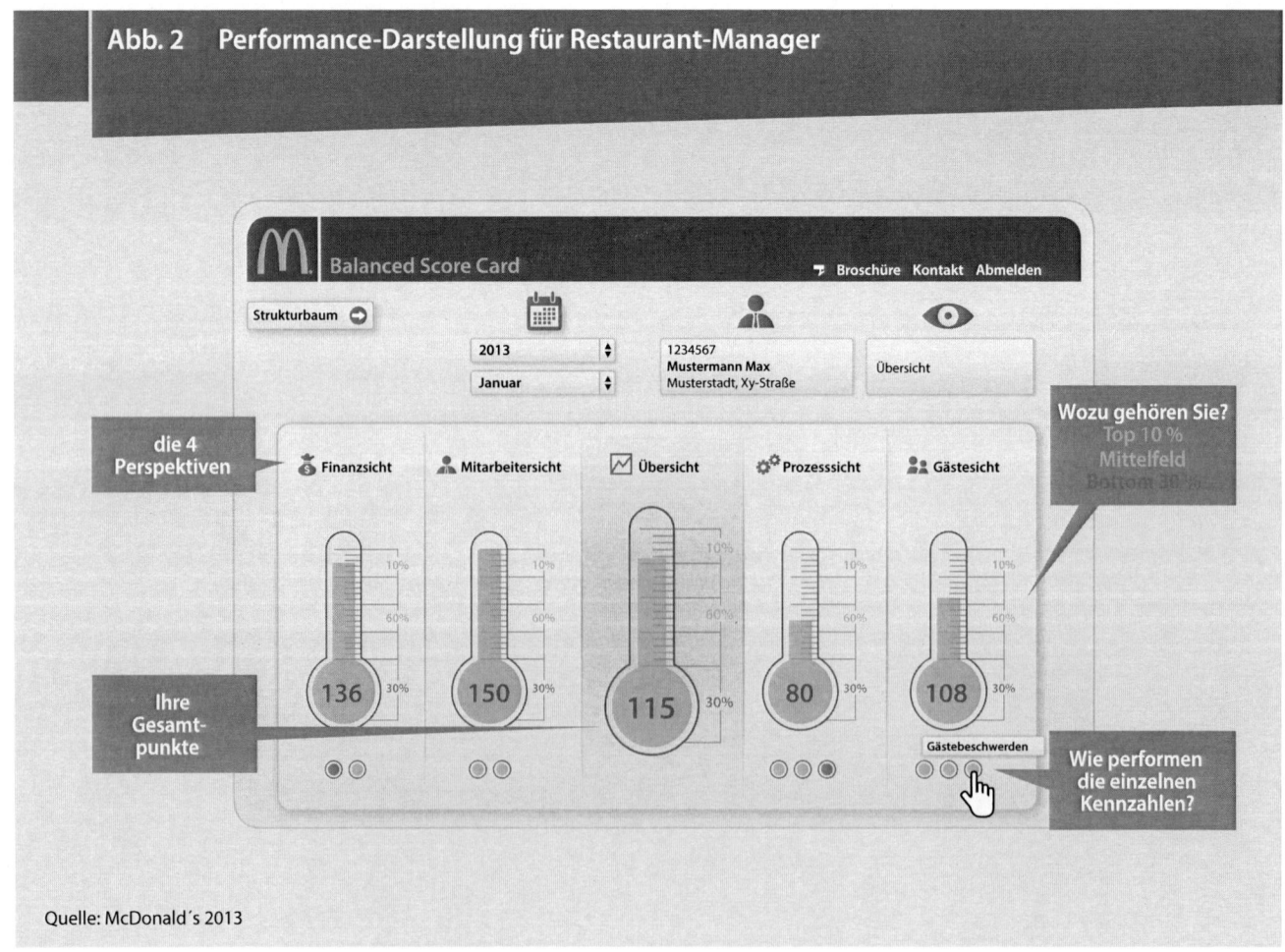

**Abb. 2    Performance-Darstellung für Restaurant-Manager**

Quelle: McDonald's 2013

grafische Aufbereitung der Daten sollen die Leistungsfähigkeit des Berichtssystems erhöhen.

### Bessere Planungsqualität

Im Rahmen der Ursachen-Wirkungs-Analyse hatte sich gezeigt, dass wesentliche Faktoren und Handlungen der Restaurant-Manager, die zur Erzielung der gewünschten Ergebnisse notwendig sind, bis dato nicht durch Kennzahlen erfasst worden waren. Beispielsweise wurde deutlich, dass die Genauigkeit, mit der ein Restaurant-Manager den Umsatz der kommenden Woche plant, einen wesentlichen Einfluss auf die Bereitstellung von Personal und dies wiederum auf die zu erzielende Service-Qualität hat. Dabei hat der Restaurant-Manager folgende Trade-off-Beziehung zu lösen: Nur mit ausreichendem Personal kann die Servicequalität des Restaurants hoch gehalten werden. Mit zu viel Personal leidet hingegen die Profitabilität. Die Güte der Umsatzplanung ist somit ein großer Hebel für die Höhe des wirtschaftlichen Ergebnisses. Dieser Umstand war zwar bekannt, jedoch wurde die Qualität der Umsatzplanung bisher weder ermittelt noch bewertet. Aus diesem Grund wurde ein Umsatzplanungsindex entwickelt, der auf Stundenbasis die Abweichungen zwischen geplanten Werten und eingetroffenem Umsatz bewertet: Je kleiner die Varianz ist, wobei negative und positive Werte gleich behandelt werden, desto besser ist die Planungsqualität.

Eng mit der Umsatzplanung verknüpft ist die Personalplanung des Restaurant-Managers. Idealerweise sollte diese Einsatzplanung auf Basis der Umsatzschätzung eines Tages, unterteilt nach Stunden, erfolgen. Stehen dem Restaurant-Manager verlässliche Umsatzprognosen zur Verfügung, kann

*„Anfangs wurde die Einführung der BSC von Restaurant-Managern skeptisch betrachtet."*

er den sich daraus ergebenden Arbeitsanfall abschätzen und die richtige Anzahl an Mitarbeitern für den Service einteilen. Dafür ist es entscheidend, auf Stundenbasis zu planen. In der Mittagszeit ist ein anderer Personalbedarf zu planen als um 16:00 Uhr oder im Tagesmittel. Vor Einführung der BSC wurde die Personalbesetzung auf den Tagesdurchschnitt gerechnet, wobei über- und unterbesetzte Stundenintervalle auf Tagesbasis saldiert wurden. Im Rahmen der Entwicklung

**Abb. 3  Übersicht über die Performance der Restaurant-Manager**

| Store | Restaurantmanager | Punkte ⌀ 105 | Finanzsicht ⌀ 125 | Gästesicht ⌀ 111 | Prozesssicht ⌀ 75 | Mitarbeitersicht ⌀ 77 |
|---|---|---|---|---|---|---|
| 113 | N.N. | 129 | 143 ●● | 137 ●●● | 116 ●●● | 85 ●● |
| 184 | N.N. | 110 | 134 ●● | 116 ●●● | 41 ●●● | 150 ●● |
| 362 | N.N. | 119 | 133 ●● | 113 ●●● | 111 ●●● | 106 ● |
| 583 | N.N. | 116 | 131 ●● | 132 ●●● | 79 ●●● | 82 ● |
| 603 | N.N. | 94 | 126 ● | 103 ●●● | 41 ● | 58 ●● |
| 683 | N.N. | 80 | 98 ●● | 84 ● | 84 ●●● | 0 ●● |
| 939 | N.N. | 110 | 122 ●● | 123 ●●● | 75 ●● | 93 ●● |

Quelle: McDonald's 2013

der BSC wurde eine neue Kennzahl, der Service Capability Index (SCI), entwickelt und eingeführt. Der Index weist dann einen Wert von 100 auf, wenn die Personalbesetzung auf Stundenbasis genau der Umsatzplanung entspricht. Da Überbesetzungen Unterbesetzungen nicht kompensieren, ist dieser Wert nahe, aber nie bei 100 Prozent.

## Beurteilungs- und Entlohnungssysteme

Um die Verhaltenswirkungen der BSC voll entfalten zu können, gilt es, diese mit dem Beurteilungs- und Entlohnungssystemen zu verknüpfen (vergleiche Kaplan/Norton 1996, S. 217). Die Bewertung eines Regional-Managers wird aus den aggregierten Bewertungen seiner Mitarbeiter, den Restaurant-Managern, abgeleitet. Dabei wird unterstellt, dass der Regional-Manager durch seine Führungsleistung die Leistung seiner Mitarbeiter positiv beeinflussen kann, die Fähigkeiten der Mitarbeiter grundsätzlich gleichverteilt sind oder durch Auswahl und Förderung durch den Vorgesetzten zumindest beeinflusst werden können. Die Performance-Bewertung eines Regional-Managers ergibt sich aus den Einzelwerten „seiner" Restaurant-Manager (vergleiche **Abbildung 3** und **4**).

Dabei fließen die Performances aus allen vier Perspektiven der BSC in die Beurteilung des Restaurant-Managers ein. Aus den beispielhaft dargestellten Zahlen wird zudem deutlich,

dass der Finanzsicht eine leicht übergewichtete Bedeutung eingeräumt wird. Die von Jahr zu Jahr unterschiedliche Gewichtung von Perspektiven und von Zielen innerhalb einer Perspektive ist gewollt, um sich verändernden Rahmenbedingungen oder Schwerpunkten Rechnung tragen zu können. Darüber hinaus wird deutlich, dass die Performance-Werte

*„Gute Beurteilungen und hohe Boni erhielten in signifikanter Anzahl andere Mitarbeiter als bisher üblich."*

nicht den einzelnen Restaurants, sondern konkreten Personen zugeschrieben werden. Damit fokussiert McDonald's Deutschland ganz bewusst auf die Erfahrung, dass Menschen den Erfolg des Unternehmens entscheidend beeinflussen. Eine Führungskraft kann zwar die geografische Lage eines Restaurants nicht beeinflussen, jedoch das Verhalten der Mitarbeiter in diesem Restaurant, was entscheidende Auswirkungen auf das Betriebsergebnis des Restaurants hat.

Die Leistung der Führungskräfte wird vergleichend unter Berücksichtigung der spezifischen Umweltbedingungen eines Restaurants beurteilt. Damit wird nicht nur der Idee des Benchmarkings von Performance-Bewertungen ausreichend

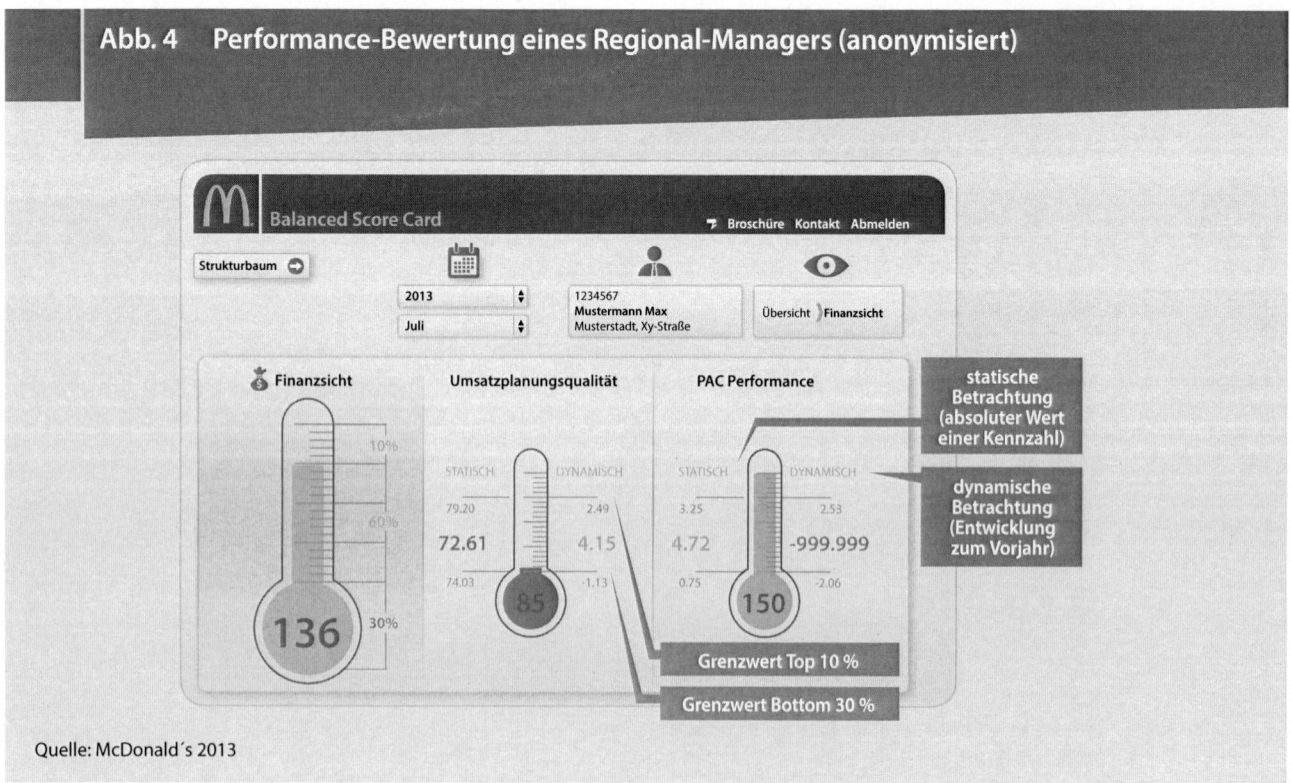

**Abb. 4    Performance-Bewertung eines Regional-Managers (anonymisiert)**

Quelle: McDonald's 2013

Rechnung getragen, sondern es können auch lokal unterschiedliche Standortfaktoren berücksichtigt werden. Eine zweidimensionale Betrachtung der kennzahlenbasierten Performance stellt sicher, dass unterschiedliche Erfolgsvoraussetzungen wie zum Beispiel ungleich attraktive Lagen der Restaurants Berücksichtigung finden und eine faire Bewertung der Leistung ermöglichen: Für jede Kennzahl der BSC werden deshalb ein statischer und ein dynamischer Wert berechnet. Der statische Wert gibt die relative Position eines Restaurant-Managers zur Benchmark-Gruppe wieder. Ist ein Restaurant-Manager unter den besten zehn Prozent aller Restaurant-Manager, erhält er die maximal mögliche Belohnung. Dieses „Grading on the Curve" hat jedoch einen Nachteil. Es bietet keinerlei Anreiz für einen guten Restaurant-Manager, die Herausforderung anzunehmen, ein zuvor schlecht geführtes Restaurant zu übernehmen und zu sanieren. Er findet in einem solchen Fall schlechte relative Performance-Werte vor, die er von seinem Vorgänger übernimmt. Seine Beurteilung und sein Bonus würden zu Beginn seiner „Amtszeit" nur von der absoluten Performance-Position seines Restaurants abhängen, die stark vom Vorgänger geprägt wurde und sich erst im Laufe der Zeit aufgrund eigener Management-Entscheidungen verbessern lässt. Folglich hätte er zu Beginn seiner Tätigkeit mit Gehalts- und Beurteilungseinbußen zu rechnen.

Um diesem Schwachpunkt Rechnung zu tragen, misst McDonald's Deutschland auch die relative Veränderung der Performance-Kennzahlen im Vergleich zur Vorperiode. Gelingen einem Restaurant-Manager von einem niedrigen Niveau aus hohe Steigerungen der BSC-Kennzahlen, erhält er ebenfalls den maximal möglichen BSC-Gesamtwert und den maximalen Bonus. Damit können die Veränderungsanstrengungen erfolgreicher Restaurant-Manager honoriert werden.

## Schlussbetrachtung

Die von McDonald's Deutschland entwickelte BSC für Restaurantleiter bietet diesen in ihrer täglichen Arbeit Orientierung, Anreize und Steuerungsimpulse. Dennoch wurde die Einführung der BSC von Restaurant-Managern zu Beginn skeptisch betrachtet. Inhaltlich wurden vor allem neue Kennzahlen und die vergleichenden Performance-Messungen („Grading on the Curve") kritisch bewertet. Vorgesetzte sahen dadurch ihre Autorität gefährdet, da ihre subjektive Einschätzung über die Leistung und Persönlichkeit eines Mitarbeiters in geringerem Umfang als vorher in dessen Beurteilung einfloss. Im ersten Jahr der BSC-Implementation waren daher eine abwartende Haltung der Restaurant-Mana-

ger und Versuche, das Konzept zu ignorieren, vorherrschend. Erst nach der durch praktische Erfahrungen gewonnenen Erkenntnis, dass die Messwerte der Kennzahlen der BSC sich unmittelbar in der jährlichen Beurteilung und der Bonusbemessung niederschlagen, setzten sich die Restaurant-Manager intensiv mit den Zielvorgaben und Inhalten der BSC auseinander und bemühten sich, die Kennzahlen in ihrer Gesamtheit zu optimieren. Gute Beurteilungen und hohe Boni erhielten in signifikanter Anzahl andere Mitarbeiter als bisher üblich. Das Erschrecken derjenigen Mitarbeiter, die bisher hohe Boni erhielten, über ihr jetzt mittelmäßiges Abschneiden führte zu erheblichen Diskussionen. Somit leistet die BSC, nicht zuletzt durch die relative Performance-Messung durch Benchmarks, einen Beitrag zur Objektivierung der Performance-Messung von Bereichs-Managern.

Angaben zu Autoren:

**Helge Sagadin**
war VP Development und VP Operations, McDonald's Deutschland. Er ist nun Director Group Controlling bei der Tchibo GmbH, Hamburg, Deutschland.
E-Mail: helge.sagadin@gmail.com

**Prof. Dr. Bernhard Hirsch**
ist Direktor des Instituts für Controlling, Finanz- und Risiko-Management der Universität der Bundeswehr München, München, Deutschland.
E-Mail: Bernhard.hirsch@unibw.de

*Literatur*
Kaplan, R. S./Norton, D. P. (1992): The Balanced Scorecard: Measures that Drive Performance, in: Harvard Business Review, 70 (1), S. 61-66.

Kaplan, R. S./Norton, D. P. (1993): Putting the Balanced Scorecard to Work, in: Harvard Business Review, 71 (5), S. 134-147.

Kaplan, R. S./Norton, D. P. (1996): The Balanced Scorecard, Boston.

 Weitere Empfehlungen der Verlagsredaktion aus www.springerprofessional.de zu:

**Performance-Messung mit BSC**

Peng, Y./Zhou L. (2011): A Performance Measurement System Based on BSC, in: Information and Management Engineering, Herausgeber: Zhu M., Berlin Heidelberg, S. 309-315.
www.springerprofessional.de/link/3743136

# So wirkt sich Digitalisierung auf die Unternehmenssteuerung aus

Die Digitalisierung führt in zahlreichen Unternehmen und öffentlichen Organisationen zu signifikanten Veränderungen. Dabei steht die „Digitale Transformation" für viele ganz oben auf der Agenda.

Dieses Thema griff das 30. Stuttgarter Controller-Forum am 20. und 21. September 2016 auf, das von der Horváth Akademie unter dem Motto „Digital Controlling & Simple Finance – Die Zukunft der Unternehmenssteuerung" veranstaltet wurde. Controlling- und Finance-Experten erläuterten die Möglichkeiten der Digitalisierung und stellten Best Practices aus Wirtschaft, Wissenschaft und öffentlichem Sektor vor.

So berichtete beispielsweise Karl Schregle, Vice President und Leiter Vertriebs-Controlling Mercedes-Benz Cars, über die „Digital Planning Transformation" bei der Daimler AG. Dr. Jörg Engelbergs, Vice President Controlling bei der Zalando SE, erläuterte, wie Big Data und Predictive Analytics in die Steuerung der Online-Plattform eingebunden sind. Stefan Krebs, CIO des Innenministeriums Baden-Württemberg, präsentierte das Projekt E-Government im drittgrößten deutschen Bundesland.

Neben Einblicken in neue Geschäftsmodelle, Big Data und Analytics stellten Unternehmen wie die Mann+Hummel Group oder die Robert Bosch GmbH ihre Ansätze im Bereich Digitalisierung des Controllings und Software-Lösungen vor.

Im Rahmen der Veranstaltung wurde auch der Green-Controlling-Preis, vergeben von der Péter Horváth-Stiftung in Zusammenarbeit mit dem Internationalen Controller Verein, an die Robert Bosch GmbH und die Datev eG verliehen.

**Brigitte Braun**

Das Konferenzprogramm finden Sie unter: http://www.controller-forum.com

# Angst verhindert Innovationen

Innovations-Management in Unternehmen scheitert meist nicht am mangelnden Einfallsreichtum. Die Gründe sind vielmehr Angst, Macht und Glauben. Das geht aus dem „Deutschen Trendindex" (www.2bahead.com) hervor, für den halbjährlich mehr als 200 Innovationschefs aus allen Branchen der deutschen Wirtschaft befragt werden.

Größter Innovationsverhinderer ist die Angst: Die Befürchtung, Entscheidungen auf unsicherer Basis zu treffen, bewerteten über die Hälfte der Teilnehmer als den Top-Innovationsverhinderer. Mehr als ein Drittel der Befragten (35 Prozent) geben sogar zu, dass sie selbst schon einmal eine Innovation aus Angst verhindert haben – und das in einer Führungsfunktion, die eine gewisse Risikobereitschaft voraussetzt.

Zu den aussichtsreichsten Strategien, um die Hürde Angst zu überwinden, zählen Open Innovation und die Entwicklung risikofreundlicher Prozesse. Aus der Befragung wird allerdings auch deutlich, dass gerade diese Strategien oft nur begrenzt in deutschen Unternehmen eingesetzt werden. Es mangelt grundsätzlich an einer Kultur des Scheiterns. Die Angst vor Veränderung und den damit verbundenen Konsequenzen ist vielfach vorherrschend. Die Kultur der deutschen Unternehmen führt dazu, eher „auf Nummer sicher" zu gehen, bevor man die gewohnte Komfortzone verlässt und ein Risiko eingeht.

Mehr als die Hälfte (54 Prozent) fürchten einen Machtverlust durch die Umsetzung von Innovationsprojekten, 80 Prozent denken, dass Quereinsteiger innovativer sind als die langjährigen Experten, weil Letztere den Glauben an bestehende Regeln nicht infrage stellen und in alten Denkmustern bleiben.

Um zu verhindern, dass Mitarbeiter in festgefahrenen Mustern denken und handeln, müssen Unternehmen Konzepte entwickeln, die eine Flexibilität im Unternehmen gewährleisten, lautet die Empfehlung der Studienautoren. Nur so könnten aus Experten Quereinsteiger werden, die nicht nur neue Blickwinkel, sondern auch Fach- und Grundlagenwissen mitbringen.

**Andrea Amerland, Gabi Böttcher**

Den vollständigen Beitrag lesen Sie unter: www.springerprofessional.de/link/10269718

# Soll-Kompetenzprofile für Controller erstellen

Wie spezifische Soll-Kompetenzprofile für Controller erstellt werden können, lässt sich am Beispiel eines F&E-Controllers in der Automobilindustrie demonstrieren. Grundlage dafür bildet das Controller-Kompetenzmodell der IGC.

*Ronald Gleich, Mike Schulze, Philipp Thiele*

Damit Controller trotz der sich ändernden Anforderungen ihre Aufgaben weiterhin erfolgreich bewältigen, bietet das Controller-Kompetenzmodell der IGC Unternehmen einen ausführlichen Leitfaden für die maßgeschneiderte Weiterentwicklung ihrer Controlling-Mitarbeiter. Dazu gehört die Erstellung von individuellen Soll-Kompetenzprofilen, die als

Grundlage für die Auswahl und Weiterbildung der Controller für die spezifischen Funktionen und Positionen dienen. Der Kompetenzkatalog des Controller-Kompetenzmodells beschreibt die erfolgskritischen Controller-Kompetenzen, skaliert sie und ordnet diese den einzelnen Controlling-Prozessen zu (vergleiche IGC 2015, S. 39). Sie stellen damit eine wesentliche Hilfestellung für die Festlegung der jeweiligen Soll-Kompetenzen dar.

## Das Controller-Kompetenzmodell

Das Controller-Kompetenzmodell der International Group of Controlling (IGC) bietet erstmals eine durchgängige Methodik für das Kompetenz-Management im Controller-Bereich. Es besteht aus einem hierarchischen Kompetenzkatalog, der auf dem IGC-Prozessmodell (vergleiche IGC 2011, S. 21 ff.) und dem Controller-Leitbild (vergleiche Losbichler/Niedermayr 2013, S. 167 ff.) aufbaut und sowohl prozessspezifische als auch prozessübergreifende Controller-Kompetenzen ausführlich behandelt. Der Kompetenzkatalog wird durch Muster-Funktionsprofile und daraus abgeleitete Muster-Kompetenzprofile komplettiert. Damit steht Controllern, Führungskräften und HR-Verantwortlichen ein konkret anwendbares Werkzeug für die Kompetenzentwicklung, -überprüfung und -steuerung zur Verfügung.

## Erstellung von Controller-Kompetenzprofilen

Die Erstellung von unternehmensspezifischen Soll-Kompetenzprofilen für Controller kann als aufwendigster Schritt im Rahmen des Kompetenz-Managements von Controllern angesehen werden. Immerhin müssen hierfür die erfolgskritischen Kompetenzen und das benötigte Fachwissen identifiziert, einheitlich beschrieben und validiert werden (vergleiche Niedermayr-Kruse/Schulze/Thiele 2015, S. 547). Zu diesem Zweck sind mehrere Schritte notwendig:

1. Ableitung der typischen Arbeitssituationen aus den Kernaufgaben des Funktionsprofils.
2. Ableitung jener Kompetenzen, die für die Bewältigung der typischen Arbeitssituationen erfolgskritisch sind.
3. Festlegung der Handlungsspielräume zur Bewältigung der typischen Arbeitssituationen (Kompetenzskalierung).
4. Auswahl der benötigten Kompetenzskalierung als Soll-Ausprägung für das Kompetenzprofil (vergleiche IGC 2015, S. 109).

Durch die Ableitung des Soll-Kompetenzprofils wird eine entscheidende Grundlage für ein individuelles Kompetenz-Management von Controllern geschaffen. Seine Entwicklungsziele bilden den Ausgangspunkt für das spätere Erfassen der Ist-Kompetenzen, das Erkennen von Kompetenzlücken und -potenzialen und schließlich die Kompetenzentwicklung (vergleiche North/Reinhardt/Sieber-Suter 2013, S. 23 f.).

## Fallbeispiel F&E-Controller

Das Praxisbeispiel zur Ableitung eines Kompetenzprofils basiert auf der Position eines Forschungs- und Entwicklungs-Controllers (F&E-Controllers) in der Automobilindustrie. Der F&E-Controller begleitet ein spezifisches Entwicklungsprojekt, beispielsweise ein neues Fahrzeugmodell. Er arbeitet projektbezogen in enger Abstimmung mit den Entwicklungsingenieuren, anderen beteiligten Funktionsbereichen und dem Management. Als Grundlage für die Erstellung des Soll-Kompetenzprofils dient das Funktionsprofil des F&E-Controllers, das eine allgemeine Funktionsbeschreibung sowie eine Auflistung von Kernaufgaben umfasst.

### Funktionsbeschreibung

- Informationsversorgung aller relevanten beteiligten Funktionsbereiche (beispielsweise Engineering, Marketing, Purchasing, Product Planning et cetera) sowie des Managements (beispielsweise Chief Engineer, Vehicle Line Director et cetera) durch Bereitstellung von betriebswirtschaftlichen Analysen
- Rationalitätssicherung durch betriebswirtschaftliche Beratung während des gesamten Entwicklungsprozesses

### Kernaufgaben des F&E-Controllers

- Entwicklung und Einführung von neuen Methoden und Verfahren in die vorhandenen Controlling-Systeme
- Durchführung von Wirtschaftlichkeitsrechnungen für größere Investitionsprojekte und Produktionsumstellungen
- Durchführung von Ergebnisanalysen von Investitionsprojekten in Abhängigkeit der Kostenstrukturen und Kapazitätsauslastung
- Berechnung/Erhebung von Plan-/Ist-Kosten und -leistungen für die Produkte
- Durchführung von Analysen zu Plan-Ist-Abweichungen
- Festlegung der Prioritäten zur Realisierung der geplanten Produkte sowie Erarbeitung und Abstimmung der Zielwerte für Produktprogramme

**Autoren der Serie**

Prof. Dr. Ronald Gleich ist Vorsitzender der Institutsleitung des Strascheg Institute for Innovation, Transformation and Entrepreneurship (SITE) der EBS Universität für Wirtschaft und Recht in Oestrich-Winkel sowie geschäftsführender Gesellschafter der Horváth Akademie GmbH in Stuttgart. Er ist Mitglied des Management Committees der International Group of Controlling.

Dr. Mike Schulze ist Forschungsdirektor „Controlling & Innovation" am SITE der EBS Universität für Wirtschaft und Recht in Oestrich-Winkel und Mitglied der „Arbeitsgruppe Controller-Kompetenzmodell" der International Group of Controlling.

Philipp Thiele ist wissenschaftlicher Mitarbeiter und Doktorand am SITE der EBS Universität für Wirtschaft und Recht in Oestrich-Winkel und Mitglied der „Arbeitsgruppe Controller-Kompetenzmodell" der International Group of Controlling.

- Koordination und Abstimmung der Prioritäten und Zielwerte für Investitionen mit den betroffenen Fachbereichen
- proaktive Vermittlung der betriebswirtschaftliche Aspekte an die beteiligten Fachabteilungen
- Überprüfung von Prioritäten und Zielwerten in einem fortlaufenden Prozess und gegebenenfalls Vorschlagen, Abstimmen und Nachverfolgen von Korrekturmaßnahmen

Die Aufgabenbereiche des F&E-Controllers dienen als Handlungsanker für die Ableitung von erfolgskritischen Kompetenzen, denn aus ihnen ergeben sich typische Situationen des Arbeitsalltags von F&E-Controllern. Neben unterschiedlichen Analysen, die teils verschiedene Fach- und Methodenkompetenzen benötigen, umfassen typische Arbeitssituationen des F&E-Controllers auch die Koordination und Abstimmung mit Ingenieuren und Managern sowie die darüber hinausgehende Vermittlung von betriebs-

## Handlungsempfehlungen

- Verwenden Sie eine nachvollziehbare Systematik zur Ableitung der erfolgskritischen Kompetenzen.
- Keep it simple! Beschränken Sie sich auf eine handhabbare Anzahl an erfolgskritischen Kompetenzen.
- Ergänzen Sie die Beschreibung von Arbeitssituationen durch konkrete Beispiele aus dem Controlling-Alltag.
- Achten Sie bei der Skalierung der Kompetenzprofile auf die Aufgabenverteilung innerhalb der Hierarchiestufen.

wirtschaftlichen Aspekten. Zur Erläuterung der Ableitungssystematik des Kompetenzprofils werden in **Abbildung 1** die dafür notwendigen Schritte exemplarisch für eine Arbeitssituation dargestellt.

Werden die Soll-Ausprägungen der erfolgskritischen Kompetenzen für alle typischen Arbeitssituationen des Controllers festgelegt, ergibt sich daraus sein Kompetenzprofil. Sollte sich eine erfolgskritische Kompetenz in unterschiedlichen Arbeitssituationen hinsichtlich ihrer Soll-Ausprägung unterscheiden, so ist im Kompetenzprofil die höchste Ausprägung dieser Schlüsselkompetenz auszuwählen. Unter Berücksichtigung dieser Systematik lässt sich das vollständige Kompetenzprofil für den F&E-Controller ableiten. Die erfolgskritischen Kompetenzen und deren Soll-Ausprägungen können **Abbildung 2** entnommen werden.

### Literatur

International Group of Controlling (2011): Controlling-Prozessmodell – Ein Leitfaden für die Beschreibung und Gestaltung von Controlling-Prozessen, Freiburg/München.

---

**Abb. 1 Systematik zur Ableitung der Soll-Ausprägung erfolgskritischer Controller-Kompetenzen**

**1. Schritt:** Ableitung der typischen Arbeitssituation aus dem Funktionsprofil

| Kernaufgaben des F&E Controllers: | Beschreibung der Arbeitssituation: |
|---|---|
| ▪ Prioritäten und Zielwerte für Investitionen mit den betroffenen Fachbereichen koordinieren und abstimmen | ▪ Betriebswirtschaftliche Prioritäten und Zielwerte für Investitionen müssen festgelegt, mit den Entscheidungsträgern validiert und den Ingenieuren als Vorgaben für ihre Entwicklungstätigkeiten vermittelt werden. |

**2. Schritt:** Ableitung der erfolgskritischen Kompetenzen

| Beratungsfähigkeit | Kommunikationsfähigkeit | Glaubwürdigkeit |
|---|---|---|

**3. Schritt:** Festlegung der Skalierung

| 1. Stufe | 2. Stufe | 3. Stufe | 4. Stufe | 5. Stufe |
|---|---|---|---|---|
| ▪ drückt sich sachlich aus, spricht, präsentiert und schreibt verständlich | ▪ geht auf andere offen und wohlwollend zu, knüpft schnell Kontakte und baut sie aus, zeigt Wertschätzung gegenüber Gesprächspartnern | ▪ geht auf Gesprächspartner empfängerorientiert ein und hört gut zu, begegnet Einwänden sachlich und frustrationstolerant, ist in der Lage, eigene Botschaften erfolgreich zu adressieren | ▪ kommuniziert erfolgreich auch mit Opponenten und überzeugt durch die starke Identifikation mit den eigenen Argumenten, präsentiert schwierige Sachverhalte gekonnt | ▪ gestaltet Kommunikationsbeziehungen erfolgreich und ist in der Lage, andere zu beeinflussen und zu motivieren |

**4. Schritt:** Festlegung der Soll-Ausprägung der erfolgskritischen Kompetenzen

**Kommunikationsfähigkeit Stufe 4:**
▪ Der Controller versteht es, schwierige Annahmen und Grundlagen seiner Prioritäten und Zielwerte für Investitionen gekonnt zu kommunizieren, sodass seine Gesprächspartner komplexe Sachverhalte verstehen und validieren können. Betriebswirtschaftliche Vorgaben gegenüber Entwicklungsingenieuren seines Fachbereiches kann der Controller überzeugend vortragen und dadurch Einstellungen und Verhaltensweisen beeinflussen.

Quelle: eigene Darstellung

---

**Abb. 2  Beispiel eines Soll-Kompetenzprofils eines F&E-Controllers in der Automobilindustrie**

| Leadership | | | | | |
|---|---|---|---|---|---|
| normativ-ethische Einstellung | | | | | |
| Impulsgeben/Gestaltungswille | | | | | |
| zielorientiertes Delegieren | | | | | |
| Entscheidungsfähigkeit | | | | | |
| Integrationsfähigkeit | | | | | |

| Kundenfokus | | | | | |
|---|---|---|---|---|---|
| Glaubwürdigkeit | | | | | |
| Kundenorientierung/Dialogfähigkeit | | | | | |
| Kommunikationsfähigkeit | | | | | |
| Kooperationsfähigkeit/Konfliktlösung | | | | | |
| Beratungsfähigkeit | | | | | |

| Know-how und Anwendung | | | | | |
|---|---|---|---|---|---|
| relevantes Fachwissen | | | | | |
| analytische Fähigkeiten | | | | | |
| Beurteilungsvermögen | | | | | |
| Markt- und Geschäftsverständnis | | | | | |
| Projektmanagement | | | | | |

| Effizienz | | | | | |
|---|---|---|---|---|---|
| Belastbarkeit | | | | | |
| Konsequenz/Beharrlichkeit | | | | | |
| Zuverlässigkeit | | | | | |
| systematisch-methodisches Vorgehen | | | | | |
| Organisationsfähigkeit | | | | | |

| Zukunftsgestaltung | | | | | |
|---|---|---|---|---|---|
| ganzheitliches Denken | | | | | |
| Offenheit für Veränderungen | | | | | |
| schöpferische Fähigkeiten | | | | | |
| Innovationsfreudigkeit | | | | | |
| Konzeptionsstärke | | | | | |

Legende: fettgedruckte Kompetenzen sind erfolgskritische Kompetenzen

Quelle: in Anlehnung an IGC 2015, S. 123

International Group of Controlling (2015): Controller-Kompetenzmodell – Ein Leitfaden für die moderne Controller-Entwicklung mit Muster-Kompetenzprofilen, Freiburg/München.

Losbichler, H./Niedermayr-Kruse, R. (2013): Das neue Controller-Leitbild der International Group of Controlling, in: CFO aktuell, 7 (5), S. 167-172.

 * North, K./Reinhardt, K./Sieber-Suter, B. (2013): Kompetenzmanagement in der Praxis. Mitarbeiterkompetenzen systematisch identifizieren, nutzen und entwickeln, 2. Auflage, Wiesbaden.
www.springerprofessional.de/link/4499962

Niedermayr-Kruse, R./Schulze, M./Thiele, P. (2015): Kompetenzmanagement im Controlling mithilfe des Controller-Kompetenzmodells der IGC, in: Controlling – Zeitschrift für erfolgsorientierte Unternehmenssteuerung, 27 (10), S. 541-549.

* Abonnenten von Springer Professional haben kostenfrei Zugriff.

Prof. Dr. Ronald Gleich
EBS Universität für Wirtschaft und Recht, Oestrich-Winkel, Deutschland
E-Mail: ronald.gleich@ebs.edu

Dr. Mike Schulze
EBS Universität für Wirtschaft und Recht, Oestrich-Winkel, Deutschland
E-Mail: mike.schulze@ebs.edu

Philipp Thiele
EBS Universität für Wirtschaft und Recht, Oestrich-Winkel, Deutschland
E-Mail: philipp.thiele@ebs.edu

**Weitere Empfehlungen der Verlagsredaktion aus www.springerprofessional.de zu:**

🔍 **F&E-Controlling**

Hanebuth, A. (2015): F&E-Controlling, Projekt- und Prozessmanagement und Standards, in: Forschungskooperationen zwischen Wissenschaft und Praxis – Erkenntnisse und Tipps für das Management, Wiesbaden, S. 73-100.
www.springerprofessional.de/link/4332968

Hinweis:

Teil 1 und 2 dieser Beitragsserie sind in den Ausgaben 4/2016 und 5/2016 der Controlling & Management Review erschienen. Die Serie wird fortgesetzt.

# Den Wandel aktiv mitgestalten

Campus for Controlling, 16. September 2016, WHU – Otto Beisheim School of Management, Vallendar

Mit seinem Schwerpunkt spiegelte der bereits zum zehnten Mal stattfindende Kongress wider, was Praktiker und Wissenschaftler zurzeit am meisten beschäftigt: der Wandel des Controllings. Gastgeber Professor Jürgen Weber machte anhand von Daten des WHU Controller Panels deutlich, dass bereits in den vergangenen zehn Jahren eine deutliche Veränderung im Controlling stattgefunden hat – wesentlich angestoßen von der Entwicklung der IT-Basis. Sie hat der Business-Partner-Rolle eine zentrale Bedeutung verschafft, ohne aber die bisherigen Rollen überflüssig zu machen. „Auf diesem Weg der Veränderung konnten und können Controller vom Austausch mit der Wissenschaft profitieren", so Weber. Denn sie stelle Benchmarks und Impulse zur Verfügung, die wichtige Argumente lieferten, um notwendige Änderungen wirkungsvoll zu kommunizieren und tatsächlich durchzusetzen.

Professor Utz Schäffer als zweiter Gastgeber des Campus entwarf ein Gesamtbild der mit der Digitalisierung der Geschäftswelt einhergehenden Veränderungen, die auch die Zukunft des Controllings wesentlich prägen werden. Doch trotz aller Veränderungen war er sich am Ende sicher: „Controller werden nicht überflüssig werden."

## Covestro, EnBW und SAP beschreiten neue Wege

Die Referenten aus der Praxis zeigten den State of the Art des heutigen Controllings. Frank H. Lutz, CFO der Covestro AG, zeigte, wie sich das Controlling mit Mut zu radikalen strukturellen Veränderungen gezielt auf die Bedürfnisse des neuen, durch ein Carve-out aus dem Bayer Konzern entstandenen Unternehmens ausgerichtet hat. Er hob die zentrale Bedeutung der veränderten Unternehmenskultur hervor, die den Wechsel in die unternehmerische Freiheit begleitet. Heute dürfe man durchaus Fehler machen – wenn man denn aus diesen lernte.

Dem schloss sich Dr. Oliver Strangfeld, Leiter Controlling Erzeugung Nuklear EnBW AG, an. Auch die EnBW AG hat den Planungsprozess in dem höchst volatilen Umfeld der Energiewirtschaft neu aufgesetzt. Dieser wurde radikal verkürzt, und das Controlling wurde auf eine ganzheitliche Sicht statt nur auf Einzelprozesse ausgerichtet. Wer Veränderungen wagt, so Strangfeld, müsse zunächst das übergreifende Problem identifizieren und seinem Umfeld vermitteln, warum Veränderungen notwendig sind.

Wolfgang Jany, Leiter Controlling und COE Master Data bei SAP, lenkte den Blick auf den Wandel von Geschäftsmodellen bei SAP, weg von den traditionellen Software-Lizenzen (On-Premise Software) hin zu Cloud-Lösungen. Dieser hat direkte Konsequenzen auf den Planungsprozess, der sich heute stark an den Werttreibern im Unternehmen orientiert. Unterstützt wird der Planungsprozess durch den sogenannten Digital Boardroom, wo den Entscheidern nicht nur Vergangenheits- und Zukunftsdaten in Realtime zur Verfügung gestellt, sondern diese auch durch die Werttreiberbäume miteinander verknüpft werden, was eine Vielzahl von Simulationen möglich macht. Der Realtime- und Self-Service-Zugang für das Management, so Jany, bedeutet aber mitnichten den Verlust der Steuerungsrolle für die Controller. Sie sind mehr denn je gefragt als Storyteller, die die Nutzer des Digital Boardrooms davor bewahren, sich zu sehr in Detailfragen zu verlieren.

## Wie innovative Ideen entstehen

Abschließend zeigte der Neurowissenschaftler Dr. Henning Beck anschaulich, wie das Gehirn neue Ideen erzeugt. Innovationen, so sein Fazit, setzen Fehler im System voraus, weshalb die Leistungen des Gehirns nicht nur auf seinem extremen Vernetzungsgrad, sondern auch auf seiner Unvollkommenheit basierten. Doch „damit etwas Neues entstehen kann, müssen Ideen sich berühren". Diese Erkenntnis übertrug Beck auf Organisationen. Hier komme es insbesondere auf die Gestaltung der Schnittstellenpositionen an. Er plädierte für einen offenen Wissensaustausch, um Probleme zunächst zu identifizieren und die Möglichkeit zu schaffen, diese mit bestehendem Wissen zu verknüpfen.

Die wichtigste Erkenntnis, die sich durch alle Vorträge auf dem Campus zog: Um den anstehenden Wandel zu bewältigen, muss das Controlling selbst veränderungsfähig werden, Innovation zulassen und Bestehendes stets infrage stellen. Feste Strukturen und starke Veränderungen sind nicht vereinbar. Controlling anpassungsfähig zu machen, erfordert ein intelligentes Verbinden von Analytik und Intuition, einen wachen Blick auf notwendige Anpassungen, eine Kultur des offenen Informationsaustauschs und des kritischen Hinterfragens.

Der nächste WHU Campus for Controlling findet am 8. September 2017 statt.  **Brigitte Braun**

# Wie Evonik-IT seine IT-Risiken steuert

Um formale Audit-Anforderungen zu erfüllen, fokussiert sich das Risiko-Management oft auf das kleinteilige Nachhalten von Einzelrisiken. Selten wird dabei jedoch ein Wertbeitrag realisiert. Ein Projekt der IT von Evonik zeigt, wie Unternehmen das Management ihrer IT-Risiken vereinfachen und gleichzeitig den Nutzen als Steuerungsinstrument erhöhen können.

*Detlef Guski, Stephan Heinelt, Klaus Röller, Philipp Klingmann*

Das IT-Risiko-Management genießt häufig den Ruf, keinen wesentlichen Beitrag zum operativen Geschäftserfolg zu leisten. Meist wird es als lästige Pflicht wahrgenommen, die primär Anforderungen der Wirtschaftsprüfer oder des internen Audits erfüllen soll - zu Unrecht. Gerade in einem innovativen Chemiekonzern wie Evonik können wir mit effektivem IT-Risiko-Management teure Systemausfälle vermeiden oder Projektrisiken reduzieren. Darüber hinaus gewinnt das IT-Risiko-Management bei uns an Bedeutung, da zentrale Paradigmen der IT-Sicherheit dem Wandel durch Trends wie Digitalisierung und Vernetzung unterworfen sind. Die früher bei uns vorherrschende komplette technische Abschottung der IT-Systeme wird durch die zunehmende Vernetzung nicht aufrechtzuerhalten sein, sondern wird aus unserer Perspektive einer Strategie des Aufdeckens und Reagierens („detect and respond") weichen. Zusätzlich beleuchten wir IT-Risiken nicht mehr vorwiegend aus technischer Sicht, sondern ganzheitlich aus der Perspektive des operativen Geschäfts. Durch diese Veränderungen und Herausforderungen gewinnt das IT-Risiko-Management an Stellenwert unter den IT-Führungsinstrumenten.

Fallstricke für eine effektive Implementierung nehmen wir in vier Bereichen wahr:
- dezentrales und kleinteiliges Vorgehen
- teilweise nicht durchgängige Verankerung in relevanten Prozessen, Rollen und Verantwortlichkeiten
- Absicherungskultur im Umgang mit Risiken
- unvollständige Verknüpfung mit der IT-Steuerung

## Integrated Risk Management Approach

Die IT von Evonik setzte sich mit diesen Fallstricken auseinander und startete das Projekt „Integrated Risk Management Approach". Als interner IT-Provider der Evonik Industries AG ist sie unternehmenseigener Lieferant von IT-Dienstleistungen („Captive Supplier") und wird konzernweit durch den Chief Information Officer (CIO) gesteuert und auch in Personalunion geführt. Die Evonik-IT erbringt sämtliche IT-Leistungen für die weltweit mehr als 200 Standorte. Rund 800 Mitarbeiter betreuen dabei mehr als 30.000 Arbeitsplätze und mehr als 11.000 SAP-Benutzer.

Die wesentlichen Ziele des Projektes „Integrated Risk Management Approach" waren, ein systematischeres, zentrales

IT-Risiko-Management zu etablieren, das IT-Risiko-Management noch effektiver in der Organisation zu verankern, eine Steigerung des Risikobewusstseins zu erreichen sowie eine aktivere Risikosteuerung durch das Top Management zu ermöglichen. Die wesentlichen Lösungsansätze und die damit erreichten Ergebnisse des Projekts stellen wir nachfolgend dar.

## Systematisch und zentral steuern

Grundlage für die effektive Steuerung der IT-Risiken sind für uns ein systematisches, zentral koordiniertes Vorgehen in allen relevanten Prozessschritten sowie ein zentrales Risikoregister. Für die Ausgestaltung des Risiko-Managements gibt es einige nützliche Frameworks wie COSO ERM, das ISACA „Risk IT Framework", COBIT 5 sowie zahlreiche deutsche oder internationale Normen. Im Fall der Evonik-IT haben wir uns aufgrund der Fokussierung auf IT-Risiken für das COBIT Framework entschieden und unser Vorgehen daran angelehnt sowie unser Risiko-Management-Framework in **Abbildung 1** daraus abgeleitet. Zentrales Element unseres Risiko-Management-Frameworks ist der vierstufige Prozess von der Identifizierung über die Bewertung und Steuerung bis hin zum Monitoring und Reporting der IT-Risiken.

Bei der detaillierten Ausgestaltung der einzelnen Prozessschritte standen folgende Prinzipien im Vordergrund:

- Fokus auf die risikobasierte Steuerung der Top-IT-Risiken
- stärkere Verknüpfung mit dem betrieblichen Kontinuitäts-Management der Fachseite
- Einfachheit und Anwenderfreundlichkeit

Wir möchten nicht alle Risiken aktiv steuern, sondern uns auf jene Risiken beschränken, bei denen uns eine aktive Steuerung sinnvoll erscheint. Deshalb unterscheiden wir zwei von Kaplan und Mikes (2012) vorgeschlagene Kategorien von Risiken: einerseits „vermeidbare Risiken" und andererseits „strategierelevante Risiken". Ein vermeidbares Risiko könnte beispielsweise die Anwesenheit von Fenstern in den Serverräumen sein. Risiken dieser Art können wir durch definierte Vorsichts- oder Gegenmaßnahmen weitgehend vermeiden. Die Einhaltung der Maßnahmen überprüfen wir regelmäßig durch das interne Kontrollsystem. Weil uns darüber hinaus keine weitere aktive Steuerung dieser Risiken notwendig erscheint, sind sie im Weiteren nicht von Bedeutung.

Für die risikobasierte Steuerung verbleiben für uns damit die strategierelevanten Risiken, die wir nicht vollständig vermeiden können. Sie entstehen beispielsweise im Rahmen

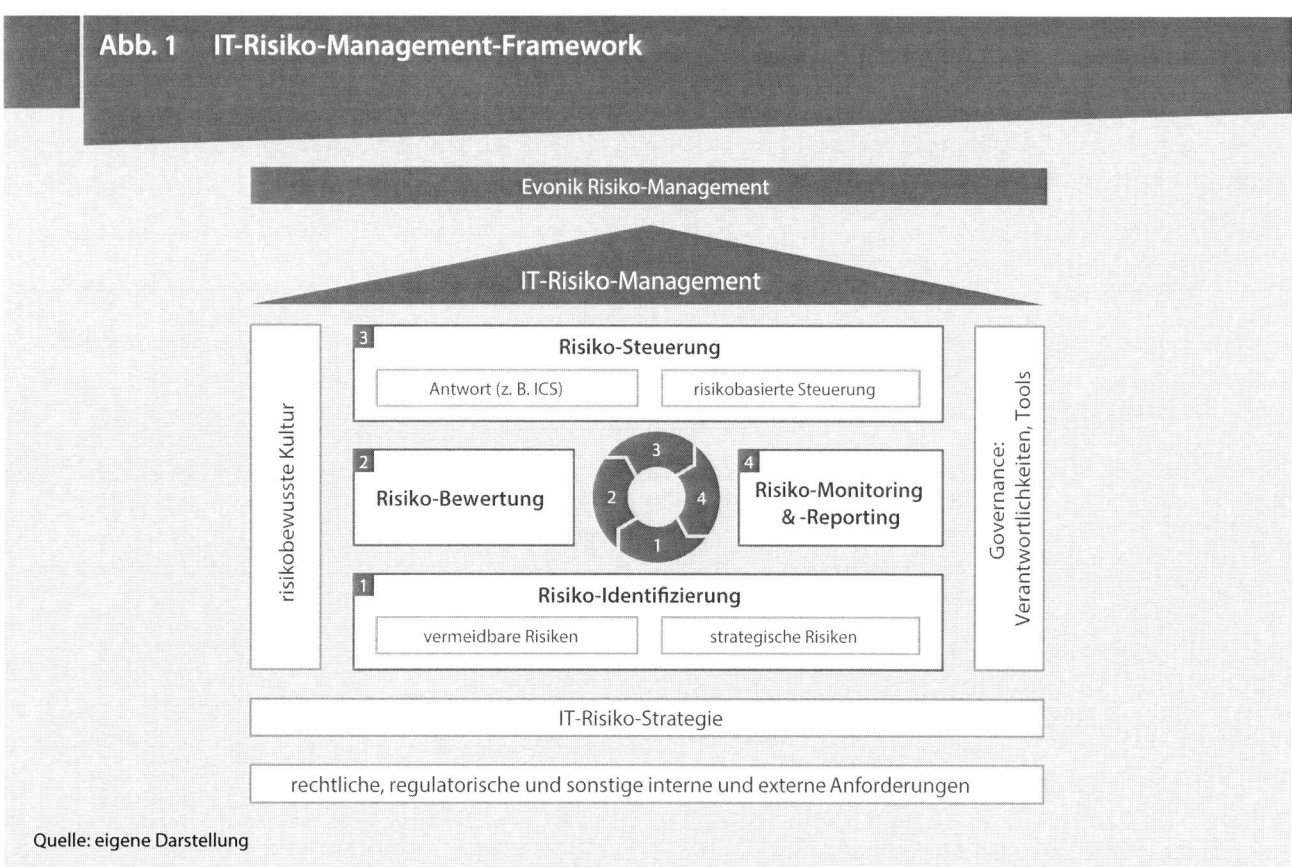

**Abb. 1    IT-Risiko-Management-Framework**

Evonik Risiko-Management

IT-Risiko-Management

risikobewusste Kultur

**3** Risiko-Steuerung
Antwort (z. B. ICS) | risikobasierte Steuerung

**2** Risiko-Bewertung

**4** Risiko-Monitoring & -Reporting

**1** Risiko-Identifizierung
vermeidbare Risiken | strategische Risiken

Governance: Verantwortlichkeiten, Tools

IT-Risiko-Strategie

rechtliche, regulatorische und sonstige interne und externe Anforderungen

Quelle: eigene Darstellung

## Zusammenfassung

- Bei Evonik hat man erkannt, dass für ein effektives Risiko-Management ein einfacher, aber strukturierter und robuster Ansatz benötigt wird.
- Das Projekt „Integrated Risk Management Approach" der Evonik-IT zeigt, wie ein solcher Ansatz implementiert und dabei die Akzeptanz unter den IT Risk Ownern sichergestellt werden kann.
- Entscheidend ist die Verknüpfung des IT-Risiko-Managements mit internen Steuerungsinstrumenten, um die Risikosituation für die strategischen Ziele der IT-Funktion transparent machen zu können.

von Projekten oder anderen Initiativen wie der Migration eines SAP-Systems oder einem größeren Technologiewechsel, also Situationen, die zu einem Ausfall von wichtigen Services führen könnten. Die entstehenden Risiken könnten wir theoretisch nur dann komplett vermeiden, wenn die zugrunde liegenden Initiativen nicht durchgeführt, damit aber auch der beabsichtigte Projektnutzen nicht erreicht würde. Strategische Risiken müssen wir daher unmittelbar gegen den Nutzen der sie hervorbringenden Initiativen abwägen. Als Ziel einer aktiven Steuerung dieser Risiken erachten wir es daher, die Risikosituation, gemessen am beabsichtigten Projekterfolg,

auf ein akzeptables Niveau zu reduzieren. Ziel ist es ferner, dem CIO die Gesamtsituation der eingegangenen strategischen Risiken transparent zu machen, damit auch die Risikoexposition des gesamten Unternehmens entsprechend reduziert werden kann. Dazu führen wir ein zentrales Risikoregister ein, mit dem wir alle Informationsbedürfnisse des CIOs sowie aller weiteren Stakeholder zentral bedienen können.

Die Einschätzung des Schweregrads eines IT-Risikos nehmen wir aus Sicht der betroffenen operativen Fachbereiche vor. Der Schweregrad hängt unter anderem davon ab, welche Vorkehrungen der operative Fachbereich für den Ernstfall bereits selbst getroffen hat. Deshalb verknüpfen wir das IT-Risiko-Management innerhalb der IT mit dem betrieblichen Kontinuitäts-Management auf der Fachseite. Die IT kann die Einschätzung für die Wahrscheinlichkeit technischer Ausfälle, der Fachbereich eine Einschätzung von deren Auswirkung geben.

## „Ein zentrales IT-Risikoregister ist Voraussetzung für eine Steuerung der IT-Risiken."

Durch die Verzahnung erhalten beide ein zutreffenderes Bild der Risikoexposition und können geeignetere Maßnahmen vorsehen.

Zusätzlich sind aus unserer Erfahrung die Einfachheit und Anwenderfreundlichkeit des gesamten IT-Risiko-Managements von essenzieller Bedeutung für die Akzeptanz unter den Anwendern. In der Umsetzung achteten wir daher insbesondere auf verständliche Definitionen und klar strukturierte Prozesse, die von den Akteuren aktiv gelebt werden. Dadurch, dass sich die Risiko-Eigentümer (Risk Owner) systematisch und immer wieder mit den von ihnen beeinflussbaren Risiken befassen und Verhaltensänderungen daraus ableiten, entsteht der Wertbeitrag unseres IT-Risiko-Managements für die IT-Organisation.

### In Organisation und Prozessen verankern

Im nächsten Schritt verankern wir den definierten Risiko-Management-Prozess noch stärker sowohl organisatorisch als auch in den wesentlichen IT-Prozessen. In **Abbildung 2** sind die dafür definierten Rollen dargestellt. Der IT Risk Owner ist die Schlüsselfigur in unserem IT-Risiko-Management, er trägt die Verantwortung für die Identifizierung der einzelnen Risiken, die IT-Risiko-Komitees befassen sich künftig mit der Validierung der Risikosituation, und der IT-Risiko-Koordi-

**Abb. 2   Rollen und Gremien**

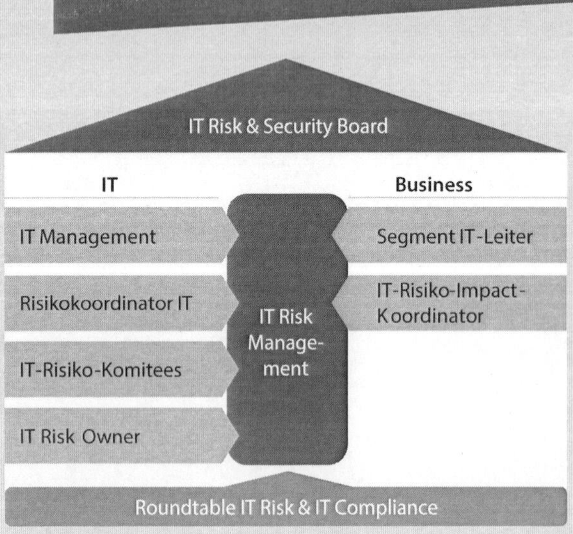

IT Risk & Security Board

IT | Business

IT Management | Segment IT-Leiter

Risikokoordinator IT | IT-Risiko-Impact-Koordinator

IT-Risiko-Komitees

IT Risk Owner

IT Risk Management

Roundtable IT Risk & IT Compliance

Quelle: eigene Darstellung

nator kümmert sich um die Aufbereitung des IT-Risiko-Reportings für das IT Management. Die Hauptaufgabe des IT-Managements wiederum ist das aktive Steuern der IT-Risiken, wie das Initiieren von Gegenmaßnahmen oder die schlichte Akzeptanz von Risiken. Die Ansprechpartner auf

*„Essenziell ist eine Verknüpfung der IT-Risiken mit den strategischen Zielen der IT-Funktion."*

der Fachseite stellen die bereits beschriebene Verzahnung mit dem Business Continuity Management sicher. Schlussendlich wird die gesamte IT-Risikosituation vom „IT Risk & Security Board" beurteilt, einem Gremium mit Top-Management-Vertretern sowohl der Fach- als auch IT-Seite. Der „Round Table IT Risk & IT Compliance" dient hauptsächlich als Resonanzboden für die gewählten Risiko-Management-Methoden. Mit diesen Rollen und Verantwortlichkeiten vereinen wir alle notwendigen Perspektiven und stellen den notwendigen Informationsfluss sicher.

Der IT-Risiko-Management-Prozess wurde auch an einigen Stellen in der ITIL-Prozesslandschaft integriert. So fördern wir das frühzeitige Erkennen von IT-Risiken aus den risiko-behafteten Initiativen heraus. Beispiele hierfür sind organisatorische Änderungen, das Service Design, kontinuierliche Service-Verbesserung oder das IT-Projekt-Management.

## Risikobewusste Kultur fördern

Mit der Benennung eines IT Risk Owners für jedes Risiko haben wir eine zentrale Figur für die Identifikation und die Behandlung von Risiken eingeführt. Gerade bei den Risk Ownern möchten wir daher auch das Bewusstsein im Umgang mit Risiken weiter stärken. Das heißt jedoch nicht, dass wir eine grundsätzlich risikoaverse Haltung fördern möchten, sondern das bewusstere Treffen von Entscheidungen zur Akzeptanz oder Mitigation von Risiken. Auch stellen wir bewusst den unmittelbaren Nutzen des Risiko-Managements für die IT Risk Owner in den Vordergrund.

Dazu wurden mit den Risk Ownern, auf Ebene der Abteilungsleiter, Workshops zur Identifikation von strategischen Risiken abgehalten. Dies erlaubt gleichzeitig die Schulung des neuen Prozesses sowie die Stärkung des Risikobewusstseins. In einigen Fällen konnten direkt zusätzliche mitigierende Maßnahmen als Quick Wins abgeleitet werden, die den Nutzen des strukturierten Ansatzes direkt erlebbar machen. Ein weiterer Nutzen für die IT Risk Owner besteht darin, das Risiko-Management als Kommunikationskanal

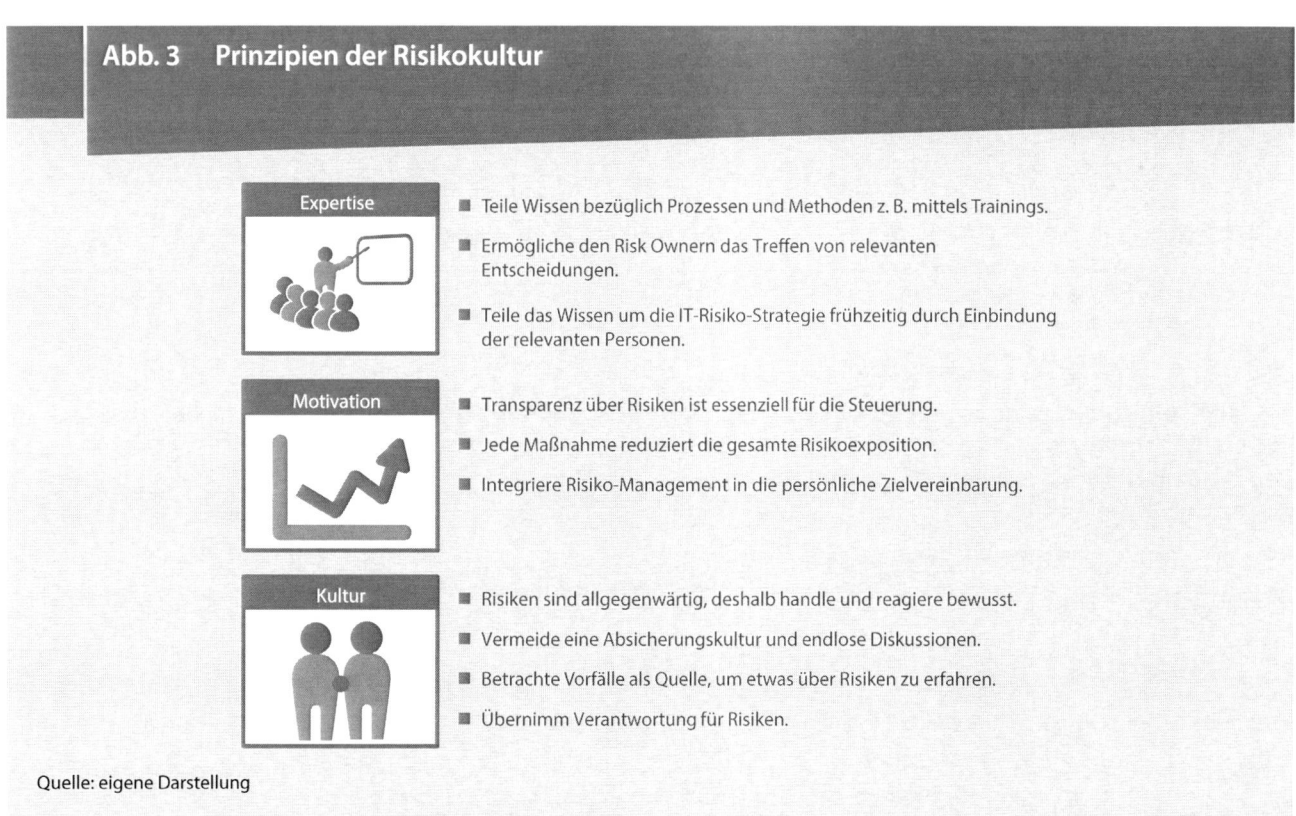

**Abb. 3  Prinzipien der Risikokultur**

**Expertise**
- Teile Wissen bezüglich Prozessen und Methoden z. B. mittels Trainings.
- Ermögliche den Risk Ownern das Treffen von relevanten Entscheidungen.
- Teile das Wissen um die IT-Risiko-Strategie frühzeitig durch Einbindung der relevanten Personen.

**Motivation**
- Transparenz über Risiken ist essenziell für die Steuerung.
- Jede Maßnahme reduziert die gesamte Risikoexposition.
- Integriere Risiko-Management in die persönliche Zielvereinbarung.

**Kultur**
- Risiken sind allgegenwärtig, deshalb handle und reagiere bewusst.
- Vermeide eine Absicherungskultur und endlose Diskussionen.
- Betrachte Vorfälle als Quelle, um etwas über Risiken zu erfahren.
- Übernimm Verantwortung für Risiken.

Quelle: eigene Darstellung

zum IT -Management zu nutzen. Vorhandene Störgefühle und Unklarheiten, beispielsweise bei großen Veränderungsprojekten innerhalb der Organisation, können sachlich als Risiko formuliert, bewertet und kommuniziert werden.

In **Abbildung 3** sind die wesentlichen kulturellen Regeln im Umgang mit Risiken nochmals dargestellt.

*„Eine risikobewusste Kultur ist Voraussetzung für einen wertstiftenden Umgang mit IT-Risiken.“*

## Top-IT-Risiken aktiv steuern

Nachdem die IT-Risiken von den IT Risk Ownern gesammelt beziehungsweise aktualisiert und mit dem Input von der Fachseite bewertet wurden, kann das Top-Management aus diesen Informationen noch besser zielgerichtete Steuerungsentscheidungen ableiten.

Kernelement der neuen risikobasierten Steuerung ist eine Verknüpfung der gesammelten IT-Risiken mit vorhandenen IT-internen Steuerungselementen. Hier ist insbesondere die IT Balanced Scorcard (BSC) zu nennen. In der Evonik-IT BSC

sind die strategischen Ziele in vier Dimensionen hinterlegt. Die Dimension „hoch-qualitative Services“ zielt auf die messbare Qualität der bereitgestellten IT-Services ab, „Hebel für Unternehmenswert“ zeigt den Wertbeitrag der IT aus Kundensicht, „effiziente Leistungserbringung“ bezieht sich auf die internen Prozesse der IT und „Strategieorientierung“ auf konsequente Strategieumsetzung und künftige IT-Themen von strategischer Bedeutung. Der entscheidende Beitrag zur Steuerung unseres neu eingeführten IT-Risiko-Managements basiert auf der Berichterstattung der IT-Risiken in eben diesen Dimensionen und Zielen. Durch diese Verknüpfung sind Risiken für die aktuellen strategischen Ziele jederzeit transparent und das IT-Management kann die Bedeutung der Ziele und den Zielerreichungsgrad in die Ableitung adäquater Gegenmaßnahmen einfließen lassen. Das Steuerungsinstrumentarium der IT-Funktion wurde weiter vervollständigt und hebt die Steuerung mittels einer BSC auf ein neues Level. Eine schematische Darstellung für ein solches Reporting der Top-IT-Risiken ist in **Abbildung 4** dargestellt.

## Schlussbetrachtung

Die im vorliegenden Beispiel skizzierten Ansätze für die Umsetzung und Optimierung eines IT-Risiko-Management-

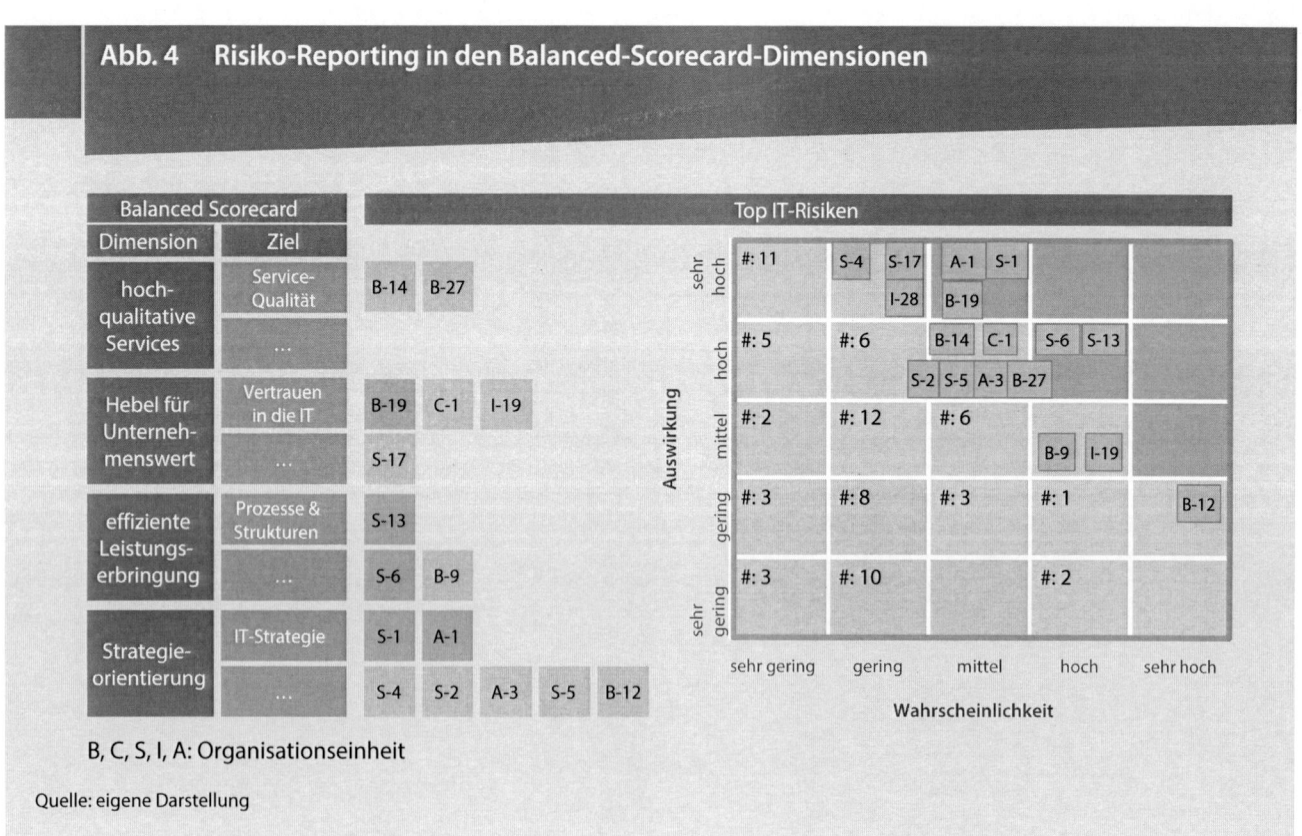

**Abb. 4    Risiko-Reporting in den Balanced-Scorecard-Dimensionen**

B, C, S, I, A: Organisationseinheit

Quelle: eigene Darstellung

Systems haben dazu beigetragen, die Steuerung der IT-Funktion wesentlich zu verbessern. Mit der Verknüpfung des IT-Risiko-Managements mit bereits existierenden internen Steuerungsinstrumenten wie der IT Balanced Scorecard wurde eine direkte Verknüpfung der IT-Risiken mit den Zielen der IT erreicht. Dadurch wird eine Kommunikation über IT-Risiken auf einer aggregierten Ebene möglich. Dies ist ein wesentlicher Fortschritt im Vergleich zum bisherigen Risiko-Management-System, das sich stark auf die Einzelrisiken fokussierte und eine weniger managementrelevante Sicht auf die IT-Risiken erlaubte.

### Literatur

Forrester Consulting (2013, September): The Business Technology Value Scorecard, commissioned by the Technology Business Management Council.

Kaplan, R. S./Mikes, A.: Managing Risks (2012): A New Framework, in: Harvard Business Review, 90 (6), p. 48-60.

## Handlungsempfehlungen

- Schaffen Sie Transparenz über Risiken, die auf strategische Ziele der IT-Funktion wirken.
- Machen Sie den Risk Ownern ihren konkreten Nutzen am Risiko-Management deutlich.
- Wählen Sie einen einfachen, aber strukturierten Ansatz und stellen Sie die Vollständigkeit des zentralen Risikoregisters sicher.
- Starten Sie die Implementierung und erstmalige Sammlung der strategischen Ziele top-down, beispielsweise in Workshops mit dem Management.

### Angaben zu den Autoren:

**Detlef Guski**
ist Director IT-Risk & IT-Quality Management
bei Evonik Industries AG,
Frankfurt am Main, Deutschland.
E-Mail: detlef.guski@evonik.com

**Stephan Heinelt**
ist Vice President IT Service Management
bei Evonik Industries AG,
Frankfurt am Main, Deutschland.
E-Mail: stephan.heinelt@evonik.com

**Dr. Klaus Röller**
ist Projektleiter bei CTcon
Management Consultants
München, Deutschland.
E-Mail: k.roeller@ctcon.de

**Philipp Klingmann**
ist Partner bei CTcon
Management Consultants,
München, Deutschland.
E-Mail: p.klingmann@ctcon.de

 Weitere Empfehlungen der Verlagsredaktion aus www.springerprofessional.de zu:

🔍 **IT-Risiko-Management**

Königs, H.-P. (2009): IT-Risiko-Management mit System, Von den Grundlagen bis zur Realisierung – Ein praxisorientierter Leitfaden, 3. Auflage, Wiesbaden.
www.springerprofessional.de/link/4497050

# Cyber-Angriffe im Internet nehmen zu

Cyber-Kriminelle sind im Internet aktiver und erfinderischer denn je. Immer mehr Schwachstellen werden bekannt, und selbst ganze Regierungen sind vor den betrügerischen Webattacken nicht mehr sicher. Das zeigt ein Blick in den „21. Internet Security Threat Report (ISTR)" des US-amerikanischen IT-Sicherheitsanbieters Symantec. „Angriffe gegen Unternehmen und Staaten gehen mit einer solchen Regelmäßigkeit durch die Presse, dass wir uns weder über die unglaubliche Menge noch die rasante Zunahme von Cyber-Bedrohungen großartig aufregen", erklären die Sicherheitsexperten. Sie stellen jedoch klar, dass die „meisten Berichte zu Cyber-Bedrohungen lediglich an der Oberfläche der Bedrohungslandschaft kratzen". Täglich werden laut Report im Durchschnitt beispielsweise 992 Trojaner programmiert – Tendenz steigend. Eigenen Angaben zufolge entdeckte Symantec 2015 über 430 Millionen neue Datentypen von Schadsoftware, sogenannter Malware. Das ist ein Anstieg von 36 Prozent im Vergleich zum Vorjahr. Der Report spricht von neun Mega-Sicherheitslücken sowie mehr als einer halben Milliarde Personaldaten, die gestohlen wurden oder verloren gingen.

Einige Trends aus der Symantec-Analyse verdeutlichen das große Ausmaß und Spektrum der Cyber-Kriminalität: So wurde im Durchschnitt jede Woche eine neue Zero-Day-Sicherheitslücke entdeckt. Als Zero-Day-Angriffe werden Angriffe bezeichnet, die noch am selben Tag erfolgen, an dem von Hackern eine Schwachstelle in einer Software entdeckt wird. Die Sicherheitslücke wird dann ausgenutzt, bevor sie vom Softwarehersteller geschlossen werden kann. Am Beispiel dieser Attacken, die im vergangenen Jahr 2015 massiv zugenommen haben, stellte sich heraus, dass viele kriminelle Angreifer beispielsweise professionelle Callcenter-Strukturen unterhalten. Denn die Sicherheitslücken werden von Cyber-Kriminellen genutzt, um Daten zu sammeln und sie weiterzuverkaufen. Raffinierte Angreifer profitieren außerdem von Schwachstellen in Browsern und Website-Plug-ins, um persönliche Daten zu stehlen. Symantec spricht von gravierenden Sicherheitslücken bei 75 Prozent der gängigen Websites, die eine Gefahr für alle Nutzer sind. An Mitarbeiter gerichtete Spear-Phishing-Kampagnen, also Betrugsversuche per E-Mail, stiegen um 55 Prozent.

Daneben setzen Cyber-Betrüger auch Verschlüsselungen als Waffe ein, um wichtige Daten von Unternehmen und Nutzern zu generieren. Es geht um 100 Millionen „Scams", Spam-Mails mit gefälschten Angeboten für technischen Support. Ziel der Cyber-Betrüger bei solchen Spam-Mails ist, dass Nutzer sie anrufen, um ihnen ihr Geld auszuhändigen. Sie fädeln damit einen Vorschussbetrug ein.

Anhand der von Symantec zusammengetragenen Daten lässt sich analysieren, wie etwa die Taktiken, Beweggründe und Verhaltensweisen von Angreifern einzustufen sind. „Die Fähigkeiten und Ressourcen der Cyber-Kriminellen steigern sich fortlaufend", beobachten die Sicherheitsexperten des Softwarehauses. Bei ihren Angriffen gegen große Unternehmen hegen Internetbetrüger vor allem langfristige Pläne. In den vergangenen fünf Jahren stieg laut Report zudem besonders die Zahl der Attacken auf Unternehmen mit weniger als 250 Mitarbeitern: Bereits 43 Prozent aller Angriffe treffen Unternehmen dieser Größe.

**Andreas Burkert**

Details zum Symantec-Report lesen Sie unter http://symc.ly/1Ytqm9Y.

# EU-Datenschutzregeln werden ignoriert

Viele Unternehmen haben die EU-Datenschutzreform bisher nicht auf dem Schirm – obwohl bei Missachtung der neu vorgeschriebenen Risikobetrachtung und anderer Regelungen ab Ende Mai 2017 hohe Bußgelder drohen. Die neue Europäische Datenschutz-Grundverordnung (DSGVO) trat am 25. Mai 2016 offiziell in Kraft. Trotzdem haben sich nach einer aktuellen Bitkom-Studie nur 44 Prozent von 509 befragten Datenschutzverantwortlichen in Unternehmen ab 20 Mitarbeitern bis heute noch nicht damit beschäftigt. Demnach kennen zwar 32 Prozent die Reform, haben sich aber noch nicht damit befasst, weitere zwölf Prozent haben davon noch nicht einmal gehört.

Der IT-Branchenverband Bitkom weist auf die völlig neuen gesetzlichen Vorgaben wie die Berücksichtigung des Datenschutzes bei der Produktentwicklung (Privacy by Design) oder die Durchführung einer Datenschutz-Folgenabschätzung hin. Die Branchenexperten stellen fest, dass viele Unternehmen unzureichend auf die europäische Datenschutz-Grundverordnung vorbereitet sind, obwohl fast die Hälfte von ihnen Personen-Daten von externen Dienstleistern verarbeiten lassen.

Bis zum Stichtag am 25. Mai 2018 werden die nationalen Gesetze an das EU-Recht angepasst. Die Unternehmen müssen bis dahin die Umsetzung in die Praxis abgeschlossen haben. „Nach dem Ende der Übergangsfrist im Mai 2018 drohen empfindliche Strafen, wenn sich die Unternehmen nicht an die Bestimmungen halten", warnt Susanne Dehmel, Bitkom-Geschäftsleiterin Datenschutz und Sicherheit. Mit der Verordnung würden zahlreiche neue Informations- und Dokumentationspflichten eingeführt, die von den Unternehmen umgesetzt werden müssten. „Nach dem Stichtag können die Datenschutzbehörden Bußgelder in Höhe von bis zu vier Prozent des weltweiten Umsatzes verhängen", erläutert Bitkom und empfiehlt Unternehmen dringend, sich mit der Thematik zu beschäftigen. Dieser Appell ist wichtig, denn erst acht Prozent haben nach Angaben des IT-Spitzenverbandes bereits erste Maßnahmen eingeleitet, während sich immerhin 47 Prozent der Unternehmen mit der Reform beschäftigen.

**Detlev Spierling**

⬇ Den vollständigen Beitrag lesen Sie unter www.springerprofessional.de/link/10779562.

## Herausgeber

Prof. Dr. Utz Schäffer und Prof. Dr. Dr. h. c. Jürgen Weber leiten das Institut für Management und Controlling (IMC) der WHU – Otto Beisheim School of Management. Als Herausgeber bieten sie mit der Controlling & Management Review eine Plattform für den regen Wissens- und Erfahrungsaustausch zwischen Praxis und Forschung.

## Beirat

| Praxisbeirat | Funktion |
| --- | --- |
| Mark Frese | Finanzvorstand Metro AG |
| Bernhard Günther | Finanzvorstand RWE AG |
| Guido Kerkhoff | Finanzvorstand ThyssenKrupp AG |
| Carsten Knobel | Finanzvorstand Henkel AG & Co. KGaA |
| Dr. Christian Bungenstock | Partner CTcon GmbH |

| Wissenschaftlicher Beirat | Universität |
| --- | --- |
| Prof. Dr. Andrea Dossi | Bocconi University, Mailand |
| Prof. Dr. Martin Glaum | WHU – Otto Beisheim School of Management, Vallendar |
| Prof. Dr. Dirk Hachmeister | Universität Hohenheim, Stuttgart-Hohenheim |
| Prof. Dr. Frank Hartmann | RSM Erasmus University, Rotterdam |
| Prof. Dr. Thomas Hess | Ludwig-Maximilians-Universität, München |
| Prof. Dr. Bernhard Hirsch | Universität der Bundeswehr, München |
| Prof. Dr. Martin Jacob | WHU – Otto Beisheim School of Management, Vallendar |
| Prof. Dr. Teemu Malmi | Aalto University – School of Economics, Helsinki |
| Prof. Dr. Markus Rudolf | WHU – Otto Beisheim School of Management, Vallendar |
| Prof. Dr. Thorsten Sellhorn | Ludwig-Maximilians-Universität, München |
| Prof. Dr. Xianzhi Zhang | Dongbei University of Finance and Economics (DUFE), Dalian |

## Call for Papers

Sie haben Interesse an einer Publikation in unserer Zeitschrift? Eingereicht werden können Beiträge zu unseren ständigen Rubriken oder zu unseren kommenden Schwerpunktthemen:

| Heftthema | Einreichfrist |
| --- | --- |
| Change Management: Rolle des Controllings in Transformationsprozessen | 01.02.2017 |
| Performance-Messung in Digital Pure Players | 15.03.2017 |
| Controlling-Kultur: Zielorientierung und Transparenz | 02.05.2017 |
| Karriere im Controlling | 01.06.2017 |

# ⬇ www.springerprofessional.de

## Beitrag des Monats

# Betrüger greifen Rechnungswesen von Unternehmen an

Die elektronische Rechnungstellung per E-Mail ist im Rechnungswesen vieler Unternehmen längst üblich. Doch genau das nutzen Kriminelle aus. So warnt beispielsweise das Landeskriminalamt (LKA) Baden-Württemberg, dass Betrüger sich in Mail-Accounts einhacken, um Informationen zu offenen Rechnungen zu erhalten. Sie fangen E-Mails ab und verändern sie. Der Rechnungsempfänger erhält die Mitteilung, die Bankverbindung habe sich geändert. Glaubt der Kunde der Nachricht, überweist er die offene Forderung auf das Konto der Betrüger. Um nicht Opfer solcher krimineller Aktivitäten zu werden, sollten Unternehmen besonders ihre Mitarbeiter im Rechnungswesen entsprechend informieren. Wenn eine E-Mail merkwürdig erscheint, sollte diese geprüft und im Zweifel telefonisch mit dem Geschäftspartner Rücksprache gehalten werden. Das LKA Baden-Württemberg rät zudem, die eigene Software immer aktuell zu halten und Kunden in einer E-Mail-Signatur darauf hinzuweisen, dass geänderte Bankverbindungen nie per Mail versandt werden. **Sylvia Meier**

⬇ Lesen Sie weiter auf www.springer-professional.de/link/10639442.

## Weitere meistgeklickte Beiträge

**2.** Blockchain – digitaler Hype oder technische Revolution?
⬇ www.springerprofessional.de/link/10560818
**3.** Factoring bringt Vor- und Nachteile mit sich
⬇ www.springerprofessional.de/link/10646752
**4.** Welche Finanzfachkräfte noch gute Chancen haben
⬇ www.springerprofessional.de/link/10583830
**5.** In wenigen Schritten ein Controllingsystem aufbauen
⬇ www.springerprofessional.de/link/10700468

Fiedler, R.: Controlling von Projekten, Wiesbaden 2016, ISBN 978-3-658-11625-5, 34,99 Euro. Bestellbar auf
⬇ www.springer.com.

## Empfehlung des Monats

# Einführung eines Controlling-Systems

In vielen Betrieben existiert kein eigenständiges Controlling-System. Doch spätestens wenn die Komplexität der Unternehmensstruktur und der Informationsbedarf wachsen, muss häufig auch das Controlling nachziehen. Wie Sie in zehn Schritten ein Controlling-System aufbauen können, zeigt Springer-Autor Ralf Schmid-Gundram.

⬇ Einzelheiten dazu finden Sie unter www.springerprofessional.de/link/10700468.

---

**Noch mehr Controlling-Wissen ab 2017**                    **Aus dem Verlag**

Freuen Sie sich auf noch mehr Controlling-Wissen! Im kommenden Jahr erscheinen insgesamt neun anstatt sechs Ausgaben der Controlling & Management Review. Das sind ganze 50 Prozent mehr Wissen für Sie.

Im Gegenzug entfallen die bisherigen drei Sonderhefte pro Jahr, die jeweils gesondert berechnet wurden. Somit wird auch das Preismodell deutlich vereinfacht. Der neue Preis für Unternehmen beträgt dann 239,- Euro, Privatbezieher zahlen 172,- Euro und Studenten 99,- Euro. Übrigens ist das neue E-Magazin (emag.springerprofessional.de/cmr) darin bereits enthalten, das heißt, Sie können je nach Vorliebe und Situation frei entscheiden, ob Sie die gedruckte oder elektronische Ausgabe lesen möchten. Außerdem haben Sie Zugang zum Archiv der Zeitschrift unter www.springerprofessional.de/cmr.

Wir wünschen Ihnen viel Erfolg und Spaß mit Ihrer Controlling & Management Review!

# Thema der nächsten Ausgabe:

# Marketing-Controlling –
# Harte Fakten für bunte Bilder

Auch im Marketing sind Daten zurzeit ein großes Thema, meist allerdings nicht im Zusammenhang mit Controlling und Steuerung. Die Beiträge in diesem Heft zeigen, wie Marketing-Daten steuerungsrelevant aufbereitet werden können und wie das Controlling den Blick für das übergeordnete Unternehmensinteresse schärfen kann. Es gilt, Technologien und Prozesse so zu konfigurieren, dass Marketing- und Sponsoring-Ziele wirklich operationalisierbar und damit messbar werden. Das Beispiel Porsche AG zeigt, wie wichtig starke Prozesse und quantitative Steuerung sind, damit eine Marke erfolgreich ist.

# Impressum

Controlling & Management Review
www.springerprofessional.de/cmr

Ausgabe 6 | 2016 | 60. Jahrgang

ISSN-Print 2195-8262
ISSN-Internet 2195-8270
Bis 2002: krp-Kostenrechnungspraxis
Bis 2012: ZfCM – Zeitschrift für Controlling
& Management

Verlag
Springer Gabler / Springer Vieweg
Springer Fachmedien Wiesbaden GmbH
Abraham-Lincoln-Str. 46, 65189 Wiesbaden

Geschäftsführer
Joachim Krieger,
Dr. Niels Peter Thomas

Redaktion
Gesamtleitung Magazine:
Stefanie Burgmaier

Verantwortliche Redakteurin
Springer Gabler:
Cornelia Morick
(freie Mitarbeiterin)
Tel.: +49 (0)170-5576956
cornelia.morick.consultant@springer.com

Herausgeber:
Prof. Dr. Utz Schäffer
WHU – Otto Beisheim School of
Management, Institut für Management
und Controlling (IMC), Burgplatz 2,
56179 Vallendar
www.whu.edu

Prof. Dr. Dr. h. c. Jürgen Weber
WHU – Otto Beisheim School of
Management, Institut für Management
und Controlling (IMC), Burgplatz 2,
56179 Vallendar
www.whu.edu

Redaktion WHU:
Brigitte Braun
Tel.: +49 (0)261 6509-486

Fabian Mohr
Tel.: +49 (0)261 6509-706

Bernadette Wagener
Tel.: +49 (0)261 6509-488

Kontakt: cmr@whu.edu

Anzeigen, Marketing und Produktion
Leiter Media Sales: Volker Hesedenz
Leiter Vertrieb + Marketing: Jens Fischer
Gesamtleitung Produktion:
Dr. Olga Chiarcos

Verkaufsleitung
(verantwortlich für den Anzeigenteil):
Eva Hanenberg
Tel.: +49 (0)611 7878-226
Fax: +49 (0)611 7878-430
eva.hanenberg@springer.com

Anzeigendisposition:
Nicole Brzank
Tel.: +49 (0)611 7878-616
Fax: +49 (0)611 7878-443
nicole.brzank@springer.com

Anzeigenpreise: Es gelten die Mediadaten
vom 1. Oktober 2016.

Produktmanagement:
Philipp Holsen
Tel.: +49 (0)611 7878-293
philipp.holsen@springer.com

Satz, Layout und Produktion:
Iris Conradi

Alle angegebenen Personen sind, sofern
nicht ausdrücklich angegeben, postalisch
unter der Adresse des Verlags erreichbar.

Sonderdrucke
Martin Leopold
Tel.: +49 (0)2642 9075-96
Fax: +49 (0)2642 9075-97
leopold@medien-kontor.de

Leserservice
Springer Customer Service Center GmbH
Springer Gabler Service
Tiergartenstr. 15, 69121 Heidelberg
Tel.: +49 (0)6221 345-4303
Fax.: +49 (0)6221 345-4229
Montag bis Freitag 08.00 bis 18.00 Uhr
springergabler-service@springer.com

Druck
Kliemo Printing AG,
Hütte 53, 4700 Eupen,
Belgien

Titelbild
© Jörg Block

Bezugsmöglichkeiten
Die Zeitschrift erscheint ab 2017 neunmal
jährlich im Abonnement.

Bestellmöglichkeiten und Details zu den
Abonnementbedingungen finden Sie unter
www.mein-fachwissen.de/cmr.

Jedes Jahresabonnement beinhaltet
eine Freischaltung für das Online-Archiv
auf Springer Professional
(www.springerprofessional.de/cmr)
Der Zugang gilt ausschließlich für den
einzelnen Empfänger des Abonnements.